ASTRO-LOGIQUE

HOROSCOPE 2023

Marie Christine Dean

ASTRO-LOGIQUE HOROSCOPE 2023

Astrologie traditionnelle
Horoscope chinois
Numérologie
Maisons d'âge
et plus encore...

BÉLIVEAU
éditeur

Conception de la couverture et mise en pages:
Christian Campana – *www.christiancampana.com*

Photographie de la couverture: Jacques Laurent et Storyblocks

Dépôt légal: 3e trimestre 2022
Bibliothèque et Archives nationales du Québec
Bibliothèque et Archives Canada

ISBN: 978-2-89793-239-8
ISBN Epub: 978-2-89793-240-4

BÉLIVEAU éditeur
567, rue de Bienville
Boucherville (Québec) Canada J4B 2Z5
450 679-1933

www.beliveauediteur.com
admin@beliveauediteur.com

Gouvernement du Québec – Programme de crédit d'impôt pour l'édition de livres – Gestion SODEC – www.sodec.gouv.qc.ca.

Nous reconnaissons l'appui financier du gouvernement du Canada.

IMPRIMÉ AU CANADA

Ce livre est destiné à ______________________________

« Savoir, c'est prévoir. »

J'espère que ce livre sera un bon guide pour mieux faciliter votre emploi du temps et pour simplifier toute décision à prendre afin que vous puissiez profiter au maximum des occasions qui se présentent à vous et trouver votre part de bonheur, tout en évitant les écueils possibles.

Bonne lecture, et que 2023 vous soit favorable.

Marie Christine Dean

Table des matières

Un mot de l'auteure

Il est utile de se rappeler que nous sommes toujours au milieu d'un changement. En cette fin d'année 2022, le virus est toujours actif et a affecté beaucoup de monde.

Alors que la vie sur la planète est menacée par une série d'activités humaines, nous sommes sur le point d'entrer dans une ère de révolution sociale qui va ébranler les fondements de la communauté mondiale.

Il est temps pour nous de comprendre ce que signifie être humain et comment vivre ensemble sur cette planète sans se battre pour tout. Ce sont de grandes questions et elles nécessitent des réponses bien plus importantes que celles que nous leur avons données à ce jour. Le sens de la vie ne se trouve pas dans la dernière application ni dans les promesses exagérées concernant notre nouvel avenir dans les différentes galaxies. Soyez-en complètement assuré alors il n'y aura pas de basculement soudain vers un paradis libéral et progressiste de liberté et d'égalité, et nous n'allons pas nous envoler vers Mars, et encore bien moins faire un saut sur la Lune pour un week-end de sitôt. En réalité, l'odyssée la plus grande de l'année ne devrait pas nécessairement être celle de la conquête de Mars, mais plutôt celle de la préservation de notre planète Terre et de tous ses occupants.

Il se passe en fait quelque chose de très prodigieux en 2023. Une vague d'espoir, de solidarité et de changement se pointe à l'aube. Pluton va rendre une brève visite en Verseau (du 23 mars au 11 juin), cependant son séjour ininterrompu de 20 ans dans le signe du Verseau (considéré comme le début officiel de « l'ère Pluton en Verseau ») commencera officiellement le 19 novembre 2024. La nouvelle époque de l'humanité sera ainsi modelée par les qualités du Verseau, et Pluton dans ce signe de la nouvelle humanité pour plus de 20 ans transformera à fond ces vibrations rapides jusqu'en 2044.

Il est vraiment important de se rappeler que Pluton en Verseau ne signifie pas pour autant des changements rapides. Pluton se déplace incroyablement lentement – être en « l'ère Verseau » ne signifie pas que les changements seront en quelque sorte accélérés. Et cela ne signifie pas pour autant non plus que les changements seront positifs, utiles ou perspicaces. Nous pouvons toutefois nous attendre à ce que certaines transformations prennent place pendant le prochain cycle de Pluton en Verseau. La dernière fois que ce transit s'est produit, soit à l'époque de la Révolution française, il ébranla les fondations de l'Europe et des pays voisins. Coïncidence sinon un déjà-vu ? Beaucoup de choses sont appelées à changer au cours des prochaines années et attendez-vous à ce que notre relation avec la technologie soit radicalement changée, transformée ; mais, probablement pas de la manière que nous imaginons à ce jour. Et si vous pensez que toute cette technologie va régler nos problèmes, c'est que vous ne connaissez pas la technologie et ne comprenez pas vos problèmes.

Ce sera un cycle de changement et d'agitation, mais également de grand idéalisme, alors que les gens commenceront à développer des visions du monde plus positives que celles qui ont été maintenues au cours des derniers signes que Pluton a traversés. Si vous en avez assez de tout le cynisme qui nous entoure, vous n'avez qu'à attendre que le Verseau soit confronté à une vision plus positive du monde.

Le signe du Verseau en soi est tourné vers le futur et il veut faire de la société et de l'avenir un endroit meilleur. Mais avant de pouvoir le faire, nous nous devons de comprendre qui nous sommes et pourquoi nous sommes ici. Quant à Pluton, elle est la plus prisée des planètes et la plus intense que nous apprenons actuellement dans notre système solaire. En tant que force collective, les transits de Pluton révèlent toujours la transformation de toute l'humanité. Et le fil conducteur avec les événements de l'ère Pluton en Verseau comprendra, entre autres, des percées technologiques et scientifiques, la redistribution du pouvoir, mais il donnera aussi une voix aux masses pour obtenir la liberté et la libération.

Le bouleversement, mais l'optimisme aussi, qui va colorer cette période de l'histoire aura un effet sur les enfants nés sous cette configuration. Ils grandiront en croyant non seulement qu'ils peuvent changer le monde, mais qu'il est impératif qu'ils le fassent. Ce ne seront pas des gens qui accepteront un non comme réponse. Donc, prenez note : s'il y a quelque chose que vous voulez changer, ou que vous souhaitez mettre en place, vous feriez mieux d'établir des relations positives avec vos jeunes homologues de l'ère du Verseaux, au lieu de vous laisser devenir l'establishment qu'ils veulent démolir à tout prix ! J'en profiterai d'ailleurs pour élaborer sur le sujet dans mon prochain ouvrage de 2024.

D'ici là, que l'année 2023 soit à tous également favorable dans ce qu'elle a à vous apporter ! Que l'on puisse la vivre et l'accompagner le plus en conscience possible, surtout dans notre quotidien. J'espère que mon travail de fond pourra être utile au plus grand nombre, afin d'améliorer la compréhension globale des futurs cycles que nous sommes appelés à traverser, et je continuerai au maximum d'œuvrer en cela encore.

Je vous souhaite bien sincèrement le meilleur à vous
et à vos proches, ainsi qu'une heureuse année 2023.

Toujours avec votre meilleur avenir possible à l'esprit,
Marie Christine Dean

Décembre 2022

Avant-propos

Quel plaisir de pouvoir enfin se retrouver en famille, entre amis, entre collègues après une pause de deux ans due à la pandémie. Fort heureusement que nous avons pu continuer notre dialogue grâce à la lecture. En l'occurrence, merci d'avoir fait l'acquisition de mon dernier livre. Je suis honorée et ravie que vous me permettiez de vous accompagner dans votre grand et formidable voyage de découverte de soi et d'illumination…

Astrologue depuis plus de 40 ans, j'ai rencontré à peu près toutes les situations que vous pouvez imaginer, et ce, en dépit des deux dernières années qui ont apporté un lot impressionnant de situations nouvelles. À la suite de vos nombreux messages, j'ai pu constater que l'astrologie a aidé beaucoup de gens à trouver de nouveaux repères sur leur chemin, malgré les temps incertains vécus. En poursuivant ma route avec vous, mon plus grand souhait est que l'astrologie vous serve de guide, contribue à votre épanouissement, vous procure divers outils pertinents pour mieux poursuivre votre route avec succès et sérénité, et vous permette aussi de trouver de nouveaux moyens de vous réinventer, surtout en ces temps sombres.

La pandémie suivie par la guerre en Ukraine nous ont secoués et nous ont forcés à repenser nos vies. Le niveau de stress collectif est assez élevé… Et ça se comprend ! Au Québec, comme ailleurs, nous devons nous adapter à de nouvelles réalités. En dépit de cela, nous ressentons toujours à ce jour l'impact hostile des deux dernières années qui a radicalement changé nos vies. Nous avons côtoyé à la fois le pire et le meilleur de la nature humaine… Et malgré que cela ne fasse pas ressortir le meilleur de nous, la crise sanitaire et la tragédie planétaire auront au moins eu le mérite d'éveiller les consciences sur l'importance de se tenir bien dans sa tête et dans son corps pour être épanoui.

Avec la nouvelle année qui pointe à l'horizon, voilà l'opportunité de se tourner vers l'avenir et de voir comment on peut faire pour aller de l'avant, et comment on peut faire pour mieux apprivoiser l'année 2023. Tout comme l'ADN d'une personne peut révéler des traits familiaux, l'astrologie à l'aide des planètes nous parle toujours dans sa propre langue unique, qui d'ailleurs se présente sous la forme de signes ou de conseils précieux. Parfois, l'univers nous fournit des indices avant-coureurs sous la forme d'obstacles ou encore de défis pour nous rappeler que nous ne suivons pas actuellement le meilleur chemin de vie pour notre bien-être le plus précieux. Mais, voyez-vous, l'univers a toujours à cœur nos meilleurs intérêts et tout type de signe d'avertissement n'est en réalité qu'un cadeau masqué, attirant notre attention sur les leçons dont nous devons tirer profit afin de pouvoir évoluer en tant que personnes (entités) et de nous réaligner sur nos véritables valeurs et sur la voie à suivre pour vivre notre meilleure vie.

La vie est ici et maintenant. Aujourd'hui, encore plus que jamais, l'équilibre intérieur s'avère vital et essentiel pour poser des actes justes dans tous les domaines de sa vie. Pour bien préparer l'avenir, il faut absolument que le présent soit joie, amour, paix, lumière et abondance. Cela signifie très clairement que demain sera fait de ce qu'on bâtit… aujourd'hui. Vivez dans la joie et le bonheur chaque instant et n'oubliez surtout pas de partager cette sérénité avec les autres et d'aider, à la mesure de vos moyens, les gens touchés par la guerre ou d'autres situations difficiles à traverser.

Nous avons donc entre nos mains la possibilité d'échapper à toute forme de fatalité ou de déterminisme. Comme les facettes d'un diamant, les planètes reflètent notre propre lumière. Même si nous ne pouvons pas changer le monde, chacun peut faire en sorte qu'une âme s'élève pour que s'élève l'ensemble de l'humanité. Retroussons donc nos manches pour mieux adoucir cette planète Terre qui en a tant besoin.

C'est donc avec le plus grand optimisme que je me tourne vers l'avenir. Rappelez-vous : la destinée n'est pas une affaire de chance, mais bien une affaire de choix. À partir de maintenant, tendez vers l'espoir, sentez le taux des vibrations monter en vous alors qu'une vague de changements se pointe également à l'horizon. Et ne dit-on pas que c'est avec des rêves que l'on se construit un avenir ? Alors, en route vers un Nouveau Monde meilleur.

Marie Christine Dean

P.-S. : Je tiens à réitérer toute ma gratitude aux personnes qui m'ont confié leurs états d'âme. Un grand merci aussi aux gens qui m'ont soutenue et accompagnée. Vous vous reconnaîtrez… J'ai grandi aussi grâce à vous ! J'ose espérer encore une fois que mes prédictions vous seront une source de plaisir, mais aussi de transformation, et qu'elles vous aideront à faire les choix éclairés et à prendre les bonnes décisions pour mieux aller de l'avant dans votre vie. Je tiens à vous remercier de tout coeur aussi pour votre précieux soutien et votre fidélité indéfectible. Je me réjouis déjà de vous accueillir très bientôt sur mon site Internet, le *www.astro-logique.com,* et en consultation.

✧

Ce livre n'a pas la prétention de vous dicter une ligne de conduite, au contraire, il se veut une source de référence susceptible de vous aider à mieux profiter de ce que la vie a de meilleur à vous offrir. Que la vôtre soit remplie de paix et de lumière.

Si vous me rejoignez sur mes réseaux Facebook, LinkedIn ou Instagram, vous aurez droit, quotidiennement, à mon billet astrologique. Profitez-en également pour me faire part de vos commentaires et suggestions. Au plaisir !

Carte du ciel 2023

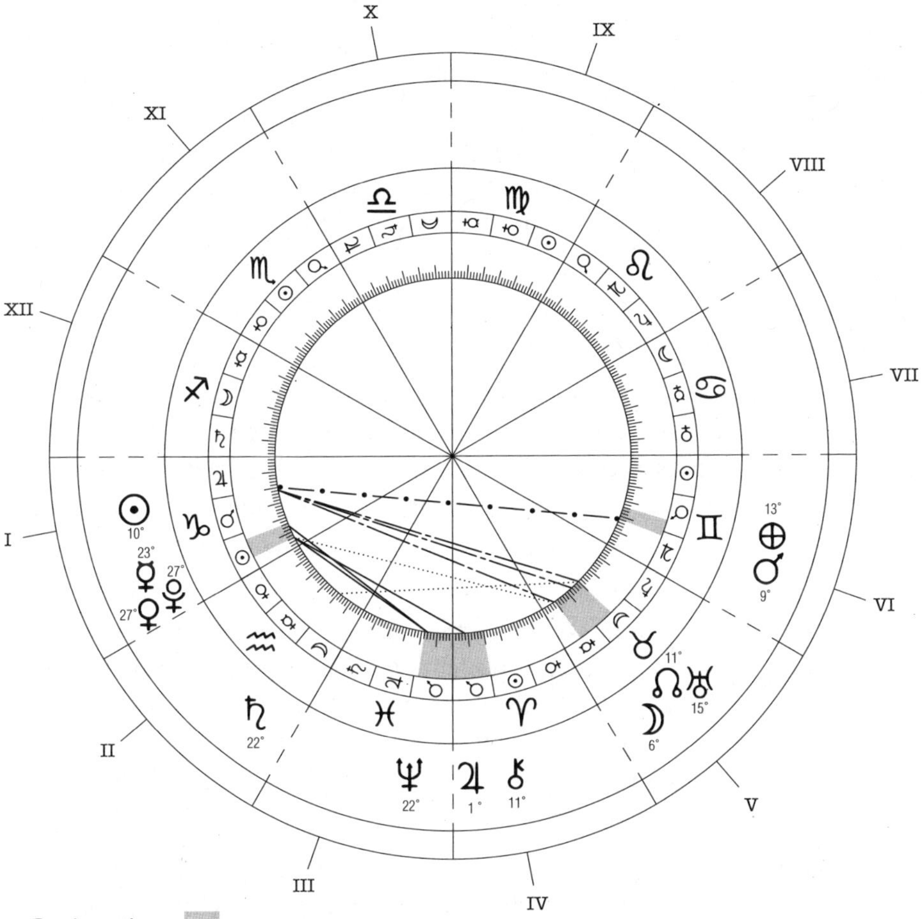

Conjonction

Sextile

Trigone

Carré

Quinconce

Opposition

Les planètes exercent toutes une influence sur nous en tant qu'individus et colorent la destinée que nous choisissons de vivre, et ce, bien que les planètes ne transitent pas toutes directement dans notre signe. Toutes les personnes nées pendant la période de janvier 1962 à la mi-mars 1964; de septembre 1964 à la mi-décembre 1964; et de février 1991 à la fin janvier 1994 seront à même d'éprouver cette année les joies et les limites du retour de Saturne à sa position initiale dans leur thème natal, mais surtout les natifs des derniers degrés du troisième décan Verseau pour l'année 2023, et ce, jusqu'au 7 mars 2023. Ces natifs, avec Saturne en Verseau, auront le choix jusqu'au 7 mars de devenir plus sérieux quant aux engagements qu'ils prendront dans leur vie, tant professionnelle que personnelle, alors que tout se manifestera avec le temps. Viendra ensuite le tour de ceux nés entre le 23 mars au 16 septembre 1964; puis du 16 décembre au 4 mars 1967; et enfin ceux nés entre le 29 janvier 1994 au 7 avril 1996, suite au retour de Saturne en Poissons dans leur thème natal.

RÉTROSPECTIVE DE L'ANNÉE 2022...

Avec Jupiter en Bélier, qui représente la volonté d'expansion, on ne peut le nier, ce fut une sacrée année, avec une série de changements et de bouleversements majeurs, sans compter des défis, tant personnels que globaux, qui ont marqué l'année. Cela dit, les signes dans le ciel annuel de 2022 indiquaient que ce serait une année marquée par de nombreux changements importants en réaction aux événements mondiaux.

Sur le plan personnel, concernant les couples qui étaient à la recherche d'une date favorable pour célébrer leur mariage, il est à souhaiter qu'ils aient pris note de mes suggestions étant donné que 2022 contenait une phase rétrograde de Vénus – du 19 décembre 2021 au 29 janvier 2023, ce qui n'était pas une période chanceuse pour légaliser toute union, mais également tout partenariat possible.

Mentionnons également que Mercure et Mars ont toutes deux signé la nouvelle année en mouvement rétrograde. Cette double rétrogradation tendait à rappeler l'histoire de l'homonyme de janvier, le dieu romain à deux visages, Janus. Janus était célèbre pour sa capacité à regarder dans deux directions à la fois, en arrière dans le passé et en avant dans le futur. Ces rétrogrades planétaires confirmaient que si les leçons du passé avaient été prises en compte, la bonne ligne de conduite aurait été plus claire dans les douze mois qui allaient suivre et ainsi l'histoire n'aurait pas eu à se répéter.

LA POSITION DES PLANÈTES EN 2023

Chaque jour qui passe confirme qu'une nouvelle année est à la veille de s'installer et qu'un nouveau souffle de vie prendra place sous peu sur notre planète. L'année 2023 annonce un nouveau départ pour tous. Il ne vous reste qu'à saisir les occasions qui se présenteront afin de bien entamer ce nouveau chapitre de votre vie. Autant votre curiosité sera en hausse, vos attentes le seront sûrement davantage, surtout en ce qui concerne ce que la prochaine année aura en réserve pour vous. Or, après une étude approfondie du thème annuel, je confirme que l'année sera porteuse de changements majeurs proprement dits.

De ce fait, Jupiter signe le début de la nouvelle année en Bélier. Elle avait d'ailleurs pris position dans ce signe le 22 décembre 2022. Quant à sa trajectoire annuelle, Jupiter fera une courte incursion en Bélier, soit jusqu'au 16 mai, et après quoi, elle s'installera en Taureau pour y rester jusqu'au 25 mai 2024. Jupiter, planète de la croissance, mais plus particulièrement la croissance de la conscience en nous tous, fera tout en son pouvoir pour nous apprendre à mieux comprendre la vérité sur la vie elle-même et sur la réalité de qui nous sommes vraiment en tant qu'humains de l'ère du Verseau. Soyez assuré qu'elle vous récompensera pour tout ce que vous aurez semé par le passé ou demandé à l'Univers.

Reconnue pour être la Grande Bénéfique du zodiaque, des richesses et des avantages sont rattachés à cette planète. Voilà qui explique pourquoi on peut s'attendre à ce qu'une prospérité s'installe graduellement dans le monde entier. En revanche, Jupiter nous permettra aussi d'évoquer une richesse d'idées illimitée en ce qui a trait à nos finances. Elle nous donnera aussi l'occasion de mieux comprendre notre situation, tout en enrichissant notre esprit, et nous indiquera également la juste voie à suivre pour mieux réussir notre vie. Soyez informé que Jupiter sera en mode rétrograde du 4 septembre au 31 décembre 2023 en Taureau.

✧

Saturne étant la planète des limitations, toutes les choses qui font partie de l'univers ont leurs limitations. La concentration a également ses limites. D'ailleurs, c'est par la concentration que l'on produit des résultats. La personne qui se concentre sur une question ou sur un élément précis connaît d'une certaine façon une forme de limitation en soi, puisqu'elle canalise la totalité de son esprit et de ses énergies dans une seule direction et persiste jusqu'à ce qu'elle ait trouvé sa voie.

Lorsque quelque chose est dit hors de contrôle dans la vie, c'est que cette chose a, en somme, échappé à sa limitation. C'est d'ailleurs sous l'influence de Saturne qu'une personne expérimente ce qu'est « prendre du recul ». La sensation étant celle d'une extrême limitation de ce que l'on peut faire ou de ce que l'on peut accomplir.

La nature de Saturne peut sembler sévère à certains moments, tout comme le sont les natifs du Capricorne, puisque Saturne est leur planète maîtresse. Cela signifie qu'il y a une leçon de vie à apprendre, et plus encore si on enfreint les limites permises et/ou si on a dévié de la juste voie à suivre ou de ce qui devait être correctement accompli avec compétence. Cependant, si nous sommes disposés à être responsables et prêts à concentrer toutes nos énergies dans la bonne direction, de grandes choses pourront être accomplies grâce à l'énergie de Saturne. Il faut, bien entendu, énormément de travail acharné et de persévérance ainsi que ne jamais baisser les bras, mais, au bout du compte, croyez-moi, ça en vaudra vraiment la peine. Cela étant dit, prenez note que Saturne sera rétrograde du 17 juin au 4 novembre 2023 en Poisons, bien entendu.

✧

Uranus, planète de l'individualité, étant bien installée en Taureau pour toute l'année, les personnes natives de ce signe, en particulier ceux et celles qui sont nés entre les 6, 7 et 8 mai, deviendront plus volontaires et moins prêtes à accepter toute situation indésirable. Quelque chose dans leur vie changera radicalement. Ce sera un moment décisif qui les stimulera à apporter les correctifs nécessaires en ce qui concerne leur changement d'attitude ou, au contraire, elles n'auront d'autre choix que de traiter avec les choses et les événements qui se présenteront à elles d'une manière spectaculairement différente.

Uranus, porteuse d'un cycle de vie qui peut sembler imprévisible par moments et même changer notre vie du tout au tout du jour au lendemain, génère la plupart du temps de la rébellion qui se traduit par des ruptures de situations que l'on ne veut pas vraiment gérer, mais que l'on a endurées, pour une raison ou une autre. Voilà qui peut créer des ondes de choc pour les personnes qui nous entourent. Uranus nous pousse à être nous-mêmes, peu importe les situations. Bien que cette planète donne parfois l'impression de faire défaut, il y a généralement un côté fort logique en soi, puisque Mercure est son octave inférieure. Ce n'est peut-être pas nécessairement le genre de logique que les autres sont prêts à accepter, mais ça l'est pour l'individu qui enclenche un processus de mise en action. Uranus signe le début de l'année en mode rétrograde pour reprendre sa marche directe le 22 janvier en Taureau. Et à partir du 29 août, elle amorcera à nouveau son cycle rétrograde jusqu'à la fin de l'année 2023.

✧

Neptune représente l'océan de la vie dans lequel nous existons en tant que gouttes individuelles. Cette planète est le lien invisible qui nous unit tous les uns aux autres, bien que nos corps physiques apparaissent séparés. Ce lien invisible nous donne cette capacité de ressentir tant les gens que toutes les situations impliquées que celles qui ont été créées par d'autres personnes. À la surface, Neptune a un lien direct en ce qui a trait aux rôles que les gens tendent à jouer dans la vie. Inconsciemment ou pas, nous le faisons tous pour créer certaines impressions suivant différentes situations.

Toutes les situations animées, bruyantes ou perturbées sont une distraction qui nous empêche de pouvoir nous sentir en confiance, afin de mieux plonger tête première dans les eaux profondes de la vérité. Dans ces conditions, l'influence neptunienne au signe du Poissons peut produire cette auto-illusion, puisque les gens croiront ce qu'ils veulent bien croire et, de ce fait, ne donneront pas suite à ce qu'il est fondé de croire en ce qui a trait à l'authenticité des événements en cours, ce qui risque d'engendrer, par le fait même, d'immenses déceptions.

Si Neptune est mise à profit adéquatement et honnêtement, nos rêves, nos désirs et nos souhaits peuvent devenir réalité, d'autant plus si nous sommes sur la bonne voie et que nous utilisons tous les bons moyens pour réussir. Être au bon endroit au bon moment peut sembler une coïncidence, mais ça ne l'est pas puisque tout a été bien orchestré à un niveau plus profond en soi. En somme, tout ce que l'on réalise dans la vie est *a priori* une conception préalablement visualisée qui produit un résultat final.

Autant l'énergie neptunienne est principalement en lien avec l'incertitude et le doute, autant elle peut être porteuse aussi de multiples rêves qui peuvent se concrétiser.

Neptune en Poissons a beaucoup à voir également avec la contemplation, la paix, la tranquillité et la clairvoyance. Pour être en harmonie et pour mieux obtenir ce que l'on désire de la vie, il faut préalablement contempler ce que l'on veut créer et, plus que tout, il faut dominer nos peurs, nos craintes, nos angoisses ainsi que nos pensées négatives si nous voulons voir nos ambitions se matérialiser. Si cette directive n'est pas ancrée au plus profond de nous, le résultat souhaité nous échappera, car de fausses idéologies et/ou de fausses croyances s'installeront. En restant concentrés sur l'énergie divine et pure, tout est possible.

Neptune étant associée aussi à la clairvoyance, mais également à la confusion, c'est ce qui peut expliquer pourquoi les gens, sans le savoir ou le vouloir, font fausse route. À cet effet, lorsque les gens se précipitent dans la mise en action de leurs ambitions, de ce qu'ils veulent accomplir, cela fait en sorte que l'expérience vécue se solde par un échec. Voilà pourquoi il importe au plus haut point de tout bien lire et de tout bien saisir correctement l'horoscope révélé dans ce livre afin de mieux pouvoir en tirer bénéfice et savoir quand passer à l'action. Soyez informé que Neptune sera en mode rétrograde du 28 juin au 6 décembre 2023, évidemment en Poissons.

✧

Pour ce qui est de Pluton, cette planète continuera d'évoluer dans les derniers degrés du troisième décan du Capricorne jusqu'au 23 mars de cette nouvelle année. Par la suite, elle transitera en Verseau pour finalement revenir en Capricorne alors qu'elle sera rétrograde du 1re mai en Verseau, pour régresser en Capricorne le 11 juin 2023. De là, elle sera à nouveau en mode direct le 11 octobre, où elle finira l'année 2023 en Capricorne. Tout au long de l'année, elle continuera à déterrer et à exposer tous les mensonges racontés à la population. Notre prise de conscience collective sera en constante progression, mais, plus que tout, le peuple voudra des réponses sérieuses de la part de ses dirigeants, surtout en ce qui concerne toutes les questions sérieuses et graves, particulièrement le réchauffement de la planète.

La longue trajectoire de Pluton au signe du Capricorne jusqu'en 2025 enclenchera un processus de transformation lent et profond. Toutes les institutions traditionnelles qui ont dépassé leur utilité et dont les objectifs sont désuets seront redéfinies et/ou remplacées par de nouvelles règles. Le secteur bancaire et notre système monétaire en seront un bon exemple.

Il en ira de même pour ce qui est de la nourriture et des soins de santé : sont-ils un droit ou quelque chose qui doit être payé en sus et toujours plus cher ? Puis, il y aura tous ces questionnements à propos de la guerre. Pourquoi initialement nous battons-nous ? Quelle serait la bonne façon de nous battre et de quelle manière pourrions-nous nous rapprocher les uns des autres?

Il y aura également nos institutions religieuses. Chacun croit que sa religion est la divinité suprême à respecter. Toutes ces vieilles idéologies religieuses enseignées devront être éliminées de sorte que quelque chose de mieux puisse s'instaurer, telle une religion universelle. Avant que Pluton ne quitte le signe du Capricorne en 2025, le monde aura été restructuré et réformé d'une manière qui sera plus équitable pour tout un chacun. L'avidité, qui se trouve derrière ces grandes structures de ce monde d'aujourd'hui, aura été exposée de façon à être éliminée et remplacée par quelque chose qui sera plus humanitaire en soi.

Collectivement, il nous faut tous accepter le fait que la crise globale est une réalité incontournable, qu'il y a nécessité absolue d'y faire face et de la résoudre, d'où une prise de conscience collective très rapide qui s'impose.

Sur le plan individuel, il me paraît souhaitable que nous allégions nos biens, nos croyances et nos habitudes de vie. Renoncer à restaurer le passé ou à ne pas être entièrement présents dans l'ici et maintenant ne pourra favoriser ni contribuer à l'élargissement de la conscience universelle. Pour que les transformations et une évolution saine aient lieu, il faudra vraiment rectifier le tir, accepter que tout ce qui est obsolète disparaisse, trouver un nouvel équilibre, mais plus que tout entretenir une nouvelle souplesse et une plus grande ouverture d'esprit.

Pluton au signe du Capricorne est tout à propos de structure, soit l'édification d'une structure sociale économique responsable et solide pour les générations futures. Pluton transforme notamment toute entreprise en lien avec le signe du Capricorne et tout ce qui relève du gouvernement. Les élus au pouvoir n'auront d'autre choix que de mettre à profit leur mandat électoral pour mieux sécuriser et protéger la masse. Inversement, nous, les gens, aurons très peu à dire pour ce qui est de la protection de la vie privée. D'ailleurs, on peut facilement constater dans un temps une prolifération des caméras de surveillance, allant jusqu'à la numérisation de l'iris pour l'identification obligatoire, qui envahissent nos villes, nos provinces, notre pays. Incontestablement, nos gouvernements seront en mesure de suivre nos moindres actions à tout moment, non seulement lorsque nous voyagerons à l'étranger, mais aussi lorsque nous serons à la maison.

En astrologie, Pluton est en analogie avec la paranoïa, l'angoisse, la peur, la terreur ainsi que la surveillance. Au cours de ce transit, un nombre sélectif de gens exercera secrètement un énorme pouvoir. La démocratie, telle que nous la connaissons aujourd'hui, sera redéfinie.

Les corporations vont, elles aussi, continuer de surveiller à quoi nous, les gens du peuple, dépensons notre argent, soit par le biais de nos cartes de crédit, de nos cartes bancaires et de nos habitudes de vie récoltées au moyen des réseaux sociaux auxquels nous adhérons. D'ailleurs, cette réalité a commencé lorsque Pluton transitait en Scorpion, soit de 1984 à 1995. Rappelez-vous lorsque le code à barres est devenu obligatoire, alors qu'il fait maintenant partie intégrante de notre vie quotidienne, de notre société.

Notre droit à la vie privée est érodé peu à peu. Les liquidités, telles que nous les connaissons, sont la seule source intraitable. Elles pourraient bientôt devenir obsolètes. Les grandes entreprises se sont déplacées de l'ouest vers l'est, et ce, sans compter les abris fiscaux auxquels elles ont adhéré en vue de s'esquiver de leurs redevances. Lorsque Pluton a transité en Sagittaire, de novembre 1995 à novembre 2008, beaucoup d'emplois ont été exportés en Orient, soit en Asie particulièrement. Maintenant que Pluton transite au signe du Capricorne, on peut constater que les entreprises occidentales sont en train de perdre leur contrôle financier, fort puissant, comme résultat.

✧

Quant à Mars, cette planète signe le début de l'année alors qu'elle est rétrograde en Gémeaux jusqu'au 12 janvier, alors qu'elle reprend son mouvement direct. Du 25 mars au 20 mai, elle transitera en Cancer, là où on la dit en chute. De là, sa course la mènera au signe de Feu qu'est le Lion, du 20 mai au 10 juillet. Ensuite, elle sera de passage en Vierge du 10 juillet au 27 août. Viendra après la Balance, du 27 août au 12 octobre, signe où on la dit en exil. Elle changera pour le signe du Scorpion, dont elle a la gouverne, du 12 octobre au 24 novembre, et signera le reste de l'année en Sagittaire. Mars sera rétrograde du 30 octobre 2022 au 12 janvier 2023.

✧

En ce qui concerne Vénus, elle signe le début de la nouvelle année en Capricorne jusqu'au 2 janvier. Elle ira se loger par la suite chez le Verseau jusqu'au 26 janvier. De là, elle transitera en Poissons, un signe où on la dit en exaltation, jusqu'au 20 février. Du 20 février au 16 mars, ce sera au tour du Bélier, soit son signe d'exil. Par la suite, elle prendra place en Taureau, soit un des signes pour lesquels elle en a la maîtrise, du 16 mars au 11 avril.

De là, elle poursuivra sa course en Gémeaux du 11 avril au 7 mai. Elle sillonnera le signe émotif du Cancer du 7 mai au 5 juin. De là, elle évoluera en Lion jusqu'au 22 juillet où, par la suite, elle amorcera sa phase rétrograde qu'elle poursuivra jusqu'au 3 septembre en Lion, bien entendu. On pourra ensuite suivre son évolution en Vierge, signe pour lequel on la dit en chute, du 9 octobre au 8 novembre. Pour ce qui et de la période du 8 novembre au 4 décembre, elle sera en Balance, soit en domicile. De là, elle transitera en Scorpion, signe pour lequel on la dit en exil, jusqu'au 29 décembre. Elle terminera sa course annuelle dans le signe du Sagittaire.

✧

Quant à Mercure, cette planète signe le début de la nouvelle année alors qu'elle est rétrograde jusqu'au 18 janvier en Capricorne. Pour en savoir plus, vous êtes invité à vous rendre au chapitre intitulé « Les stations rétrogrades de Mercure pour 2023 ». Ne manquez pas de lire également l'impact qu'elle exercera sur votre signe solaire et votre ascendant natal au chapitre de vos prédictions annuelles respectives. Cela dit, elle poursuivra sa course ensuite en Verseau du 11 février au 2 mars. Elle transitera par la suite en Poissons, son signe d'exil, du 2 au 19 mars. Viendra ensuite le Bélier, où elle séjournera jusqu'au 3 avril. Toujours dans la même veine, Mercure séjournera par la suite en Taureau du 3 au 21 avril. Ensuite viendra sa seconde phase rétrograde, et ce, jusqu'au 15 mai. Elle reprendra ensuite sa marche directe en Taureau jusqu'au 11 juin. Par la suite, le Messager des dieux qu'est Mercure évoluera dans son signe de maîtrise qu'est le Gémeaux jusqu'au 26 juin. À partir de là, on suivra son évolution en Cancer du 27 juin au 11 juillet. Viendra ensuite un court passage en Lion jusqu'au 28 juillet, qui la mènera ensuite en Vierge jusqu'au 23 août, signe dont elle a la maîtrise. Du 23 août au 15 septembre, ce sera sa troisième phase rétrograde annuelle. Ensuite, Mercure évoluera en Balance du 5 au 22 octobre. De là, Mercure sera au signe du Scorpion, du 22 octobre au 10 novembre, et ensuite en Sagittaire jusqu'au premier décembre. Par la suite, ce sera au tour du signe de Terre qu'est le Capricorne jusqu'au 13 décembre, où elle signera le reste de l'année en mode rétrograde en Capricorne, bien entendu.

✧

En ce qui concerne notre chère Lune, qui est techniquement un luminaire et non pas une planète, étant donné sa proximité avec la Terre et l'effet qu'elle exerce tant sur les marées que sur notre croissance en général, cela la rend importante dans notre vie et plus particulièrement au moment d'une éclipse. Par ailleurs, en 2023, il y aura quatre éclipses, dont deux solaires et deux lunaires. La première éclipse de l'année en sera une solaire, annulaire totale, le 20 avril en Bélier. Elle sera suivie par une éclipse lunaire annulaire en Scorpion, le 5 mai. Viendra ensuite une éclipse solaire annulaire pas plus tard que le 14 octobre en Balance. Et la dernière éclipse de l'année en sera une lunaire partielle en Taureau le 28 octobre. Pour connaître l'impact qu'exerceront ces éclipses sur notre planète, vous êtes invité à feuilleter le chapitre qui est intitulé « Les Éclipses de 2023 ». Profitez-en également pour vous référer au chapitre sur vos prévisions annuelles pour connaître l'impact qu'aura la première éclipse solaire totale (annulaire) du 20 avril en Taureau sur votre signe solaire, ou votre ascendant natal, si c'est le cas.

LES PRÉVISIONS MONDIALES DE 2023

De nos jours, notre univers se nourrit bien plus de peur que d'amour, et c'est bien là le problème. Sans toutefois oublier les tensions qui ont existé entre l'Est et l'Ouest, nous étions dans un monde cyclothymique ; on ne pouvait qu'être d'un côté ou de l'autre de la frontière. Pitoyable, n'est-ce pas ? Plutôt pathétique, dirais-je. Mais la peur peut être aussi une grande source de motivation...

À l'échelle humaine, chacun de nous fait partie d'une solution. L'astrologie peut nous donner des indications et des informations sur le moment précis où la lumière brillera en notre faveur pour mieux progresser. À cet effet, Saturne, qui s'apprête à quitter le signe fixe du Verseau pour celui du Poissons – un signe mutable, peut donc représenter les murs dans un signe mutable et sembler beaucoup moins en analogie avec le confinement. Tel que stipulé dans mon précédent ouvrage de 2022 (page 37), ce n'est qu'à partir de la nouvelle lune du mois de mars 2023 que je peux, sans hésitation, attester officiellement que la probabilité d'infection sera enfin en chute, en régression. Cependant, n'allez pas être surpris de son retour possible vers 2028-29, aux effets moindres, pour ne plus jamais revenir. Quel soulagement !

Cela étant dit, Jupiter est une planète qui se déplace lentement. Généralement, elle transite dans un signe et une maison pendant une année entière. Cependant, voilà qu'en 2023, elle se déplacera exceptionnellement vite – elle traversera en fait deux signes et deux maisons. Elle signer le début de l'année en Bélier, puis, à la mi-mai, elle se déplacera en Taureau.

Sous le transit en Bélier, nous savons tous qu'il est le premier signe du zodiaque et qu'il inspire nécessairement un grand élan d'initiatives, de défis à relever ainsi que de nombreux combats à mener... Bref, il est l'étincelle qui amorce toute chose, c'est le signe qui inspire un renouveau. C'est aussi le signe par excellence qui est le domicile de la planète Mars, dieu de la guerre, et que Pluton y est également exalté.

Puisque Jupiter voyagera durant les cinq premiers mois de l'année en Bélier, on peut s'attendre à une ambiance relativement assez tendue dans la société ainsi qu'à travers le monde. Il en sera de même pour ce qui est aussi de la stabilité climatique qui risque d'être compromise, et on pourrait ainsi assister à toutes sortes de dérangements, tant sociaux qu'économiques. Également, on ressentira un fort sentiment de dynamisme et beaucoup d'initiatives seront entreprises durant cette période. On pourrait très bien voir certains politiciens se lancer dans de nombreuses promesses, toutes plus absurdes les unes que les autres. Évidemment, bien peu seront retenues... Divers scandales politiques et financiers sont à prévoir ainsi que des décisions ahurissantes de plusieurs dirigeants qui continueront d'irriter la population. La guerre éclatera aussi au sein de nombreux partis et certaines têtes tomberont.

Il ne faut pas oublier que c'est un signe de confrontation et que des conflits armés pourraient aussi reprendre beaucoup de place dans l'actualité. N'allez pas être surpris de voir à nouveau un déploiement armé des plus ébouriffants, histoire de démontrer encore une fois à la face du monde la puissance militaire de certains pays, tout comme leur arrogance.

Sous le transit en Taureau, ce signe représente davantage la sécurité, le matériel ainsi que l'argent, il ne serait pas étonnant que les grandes puissances décident de reculer quelque peu dans leur déploiement militaire dès la seconde partie de l'année en raison des coûts exorbitants qui ne rapportent pas grand-chose en bout de ligne.

En effet, avec une économie plus ou moins amochée, inévitablement, il faut calculer avec précision les coûts d'un conflit armé et surtout combien tout cela finira par rapporter à plus ou moins long terme, tout en se cachant sous le couvert de la vertu au nom de la liberté et des droits de l'homme, bien entendu. Il s'agit aussi d'un signe particulièrement obstiné, alors même si on réalise que l'on se trouve dans l'erreur, il faudra aller jusqu'au bout! Donc, s'il y a conflit armé, il ne sera pas nécessairement des plus facile de faire changer la situation, même si on réalise l'inutilité de la chose.

L'aspect positif de Jupiter en Taureau, dès le 16 mai, offre davantage d'espoir; on aspirera à la stabilité et on cherchera des moyens plus efficaces de rétablir l'ordre dans à peu près tous les domaines. Les finances, la politique et le système de santé seront particulièrement visés à l'échelle de la planète. Maintes révolutions marqueront le début d'une ère de changement. Ce sera véritablement une reprise importante de la vigueur de l'économie, un peu comme s'il y avait beaucoup de travail à accomplir, et ce, aussi bien chez nous qu'ailleurs dans le monde pour une raison ou pour une autre. Bien évidemment, il y a eu tout un lot de cataclysmes ainsi que des bombardements qui demandent des efforts de reconstruction et c'est habituellement assez favorable pour l'économie en général.

Chez nous, de gros efforts seront déployés pour améliorer ainsi la gestion des fonds publics et celle des ressources naturelles également. De profondes réformes sociales permettront d'entrevoir des jours meilleurs. Puisque nous sommes un pays riche en ressources naturelles, il va de soi que nous profiterons de cette manne collectivement. Mais, il faut faire attention... Quand l'économie va bien, plus souvent qu'autrement, il arrive que l'écart entre les riches et les pauvres s'accentue. Or, ce n'est qu'une partie de la population qui profitera réellement de l'enrichissement, alors que l'autre partie subira plutôt l'impact de l'inflation qui sera plus importante que l'augmentation des salaires.

C'est véritablement une année assez particulière qui s'installe. Elle sera à la fois des plus simples, nous ferons face à des problèmes concrets, et nous aurons aussi des événements heureux qui nous rappelleront le plaisir dans sa plus simple expression. En fait, la société, les politiciens et même les médias nous présenteront des choses faciles à comprendre qui ne seront aussi que le simple gros bon sens. Que ce soit par obligation ou par choix, les gens auront tendance à épurer, à se départir du superflu, à rechercher les économies et à vivre selon leurs moyens. Le concept de simplicité volontaire pourrait très bien reprendre un peu plus de vigueur. D'ailleurs, je ne serais pas étonnée que l'on commence à voir apparaître plusieurs épiceries bon marché qui n'inciteront pas à la surconsommation et où l'économie se créera plutôt en fonction d'une production locale, de produits non transformés et où il n'y aura pas de suremballage. Bref, les coopératives prendront beaucoup plus de place en 2023.

Chez certaines personnes, le concept de simplicité volontaire peut s'expliquer en fonction de leur situation économique qui n'est pas très rose, alors il est normal de chercher le meilleur prix pour pratiquement n'importe quoi et souvent d'avoir à se contenter de l'essentiel. Pour d'autres, ce sera une question de ménage à faire et de ne plus s'encombrer avec du superflu. Nous devons profiter pleinement de la vie qui nous est offerte, alors pourquoi nous enliser dans une abondance de matériel qui ne fait que nous ralentir, nous retenir dans l'illusion que la matière peut nous combler !

Il faudra aussi s'attendre au même phénomène de la part des gouvernements, des sociétés d'État et des compagnies dans le secteur privé. Ces employeurs risquent de faire aussi un grand ménage dans leurs effectifs ; il y aura probablement beaucoup de restructuration. Pas nécessairement trop de pertes d'emploi, cependant davantage des réaffections massives, peut-être vers des postes moins rémunérés pour certaines gens alors que pour d'autres, les responsabilités et les efforts seront plus soutenus. En fait, la concurrence mondiale est extrêmement active et nous n'avons pas le choix de nous enligner et être aussi efficaces qu'à l'autre bout de la planète pour répondre à la demande de certaines productions et éviter que nos emplois ne se déplacent ailleurs dans le monde. Encore une fois... un déjà-vu ou une coïncidence?

Politiquement, il y a aussi tout un ménage à faire dans la fonction publique et dans le système ministériel. Il y a certainement trop de décideurs et pas assez d'exécutants, et encore moins des jeunes gens qui veulent travailler, ce qui rend totalement inefficace la gouvernance de notre société.

Les cinq premiers mois généreront des profits assez rapidement. Les résultats seront au rendez-vous en ce qui concerne les économies et les rentrées d'argent. On arrêtera de jouer au chat et à la souris, de s'accuser mutuellement pour enfin poser des gestes concrets pour la population. Des pourparlers de paix sont aussi appelés à reprendre et voilà qu'ils pourraient même s'intensifier. Nous deviendrons plus conséquents et redoublerons d'efforts pour créer un monde meilleur. Certes, nous agirons souvent avec maladresse, mais au moins nous sortirons enfin de ce cauchemar, de cette torpeur qui nous paralysait et nous suffoquait. Prévoyez également une reprise de la créativité sur le plan artistique.

International

Le transit de Jupiter en Taureau apportera l'abondance dans le monde d'une manière plus globale avec une certaine forme de perspective. Tel que mentionné au préalable, je suis donc très optimiste et peut-être même aussi très idéaliste en prétendant qu'on devrait avoir été en mesure de créer assez de richesse sous ce cycle pour en distribuer à travers le monde et offrir aussi une meilleure qualité de vie à beaucoup de gens qui vivaient autrefois, et ce, il n'y a pas si longtemps déjà, dans un désespoir absolu!

Le carré Jupiter-Pluton (00° 18' Taureau-Verseau) du mois de mai n'augure rien de vraiment très positif. On peut s'attendre à une forme de brisure, sinon un choc qui nous amènera à prendre une nouvelle tangente à l'intérieur du cycle et à amorcer le sprint final vers l'accomplissement de la leçon qui sera probablement de nous dire que mère Nature a de quoi nourrir tous ses enfants s'ils veulent bien se partager son abondance plus équitablement. Alors cette année, il y aura sensiblement de grands défis à relever au sujet de cette même abondance.

L'économie fonctionnera très bien comparativement à d'autres périodes. En effet, même s'il y a eu des *crashs* très importants, l'économie se redressera rapidement et fonctionnera à plein régime un peu partout sur la planète, un peu comme si elle s'obstinait à faire de l'argent à tout prix, condamnée à la croissance absolue peu importe les conditions.

Économie et alimentation

La situation économique des dernières années n'est pas des plus roses, et ce, même s'il y a des endroits où l'opulence des oligarques y est presque déconcertante. En règle générale, chez la plupart des gens, il faut se serrer un peu plus la ceinture pour faire face aux nouvelles réalités économiques. Le coût de la vie a drastiquement augmenté, donc les taxes et les impôts doivent aussi être augmentés.

Que ce soit chez nous ou comme ailleurs dans le monde, l'aspect de l'alimentation, de l'hébergement et aussi des conditions familiales retiendra sérieusement l'attention. Il y a de bonnes chances que l'on puisse entendre parler plus fréquemment de famine. À cet effet, 2023 sera certainement marquée par un tel événement qui attirera l'attention mondiale pour coordonner une aide humanitaire d'envergure.

Chez nous, il ne serait pas étonnant que le prix des denrées de base connaisse encore un bond très important qui fera en sorte que l'on doive recalculer notre budget pour faire l'épicerie. La principale conséquence d'une telle situation sera surtout que les banques alimentaires se videront et que les plus démunis auront beaucoup moins accès à une nourriture de bonne qualité. Bref, la situation des familles n'est pas appelée à s'améliorer facilement de sitôt.

Politique

Nous aurons certainement beaucoup de controverses à ce niveau dès le tout début de l'année 2023, du moins ce sera la suite de l'an passé qui doit se dénouer. Il ne serait pas étonnant que l'on puisse amener un politicien en justice pour une raison ou pour une autre et créer une forme de précédent qui permettra d'assainir considérablement le milieu de la politique et des services publics.

En effet, vous vous souvenez certainement du fameux scandale des commandites, alors que ce n'était que la pointe de l'iceberg en ce qui a trait à la corruption de certains politiciens et autres grands fonctionnaires. Le mensonge aura de moins en moins sa place dans la haute société. La justice n'aura d'autre choix que d'intervenir et de mener enfin une enquête plus approfondie et surtout plus sérieuse. Or, n'allez pas être surpris de voir quelques grands procès prendre beaucoup de place dans l'actualité et même de voir des dirigeants de services publics qui se graissaient la patte allègrement avec l'argent des contribuables.

Justice

Il est clair que le système judiciaire n'est pas totalement indépendant des politiciens, ce qui peut poser problème par moments. Par exemple, on pourrait surprendre un haut dirigeant, qu'il soit issu du domaine politique, public ou du patronat, en train de négocier une forme de passe-droit avec la justice. Et c'est précisément une situation de ce genre qui fera en sorte de mettre en lumière l'ampleur du problème, et aussi qui permettra véritablement d'entreprendre des démarches vers des solutions plus sérieuses.

Nous savons tous que la corruption est monnaie courante dans bien des régions du monde et elle existe aussi certainement chez nous dans une certaine mesure. C'est probablement l'un des grands chevaux de bataille contre les corrupteurs de ce monde qui aura lieu au cours de l'année 2023. Il y aura des lois de plus en plus strictes pour restreindre les marges de manœuvre de ce genre de personnages qui empêchent les personnes de bonne foi d'entreprendre de bonnes actions pour leur communauté respective.

C'est aussi une année où les criminels auront la vie dure ; il y aura certainement des actions beaucoup plus musclées qui seront posées contre les gangs de rue et autres malfaiteurs qui perturbent la paix dans la société. Avant que des mesures sérieuses ne soient entreprises, prévoyez un peu de grabuge. La prudence sera de mise dans les rues et dans les transports en commun. Non seulement le problème de la violence pourrait connaître un certain sommet, mais on pourrait aussi entendre parler de crimes véritablement déplorables. Ce sera un événement bien précis qui sera l'élément déclencheur qui fera en sorte qu'on entreprendra des gestes radicaux et musclés pour tenter d'enrayer le désordre public généré par des voyous.

L'année 2023 nous apportera aussi des leçons à tirer de manière assez concrète qui ne s'échelonneront pas éternellement. Nous aurons à faire face à des problèmes bien précis qui demanderont qu'on s'en occupe dans l'immédiat. Par conséquent, il est très possible que nous ayons à vivre certaines pénuries, ce qui poussera les gens à se dépasser et à produire davantage au point de créer une abondance suffisante pour retrouver un bel équilibre entre tous, en quelque sorte. En dépit de tous les efforts déployés, une pénurie de médicaments et de main-d'œuvre est néanmoins à prévoir.

Sur une note finale, laissez-moi vous rassurer que malgré tout ce que prétendent les prophètes de malheur, il n'y a pas le moindre indice de fin du monde à l'horizon ni d'indépendance au Québec ! Cependant, pour tous les fervents de hockey, voilà qui laisse entrevoir un bien meilleur avenir pour nos chers Canadiens avec la bienvenue du nouvel entraîneur Martin St-Louis ; il est sans contredit un atout majeur pour l'équipe. Par conséquent, juste cela vaut donc la peine de préparer ce renouveau qui nous attend tous.

À bon entendeur, salut !

P.-S. Il s'agit vraisemblablement d'un message très idéaliste que l'on se répète très souvent et qui est de vivre pleinement chaque minute qui passe… Au risque de me répéter, n'oubliez pas que pour bien préparer l'avenir, il faut que le présent soit joie, amour, paix, lumière et abondance. Vivons dans la joie et le bonheur aujourd'hui pour que nous soyons toujours heureux demain. Le bonheur est en soi, mais parfois nous avons besoin de faire le tour du monde avant de le trouver. Nous fouillons de tous les côtés pour trouver les solutions à nos questions existentielles alors que les réponses sont toute simples et se trouvent à l'intérieur de nous. En 2023, la clé du bonheur se trouve tout simplement près du cœur, elle devrait donc être très facile à trouver. Tout ce que vous voulez que les autres fassent pour vous, faites-le de même pour eux !

TROUVER VOTRE SIGNE DU ZODIAQUE

D'abord, la chose que nous savons probablement tous déjà, c'est qu'il y a 12 signes du zodiaque. Mais à l'intention de ceux pour qui ce n'est pas le cas, je vous les énumère en tant que référence utile :

Bélier	du 21 mars au 20 avril
Taureau	du 21 avril au 20 mai
Gémeaux	du 21 mai au 21 juin
Cancer	du 22 juin au 23 juillet
Lion	du 24 juillet au 23 août
Vierge	du 24 août au 23 septembre
Balance	du 24 septembre au 23 octobre
Scorpion	du 24 octobre au 22 novembre
Sagittaire	du 23 novembre au 20 décembre
Capricorne	du 21 décembre au 20 janvier
Verseau	du 21 janvier au 19 février
Poissons	du 20 février au 20 mars

Ces dates peuvent varier d'année en année. Si vous êtes né un jour où un signe prend fin et qu'un autre débute, consultez un site d'astrologie (alabe.com ou astro.com) qui vous permettra de savoir à quel signe vous appartenez exactement.

Certains astrologues pensent que si une personne est née un jour où le Soleil change de signe, elle est un mélange des deux signes. Cependant, la plupart des astrologues ont tendance à croire que le Soleil ne peut être que dans un seul signe à la fois, de sorte qu'une personne est purement un signe ou l'autre. Personnellement, je crois fermement qu'il n'existe pas de signes purs en tant que tels.

L'ASCENDANT NATAL

Tout le monde possède un ascendant natal et même si de nombreuses prévisions sont faites à partir de votre signe solaire (zodiaque), il est conseillé de porter une attention toute particulière, tant à votre signe du zodiaque qu'à celui de votre ascendant natal.

La Terre tourne sur son axe autour du Soleil, ce qui porte celle-ci à voyager de minuit à midi et de midi au coucher du Soleil, et à nouveau le cycle se poursuit. Cela signifie donc qu'à toute heure de la journée ou de la nuit, l'un ou l'autre des 12 signes du zodiaque, peut se trouver à l'horizon Est d'un thème natal.

Le Soleil, la Lune et l'ascendant natal sont les trois points les plus importants dans un thème de naissance. Le signe où séjourne votre Lune natale nous dévoile votre nature émotionnelle alors que le signe où réside votre Soleil natal nous informe sur la façon dont vous projetez votre personnalité dans ce monde. En ce qui a trait à l'ascendant, il constitue la base de ce qui vous décrit le mieux en tant que véritable identité, entité, soit votre Moi intérieur. C'est aussi la manière dont vous êtes perçu par les autres au premier contact. L'ascendant natal nous révèle aussi l'effet que vous produisez sur le monde extérieur, comment vous apparaissez aux autres, le genre de personnage que vous jouez dans votre vie sociale ainsi que votre apparence physique. La première impression que vous donnez est celle qui compte le plus, d'où l'intérêt de la soigner. Voilà pourquoi il est suggéré de porter une attention particulière au moment où on fait l'étude d'un thème, à savoir si l'ascendant est dans un signe compatible, opposé ou neutre en ce qui a trait à votre Soleil natal et votre Lune natale.

En bref, votre Soleil natal représente votre identité véritable, contrairement à votre Lune natale, celle-ci représentant votre âme et vos désirs, alors que l'ascendant natal, lui, doit faire passer un message de ce que vous êtes à l'intérieur. Vu que les gens ne se dévoilent jamais complètement, l'ascendant symbolise donc le masque derrière lequel vous vous cachez pour mieux avancer dans la vie, dans le monde, et dans la société. Cependant, il est recommandé d'aller vers ce que révèle votre ascendant afin de mieux maîtriser vos meilleurs moyens d'action. Une personne qui ne vit pas aussi bien son ascendant natal peut être en déséquilibre total avec elle-même, et ainsi mal contrôler ses potentiels et défauts.

Connaître votre date de naissance vous révèle votre signe solaire. Pour ce qui est de votre Lune natale et l'Ascendant natal, nous devons ériger un thème d'horoscope complet ainsi qu'un tableau nous montrant où les planètes étaient à l'heure, à la date et au lieu où vous êtes né. Heureusement, de nos jours, il est très simple de trouver un site sur Internet qui effectue les calculs simplement en remplissant les informations de base.

TROUVER VOTRE ASCENDANT NATAL

Votre ascendant natal nous informe sur votre Moi intérieur, sur votre personnalité et nous dévoile des détails intéressants sur qui vous êtes et comment vous agissez au quotidien. La façon dont vous abordez la vie est déterminée dans une large mesure par votre ascendant, et c'est tout particulièrement vrai en ce qui concerne l'amour.

En fait, comme les planètes Vénus et Mars sont importantes à cet égard, un des plus grands facteurs déterminants de votre nature amoureuse est, en toute réalité, votre ascendant. Celui-ci nous renseigne sur vos qualités et défauts de départ, vos goûts préférentiels et l'image que vous affichez quand vous êtes en public. En astrologie, on dit que l'ascendant natal prédomine davantage en vieillissant, soit durant la deuxième partie de votre vie, alors qu'il prend une valeur significative.

Donc, pour trouver votre ascendant natal, il importe de savoir la date, l'heure, l'année et le lieu de votre naissance. Comment faire pour trouver tous ces renseignements si vous n'avez pas en main ces informations pertinentes ?

Premièrement, votre certificat de naissance est un bon début, puisque de nos jours, la plupart des certificats de naissance incluent l'heure de votre naissance, mais il y a des exceptions. En attendant, vous pourrez toujours consulter les archives de l'hôpital où vous êtes né, ce qui pourra être très révélateur.

Si votre certificat de naissance ne révèle pas l'heure comme telle de votre naissance, l'autre suggestion que je peux vous offrir est de vérifier les dossiers familiaux, comme la bible familiale, tout album de famille ou tout livre de bébé dans lequel les parents se faisaient un plaisir de mettre à jour tous les événements marquants de leur nouveau-né. Une dernière source, et non la moindre, est d'interroger les membres de votre parenté, mais dans ce cas, il est préférable de questionner autant de personnes que possible afin de mieux vous assurer qu'elles sont toutes en accord.

Parfois même, une heure de naissance des plus allusives peut se trouver dans un endroit des plus étranges. J'ai déjà eu une consultation avec une dame qui était née dans un petit village de l'Amérique du Sud au début des années 1900, si ma mémoire ne me fait pas défaut. Quand je lui ai demandé son heure de naissance, elle m'a dit qu'elle ne le savait pas, alors qu'à cette époque, un registre des naissances n'était pas tenu, et ce, sans tenir compte que parfois, le père pouvait décider d'enregistrer ladite naissance jusqu'à un an après celle-ci, quand il trouvait finalement le temps de le faire. Je lui ai demandé en retour si elle possédait une boîte qui contenait des souvenirs de sa naissance, de son enfance, de sa jeunesse, et elle a dit oui. Je lui ai donc suggéré d'y jeter un coup d'œil ; grâce à cette initiative, la bonne dame a découvert une photo d'elle qui avait été prise quelques heures après sa naissance, et sur l'endos de cette photo étaient notées la date et l'heure de sa naissance.

Si tout le reste échoue et que vous ne pouvez trouver personne qui se souvient quand et où vous êtes né, ou si vous n'arrivez pas à découvrir une preuve tangible de votre heure de naissance, il existe d'autres méthodes qui ont fait leurs preuves, entre autres, la rectification de l'heure de naissance. C'est un processus exigeant suivant lequel on doit essayer de faire correspondre tous les événements marquants de la vie d'un sujet en liaison avec les mouvements planétaires qui ont pris place à l'époque investiguée.

La méthode suggérée

La méthode en trois points que je vous suggère ici vous permettra de trouver votre ascendant natal rapidement, pour les natifs du Québec, sans faire tous les calculs précis que requiert une carte du ciel. Cependant, si vous tenez à une plus grande précision, il est toujours possible de consulter de nombreux sites sur Internet, tels que ***www.astro.com*** ou ***www.alabe.com***, qui sont spécialisés dans l'établissement d'une carte du ciel natal.

Par contre, si vous êtes né en France, en Suisse ou en Belgique, je vous encourage à lire attentivement les pages qui suivent, ne serait-ce que pour mieux vous informer sur le processus à suivre, par la suite, reportez-vous au chapitre réservé au calcul de votre ascendant natal (page 52), suivant qu'il y a de nombreux points dont il faut absolument tenir compte tels que l'heure locale, l'heure légale (heure de Greenwich), l'heure d'été et les périodes d'occupation en temps de guerre pour les natifs de l'Europe. Entre-temps, voyons pour ce qui est des personnes nées au Québec.

1. Votre heure de naissance

L'ascendant se calcule à partir de l'heure de votre naissance ; il faut donc que vous sachiez à quelle heure vous êtes né pour le calculer. Cependant, si votre heure de naissance est imprécise, vous pouvez toujours essayer quand même de faire le travail proposé ici, mais bien évidemment, l'ascendant que vous obtiendrez alors sera imprécis, lui aussi.

Donc, vous savez maintenant que votre ascendant se calcule à partir de votre heure de naissance. Rappelez-vous cependant ces deux éléments essentiels :

1. Si vous êtes né en après-midi ou même en soirée, il faut que vous spécifiiez votre heure en système de 0 à 24 heures. Donc, au lieu d'écrire 2 h de l'après-midi, vous écrirez 14 h et au lieu de 9 h du soir, vous écrirez 21 h. C'est très important, ne l'oubliez pas ! En effet, si vous êtes né en soirée ou en après-midi, vous n'aurez pas le même ascendant que si vous étiez né le matin.
2. En astrologie, il faut *toujours prendre l'heure réelle* et *non pas l'heure avancée*. Vous ne voulez pas calculer l'ascendant de quelqu'un qui serait né une heure plus tard que vous !

Savez-vous si vous êtes né pendant une période d'heure avancée ? C'est facile de le savoir grâce aux lignes qui suivent, et vous comprendrez aisément.

Tableau de l'heure avancée

Avant 1918, il n'y avait pas d'heure avancée.

Si vous êtes né entre les dates suivantes, enlevez une heure à votre heure de naissance pour avoir votre heure réelle de naissance.

En 1918, du 14 avril au 31 octobre inclusivement, l'heure était avancée dans toute la province de Québec.

De 1919 à 1927 inclusivement, l'heure était avancée à Montréal seulement :

- en 1919, du 31 mars au 25 octobre ;
- en 1920, du 2 mai au 3 octobre ;
- en 1921, du 1er mai au 2 octobre ;
- en 1922, du 30 avril au 1er octobre ;
- en 1923, du 13 mai au 30 septembre ;

– en 1924, du 18 mai au 28 septembre ;
– en 1925, du 3 mai au 27 septembre ;
– en 1926, du 2 mai au 26 septembre ;
– en 1927, du 1er mai au 25 septembre ;

Si vous êtes né ailleurs dans la province, laissez votre heure telle quelle.

À partir de 1928, l'heure est avancée à Montréal et dans tout le reste de la province entre les dates suivantes :

– en 1928, du 29 avril au 30 septembre ;
– en 1929, du 28 avril au 29 septembre ;
– en 1930, du 27 avril au 28 septembre ;
– en 1931, du 26 avril au 27 septembre ;
– en 1932, du 24 avril au 25 septembre ;
– en 1933, du 30 avril au 24 septembre ;
– en 1934, du 29 avril au 30 septembre ;
– en 1935, du 28 avril au 29 septembre ;
– en 1936, du 26 avril au 27 septembre ;
– en 1937, du 25 avril au 26 septembre ;
– en 1938, du 24 avril au 25 septembre ;
– en 1939, du 30 avril au 24 septembre ;
– en 1940, du 28 avril au 31 décembre* ;
– en 1941, toute l'année* ;
– en 1942, toute l'année* ;
– en 1943, toute l'année* ;
– en 1944, toute l'année* ;
– en 1945, toute l'année* ;
– en 1946, du 28 avril au 29 septembre ;
– en 1947, du 27 avril au 28 septembre ;
– en 1948, du 25 avril au 26 septembre ;
– en 1949, du 24 avril au 25 septembre ;
– en 1950, du 30 avril au 24 septembre ;
– en 1951, du 29 avril au 30 septembre ;
– en 1952, du 27 avril au 28 septembre ;
– en 1953, du 26 avril au 27 septembre ;

* L'heure fut avancée continuellement, hiver comme été, durant la guerre, soit de 1940 à 1945 :

- en 1954, du 25 avril au 26 septembre;
- en 1955, du 24 avril au 25 septembre;
- en 1956, du 29 avril au 30 septembre;

De 1957 à 2006 inclusivement, l'heure était avancée du dernier dimanche d'avril au dernier dimanche d'octobre:

- en 1957, du 28 avril au 27 octobre;
- en 1958, du 27 avril au 26 octobre;
- en 1959, du 26 avril au 25 octobre;
- en 1960, du 24 avril au 30 octobre;
- en 1961, du 30 avril au 29 octobre;
- en 1962, du 29 avril au 28 octobre;
- en 1963, du 28 avril au 27 octobre;
- en 1964, du 26 avril au 25 octobre;
- en 1965, du 25 avril au 31 octobre;
- en 1966, du 24 avril au 30 octobre;
- en 1967, du 30 avril au 29 octobre;
- en 1968, du 28 avril au 27 octobre;
- en 1969, du 27 avril au 26 octobre;
- en 1970, du 26 avril au 25 octobre;
- en 1971, du 25 avril au 31 octobre;
- en 1972, du 30 avril au 29 octobre;
- en 1973, du 29 avril au 28 octobre;
- en 1974, du 28 avril au 27 octobre;
- en 1975, du 27 avril au 26 octobre;
- en 1976, du 25 avril au 31 octobre;
- en 1977, du 24 avril au 30 octobre;
- en 1978, du 30 avril au 29 octobre;
- en 1979, du 29 avril au 28 octobre;
- en 1980, du 27 avril au 26 octobre;
- en 1981, du 26 avril au 25 octobre;
- en 1982, du 25 avril au 31 octobre;
- en 1983, du 24 avril au 30 octobre;
- en 1984, du 29 avril au 28 octobre;
- en 1985, du 28 avril au 27 octobre;
- en 1986, du 27 avril au 26 octobre;

- en 1987, du 5 avril au 25 octobre;
- en 1988, du 3 avril au 30 octobre;
- en 1989, du 2 avril au 29 octobre;
- en 1990, du 1er avril au 28 octobre;
- en 1991, du 7 avril au 29 octobre;
- en 1992, du 5 avril au 25 octobre;
- en 1993, du 4 avril au 31 octobre;
- en 1994, du 3 avril au 30 octobre;
- en 1995, du 2 avril au 29 octobre;
- en 1996, du 7 avril au 27 octobre;
- en 1997, du 6 avril au 26 octobre;
- en 1998, du 5 avril au 25 octobre;
- en 1999, du 4 avril au 31 octobre;
- en 2000, du 2 avril au 29 octobre;
- en 2001, du 1er avril au 28 octobre;
- en 2002, du 7 avril au 27 octobre;
- en 2003, du 6 avril au 26 octobre;
- en 2004, du 4 avril au 31 octobre;
- en 2005, du 3 avril au 28 octobre;
- en 2006, du 2 avril au 29 octobre;

Depuis 2007, l'heure est toujours avancée du deuxième dimanche de mars au premier dimanche de novembre:

- en 2007, du 11 mars au 4 novembre;
- en 2008, du 9 mars au 2 novembre;
- en 2009, du 8 mars au 1er novembre;
- en 2010, du 14 mars au 7 novembre;
- en 2011, du 13 mars au 6 novembre;
- en 2012, du 11 mars au 4 novembre;
- en 2013, du 10 mars au 3 novembre;
- en 2014, du 9 mars au 2 novembre;
- en 2015, du 1er mars au 1er novembre;
- en 2016, du 13 mars au 6 novembre;
- en 2017, du 12 mars au 5 novembre;
- en 2018, du 11 mars au 4 novembre;
- en 2019, du 10 mars au 3 novembre;

- en 2020, du 8 mars au 1er novembre ;
- en 2021, du 14 mars au 7 novembre.
- en 2022, du 13 mars au 6 novembre ;
- en 2023, du 12 mars au 5 novembre.

Donc, si vous êtes né entre les dates énumérées préalablement, n'allez pas oublier d'enlever une heure à votre heure de naissance pour obtenir votre heure réelle de naissance.

2. Le temps sidéral

Le temps sidéral est une heure qui correspond à une seule journée de l'année. Chaque journée a le sien ; il n'y a pas deux journées qui ont le même temps sidéral.

Pour calculer votre ascendant, vous avez donc besoin de connaître le temps sidéral qui correspond au jour de votre naissance. Comment faire ? Rien de plus simple.

Aux pages 48 et 49, vous trouverez un tableau : à la première ligne du tableau figurent les 12 mois de l'année, chacun correspondant à une colonne. La première colonne comporte des chiffres allant de 1 à 31. Ces chiffres correspondent aux quantièmes (jours) des mois.

Il vous suffit maintenant de trouver, dans la colonne qui correspond à votre mois de naissance, la ligne de votre jour de naissance et le tour est joué. Par exemple : si vous êtes né le 1er janvier, vous cherchez sous la colonne janvier, la première ligne, et vous voyez 6 h 36. Le temps sidéral qui correspond à votre jour de naissance est donc 6 h 36. De même, si vous êtes né le 11 septembre, vous allez voir sous la colonne de septembre la ligne qui correspond au 11, et vous trouvez votre temps sidéral, qui est 23 h 18.

Note : *Pour vous faciliter la tâche, le tableau des pages 48 et 49 indique le temps sidéral corrigé et simplifié pour le Québec.*

Suivez la ligne qui correspond à votre jour de naissance jusqu'à la colonne de votre mois de naissance : vous aurez maintenant le temps sidéral qui correspond à votre date de naissance.

Maintenant, vous additionnez !

Vous avez donc maintenant votre heure réelle de naissance et le temps sidéral qui correspond à votre jour de naissance : il vous suffit de faire une toute petite addition. Bien sûr, vous avez pris soin de vous assurer que votre heure de naissance est inscrite en système de 0 à 24 heures, surtout si vous êtes né en après-midi ou en soirée.

Attention

Vous avez des heures et des minutes. Vous savez qu'il y a 60 minutes dans une heure et 24 heures dans une journée.

Si, en additionnant, vous avez un total de minutes supérieur ou égal à 60, vous soustrayez 60 du nombre des minutes et vous ajoutez une heure de plus au nombre des heures.

De même, si, en additionnant, vous avez un total d'heures supérieur ou égal à 24, vous soustrayez 24 du nombre d'heures, sans tenir compte de la journée supplémentaire.

Vous avez maintenant un total en heures et en minutes : vous n'avez plus qu'à consulter la *Table des ascendants* à la page 50, à trouver la section qui correspond à votre résultat et à identifier le signe de votre ascendant.

Exemple

Supposons qu'une personne soit née le 24 juin 1967, à 2 h 25 de l'après-midi. Nous savons que, pour calculer l'ascendant, il faut utiliser l'heure en système de 0 à 24 heures. Donc, 2 h 25 de l'après-midi, c'est en réalité 14 h 25. Comme l'heure était avancée (voir le tableau de l'heure avancée), il faut donc soustraire 1 heure, ce qui donne 14 h25 – 1 h = 13 h 25.

Maintenant que nous avons l'heure réelle de naissance, faisons le calcul :

Heure réelle de naissance	13 h 25
Temps sidéral (du 24 juin) +	18 h 06
Total	31 h 31

Comme le nombre des heures est supérieur à 24, nous soustrayons 24 heures à 31 h 31, ce qui donne : 31 h 31 – 24 h = 7 h 31

En consultant la *Table des ascendants* à la page 50, on voit bien que l'ascendant de cette personne est en Balance.

TEMPS SIDÉRAL : QUÉBEC – DU 1ER JANVIER AU 31 DÉCEMBRE

Jour	Janv.	Févr.	Mars	Avril	Mai	Juin	Juil.	Août	Sept.	Oct.	Nov.	Déc.
1	6 h 36	8 h 38	10 h 33	12 h 36	14 h 33	16 h 36	18 h 34	20 h 37	22 h 39	0 h 37	2 h 39	4 h 38
2	6 h 40	8 h 42	10 h 37	12 h 40	14 h 37	16 h 40	18 h 38	20 h 41	22 h 43	0 h 41	2 h 43	4 h 42
3	6 h 44	8 h 46	10 h 40	12 h 44	14 h 41	16 h 43	18 h 42	20 h 45	22 h 47	0 h 45	2 h 47	4 h 46
4	6 h 48	8 h 50	10 h 44	12 h 48	14 h 45	16 h 47	18 h 46	20 h 49	22 h 51	0 h 49	2 h 51	4 h 50
5	6 h 52	8 h 54	10 h 48	12 h 52	14 h 49	16 h 51	18 h 50	20 h 53	22 h 55	0 h 53	2 h 55	4 h 54
6	6 h 56	8 h 58	10 h 52	12 h 55	14 h 53	16 h 55	18 h 54	20 h 57	22 h 59	0 h 57	2 h 59	4 h 57
7	7 h 00	9 h 02	10 h 56	12 h 58	14 h 57	16 h 59	18 h 58	21 h 00	23 h 03	1 h 01	3 h 03	5 h 01
8	7 h 04	9 h 06	11 h 00	13 h 02	15 h 01	17 h 03	19 h 02	21 h 04	23 h 07	1 h 05	3 h 07	5 h 05
9	7 h 08	9 h 10	11 h 04	13 h 06	15 h 05	17 h 07	19 h 06	21 h 08	23 h 11	1 h 09	3 h 11	5 h 09
10	7 h 12	9 h 14	11 h 08	13 h 10	15 h 09	17 h 11	19 h 10	21 h 12	23 h 14	1 h 13	3 h 15	5 h 13
11	7 h 15	9 h 18	11 h 12	13 h 14	15 h 13	17 h 15	19 h 14	21 h 16	23 h 18	1 h 17	3 h 19	5 h 17
12	7 h 19	9 h 22	11 h 16	13 h 18	15 h 17	17 h 19	19 h 18	21 h 20	23 h 22	1 h 21	3 h 23	5 h 21
13	7 h 23	9 h 26	11 h 20	13 h 22	15 h 21	17 h 23	19 h 22	21 h 24	23 h 26	1 h 25	3 h 27	5 h 25
14	7 h 27	9 h 30	11 h 24	13 h 26	15 h 24	17 h 27	19 h 26	21 h 28	23 h 30	1 h 29	3 h 31	5 h 29
15	7 h 31	9 h 33	11 h 28	13 h 30	15 h 28	17 h 31	19 h 30	21 h 32	23 h 34	1 h 32	3 h 35	5 h 33

Jour	Janv.	Févr.	Mars	Avril	Mai	Juin	Juil.	Août	Sept.	Oct.	Nov.	Déc.
16	7 h 35	9 h 37	11 h 32	13 h 34	15 h 32	17 h 34	19 h 34	21 h 36	23 h 38	1 h 36	3 h 39	5 h 37
17	7 h 39	9 h 41	11 h 36	13 h 38	15 h 36	17 h 38	19 h 38	21 h 40	23 h 42	1 h 40	3 h 43	5 h 41
18	7 h 43	9 h 45	11 h 40	13 h 42	15 h 40	17 h 42	19 h 42	21 h 44	23 h 46	1 h 44	3 h 47	5 h 45
19	7 h 47	9 h 49	11 h 44	13 h 46	15 h 44	17 h 46	19 h 46	21 h 48	23 h 50	1 h 48	3 h 50	5 h 49
20	7 h 51	9 h 53	11 h 48	13 h 50	15 h 48	17 h 50	19 h 49	21 h 52	23 h 54	1 h 52	3 h 54	5 h 53
21	7 h 55	9 h 57	11 h 52	13 h 54	15 h 52	17 h 54	19 h 53	21 h 56	23 h 58	1 h 56	3 h 58	5 h 57
22	7 h 59	10 h 01	11 h 55	13 h 58	15 h 56	17 h 58	19 h 57	22 h 00	0 h 02	2 h 00	4 h 02	6 h 01
23	8 h 03	10 h 05	11 h 58	14 h 02	16 h 00	18 h 02	20 h 02	22 h 04	0 h 06	2 h 04	4 h 06	6 h 05
24	8 h 07	10 h 09	12 h 02	14 h 06	16 h 04	18 h 06	20 h 06	22 h 08	0 h 10	2 h 06	4 h 10	6 h 09
25	8 h 11	10 h 13	12 h 06	14 h 10	16 h 08	18 h 10	20 h 10	22 h 12	0 h 14	2 h 12	4 h 14	6 h 13
26	8 h 15	10 h 17	12 h 10	14 h 14	16 h 12	18 h 14	20 h 14	22 h 16	0 h 18	2 h 16	4 h 18	6 h 17
27	8 h 19	10 h 21	12 h 14	14 h 18	16 h 16	18 h 18	20 h 18	22 h 20	0 h 23	2 h 20	4 h 22	6 h 21
28	8 h 23	10 h 25	12 h 18	14 h 22	16 h 20	18 h 22	20 h 22	22 h 24	0 h 26	2 h 24	4 h 26	6 h 24
29	8 h 26	10 h 29	12 h 22	14 h 26	16 h 24	18 h 26	20 h 26	22 h 27	0 h 30	2 h 28	4 h 30	6 h 28
30	8 h 30		12 h 26	14 h 29	16 h 28	18 h 30	20 h 30	22 h 31	0 h 34	2 h 32	4 h 34	6 h 32
31	8 h 34		12 h 30		16 h 32		20 h 33	22 h 35		2 h 36		6 h 36

TABLE DES ASCENDANTS

Heures			Ascendants
0 h 00	à	0 h 34	Cancer
0 h 35	à	3 h 21	Lion
3 h 22	à	5 h 59	Vierge
6 h 00	à	8 h 40	Balance
8 h 41	à	11 h 18	Scorpion
11 h 19	à	13 h 43	Sagittaire
13 h 44	à	15 h 35	Capricorne
15 h 36	à	16 h 58	Verseau
16 h 59	à	17 h 59	Poissons
18 h 00	à	19 h 04	Bélier
19 h 05	à	20 h 24	Taureau
20 h 25	à	22 h 22	Gémeaux
22 h 23	à	24 h 00	Cancer

Si vous avez bien suivi le processus suggéré aux pages précédentes pour trouver votre ascendant natal, vous connaissez donc à présent votre signe solaire et votre ascendant natal. Vous êtes encouragé maintenant à lire la description que je vous ai préparée au chapitre intitulé « Ce que votre ascendant natal vous révèle », alors que vous pourrez à présent prendre mieux connaissance de votre véritable identité.

Quand vous avez obtenu votre total d'heures, reportez-vous à la table des ascendants ci-haut. Et si le total en question dépasse 24 heures, retirez 24 heures pour obtenir l'heure réelle.

CALCUL DE L'ASCENDANT NATAL POUR L'EUROPE

S'il est une difficulté pour dresser un thème, elle est moins dans le calcul d'un thème de naissance que dans la résolution du problème d'horaire. Il convient donc de vous expliquer le processus et de commencer par des définitions.

L'*heure locale* est en réalité l'heure du méridien de votre *lieu* de naissance. Cette heure locale variant forcément avec la longitude et n'étant fondée que pour les pays situés sur cette longitude. On a été amené à employer sur toute l'étendue d'un même pays une heure unique, appelée *heure légale* parce que définie par une loi ; c'est cette heure qui est marquée sur les horloges publiques et que transmet, en France, l'horloge parlante de l'Observatoire de Paris. Quant à l'heure de *Greenwich*, elle correspond à l'heure du méridien de Greenwich. Il en est de même pour la France, la Suisse, et la Belgique. Ces précisions fournies, nous pouvons maintenant aborder le régime horaire de la France.

Depuis le 9 mars 1911, une nouvelle loi est entrée en vigueur qui a adopté l'heure du méridien de Greenwich, l'*heure légale*, donc l'heure locale de Greenwich. Tous les pays d'Europe occidentale se sont d'ailleurs alignés, à des dates différentes, sur ce fuseau horaire. Ajoutons à tout cela la complication de *l'heure d'été* en vigueur depuis 1916. Durant les périodes annuelles où elle est appliquée, les horloges sont en avance d'une heure sur l'heure de Greenwich. Pour les naissances survenues en période d'heure d'été, il convient de retrancher cette heure. Durant l'occupation allemande, l'heure légale devint celle du méridien de l'Europe centrale, si bien que dans les périodes d'heure d'été en 1940 et 1945, l'heure en vigueur fut en avance de deux heures sur celle du méridien de Greenwich.

Noter des différences horaires entre la zone libre et la zone occupée entre 1940-1942. Or, en zone occupée, l'avance était de 2 h à partir du 15 juin 1940 (au fur et à mesure de l'avance allemande) jusqu'au 2 novembre 1942, 1 h (GMT) ; en zone libre, l'avance de 1 h a été maintenue du 25 février 1940 au 4 mai 1941, 23 (GMT) devenant le 5 mai 1 h légale. On est alors passé au régime horaire allemand (avance de 2 h) pour revenir à l'heure d'hiver (avance de 1 h) le 5 octobre 1941, 22 h (GMT), devenant le 5, 23 h légale. Cette zone a repris l'avance de 2 h le 8 mars 1942, 23 h (GMT) devenant le 9, à 1 h légale, jusqu'au 2 novembre 1942, 1 h (GMT) devenant le 2, 2 h légale, retour à l'heure d'hiver. À partir de cette date, le régime horaire a été le même pour les deux zones jusqu'au 16 septembre 1945, 1 h (GMT), devenant le 16, 2 h légale, où l'heure s'est maintenue jusqu'à maintenant (avance de 1 h). La ligne de démarcation qui délimitait les deux zones passait par les départements suivants : Haute-Savoie, Jura, Saône-et-Loire, Allier, Cher, Loir-et-Cher, Indre-et-Loire, Vienne, Charente, Dordogne, Gironde, Landes et Pyrénées-Atlantiques.

Comment calculer votre ascendant pour la France

Soulignons que la France fait partie du même fuseau horaire que GMT (Greenwich), mais son horloge n'est pas toujours réglée au même temps (il y a parfois 1 h ou 2 h d'écart l'été). Vous devrez donc apporter les correctifs nécessaires à votre heure de naissance. Voici le processus à suivre :

1. Exactement comme dans le processus de calcul suggéré pour trouver votre ascendant natal si vous êtes né au Québec, vous devez repérer dans le tableau aux pages 53 et 54 l'heure sidérale qui correspond à votre jour et à votre mois de naissance.
2. Veuillez additionner l'heure sidérale trouvée à votre heure de naissance réelle :
   - Si vous êtes né après 1916 et avant 1940, retirez une heure ;
   - entre 1940 et le 16 septembre 1945, retirez 2 heures ;
   - né après le 16 septembre 1945, retirez toujours 1 heure ;
   - après 1976, n'oubliez pas de retirer 2 heures si vous êtes né en période d'heure d'été.
3. Quand vous avez obtenu votre total d'heures, reportez-vous au tableau à la page 55. Si le total en question dépasse 24 heures, retirez 24 heures pour obtenir l'heure réelle.

   Exemple : né le 1er mars 1947 à 17 heures

   17 heures = heure de naissance

   10 h 32 = heure sidérale

   Le total des deux = 27 h 32

   Retranchez 1 heure = 26 h 32

   Retranchez 24 heures = Ascendant Lion

TEMPS SIDÉRAL : FRANCE, SUISSE, BELGIQUE – DU 1ER JANVIER AU 31 DÉCEMBRE

Jour	Janv.	Févr.	Mars	Avril	Mai	Juin	Juil.	Août	Sept.	Oct.	Nov.	Déc.
1	6 h 36	8 h 37	10 h 32	12 h 35	14 h 32	16 h 35	18 h 34	20 h 36	22 h 38	0 h 36	2 h 38	4 h 37
2	6 h39	8 h 41	10 h 36	12 h 39	14 h 36	16 h 42	18 h 37	20 h 40	22 h 42	0 h 40	2 h 42	4 h 41
3	6 h 43	8 h 45	10 h 39	12 h 43	14 h 40	16 h 46	18 h 41	20 h 44	22 h 46	0 h 44	2 h 46	4 h 45
4	6 h 47	8 h 49	10 h 43	12 h 47	14 h 44	16 h 50	18 h 45	20 h 49	22 h 51	0 h 48	2 h 50	4 h 50
5	6 h 51	8 h 53	10 h 47	12 h 51	14 h 48	16 h 54	18 h 48	20 h 54	22 h 54	0 h 54	2 h 54	4 h 53
6	6 h 55	8 h 57	10 h 51	12 h 54	14 h 52	16 h 58	18 h 53	20 h 56	22 h 55	0 h 56	2 h 58	4 h 56
7	7 h 00	9 h 01	10 h 55	12 h 57	14 h 56	17 h 02	18 h 57	20 h 59	22 h 02	1 h 00	3 h 02	5 h 00
8	7 h 03	9 h 56	11 h 00	13 h 01	15 h 00	17 h 06	19 h 01	21 h 03	23 h 06	1 h 05	3 h 08	5 h 04
9	7 h 07	9 h 09	11 h 04	13 h 06	15 h 04	17 h 10	19 h 04	21 h 07	23 h 10	1 h 09	3 h 12	5 h 09
10	7 h 14	9 h 19	11 h 14	13 h 14	15 h 09	17 h 15	19 h 11	21 h 12	23 h 14	1 h 14	3 h 15	5 h 13
11	7 h 16	9 h 22	11 h 17	13 h 17	15 h 17	17 h 23	19 h 12	21 h 15	23 h 17	1 h 18	3 h 18	5 h 14
12	7 h 20	9 h 2	11 h 18	13 h 20	15 h 20	17 h 26	19 h 18	21 h 16	23 h 18	1 h 21	3 h 21	5 h 17
13	7 h 22	9 h 25	11 h 20	13 h 21	15 h 23	17 h 29	19 h 18	21 h 19	23 h 22	1 h 22	3 h 23	5 h 20
14	7 h 25	9 h 28	11 h 23	13 h 24	15 h 24	17 h 30	19 h 22	21 h 22	23 h 25	1 h 25	3 h 27	5 h 23
15	7 h 28	9 h 33	11 h 26	13 h 27	15 h 27	17 h 33	19 h 27	21 h 26	23 h 29	1 h 29	3 h 31	5 h 27

Jour	Janv.	Févr.	Mars	Avril	Mai	Juin	Juil.	Août	Sept.	Oct.	Nov.	Déc.
16	7 h 35	9 h 37	11 h 32	13 h 34	15 h 32	17 h 34	19 h 34	21 h 36	23 h 38	1 h 36	3 h 39	5 h 37
17	7 h 39	9 h 41	11 h 36	13 h 38	15 h 36	17 h 38	19 h 38	21 h 40	23 h 42	1 h 40	3 h 43	5 h 41
18	7 h 43	9 h 45	11 h 40	13 h 42	15 h 40	17 h 42	19 h 42	21 h 44	23 h 46	1 h 44	3 h 47	5 h 45
19	7 h 47	9 h 49	11 h 44	13 h 46	15 h 44	17 h 46	19 h 46	21 h 48	23 h 50	1 h 48	3 h 50	5 h 49
20	7 h 51	9 h 53	11 h 48	13 h 50	15 h 48	17 h 50	19 h 49	21 h 52	23 h 54	1 h 52	3 h 54	5 h 53
21	7 h 55	9 h 57	11 h 52	13 h 54	15 h 52	17 h 54	19 h 53	21 h 56	23 h 58	1 h 56	3 h 58	5 h 57
22	7 h 59	10 h 01	11 h 55	13 h 58	15 h 56	17 h 58	19 h 57	22 h 00	0 h 02	2 h 00	4 h 02	6 h 01
23	8 h 03	10 h 05	11 h 58	14 h 02	16 h 00	18 h 02	20 h 02	22 h 04	0 h 06	2 h 04	4 h 06	6 h 05
24	8 h 07	10 h 09	12 h 02	14 h 06	16 h 04	18 h 06	20 h 06	22 h 08	0 h 10	2 h 06	4 h 10	6 h 09
25	8 h 11	10 h 13	12 h 06	14 h 10	16 h 08	18 h 10	20 h 10	22 h 12	0 h 14	2 h 12	4 h 14	6 h 13
26	8 h 15	10 h 17	12 h 10	14 h 14	16 h 12	18 h 14	20 h 14	22 h 16	0 h 18	2 h 16	4 h 18	6 h 17
27	8 h 19	10 h 21	12 h 14	14 h 18	16 h 16	18 h 18	20 h 18	22 h 20	0 h 23	2 h 20	4 h 22	6 h 21
28	8 h 23	10 h 25	12 h 18	14 h 22	16 h 20	18 h 22	20 h 22	22 h 24	0 h 26	2 h 24	4 h 26	6 h 24
29	8 h 26	10 h 29	12 h 22	14 h 26	16 h 24	18 h 26	20 h 26	22 h 27	0 h 30	2 h 28	4 h 30	6 h 28
30	8 h 30		12 h 26	14 h 29	16 h 28	18 h 30	20 h 30	22 h 31	0 h 34	2 h 32	4 h 34	6 h 32
31	8 h 34		12 h 30		16 h 32		20 h 33	22 h 35		2 h 36		6 h 36

TABLE DES ASCENDANTS

Heures			Ascendants
0 h 34	à	3 h 16	Lion
3 h 17	à	6 h 00	Vierge
6 h 01	à	8 h 43	Balance
8 h 44	à	11 h 25	Scorpion
11 h 26	à	13 h 53	Sagittaire
13 h 54	à	15 h 42	Capricorne
15 h 43	à	17 h 00	Verseau
17 h 01	à	17 h 58	Poissons
17 h 59	à	18 h 58	Bélier
18 h 59	à	20 h 17	Taureau
20 h 18	à	22 h 08	Gémeaux
22 h 09	à	00 h 33	Cancer

Si vous avez bien suivi le processus suggéré aux pages précédentes pour trouver votre ascendant natal, vous connaissez donc à présent votre signe solaire, mais aussi que votre ascendant natal. Vous êtes donc encouragé maintenant à lire la description préparée au chapitre intitulé « Ce que votre ascendant natal vous révèle », alors que vous pourrez finalement prendre connaissance de votre véritable identité. À lire à la page suivante…

P.-S. Le Parlement européen n'a toujours pas statué en ce qui a trait au changement d'heure deux fois par an. Or, il va falloir changer d'heure une nouvelle fois : nous passerons à l'heure d'hiver dans la nuit du 4 au 5 novembre 2023, à moins que, bien entendu, l'Europe nous donne de ses nouvelles… éventuellement.

CE QUE VOTRE ASCENDANT NATAL VOUS RÉVÈLE

Ascendant Bélier 

Tout individu né avec le signe du Bélier à l'ascendant ressent le besoin de s'affirmer, de vouloir être le premier. Énergique, brave et courageux, vous êtes pourvu d'un bel esprit d'initiative. Entrepreneur-né, porté à agir sur des coups de tête et à parler sans réfléchir, vos initiatives nombreuses ne vous conduisent pas toujours à la réalisation de vos projets, suivant que vous êtes souvent inconséquent dans vos entreprises alors que vous cherchez un autre projet dans lequel vous investir. Prompt, impatient, actif et agité, vous vous fâchez facilement, sans compter que vous avez tendance à imposer votre rythme, vos idées, vos désirs aux gens qui vous entourent. Vous aimez jouer un rôle de premier plan et vous êtes friand de prendre des risques qui, parfois d'ailleurs, tendent à vous mettre en situations de péril. Pas étonnant que vous accusiez maintes blessures dans le cours de votre existence. Vous avez possiblement une cicatrice au niveau de la tête, sinon il est possible que vous ayez cassé ou perdu une de vos dents dans votre jeunesse. Vous pouvez parfois aussi développer une calvitie précoce. En ce qui a trait à vos amours, vous êtes *a priori* un passionné, à la folie et avec fougue, et vos sentiments sont tous aussi vifs qu'entiers.

Ascendant Taureau 

En tant qu'ascendant Taureau, vous vous montrez avant tout comme étant une personne timide, patiente, parfois trop, lente à réagir et à démarrer. Pondéré, calme, sensuel et affectueux, c'est à travers les sentiments que vous exprimez et développez votre personnalité. En tant que bon signe de Terre, vous êtes habité par cette peur de manquer d'argent. Cela explique votre besoin de sécurité si immense. Heureusement, votre vie matérielle s'améliore avec l'âge, ce qui fait que vous pourrez jouir d'une vie confortable. Gourmand et épicurien, vous aimez ce que la vie a de meilleur à offrir. Contrairement aux natifs du Bélier, vous êtes capable de prendre des décisions aussi réfléchies que bien mûries. Apte à réaliser vos visées, vous menez toujours à bon port les projets que vous mettez de l'avant et vous faites de vos ambitions une réalité. En tant que signe fixe, vous avez en horreur tout changement quel qu'il soit ainsi que de déménager, étant donné que vous préférez de loin vous cantonner dans ce qui est sûr et stable. Constant dans vos sentiments, en amour vous êtes fidèle et possessif. On dit même que, parfois, vous pouvez être jaloux et rancunier.

Ascendant Gémeaux

L'ascendant Gémeaux donne une apparence toujours plus jeune. Vif, instable, qui ne veut rien manquer et en perpétuel mouvement, vous avez tendance à vous éparpiller. Pourvu d'un caractère logique, changeant, mais très adaptable, vous vous montrez comme étant quelqu'un de très humain. Influençable, habile et impressionnable, vous êtes parfois frivole et superficiel. Brillant, curieux, inquisiteur et habile de vos mains, vos nombreuses activités vous mèneront au succès, tant dans le monde des relations publiques que des communications. Étant une personne qui aime le changement, il vous arrivera de changer plusieurs fois d'allure, de style, d'activité au cours de votre vie. Il est possible que vous ayez occupé deux emplois à la fois. Vous êtes porté aussi à commencer mille et une choses, mais à ne pas toutes les terminer. En ce qui a trait à votre vie amoureuse, elle est généralement compliquée. Toujours prêt à nouer de nouvelles rencontres ainsi qu'à butiner d'une fleur à l'autre, votre grande sensibilité maladive vous vaudra maints chagrins. Même si vous êtes une personne qui ressent un grand besoin de parler et de communiquer, vous n'exprimez pas nécessairement toujours facilement vos sentiments.

Ascendant Cancer

Protecteur, attachant et d'une extrême sensibilité, l'ascendant Cancer attire les gens à lui par son charme, mais il les déconcerte tout autant par ses nombreuses humeurs fluctuantes. Craintif, timide, parfois capricieux et infantile, vous êtes en constante quête de douceur et de tendresse. En dépit du fait que vous accusiez un manque de volonté, de courage ou d'esprit d'initiative, il est tout de même possible que vous ayez travaillé avec les enfants ou les femmes, sinon dans le secteur alimentaire ou hôtelier. Tout ce qui touche aux liquides vous servira bien aussi. Très maternel ou papa gâteau, sans contredit, la famille occupe une place de choix dans votre vie. Il est d'ailleurs possible que vous ayez été marqué par celle-ci. Vous êtes de ces gens qui éprouvent beaucoup de difficulté à couper avec le passé et vous avez tendance à tout dramatiser. Voilà qui peut être une des raisons pour lesquelles vous souffrez de désordres alimentaires. Timide, dévoué, gêné, rêveur, avec une pointe de nostalgie dans votre regard, c'est votre manière à vous d'attirer l'attention. Crédule et indécis, vous vous faites souvent avoir, mais il est rare que vous en gardiez rancune. Romantique, sentimental et tendre de nature, vous êtes dépendant en amour et éprouvez du mal à vous fixer affectivement. Toujours en quête d'amour, si le partenaire de vie ne correspond plus à vos attentes et à vos désirs, vous serez prêt à aller voir ailleurs.

Ascendant Lion

Une personne née avec un ascendant Lion est amicale, fière, juste et chaleureuse. Vous possédez un grand magnétisme personnel et votre manière de vous comporter est noble et distinguée. Très attirant de nature, vous ne laissez personne indifférent. Fier, idéaliste et impartial, vous manquez parfois de recul face à vous-même et face aux circonstances et aux événements de votre vie. Friand de vérité, vous avez en horreur les gens qui vous mentent et les personnes hypocrites. Puisque vous êtes de ces gens qui éprouvent des difficultés avec toute autorité en place, de façon générale, il est possible que vous ayez vécu des différends avec votre père. Ambitieux, doté d'une grande détermination et doué pour l'administration, vous réussissez très aisément à atteindre vos objectifs. Il est tout probable que vous occupiez un poste bien en vue. Parfois enclin à avoir trop de confiance en vos propres moyens, vous entreprenez des projets bien au-dessus de vos forces et de vos capacités. Loyal, empreint d'une noblesse de cœur et de sentiments qui se reflète dans votre allure et votre manière de vous conduire, vous aimez être flatté lorsqu'on vous fait la cour. Sentimental et passionné, vous êtes de ces gens ardents en amour. Vous avez également l'art de vous distinguer du groupe et vous avez aussi un petit côté vedette !

Ascendant Vierge

Le natif dont l'ascendant est Vierge possède un sens pratique très développé, il est méticuleux de nature et a le souci du détail. Vous êtes de ces personnes ordonnées et méthodiques de nature. Perfectionniste et très critique face à vous-même et aux gens qui vous entourent, votre critique se veut toutefois positive. Maniaque de propreté et d'hygiène, il importe pour vous que l'on remette les choses à leur place. Toujours partant pour répondre à l'appel d'un ami en détresse ou en quête d'un service, votre grand cœur peut parfois vous jouer de vilains tours. Sans cesse porté à vous sentir facilement coupable, vous ressentez constamment le besoin d'en faire toujours plus et vous ne cessez de vous imaginer le pire. Étant une personne pour qui l'insécurité l'étouffe, vous êtes plus du genre économe que dépensier. À cet effet, rares sont ceux nés avec un ascendant Vierge qui ne finissent pas leur vie avec deux propriétés, sinon deux maisons.

Infatigable et bourreau du travail, vous vous acquittez des tâches sans relâche ; il vous est impossible de vous reposer. Timide et réservé de nature, en amour vous avez tendance à rester sur vos gardes alors que vous faites preuve d'une extrême méfiance. Raffiné, exigeant et sensible, vous ne tombez pas facilement amoureux. D'ailleurs, une déception amoureuse pour vous est perçue comme étant une trahison.

Ascendant Balance

Celui dont l'ascendant tombe en Balance est quelqu'un pour qui l'amour est la chose la plus importante. Facile à vivre et tout aussi sympathique, vous êtes heureux quand vous vous sentez entouré alors que vous adorez échanger verbalement avec les gens. Vous êtes de ces personnes pour qui la solitude leur pèse énormément. Diplomate-né, vous cherchez à réunir les gens et à établir la paix entre eux. Supportant mal tous les conflits et les contrariétés, vous êtes prêt à faire tous les compromis possibles et nécessaires pour vous en dissocier. Étant toujours en constante recherche d'équilibre parfait, vous éprouvez une grande difficulté à prendre une décision, puisque tout doit être passé au crible avant que vous ne vous décidiez à vous engager. Très courtois et tout aussi charmant et d'une élégance raffinée sans pareille, vos belles manières ne laissent personne indifférent. Constant dans vos affections et vos sentiments, et fidèle de nature, heureuse sera la personne qui saura vous séduire et gagner votre cœur alors que vous lui témoignerez un fort attachement affectif.

Ascendant Scorpion

Le natif ayant le signe du Scorpion à l'ascendant est méfiant et très sceptique par nature. Renfermé, intense et profond, il n'est pas toujours facile à comprendre. Ardent, vibrant et tout aussi intense, il n'est pas facile à saisir non plus. Chez vous, pas de demi-mesures, vous aimez et haïssez avec autant de passion. Courageux et volontaire, vous donnez l'impression d'une certaine puissance. Déterminé, patient, travaillant, combatif et capable d'efforts soutenus, vous déployez une énergie peu commune pourvu que vous soyez motivé. Vous êtes apte à de grandes réalisations. Méfiant, sournois et constamment sur la défensive, vous prenez énormément de temps avant de vous dévoiler. En revanche, votre magnétisme personnel et votre force de caractère ne laissent personne indifférent. Très rusé de nature, rien ne vous échappe. Tout aussi intuitif que profondément intelligent, grâce à votre esprit analytique, vous pouvez très bien exceller dans le domaine de la recherche ou dans l'investigation. En ce qui a trait à votre énergie sexuelle, elle est tout aussi inépuisable. Autant vous avez besoin de fusionner avec votre partenaire, autant vous n'avez pas de pardon pour l'infidélité.

Ascendant Sagittaire

La personne qui naît avec le Sagittaire comme ascendant est un être optimiste et plein d'enthousiasme. Sa personnalité joviale ne laisse personne indifférent. D'emblée, vous êtes quelqu'un de positif, d'indépendant et d'autonome – vous détestez devoir quoi que ce soit à qui que ce soit. Sympathique et bon vivant, vous êtes incapable de blesser les autres et encore moins de les injurier. Défenseur de la justice, vous vous montrez toujours conscient des gestes que vous posez ainsi que des conséquences qu'ils entraînent. Athlétique et aventurier, vous adorez toutes les activités de plein air et les gens de cultures différentes de la vôtre ; vous aimez tout ce qui sort de l'ordinaire. Alors qu'il vous arrive de ne pas toujours écouter lorsqu'on vous parle, n'empêche, vous êtes doté d'un grand pouvoir oratoire. Séducteur-né, porté à l'excès et permissif, vous faites partie du signe qui collectionne les conquêtes. Vous faites beaucoup de ravages avant votre mariage et l'amour exclusif n'est pas une de vos forces et encore moins une de vos qualités majeures. Pas nécessairement sentimental, l'amitié tient cependant une grande place dans votre vie.

Ascendant Capricorne

En tant que natif avec un ascendant Capricorne, votre lucidité et votre pouvoir de concentration peuvent à l'occasion freiner le développement de votre personnalité. Ceux qui naissent avec cet ascendant éprouvent souvent des difficultés dès leur tout jeune âge. Tenace, discipliné, raisonnable, ambitieux, sérieux, réservé et timide, vous êtes de ces personnes qui sont portées à se sentir responsables de tout le monde. Né sous un signe de Terre, vous craignez toujours de manquer d'argent, ce qui explique pourquoi il est difficile pour vous de vous défaire de vos vieilles affaires ; vous avez de nombreux objets en réserve. Étant quelqu'un qui souffre d'un manque de confiance en soi, vous êtes plus souvent qu'à votre tour porté à ne pas vous sentir à la hauteur. Plutôt chétif, il est possible qu'à un jeune âge, vous ayez subi des problèmes de santé, mais plus vous vieillissez, plus celle-ci se renforce. Dur avec vous-même comme avec les autres, pas surprenant que vous ayez éprouvé des ennuis avec votre père, vos frères ou vos sœurs, sinon vous avez sûrement souffert d'une profonde déception durant votre adolescence. Fort heureusement que votre vie se bonifie avec le temps. Peu démonstratif de nature, vous accordez bien peu d'importance aux sentiments. Vous préférez être seul que mal accompagné ; cependant, une fois que vous êtes apprivoisé et conquis, votre passion se dévoile peu à peu.

Ascendant Verseau

Celui qui naît avec un ascendant Verseau est avant tout une personne originale dans sa façon d'être et tout aussi bohème par nature. Vous ne faites rien comme les autres. Il est vrai que vous aimez la compagnie des gens, mais vous avez autant hâte de vous retrouver seul. Quand vous êtes en colère, tout explose et c'est loin d'être beau à voir, mais jamais vous ne vous vengez de façon malicieuse et/ou déloyale. Curieux de nature et en avance sur votre temps, votre mission ici-bas sur terre est de nous enrichir de vos multiples connaissances. Doté d'une belle intelligence et d'un esprit éveillé, vous accusez parfois un manque de persévérance et vous n'allez pas toujours au bout de vos projets. Brillant par vos idées, lorsqu'il est question de carrière ou de travail, vous pouvez exceller dans le domaine des communications ou des relations publiques. Sensible et intuitif, mais régnant en maître sur vos émotions, vous êtes de ces personnes qui ont tendance à reléguer leurs amours au second plan, puisqu'elles craignent de s'attacher ; c'est comme si vous sentiez que les obligations familiales pèsent trop sur vous et sur votre liberté. En revanche, vous êtes de ces gens qui se dévouent totalement à une cause qui leur tient à cœur.

Ascendant Poissons

Le natif dont l'ascendant est Poissons éprouve énormément de compassion pour ses semblables. Hyperémotif, un rien vous fait pleurer. Hypersensible et charitable dans l'âme, rien ne vous laisse indifférent et encore moins la souffrance des gens près de vous. Vous accusez toutefois un manque prononcé de volonté. Malléable, indulgent, très vulnérable et fragile, vous avez tendance à vous laisser manger la laine sur le dos et à demeurer passif. Même si vous ne ressentez aucune colère à l'égard des gens qui vous entourent, il est rare de vous voir sortir de vos gonds. Mais si on invoque votre immense bonté, voilà que la situation se résorbera d'elle-même suivant qu'aucune méchanceté ne vous habite. Doux, timide et naïf, vous avez tendance aussi à laisser les autres diriger votre vie. Il ne serait pas surprenant de savoir que vous vous êtes fait avoir en affaires, plus d'une fois possiblement. Tendre, généreux et compatissant envers le genre humain, cessez de prendre les problèmes de tout le monde sur vos épaules. En ce qui concerne votre ascension professionnelle, tout dépend de votre motivation personnelle qui, souvent, laisse à désirer alors que vous avez en horreur de prendre des responsabilités, mais dès que vous aurez pris conscience de la force psychique qui vous habite et que vous aurez appris à avoir les deux pieds bien ancrés dans la réalité, vous saurez trouver votre voie et faire votre marque.

LES PLANÈTES ET LE RÔLE QU'ELLES JOUENT

Vos traits de personnalité de base, votre disposition globale et votre identité propre sont définis par la position du Soleil au moment de votre naissance. Il peut aussi nous informer sur beaucoup d'autres choses telles que la façon dont vous vous comportiez avec votre père ou celui qui a rempli ce rôle dans votre vie lorsque vous étiez enfant.

Il y a beaucoup plus à votre identité astrologique que votre signe solaire. Au moment de votre naissance, vous avez reçu l'énergie de la Lune et des huit autres planètes.

Pour mieux vous aider à comprendre et à élucider le rôle exact que joue chacune des planètes et chacune des maisons astrologiques de votre thème de naissance, et en vue d'enrichir également vos connaissances sur l'astrologie, voyons la façon dont toutes ces planètes contribuent à l'image astrologique que vous projetez.

Chaque planète dans un thème natal agit comme la directrice d'une corporation, et la corporation, c'est vous. Par exemple, Mercure est la planète par excellence qui dirige le secteur des communications alors que Jupiter, dite la Grande Bénéfique, est la planète responsable du domaine qui régit votre abondance ainsi que votre croissance. Lorsque vous ressentez le besoin d'échanger, de communiquer, vous faites appel à Mercure, et lorsque vient le temps de prendre un risque ou de croître, vous mettez en application votre Jupiter.

Dans les pages qui suivent, vous pourrez prendre connaissance de chaque planète individuellement et découvrir la fonction qu'elle occupe suivant le champ d'application qu'elle maîtrise.

Soleil

Chaque corporation a besoin d'un directeur général, soit celui ou celle qui prend les décisions finales. Le Soleil est l'exécutif, soit vous personnellement. Dans un thème natal, la position du Soleil détermine à quel signe du zodiaque vous appartenez.

Le Soleil de chaque individu dans son thème personnel a le même but, soit celui de briller. La maison dans laquelle se trouve votre Soleil natal nous indique vos buts les plus profonds et ce que vous voulez dans la vie. Elle nous démontre aussi où vous voulez vous investir et l'endroit où vous excellerez le mieux, soit là où vous voulez être estimé et aimé.

Le Soleil représente également votre personnalité, soit l'essence de qui vous êtes en tant qu'individu. Il nous informe sur votre vitalité, sur votre habileté à vous affirmer, sur votre réussite sociale, sur votre seuil d'orgueil et de confiance en vous. Tout compte fait, le Soleil, c'est vous au meilleur de votre forme, de votre créativité et ce que vous appréciez pleinement de la vie. En ce qui a trait au thème d'une personne de sexe féminin, le Soleil représente non seulement votre père, mais également votre conjoint, l'être aimé, le partenaire de vie.

Au moment de votre naissance, la position de votre Soleil natal accentue l'endroit où l'attention est prédominante dans votre thème personnel. Au quotidien, le Soleil est représentatif de la journée en cours alors que la Lune est plutôt l'heure et le Milieu du Ciel, soit la dixième maison astrologique de votre thème, est le moment donné.

En ce qui a trait à votre corps, le Soleil régit le cœur, la colonne vertébrale, mais plus particulièrement le haut du dos ainsi que votre système circulatoire.

Lune

Une bonne façon de comprendre les qualités innées de la Lune, c'est d'être tout près d'un lac ou d'un cours d'eau un soir de Pleine Lune. Prenez conscience du reflet qu'elle crée sur l'eau tout en prenant une grande respiration et profitez-en pour faire le vide intérieur et pour bien vivre le moment présent.

La Lune représente en chacun de nous notre petit côté rose, douillet, qui ramène à la surface nos souvenirs, nos peurs et nos rêves.

C'est une grande Dame qui a l'œil sur le domaine des émotions ; c'est elle qui régit nos humeurs. Elle nous indique comment on réagit et comment on se sent. Elle évoque les changements, la famille, votre mère, ou celle qui a été votre nourricière lorsque vous étiez enfant.

Le signe et la maison qu'occupe la Lune au moment de votre naissance nous révèlent comment votre intuition travaille pour vous, quels sont vos besoins émotionnels et comment vous voulez que vos attentes et vos exigences soient rencontrées.

La Lune représente l'ultime énergie féminine. Elle nous informe sur la façon dont vous avez été materné et comment en retour vous maternez les autres. En ce qui concerne le thème d'une personne de sexe masculin, elle représente votre épouse et/ou votre conjointe.

Pour ce qui est de votre corps, si vous êtes une femme, la Lune a juridiction sur vos seins, sur vos ovaires et sur votre matrice. Pour les deux sexes, elle régit l'estomac, tout ce qui est liquide, fluide ainsi que tout ce qui vous remue intérieurement et votre tumulte intérieur.

Mercure

Au temps où l'on croyait que les dieux et les déesses étaient en charge totale de l'humanité, Mercure était leur porte-parole, le Messager par excellence entre les dieux et les mortels. Aujourd'hui, dans notre société moderne, Mercure est votre portable, votre application mobile et Internet.

Sa position dans le signe et la maison de votre thème natal nous indique comment vous pensez, comment vous raisonnez, comment vous vous exprimez. Elle nous informe aussi sur votre développement mental et votre facilité d'adaptation, sur votre manière d'écrire, sur votre façon de marcher, sur votre capacité à jauger et à évaluer, sur vos processus d'apprentissage et sur les moyens de transport que vous utilisez pour vous déplacer d'un environnement à l'autre.

Mercure s'exécute à travers vos cinq sens, soit par le biais de votre cerveau, alors que cette planète vous fait prendre conscience de tout ce qui s'oppose tel que le blanc du noir, le chaud du froid, ce qui est en haut comparativement à ce qui est en bas.

Elle est la planète de service lorsqu'on tient une conversation, un échange, notre gestuelle ainsi que la manière dont on interprète un symbole.

Mercure représente également le côté de vous qui vit dans le moment présent. Elle représente aussi vos enfants, votre voisinage, vos frères et vos sœurs, tantes et oncles, cousins et cousines.

Mercure est la planète par excellence qui accumule les informations, qui enregistre tous les petits détails, avec qui ou quoi on est en contact, tels un grain de poussière, une miette de pain ou même les poils de votre animal de compagnie.

Au niveau du corps, Mercure agit comme messager. Il transmet ses messages par le concours de votre système nerveux et permet à vos yeux ainsi qu'à vos mains de collaborer, comme en donnant une poignée de main tout en faisant un clin d'œil. Il est aussi responsable de votre système respiratoire, vos nerfs, vos bras, vos mains et vos épaules.

Vénus

Cette planète dispense son énergie à vous pourvoir de personnes qui vous sont chères, d'endroits qui vous tiennent à cœur et de choses dont vous aimez vous entourer. Si vous voulez du chocolat, des draps de flanelle ou cette collègue pour qui vous êtes passionné, c'est votre Vénus natale qui nous informe à quel moment vous y prendre. Elle nous indique donc comment vous entrez en contact avec les autres, comment vous faites pour attirer à vous ce que vous voulez, ce que vous aimez ; elle est attentive à vos désirs. Lorsque vous êtes charmant, tant par vos belles manières ou la façon dont vous vous êtes mis, cette planète est en charge de toutes les conduites qui plaisent aux autres, de tous vos échanges sociaux, d'un sourire, d'une caresse et même d'une bise. Lorsque vous êtes content, satisfait, rassasié, c'est votre Vénus qui s'est chargée de tout mettre en action. Elle représente également votre vie de couple, vos sentiments, vos talents, vos valeurs morales.

L'argent est l'une des façons aussi dont on s'attire des choses que l'on veut avoir ou dont on veut s'entourer. Par conséquent, Vénus joue un rôle clé puisqu'elle est responsable de vos finances, de votre comptabilité, mais aussi de ce que vous possédez en tant que biens matériels. Tout ce qui relève des arts fait également partie intégrante de sa juridiction.

Pour ce qui est de vos sens, Vénus est en communion avec tous ces derniers, soit la vue, l'ouïe, l'odorat, le goût et le toucher. Enfin, avec tout ce qui est réceptif à votre corps. Après tout, c'est le sens qui est mis en valeur qui nous informe de ce qui est bon pour vous et ce qui ne l'est pas.

En ce qui concerne votre corps et votre santé, elle gouverne votre nuque, votre gorge, votre thyroïde, l'intérieur de votre palais, ce que vous ingurgitez, la partie supérieure de vos seins et votre système glandulaire.

Mars

Cette planète est responsable de votre domaine d'autodéfense, des actions que vous mettez en mouvement. Elle nous indique comment vous utilisez votre énergie et vos talents pour obtenir ce que vous voulez, mais également votre état de préparation à l'action. C'est aussi cette planète qui contre-attaque lorsqu'on vous agresse. En d'autres mots, c'est votre propre équipe qui se bat pour vous défendre.

L'énergie qu'émet Mars vous rend brave, courageux et des plus audacieux. Elle n'est concernée que par vous et ne considère pas la grandeur ni la force et encore moins les habiletés de votre adversaire. Elle est la partie de vous qui initiez et qui amorce toutes sortes d'activités. Elle est également responsable de la façon dont vous vous affirmez et la manière dont vous exprimez votre colère et vos emportements.

Bouillante de nature, rouge de colère, qui tend à s'enflammer facilement pour un rien, contondante comme pas une, sont des expressions qui décrivent bien la nature de la planète rouge qu'est Mars.

C'est la planète que vous mettez en œuvre pour être passionné, aventureux, assuré, confiant, téméraire et hardi, mais elle peut aussi être violente, cruelle et destructrice.

Quelle que soit la place qu'elle occupe dans votre thème, l'action domine ce secteur. Mars tend à poursuivre, à donner suite à quelque chose, à suivre une ligne directrice, à continuer, à s'exercer. Elle nous renseigne également sur la façon dont vous faites les choses. C'est la fonceuse par excellence, celle qui fait des coups de tête.

En ce qui concerne votre corps, elle régit justement votre tête, le sang ainsi que votre système musculaire.

Jupiter

Cette planète est reconnue comme étant la Grande Bénéfique du zodiaque. Elle est responsable du secteur qui régit votre abondance, votre croissance, mais elle joue aussi un rôle dans votre vie matérielle, même si cette dernière relève de Vénus. Elle est le côté de vous qui est positif, optimiste et généreux. Elle gère aussi l'endroit où vous entreposez un surplus de rires, d'enthousiasme et d'ouverture d'esprit. Elle nous indique aussi comment vous vous réjouissez et élargissez votre compréhension. Ce sont les grandes qualités d'ouverture d'esprit de Jupiter qui vous motivent à voyager, à vous inscrire à un cours ou tout atelier qui suscite votre intérêt et curiosité ainsi qu'à rencontrer de nouvelles gens.

Suivant le signe et la maison qu'elle occupe dans votre thème personnel, c'est dans ce secteur que vous aurez un grand réseau d'amis et d'associés, de gens que vous pouvez visiter, que vous pouvez dépendre et même apprendre d'eux. Elle est également associée aux appuis gouvernementaux, aux relations avec la loi et aux contacts avec l'étranger.

Jupiter est la partie de vous qui vous pousse à voir tout en rose. C'est la planète par excellence que vous mettez en œuvre lorsque vous vous retrouvez à être excessif et/ou gaspilleur ; celle qui en fait trop, qui force la note, qui exagère, qui se surmène, qui est démesurée ou zélée. En général, cette planète aime faire les choses en grand.

En ce qui concerne votre corps, Jupiter correspond à votre foie et à tous les organes qui filtrent ce que vous consommez et expulsez de votre corps, ainsi que tout ce qui est en excès. Jupiter est responsable de votre croissance physique.

Saturne

Cette planète représente non seulement ce qui est retenu, mais aussi votre résistance au changement. Elle nous informe aussi sur l'autodiscipline et la force de caractère que vous possédez. Autant elle représente la sagesse et l'évolution, elle est en charge du domaine des limites, des restrictions, des règles à suivre, des épreuves et des pertes. En localisant Saturne dans votre thème, on découvre vite l'endroit où vous avez érigé des barrières, des résistances au changement, là où vous pouvez vous retirer, vous isoler, vous replier sur vous-même ainsi que l'endroit où vous serez plus porté à dire non.

Saturne est l'autorité par excellence qui règne en vous, le lieu où vous vous créez des interdits, ce que vous mettez en suspens, en veille tout au long de votre vie, la plupart du temps à cause de votre peur d'échouer, ainsi que la partie de vous qui préférerait ne rien faire plutôt que d'agir déraisonnablement.

Cette planète vous enseigne à respecter vos aïeux, les personnes plus âgées que vous ainsi que vous-même, à suivre les règles établies et à faire les choses comme elles doivent être faites. Quel que soit le secteur que Saturne occupe dans votre thème natal, c'est l'endroit où vous vous sentez respecté et pris au sérieux.

C'est aussi le domaine par excellence où vous savez qu'il ne faut pas embellir les faits, la vérité et ne jamais agir sans être absolument sûr de vous, de vos capacités et sans être en pleine confiance avec vous-même et de vos moyens.

Elle est hautement représentative du secteur où rien ne vient pour rien et sans rien dans la vie – en deux mots, c'est du donnant-donnant.

C'est à cet emplacement qu'elle occupe dans votre thème natal où vous vous sentez le plus discipliné et déterminé, ainsi que là où vous développez votre patience, votre sens des responsabilités et votre endurance.

Alors que cette planète est fervente de limites, de bornes et tout ce qui est démarqué, cela explique pourquoi c'est la planète par excellence qui est responsable des structures, de l'organisation, d'une ligne de conduite à suivre, mais également de l'économie.

En ce qui concerne votre corps, elle a des affinités avec vos os, votre peau et toutes les structures qui maintiennent votre corps en santé.

Uranus

Il y a un endroit dans le thème natal de chaque personne où l'indépendance est le mot d'ordre de la journée, l'endroit où les règles sont faites pour être brisées, où vivre comme bon nous semble, même en dépit des conséquences possibles. Voilà qui est également le lieu où vous vous surprendrez vous-même des choses que vous direz et ferez. Uranus est responsable du secteur « on ne sait jamais, il faut s'attendre à tout ». C'est le domaine par excellence de votre thème natal qui régit tout ce qui choque et tout ce qui surprend, les revirements soudains ainsi que tout ce qui est irrégulier. Elle indique de quelles manières nous sommes originaux, inventifs et créatifs.

Uranus est l'énergie qui vous éveille, qui vous fait prendre conscience à quel point vous vous sentez confiné, qui vous aide à vous sortir du marasme dans lequel vous vous enfoncez et qui vous libère de tout.

Uranus, représentante du génie de l'informatique par excellence, est la planète qui s'implique à faire diffuser le message à la masse. Là où Uranus tient position forte dans votre thème, vous le serez tout autant. Voilà pourquoi vous aurez un potentiel de génie, mais ce sera surtout lorsque vous serez assez audacieux pour ignorer toutes les vieilles méthodes de régler un problème et que vous emprunterez de nouvelles voies, sources ou avenues pour régler ce dernier.

Toutes les découvertes majeures et cruciales de ce dernier siècle, tant celles faites en sciences qu'en technologies modernes, telles que la station spatiale et Internet, sont inspirées d'Uranus. La parapsychologie et les grands idéaux qui caractérisent l'individu en font également partie.

En ce qui concerne votre corps, Uranus régit la partie inférieure de vos jambes, soit vos mollets et vos chevilles. Il en ira de même pour ce qui du système nerveux étant donné que Mercure est l'octave inférieure du signe du Verseau, et dont Uranus est sa planète maîtresse.

Neptune

La prochaine fois que vous vous entendrez pousser un long soupir et/ou que vous constaterez que vous étiez dans la lune, pensez à Neptune. Elle est la planète qui est responsable de tout ce qui est romantique, nostalgique et magique. Toutefois, son titre officiel est celui de directrice du domaine des fantaisies, des secrets, des mystères et de ce que vous évitez ou fuyez. Elle est aussi une planète dont l'énergie est des plus créatives.

Quelle que soit la position qu'elle occupe dans votre thème natal, c'est là où vos qualités sensorielles sont à leur meilleur. C'est également à cet endroit précis où vous démontrez votre grand sens de compassion et de sensibilité pour le genre humain, pour les êtres moins fortunés que vous ou les opprimés.

Toutes les causes caritatives et œuvres de charité qui vous tiennent à cœur, votre goût de faire du bien, du bénévolat pour venir en aide à ceux qui sont moins nantis que vous, en vue de vous faire réaliser qu'il y a plus que vous dans ce monde et qu'il n'y aucune limite entre vous et ce qu'il y a dans l'espace, relèvent de Neptune.

Cette combinaison de sensibilité et de dure réalité ne fait pas nécessairement toujours bon ménage. N'empêche, c'est l'endroit où vous tentez de vous évader. Le sommeil, la méditation, le yoga et les prières relèvent de cette énergie. Les drogues, l'alcool, les médicaments et toutes les dépendances sont aussi sous sa juridiction.

Là où est positionnée Neptune dans votre thème, c'est le secteur par excellence où vous pouvez être capable de décevoir et de berner les gens en même temps, ainsi que vous ridiculiser vous-même.

En ce qui concerne votre corps, Neptune et la Lune corégissent les fluides. Neptune a aussi un lien avec les poisons et les virus qui se sont invisiblement infiltrés par votre corps et votre système immunitaire, ce qui vous permet finalement de préserver vos mécanismes de défense naturels.

Pluton

Cette planète, capable de tout et qui a l'art de toujours trouver ce qu'elle cherche, est responsable du secteur qui régit la mort, la destruction, la décomposition ainsi que la décadence. Elle est aussi responsable des choses qui doivent arriver et elle a tout aussi l'art de disposer des situations qui ont atteint leur point de non-retour où la seule solution est de « lâcher prise ». C'est également la planète par excellence des solutions et des nouveaux départs.

Elle régit aussi tout ce qui relève de la sexualité, du sexe, de la réincarnation, de la régénération, du recyclage et des cures de rajeunissement. Lorsque des changements profonds et radicaux ou des catastrophes se manifestent, c'est à elle qu'on le doit.

La place qu'occupe Pluton dans votre thème natal est un endroit dit intense et où les circonstances inévitables doivent arriver en vue de nous enseigner des leçons de vie. Mais elle nous indique également de quelle façon nous pouvons grandir, nous transformer, tout en approfondissant notre connaissance de soi.

Là où Pluton réside dans votre thème est le lieu où vous serez dans un état troublé ou évolutif, là où les changements se succéderont tour à tour. C'est un côté de vous qui réalise, que vous l'appréciiez ou non, que la vie est remplie d'atroces pertes. Pluton nous montre aussi comment nous composons avec le pouvoir, personnel et impersonnel, que nous l'exercions ou le subissions.

C'est aussi le côté de vous qui vous fera réfléchir sur les pertes et les privations que vous vivez, vous permettant ainsi de grandir avec beaucoup d'expérience. Puisque Pluton régit la vie, la mort et la renaissance, voici l'importance de réaliser et de comprendre ce processus qu'est la vie. Vous serez superbement puissant là où Pluton réside dans votre thème natal alors qu'elle est une énergie concentrée entraînant de profondes transformations.

En ce qui concerne votre corps, Pluton est associée au système reproductif, alors que c'est là que le processus de la vie et de la mort débute. Elle est également responsable de la puberté et de votre maturation sexuelle. Elle correspond aussi à l'élément chimique qu'est le plutonium, dont ce dernier est un élément transuranien.

LES MAISONS ASTROLOGIQUES

Le zodiaque est divisé en douze maisons astrologiques et chacune correspond à une sphère de votre vie, soit un domaine bien précis de votre existence : argent, amour, travail, famille, santé... Calculées à partir de votre heure de naissance, les maisons astrologiques utilisées à partir de votre ascendant natal jouent un rôle important pour mieux comprendre votre personnalité et votre avenir. Cependant, si vous ne connaissez pas votre heure de naissance, vous pourrez toujours appliquer la méthode des maisons astrologiques égales. Cette formule est établie selon le degré précis de votre Soleil natal. En d'autres mots, les douze maisons astrologiques, dites solaires, débutent au degré de la position de votre Soleil natal.

Chaque maison astrologique possède une signification qui lui est propre et permet de mieux cerner le domaine étudié suivant la ou les planètes qui se trouvent dans les différentes maisons astrologiques au moment de votre naissance ainsi que les aspects planétaires qui y prennent place. Tout cela aide à déterminer les différentes facettes de votre personnalité. Voici leurs significations :

La Maison I (Ascendant)

Cette maison astrologique est en analogie avec le signe du Bélier et elle est gérée par Mars. Elle marque le Moi, l'Ego, la volonté. Dans un thème natal, elle représente la personnalité profonde du sujet. Elle nous informe sur votre apparence physique, votre tempérament, votre caractère, vos motivations, vos capacités premières et vos tendances héréditaires. Elle décrit aussi la façon dont vous vous habillez, comment vous bougez et combien vous aimez vous embellir. Elle fait également référence à la première impression que vous exercez sur les gens et le genre d'activités physiques que vous préférez ainsi que votre créativité. Elle représente également la gamme de vos expériences de l'enfance. Elle donne aussi un aperçu de ce que sera votre vie et les événements importants dans votre vie. C'est aussi tout ce que vous mettez en action.

La Maison II

Cette maison astrologique est en analogie avec le signe du Taureau et elle est dominée par Vénus. Elle gère les finances personnelles dans la vie d'une personne ainsi que toutes les transactions commerciales. En bref, elle a un lien direct par rapport à l'argent, aux gains, aux biens acquis par le travail et aux revenus que vous avez su faire fructifier, mais aussi suivant toutes les pertes encourues. Tout ce qui relève de vos acquisitions, de vos finances, de vos possessions et de votre fortune en fait également partie. Elle décrit comment vous gérez votre capital et tout ce qui vous est cher. Cela passe par votre argent, vos biens les plus précieux et les qualités que vous valorisez, autant en vous que chez les autres, et votre estime personnelle. Elle nous informe également sur ce que vous êtes prêt à faire pour obtenir la sécurité. C'est aussi le point de rencontre de tout ce qui concerne la propriété, l'immobilier, l'agriculture, le jardinage et la terre.

La Maison III

Cette maison astrologique est en analogie avec le signe du Gémeaux et elle est gérée par Mercure, et gouverne entre autres les communications dans la vie du sujet, les échanges, les rencontres, les formations, l'acquisition du savoir ainsi que l'intelligence et la logique de l'individu. Elle fait référence à votre quartier, à votre entourage immédiat, à votre voisinage incluant la banque, le bureau de poste, l'épicerie du coin et tous les autres endroits que vous fréquentez. C'est le côté de vous qui exécute ses tâches sans vraiment en être conscient tellement c'est fait par habitude. Ce secteur nous informe aussi sur votre jeunesse, vos études, votre éducation primaire, vos relations avec vos frères, vos sœurs et vos voisins. Tout ce qui relève de vos déplacements et de vos petits voyages en fait aussi partie. Elle régit aussi les écrits, la publicité et tout ce qu'on signe. Tous les sujets en négociation font également partie de ce secteur.

La Maison IV (Fond du ciel)

Cette maison astrologique est en analogie avec le signe du Cancer et elle est sous la maîtrise de la Lune. Elle décrit vos fondations personnelles, la propriété, la maison que vous avez occupée lorsque vous étiez enfant, votre famille et les parents qui vous ont materné ; le statut du père surtout, mais également vos rapports avec vos parents. Elle parle de votre lieu d'habitation en tant qu'adulte, de votre vie personnelle et de votre comportement vis-à-vis des obligations familiales. Elle renferme tous vos souvenirs, toutes vos émotions innées et la façon dont votre subconscient opère. C'est à cette maison que l'on voit un côté de vous qui aime décorer et maintenir son havre de paix. Tout ce qui relève des locaux, de l'immobilier est dominé par ce secteur.

La Maison V

Cette maison astrologique est en analogie avec le signe du Lion et elle est sous la gouvernance du Soleil. Elle représente le côté de vous qui aime s'amuser et faire des choses qui lui apportent de la joie et du plaisir, qui aime recevoir les gens qui lui sont chers. Elle nous renseigne aussi sur vos relations sentimentales, les aventures amoureuses, vos enfants, vos affaires de cœur, votre côté créatif, vos loisirs ainsi que vos passe-temps favoris, mais également le côté plaisant de votre personnalité. Tout ce qui est porteur de joie de vivre et de bonheur est décrit ici. Cette maison fait aussi référence à vos spéculations et les risques que vous prenez dans la vie. C'est aussi ce que vous mettez en œuvre de même que votre créativité. À cela s'ajoutent l'enfantement, la grossesse ainsi que les accouchements.

La Maison VI

Cette maison astrologique est en analogie avec le signe de la Vierge et elle est régie par Mercure. Elle fait référence à la nature de votre travail et à l'environnement dans lequel vous exercez. Elle nous renseigne sur vos tâches, sur vos obligations à remplir et sur la façon dont vous fonctionnez au quotidien. Elle nous informe aussi sur votre vitalité et votre bien-être physique ainsi que sur la façon dont vous vous occupez de votre santé. Elle parle également des malheurs que peut vivre votre famille éloignée (tantes, oncles, belles-sœurs, beaux-frères, cousins et cousines). Cela inclut aussi les services quotidiens que vous offrez à autrui et les devoirs envers votre prochain. Vos animaux de compagnie font aussi partie de cette maison astrologique, puisque vous tendez à vous occuper d'eux au quotidien et qu'ils font partie de votre vie.

La Maison VII (Descendant)

Cette maison astrologique est en analogie avec le signe de la Balance et elle est régie par Vénus. Reconnue comme étant la maison par excellence de l'union, du mariage, de vos relations avec l'être aimé, cela inclut aussi tout ce qui relève de vos partenariats, tel un divorce. Elle nous dévoile un côté de vous qui ne se manifeste que lorsque vous êtes en compagnie d'une personne. Elle nous renseigne aussi sur les qualités du partenaire de vie, de votre associé, mais aussi de votre amant et de vos ennemis cachés. Elle étale vos activités publiques, tous vos accords conclus en association ou par contrat officiel. Vos projets conjoints touchant les arts et la création en font aussi partie. Elle parle des contacts établis avec les hommes de loi, le médecin, le notaire, le dentiste, etc. La coopération reçue ou donnée en fait également partie, tout comme les collègues. En somme, c'est tout ce qui vous unit à l'autre ou aux autres.

La Maison VIII

Cette maison astrologique est en analogie avec le signe du Scorpion et elle est sous la gérance de Pluton. En plus de représenter les états de crise qui émergent en vous, elle régit aussi toutes les circonstances extrêmes à gérer tels un drame, un procès, la mort et, par conséquent, les deuils. Tout ce qui relève de vos taxes, vos assurances, vos impôts, vos prêts, votre crédit, vos legs et testaments, la mort et la naissance, votre vie sexuelle et tout ce qui est occulte en font partie. C'est la maison par excellence qui nous informe aussi sur les finances de votre conjoint ou de l'associé. Elle détient aussi des informations sur toutes les opérations chirurgicales et les psychothérapies, ainsi que sur la façon dont vous décidez de vous régénérer ou de vous rajeunir après une perte. C'est aussi à cette maison que l'on voit les changements importants dans la vie du sujet. Tout ce dont vous avez véritablement besoin et que les autres peuvent vous donner ressort de cette maison. Les crimes, les enquêtes et la police sont également sous sa juridiction.

La Maison IX

Cette maison astrologique est en analogie avec le signe du Sagittaire et elle est régie par Jupiter. Cette maison nous informe sur la façon dont vous gérez toutes les nouvelles expériences, les endroits et les déplacements faits au loin, les parents par alliance, soit votre belle-famille. Tout ce qui est en lien avec les hautes études, l'édition, la publicité et toutes les situations de nature juridique ou légale relèvent de cette maison. Vos horizons futurs, l'intellect abstrait et supérieur, la philosophie et votre ouverture d'esprit sur la vie, sur la politique et sur la religion, et votre soif de liberté personnelle en font aussi partie. Cela inclut également vos aspirations futures et vos spéculations intellectuelles. On y voit aussi vos déménagements, les activités de plein air, les produits étrangers ainsi que tout commerce fait à l'étranger. C'est également à ce secteur qu'une opinion est formée, changée et réformée. C'est aussi ce que la vie a de meilleur à vous offrir.

La Maison X (Milieu du Ciel)

Cette maison astrologique est en analogie avec le signe du Capricorne et elle est régie par Saturne. Cette maison nous informe sur ce que le public sait de vous, la position que vous occupez dans le monde. Votre carrière, votre réputation, votre statut social en font également partie. Elle nous instruit sur votre vocation choisie, vos buts, ce à quoi vous aspirez et tous vos objectifs dans la vie. Elle nous informe pour ce qui est de vos succès, de vos accomplissements, des honneurs reçus et de tout ce qui relève de votre prestige. En somme, c'est la destinée du sujet au niveau de son travail ainsi que le côté de vous qui prend le temps d'apprendre, de s'accomplir. Elle décrit aussi toute conduite exhibée en présence des personnes en position d'autorité. Vos parents, spécialement la figure paternelle, sont également sous sa juridiction ou, à tout le moins, c'est à ce secteur que l'on voit qui est le parent dominant du foyer.

La Maison XI

Cette maison astrologique est en analogie avec le signe du Verseau et elle est sous la régence d'Uranus. En somme, c'est la vie sociale du sujet. Elle représente aussi le côté équipier de vous, votre capacité à tisser des liens d'amitié, les relations vécues avec détachement, l'amour reçu, l'affection témoignée par vos amis. Elle parle aussi des causes et activités sociales qui vous tiennent à cœur. Elle nous renseigne également sur les organisations auxquelles vous adhérez, le genre de personnes avec lesquelles vous avez des affinités et la façon dont vous agissez dans un groupe. C'est la maison qui gouverne l'altruisme, mais aussi l'adultère. Les naissances illégitimes, les enfants adoptés, vos ex-conjoints en font tous partie. Les excentricités, les circonstances et les changements inattendus sont également sous sa juridiction. L'apprentissage au travail et l'entraînement spécialisé relèvent aussi de ce secteur.

La Maison XII

Cette maison astrologique est en analogie avec le signe du Poissons et c'est Neptune qui veille sur elle. Elle marque les épreuves, les blocages, mais aussi la souffrance, les trahisons et aussi les problèmes de santé éventuels. Cette maison nous instruit sur vos secrets et vos dépendances, sur ce qui est tenu caché ainsi que sur toutes vos transactions secrètes. Elle nous renseigne également sur un côté de vous qui ne se manifeste que lorsque vous êtes seul ou d'humeur à vous replier sur vous-même et à vous refaire intérieurement. C'est à ce secteur que l'on voit vos passages à l'hôpital, les renvois, l'expatriation, les exils, les internements, voulus ou non. Elle nous informe sur vos ennuis personnels et sur toutes vos déceptions relationnelles avec vos proches, incluant les traits et conduites dont vous avez été témoin dans vos jeunes années. Les peines, les limites, les frustrations et les handicaps relèvent aussi de ce secteur. On peut aussi voir si votre pire ennemi n'est autre que vous-même. On y distingue vos faiblesses et vos ressources intérieures. En somme, tout ce qui est difficile à affronter relève de ce secteur.

LES POLARITÉS DES SIGNES : MASCULIN ET FÉMININ

Les mots « masculin » et « féminin » sont souvent incompris ou portent à confusion dans le contexte de l'astrologie. En astrologie, masculin signifie qu'une énergie se fait valoir, s'affirme, s'impose ; c'est une énergie combative et linéaire. Féminin signifie une énergie réceptive, magnétique et circulaire. Ces termes ne devraient pas être associés aux mots homme ou femme et encore moins mâle et femelle.

LES QUALITÉS DES SIGNES : CARDINAL, FIXE, MUTABLE

Le terme « qualité » signifie ici la façon dont l'énergie d'un signe circule, se meut. Les signes cardinaux sont par nature des énergies qui mettent en œuvre des changements. Ces signes opèrent dans un soudain éclat d'énergie, ce qui les diffère énormément des signes fixes alors que ceux-ci sont plutôt minutieux et assez persistants de nature ; ce sont des énergies qui endurent. Le natif d'un signe fixe prend un projet et l'amène à son achèvement, et tend à bloquer tous les changements coûte que coûte, et il ne lâchera pas prise, et ce, même si ce projet doit ou ne devrait pas être terminé. Les signes mutables ont une énergie versatile, flexible et changeante. Voilà qui explique ainsi pourquoi un natif de ce signe peut être dispersé, éparpillé, inconstant et volage, mais, en revanche, il peut facilement aussi s'adapter à tous les changements quelconques.

LES ÉLÉMENTS DES SIGNES : FEU, TERRE, AIR, EAU

Les signes de Feu correspondent à l'esprit et au côté spirituel de la vie. Ils inspirent l'action, ils attirent l'attention et sont friands de spontanéité. Les signes de Terre sont solides et pratiques. Ce sont des gens sur qui on peut dépendre et compter sur leur soutien, telle la terre sous nos pieds. Les signes de Terre sont nos envoyés physiques et concernent nos besoins tangibles tels que la nourriture, un toit sur notre tête, un travail et des responsabilités. Les signes d'Air sont tous à propos d'intellectualité et du côté mental de la vie. Comme l'air lui-même, ils sont légers et évasifs. D'ailleurs, ils aiment converser, communiquer et se mêler à la foule. Les signes d'Eau correspondent plus au côté émotionnel de notre nature. Aussi changeants, variables, subtils, inconstants qu'ils soient, ils ont aussi l'habileté de s'infiltrer partout, telle l'eau. Les signes d'Eau supputent l'humeur d'une pièce lorsqu'ils font leur entrée et opèrent selon ce qu'ils ressentent de leur environnement.

LES MAISONS D'ÂGE

Les méthodes sont nombreuses pour faire des prédictions. Parmi toutes les méthodes disponibles, il y a les transits, les directions progressées, les progressions symboliques, la révolution solaire et l'astrologie horaire. Certaines techniques ont été adaptées afin de faciliter la tâche face aux nombreux calculs importants qu'il fallait faire avant de pouvoir les mettre en pratique.

Au début, déjà lointain, alors que je suivais mes cours d'astrologie, mon professeur m'a dit qu'Henri Gazon, réputé astrologue et père de l'astrologie au Québec, lui avait enseigné à son tour une technique de prédiction fondée sur le cycle de Jupiter. Cette technique, basée sur le cycle de Jupiter, soit d'une durée de douze ans, correspond parfaitement à notre date d'anniversaire de naissance. C'est une technique spéciale et très peu employée ou connue dans l'univers de l'astrologie. Elle est basée sur notre âge ainsi que sur les douze maisons astrologiques.

Chaque maison astrologique représente un secteur bien défini de notre thème natal et correspond à un âge précis. À chacun de nos anniversaires, nous sommes de passage dans une nouvelle maison. Nous nous retrouvons donc ainsi placés sous un thème différent. De là s'ensuivent des prévisions annuelles et les tendances générales qui marquent le cycle en cours, et qui nous permettent d'interpréter à sa juste valeur la période que nous traversons.

Chaque individu commence sa vie dans la Ire maison astrologique. Lorsqu'il entame son deuxième anniversaire de naissance, il transite la maison XII, qui devient alors la première maison de cette nouvelle année solaire en cours. Par conséquent, sa maison I natale devient alors la maison II, puis la maison II natale devient la maison III, etc. Ainsi, les maisons d'âge progressent dans le sens des aiguilles d'une montre, c'est-à-dire de la XIIe maison astrologique à la XIe, de la XIe à la Xe et ainsi de suite jusqu'à la Ire maison astrologique, mais reprennent ensuite le chemin normal, du moins pour ce qui est de faire la lecture de ce que l'année sollicitée vous réservera. Ce système est basé sur une loi ésotérique.

Avec les années, j'ai pris connaissance qu'un dénommé Guillermo Rivas avait repris les calculs du regretté professeur Henri Gazon pour les appliquer à Saturne. Il s'est vite rendu compte que le cycle de 30 ans attribué à Saturne correspondait aussi à des intérêts et à des préoccupations plus marqués.

Pour mieux découvrir les cycles de Jupiter et de Saturne que vous traversez au cours d'une année spécifique, vous n'aurez qu'à consulter les tableaux plus bas que je vous ai préparés. Le premier tableau vous indique la maison selon le cycle de Jupiter alors que le second fait référence au cycle de Saturne, et ce, toujours selon votre âge actuel.

À titre d'exemple, une personne née le 1er janvier 1953, en 2023, elle a 70 ans. De là, lorsqu'on localise son âge dans le tableau des cycles de Jupiter, elle est de passage dans la maison IV. Et pour ce qui est du cycle de Saturne, elle sera éventuellement de passage dans la maison IX.

Soyez informé que l'année personnelle ne donne qu'une tendance générale. Pour en savoir plus, il est suggéré d'examiner la maison d'occupation pour l'année en cours et toutes les planètes natales qui s'y trouvent, tout en tenant compte des planètes en transit selon l'année que vous sollicitez.

TABLEAU DES CYCLES DE JUPITER

Maison	Âges
I	1, 13, 25, 37, 49, 61, 73, 85, 97, 109
II	12, 24, 36, 48, 60, 72, 84, 96, 108
III	11, 23, 35, 47, 59, 71, 83, 95, 107
IV	10, 22, 34, 46, 58, 70, 82, 94, 106
V	9, 21, 33, 45, 57, 69, 81, 93, 105
VI	8, 20, 32, 44, 56, 68, 80, 92, 104
VII	7, 19, 31, 43, 55, 67, 79, 91, 103
VIII	6, 18, 30, 42, 54, 66, 78, 90, 102
IX	5, 17, 29, 41, 53, 65, 77, 89, 101
X	4, 16, 28, 40, 52, 64, 76, 88, 100
XI	3, 15, 27, 39, 51, 63, 75, 87, 99
XII	2, 14, 26, 38, 50, 62, 74, 86, 98

TABLEAU DES CYCLES DE SATURNE	
Maison	**Âges**
I	0 à 2 ans ½; 30 ans à 32 ans ½; 60 ans à 62 ans ½; 90 ans à 92 ans ½
II	27 ans ½ à 30 ans; 57 ans ½ à 60 ans; 87 ans ½ à 90 ans
III	25 ans à 27 ans ½; 55 ans à 57 ans ½; 85 ans à 87 ans ½
IV	22 ans ½ à 25 ans; 52 ans ½ à 55 ans; 82 ans ½ à 85 ans
V	20 ans à 22 ans ½; de 50 ans à 52 ans ½; de 80 ans à 82 ans ½
VI	17 ans ½ à 20 ans; 47 ans ½ à 50 ans; 77 ½ ans à 80 ans; 107 ans ½ à 109
VII	15 ans à 17 ans; 45 ans à 47 ans ½; 75 ans à 77 ans ½; 105 ans à 107 ans ½
VIII	12 ans ½ à 15 ans; 42 ans ½ à 45 ans; 72 ans ½ à 75 ans; 102 ans ½ à 105
IX	10 ans à 12 ans ½; de 40 ans à 42 ans ½; de 70 à 72 ans ½; 100 à 102 ans ½
X	7 ans ½ à 10 ans; 37 ans ½ à 40 ans; 67 ans ½ à 70 ans; 97 ans ½ à 100 ans
XI	5 ans à 7ans ½; 35 ans à 37 ans ½; 65 ans à 67 ans ½; 95 ans à 97 ans ½
XII	2 ans ½ à 5 ans; 32 ans ½ à 35 ans; 62 ans ½ à 65 ans; 92 ans ½ à 95 ans

Ces cycles donnent des indications pertinentes sur des secteurs ciblés opérant dans l'année sollicitée. Maintenant que vous avez bien déterminé les maisons respectives de vos deux cycles, profitez-en pour lire les prévisions suggérées. Si les deux cycles se retrouvent dans la même maison, les tendances annoncées seront plus marquées pour l'année en cours.

La signification des maisons reprend les mêmes bases qu'en astrologie; toutefois, eu égard à l'ancienneté de celles-ci (peu remise en question), j'ai ajouté les différences subtiles observées suivant mes années d'expérience. Dans les pages qui suivent, vous pourrez prendre connaissance de la signification du cycle de chacune des maisons d'âge.

Cycle de la Maison I

Ce cycle accorde une énorme importance à votre personnalité, mais aussi à vos actes. C'est un cycle de nouveau départ. Il est temps de se prendre en main sans s'appuyer sur les autres. Ce nouveau départ vous apportera de nouvelles expériences à vivre vous permettant de repartir sur des bases solides si vous êtes positif. Il faudra être ferme et décidé alors que le miracle est possible, car vous avez le contrôle. Il est temps de vous fixer des buts et surtout de les atteindre. Vous devrez être actif, honnête et saisir toutes les chances qui passent. D'ailleurs, un événement qui vous concerne personnellement marquera le climat de cette année à venir. Ce sera une année concluante, décisive en ce qui a trait à votre manière de vous conduire et de vous comporter dans votre milieu social. Tout semble tourner autour de vous ! Vous vous chercherez, vous vous redéfinirez. Une introspection personnelle vous sera nécessaire. Mûrissez vos gestes et vos décisions, et assurez-vous de prendre mieux soin de vous. Évitez d'agir dans la précipitation et attention à votre tempérament impulsif. Ce sera une année constructive et progressiste. D'ailleurs, l'année se prêtera bien pour mettre de l'avant vos ambitions au service de vos aptitudes ainsi que pour amorcer un projet qui vous tient à cœur. Année favorable aux initiatives personnelles. Ne manquez pas d'exploiter votre plein potentiel et de vous affirmer davantage. Questionnez-vous à savoir ce dont vous avez vraiment envie. Ce sera aussi une année où vous penserez davantage à vous. Profitez-en pour développer votre autonomie et pour mettre en valeur votre savoir-faire, vos multiples habiletés, talents, aptitudes et compétences, surtout que toutes les actions et votre créativité mises de l'avant seront favorisées. Le succès vous est pratiquement assuré. Ça favorise aussi votre élévation (l'évolution de soi). Il est donc possible que vous aspiriez à une nouvelle vie ou à une inspiration nouvelle. Ce sera le signe d'un nouvel engagement et/ou d'un événement important tel un nouvel amour, l'arrivée d'un enfant, un nouvel environnement, un nouvel engagement professionnel. Sans contredit, des changements inattendus sont appelés à se présenter et vous apportera de nouvelles conditions de vie. L'idée qu'une personne influente puisse vous apporter son aide est plus que probable. Vos activités seront également plus nombreuses. Il sera donc important de prendre des décisions et surtout de ne laisser personne se mêler de vos affaires, sinon vous allez manquer totalement de confiance en vous. Ce sera aussi une année où vous serez plus porté à défendre vos propres intérêts personnels.

Cycle de la Maison II

Le domaine du matériel sera au premier plan. Année où votre salaire et votre gestion financière seront sujets à de possibles changements. Côté financier, vous traversez un cycle propice pour penser à long terme et pour faire des investissements sérieux. On fera un peu plus d'argent, mais gare aux dépenses imprévues et attendez-vous à une surcharge de travail. Papiers officiels, documents ou contrats à signer sont à prévoir. La possibilité d'une acquisition immobilière sera aussi d'actualité. Tout présage que ce sera la fin ou le début de quelque chose. Attention à votre entêtement et à la fatigue qui risquent d'être plus présents et de vous causer des problèmes. Assurez-vous que votre besoin de sécurité émotionnelle ne soit pas aveuglé ni étouffé par vos besoins financiers ou matériels. Des ennuis ou des pépins possibles, causés par une relation d'ordre sentimental qui aura été tenue sous silence, sont à prévoir étant donné que vous aurez davantage tendance à subir les contrecoups de votre environnement. Prenez ce qui se présente et ne forcez en rien les événements. Cycle où l'accent sera mis sur le plan relationnel, plus particulièrement avec les femmes. Assurez-vous de porter davantage attention à votre intuition au cours de cette période. Surveillez aussi de près votre santé et attention à votre tension nerveuse qui sera plus fragile. La venue d'un enfant est également possible au cours de ce cycle.

Cycle de la Maison III

Sortir, voir du monde, communiquer, échanger, commercer, troquer, voilà ce qui vous motivera. Les rapports familiaux tiendront une place importante ; vos frères et sœurs, beaux-frères et belles-sœurs, cousins et cousines, oncles et tantes occuperont plus vos pensées. Tout ce qui pourra leur arriver, tant positif que négatif, marquera le climat annuel. Il est même possible que vous songiez à brasser des affaires par vous-même ou avec un de ces derniers ; cependant, attention à l'éparpillement ainsi qu'à la distraction qui seront plus présents. Année de rencontres et d'amitiés nouvelles, sans compter que la période se prêtera bien pour amorcer une nouvelle démarche, surtout si vous êtes dans les affaires, étant donné que vous pourrez compter sur de l'aide provenant de l'extérieur. Une occasion d'avancement personnel est aussi possible. À tout le moins, une croissance matérielle est à prévoir. Toutefois, prenez garde aux erreurs possibles et méfiez-vous de ceux qui ne tiennent pas parole. Ce cycle se prêtera bien également pour vous inscrire à un cours, à un atelier, pour suivre un stage en vue de parfaire vos connaissances, pour vous enrichir d'une technique spécialisée ainsi que pour assister à une conférence ou à un séminaire. Le temps se prêtera bien pour toute création artistique ou intellectuelle. Ce sera aussi une phase propice pour la fécondité, pour la mise en œuvre de quelque chose qui vous tient à cœur. Tous les projets seront favorisés, mais davantage ceux qui relèveront du domaine des communications. Profitez-en pour mettre de l'ordre dans vos affaires et faites aussi le point sur vos dettes ou sur toutes les amendes que vous auriez omis de régler à ce jour. Bonne année pour les amitiés, les contacts, les enfants ainsi que pour tous les déplacements de courte durée. À ce sujet, un déménagement est possible.

Cycle de la Maison IV

Tout ce qui concerne votre futur vous trottera davantage dans la tête à présent. Il n'en reste pas moins que le passé vous rattrapera et/ou refera surface. Cela va demander un certain lâcher-prise, sinon une cassure de rythme sera peut-être aussi nécessaire étant donné qu'une ambiance lourde pourrait se faire plus vôtre, et plus encore si vous ne tenez pas compte de ce qui importe dans la vie, tels la famille et le foyer. Le temps est venu de régler, une fois pour toutes, ces situations qui ne cessent de s'éterniser et qui vous empoisonnent la vie. Cycle idéal pour vous stabiliser, pour retrouver votre équilibre. Revenez à l'essentiel, à la racine de qui vous êtes. Ce sera un temps d'améliorations, d'acquisitions, de changements. Il est possible aussi que vous songiez à déménager, à vendre, à acheter, à rénover ou à construire votre propre maison. La famille et le foyer seront au premier plan ; on y découvre à nouveau leur importance. Malgré cette phase d'introspection, évitez de vous replier trop sur vous-même. Demeurez respectueux des discussions familiales et méfiez-vous des commérages et de la médisance. Vous ne pourrez choisir meilleur moment pour régler un problème affectif ou émotionnel. Cela indique aussi la fin des choses, ce qui entraînera, par le fait même, un tournant de vie et de nombreux changements. Des améliorations à apporter sur le plan du travail sont à envisager. Votre carrière subira une évolution plus heureuse. Si vous faites des affaires, des contrats bénéfiques seront au rendez-vous. C'est une année qui est axée sur le travail ainsi qu'un temps d'accroissement par l'effort. Abstenez-vous de tout comportement colérique ou excessif, au risque d'en subir les rafles et les conséquences.

Cycle de la Maison V

Année de réflexion et d'une nouvelle prise de position. On décide enfin de prendre la place qui nous revient. Ce sera d'ailleurs votre mission de le faire. On décide enfin de se faire plaisir. L'autonomie et la liberté deviendront vos mots d'ordre. Si on tente de vous contraindre, de vous marcher sur les pieds, vous serez prompt à la réplique. Ce cycle s'annonce décisif pour vos amours et votre relation avec vos enfants. En ce qui a trait à vos affaires, prenez votre temps, ne faites pas confiance au premier venu et attention au manque de confiance et d'estime de soi, au risque de vous saboter. Le temps se prêtera bien pour vous libérer de toutes les contraintes. Toutes les rencontres vont tenir une place importante au cours de cette période. Pour ceux qui ne sont pas mariés, la possibilité de dénicher votre perle rare ou de consolider votre amour est à prévoir. Si votre relation de couple traîne de la patte depuis plusieurs années, une rupture ou une remise en question est aussi à prévoir. Une fécondité, une naissance future, la mise en œuvre de quelque chose qu'on a créé sont plus que probables. Un projet de création a toutes les chances de réussir ; temps idéal pour le mettre de l'avant. Misez tout de même sur l'équilibre et la modération en tout. Les rapports avec l'étranger, soit par des voyages d'affaires ou de plaisance, vous seront propices. Signe d'une évolution positive à la suite d'une stricte discipline mise en place. La période sera aussi bénéfique pour tout ce qui relève des études, de l'enseignement et de votre vie spirituelle.

Cycle de la Maison VI

La santé et le travail auront priorité au cours de ce cycle. Cela ne signifie pas pour autant des soucis graves en ce domaine, mais ça ne veut pas dire non plus que vous ne serez pas à l'abri d'un problème ou d'ennuis possibles. D'ailleurs, vous pourriez avoir à vous occuper d'une faiblesse physique ou psychologique que vous avez mise de côté, ou que vous aviez négligé d'adresser. Si l'insécurité vous tenaille davantage, une solide confiance en vos capacités fera toute la différence et vous aidera à régler vos problèmes ; ne laissez pas la culpabilité vous envahir. Portez attention à tous ces petits détails, mais n'allez pas vous attarder aux choses qui sont sans importance. Ce cycle se prêtera bien pour toutes les affaires financières. Quelquefois, des améliorations seront apportées à l'intérieur du foyer ou sur la propriété, sinon un déménagement est à prévoir ou penserez-vous à le faire. Ce sera une période où vous aurez une surcharge de responsabilités et de tâches à vous acquitter au travail. Un changement de travail ou un risque d'accident bénin est tout aussi possible. Des gains inattendus aux jeux de hasard ou à la suite d'un héritage sont probables. Vous ne pourrez choisir meilleur moment pour changer vos habitudes de vie et votre régime alimentaires ainsi que pour vous départir d'une mauvaise habitude nuisible à votre santé et pour vous remettre en forme. N'empêche, vous ne serez pas à l'abri d'une maladie de courte durée en lien avec votre travail, sinon une expérience mal vécue ou une situation incomprise risque d'influencer défavorablement les années à venir. Moindrement, attendez-vous à des contraintes possibles. Vous ne serez pas à l'abri non plus de problèmes ou d'ennuis dans votre vie affective. La prudence sera de mise et plus que nécessaire, surtout lors de vos engagements ou suivant toute entente. Le risque de tromperie, de rupture ou d'isolement n'est pas à écarter non plus. Vous aurez des choix à faire. Attention à l'hésitation et à l'incertitude qui seront plus présentes. L'amitié et/ou l'amour pourront contribuer à vous faire évoluer et à prendre une direction nouvelle.

Cycle de la Maison VII

Au cours de ce cycle, l'accent sera mis sur les partenariats et les relations proches. On n'avance qu'en fonction des événements provoqués par ses partenaires, tant amoureux que professionnels. Période où il vous sera plus difficile de décider seul. Vous devrez tenir compte de l'avis des autres. Année de rencontres, d'unions possibles et même quelquefois de mariages. La vie de couple deviendra une priorité ; ce sera un temps de recyclage. Les projets de couple ou d'association seront d'actualité et encouragés. Cela n'exclut toutefois pas la possibilité d'une séparation, d'un divorce ou de querelles possibles. Cette contingence peut aussi être un signe de dualité ou de litige. Il ira de votre intérêt d'éviter toutes les discussions qui peuvent conduire à une impasse. Chose certaine, les relations avec les autres vont prendre un nouveau tournant. Même les amoureux devront être prudents. Vous ne pourrez choisir meilleur temps pour partir en vacances, pour faire un voyage à deux. Puisqu'on dit souvent que la première idée est toujours la meilleure, ne laissez pas l'indécision vous envahir, même si des délais seront inévitables. Cycle où l'injustice et la chicane vous seront intolérables. Année où vous vous devrez d'assumer toutes vos responsabilités et de respecter vos échéances. Méfiez-vous de la paresse qui vous guette ! Rien ne s'opposera à vos projets, mais vous aurez à investir tous les efforts nécessaires pour réussir. Il faudra lutter pour vous réaliser, y compris avec vous-même, mais vous aurez une bonne maîtrise sur les éléments qui vous entourent. Possibilité d'avoir gain de cause dans un litige.

Cycle de la Maison VIII

Voilà qui présage un cycle de transformations, de renaissance alors que vous aspirez à autre chose. Vous aurez besoin de comprendre ce qui se passe en vous. Le sentiment d'un changement intérieur s'effectuera en vous. Un travail intérieur sera possiblement utile et nécessaire pour mieux vous repérer. Ce sera le moment propice pour donner un nouveau sens à votre vie. Puisque vous amorcerez un cycle de renouveau, il peut s'agir d'un nouveau départ si vous réussissez à surmonter tous vos questionnements profonds. Une étape de vie se termine et une autre se pointe déjà à l'horizon, tant au travail qu'en amour. Évitez de laisser la crainte vous envahir puisque les changements n'en seront que meilleurs. Cessez de regarder en arrière, allez de l'avant alors que le passé est déjà révolu. Une occasion de changer de domaine est possible si vous le souhaitez. Des pertes et/ou des gains inattendus seront possibles, mais si ce n'est pas le cas, ça présage un cycle de travail intensif et laborieux. Une opération ou le deuil d'un proche parent est possible. Un héritage ou une succession à régler s'ensuivra, sinon des papiers à signer et/ou un remboursement pourront faire partie de ce lot. Moindrement, portez plus attention à la santé des personnes près de vous vu qu'elles ne seront pas à l'abri d'ennuis de toutes sortes. La probabilité d'une intervention chirurgicale est aussi possible. N'allez pas non plus négliger votre propre santé ni votre bien-être physique. Profitez-en pour amorcer un régime et pour faire faire votre bilan de santé annuel. La prudence et la rigueur seront nécessaires pour finalement mieux retrouver l'harmonie ; cependant, l'idée que vous ayez à faire face à l'adversité est possible. À cet effet, vous ne serez pas à l'abri d'ennuis administratifs, juridiques ou financiers. Suivant que vous ne serez pas à l'abri d'un pépin ou d'ennuis possibles, il sera sage de vous assurer de bien faire vérifier régulièrement votre voiture. Soyez également avisé que l'annonce d'une naissance dans votre entourage immédiat est à prévoir. Problèmes d'équilibre possibles ou de stabilité sont également à prévoir, et l'idée qu'un secret puisse vous être révélé fait aussi partie de ce scénario.

Cycle de la Maison IX

Changer d'air, voilà ce qui sera prévu au programme. À cet effet, un déménagement, un voyage ou de nouveaux défis vous attendent. À tout le moins, l'international sera d'actualité. Puisque la chance se range de votre côté, profitez-en ! Attention toutefois à la loi et à l'autorité. Soyez indépendant, mais ne soyez pas téméraire non plus. Tout ce qui concerne un contrat, un jugement, tous les papiers officiels (de loi) ou tous les litiges possibles prendront plus d'importance. Entourez-vous de bons conseils, réfléchissez bien et donnez-vous tout le temps nécessaire avant de vous engager. Un membre de la famille ou de votre entourage immédiat aura besoin de vous ou c'est vous qui aurez affaire à l'un de ces derniers. Année idéale pour vous inscrire à un cours, poursuivre vos études, entreprendre une recherche, faire de l'enseignement. Tous les métiers de conseils ou ceux qui sont liés à l'humanisme seront favorisés. Vous ne pourrez choisir meilleur moment pour étudier à l'étranger ou dans une ville différente de celle où vous habitez. Les relations avec l'étranger ou une personne de souche différente de la vôtre seront encouragées. La possibilité de recevoir un montant d'argent, une somme qui vous est due et/ou qui provient de sources diverses telles que par votre travail, un héritage, les jeux de hasard ou un tirage est à prévoir. Année qui évoque parfois également un événement en lien avec un membre de votre belle-famille ou une personne qui vit au loin. Ce cycle en est un propice à une grossesse ou, à tout le moins, à une évolution spirituelle. Ce sera une année où il faudra aussi vous attendre à de la lenteur ou à un certain isolement.

Cycle de la Maison X

Voilà un temps où votre situation sociale et votre profession tiendront une place plus importante. Année déterminante qui sera marquée par une nouvelle prise de position dans votre carrière ; cela présage des changements ou des améliorations en ce qui a trait à votre position sociale. La place que vous occupez dans l'échelle sociale et au sein de votre entourage sera votre principale préoccupation cette année. On réfléchit à son avenir, on songe sérieusement à se lancer dans un projet d'envergure. Vos actes, sinon un fait déterminant, marqueront votre vie. Cela symbolise aussi certaines choses en lien avec votre réputation. Année d'accomplissement de vos objectifs et de vos ambitions. L'idée que votre profession prenne une nouvelle direction ou une orientation nouvelle est probable. Quelquefois, le commerce peut être concerné. Une transaction touchant vos biens ou l'immobilier pourra être au rendez-vous. Méfiez-vous d'un manque de confiance en vous ou d'une chute possible. Cette maison fait aussi référence au lieu où l'on vit et aux membres de sa famille suivant son opposition à la maison IV. La probabilité d'un nouveau foyer ou encore des améliorations apportées à votre maison sont possibles, sinon un problème devra être abordé en ce qui a trait à un membre de la famille pour ce qui concerne votre foyer. La prudence sera de mise dans tous vos projets personnels qui, d'ailleurs, risquent d'être confrontés à une confusion possible. Alternance de hauts et de bas. Cycle où il sera plus difficile de contrôler tous les éléments – évolution souvent inattendue. Tous les changements seront favorisés au cours de cette période ainsi que lors de toutes les mutations et/ou tous les voyages.

Cycle de la Maison XI

Voilà qui sera un cycle propice pour ce qui est de vos aspirations nouvelles et de vos projets. Des opportunités multiples se présenteront à vous, question de vous projeter dans de nouvelles perspectives. Le temps sera également idéal pour faire des rencontres, pour nouer de nouvelles amitiés, sans compter que des avantages pourraient s'ensuivre, et ce, d'autant plus en ce qui a trait de concrétiser un projet qui vous tient à coeur. Un événement, tant positif que négatif, pourrait concerner un ami, une relation ou un projet. C'est une période où vous vous sentirez plus étouffé par les gens qui vous entourent, même si vous-même aurez tendance à emprisonner ceux qui vous sont chers. Si votre liberté est votre bien le plus précieux, l'amitié sera primordiale dans votre vie au cours de ce cycle. Votre soif d'apprendre sera tout aussi grande, tellement que vous n'hésiterez pas à tout chambarder. Allez-y en douceur, car la rébellion n'est pas toujours la bonne solution. Le temps se prêtera bien pour mettre en place un objectif que vous voulez réaliser. Ce sera aussi un temps où l'accent sera mis sur la communication et les nouveautés. Les relations avec vos frères et sœurs tiendront aussi une place plus importante. Bien que vous fassiez preuve d'énergie, il sera nécessaire de trancher et de prendre de vraies décisions : imposez-vous ! Ce n'est que par une bonne maîtrise que vous pourrez faire évoluer votre situation. D'ailleurs, une certaine protection dans l'action audacieuse sera au rendez-vous à condition de ne pas faire preuve de violence ni de malveillance.

Cycle de la Maison XII

Durant ce cycle, vous serez porté à vous replier davantage sur vous-même et même à vous retrancher des autres, sans compter que la solitude vous pèsera davantage. Ce sera un temps où vous serez davantage porté à fuir la réalité, à ne pas vivre dans le moment présent. Apprenez à vivre pleinement et à aimer ce que vous faites. Il est possible que vous soyez porté à souffrir d'un brin de paranoïa et que vous ayez tendance à croire que le sort s'acharne sur vous. N'attendez pas que les autres règlent vos problèmes, reprenez votre vie en main et foncez sans crainte. Fiez-vous à votre intuition. Portez également attention à vos rêves qui seront révélateurs. Évitez de trop penser à votre prochain, aux autres, car vous risquez de vous perdre de vue. Beaucoup de travail est à prévoir, parfois fastidieux. Des améliorations et des changements seront également à prévoir, tant au foyer qu'au travail. La santé d'un proche pourra laisser à désirer, une hospitalisation est possible, sinon attendez-vous à des ennuis de toutes sortes, minimes tout de même. Si tel n'est pas le cas, il est possible que vous ayez à relever un défi ou à surmonter une difficulté que vous n'aviez pas vue venir ; saisissez cette occasion pour régler toute situation conflictuelle une fois pour toutes. Le domaine des finances sera aussi à surveiller. Puisque ce sera une période plus éprouvante ou même décevante par moments, vous risquez d'éprouver plus de difficulté à redresser votre situation. Le travail risque d'être aussi plus exigeant ou lourd à supporter, et il y aura aussi possibilité de restriction dans vos finances. À tout le moins, attendez-vous à de la dualité et/ou à des contraintes possibles. Année où vous aurez à payer pour vos mauvaises actions du passé. La probabilité d'être en chômage est aussi possible. Attention au laxisme qui sera davantage présent, sans compter que les soucis et les angoisses seront plus au rendez-vous, et attendez-vous à des tensions. Il sera essentiel de vous refaire une santé morale et physique. Toutes les quêtes ou ouvertures spirituelles pourront vous permettre de remettre de l'ordre dans votre vie. Comme vous pourrez le constater, voilà un cycle qui risque de vous fragiliser davantage. Attention au surmenage. La prudence et la patience seront vos deux atouts les plus précieux.

LES STATIONS RÉTROGRADES DE MERCURE EN 2023

Toutes les planètes rétrogradent en astrologie. Lorsqu'une planète dirige sa course autour du Soleil, on dit qu'elle est en mouvement « direct » qui évolue dans le sens normal. À un certain moment, elle ralentit et s'arrête : elle devient « stationnaire ». Puis elle donne l'impression d'entamer sa course en sens inverse, on la dit alors « rétrograde ». Ce genre de mouvement est indiqué dans les éphémérides (tables astronomiques par lesquelles on détermine pour chaque jour les positions des planètes). Il est ainsi aisé de le repérer. Lorsque la planète est stationnaire, elle acquiert une certaine stabilité, une certaine « force d'inertie ». Et enfin, toute planète dite « rétrograde » exprime un mouvement du conscient vers l'inconscient, si bien que la qualité représentée par la planète pourrait ne pas s'exprimer sur le plan conscient.

Une planète dite rétrograde est le résultat d'une illusion d'optique. Toutes les planètes gravitent autour du Soleil, incluant la Terre, et ce, sans le moindre changement dans sa course ou sa trajectoire. La rétrogradation d'une planète n'est pas un événement spécifique à une planète en particulier, au contraire, elle concerne toutes les planètes du système solaire utilisées en astrologie, excepté le Soleil et la Lune qui sont des luminaires, et ce, même si, en astrologie, on les considère comme étant des astres ou des planètes, mais soyez assuré que ce n'est pas le cas.

La planète Mercure est un des astres les plus rapides comparativement aux autres planètes. La rétrogradation de Mercure se produit au moins trois fois dans l'année, parfois quatre. Cette période rétrograde dure environ trois semaines. Il est très important de tenir compte des journées qui entourent tant l'entrée que la sortie en rétrogradation de la planète.

En pratique, Mercure entre dans sa phase dite « orageuse ou ombragée » ou encore prérétrograde (période où elle ralentit sa course, soit le mouvement de sa trajectoire) **quinze jours avant** (et après) qu'elle amorce sa phase rétrograde définitive. Dans les sphères de la communication, des conversations, des voyages, du commerce et des études, on sent déjà que rien ne va plus, et ce, même si vous y mettez tous les efforts possibles. Voilà pourquoi il importe de respecter toutes les mises en garde suggérées au cours de la phase rétrograde de toute planète pour mieux minimiser tous les écueils possibles.

Lorsque Mercure rétrograde, votre esprit logique risque de vous faire plus défaut et vos idées pourraient s'entremêler plus facilement, être moins claires, et vous pourriez être également moins attentif aux détails. C'est un peu comme un panneau cosmique qui vous indique où vous êtes rendu à présent dans votre évolution. Par contre, si vous ne portez pas attention aux messages que cette planète vous envoie ou si vous n'êtes pas là où vous devriez être, elle pourrait vous jouer des tours et vous causer une multitude d'ennuis ou de pépins possibles, tels qu'avec votre électricité, votre véhicule, la perte de vos clés ou d'un numéro de téléphone, et j'en passe.

Lorsque Mercure devient « rétrograde », toute l'activité de cette planète mentale se recroqueville vers l'intérieur. Il est suggéré de tirer profit de cette période pour faire une analyse, pour faire de la planification, pour faire une réflexion. **Dans les études, il est important de revenir en arrière pour visiter à nouveau vos positions**.

Mercure étant la planète par excellence de la communication ainsi que du mental, sa position dans un thème personnel nous montre comment l'individu apprend, pense, s'exprime et comment il tisse aussi des liens avec les personnes qui l'entourent. Cette planète représente votre intellect et la psychologie qui vous habite, et nous informe sur la connaissance que vous atteignez à travers votre évolution ici sur terre. Comme règle de transport, symboliquement, elle montre comment vous vous y prenez pour vous rendre du point A au point B, autant dans la vie que sur la route. À un niveau plus personnel et profond, elle nous révèle comment vous êtes en rapport avec le divin et votre petite voix intérieure (votre esprit).

Prenant en considération que Mercure est une planète qui bouge rapidement dans notre système solaire, lorsqu'elle rétrograde, elle déclenche en chacun de nous une période de réflexion et de réorganisation.

Planète maîtresse du Gémeaux et de la Vierge, et en analogie avec les maisons IIIe et VIe en astrologie, tous les écrits sont de son ressort. Il en va de même pour tout ce qui relève des contrats que vous signez, des engagements que vous contractez, les placements que vous faites, les conditions d'un contrat d'association, les livres et les articles que vous désirez publier. Lorsque vous engagez votre responsabilité, vous avez le droit, sinon le devoir de bien vérifier l'exactitude de votre engagement. Par conséquent, n'hésitez pas à faire ajouter des clauses qui vous semblent absentes ou non conformes à vos attentes et à vos besoins, ou à votre compréhension. C'est la meilleure façon d'éviter les problèmes.

À l'ère omniprésente de l'informatique, les communications sont de plus en plus rapides et leur transmission prend plusieurs avenues :

téléphones intelligents, livres électroniques, tablettes, émissions via Internet, réseaux sociaux, etc. Mercure y trouve son compte, mais il vous faut rester prudent. Vous avez tendance à faire confiance à de purs étrangers et à divulguer des informations qui devraient rester privées alors qu'il vous arrive très souvent de ne pas faire confiance à ceux qui vous côtoient tous les jours. Il est aussi très facile de partir de fausses rumeurs sur les réseaux sociaux et de nuire à des personnes qui ne le méritent pas. Mercure est aussi la planète qui pique votre curiosité, qui suscite votre intérêt. C'est grâce à elle que vous emmagasinez de l'information et que vous pouvez y faire référence lorsque c'est nécessaire. Comme l'information est désormais facilement accessible, vous avez tendance à moins faire travailler votre mémoire, ce qui pourrait vous jouer des tours.

Mercure est responsable aussi de toutes les communications verbales, allant de vos discussions à vos points de vue. Vos échanges passent automatiquement par Mercure et le type de votre intelligence est établi en fonction des contacts (aspects planétaires) que cette planète forme avec d'autres planètes dans votre thème natal.

Mercure a aussi régence sur les relations que vous entretenez avec vos frères, vos sœurs, vos voisins ainsi que toutes les jeunes personnes qui vous entourent, incluant les gens de votre entourage immédiat.

Mercure gère également le travail manuel – que ce soit des travaux de menuiserie, de mécanique, d'artisanat ou de précision. Et lorsque la planète Mercure s'en mêle, elle permet de développer des métiers moins intellectuels, mais tout aussi valorisants. Le travail bien fait porte en soi sa propre récompense.

Au niveau de la santé, Mercure agit comme un messager. Il transmet ses messages au moyen de votre système nerveux et permet à vos yeux et à vos mains de collaborer : par exemple donner une poignée de main tout en faisant un clin d'œil. Au niveau de votre corps, Mercure est responsable du système respiratoire, du système nerveux, des épaules, des bras et des mains.

Lorsque Mercure rétrograde, vous avez certainement compris qu'il faut agir avec plus de prudence, avec plus de sagesse, mais aussi avec plus de discernement et prendre les inconvénients de la vie quotidienne avec un grain de sel. Afin que tout se passe au mieux durant cette phase rétrograde, faites comme elle : devenez introspectif ! Toutes les idées qui apparaissent pendant ce cycle sont à réaliser seulement lorsque Mercure redevient à nouveau en mouvement direct dans sa trajectoire. Pour l'instant, cultivez vos projets, analysez-les, améliorez-les.

Dans les pages qui suivent, vous êtes encouragé à prendre connaissance des mises en garde à respecter pour tous les signes du zodiaque durant les phases rétrogrades de Mercure pour 2023, lesquelles prendront place dans un premier temps du 29 décembre 2022 au 18 janvier 2023 en Capricorne. Ensuite en Taureau, du 21 avril au 14 mai, puis dans son signe opposé, en Scorpion, du 23 août au 15 septembre. La dernière phase et non la moindre aura lieu du 13 décembre 2023 au 1er janvier 2024 en Sagittaire.

✧

Lors de vos déplacements, assurez-vous que votre véhicule soit en ordre et soyez tout aussi attentif à votre conduite qu'à celle des autres automobilistes près de vous. Les conducteurs impatients risquent de vous couper, vous incitant à faire de fausses manœuvres qui pourraient avoir des répercussions sérieuses.

Si vous prévoyez, le cas échéant, de signer un contrat d'embauche ou autres, de faire des affaires, d'ouvrir une entreprise, de mettre de l'avant un projet, assurez-vous de tirer profit de cette période pour bien lire toutes les clauses une à une et n'hésitez pas non plus à poser toutes les questions qui vous viennent à l'esprit. Écoutez votre instinct, car avec le temps, il est possible que les conditions de travail ne répondent pas ou plus à vos attentes, ou que d'autres informations puissent contredire vos points de vue. Or, Mercure pourrait avoir détecté quelque chose qui n'est pas nécessairement évident. Voilà pourquoi il importe de reporter toute signature à une date ultérieure, de même que prendre des décisions définitives seulement après que la phase rétrograde aura pris fin, soit le moment où Mercure reprend finalement sa course normale alors que vos points de vue sur la situation ou sur le problème peuvent changer. D'ici là, vous ne pourrez choisir meilleur moment pour investir vos énergies dans la recherche d'idées, pour dénicher un emplacement propice à la réalisation de vos projets, pour revoir votre plan de mise en marché et étudier la concurrence. Encore une fois, et au risque de me répéter, ce n'est que lorsque Mercure aura finalement repris sa marche directe que le temps sera bienvenu pour signer tous les documents et/ou tous les contrats d'association et pour prendre des engagements financiers qui vous seront bénéfiques. Du moins, vous aurez mis toutes les chances de votre côté.

Au cours de cette même période, il sera fortement suggéré aussi de faire une double copie de tous vos dossiers dans votre portable, tablette ou ordinateur, et de porter une attention particulière à tout ce qui pourrait déranger vos études ou tout cours que vous poursuivez. Le temps sera bien choisi également pour réviser les matières apprises et pour terminer les travaux ou projets entrepris avant la phase rétrograde. Il en ira de même pour ce qui est de relire vos notes de cours, mettre de l'ordre dans vos documents, faire du rangement, mais n'oubliez pas non plus de bien vérifier toutes les étapes afin que rien ne vous échappe à votre insu. Cependant, s'il y a des projets qui ont été amorcés avant que la phase rétrograde prenne place, mais non aboutis à ce jour, vous pouvez vous pencher sur ces derniers, mais n'allez engager aucune démarche administrative. Encore une fois, reportez-la après que la phase directe sera en pleine force.

Soyez également avisé que le temps ne se prêtera pas aussi bien non plus pour faire l'achat de nouveaux gadgets électroniques, car ils pourraient ne pas répondre à vos attentes, sinon vous pourriez vous apercevoir qu'un autre produit ou service aurait mieux répondu à vos besoins ou encore que les frais d'utilisation seront supérieurs à ceux annoncés.

Au cours de cette phase rétrograde, il est également possible qu'il puisse y avoir des interruptions ou des retards dans vos communications. À cet effet, votre service Internet pourrait tomber en panne, sinon vous pourriez avoir de la difficulté à établir une communication avec l'heureux élu simplement parce que cette personne aura oublié de recharger la pile de son téléphone intelligent. Il sera tout aussi important de vous assurer que votre interlocuteur ait bien saisi la teneur du message que vous tentez de lui véhiculer. Chose certaine, ce ne sera pas le moment de tenir pour acquis qu'il a bien compris ce que vous attendiez de lui ou d'elle.

Suivant que les communications peuvent être plus confuses, sinon mal interprétées au cours de cette période, tant dans votre vie personnelle que professionnelle, faites-vous un point d'honneur de vous exprimer clairement et précisément avec vos amis, vos associés, vos frères, vos sœurs, vos cousins et cousines, vos tantes et oncles, vos voisins, votre employeur, vos collègues, vos employés, toutes les personnes qui sont à votre service tels un domestique, un locataire, les journalistes, les publicistes, les éditeurs, votre médecin, un praticien, un chirurgien, etc.

Romantiquement parlant, le temps sera mal choisi pour planifier un mariage, pour vous fiancer, pour convoler en justes noces, pour entreprendre une nouvelle relation amoureuse ou pour mettre fin à une relation existante. Dans ce dernier cas, il vaudrait mieux saisir l'occasion pour revoir la relation, pour recréer un climat plus propice qui permettrait de remettre la relation sur la bonne voie. Si vous n'y arrivez pas, il sera toujours temps de rompre une fois que Mercure aura repris sa course normale. D'ici là, il est possible que vous puissiez entendre parler d'un ancien amoureux, mais avant de faire un appel nostalgique, il sera recommandé d'attendre que Mercure ait repris sa marche directe et que vos idées soient plus claires. Souvenez-vous plutôt de ce qui a fait en sorte que cette relation ait pris fin. Bien que de vieilles flammes et de vieux amis oubliés tendent souvent à refaire surface de façon inattendue à cette période, il y a de ces occasions qui sont idéales aussi pour rétablir le lien, la connexion, renforcer vos alliances ou tout simplement pour faire amende honorable et couper les liens. Faites-le avec tact et diplomatie, et avec la meilleure des intentions. Mettez plutôt à profit ce temps pour vous reconnecter avec des personnes de votre passé qui vous intéressent ou avec lesquelles vous avez des affaires inachevées.

N'allez pas nourrir non plus du ressentiment inutilement, cela ne ferait qu'ajouter à votre peine et à vos blessures. Mercure qui rétrograde est plutôt le moment opportun pour couper les cordons karmiques et vous libérer des liens émotionnels nuisibles et non désirés avec d'autres personnes et/ou toutes situations. En prônant ce rituel puissant qu'est le pardon, vous aurez tout à gagner. Si des personnes vous disent des choses qui vous dérangent, qui vous blessent, ne le prenez pas de façon si personnelle. Laissez aller ! Elles sont tout aussi affectées que vous par cette phase. Donnez-leur le bénéfice du doute. Il est fort probable qu'elles ne pensaient pas ce qu'elles ont avancé au plus profond d'elles-mêmes.

Lorsque Mercure rétrograde, n'allez pas faire de gros achats tels une planche à voile ou à neige, des patins de tous genres, une voiture, un camion, un véhicule tout-terrain (VTT), un véhicule récréatif (VR), un bateau, une bicyclette, une motocyclette, etc., alors que vous risquez de vous retrouver avec un citron. Profitez-en plutôt pour initier les recherches nécessaires qui vous permettront de faire un choix judicieux et éclairé lorsque Mercure reprendra sa trajectoire normale. D'ici là, veuillez mettre à profit cette période pour retourner toute marchandise qui ne répond pas à vos attentes ou qui est défectueuse. Assurez-vous de bien vérifier aussi que toutes vos lettres et vos commandes se sont bien rendues à la destination prévue et qu'on a compris correctement toutes vos instructions.

Vous ne pourrez choisir également meilleur moment pour revoir votre régime de vie, vos habitudes alimentaires, pour réévaluer votre plan de mise en forme et pour bien doser vos énergies en évitant tout excès. Profitez-en aussi pour désintoxiquer votre système.

Établir un plan de relance pour ce qui est de mieux atteindre vos visées ou ce que vous voulez réaliser à long terme s'y prêtera bien. Rien ne presse, prenez tout votre temps pour bien faire les choses et, au besoin, n'hésitez pas à faire partie d'un réseau de soutien pour mieux maintenir votre motivation, et ce, tant en ce qui a trait à votre santé que pour ce qui est de votre travail, ou autres.

Puisque Mercure régit les mains et toute activité manuelle, il sera fortement conseillé de remettre tout rendez-vous chez votre denturologiste ou votre orthodontiste à plus tard. Il en ira de même pour toute intervention chirurgicale, pour tous les tests de diagnostic, pour toutes les résonances magnétiques et/ou pour toutes les radiographies étant donné que votre état physique ne sera pas au meilleur de sa forme pour bénéficier d'un traitement ou d'une guérison optimale. Méfiez-vous également des intoxications alimentaires qui tendent à se faire plus présentes au cours de cette période.

Il sera avisé d'être tout aussi prudent avec vos appareils ménagers, tous les outils ou tous les objets pointus ou coupants que vous manipulerez, puisque vos réflexes seront plus lents et que vous serez plus enclin à vous blesser davantage. Attention également avec tout ce qui est chaud et brûlant.

Faites attention aussi aux beaux parleurs, car certaines personnes pourraient tenter de vous escroquer en jouant sur vos sentiments. Prenez du recul afin de mieux évaluer les propositions qu'on vous fera. Si votre interlocuteur insiste pour que vous preniez immédiatement une décision, interrompez la communication alors qu'il est possible que vous ayez affaire à un manipulateur.

Soulignons également que vous ne pourrez choisir meilleur moment pour créer, surtout si vous êtes artiste de métier ou écrivain, et ce, soit pour planifier, enquêter, faire de la recherche ou vous préparer pour quelque chose à produire plus tard alors que vous serez ravi des résultats obtenus.

La règle d'or à suivre lorsque Mercure est en phase rétrograde est de s'en tenir à toute activité où l'on peut mettre le préfixe « **re** » ou « **ré** » devant un verbe comme **re**faire, **re**visiter, **ré**arranger, **ré**aménager, **ré**nover, **ré**viser, **ré**organiser. Vous saisissez ? Maintenant que vous êtes bien informé sur quoi faire et ne pas faire durant la phase rétrograde de Mercure, je vous invite à lire l'impact que cette planète exercera sur votre signe solaire et votre ascendant natal au chapitre désigné à vos prédictions annuelles.

LA STATION RÉTROGRADE DE VÉNUS EN 2023

Tel qu'expliqué dans les pages précédentes, lorsqu'une planète est dite rétrograde, d'un point de vue terrestre, son mouvement semble inversé, soit à l'encontre du mouvement des aiguilles d'une montre, mais en réalité, ce n'est pas le cas puisque la planète se déplace sur son orbite dans une seule et même direction. La rétrogradation est tout simplement un mouvement apparent d'une planète qui s'immobilise dans sa course pour repartir en marche arrière, mais encore là, ce n'est qu'une illusion qu'elle recule. Elle indique que sa marche planétaire est perturbée et que ce corps céleste dispose de moins d'influx qu'une planète en ascension droite.

Vénus rétrograde tous les dix-neuf mois et dix jours, et cette période s'étend sur cinquante jours approximativement. En 2023, Vénus sera rétrograde du 22 juillet au 3 septembre, en Lion. Il va de soi, les effets sont nettement différents si Vénus est rétrograde au moment de votre naissance, contrairement à en mouvement direct. Si Vénus est rétrograde dans votre thème personnel, voilà qui indique entre autres une dette karmique vis-à-vis d'une image féminine dans une ou plusieurs vies antérieures. Le terme « dette » doit ici être compris dans le sens d'une responsabilité personnelle et non pas comme un sentiment de culpabilité que l'on vit trop souvent.

✧

J'ai maintes fois observé par expérience que lors de la phase rétrograde de Vénus, les gens deviennent plus résignés par nature et sont moins porteurs de jugements. C'est une période dite plus passive. J'ai aussi constaté que les personnes qui ont Vénus en mode rétrograde dans leur thème natal se sentent relativement à l'aise lors des cycles de rétrogradation de Vénus. Cependant, les individus ayant une Vénus natale directe tendent surtout à subir des déboires aux secteurs qui sont régis par Vénus (Taureau, Balance) dans leur thème de naissance. Par contre, ceux qui ont une Vénus natale rétrograde ont toutes les chances de vivre cette période de façon plus agréable et d'en tirer un meilleur parti.

Lors de cette période, il est suggéré d'en profiter pour faire une réflexion sur ce qui vous est le plus précieux dans la vie tels l'amour, les relations, le mariage, l'art et l'argent. Puisqu'il n'y a aucune relation ni aucune situation qui est parfaite dans la vie, assurez-vous de tirer profit de cette phase rétrograde pour faire la lumière sur vos désagréments refoulés.

En pratique, Vénus fait référence à votre capacité d'aimer et elle est synonyme de beauté et de connectivité. Cette planète bénéfique, porteuse de joie, de plaisir et de bonheur est tout aussi créative qu'artistiquement douée. Elle représente entre autres le capital, votre crédit, vos sous, vos biens, votre capacité à vous associer et à créer des alliances ainsi que toutes les négociations de contrats. Elle incarne aussi la façon dont le client perçoit le produit ou le service offert.

Au cours de cette période rétrograde de Vénus, continuer à aller de l'avant peut s'avérer lourd de conséquences. Tous les produits introduits sur le marché durant ce cycle seront susceptibles de connaître un accueil mitigé ou désintéressé, et il est même possible que les acheteurs potentiels, attentifs à la valeur du produit, le rejettent pour une question de prix ou de qualité.

Il en va de même pour les partenariats, les relations avec les fournisseurs et toutes les grandes alliances commerciales alors qu'ils auront souvent besoin d'être réévalués, notamment pour tous ceux qui vivent une situation déjà critique. C'est à cette époque que les relations avec les vendeurs, les associés et/ou un partenaire de vie prennent un nouveau départ ou se terminent.

Lorsque Vénus rétrograde, il est déconseillé de lancer une nouvelle entreprise ou une société, car les biens et les avoirs de celles-ci peuvent se révéler inadéquats ou encore inappropriés. L'accumulation de dettes doit aussi être évitée à tout prix ! Soyez avisé qu'il est possible que le financement d'activités commerciales ou de nouveaux projets ne soit pas disponible au moment de cette phase et que le capital doive être réévalué à la baisse. Ce n'est certainement pas le moment de rechercher un nouveau soutien financier tels une hypothèque, un prêt ou du crédit, et même si le crédit vous était disponible, tout probable qu'il soit accompagné d'une clause restrictive de taille !

Pour ce qui est des contrats juridiques ou d'achats signés au cours de cette période, vous risquez d'encourir de sérieuses répercussions néfastes à long terme, sans compter non plus que les négociations de contrats risquent d'être plus difficiles.

Le temps sera mal choisi aussi pour faire l'achat d'une entreprise, d'un groupement de services ou pour ce qui est des droits d'un produit étant donné qu'il est possible que l'entrepreneur doive payer plus cher et risque de découvrir le pot aux roses une fois le contrat signé. La question du prix pourrait également entraîner de violentes querelles et faire échouer les négociations. Par conséquent, il sera fortement suggéré d'attendre que la phase rétrograde ait pris fin pour aller de l'avant avec toute signature.

Lorsque Vénus est en phase rétrograde, c'est un peu comme si l'Univers vous invitait à reconsidérer vos valeurs, votre estime personnelle, votre argent, ce que vous voulez de la vie, ce dont vous avez besoin, incluant toutes les questions légales éventuelles et vos relations de travail. Ce n'est qu'ainsi que vous pourrez les améliorer et non en tentant de signer à l'aveuglette de nombreux contrats, régler des problèmes légaux ou financiers ainsi que faire fi de vos besoins en matière de relations professionnelles. Les ignorer risque de vous mener à l'échec dans ces domaines à plus ou moins longue échéance.

En revanche, vous ne pourrez choisir meilleur moment pour réviser votre budget, votre situation financière ainsi que pour suivre un cours en vue de parfaire vos connaissances en matière financière ou pour vous inscrire dans un atelier qui suscite un intérêt chez vous. Il en ira de même pour suivre un apprentissage, une formation, autant que pour vouloir apprendre une technique spécialisée afin de développer davantage vos talents.

En ce qui a trait à votre vie sociale, il sera suggéré de tirer profit de cette période pour évaluer et visiter à nouveau les choses ainsi que les gens de façon plus objective et moins impulsive. D'ailleurs, un changement de circonstances pourrait rendre un ancien partenaire plus attrayant à vos yeux au cours de cette phase. Cependant, il sera sage d'en profiter pour revoir vos priorités ainsi que tout ce qui vous tient à cœur, d'autant plus en ce qui concerne vos relations afin de savoir si elles répondent bien à vos attentes ou si vous devriez leur apporter des correctifs ou des changements nécessaires afin qu'elles répondent mieux à vos besoins.

Quant à votre vie affective, Vénus en phase rétrograde nous indique que les fruits de l'expérience ne sont pas assimilés consciemment et ne s'expriment pas régulièrement par le canal des émotions. Par conséquent, non seulement cet aspect peut indiquer une vie affective perturbée et des sentiments fréquents d'insatisfaction, mais cela risque également de causer plus de tort que de bien à votre relation ou pourra vous rendre aussi extravagant qu'intraitable par moments.

Lorsque Vénus rétrograde, méfiez-vous de succomber aux charmes d'un profiteur ou d'un gigolo et de tomber en amour. Puisque toutes les formes de relations risquent d'être confrontées à des difficultés et à des retards possibles, inutile de vous dire que le temps ne se prêtera pas pour vous fiancer, pour vous marier ni pour convoler en justes noces. Toutefois, profitez-en pour apporter un amendement dans une relation déjà troublée, tout en prônant une ouverture de paix.

Voilà qui présage aussi une période où votre apparence physique tiendra également une place des plus importantes. Cependant, il sera avisé de ne vous soumettre à aucune chirurgie esthétique durant cette phase et il sera tout aussi mesuré de votre part de remettre à plus tard cette nouvelle coupe de cheveux ou cette coloration que vous rêviez d'avoir.

Dans un tout autre ordre d'idées, soyez avisé que le moment ne sera pas bien choisi pour investir de l'argent ni recommandé non plus pour faire l'achat d'items coûteux. Mais, en revanche, le moment se prêtera bien pour renégocier un prêt, un accord financier, un contrat et pour régler toute dette en suspens. C'est aussi un temps favorable pour faire faire une évaluation de votre propriété, pour faire estimer vos antiquités ainsi que toutes les choses qui ont de la valeur à vos yeux. Profitez-en également pour visiter une vente aux enchères ou d'objet d'occasion (bric-à-brac) en vue de faire l'achat d'un bien ou même de pouvoir dénicher l'aubaine du siècle.

En ce qui a trait au marché immobilier, vous ne pourrez choisir meilleure période pour trouver une maison, sinon un terrain à un prix favorable, mais il sera suggéré de finaliser la transaction une fois que Vénus aura repris sa marche directe. Entre-temps, ne manquez pas de réserver les services d'un professionnel pour la faire inspecter, ne serait-ce que pour savoir que cette propriété répond bien à toutes vos attentes et à tous vos besoins.

Pour ce qui est des projets qui vous tiennent à cœur, ils pourront être conçus, mais non offerts (dévoilés) au grand public. Encore une fois, veuillez attendre la phase directe pour ce faire.

Mentionnons également que le temps ne se prêtera pas aussi bien pour lancer un projet artistique. Il en ira de même pour ce qui est de décorer ou d'entreprendre des rénovations alors que plus tard, vous risquez d'avoir en horreur la couleur choisie avec laquelle vous aurez peint les murs ou possiblement la facture sera plus haute que prévu. Par contre, ne soyez pas surpris de constater que votre seuil de créativité sera en hausse.

Maintenant que vous êtes davantage informé sur quoi faire et ne pas faire face lors de la phase rétrograde de Vénus, vous êtes invité à consulter le chapitre réservé à vos prédictions annuelles afin de connaître l'impact que cette planète exercera sur votre signe solaire. Vous êtes également encouragé à en faire tout autant pour ce qui est de votre ascendant natal. D'ici là, bonne phase rétrograde de Vénus !

LA STATION RÉTROGRADE DE MARS EN 2023

Tel que mentionné dans les pages précédentes, la rétrogradation est simplement le mouvement apparent d'une planète qui s'immobilise dans sa trajectoire pour repartir en marche arrière. Elle indique aussi que la marche planétaire est perturbée et, par conséquent, ce corps céleste dispose de moins d'influx qu'une planète en ascension droite.

Mars rétrograde tous les deux ans et deux mois en moyenne. C'est un événement plutôt rare. En 2023, Mars signe le début de l'année alors qu'il est rétrograde au signe du Gémeaux jusqu'au 12 janvier 2023. Pendant la durée de sa phase rétrograde, toute action directe devient plus ardue. La force d'action n'est pas tournée vers l'extérieur, mais plutôt dirigée vers l'intérieur. Pourtant, cette énergie, tournée vers l'intérieur et en constant contact avec l'inconscient, représente un potentiel créateur important. La manière d'aborder les gens risque d'entraîner des conflits possibles, de l'hostilité ou de la colère si vous ne vous y prenez pas de la bonne façon, et le manque d'assurance sera souvent au premier plan. Maintenant que vous êtes prévenu, prenez votre mal en patience!

En revanche, il sera suggéré de vous mettre en mode spectateur et de vous organiser des activités afin d'évacuer ce trop-plein d'énergie qui risque d'être plus présent, de voyager à l'intérieur de soi, d'accomplir des tâches commencées préalablement à la phase rétrograde. Refaire, rénover et réparer sera plus satisfaisant que de persister dans de nouvelles aventures. La prudence sera également de mise alors que la tendance aux accidents est généralement plus accentuée au cours de cette période. De plus, vous êtes encouragé à faire valoir vos forces dans un certain domaine d'expertise où d'ordinaire vous vous montrez réservé et prudent. Malgré tout, sachez que votre manque d'expérience vous sauvera peut-être la mise dans un projet particulier.

Pour ce qui est de vos relations, tous les liens amicaux, amoureux, familiaux déjà fragilisés pourraient connaître une fin ou choisirez-vous de resserrer les liens qui vous unissent à l'être aimé et de repartir à zéro. Quoi qu'il en soit et/ou que vous décidiez, vous serez exceptionnellement plus sensible aux conflits et à tous les désaccords possibles. En revanche, vous êtes contraint d'examiner comment vous agressez les gens près de vous sans même vous en rendre compte afin de remédier à ce genre de comportements ou d'attitudes.

Lorsque Mars est en phase rétrograde, son but est d'évaluer vos motivations et de savoir si vous êtes sur le droit chemin. Il convient donc d'en profiter pour rectifier le tir et revoir vos instincts agressifs afin de déterminer s'ils s'appliquent bien vers ce à quoi vous tendez, ce qui signifie parfois revenir sur ses pas une nouvelle fois et recommencer certaines choses qui en valent la peine. Profitez-en pour refaire sinon recouvrer vos forces ainsi qu'essayer de nouvelles « tactiques » en vue de pouvoir mieux relever les défis qui se présentent à vous.

Soulignons aussi que toutes les vieilles rancunes qui n'auront pas été réglées par le passé risquent de refaire surface à nouveau au cours de cette phase, car le moment est venu de développer de nouvelles stratégies et approches afin de mieux pouvoir faire face aux problèmes existants et à votre agressivité, mais également d'apprendre aussi à vous affirmer.

N'allez pas entreprendre de nouveaux départs, car en toute réalité il s'agit là d'un cycle destiné à réorienter vos énergies en vous-même pour mieux vous permettre de comprendre la direction qu'il vous faut prendre et les moyens dont vous aurez besoin pour y aboutir. Tentez d'aller de l'avant pour amorcer de nouvelles choses ou tous les projets risquent de mettre plus d'un obstacle sur votre route. Il en ira de même pour ce qui est de commencer un nouvel emploi ou pour ce qui est d'entreprendre une action légale contre une tierce personne.

Il sera également suggéré de ne pas faire l'achat de quoi que soit de mécanique, tel l'achat d'une nouvelle voiture, d'un nouveau camion, d'une autocaravane (motorisé) ou même une motocyclette à moins qu'un contrat de garantie fasse partie de la transaction. N'empêche, tout suggère qu'un changement de freins ou d'accumulateur (batterie de voiture) pourrait s'avérer nécessaire. À tout le moins, prenez garde à une contravention possible. De plus, n'allez pas être surpris non plus si un de vos gadgets électroniques ou appareils de bureau, tels votre ordinateur, un télécopieur, une imprimante, loué ou acheté, vous fasse plus défaut.

En ce qui a trait aux liens amicaux, amoureux ou familiaux déjà fragilisés, l'idée qu'ils puissent se briser irrémédiablement est une possibilité, sinon choisirez-vous de les solidifier à nouveau et de repartir à zéro. Quoi qu'il en soit, vous saurez trouver de nouvelles façons de faire qui vous étonneront. Néanmoins, il sera quand même mal choisi de célébrer un mariage ou de vous fiancer ainsi que convoler en justes noces.

Étant donné que vous serez exceptionnellement sensible à tous les désaccords et à tous les conflits possibles, vous êtes encouragé à examiner comment vous agressez les gens sans même vous en rendre compte et par le fait même, à intégrer vos forces d'une toute nouvelle façon. La colère, l'hostilité, les crises et la menace indiquent que tant du côté de l'agresseur que de l'agressé, il y a une peur qui domine et qui fait réagir. Cette peur peut être vue comme un marionnettiste qui vous dirige à l'aide de ficelles invisibles mais non moins constantes. Les réponses instinctives pour répondre à la peur sont le combat, la fuite, la stupeur et/ou l'immobilité (un peu comme le cerf qui s'arrête sans bouger devant les phares d'une voiture qui fonce droit sur lui).

Indépendamment de votre situation actuelle, Mars qui rétrograde vous offrira une chance de vous retirer pour refaire sinon recouvrer vos forces. Aussi, vous essaierez de nouvelles « tactiques » pour relever les défis dans votre vie. Ce n'est pas un bon temps pour faire usage de la force, pour pousser sur les projets ou pour inciter les autres à vous suivre. Vous gagneriez à examiner et à retravailler la façon de vous exprimer, d'éprouver ou de tester une méthode, un produit ou une technique pour mieux les intégrer dans votre vie.

Quant à votre santé et votre bien-être physique, n'allez pas planifier une intervention chirurgicale de prendre place pendant cette période rétrograde.

Maintenant que vous êtes davantage informé sur quoi faire et ne pas faire durant la phase Mars rétrograde, vous êtes invité aussi à consulter le chapitre réservé à vos prédictions annuelles pour connaître l'impact que cette planète exercera sur votre signe solaire et ascendant natal. Cela étant dit, lorsque Mars transite en mouvement direct dans le signe du Gémeaux, sa puissance d'action tend à s'extérioriser à travers les mots, la communication, et les apprentissages. On s'intéresse à beaucoup de choses différentes simultanément. On multiplie aussi les actes, les expériences, et on répond rapidement aux différentes sollicitations. En plus d'agir prestement et avec dextérité, vous serez tout aussi nerveux qu'impatient. Mars rétrograde, l'élan martien qui habituellement libère l'énergie vers l'extérieur de soi, se tournera vers l'intérieur et vous tendrez ainsi à vous interroger sur le bien-fondé de vos actes, sur votre manière d'agir, d'extérioriser votre personnalité. Votre confrontation avec l'Univers, avec votre intérieur, devrait vous permettre de transformer votre manière d'agir. Si le réajustement se produit, votre compréhension et votre sagesse grandiront, et vous agirez en fonction de ce qui aura été mis en conscience au moment de son opposition. Et si la prise de conscience n'a pas lieu, le cycle continuera comme il s'est amorcé, c'est-à-dire marqué par les conditionnements, des frustrations et des erreurs du passé.

Chaque cycle rétrograde de Mars est une nouvelle occasion de prendre conscience de sa capacité à agir dans un domaine différent et peut-être que ce domaine de vie exige une attention particulière. Et selon la maison natale qu'occupe Mars rétrograde, il sera impératif d'agir utilement dans un cadre aux limites bien définies vu que l'activité et l'agressivité tendront à se projeter dans votre travail quotidien, dans votre routine qui en viendra à se retrouver désordonnée, désorganisée. Les rapports risquent aussi d'être conflictuels avec certains collaborateurs, surtout s'ils sont de rang inférieur dans la hiérarchie. L'idée de manquer de concentration, d'être tête en l'air, de ne pas écouter lorsqu'on vous parle, d'oublier ce qu'on vous dit ou ce que vous deviez faire sera plus présente. Attention de perdre votre motivation suivant que vos réactions seront intériorisées et émotionnelles. Méfiez-vous aussi de l'angoisse, de l'anxiété, du manque de confiance en soi qui seront plus présents. Prenez une grande respiration !

LES ÉCLIPSES DE 2023

De nos jours, de nombreuses personnes connaissent leur astrologie et savent quand une éclipse est à la veille de prendre place. Il y en a qui peuvent même éprouver une tendance à s'inquiéter un peu. Après tout, n'est-il pas vrai que nos ancêtres couraient se cacher lorsqu'une éclipse se produisait ? Plus encore, les éclipses n'étaient-elles pas un signe avant-coureur de malheur ? Eh bien, oui à la première et non à la deuxième question ! Assister à une éclipse, en particulier une éclipse solaire, est un événement prodigieux qui, certes, peut être un peu effrayant pour qui que ce soit qui n'a aucune idée de sa venue au préalable. Mais en cette ère moderne où l'on peut simplement appuyer sur un bouton pour avoir accès à diverses archives d'éclipses couvrant plusieurs siècles, l'étude de celles-ci montre clairement que les éclipses, comme tout ce qui est astrologique, peuvent être utiles ou difficiles, et parfois les deux en même temps.

Les éclipses impliquent le Soleil et la Lune ainsi que la Terre. Une éclipse solaire a lieu à peu près au moment de la Nouvelle Lune, lorsque la Lune occupe le même signe et le même degré de visibilité que le Soleil. De plus, la Lune se trouve très près de l'écliptique, soit le trajet du céleste du Soleil autour du cosmos. Alors que la Lune passe entre la Terre et le Soleil, l'éclipse commence. En revanche, une éclipse lunaire se produit au moment de la Pleine Lune, mais dans ce cas, la Terre se situe entre le Soleil et la Lune, et l'éclipse se produit lorsque la Terre projette une ombre directement sur la Lune.

Lorsqu'une éclipse se produit, le rayonnement du Soleil, ou le rayonnement réfléchi de la Lune, est couvert. Cela nous donne un indice important sur ce qui se passe tant dans votre vie personnelle que dans votre thème natal lorsque vous êtes affecté par l'énergie de l'éclipse. Si vous cherchez le mot éclipse dans le dictionnaire, vous constaterez qu'il est pratiquement synonyme des mots suivants : cacher, dissimuler, masquer, obscurcir ou assombrir. Mais alors que la lumière du Soleil ou de la Lune peut être obscurcie au cours d'une éclipse, l'effet sur la Terre est un peu à l'inverse – des choses cachées peuvent apparaître à la suite d'une éclipse.

Les éclipses se produisent selon un schéma cyclique qui est fascinant à étudier mais difficile à expliquer en quelques paragraphes. En gros, cela provient du fait que pour qu'une éclipse se produise, le Soleil et la Lune doivent se trouver près de l'un des nœuds lunaires qui se déplacent très lentement, et ce, en mouvement inverse par rapport au zodiaque. Or, cela signifie que les éclipses tendent à se concentrer sur des zones spécifiques du zodiaque sur une période d'environ deux ans, de sorte que si une éclipse touche une zone sensible d'un thème natal, d'autres seront touchés aussi. Soulignons qu'au cours d'une période de 12 mois, quatre à six éclipses peuvent se produire.

Suivant que l'événement associé à une éclipse sera particulièrement intense à l'endroit où l'éclipse crée une ombre selon sa trajectoire parcourue sur le globe et sur le plan personnel, il est plus probable qu'elle sera vécue lorsqu'elle touchera une planète clé dans le thème personnel d'une personne. Voici un aperçu de ce à quoi vous pouvez vous attendre quand l'énergie intense de l'éclipse atteint l'un de ces points sensibles de votre thème.

Si votre Soleil natal est affecté par une éclipse, vous pourriez éprouver des problèmes d'identité. Il est possible que vous sentiez le besoin d'évaluer qui vous êtes, ce qui vous motive et où vous allez dans la vie. Vous découvrirez peut-être aussi des aspects de votre vie que vous ne vous connaissiez pas auparavant en décidant peut-être que vous devriez modifier un aspect important de votre style de vie pour que celle-ci soit davantage en phase, en harmonie avec ce qui vous rend vraiment heureux.

Si votre Lune natale est affectée par une éclipse, votre baromètre émotionnel en sera perturbé. Par conséquent, vous pourriez regarder de plus près à quel point vous êtes vraiment heureux ou malheureux dans votre relation, ou si votre travail vous procure toute la satisfaction nécessaire dont vous avez tant besoin. Si vous êtes célibataire et que vous recherchez l'amour, vous pourriez vous demander si vous tenez compte des qualités dont vous avez besoin chez votre âme sœur. Si vous êtes dans une relation négative, veuillez envisager de rechercher un ou une partenaire plus approprié(e), soit quelqu'un qui vous tiendra à cœur et qui vous appuiera !

Lorsque l'énergie de l'éclipse frappe votre Ascendant, vous pouvez décider d'apporter des modifications à votre apparence physique en dynamisant, le cas échéant, votre image. Vous serez prêt à adopter un nouveau style ou une nouvelle allure qui vous appartient, sinon une nouvelle coloration.

Pour un aperçu des autres planètes dans votre thème personnel, rappelez-vous que Mercure régit votre esprit, Vénus, votre cœur, Mars, votre énergie, Jupiter, votre côté spirituel et Saturne, vos responsabilités. Les planètes extérieures (Uranus, Neptune et Pluton) sont considérées comme des planètes générationnelles ; elles tendent donc à susciter des sentiments et des événements communs à ceux de votre groupe d'âge.

Pour être mieux informé sur la maison astrologique de votre thème personnel où se tiendra l'éclipse sollicitée, vous êtes encouragé à vous référer au chapitre intitulé « Les maisons astrologiques ».

Informations additionnelles

Si le trajet de la totalité d'une éclipse solaire passe sur la capitale d'un pays, cela peut indiquer un changement de direction ou une nouvelle direction. Cependant, cela ne signifie pas nécessairement que de tels événements soient négatifs. Au contraire, un changement de pouvoir dans une dictature militaire peut être douloureux, mais un changement de pouvoir dans un pays démocratique pourrait simplement refléter la volonté pacifique de ses électeurs. La même chose se passe généralement lorsque l'éclipse entre en contact avec soit votre Soleil, votre Lune ou votre Ascendant natal. La nature du changement que vous pouvez ressentir dépendra de votre situation actuelle et, dans une certaine mesure, de votre propre attitude envers le nouveau et le différent. Les éclipses vous affecteront davantage si elles se produisent près de votre Soleil, de votre Lune, de votre Ascendant natal, sinon de vos planètes personnelles, c'est-à-dire Mercure, Vénus, Mars, Jupiter ou Saturne. Vous serez également affecté par les affaires que régit la maison astrologique où l'éclipse a lieu.

Contrairement aux éclipses solaires qui tendent à agir davantage sur notre physique, les éclipses lunaires nous rendent plus dépressifs, plus fatigués pour un certain temps, ou alors tout le contraire, on peut vouloir en faire trop et, par le fait même, on se surmène et ainsi on s'épuise. Inversement, les éclipses lunaires agissent sur notre psychisme. Or, nous pouvons être soit très abattus psychiquement, soit surexcités. Il suffit de voir ou d'observer le comportement des personnes sur la route durant ces périodes clés. Prêtez-y attention alors que vous serez surpris vous-même de vos constatations.

Dans les faits, les éclipses nous donnent un aperçu de ce qui se dessine à l'horizon dans un proche avenir, soit six mois pour une éclipse lunaire comparativement à douze mois pour une éclipse solaire.

Dans tous les cas, il faut agir prudemment dans chaque domaine de la vie. Il n'est pas question de signer de gros contrats durant ces périodes écliptiques, tant solaires que lunaires, car ils pourraient être une source de problèmes de toutes sortes. Et comme nous sommes plus vulnérables, nous devons faire preuve d'une plus grande vigilance, et ce, tant dans nos déplacements que dans tous nos gestes posés.

L'expérience nous a démontré que tout ce qui était amorcé, entrepris ou lancé au moment d'une éclipse risquait d'échouer ou de ne pas tenir les promesses auxquelles on s'attendait. En revanche, tous les projets commencés, toutes les affaires et tous les travaux entrepris avant l'éclipse n'en subissent généralement pas les répercussions, à moins qu'il ne s'agisse d'un certain ralentissement ou d'un handicap passager.

En général, il est préférable de ne pas déménager, ni d'acheter une propriété ou une voiture, ni de partir en vacances ou en voyage d'affaires, si on peut s'en abstenir, bien entendu. Il est suggéré également de ne pas subir une intervention chirurgicale, et ce, surtout si le médecin juge que l'on peut remettre l'opération sans risque à une date ultérieure, car le rétablissement postopératoire est la plupart du temps beaucoup plus lent en période d'éclipse.

Soyez avisé que les enfants qui naissent en période d'éclipse peuvent être plus fragiles que les autres, surtout au cours de la première année de leur naissance, alors qu'ils risquent d'être marqués par une plus grande fragilité des organes représentés par le signe où l'éclipse prend place. Mais une fois cette première année passée, ils seront en général plus résistants que les autres enfants.

Si votre anniversaire de naissance a lieu au moment d'une éclipse solaire, c'est durant toute l'année qu'il faudra prendre soin de votre santé. Il est suggéré aussi d'éviter de mettre en place tout grand changement qui puisse altérer le cours de votre destin.

✧

En 2023, nous aurons quatre éclipses. Les dates suivantes sont caractérisées par une éclipse et elles sont calculées selon l'heure de Greenwich (GMT) :

- **Le 20 avril :** une éclipse solaire annulaire totale en Bélier à 29° 53' touchera davantage les natifs du Bélier, du Cancer, de la Balance et du Capricorne.
- **Le 5 mai :** une éclipse lunaire annulaire en Scorpion à 14° 52' touchera les natifs du Taureau, du Lion, du Scorpion et du Verseau.

- **Le 14 octobre :** une éclipse solaire annulaire en Balance à 21° 10' (17e éclipse annulaire du XXIe siècle) est de moindre effet. N'empêche, tous ceux qui sont prédisposés à la maladie ou qui sont malades doivent se protéger des virus et microbes affectant une partie des populations. Balance, Cancer, Capricorne et Bélier seront plus à risque de développer des infections sinon des malaises dont tous les dérivés de la Covid-19. Prendre les précautions qui s'imposent atténuera les risques.
- **Le 28 octobre :** une éclipse lunaire partielle en Taureau touchera davantage les natifs du Taureau, du Lion, du Scorpion et du Verseau.

Bien que l'on puisse connaître l'influence des planètes sur notre vie, notre destin, bien des gens ignorent que les éclipses jouent également un rôle important, sous-estimant l'impact qu'elles peuvent créer, tant sur le plan mondial que personnel.

Sur le plan personnel, l'éclipse solaire agit sur notre physique. Elle peut augmenter votre fatigue et même vous rendre dépressif pour quelque temps, ou encore elle peut engendrer tout le contraire et vous inciter à en faire trop et à être surmené. Quant à l'éclipse lunaire, elle agit sur notre psychisme. Par conséquent, vous pourriez être très abattu moralement ou, au contraire, surexcité. Il suffit de regarder le comportement des gens durant ces périodes clés. Prêtez-y attention ; vous serez surpris de vos constatations.

Dans tous les cas, il faut agir avec prudence dans chaque domaine de la vie. Il n'est pas question de signer de gros contrats durant ces périodes, car ils pourraient être une source de problèmes de toutes sortes. Comme nous sommes plus vulnérables, nous devons faire preuve d'une plus grande vigilance dans nos déplacements ou dans nos gestes. « Prudence est mère de sûreté », dit l'adage.

L'éclipse solaire annulaire totale en Bélier tendra à augmenter considérablement les risques par le feu, les risques aussi de poussées de fièvre, d'hémorragies cérébrales, de saignements de nez. On notera également des inflammations et des abcès dentaires possibles. L'action n'est pas stable ; tantôt débordante, tantôt nonchalante.

L'éclipse lunaire annulaire du 5 mai en Scorpion apportera une augmentation de la violence sous toutes ses formes. Les dépressions graves seront aussi de la partie.

L'éclipse solaire annulaire du 14 octobre en Balance est synonyme de désaccords possibles entre les gens, de conflits et de tensions, voire de divorces. Tout le système respiratoire sera plus fragile ainsi que les reins et la vessie.

L'éclipse lunaire partielle du 28 octobre en Taureau est synonyme d'abattement, de grand découragement allant jusqu'à la dépression et au *burnout* ou, dans certains cas, d'hyperexcitation.

Sur les plans mondial et collectif

L'éclipse solaire annulaire totale en Bélier provoquera beaucoup de violence sous toutes ses formes. Les esprits s'échaufferont vite. La foule se déchaînera. Les risques d'incendies seront plus nombreux. Et des destructions de récoltes seront aussi possibles.

L'éclipse lunaire annulaire en Scorpion augmentera le seuil de la mortalité de façon considérable. On assistera à des morts collectives : drames de mer, inondations, raz-de-marée, grèves touchant les professions reliées à la mer. De plus, les conditions atmosphériques seront dangereuses et provoqueront des accidents : routes glissantes, grosses tempêtes, etc. On assistera aussi à une augmentation des impôts et de taxes, ou encore de la criminalité. Les guerres secrètes et fanatiques ou racistes seront également actives. Il y aura recrudescence des maladies transmises sexuellement.

L'éclipse solaire annulaire en Balance augure des intempéries climatiques destructives, notamment des vents incroyables, de la grêle, des orages dévastateurs. Les accidents d'avion seront plus fréquents. Sur le plan politique, les ruptures d'alliances entre divers pays seront probables. Il y aura beaucoup de tension et d'agitation. Risque de grands procès ou de scandales percutants.

L'éclipse lunaire partielle en Taureau sera porteuse de problèmes reliés à l'agriculture. On assistera aussi à des inondations, à des conditions atmosphériques déplorables qui détruisent les récoltent, à des tremblements de terre, à des glissements de terrain. Période de ralentissement général.

Et sur une note finale, sachez que le Canada, la Chine (du Nord), l'Afrique du Nord, l'Autriche, l'Égypte, Hawaï et le Guatemala répondent du signe du Taureau, soit par le Soleil ou l'Ascendant natal. Par conséquent, il serait souhaitable de ne pas voyager en ces lieux si vous êtes marqué par la Balance et par les autres signes cités plus haut. Et si vous y vivez, restez sur place, mais soignez le moindre symptôme sans hésitation, le mieux étant de vous reposer au moment de cette éclipse.

✧

Maintenant que vous êtes davantage informé sur les éclipses de 2023, pour connaître l'impact qu'exercera l'éclipse solaire annulaire du 14 octobre en Balance, référez-vous au chapitre désigné à vos prévisions annuelles selon votre signe solaire. Vous êtes encouragé également à en faire tout autant pour ce qui est de votre Ascendant natal. Et si vous savez dans quel signe est situé votre Lune natale, faites de même, cela ne pourra que vous fournir de plus amples informations. Il en ira de même si vous avez un amas de planètes dans le signe où prend place l'éclipse, dans ce cas le signe de la Balance.

Bonne lecture ! Belles découvertes !

Signes du zodiaque

♈

Bélier

21 mars au 20 avril

LES DIFFÉRENTS ASPECTS DE VOTRE PERSONNALITÉ

Bélier – masculin, cardinal, feu

Le signe du Bélier est régi par la planète Mars. La vie pour vous est vue comme une conquête, comme un défi à relever. Vous êtes une personne impulsive et toujours prête à aller de l'avant ainsi que vouloir être le premier en tout.

Courageux, voire téméraire, vous ignorez tous les obstacles, préférant ainsi vous concentrer sur la plus courte distance entre ce que vous êtes et ce que vous voulez devenir.

Brave, impétueux et direct, vous êtes doué pour initier des projets, mais pas aussi désireux de les terminer. Vous avez besoin d'une avenue pour vous défouler d'un surplus d'énergie, à défaut de quoi votre besoin d'action pourrait se transformer en stress. Voilà pourquoi l'exercice, les travaux ardus et tout ce qui est compétitif sont des avenues salutaires pour le Bélier énergique.

CE QUI VOUS DIFFÉRENCIE DES AUTRES NATIFS DE VOTRE SIGNE

En tant que natif du 1er décan (du 21 au 31 mars), votre signe et votre décan sont régis par Mars. Vous êtes donc doublement Bélier. Cela vous confère une double dose d'énergie et d'enthousiasme. Cela indique aussi une action immédiate et une volonté inflexible. Vous faites partie de la triplicité de Feu qu'est votre signe solaire. Chez vous, nulle patience et nul moment d'arrêt ne sont tolérés. Constamment en mode action, vous échafaudez de nombreux plans et projets hâtivement et vous êtes prêt à foncer tête première ainsi qu'à faire face à tous les obstacles qui peuvent brimer votre réussite.

Vous êtes un véritable pionnier, plein de courage et tout aussi téméraire qu'entêté. L'influence de Mars vous donne de l'ambition, du courage, de la volonté ainsi qu'une tendance à être impulsif. Profitez-en pour travailler sur votre propre personne en vue de cultiver vos meilleurs traits et vos capacités.

Mars, votre planète maîtresse, joue un rôle important dans votre thème natal. Cette planète vous octroie une forte volonté et le désir d'être toujours le premier. Confiant, direct dans votre approche, vous ne mâchez pas vos mots pour exprimer ce que vous aimez et ce que vous n'aimez pas.

Leader-né, vous pouvez trouver des débouchés même dans les pires circonstances. Cependant, à certains moments, votre niveau d'énergie est tellement élevé que cela vous porte à être nerveux, capricieux et plus sujet aux accidents de toutes sortes.

Votre confiance en vous ou votre capacité à cibler une solution rapidement est souvent mal interprétée par les gens qui vous entourent, alors qu'ils sont portés à n'y voir qu'arrogance et autoritarisme.

Concurrentiel et audacieux, vous pouvez bien réussir dans n'importe quel travail qui récompense l'initiative et la poursuite active d'objectifs. Vous pouvez bien exceller également dans les forces armées, la médecine, la politique ou toute profession qui apporte une reconnaissance publique.

Si quelqu'un désire gagner votre cœur et garder votre amour, il ou elle devra accepter de vivre avec une personne dynamique et quelque peu égoïste par moments. Ardent en amour, et c'est peu dire, vous tendez à poursuivre activement ce que vous voulez. Si vous vous mariez, choisissez un compagnon de vie qui vous procurera du confort et qui sera tout aussi à l'aise de vous laisser prendre les commandes tout en étant prêt à accepter votre besoin d'indépendance.

En tant que natif du 2e décan (du 1er au 10 avril), vous êtes toujours sous la tutelle de Mars, mais votre décan est gouverné par le Soleil, vous octroyant ainsi un fort ego, mais également une personnalité qui a un flair pour l'expression créative. Cela donne aussi du poids à votre séduction et ajoute à votre magnétisme personnel. Par contre, votre orgueil est sans mesure et aucun mot ne peut le traduire.

L'influence du Soleil et secondairement de Jupiter, pour ce qui est de la Triplicité de Feu qu'est votre signe solaire, fait de vous un mélange d'explorateur-né et de nourricier.

La dominance solaire fait de vous une personne digne de confiance, résiliente et qui a un petit côté théâtral à ses heures ainsi qu'une force intérieure inouïe. À première vue, vous voulez que les gens vous apprécient et qu'ils reconnaissent vos capacités distinctes. Leader naturel, vous avez le don d'inspirer les autres à faire de leur mieux.

Le Soleil joue un rôle particulièrement important dans votre thème, et c'est ce qui explique pourquoi votre Moi est si gigantesque. Il fait de vous une personne qui a un tempérament chaud et qui aime être à l'honneur.

Ambitieux, fier, créatif et compétitif, vous êtes motivé par l'amour-propre et votre sens du spectacle vous gagne la reconnaissance de gens qui vous croisent. Chaleureux et quelqu'un qui n'aime pas passer inaperçu, vous prenez plaisir à vous retrouver sous les projecteurs. Il vaudrait mieux toutefois apprendre à cultiver votre paix intérieure, ce qui sera plus enrichissant pour vous.

Motivé par tout ce qui peut vous stimuler, vous avez peu de temps pour l'abnégation. Vous avez en horreur le mensonge et vous le détectez immédiatement. Vous êtes une personne qui se comporte avec droiture et vous vous attendez à ce que les autres agissent de la sorte envers vous.

De tempérament volontaire et déterminé, vous atteignez infailliblement les hauts sommets. Vous savez très bien où vous placer pour être en vue. Autant des femmes que des hommes ou des gens influents pourront jouer un rôle significatif dans votre vie, mais, très certainement, l'éducation augmentera vos chances de succès.

Tous les natifs de votre signe ont les qualités nécessaires pour devenir de grands promoteurs, des sportifs ou des philanthropes. Puisque vous avez la parole facile, vous pouvez tout autant devenir un grand orateur ou un éminent avocat.

Ardent en amour, vous n'êtes pas nécessairement quelqu'un d'affectueux, mais plutôt un amateur de plaisirs, de jeux et de divertissements. Vos élans passionnels vous poussent à poursuivre activement ce que vous désirez. Monsieur, on vous dit bon amant, mais également mauvais mari le plus souvent.

Si quelqu'un veut gagner votre cœur et garder votre amour, il ou elle devra accepter de vivre avec une personne dont les aspirations la poussent à vouloir vivre son amour dans une ambiance de luxe, favorable à ses rêves les plus somptueux.

En tant que natif du 3e décan (du 11 au 20 avril), vous êtes toujours sous la tutelle de Mars, mais le troisième décan des natifs du Bélier est régi par Vénus, et Jupiter y joue un rôle clé suivant la Triplicité de Feu qu'est votre signe solaire. Vous êtes donc né pour vendre vos idées, vos produits, votre salade et pour promouvoir vos multiples talents, habiletés, compétences et intérêts.

Né sous l'influence jupitérienne, vous êtes le plus susceptible d'être attiré par l'art, le théâtre, l'éducation, l'édition, la publicité, la religion et la politique.

Votre décan est le plus jovial et optimiste de votre signe. Vous ne craignez pas autant que les deux autres décans de ne pas être le premier en tout, mais vous pouvez devenir très agressif si quelqu'un ou quelque chose porte atteinte à votre liberté d'expression.

Ayant un sens fort de l'honneur, et c'est peu dire, ceci peut parfois vous pousser à imaginer des choses qui n'ont pas lieu d'être. Cessez de vous prendre trop au sérieux.

Jupiter, influente dans votre thème natal, fait de vous une personne sympathique, souriante et expansive. Pas surprenant que vous vous attiriez beaucoup d'amis. Étant une personne qui a une ardente envie d'excitation, vous êtes de celles qui excellent au mieux lorsqu'elles peuvent mettre à profit leurs multiples talents et aptitudes de façon constructive.

Puisque les deux planètes dites bénéfiques et chanceuses du zodiaque gouvernent votre décan, vous avez toutes les chances de votre côté pour vous construire une bonne vie et réaliser de grandes choses. Évidemment, l'éducation et vos maintes connaissances vont concourir largement à ce succès. Profitez-en pour élargir vos horizons à travers les voyages, les activités culturelles et spirituelles, et par toutes discussions tenues avec des gens sages.

Vous pourrez très bien réussir dans de nombreuses professions, notamment dans le domaine de la vente ou de l'enseignement.

Étant sous la dominance de Vénus, planète de l'amour par excellence, vous avez un charme fou et une inflexion voluptueuse qui attire irrésistiblement. Vous ne passez pas inaperçu, et c'est peu dire, alors que vous détesteriez de ne pas l'être. Rassurez-vous, on vous remarque!

En amour, on vous dit fougueux; pour vous, c'est la passion et rien d'autre qui vous attire. Si quelqu'un veut gagner votre cœur et garder votre amour, cette personne devra être loyale et estimer les plaisirs physiques de l'amour. Si vous vous mariez, madame, choisissez un compagnon de vie fidèle, bon pourvoyeur et quelqu'un qui puisse vous offrir une vie familiale paisible.

CE QUE LES ASTRES VOUS RÉSERVENT EN 2023

Jupiter en Bélier – du 20 décembre 2022 au 16 mai 2023 – votre Ire maison natale

Jupiter est fondamentalement une planète qui se déplace lentement. Elle a tendance à rester dans un signe et une maison pendant une année entière. Mais en 2023, elle se déplace exceptionnellement vite – elle traverse en fait deux signes et maisons. Elle commence l'année en Bélier, votre Ire maison. Puis elle se déplacera en Taureau, votre IIe maison, pour le reste de l'année et plus encore, soit jusqu'au 25 mai 2024. Tout ceci est très inhabituel et nous donne des messages importants. Voici donc enfin cette année de libération que vous attendiez depuis si longtemps. Vous avez traversé des périodes très difficiles durant lesquelles les pertes matérielles ou affectives ont assombri votre destinée; ce cycle infernal sera complètement terminé dès votre prochain anniversaire. De fait, aussitôt votre fête passée, vous sentirez le vent tourner de façon radicale. C'est le début d'un nouveau chapitre de votre vie. Vous pouvez vous attendre à un regain important de confiance et d'opportunités dans tous les domaines de votre vie. Vous deviendrez plus sûr de vous et vous attirerez des opportunités pour vivre votre vie selon vos propres termes. Entraves, déceptions et chagrins céderont le pas à une ère de bonheur. L'année 2023 s'annonce pleine de surprises! Et vous qui avez en horreur la monotonie, c'est connu, ce n'est pas du tout ce qui arrivera pour vous. Au contraire, plusieurs défis vous permettront à la fois de vous dépasser et d'élargir vos horizons. Or, si vous pensiez pouvoir vous reposer sur vos lauriers, détrompez-vous, vous serez définitivement appelé à vous dépasser. Tout se mettra à bouger autour de vous et vous devrez sensiblement relever maints défis. Par moments, vous serez l'instigateur de tout ce branle-bas, tandis qu'à d'autres, les bouleversements surviendront sans que vous vous y attendiez. Si vous apparteniez à un signe moins combatif, ce serait sans doute plus alarmant, mais votre force de caractère vous permettra de venir à bout des situations même les plus compliquées. Comme la ligne est souvent mince entre votre rapidité à intervenir et votre tendance à l'impulsivité, vous devrez apprendre à faire la part des choses et à bien calibrer vos interventions. D'ici votre fête, vous avez tout intérêt à demeure sur le qui-vive. En prenant soin de vous, vous éviterez nombreux désagréments, mais en plus, vous serez frais et dispos pour aborder le nouveau cycle qui s'en vient.

Quant à vos affaires, avec Jupiter dans votre signe, la tradition astrologique associe cette planète à la chance sur le plan financier et, par conséquent, vous devriez sentir que les choses se mettent à bouger. Toutefois, pour des progrès réellement tangibles, vous devrez patienter jusqu'à votre anniversaire. Le reste de l'année vous réserve plusieurs surprises: attendez-vous à de gros changements et, même s'ils semblent désarmants de prime abord, ils s'avéreront positifs. Cela étant dit, non seulement vos revenus iront en augmentant, mais plusieurs d'entre vous pourriez remporter un prix dans un tirage, mais évitez que cet accroissement de fortune n'attire les profiteurs ou les escrocs. Excellente année aussi pour voyager et pour les investissements sérieux.

Pour ce qui est de vos amours, dès la mi-février, vous entamerez une phase de grande popularité. Si la solitude vous pesait, ce temps-là sera définitivement révolu: vous aurez l'embarras du choix parmi toutes les nouvelles connaissances que vous ferez. De nouveaux copains, le retour d'anciens amis que vous aviez perdus de vue et une vie sociale électrisante seront autant de perspectives enthousiasmantes. Tous les espoirs seront permis aussi: vous pourrez raviver la flamme qui vous unit à votre partenaire de vie, tandis que les célibataires de votre signe auront le coup de foudre de leur vie. Attendez-vous à un véritable tourbillon. Vous rencontrerez une foule de personnes, en partie parce que vous aurez un charisme plus marqué qu'à l'habitude, et aussi parce que la destinée vous mettra en contact avec plus de gens. Certaines relations à long terme verront le jour, que ce soit sur le plan amical ou intime.

En ce qui a trait à votre santé, attention aux débordements de tous genres et n'abusez pas de vos forces et énergies. Si vous avez négligé votre santé par le passé, vous aurez la chance de la retrouver, mais si vous utilisez mal votre énergie, cette dernière vous prédisposera à des excès, à l'arrogance et aux erreurs de jugement. Seule ombre au tableau: la présence de Jupiter dans votre signe risque de vous faire prendre des kilos non désirés ou de vous rendre un peu trop téméraire. Un brin de modération vous permettra de déjouer cette influence.

Jupiter en Taureau – du 16 mai 2023 au 25 mai 2024 – votre IIe maison natale

Vous sortez tout juste d'un pic financier annuel et voilà maintenant qu'il y a plus: Jupiter dans votre deuxième maison natale apportera des opportunités financières et une expansion. Jupiter est toujours une planète porteuse de chance, mais dans votre thème, elle l'est encore plus – car elle est la planète maîtresse de votre IIe maison natale, ou solaire si c'est le cas, de votre thème personnel – soit une des maisons les plus bienveillantes de l'horoscope. L'accent sur les finances sera donc toujours très fort. Les gains seront positifs. Ils pourraient même provenir d'étrangers, de pays ou d'entreprises étrangères ou d'investissements dans des pays étrangers.

Quant à vos affaires, heureusement que vous êtes des plus vaillants, puisque ce ne sera pas le travail qui fera défaut. Au contraire, vous aurez du pain sur la planche! Votre vie n'est pas encore à votre pleine satisfaction et certains secteurs requièrent votre attention, et comme vous ne supportez ni l'ambiguïté ni les prix de consolation, vous devrez intervenir. Dès la seconde partie du mois de mai, vous remarquerez que vos actions commenceront à porter leurs fruits, ce qui vous motivera à continuer et vous finirez bien par avoir le dernier mot, je vous fais confiance. Entretemps, de nombreux changements imprévus pourraient encore vous forcer à vous réorganiser vitement. Par chance, vous avez des réflexes impressionnants et une force intérieure que plusieurs envient. Toute cette commotion vous fera grandir et vous permettra aussi d'envisager une nouvelle existence beaucoup plus satisfaisante. Pour ce qui est des investisseurs de votre signe, vous devriez rechercher des opportunités dans les universités à but lucratif. Cela dit, l'argent est le second prénom de Jupiter, mais pour bénéficier de son côté financier, vous devrez absolument faire preuve à la fois de jugement et de contrôle. Sa présence en Taureau formera un grand angle avec les zones professionnelles de votre thème natal. Il vous sera donc donné de nombreuses occasions d'élargir vos possibilités de carrière. D'ailleurs, des personnes qui peuvent vous être utiles sur le plan du travail, sinon professionnel, feront surface dans votre vie, et vous pourriez même changer d'emploi ou encore vous engager dans une tout autre voie professionnelle. Moindrement, vous ne pourrez choisir meilleure période pour vous enrôler dans tous les cours qui profiteront à votre vie financière.

Pour ce qui est de vos amours, si vous avez rencontré quelqu'un par le passé, soit au moment où Jupiter était de passage dans vote signe (du 20 décembre 2022 au 16 mai 2023), les liens qui vous unissent vont se solidifier et il y aura même la perspective d'un heureux mariage. Cela dit, soyez avisé qu'il est possible que l'un de vos enfants vive une épreuve et que vous ayez à le dépanner financièrement. Ce sera également un temps où il faudra mettre les choses au clair et il sera urgent aussi de régler une fois pour toutes avec un ex-partenaire la question de la pension ou du partage des biens.

En ce qui a trait à votre santé, attention à l'épuisement qui vous guette. Par contre, attendez-vous à une amélioration évidente si vous faites des efforts pour adopter un mode de vie sain alors que vous serez récompensé pour vos efforts. Mais attention, alors que vous serez incité à la gourmandise ainsi qu'à la consommation excessive des bonnes choses de la table, ce qui risquerait de nuire à votre santé et aussi bien qu'à votre ligne. Si votre cycle hormonal se transforme, vous devriez consulter votre médecin alors que vous vous éviterez d'être pris de panique en face des diverses réactions de votre corps. Soyez également avisé que vos os seront plus fragiles et le squelette aura besoin d'une attention particulière.

Saturne en Poissons – du 7 mars au 31 décembre 2023 – votre XIIe maison natale

Parce que Saturne est une planète karmique – comprendre qu'elle influence votre chemin de vie, votre karma – vous allez apprendre comment gérer les répercussions de vos actes passés. Saturne en Poissons est la clé pour vous concentrer sur les changements que vous ressentez à l'intérieur de vous-même et sur les changements qui pourraient affecter vos proches lors des deux prochaines années. En astrologie, Saturne est connue comme étant la planète « sérieuse » du zodiaque. Elle a été appelée la planète de la discipline, du temps, et des fois aussi l'enseignante. Saturne a parfois mauvaise presse, car nous combattons souvent les changements saturniens. Elle nous enseigne la « responsabilité » dans de nombreux domaines de notre vie qui peuvent grandement bénéficier d'un peu d'amélioration. Naturellement, l'instinct et l'ego nous suggèrent d'abord de lutter contre ces changements, jusqu'à ce que nous apprenions finalement à admettre que ceux-ci nous freinent d'une manière ou d'une autre. C'est ce que Saturne enseigne : la nécessité de changer nos habitudes ou de changer quelque chose sur soi-même qui pourrait bénéficier d'une petite refonte. Or, si vous apprenez à vous détendre et à ne pas craindre ce cycle de transformation de Saturne, vous découvrirez que vous pouvez bénéficier considérablement de sa sage tutelle. Ne vous retenez pas – et n'ayez pas peur de reconnaître ou encore même d'admettre le besoin d'amélioration, puisqu'apprendre à suivre le flux de Saturne pourrait s'avérer une expérience de croissance très positive. Il n'y a pas d'autre planète dans tout le système solaire avec les capacités d'enseignement que Saturne a à offrir. Cela dit, Saturne signe le début de l'année 2023 en Verseau. Une fois installée en Poissons, dès les premiers jours du mois de mars, les deux prochaines années qui verront passer Saturne dans ce secteur de votre thème personnel marqueront un cycle de transition entre les expériences passées et futures. Par conséquent, vous serez peut-être amené à vous retirer des affaires ou à faire un bilan sérieux de ce que vous avez mis en place. C'est le moment du « quitte ou double », un choix difficile. Ce sera une période où vous risquez d'éprouver du vague à l'âme, de la nostalgie et aussi une insatisfaction sentimentale sinon morale à cause de l'écroulement progressif de vos anciennes structures. Tout ce qui avait de l'importance pour vous, qui donnait un sens à votre vie, à vos ambitions, à vos priorités, à vos activités, à vos attachements, à vos convictions, toutes ces choses sont en train de se désintégrer et vous avez peur de perdre pied. Ne vous laissez pas impressionner, car la future étape de vie ne prendra corps qu'à ce prix. Ce qui se passe vraiment, c'est que vous vous préparez à entrer dans un tout nouveau bac à sable (un lieu, une zone ou un environnement qui offre des possibilités de variation et d'expérimentation d'une manière évocatrice) en 2025 ou 2026 pour certains d'entre vous ! C'est pourquoi vous devez alléger votre charge. Débarrassez-vous de ce qui n'est plus pertinent dans votre vie afin de naviguer vers quelque chose d'entièrement nouveau. D'ailleurs, la dernière fois que vous avez fait cela, c'était vers 1996-97.

Entre-temps, des souvenirs de votre passé reviendront soudainement vous hanter. Vous vous questionnerez à savoir maintenant pourquoi vous avez agi comme vous l'avez fait tout au long de votre vie – en particulier dans certaines situations connues de vous seul. Passez-vous en revue toute votre personnalité jusqu'à maintenant et êtes-vous satisfait de la personne que vous êtes devenue ? Si tel est le cas, c'est exactement ce que vous êtes censé vivre sous un transit de maison XII, puisque c'est le lieu du point culminant et de la fin de l'ancien cycle. Ces pensées, souvent des plus inconfortables, montrent à quel point vous devez abandonner le passé et cesser de vous en vouloir pour les choses dont vous vous sentez coupable. Nous sommes nombreux à avoir honte de quelque chose dans notre passé, mais cela signifie-t-il que nous devrions arrêter d'avancer ? Il est temps pour vous de vous accepter tel que vous êtes et ce que vous êtes devenu. Les pensées de culpabilité et d'insécurité doivent être jetées à la poubelle, alors que vous nettoyez votre esprit et apprenez à grandir en acceptant la personne que vous êtes devenue aujourd'hui. Bien sûr, si vous pensez qu'il y a des changements que vous pourriez apporter pour vous améliorer, ou améliorer votre personnalité, c'est le moment favorable pour le faire, car Saturne ne vous soutiendra jamais plus qu'en ce moment. Allez-y et travaillez dur pour devenir la personne que vous avez toujours voulu être, et ne laissez personne d'autre influencer votre façon de penser. Cela dit, la retraite, si elle est effective, pourrait vous amener à vivre d'une façon plus méditative. Vous pourriez passer vos loisirs dans les livres si vous aimez lire, sinon à faire de grandes promenades dans la nature. Vous pourriez également être attiré par les sciences occultes et la recherche de la foi, ou pour tout ce qui touche à la profondeur de l'être.

En ce qui a trait à votre santé, voilà qui est une période où les maladies chroniques pourraient se déclarer. Les risques de dépression ne seront pas à écarter non plus ainsi que les troubles psychosomatiques. Ne vous laissez donc pas envahir par des idées noires (négatives). Faites plutôt table rase de vos anciens attachements, votre santé n'en sera que meilleure.

LES PHASES RÉTROGRADES DE MERCURE POUR 2023

Mercure rétrograde en Capricorne – du 29 décembre 2022 au 18 janvier 2023 – votre X^e^ maison natale

Climat général

Voilà qui suggère que le temps sera une denrée très rare pour vous et vous aurez un peu de difficulté à bien gérer votre horaire. Préparez-vous à vivre une période assez intense du côté des responsabilités. Vous aurez tendance également à prendre comme résolution de passer plus de temps avec vos amis et vos proches, et profiter de la vie ; vous réalisez que vous n'êtes pas éternel, ce que le Bélier tend à croire très longtemps habituellement. Cela dit, le temps est venu de penser à l'instant présent, de vous accorder des loisirs et de vous libérer des chaînes de l'asservissement. Certains feront des changements radicaux à ce propos alors que pour d'autres, j'en doute, puisque dès que la rétrogradation aura pris fin, vous reviendrez très certainement à vos vieilles habitudes. Entre-temps, les histoires de famille ne sembleront pas vouloir s'apaiser pour autant, sans compter qu'il faudra probablement vous fouetter un peu chaque matin pour aller au boulot, conduire les enfants à l'école ou simplement vous lever du lit. Bien que vous soyez normalement un signe actif qui a horreur de s'ennuyer, tant que Mercure demeurera rétrograde, cela ne favorisera pas vraiment les activités ; sauf que c'est dans ce genre de situation qu'il faudra en profiter pour mijoter de grands projets que vous aimeriez voir se réaliser dans un proche avenir, ce qui sera le cas pour vous pendant les prochaines semaines, alors que vous ne perdrez pas de temps pour les mettre en application comme un vrai Bélier. Et étant donné que vous êtes aussi une personne souvent spontanée et impulsive qui n'a pas froid aux yeux pour braver les plus grandes entreprises, ce sera avec cette même audace que vous pourriez décider finalement de reprendre le chemin des études ou de suivre une formation spécialisée afin d'améliorer vos performances au travail et peaufiner vos méthodes de travail.

Travail – Finances

Pas toujours facile d'avoir un patron derrière son dos, particulièrement pour le Bélier. Vous êtes naturellement un chef, vous savez très bien la direction à prendre une fois encadré et, la plupart du temps, votre détermination vous rend extrêmement efficace. Cependant, au cours de cette période, il est possible que vous fassiez face à un patron coriace qui ne semblera pas tellement apprécier votre esprit d'initiative, surtout si vous êtes en voie de le surpasser ! Vous risquez d'être confronté à sa jalousie ou autre. Attention, vous pourriez être en mesure de le détrôner, certes, mais l'inverse sera aussi possible : il pourrait vous faire perdre votre emploi. Alors votre jugement sera nécessaire pour analyser les actions à prendre. Parfois, endurer en silence n'est pas nécessairement négatif à court terme ! Néanmoins, attendez-vous à vivre certains changements possibles ! Et en tant que dirigeant et travailleur autonome, voilà qui risque de vous inquiéter plus sérieusement dans vos fonctions actuelles avec une économie qui tend à fluctuer sans cesse. N'allez pas être surpris non plus de perdre un important client, ce qui risque d'ébranler passablement votre confiance en vous. Cette situation ne sera certainement pas permanente, mais elle vous laissera tout le temps indispensable pour vous restructurer et entreprendre les démarches afin de mieux remédier à ce genre de problème. Quelques semaines seront nécessaires, mais voilà que pour vous, ça semblera une éternité.

Amour – Sentiments

Voilà qui suggère que les sentiments pourront sembler se bousculer davantage lors de cette période, comme si votre relation n'avait d'autre option que d'évoluer, comme si elle ne pouvait plus se permettre d'être un long fleuve tranquille. Il vous faudra des projets, il vous faudra vivre de nouvelles expériences et ce ne sera pas toujours facile à exprimer, surtout si de vieux problèmes du passé sont à l'origine de ce besoin de vivre autre chose. Votre couple n'est certainement pas en péril, mais peut-être aurait-il besoin d'une petite thérapie, de s'ouvrir un peu plus. Par moments, il sera difficile d'obtenir l'heure juste de la part de votre partenaire, vous aurez l'impression d'être devant un bloc de glace, un mur de béton armé et, surtout, un être contrôlant malgré le silence. Même durant son absence, vous n'oserez le défier. Bref, vous ressentirez certainement un grand vide. Dans le meilleur des cas, votre partenaire de vie sera tout simplement trop occupé par son travail et ses nombreuses responsabilités pour vous accorder toute son attention. Par contre, une autre personne pourrait voir l'ouverture et tenter de vous séduire. Serez-vous capable de résister à la tentation ? En tant que célibataire, attention aux coups de foudre pendant cette période, alors que vous pourriez avoir l'impression de vous retrouver devant votre âme sœur à plus d'une reprise, mais dites-vous qu'il ne s'agira que d'une impression. D'ailleurs, vous aurez possiblement beaucoup de difficulté à prendre seulement un rendez-vous ensemble. Ni l'un ni l'autre n'arrivera à être disponible lorsque l'autre le sera.

Famille

Vous vous dévouerez corps et âme pour celle-ci. Attendez-vous à ce qu'on ait besoin de vos services pour différentes raisons et vous vous porterez garant du bien-être de tous. Méfiez-vous d'être trop dur ou exigeant avec vos jeunes enfants et vos adolescents.

Santé – Bien-être physique

Il sera fortement avisé de faire attention aux plaques de glace dans la rue ainsi que sur les trottoirs. Curieusement, c'est comme si vous étiez attiré par elles. Soyez vigilant de ne pas vous casser la margoulette. Il sera important aussi de rependre vos bonnes vieilles habitudes et votre routine dès que possible, et bénéficier de bonnes heures de sommeil, autrement la fatigue et le stress pourraient bien s'emparer de vous assez facilement. Cessez de vous imposer un rythme de vie trop stressant et apprenez à mieux contrôler votre impatience, ce qui fera toute la différence. Apprenez à relaxer !

Mercure rétrograde en Taureau – du 21 avril au 14 mai 2023 – votre IIe maison natale

Climat général

Vous en aurez assez d'être dans votre bulle, de servir toujours les autres sans jamais dire un mot, d'être le dévouement même ou alors de vous isoler de votre vie sociale. Pas surprenant que vous puissiez exploser comme une bombe à retardement !

Travail – Finances

Voilà qui sera un rappel céleste à garder un œil attentif sur vos finances, sur votre compte bancaire ainsi que sur tous les documents pertinents. Une stratégie pour y parvenir consistera à effectuer un examen, une réévaluation de la solvabilité de vos factures, de vos avoirs personnels et des transactions monétaires en attente pour voir si vous avez manqué ou négligé un détail important ou une manœuvre pratique. N'allez pas prendre de décisions trop hâtives concernant votre propriété, votre emploi, pour ce qui est de vos placements ou de votre fonds de pension. Toute forme de négociation qui implique de grosses sommes d'argent devra être réfléchie, analysée, scrutée et minutieusement calculée avant d'apposer votre signature quelque part. D'ailleurs, il ne serait pas étonnant que vous soyez poussé à bout et obligé de réclamer justice, de briser les conventions ou carrément de changer d'emploi. Vous serez animé par l'esprit de la révolte et si vous vous occupez de problèmes relevant du syndicat ou des ressources humaines, vous défendrez vos convictions avec acharnement, vous monterez aux barricades et vous mettrez le feu aux poudres. Bref, s'il vous faut faire la grève, vous n'hésiterez pas à être le premier à faire valoir les droits des employés et, devant votre entêtement, il est fort probable que vous gagnerez votre cause. Quant aux nouvelles responsabilités, vous ne vous sentirez pas tout à fait à la hauteur de la situation après vous être mis les pieds dans les plats. Toutefois, dites-vous bien que c'est en faisant quelques erreurs que vous finirez par acquérir de l'expérience qui d'ailleurs sera la clé de votre succès. Mais, vous devrez apprendre à vous faire confiance. Cela dit, l'idée que l'on puisse vous proposer un nouvel emploi des plus intéressants, même si vous occupez déjà des fonctions qui vous plaisent, sera possible. Quelques semaines de réflexion seront importantes, même si vous connaissez déjà la réponse. Mais avant d'entreprendre un nouveau travail, de nouvelles fonctions, il sera important que vous mettiez au clair de quelle manière envisage-t-on de vous rémunérer, autrement vous pourriez encourir bien des ennuis quand viendra le temps de vous faire payer. Par conséquent, s'il s'agit d'heures supplémentaires, demandez précisément le taux exact. Quant aux projets spéciaux, il ira de votre intérêt d'avoir l'heure juste au sujet de votre part et de quelle manière elle vous sera versée. N'empêche, le retard d'un paiement ou votre manquement à un engagement pourrait vous causer des soucis. Pour mieux remédier à la situation, il sera impératif d'apporter des changements à vos méthodes de travail. Par exemple, si vous attendez toujours d'avoir fini vos travaux avant de réclamer votre dû, il servira mieux votre cause de demander une partie ou l'intégralité à l'avance pour mieux vous assurer de l'honnêteté de votre client. Ce n'est peut-être pas toujours facile à négocier, mais ce n'est pas impossible, surtout si vos services sont en demande.

Amour – Sentiments

Vous êtes réputé pour être de ces gens qui ont besoin d'être actifs. Ce n'est pas qu'en participant à des activités, qu'en faisant des sorties ou qu'en pratiquant vos sports favoris que le désir entre vous et l'être aimé se manifestera. Vous ne pourrez vous permettre de vous affaler sur le divan pour espérer créer une dynamique dans votre couple qui conduira à la chambre à coucher. Autant le désir pourra être présent chez vous, il est possible, cependant, que vos besoins affectifs soient mal coordonnés avec ceux de l'être aimé, ce qui pourrait ainsi engendrer quelques frustrations et même miner sérieusement la satisfaction. Si les tensions tendent à monter en flèche entre vous deux, essayez de vous rappeler les événements qui ont fait en sorte de vous réunir tout au long de votre vie de couple. En tant que célibataire, il sera difficile de sortir fréquemment lorsque le travail occupera tout votre temps. Même si vous croisez quelqu'un d'intéressant, cette personne se sentira mise à l'écart devant votre horaire trop chargé pour amorcer une simple première approche. Cela dit, vous aurez besoin de vivre une relation qui se dirige lentement mais sûrement vers un engagement, sauf que les personnes que vous rencontrerez n'en voudront pas tant dans l'immédiat, mais il n'est pas impossible non plus que l'une de ces personnes refasse surface dans votre vie d'ici peu. Gardez espoir !

Famille

Vous aurez tendance à sortir de chez vous continuellement tellement vous aurez un énorme besoin de respirer, de vous libérer du stress qui deviendra lourd à gérer, et ce, sans compter que vos désirs, aspirations et émotions ne seront pas autant clairs. Mais, votre sens critique devrait être tout aussi direct qu'à l'habitude et vous n'accorderez pas beaucoup de place à la diplomatie ; vous irez droit au but. Il n'y a pas de doute que l'on remarquera votre franc-parler. Évitez d'élever le ton inutilement.

Santé – Bien-être physique

Il importe que vous trouviez un équilibre, tant physiquement que mentalement, pour mieux vous sentir. Si vous sortez en soirée, tâchez de bien couvrir votre gorge pour éviter une extinction de voix. Prenez au sérieux aussi tout surplus de poids non désiré. Pensez régime, mais n'allez pas mettre en péril votre santé non plus.

Mercure rétrograde en Vierge – du 23 août au 15 septembre 2023 – votre VIe maison natale

Climat général

C'est le mois de la grande rentrée scolaire : réunion de parents, débuts des activités et des loisirs pour bien du monde. Bref, la vie reprend son erre d'aller assez exigeant qui vous demandera beaucoup d'efforts et de disponibilité. On dirait bien que vous devrez bousculer tout ce qui avait été prévu, car une tonne d'éléments nouveaux feront en sorte de vous obliger à vous réajuster. Vous connaîtrez probablement beaucoup de conflits d'horaire qui pourraient bien vous conduire vers d'importants changements. Cela étant dit, il faudra maintenant penser aux choses sérieuses. Vous pourriez être à contre-courant pendant cette période et avoir à prendre un certain recul sur le plan professionnel pour vous occuper plus attentivement de votre famille, et retrouver des valeurs que vous aviez mises de côté pour toutes sortes de raisons. Profitez-en aussi pour vous départir de tout votre bagage de mauvais souvenirs. Faites-en tout autant pour les objets que vous pensez être chargés de négativisme. Puisque telle sera votre vision, agissez et débarrassez vos placards de ces choses qui rappellent des périodes sombres ou des personnes de passage qui vous ont laissé un goût amer en héritage. D'ailleurs, et à cet effet, vous auriez tout intérêt à vous méfier d'une personne qui tendra à vous hypnotiser et à faire passer ses propres intérêts devant des vôtres.

Travail – Finances

Il n'y a plus personne en vacances, tout le monde est de retour au travail ou presque, ce qui signifie que les autoroutes risquent d'être fort engorgées et que les entreprises recommencent à fonctionner à plein régime, et ce, beaucoup plus encore une fois que cette période rétrograde aura pris fin. Cela dit, si vous travaillez dans un milieu où bien des personnes rentrent de vacances, il serait normal d'expérimenter une certaine confusion. Heureusement que les choses se replaceront d'elles-mêmes bien assez vite. D'ici là, vous serez possiblement soumis à un certain stress, mais il s'agira surtout d'un souci de performance qui accentue considérablement votre efficacité. À titre d'exemple, un client important pourrait vous donner un peu de fil à retordre. Il aura tendance à remettre en question un contrat et/ou changera à sa guise quelques clauses et, comme vous ne voudrez pas perdre le potentiel de revenu possible qu'il vous apporte, vous tenterez bien de faire certaines concessions pour lui faire plaisir. Il est aussi possible que vous ayez entrepris des travaux avant même la signature du contrat, chose à ne pas faire en période rétrograde. L'idée que vous soyez sous l'impression d'avoir mal fait vos devoirs, que l'une de vos tâches ait été négligée ou que vous tentiez de cacher votre bévue, ou de réparer votre bêtise en recommençant tout depuis le début, vous occasionnant ainsi un véritable stress dans un cas comme dans l'autre, est plus que possible. Toutes vos initiatives sembleront bien compliquées à mettre de l'avant. Vous aurez même l'impression que la direction est contre vous, ce qui ne sera pas impossible, mais il sera impératif que vous preniez le temps de bien réfléchir avant de poser un geste, de vous savoir organisé, structuré et, surtout, bien appuyé. Tâchez d'être plus patient, du moins jusqu'à ce que Mercure ait repris sa marche directe avant de pouvoir avoir un peu d'avancement. Sur une note finale, il est possible que vous ayez à aider un collègue

Amour – Sentiments

Évidemment, lorsque le travail prend toute la place et que vous devez régler maints problèmes à la maison, il est normal que vous ne vous sentiez pas aussi disponible pour l'être aimé ou que celui-ci vous paraisse plus distant, et ce, sans compter que les enfants puissent être un peu plus turbulents ou que les finances soient précaires. Quoi qu'il en soit, il s'agira d'une belle occasion pour crever l'abcès qui minait depuis trop longtemps la qualité de votre relation. Or, gardez les lignes de communication ouvertes afin de retrouver le désir et des sentiments passionnés entre vous et de vous fixer des buts communs. En dépit des épreuves, c'est surtout de l'attachement que vous éprouverez mutuellement; faites tout en votre pouvoir pour ressouder les liens qui vous unissent à l'être aimé avec des gestes concrets. En tant que célibataire, vous prendrez le temps d'éliminer quelques prétendants qui ne vous apportent rien. Une fois que vous aurez terminé ce ménage, vous réussirez à mieux comprendre vos besoins et à trouver votre idéal amoureux, mais mieux après la mi-septembre. Entre-temps, il ne serait pas impossible que vous tombiez sur des gens un peu trop pressés de se retrouver dans votre lit. Il n'en tiendra qu'à vous d'imposer votre rythme pour ainsi développer le genre de relation auquel vous aspirez; vous aurez peut-être besoin d'apprendre à faire pousser vos cornes pour vous faire respecter aussi.

Famille

Si vous avez une grosse famille et quelques parents qui se fient constamment à vous dès qu'ils ont un problème, il est possible que vous soyez davantage tenté d'espacer leurs visites ou leurs appels téléphoniques. Cela dit, l'un de vos enfants pourrait attirer votre attention plus qu'un autre; il aura besoin de votre soutien au cours d'une épreuve importante de sa vie. Il est possible aussi qu'il s'agisse d'un parent. Quant à vos jeunes enfants, cela présage un retour à l'école un peu plus angoissant. Vous aurez besoin d'être d'aplomb sur vos pieds pour mieux les suivre.

Santé – Bien-être physique

Attention à vos états d'âme! Abstenez-vous de refouler vos émotions. Exprimez-les dès qu'il y a quelque chose qui ne fait pas votre affaire, tant à la maison, dans votre couple que dans le cadre de votre travail sinon, prévoyez un impact possible sur vos intestins qui fonctionneront trop vite ou pas assez. Tension nerveuse possible!

Mercure rétrograde en Sagittaire – du 13 décembre 2023 au 1er janvier 2024 – votre IXe maison natale

Climat général

Comme à chaque année, nous sommes tous quelque peu pressés par le temps pour adresser tous les préparatifs de Noël cependant, en tant que Bélier, vous ne serez certainement pas en avance. Au contraire, tout sera préparé à la dernière minute et possiblement que ce sera le cas aussi pour les différentes réceptions auxquelles vous serez invité à participer, mais vous serez vraiment plus rapide que les autres, ce qui vous servira bien au bout du compte. En effet, vous devriez être en mesure de vous structurer de manière efficace : les achats, la visite au père Noël avec les enfants, les décorations, tout ça en l'espace de quelques jours et ce sera conclu ! Il ne vous restera qu'à attendre patiemment l'arrivée de minuit et célébrer en même temps que tout le monde, à votre plus grand bonheur. Entre-temps, vous pourriez déjà commencer à faire la fête, et ce, dès le tout début du mois de décembre. Le plaisir sera au rendez-vous et c'est ce qui comptera ! Vous aurez l'impression d'être toujours occupé avec des milliers de petites choses à faire et vous aurez tendance aussi à vous inquiéter pour un de vos proches, avec ou sans raison. Cela dit, si vous planifiez ou avez planifié un voyage pour le temps des Fêtes, assurez-vous que toute la paperasse soit en bon ordre, que vous passeports ne soient pas expirés et que tous les détails qui font en sorte de vous rendre heureux soient pris en compte.

Travail – Finances

Voilà une période où vous serez tout aussi intuitif que logique. Vous devinerez les gens qui se trouvent devant vous. Vous verrez clairement la différence entre ce qui est bon et ce qui ne l'est pas. Vous serez parfaitement lucide en ce qui concerne vos priorités et vous saurez exactement ce qu'il faut faire. Portez attention à votre sixième sens qui s'alliera à votre logique, autant dans votre travail qu'auprès de nouvelles personnes que vous rencontrerez, dont certaines ne seront pas tout à fait honnêtes envers vous, mais vous serez suffisamment habile pour déjouer ou fuir les manipulateurs. Malgré tout, certaines complications mineures pourraient survenir, vous obligeant à devoir réagir vite et à gérer l'urgence à plus d'une reprise.

Il y aura certainement abondance de travail, parfois un peu de surcharge, mais c'est précisément ce qui pourrait permettre de gagner un revenu additionnel, ne serait-ce qu'en heures supplémentaires. Il est possible également que ce soit une adaptation à de nouvelles fonctions qui apportera tout ce travail, sinon vous pourriez obtenir de nouvelles fonctions plus stimulantes où une certaine adaptation vous sera nécessaire. Vous risquez tout de même de vous retrouver dans un environnement où il y aura beaucoup de bruit et vous devrez fournir un effort soutenu pour rester concentré sur toutes vos obligations et tâches à accomplir. Un retour aux études ou un voyage à l'étranger par affaires n'est pas à exclure non plus. En fait, il est possible qu'une situation d'urgence en soit la cause principale et que vous ayez à réagir rapidement selon le cas. Vous pourriez également vous lancer dans une grande recherche ou une enquête particulière qui exigera de longues semaines de travail avant d'arriver à des conclusions intéressantes.

En tant que directeur ou travailleur autonome, vous aurez probablement à travailler sur le financement d'un projet à l'étranger ou en lien avec l'étranger, sinon avec des personnes de cultures différentes ou qui vivent dans une autre ville d'où vous résidez. Et si vous êtes déjà aux études, il faudra redoubler d'efforts pour terminer la session avec succès puisque vous ne serez pas à l'abri de certaines contrariétés possibles avec vos enseignants ou vos formateurs. Il en sera de même aussi avec un ou une collègue.

Amour – Sentiments

L'intensité sera certainement au rendez-vous et parfois même un peu trop, surtout si votre couple a connu des problèmes dernièrement. Il ne serait pas étonnant que des sentiments comme la jalousie et la possessivité se mettent en travers de votre route, ce qui ne sera franchement pas souhaitable. Cependant, il y aura moyen de mieux canaliser toute cette intensité émotionnelle en quelque chose de plus constructif qui vous permettra de renouer des liens très solides entre vous. En tant que célibataire, qu'y a-t-il de plus agréable que de faire une rencontre avant que cette rétrogradation ne s'amorce et éviter la solitude du temps des Fêtes ? En effet, il y a de bonnes chances que vous ayez un certain intérêt pour une personne de souche différente de la vôtre, ou qui vit dans une ville différente d'où vous résidez, ou qui ne sera que de passage dans la région. Toutefois, il n'est pas exclu que par la suite vous puissiez trouver un moyen de vous fréquenter plus assidûment. D'ici là, l'idée qu'un ex-amoureux ou ex-amant se manifeste sera possible, mais vous réaliserez très rapidement qu'il n'aura toujours pas mieux à vous offrir.

Famille

La famille tendra à exercer des pressions sur vous, surtout si elle sait que vous avez les moyens financiers et le pouvoir de régler les problèmes d'un proche parent ou d'un membre de votre belle-famille, problèmes qu'il aura pourtant lui-même créés. Vous aurez le courage de lui dire que vous n'êtes pas responsable de ses bêtises et que vous ne voulez intervenir d'aucune façon. En tant que parent, vous continuerez d'être inquiet pour vos enfants que vous tiendrez à protéger, mais il ne faudra pas non plus tout dramatiser ou tout exagérer ; apprenez à leur faire confiance. Après tout, ne vous êtes-vous pas bien débrouillé depuis que vous êtes tout petit ?

Santé – Bien-être physique

Toutes les réceptions qui se trouveront sur votre route d'ici les Fêtes risquent de donner quelques difficultés à votre foie, et plus encore si vous faites des abus, sans compter que vous n'aurez pas tellement de temps pour vous détendre, ce qui aura pour effet de congestionner plus votre foie et de vous causer un peu de somnolence. Évitez de ne vous fier qu'aux apparences ; sexuellement, protégez-vous. Attention aux imprudences qui pourraient entraîner des revers. Prévoyez des retards possibles aussi, mais plus que tout, n'allez pas tout dramatiser. Sur ce, soyez avisé que le temps ne se prêtera pas aussi bien non plus pour dire ce que vous avez à dire, ce que vous avez sur le cœur ni vouloir mettre les cartes sur table. Ça ne ferait qu'envenimer la situation inutilement. Tenez bon alors que tout sera au beau fixe sous peu.

LA PHASE RÉTROGRADE DE VÉNUS POUR 2023

Vénus rétrograde en Lion – du 22 juillet au 3 septembre 2023 – votre V^e^ maison natale

Climat général

L'amour est dans l'air, mais n'allez pas tomber simplement non plus dans n'importe quelle situation alléchante qui vous attend. Ce n'est pas que vous ayez besoin d'être axé sur les objectifs en matière de relations, mais vous pouvez commencer à clarifier l'avenir que vous souhaitez pour vous-même en 2023. Que considérez-vous comme précieux, et qui, cher Bélier ? Puisque cette rétrogradation se passe par votre maison V de la renommée, voilà qui vous aidera à peaufiner votre image publique. Avez-vous hésité à vous mettre en valeur ou à vous promouvoir ? Si c'est le cas, tirez avantage de ce cycle pour retravailler votre « image de marque » et ne vous précipitez surtout pas. Commencez par les sites qui vous captivent par leurs mots et leur graphisme. Adoptez une approche plus ciblée de vos médias sociaux, ce qui pourrait impliquer de cacher ou de supprimer des messages ou des photos qui ne sont pas d'actualité ou qui ne représentent plus le nouveau « vous » en 2023.

Travail – Finances

Au boulot, voilà un temps où les choses n'avanceront pas assez vite pour vous ou n'obéiront pas à vos plans, mais, en usant de persévérance, vous devriez en venir à bout. Même si votre compte bancaire ne vous permettra pas d'aller dîner avec les plus grands, vous serez tout de même tenté de faire des folies. Toute faille dans votre comptabilité sera corrigée plus tard, car vous vous amuserez trop maintenant pour être gâché par des contrôles et des bilans fastidieux. Cela dit, ce sera tout de même un excellent moment pour revoir vos finances. Bien que quelques doutes puissent avoir tendance à vous assaillir et que vous soyez porté à chercher une consolation dans les magasins, évitez les gros achats et n'accusez surtout pas de nouvelles dettes. Et n'allez pas perdre du temps non plus avec des détails sans importance ou des situations qui stagnent.

Amour – Sentiments

Les relations amoureuses pourraient évoluer plus lentement que vous ne le souhaitez; n'empêche, vous voudrez sortir le grand jeu et faire la fête jusqu'au bout. Alors que vous profiterez sensiblement de vos vacances d'été, n'allez pas être surpris si une ancienne flamme ou un ex-conjoint vous appelle à l'improviste – ce qui sera à la fois perturbant et (si vous êtes honnête) plutôt émoustillant. Mais attention! Le bon sens pourrait s'envoler, surtout si vous vous sentez plus agité ou ennuyé. Ces erreurs de jugement pourraient s'avérer désastreuses jusqu'aux premiers jours de septembre; alors de la volonté, s'il vous plaît! Toutefois, vous pourriez être indécis de reprendre avec lui ou elle. Écouter votre cœur ou votre tête ne sera pas chose facile puisque vous serez tellement plus impulsif de nature. Mais il irait de votre intérêt de prendre un temps de répit et de laisser les choses aller, ne serait-ce que simplement pour voir avant de vous impliquer à fond. Et pour ceux d'entre vous qui êtes en couple, est-ce que vous vous heurtez toujours au même mur dans une relation? Or, voilà un temps où vous pourriez avoir recours à une thérapie de couple, sinon à une séance de coaching pour traiter ce problème récurrent. Tenez bon, Vénus vous aidera à faire preuve de diplomatie.

Famille

N'allez pas être surpris qu'un enfant ou un membre de la famille regrette ses gestes et qu'il revienne à de meilleurs sentiments et tente même de se rapprocher.

Santé – Bien-être physique

Vous prendrez plaisir à pousser les choses à fond et vous laisserez les autres dans la poussière suite à votre quête de vous amuser. Alors que vous voudrez faire la fête plus souvent qu'autrement, voilà qui risque de vous priver de sommeil, mais ce sera tout à fait normal, car vous tendrez à profiter de tous les plaisirs qui seront à votre disposition. Toutefois, les conséquences d'une consommation excessive d'alcool risquent de se traduire par des maux de tête et des problèmes de sinus, mais vous aurez tellement le vent en poupe que vous ne laisserez pas les petits ennuis médicaux ralentir votre rythme effréné. Quoi qu'il en soit, une propension à l'anxiété ou à la mélancolie vous guette. La colonne et la digestion semblent légèrement plus fragiles; un soupçon d'attention et tout rentrera dans l'ordre.

LA PHASE RÉTROGRADE DE MARS POUR 2023

Mars rétrograde en Gémeaux – du 30 octobre 2022 au 12 janvier 2023 – votre IIIe maison natale

Climat général

Avec Mars dans un signe de Mercure, voilà que ça va bouger! Vos communications risquent d'être plus affectées alors que les personnes près de vous seront davantage portées à se disputer pour des riens, sans compter qu'elles seront trop impatientes pour écouter, ce qui pourrait en retour leur éviter bien des problèmes. Au lieu de créer un surplus de confusion déjà existante, il vaudrait beaucoup mieux ne rien dire et écouter plutôt ce qu'elles auront à dire.

Travail – Finances

Vous aurez l'impression que tout le monde parle en même temps, sinon que personne autour de vous, que ce soit les membres de votre famille, les gens au travail ou parmi vos amis, n'écoutera ce que vous direz, mais s'intéressera plus à écouter ce que les autres auront à dire que vous-même. D'ailleurs, les actions de certaines gens risquent de nuire à l'harmonie du groupe. Malgré tout, attendez-vous à des progrès stimulants éventuellement, début février, suivant que vous pourrez enfin aller de l'avant et agir à votre guise, sans toujours avoir à redouter un revers. D'ici là, évitez de participer à toutes les propositions alléchantes puisque vous risquez de perdre beaucoup et des ennuis sérieux pourraient aussi en découler. Faites toutes les recherches nécessaires avant de vous investir dans un projet et de prendre des actions. Voilà que cette phase coïncidera aussi avec une diminution de vos activités, ou votre situation risque de stagner. Et le moment sera très mal choisi aussi pour apporter des changements de tous genres ainsi que pour vous déplacer. Or, soyez vigilant dans vos déplacements, surtout ceux lors de vos allers et retours au travail ou toutes les visites faites chez votre vétérinaire, au cabinet de votre médecin, sinon à toute institution médicale, et aussi lorsque vous ferez vos courses. Attention aussi aux achats inconsidérés. L'annulation d'un voyage en avion pourrait également faire partie de ce scénario. À tout le moins, vous pourriez encourir des problèmes avec un de vos appareils ménagers, votre téléphone, votre véhicule ou avec un de vos bidules électroniques. Cela dit, il vous sera déconseillé de faire l'achat d'un ordinateur ou d'un téléphone, seulement si c'est absolument nécessaire. Et l'idée que vous puissiez encourir des ennuis avec votre service Internet ou suivant tous les modes de transport que vous utilisez sera plus que possible.

Amour – Sentiments

Un projet avec un ami pourrait rencontrer des retards ou des complications et vous aurez possiblement envie de tout laisser tomber. En fait, ce sera le meilleur moment pour revoir tranquillement le montage du projet ; profitez de ce bel automne pour ce faire alors qu'à la fin de l'année, vous serez heureux du résultat. D'ici là, attention à toute distraction possible. Évitez aussi de prendre part aux histoires personnelles des autres et n'allez surtout pas vous immiscer dans leur vie privée. Il sera suggéré aussi de vous tenir loin de tous les commérages et intrigues possibles.

Famille

Un membre de la famille ou possiblement un voisin sera plus difficile à gérer, ou sera moins coopératif. Vous pourriez éprouver aussi plus de difficulté à rejoindre certaines gens près de vous. Heureusement qu'avec le temps, plusieurs nouvelles encourageantes vous parviendront. D'ici là, vous ne serez pas à l'abri d'un différend possible avec un membre de votre famille ; manque d'inventivité, d'impatience, de la négativité ou encore avec quelqu'un de votre entourage immédiat.

Santé – Bien-être physique
Si un problème ne peut se résoudre rapidement, veuillez surtout ne pas vous blâmer et attention aux sentiments négatifs étant donné que vous serez davantage porté à vous replier sur vous-même. Attention aussi de ne pas vous couper, vous écorcher un doigt, vous heurter la main ainsi que vous blesser à un bras, ou à l'épaule.

L'ÉCLIPSE SOLAIRE ANNULAIRE DU 14 OCTOBRE EN BALANCE – VOTRE VIIE MAISON NATALE

Secteur des relations engagées, de celles qui impliquent des accords juridiques, du travail en relation étroite avec une autre personne de votre thème personnel, voilà un temps où vous serez confronté à vos relations, à ce que vous êtes prêt à abandonner dans l'intérêt d'un mariage ou d'un partenariat. Cette éclipse pourrait exercer une pression supplémentaire sur vos relations et, si cela ne fonctionne pas, précipiter une rupture. Les poursuites judiciaires et les ennemis ouverts résident également ici. Donc, à ne pas prendre à la légère!

Même si l'éclipse solaire annulaire du 14 octobre se produit dans l'axe de votre signe, l'éclipse de ce mois-ci ne devrait pas trop vous bousculer. En tout cas, rien qu'un brin de prudence et de relaxation ne puisse contrecarrer. La période sera bien choisie pour prendre de bonnes résolutions, pour vous remettre en forme ou pour rajeunir votre apparence, sinon pour alléger votre silhouette.

Il se pourrait que votre santé soit moins résistante pendant la durée de cette période d'éclipse, une raison de plus de prendre soin de bien vous alimenter, de dormir et de faire de l'exercice. N'oubliez pas vos vitamines d'automne, surtout sous nos latitudes froides très tôt à cette saison, c'est un *must*. Comme c'est une éclipse annulaire, elle est moins virulente; n'empêche, prenez les précautions d'usage et ne commencez rien d'important durant la totalité du mois d'octobre. De toute façon, ce serait voué à l'échec; pourquoi provoquer le sort inutilement? Or, n'allez rien changer dans votre vie ni dans vos affaires si vous pouvez l'éviter. Adaptez-vous de votre mieux et ne brusquez rien. De meilleurs jours approchent, un peu de patience et votre existence deviendra à nouveau plus paisible. Et tant mieux si vous allez bien, mais si ça ne va pas, consultez sans tarder. Quelques petits malaises de type inflammatoire seront possibles. Une visite chez le médecin devrait vous rassurer. Et quelques exercices d'étirement ne peuvent que vous être bénéfiques, surtout si vous travaillez assis. Quoi qu'il en soit, éclipse ou non, la vie continue. Malgré tout, la routine habituelle est conseillée parce qu'elle sera sécurisante, et le fait a été prouvé depuis bien des lunes. À vous d'y croire ou non. De toute façon, l'avenir se chargera bien de prouver que ces éclipses sont des indices valables pour les êtres subsolaires et sublunaires que vous sommes.

P.-S. Vous êtes encouragé à prendre connaissance de tout ce qui est écrit au chapitre intitulé « Les Éclipses de 2023 » pour mieux vous familiariser avec toutes les mises en garde à respecter lors de toutes les éclipses.

LES POSITIONS LUNAIRES ET VOUS

À la fin du livre, vous trouverez le tableau des positions lunaires pour chaque jour de l'année 2023. Pour mieux tirer profit de la Lune au quotidien ainsi que connaître le rôle qu'elle jouera sur vos humeurs, lesquelles vont influer sur votre jugement et sur vos actes, référez-vous au chapitre intitulé « Méthode d'interprétation du calendrier des Lunes ».

Les divers passages de la Lune ne sont jamais neutres. S'il y a des moments pour l'action quand la Lune est néfaste, s'il faut prendre du recul quand elle ne l'est pas, les autres journées représentent, la plupart du temps, un mouvement vital plus lent. En général, quand la Lune passe en Bélier, en Lion, en Sagittaire, en Gémeaux et en Verseau, vous êtes en forme. Ces énergies, surtout celles du Bélier, du Lion et du Sagittaire, vous placent en position de force. Là où vous devriez être très prudent et où il serait préférable de prendre du recul, c'est lorsque la Lune se trouve en Cancer, en Balance, en Capricorne et en Poissons. Les Lunes en Taureau, en Vierge et en Scorpion sont neutres par rapport à votre signe. Ni bonnes ni mauvaises, elles vous plairont si vous utilisez vos tendances rationnelles sans blesser la sensibilité de ceux qui sont présents. L'excès passionnel et la jalousie vous placeraient dans la démesure et aucune joie ne peut venir du chaos. Laissez-vous porter par les événements sans chercher à tirer les ficelles, mais restez lucide. Les lendemains prouveront que vous avez eu raison de ne pas insister.

♉

Taureau

21 avril au 20 mai

LES DIFFÉRENTS ASPECTS DE VOTRE PERSONNALITÉ

Taureau – féminin, fixe, terre

Vous êtes une personne reconnue pour son incommensurable patience qui est d'ailleurs légendaire. Les natifs de votre signe ne démissionnent jamais. Ce n'est pas votre genre de baisser les bras. Assurément, vous êtes quelqu'un pour qui le travail ne fait pas peur. Non seulement vous refusez de baisser les bras devant les échecs, mais vous vous battez sans relâche pour réussir. Or, votre réputation d'être entêté, vous l'avez bien méritée.

Vous êtes également une personne responsable sur qui on peut se fier totalement. Tout aussi honnête que déterminé, vous êtes doté d'une attitude qui ne cède jamais et dont certains peuvent être envieux. Mentionnons que l'argent est essentiel à votre bien-être ; vous avez toujours peur d'en manquer

Vénus étant votre planète maîtresse, il n'est pas étonnant de constater que vous êtes une personne sensuelle qui aime les belles choses que la vie a à lui offrir. Épicurien de nature, vous aimez la bonne bouffe, le vin et les arts.

En tant que natif d'un signe de terre, vous avez besoin de paix, de tranquillité et de stabilité comme pas un, et vous n'aimez pas non plus que votre emploi du temps soit troublé. Cependant, vous avez besoin d'être rappelé à l'ordre alors que votre confort peut parfois tourner à la paresse.

CE QUI VOUS DIFFÉRENCIE DES AUTRES NATIFS DE VOTRE SIGNE

En tant que natif du 1er décan (du 21 au 29 avril), Vénus régit votre signe solaire. Elle vous donne charme et beauté ainsi que d'agréables dispositions en ce qui concerne l'amour, l'art et la musique. Si vous n'êtes pas artiste au sens propre du mot, vous l'êtes dans l'âme de façon certaine.

Quant à Mercure qui gouverne votre décan, il fait de vous un mélange de fixité et de mobilité, de constance et de versatilité. Rempli d'idées toutes aussi bonnes les unes des autres et agrémenté d'une grande et belle imagination, voilà qui vous servira bien pour réaliser vos rêves. Cependant, il ira de votre intérêt de garder les deux pieds bien ancrés dans la réalité.

Mercure, particulièrement très important dans votre thème natal, fait de vous une personne au cœur tendre, fidèle, stable et authentique, aimante et attrayante, et tout aussi soucieuse de sa sécurité. Tenace, persévérant et laborieux, votre confort et votre vie personnelle sont très importants à vos yeux, et une fois que vos besoins matériels sont résolus, voilà qui vous incite davantage à vous sentir en sécurité.

Vous êtes plus réservé que les deux autres décans, cependant, votre vivacité d'esprit vous rend plus causeur que penseur. Extrêmement organisé, vous avez un talent inné pour les détails. C'est ce qui explique votre tendance à rechercher la perfection dans tout ce que vous entreprenez.

Vous pouvez très bien exceller dans l'étude des sciences sociales et politiques, et pouvez tout aussi bien pratiquer l'art de la médecine avec brio, faisant de votre travail une véritable vocation.

Tendre, charmant dans votre approche et dans vos démarches, et tout aussi généreux par défaut, vous aimez partager avec vos proches et tous ceux qui vous sont chers. Apprenez tout de même à protéger vos alliances et ne manquez pas de renforcer vos liens familiaux.

Côté cœur, vous êtes une personne dévouée et fidèle. Adepte de l'indépendance et de la liberté, vous recherchez avant tout un fidèle compagnon de vie qui pourra vous apprendre quelque chose de nouveau.

Sous l'influence de Vénus, vous entrevoyez dès l'adolescence de vivre le parfait amour avec une personne au comportement romantique. Votre crainte de solitude pourrait vous inciter à cohabiter avec une personne tôt dans la vie. Si vous vous mariez, choisissez quelqu'un qui est fidèle, tendre, affectueux et sensible.

En tant que natif du 2e décan (du 30 avril au 10 mai), votre signe est sous la protection de Vénus, mais votre décan est gouverné par la Lune. Mercure y joue aussi un rôle d'importance pour faire suite à la Triplicité de Terre qu'est votre signe solaire.

En ce qui a trait à l'influence de Vénus, celle-ci vous donne une nature intuitive, imaginative et parfois même émotive, mais tout aussi douée pour connaître l'aisance matérielle grâce à votre sens inné des affaires et vos excellentes qualités d'organisation. Quant à Mercure, cette planète vous donne de belles dispositions pour tout ce qui relève de la communication. Pas surprenant de vous voir exceller dans le domaine de l'enseignement, de l'écriture ou en tant qu'inventeur, danseur ou politicien. Vous êtes également doué aussi pour les arts en général, tels que la musique ou la peinture.

Puisque vous affichez une belle ouverture d'esprit, vous pouvez très bien réussir dans le domaine des sciences ou de la philosophie. D'ailleurs, en destinée, les honneurs ne manqueront pas. Maintes distinctions et récompenses feront partie de votre lot.

Perspicace, analytique, intelligent, pondéré et plein d'esprit, vous êtes porté à aborder toute situation et tout problème sous un angle intellectuel.

Suivant que vous avez un sens aigu de curiosité, vous prenez plaisir à apprendre de nouvelles choses. Polyvalent, vous déployez des efforts mentaux considérables dans votre travail. Curieux, sportif, bougeant continuellement, vous aimez voyager. À cet effet, vous feriez un excellent représentant commercial (des ventes) ou un diplomate ambassadeur.

Mercure jouant un rôle d'importance dans votre thème, l'éducation est la clé de votre succès. Profitez-en pour passer du temps de qualité avec des personnes avisées qui vous encouragent à devenir le meilleur que vous puissiez être. Ne manquez pas non plus d'investir vos aptitudes mentales là où elles peuvent faire le plus grand bien pour vous et les autres. Prenez garde, toutefois, à toutes les offres douteuses ou trop belles pour être vraies alors qu'elles le sont généralement !

Puisque vous êtes une personne pratique, précise et tout aussi vive d'esprit, ces traits peuvent vous attirer une variété d'admirateurs. Si une personne veut gagner votre cœur et garder votre amour, celle-ci doit avant tout être loyale et apprécier les plaisirs physiques de l'amour. Alors que vous n'êtes pas une personne partisane d'aventures d'un soir, mais plus du genre qui recherche avant tout le bonheur et la paix au sein de son foyer, lorsque viendra le temps de vous engager dans une relation de couple, arrêtez votre choix sur un partenaire qui est fiable et tout aussi affectueux que vous.

En tant que natif du 3e décan (du 11 au 20 mai), votre planète maîtresse est Vénus alors que votre décan est sous la tutelle de Saturne. Saturne influençant doublement votre signe pour faire suite à la Triplicité de Terre qu'est votre signe solaire, ce duo d'énergie tend à produire une personne taciturne. Doté d'un tempérament stable et doué d'un talent pour l'organisation, rien ne vous arrête, seul l'objectif matériel a de l'importance à vos yeux. Chose certaine, vous avez le sens du pratique – le tangible est très important pour vous.

Fortement influencé par Saturne, voilà qui vous donne de la dignité et une force de caractère inouïe, mais vous tendez aussi à prôner une approche conservatrice dans ce que vous faites, dans ce que vous entreprenez. Vous détenez des capacités de gestion appréciables et un talent inné pour l'organisation. Voilà qui concourra favorablement à ce vous puissiez vous décrocher une position qui requiert beaucoup d'entregent. Veuillez donc viser haut au moment de choisir une carrière, un travail, un associé et même un ou une un partenaire de vie.

Discipliné et tout aussi tendu, probablement à cause des restrictions imposées par vos parents, voilà qui a pu susciter chez vous de l'inquiétude en ce qui a trait à vos propres capacités. Heureusement, vous êtes une personne dévouée qui sait toujours mettre de l'avant votre meilleur effort, ce qui sera la clé de votre succès. D'ailleurs, en destinée, vous êtes voué à connaître des périodes fastes où l'argent et les plaisirs s'allieront pour rendre votre existence des plus agréables. Votre sort sera enviable vu du dehors, mais vous aurez aussi des périodes de limitation où votre liberté sera réduite. L'alternance entre la richesse et la pauvreté est assez fréquente chez vous.

Saturne fait de vous une personne prudente par nature ainsi que quelqu'un qui a le sens des affaires, et tout aussi digne de confiance que responsable. Assez matérialiste, vous êtes très astucieux dans les questions d'argent, sans compter que vous tendez à penser sur le long terme. Pas surprenant que vous puissiez très bien réussir dans de nombreuses professions telles que la construction, l'architecture ou toute carrière qui allie imagination et sens pratique. Chose certaine, vous avez toujours une petite réserve d'argent (bas de laine) en cas de besoin pour mieux parer à tout imprévu.

Sous l'influence saturnienne, il s'avère que vous êtes parfois maladroit, mais surtout à cause de votre timidité qui vous pousse à cacher vos sentiments et vos émotions. Voilà qui explique pourquoi vos relations vont nécessiter un surplus d'attention.

Si vous vous mariez, choisissez un compagnon de vie qui peut être fidèle et qui vous apportera une vie familiale paisible. Si quelqu'un veut gagner votre cœur et garder votre amour, cette personne doit avant tout être loyale alors que vous recherchez sécurité et protection mutuelles. Vous ne détestez pas non plus jouer le rôle de parent, soit quelqu'un qui materne l'autre.

CE QUE LES ASTRES VOUS RÉSERVENT EN 2023

Jupiter en Bélier – du 20 décembre 2022 au 16 mai 2023 – votre XIIe maison natale

Jupiter est fondamentalement une planète qui se déplace lentement. Elle a tendance à rester dans un signe et une maison pendant une année entière. Mais en 2023, elle se déplace exceptionnellement vite – elle traverse en fait deux signes et maisons. Elle commence l'année en Bélier, votre XIIe maison. Puis elle se déplacera en Taureau, votre Ire maison, pour le reste de l'année et plus encore, soit jusqu'au 25 mai 2024. Tout ceci est très inhabituel et nous donne des messages importants. À cet égard, vous êtes arrivé à la fin d'un cycle de douze ans de Jupiter (Jupiter transite votre XIIe maison). La XIIe maison est une maison de sagesse, car elle englobe toutes les autres maisons, et ce,- y compris tout ce qui est caché derrière la surface de notre conscience. C'est donc le moment de vous connecter à votre intuition pour obtenir des conseils directement de la source. Vous pouvez vous intéresser davantage à la spiritualité, à l'autoréflexion et à tout ce qui vous relie à l'inconscient collectif. Or, veuillez mettre à profit ce transit en Bélier pour avoir un aperçu de ce que vous avez appris lors des dernières douze années, puisque vous allez mettre un terme à de nombreux sujets qui vous ont occupé l'esprit. Ce sera également un temps favorable pour vous recentrer spirituellement, pour mettre de l'ordre dans vos affaires, afin d'être prêt à saisir le moment où les opportunités commenceront à se présenter à vous. D'ici là, vous allez remettre bien des choses en question. Il s'agira d'une période cruciale de votre vie durant laquelle vous prendrez de grandes décisions, d'ailleurs qui s'imposaient depuis quelque temps. Votre destinée se métamorphosera, parfois parce que vous en aurez décidé, mais à d'autres moments, ce sera par la force des choses. Plus de confusion sera aussi possible à cette période, mais il n'y a rien de dramatique à l'horizon. Au contraire, la vie vous poussera à lâcher prise et vous continuerez votre apprentissage. Toutefois, si les changements vous bousculent sur le coup, vous retrouverez votre aplomb de plus en plus rapidement, ce qui vous permettra de vous ressaisir brillamment.

Quant à vos affaires, les réorganisations et les transformations se feront aussi sentir dans ce secteur de votre vie. C'est comme si vous arriviez à la fin d'une étape et que vous vous apprêtiez à en commencer une nouvelle. Tout ne se déroulera pas toujours selon le scénario que vous aviez imaginé, ce qui risque ainsi de vous insécuriser, mais, tenez bon puisque la situation finira bien par évoluer à votre avantage, mais certaines situations vont exiger que vous vous y attaquiez tandis que d'autres ne mériteront plus votre attention. Vous craignez de faire un mauvais choix, il va de soi, c'est très compréhensible. Donnez-vous donc un peu de temps : je vous assure qu'à partir de la mi-mai, vous y verrez plus clair et vous allez bénéficier d'un courant de chance fort appréciable dans tout ce que vous entreprendrez. Une transaction avantageuse, de bons placements ou un essor professionnel mettront fin au cycle de finances en dents de scie. Il est même possible que vous puissiez également rafler un petit prix au jeu. Attention cependant aux voleurs et aux escrocs.

Pour ce qui est de vos amours, vous n'êtes pas facile à apprivoiser et cette année, ce sera encore plus vrai que d'habitude. Vous savez trop ce que vous voulez pour perdre du temps avec des personnes qui ne partagent pas votre idéal. Vous découvrez votre véritable valeur, ce qui fait que vous ne laisserez plus personne abuser de vous ni vous mener par le bout du nez et, au besoin, vous mettrez un terme à certaines relations qui ne vous conduisaient nulle part. Cela dit, Jupiter dans votre signe, voilà qu'il mettra sur votre route des êtres exceptionnels. Non seulement ce sera une année durant laquelle votre cote d'amour continuera d'augmenter, mais ce qui est encore plus encourageant, ce sera votre ouverture aux autres. Vous oserez enfin sortir de votre tanière : vous accepterez davantage d'invitations et aurez le goût de participer à de nouvelles activités. C'est génial ! Avec de telles dispositions, votre cercle d'amis et de relations est appelé à s'agrandir et les solitaires auront l'opportunité de trouver un être compatible. Quant à ceux qui ont déjà une place privilégiée dans votre cœur, ils continueront à bénéficier de votre loyauté et de vos largesses.

En ce qui a trait à votre santé, Saturne qui est toujours présent à la toute fin du Verseau jusqu'au début du mois de mars, les natifs du troisième décan surtout ont tout intérêt de faire davantage attention à eux. Si vous êtes négligent, vous serez rappelé à l'ordre. En revanche, si vous adoptez une attitude vigilante, rien ne vous atteindra. Jupiter en Bélier est propice à une attitude positive, mais faites tout de même attention à votre poids.

Jupiter en Taureau – du 16 mai 2023 au 25 mai 2024 – votre Ire maison natale

Vous entamez une période favorable durant laquelle votre qualité de vie augmentera sensiblement. En fait, la transformation positive de votre destinée sera le reflet de votre belle évolution intérieure. Toutes ces batailles contre la peur, la timidité, sinon l'insécurité, ont déjà commencé à porter leurs fruits, et les résultats seront encore des plus manifestes dans les mois à venir. Par conséquent, Jupiter, la Grande Bénéfique, vous donnera un sentiment de confiance en vous tel que vous ne l'avez peut-être pas connu depuis longtemps; une fenêtre d'une durée d'un an s'amorce et vous offrira des opportunités majeures pour que votre vie se développe et s'élargisse de manière sans précédent. Regardez douze années en arrière, lorsque Jupiter était dans votre signe, pour voir comment ce transit peut se dérouler pour vous en 2023, et début 2024. La clé pour en profiter pleinement sera de saisir chacune des opportunités et expériences qui se présentera à vous. Ce sera également le début d'un cycle de croissance de douze ans au cours duquel vous apprendrez de nouvelles choses – principalement le genre de choses qui élargissent votre expérience du monde et vous rendent plus sage. Certains d'entre vous vont même s'engager dans des relations avec des personnes d'un autre pays ou culture – que ce soit professionnellement ou par le biais d'un engagement romantique. Même la dimension spirituelle de votre vie est appelé à s'élargir. Vous serez plus sage, plus gentil et plus généreux envers les autres. Cela est dû en partie au fait que vous avez connu des succès récents, ce qui, comme pour la plupart des gens, augmente votre compassion pour les autres ainsi que votre joie de vivre.

Quant à vos affaires, mentionnons que ce merveilleux transit coïncide généralement avec une hausse des revenus et avec un sens du synchronisme extraordinaire. Vous serez donc à la bonne place au bon moment, ce qui vous permettra de brasser des affaires d'or. Rappelez-vous cependant que vous ne fonctionnez pas aussi bien en association et que vous avez tout intérêt à mener votre barque seul. Jupiter qui est de passage dans votre signe a aussi d'autres messages. À cet effet, puisqu'il gouverne votre VIIIe maison solaire natale, ou ascendant natal si c'est le cas, il montre que des opportunités d'emprunt sont à venir. Et avec le maître de votre VIIIe maison natale si proéminent dans votre thème personnel, il sera également plus facile de contracter des dettes. Le défi sera d'être responsable à ce sujet. Si vous abusez des dettes cette année, il y aura un réel danger de faillite ou de saisie. Si vous êtes responsable dans vos finances, vous ne devriez pas avoir peur. Pensez au transit de Jupiter en Taureau comme une grande bénédiction. Vous pouvez utiliser cette énergie expansive dans n'importe quel domaine de votre vie ; tout ce que vous avez à faire est de vous concentrer sur ce que vous voulez, plutôt que sur l'absence de ce que vous voulez ! Et assurez-vous que vos pensées soient positives et optimistes. Or donc, ceux d'entre vous qui veulent rembourser ou refinancer une dette auront l'occasion de le faire. Ce transit montre également que des paiements de pension alimentaire (pour ceux où cela s'applique), des paiements d'assurance et de redevances et, dans tous les cas, un héritage seront à l'ordre du jour. (Gardez à l'esprit qu'il n'est pas nécessaire que quelqu'un meure : vous pourriez être le bénéficiaire d'un fonds d'investissement, ou encore être nommé dans le testament de quelqu'un, ainsi que bénéficier d'un décès). Excellente période aussi pour toutes les questions liées à votre carrière, mais plus encore du 3 au 20 janvier. Pendant cette période, n'hésitez pas à proposer des idées, à soumettre votre manuscrit ou votre scénario ainsi qu'à solliciter une augmentation de salaire. Ce sera aussi un temps favorable pour lancer un site Web, créer votre propre entreprise et établir de nouveaux contacts professionnels alors que les autres seront réceptifs à vos idées. Moindrement, un rêve que vous caressiez depuis longtemps pourrait enfin se matérialiser, que ce soit sur le plan immobilier ou professionnel. Ajoutons que vous pourriez également rafler un prix appréciable lors d'un tirage. Belle année aussi pour voyager et conclure une transaction lucrative.

Pour ce qui est de vos amours, avec la présence de Jupiter, la Grande Bénéfique, dans votre signe pour le reste de l'année, et plus encore, soit jusqu'au 24 mai 2024, vous aurez l'impression de recevoir une mise à niveau de votre personnalité. Or, si vous êtes plus du genre timide, c'est une très bonne chose, car cela vous donnera envie de vous mettre dans le genre de situations où l'amour peut se produire. Par contre, si vous êtes un peu plus extraverti de nature, la présence de Jupiter, mais aussi d'Uranus dans votre signe, voilà qui pourrait faire de vous le boute-en-train et de même vous rendre généralement attirant pour les autres, que ce soit pour le plaisir, l'amitié ou pour la romance. Cela dit, immédiatement après votre fête, vous allez commencer à noter d'importantes transformations, et ce, tant intérieurement que dans votre environnement. Vous aurez davantage confiance en vos possibilités et cet aplomb vous permettra de mieux négocier avec votre entourage. Finis les temps où vous vous effaciez au profit des autres. Vous voudrez enfin prendre la place qui vous revient. Et voilà qui n'est pas tout, alors que vous amorcerez également un cycle de popularité inhabituelle. Vous ferez de belles conquêtes, surtout au mois de septembre (2023), et ce, que ce soit sur le plan amoureux, dans vos amitiés ou simplement sur le plan social.

En ce qui a trait à votre santé ainsi qu'à votre bien-être physique, vous ne pourrez dépendre que de vous-même puisque les autres personnes seront trop préoccupées par leurs propres besoins et ils ne pourront vous venir en aide. Si vous vous savez émotionnellement troublé, fragile et que vous en avez assez d'être malheureux, de douter de vous, ou d'avoir peur de l'opinion des autres ou de ces dépendances, de n'être jamais heureux, si vous êtes sincère dans votre démarche, en 2023, la vie vous permettra de trouver la bonne thérapeute, sinon le bon psychologue qui pourra vous venir en aide. Par ailleurs, en plus d'être un fin gourmet, vous avez un fort penchant pour la gourmandise. Dès le 16 mai, cela risque d'avoir des répercussions fâcheuses sur votre silhouette, mais aussi sur votre état général. Évitez de surcharger votre organisme ou, pire, de l'encrasser. Un brin de retenue vous gardera à l'abri de divers malaises et de l'embonpoint. Et ceux parmi vous qui seront prêts à déployer les efforts nécessaires pour améliorer leur santé – morale ou physique, obtiendront des résultats inespérés. Tenez-vous-le pour dit, les excès de toutes sortes pourraient vous jouer de vilains tours. Et en abusant de vos forces, vous risquez une panne d'énergie, surtout jusqu'à votre anniversaire, alors qu'en cédant à la gloutonnerie à partir de la seconde partie du mois de mai et pour le reste de l'année, plus vous abîmerez autant votre santé que votre silhouette. Mais, si vous mettez de l'ordre dans votre vie et si vous faites davantage attention à vous, je peux vous garantir des résultats plus que spectaculaire. Maintenant, à vous de choisir. Moralement, vous continuerez à vous découvrir ainsi qu'à vous affirmer, ce qui sera excellent, et ce, même si parfois cela risque de déranger votre entourage.

Saturne en Poissons – du 7 mars au 31 décembre 2023 – votre XIe maison natale

Parce que Saturne est une planète karmique – comprendre qu'elle influence votre chemin de vie, votre karma – vous allez apprendre comment gérer les répercussions de vos actes passés. Saturne en Poissons est la clé pour vous concentrer sur les changements que vous ressentez à l'intérieur de vous-même et sur les changements qui pourraient affecter vos proches lors des deux prochaines années. En astrologie, Saturne est connue comme étant la planète « sérieuse » du zodiaque. Elle a été appelée la planète de la discipline, du temps et des fois aussi l'enseignante. Saturne a parfois mauvaise presse, car nous combattons souvent les changements saturniens. Elle nous enseigne la « responsabilité » dans de nombreux domaines de notre vie qui pourraient grandement bénéficier d'un peu d'amélioration. Naturellement, l'instinct et l'ego nous suggèrent d'abord de lutter contre tous ces changements, jusqu'à ce que nous apprenions finalement à admettre que ceuxx-ci nous freinent d'une manière ou d'une autre. C'est ce que Saturne enseigne : la nécessité de changer nos habitudes ou de changer quelque chose sur soi-même qui pourrait bénéficier d'une petite refonte. Or, si vous apprenez à vous détendre et à ne pas craindre ce cycle de transformation de Saturne, vous découvrirez que vous pouvez bénéficier considérablement de sa sage tutelle. Ne vous retenez pas – et n'ayez pas peur de reconnaître ou même d'admettre le besoin d'amélioration, puisqu'apprendre à suivre le flux de Saturne pourrait s'avérer une expérience de croissance très positive. Il n'y a pas d'autre planète dans tout le système solaire avec autant de capacités d'enseignement que Saturne a à offrir. Cela dit, Saturne signe le début de l'année en Verseau. Une fois installée en Poissons, dès les premiers jours de mars, les deux prochaines années qui verront passer Saturne dans ce secteur de votre thème personnel marqueront un cycle de transition entre les expériences passées et futures. Secteur des amitiés, des appuis ainsi que des relations interpersonnelles, mais également celui de vos objectifs sociaux dans votre thème personnel qui sera atteint par le transit de Saturne, il se pourrait très bien que pendant ce cycle, vous analysiez vos liens amicaux avec plus de réalisme. Or, des amis qui ne peuvent plus stimuler votre intérêt pourront s'éloigner, mais vous pouvez être assuré qu'ils seront remplacés par ceux d'un calibre supérieur, vous offrant de nombreuses voies de communication qui ne feront qu'élargir vos horizons. Cherchez-les et ne regrettez pas votre choix d'aller de l'avant. Si les vieux copains ne le comprennent pas, qu'il en soit ainsi. Sous ce transit, vous pouvez être assuré que si une amitié se rompait en cours de route, selon toute probabilité, elle n'aurait pas survécu, peu importe ce que les étoiles avaient en réserve. Entre-temps, vous aimerez vous isoler plus que d'habitude et cet isolement deviendra un point d'interrogation pour vous; une prise de conscience de votre comportement envers les autres et de vos rapports amicaux. Les appuis seront là, mais ils pourraient aussi entraîner des difficultés à long terme et assez lourdes dans l'immédiat. La solution de facilité ne sera pas souvent non plus la meilleure et dans ce cas, l'utilisation des relations vous apprendra à être lucide et vous mettra en face de la qualité des liens et de leur résistance. Saturne vous permettra aussi de comprendre ce que vous avez fait, ce que vous n'avez pas fait et ce que vous devriez faire pour parachever le transit précédent qui touchait alors le côté social et professionnel. Ce sera un cycle où vous devrez envisager de transmettre les fruits de vos enseignements tirés de votre expérience précédente.

LES PHASES RÉTROGRADES DE MERCURE POUR 2023

Mercure rétrograde en Capricorne – du 29 décembre 2022 au 18 janvier 2023 – votre IXe maison natale

Climat général

Les gens que vous aimez auront besoin de vous, surtout la famille, mais possiblement également un bon ami à vous alors que vous risquez d'être témoin d'histoires des plus invraisemblables les unes que les autres, c'en sera presque surréaliste par moments. Il ne serait pas étonnant non plus que l'un de vos enfants décide de quitter le nid familial pendant cette période, mais évidemment, c'est vous qui devrez l'aider dans son départ parce qu'il ne sera certainement pas plus responsable qu'avant. Cependant, ce sera aussi le moment pour vous de commencer à lâcher prise, mais également d'accepter que vos enfants ne suivent pas nécessairement le chemin que vous leur aviez tracé d'avance. Ils doivent apprendre à voler de leurs propres ailes. Or, attention de ne pas faire trop de place au découragement puisque devant certaines difficultés, vous pourriez avoir plus tendance à tout laisser tomber et à revoir vos aspirations pour l'avenir. Il est également possible que vous réalisiez que vous n'êtes pas dans le bon domaine et décidiez de faire un retour aux études, ou allez-vous revoir en profondeur votre programme de formation. Si rien de tout cela ne vous rejoint, un certain besoin d'évasion se fera probablement sentir davantage; vos nombreuses responsabilités seront particulièrement lourdes sur vos épaules, d'autant plus si vous êtes monoparental. La situation financière étant souvent assez précaire, vous ressentirez la nécessité de vivre une situation différente. En fait, l'idéal serait de vous trouver quelqu'un de confiance qui pourrait s'occuper de vos responsabilités ou de vos enfants quelques jours, sinon un simple week-end pour aller vous ressourcer, trouver la paix et la sérénité, seul avec vous-même. D'ailleurs, vous y trouverez certainement beaucoup d'espoir ainsi que l'inspiration du chemin à suivre dès le retour de Mercure en mouvement direct.

Travail – Finances

Comme tout le monde, vous aurez un peu de difficulté à retrouver la routine, mais dès que Mercure aura repris sa marche directe, vous serez par la suite très efficace. D'ici là, le travail semblera tarder avant de reprendre ses activités normales. En effet, votre bureau sera vide, vous ferez et referez sensiblement le grand ménage dans vos dossiers ainsi que dans vos classeurs en attendant de recevoir d'autres instructions. C'est une situation qui pourrait même devenir inquiétante par moments, craignant une abolition de postes ou carrément la fermeture de l'entreprise, mais ça ne devrait pas être le cas, alors que cette patience dont vous faites preuve devrait vous amener à prendre certaines initiatives d'une grande créativité. Et éventuellement vous voir offrir un meilleur emploi et surtout quelque chose de beaucoup plus sûr. En tant que travailleur autonome, si vous travaillez à la maison, il est évident que ce ne sera pas toujours facile, surtout quand les enfants seront en congé, de faire respecter votre environnement de travail. En fait, il y aura certains éléments qui viendront perturber l'ambiance. Et si vous travaillez dans un immeuble à bureaux, peut-être y aura-t-il des travaux majeurs dans l'édifice. À tout le moins, le budget pourrait être dans une impasse. Or, les chiffres devront s'équilibrer, autrement il y aura de lourdes décisions à prendre qui ne plairont certainement pas à tous. Il est évident que cet imposant travail ne s'accomplira pas dans le temps de le dire. Il est plus que probable que vous devrez faire, forcément, une restructuration et laisser bien des personnes dans l'incertitude, ce qui causera probablement quelques frictions possibles entre les gens de la haute direction et leurs employés.

Amour – Sentiments

Vous et votre conjoint aurez très certainement besoin de vous retrouver en tête-à-tête pour vivre quelque chose de profond, d'extraordinaire, et quoi de mieux qu'un voyage pour découvrir de nouvelles cultures et connaître quelques bons moments. Si vous n'avez rien de prévu encore, vérifiez donc les voyages de dernière minute, vous seriez surpris des possibilités qui s'offriront à vous. Idéalement, il sera préférable de partir une fois que Mercure aura repris sa marche directe. Si cela n'est pas possible, n'allez pas être surpris d'accuser un retard ou que vos valises ne se rendent pas à la même destination que vous. En tant que célibataire, évidemment, si vous avez l'âme aux voyages, il est clair que vous pourriez vivre une belle passion à l'étranger. Évitez toutefois d'être déçu que cette personne ne vous suive pas jusqu'à la maison; tâchez de profiter du moment présent et assurez-vous de prendre toutes les précautions lors de vos pratiques sexuelles. Cela dit, il est plus que possible que vous ayez des petites choses à mettre au clair avec un ex, surtout si vous avez des enfants ensemble.

Famille

On mettra votre patience à rude épreuve, particulièrement si vous avez des enfants ou d'autres personnes qui comptent sur vous pour diverses raisons et que leurs plans tendront à changer sans cesse. En tant que parent, vous aurez besoin de dissiper les pressions familiales quelque temps pour les reprendre avec plus de sérénité. Il y aura certains résultats qui seront quelque peu décevants alors que vous vous attendiez à tout le contraire. À cet effet, un de vos enfants sera possiblement dans l'obligation de recommencer un cours ou, du moins, de refaire des examens parce qu'ils étaient erronés ou en raison d'histoires abracadabrantes. Prenez garde aussi de perdre quelque chose.

Santé – Bien-être physique

Voilà que le stress risque d'être particulièrement présent pendant cette période et il le sera davantage en raison d'une situation émotionnelle de même que par rapport à votre travail. Il sera donc venu le temps de reprendre vos bonnes vieilles habitudes et de vous imposer à nouveau une rigueur, ne serait-ce que de retourner au centre de conditionnement physique et de manger des repas plus équilibrés. D'ailleurs, les résultats seront des plus concrets assez rapidement. Bref, vous allez facilement pouvoir enfiler cette belle robe ou ce beau complet très bientôt. D'ici là, si vous voyagez, il sera suggéré de vous faire administrer tous les vaccins recommandés avant de partir. Une destination au soleil vous redonnera un peu de vigueur, mais évitez les bronzages excessifs puisque votre peau aura plus de difficulté à les supporter. En d'autres mots, évitez tout ce qui est radical, méfiez-vous également de votre insouciance et attention d'être trop possessif.

Mercure rétrograde en Taureau – du 21 avril au 14 mai 2023 – votre Ire maison natale

Climat général

Les frustrations auront tendance à être plus nombreuses et toutes ces tuiles qui vous tomberont dessus les unes après les autres risquent de miner sérieusement votre moral, mais il ne faudra surtout pas vous décourager. Vous aurez tout ce qu'il faut pour régler ces problèmes; il ne s'agira que d'une situation temporaire. Toutefois, attention d'accorder trop d'importance aux autres, ce n'est pas en vous appropriant leurs problèmes ou en leur confiant les commandes de votre vie que vous vous épanouirez. Pensez davantage à vous.

Travail – Finances

Voilà un temps où vous serez passablement dynamique et tendrez à courir dans tous les sens à la fois. Il y aura beaucoup de confusion dans l'air, et vous ne saurez pas toujours sur quel pied danser. Vous aurez la plupart du temps l'impression d'être continuellement bousculé par les événements; une situation complexe et peu claire n'attendra pas l'autre. Il s'agira d'une période pour prendre du recul et trouver des solutions aux différentes impasses qui grugent votre énergie depuis longtemps déjà. Pas surprenant que vous serez plutôt hésitant concernant toute décision au travail. Vous aurez l'impression que tout va trop vite et vous ne parviendrez pas à obtenir les bonnes informations afin de faire des choix éclairés. Toutefois, si vous êtes en quête d'un emploi ou si vous avez fait une demande ailleurs, il faudra de la patience avant d'obtenir une réponse, même si vous téléphonez chaque jour. L'inverse sera aussi possible, alors qu'on pourrait vous demander de commencer immédiatement, mais, vous ne serez pas encore disponible. Si vous commencez un nouvel emploi, il est normal que vous vous sentiez un peu perdu et confus sans compter que les journées seront épuisantes, tant bien par le travail ardu que par un état émotionnel plus fragile. Bref, on vous mettra beaucoup de pression sur les épaules. Tâchez de persévérer, car il s'agira probablement d'un test que l'on vous fait passer afin de bien mesurer votre endurance au stress. Et si vous êtes en apprentissage, vous devrez possiblement effacer tout ce que vous aviez appris jusqu'à maintenant; vous déprogrammer et réapprendre de nouvelles façons et techniques qui vous permettront d'avoir des approches différentes qui seront plus productives, efficaces et originales à la longue.

Amour – Sentiments

Voilà un temps où vous aurez besoin d'un peu plus de solitude, de vous occuper de vos affaires, de digérer vos angoisses et de ruminer votre colère seul vu que l'élu de votre cœur semblera être un peu trop exigeant à votre goût et ne démontrera pas nécessairement de tendresse ni même une approche qui vous serait stimulante pour vous engager dans des moments intimes. Dans ces conditions, vous préférerez rester seul tout simplement. Vous allez certainement même soutenir le silence plutôt que le conflit ; les paroles ne sembleront pas toujours suivre votre ligne de pensée et il en ira de même pour les conversations qui risquent de dégénérer, d'où votre silence ! Pour les célibataires de vote signe, voilà une période qui ne vous inspirera pas davantage à chercher l'amour activement. Au contraire, vous tendrez à ressentir un bien-être intérieur fort intéressant qui fera en sorte de vous sentir en paix avec vous-même. Or, si vous êtes heureux seul, pourquoi y laisser entrer quelqu'un qui risquerait de gâcher cette atmosphère régnante. Si vous êtes inscrit sur un site de rencontres, vous recevrez sûrement de nombreux messages et de belles invitations que vous tendrez à décliner, sans compter qu'il y aura bien une ou un prétendant beaucoup trop insistant, ce qui vous fera fuir plutôt que de vous séduire. Et si votre couple est récent, vous pourriez avoir besoin de prendre du recul. Du moins, vous vous sentirez poussé et bousculé par les événements tellement les choses iront trop vite à votre goût. Bref, vous ne serez pas encore prêt à un engagement trop sérieux. L'amoureux pourrait même vous proposer de vivre ensemble alors que ce n'est pas dans vos plans de partager votre vie avec quelqu'un d'autre. Et si votre couple a de nombreuses années derrière lui, vous tendrez à prendre davantage de temps pour vous-même.

Famille

Il est possible que vous puissiez encourir quelques obstacles dans votre quête pour planifier des vacances parfaites. Ne paniquez pas surtout, car cela sera comme une bénédiction déguisée. Réfléchissez à deux fois avant de donner un dépôt.

Santé – Bien-être physique

Si vous vivez quelques émotions fortes pendant cette période, vous risquez d'avoir un peu moins d'énergie pour affronter le quotidien. Votre corps exigera une grande régularité dans vos heures de sommeil. Quelques périodes d'insomnie ou de maux de tête vous feront prendre conscience que vous en faites trop et que vous êtes en train de brûler la chandelle par les deux bouts. Un déséquilibre hormonal pourrait très bien être à l'origine d'une grande fatigue, à moins qu'il ne s'agisse de complication au sujet de vos règles. N'oubliez pas que votre santé passe par l'adoption de saines habitudes alimentaires et, surtout, par la volonté de persévérer en ce sens. Vous serez en bonne posture pour entreprendre un régime, pour cesser de fumer et pour commencer une activité physique, mais avant de vous lancer dans quoi que ce soit, vous devrez vous y préparer ; sortez vos croustilles du garde-manger, finissez vos cigarettes afin qu'il n'en reste plus une seule et tâchez d'aller vous acheter les bons vêtements et chaussures adéquates pour pratiquer votre activité préférée. Soyez tout de même avisé que vous ne serez pas à l'abri pour autant d'un bête accident, sinon d'un incident fâcheux. Or, lors de vos déplacements ou de vos randonnées à pied, faites attention où vous mettez les pieds pour ne pas vous blesser ou trébucher.

Mercure rétrograde en Vierge – du 23 août au 15 septembre 2023 – votre VIe maison natale

Climat général

« Métro-travail-dodo » signifie clairement la vie routinière que bon nombre d'entre vous expérimentent à présent, et vous pourriez bien commencer à être assez las de cette situation, surtout qu'il est possible que vous éprouviez de petites difficultés. Entre autres, la route que vous empruntez pour vous rendre au bureau risque d'être plus compliquée en raison de travaux ou de changements possibles, vous ne recevrez pas toute l'attention que vous souhaitiez à la maison et/ou au travail, et vous serez soumis ainsi à beaucoup de stress. Faites contre mauvaise fortune bon cœur. Évitez de prendre sur vos épaules le poids des malheurs de tout le monde qui vous entoure. Pensez davantage à vous-même, surtout qu'il y a parmi vous de grands émotifs qui prennent en pitié quiconque a des problèmes. Si c'est votre cas, pendant cette phase, vous serez plus perméable. Il sera facile d'obtenir de vous de l'argent ou des services de toutes sortes. Demandez-vous si votre manie de toujours dire oui ne vient pas du fait que vous ayez peur de ne pas avoir d'amis, d'être rejeté.

Travail – Finances

Attendez-vous d'avoir à faire face à quelques situations plutôt complexes et longues à démêler. Et vous qui êtes très obstiné, si l'on vous impose une nouvelle manière de travailler en plus, alors là vous pourriez bien exploser. Non seulement vous ne serez pas ouvert à écouter les nouvelles consignes, mais vous risquez de vous attirer les foudres de la direction. Heureusement, dès que Mercure reprendra sa marche directe, vous comprendrez la logique derrière ces changements. D'ici là, ce sera en mettant votre orgueil de côté un certain temps que tout cela sera possible. Toutefois, il ne serait pas étonnant que la direction vous impose un stress considérable avec un certain dossier, au point de vous imposer des heures supplémentaires qui vous obligeront à négliger les vôtres et quelques activités à caractère social. Puisque vous chercherez d'abord et avant tout l'harmonie, vous ne manifesterez pas trop fort votre désaccord. Cela dit, en tant que dirigeant, patron ou travailleur autonome, énormément de préparation sera plus que nécessaire pour établir une bonne négociation, et même pendant celle-ci, le travail sera colossal. Vous devrez y investir de nombreuses heures de travail avant de pouvoir dire marché conclu ! Il sera impératif que vous ayez de bons papiers signés entre les mains avec tous les intervenants. En revanche, si vous êtes en quête d'un emploi, il sera difficile de trouver exactement ce que vous désirez. N'empêche, ce ne seront pas les offres qui manqueront. Vous voudrez peut-être qu'on vous octroie les avantages et les bénéfices des plus anciens employés, mais n'est-ce pas trop exiger ? Soyez lucide dans ce type de situation. Voir grand, c'est excellent, mais comme bien des gens, il vous faut commencer au bas de l'échelle. Quant à l'entente avec les employés, elle risque d'être rompue. En effet, vous vous retrouverez certainement coincé dans une histoire syndicale rocambolesque où les arguments de part et d'autre sembleront cohérents et pertinents, mais où le point de rencontre semblera inatteignable aussi. Vous pourriez recevoir des appuis des autorités en place ou voir des gouvernements se désister. Tâchez de mener à bien vos affaires sans eux.

Amour – Sentiments

Un peu de *cocooning* ne vous ferait pas de mal alors que vous aurez besoin d'être chez vous, de profiter de vos affaires et de vous sentir bien dans le confort de votre foyer. Le conjoint sinon le partenaire de vie ne sera peut-être pas du même avis, alors qu'il tendra à vous laisser seul à la maison. Il ne s'agira pas de commettre l'irréparable, et ce, même si certains doutes tendront à s'installer dans votre esprit. Au contraire, cette forme de rupture douce vous permettra de faire des efforts communs pour tenter de vous retrouver ainsi que chercher des solutions d'avenir à votre couple. En tant que célibataire, plutôt que de vous compliquer la vie, vous préférerez de loin rester seul, surtout si vous avez réussi à vous bâtir une certaine sécurité. Or, pourquoi perturber ce bel équilibre pour procurer une petite stimulation à votre cœur ? En fait, vous serez plus du genre à attendre que l'âme sœur, sinon votre flamme jumelle, vienne cogner à votre porte. Ce n'est absolument pas vous qui ferez les efforts pour la trouver au cours de cette période.

Famille

Si vous entrez en conflit, ce sera assez long ! Rien ne sera gagné d'avance. En cas de dispute, vous perdrez beaucoup d'énergie. Si vous êtes amoureux de quelqu'un qui a des enfants et que vous en avez vous aussi, vous pourriez vivre des réajustements, car chacun devra trouver sa place. Il vous faudra en tant que parent les rassurer chacun leur tour. Vous-même en tant que père ou mère, devrez vous situer bien clairement dans votre rôle de beau-père ou de belle-mère. Sans doute devrez-vous faire de gros effort aussi pour maintenir la paix avec l'ex. Cela dit, si vos enfants sont maintenant adultes, il sera question d'argent, de votre argent. Si vous avez un second partenaire, les enfants du plus fortuné dans votre couple risquent de faire quelques pressions afin de vous soutirer une part de vos économies. Vous ne voudrez pas de querelle, mais on vous cherchera. Pour préserver la paix, vous devrez être ferme, précis et leur donner l'heure juste au sujet de vos possessions.

Santé – Bien-être physique

Si vous avez des problèmes de maux de ventre, de dos ou d'articulations et que la médecine traditionnelle ne vous guérit pas ni ne vous soulage qu'à peine, songez à vous tourner vers l'homéopathie. Mais n'allez pas vous laisser berner en ayant à le revoir une fois par semaine pour les prochaines années. Soulignons que votre intestin risque d'être plus capricieux ou nerveux. Vous devrez faire plus attention à votre alimentation. Vous éviterez ainsi un dérèglement déplaisant. Tous les excès ou toutes inquiétudes entraveront votre digestion. Surveillez votre taux de sucre et apprenez à pardonner !

Mercure rétrograde en Sagittaire – du 13 décembre 2023 au 1er janvier 2024 – votre VIIIe maison natale

Climat général

C'est le dernier mois de l'année, un temps où la lumière commence déjà à se faire de plus en plus rare. La température fluctue, il pleut, il neige, il vente, il grêle, l'humidité met le corps à l'épreuve et c'est l'inconfort. Le ciel est gris et, dans ce pays qu'est le Canada, nous savons que nous devons une fois de plus passer à travers ce climat que l'on rend souvent responsable de nos sautes d'humeur ou de nos tristes humeurs. La majorité des natifs de votre signe auront à travailler fort et possiblement beaucoup. Il y aura également quelques transformations dans l'air ! Certaines situations pourront changer et c'est rarement ce que souhaite entendre un natif du Taureau, sauf que la vie est en mouvement perpétuel et il faudra voir cela comme une évolution. Cela dit, l'idée d'un voyage de dernière minute qui vous attend ou une destination surprise qui vous sera offerte et à laquelle vous n'aviez jamais même pensé auparavant sera plus que possible durant cette période. D'ailleurs, cette offre vous sera pratiquement offerte sur un plateau d'argent. Ce sera tout probablement votre cadeau des fêtes si vous aviez pris la peine d'en faire la demande au bon vieux père Noël. Entre-temps, vous aurez certainement beaucoup de questionnements, et l'idée de retourner aux études vous traversera sûrement l'esprit assez sérieusement. D'ailleurs, il ne serait pas surprenant non plus que vous entrepreniez certaines recherches avec beaucoup de vigueur et peut-être pourriez-vous aussi commencer vos cours dès le début de la nouvelle année. Mentionnons également que vous devriez aussi entretenir une vie sociale assez active au début de cette période. À cet effet, il est plus que possible qu'un ami sinon une connaissance ait besoin de vos bons services et que vous vous y consacriez corps et âme durant un certain temps. N'empêche, attention que l'on n'abuse de vous ou de vos bontés.

Travail – Finances

En général, il s'agit souvent du temps des bilans dans les grandes entreprises et celles-ci font régulièrement des mises à pied. Ce sera donc une situation qui pourrait vous angoisser considérablement. Heureusement, vous devriez connaître assez rapidement le dénouement de cette situation particulière qui vous sera favorable. À cet effet, il est possible que l'on puisse vous redonner un dossier que l'on vous avait retiré pour de mauvaises raisons. Puisque les bureaux sont au ralenti durant cette période, profitez-en pour effectuer des tâches importantes que vous aviez mises de côté par le passé et qui peuvent améliorer vos conditions de travail en général. Et si vous êtes dans le domaine de la vente, vous savez que bien des contrats se signent avec l'arrivée de la nouvelle année. Pourquoi ne pas user de stratégie en relançant ces personnes dès maintenant afin qu'elles fassent affaires avec vous ? Ce sera aussi un temps où il y aura moins d'activité dans les bureaux, l'entreprise pourrait bien en profiter pour revoir la décoration ou son aménagement. D'ailleurs, vous aurez probablement votre mot à dire dans tout ça. En tant que patron, directeur ou travailleur autonome, il ne serait pas surprenant que vous ayez à voyager à l'étranger, un aller-retour très rapide, pour revenir avec un gros contrat signé entre les mains. Si tel est le cas, n'allez surtout pas être surpris d'avoir à adresser de nouveau certaines clauses une fois que Mercure aura repris sa marche directe. Et si vous exercez pour une de ces méga entreprises dont les patrons ne respectent pas leurs employés, dont vous, si on vous traite comme si vous étiez un robot, si à multiples occasions on vous a dit que vous étiez facilement remplaçable, si on ne vous fait jamais un compliment ou que fréquemment on vous critique ou vous dénigre, et si vous supportez cette situation depuis de nombreuses années, vous trouverez le courage de mettre fin à cette situation. Vous aurez la force de réunir des personnes qui, comme vous, désirent évoluer dans un milieu de travail où l'être humain est respecté ! Le pire scénario serait celui où vous provoqueriez une grève avant d'avoir discuté avec les têtes dirigeantes.

Amour – Sentiments

Voilà un temps où la communication risque parfois d'être assez difficile entre vous et l'être aimé ; des changements s'imposeront. Vous devriez chercher l'amour et la passion qui doivent certainement encore exister dans votre relation, et ce sera à partir de là que vous serez en mesure d'entreprendre une vie amoureuse beaucoup plus intense et stimulante. Et qui sait, peut-être qu'un voyage ou au moins une escapade romantique pourrait tout replacer entre vous ; partez une fois seulement que Mercure aura repris sa marche en mode direct. En tant que célibataire, vous tendrez à tomber facilement en amour, à laisser entrer une nouvelle personne dans votre cœur et aussi dans votre intimité. Il n'est pas inintéressant de vivre une relation riche en intensité affective pendant la période du temps des Fêtes cependant, il ne faudra pas trop fonder d'attentes envers celle-ci ; justement, vous finirez par percevoir que cette personne a une attitude de profiteur par moments.

Famille

Voilà une période où vous pourriez éprouver un peu de difficulté à respecter votre budget pour ce qui est des cadeaux de Noël; vos proches sont trop importants pour que vous les négligiez. D'ailleurs, vous réussirez à les impressionner. Il ne suffira que de vous laisser guider par vos intuitions et vos inspirations. Inutile de faire tout à la course, vous arriverez en même temps que tout le monde à Noël. Toutefois, il est possible de ressentir une forme d'angoisse continuelle jusqu'à ce que cette période prenne fin. Cela étant dit, il sera avisé de rester en dehors des problèmes familiaux qui se présenteront. Et n'allez pas accorder votre confiance non plus à ce parent ou ce membre de la famille qui se fait toujours persuasif, mais qui vous a constamment inspiré le doute. Il n'a pas changé, même quand il jurera qu'il n'est plus la personne que vous avez connue. Entre-temps, il n'est pas impossible que vous assistiez au départ du nid familial de l'un de vos enfants ou l'inverse, le retour au bercail de l'enfant prodigue. Néanmoins, attention, drame familial ou conflits possibles.

Santé – Bien-être physique

Voilà un temps où vous aurez grandement besoin de vous sentir bien dans votre peau. D'ailleurs, profitez-en pour mises sur cette période rétrograde pour amorcer un régime ou même encore que faire faire votre bilan médical annuel. Cela étant dit, soyez avisé qu'au cours de cette phase rétrograde, votre patience risque d'être plus mise à rude épreuve. Quoi qu'il en soit, n'allez pas vous laisser envahir par tous ces problèmes. Bien au contraire, gardez votre optimisme alors que tout va se tasser éventuellement, et pour le meilleur.

LA PHASE RÉTROGRADE DE VÉNUS POUR 2023

Vénus rétrograde en Lion – du 22 juillet au 3 septembre 2023 – votre IVe maison natale

Climat général

Les amis chers et la famille vont faire un retour cérémonial dans votre vie. Si des sentiments enfouis remontent à la surface, votre mission sera d'honorer chacun d'entre eux et d'y travailler au lieu de les balayer à nouveau sous le tapis. La sagesse de votre cœur mérite un vote égal à celui de la voix logique dans votre tête. Ce n'est pas facile de plaire à tout le monde, surtout simultanément. Le temps est venu de réviser vos positions;

et si vous n'y prenez garde, vous allez à nouveau vous laisser envahir. Redéfinissez vos limites et assurez-vous qu'on les respecte. Au besoin, soyez ferme. Tant pis pour ceux qui seront froissés et qui croiront que tout leur est dû. Cependant, n'allez pas refuser les invitations qu'on vous lancera, elles vous permettront de vous aérer l'esprit et même de vous amuser ferme. Or, des moments de joie seront entrecoupés de déceptions. Non seulement les six prochaines semaines seront en dents de scie, mais ce qui semble coulé dans le béton une journée menacera de s'écrouler le lendemain. Pas facile de composer avec des personnes qui changeront constamment d'idée ou d'humeur. Faites-vous une carapace, profitez du positif et ne vous laissez pas démolir par le reste, bientôt ça ira mieux. Entre-temps, les tensions ont toutes les chances d'être grandes et par moments, vous ne saurez plus à quel saint vous vouer; essayez de rester calme, après tout, ce ne sera que temporaire. N'empêche, attendez-vous à des hauts et bas! Certains vous adoreront tandis que d'autres se comporteront de manière bien décevante. Envoyez donc promener les ingrats, les profiteurs, les égoïstes et les éternels insatisfaits. Vous n'avez plus de temps à perdre avec eux... Ce serait bien plus amusant de vous concentrer sur ceux qui vous traitent avec les égards que vous méritez.

Travail – Finances

Voilà qui risque de vous valoir des déceptions possibles. Attendez-vous à certains obstacles probables en affaires. Les efforts déployés en vue d'améliorer votre situation professionnelle ou financière commenceront à porter leurs fruits bien plus après la fête du Travail. D'ici là, inutile de vous cantonner dans ce qui stagne. Au contraire, n'ayez pas peur d'embrasser des activités différentes de celles que vous faisiez auparavant, vous vous en féliciterez. Dans un même temps, la remontée financière s'accentuera. Vous pourrez même taquiner la chance. Entre-temps, n'hésitez pas à vous y reprendre deux fois, car les projets qui ne fonctionneront pas du premier coup pourraient très bien aboutir un peu plus tard. Votre motivation au travail finira par donner des résultats.

Amour – Sentiments

Voilà qui pourrait ralentir grandement les choses en ce qui concerne vos relations proches. L'ambiance sera plus lourde, les prises de bec ainsi que les déceptions se multiplieront, sans compter que les problèmes des autres auront des répercussions sur vous, et vous trouverez que ça fait beaucoup en même temps. Le moment est venu de dire ce que vous avez sur le cœur et de régler tout ce qui accrochait avec votre chéri ou votre entourage. La douceur de vos propos, combinée à la logique de vos arguments, fera en sorte que tout le monde se rangera de votre côté. Cela dit, si vous êtes dans une relation qui traîne de la patte, ne faites rien d'irréfléchi, car vous pourriez très bien changer d'avis dès le tout début de septembre. D'ici là, ne refusez pas les invitations qu'on vous lancera, elles vous permettront de vous aérer l'esprit et de vous amuser. Il n'en demeure pas moins que vos plans risquent d'être contrariés et possiblement que l'amoureux ne voudra plus ce que vous vouliez. Votre chéri aura besoin de s'éloigner pour se retrouver avec lui-même, ce qui risque de vous choquer, mais essayez d'être compréhensif. Quant aux célibataires, Vénus en mode rétrograde vous rappellera que les semblables s'attirent. Pour attirer un partenaire sensible aux émotions, vous devez être à l'écoute de votre propre fonctionnement intérieur. En honorant votre moi sensible, vos relations existantes s'amélioreront également. En résumé : il n'est pas frivole de ressentir ! Quoi qu'il en soit, soyez avisé que le moment sera mal choisi pour tenir un mariage de même que partir en lune de miel, et encore moins pour acheter votre robe de mariée ou votre complet ainsi qu'arrêter votre choix sur votre gâteau de noces et vouloir réserver votre salle de réception.

Famille

Cupidon qui plane sur vos réunions de famille et vos barbecues, voilà que des restrictions imprévues pourraient interdire certaines libertés et, par conséquent, l'affection et les rencontres pourraient être mises en veilleuse. L'amélioration de votre foyer dans le grand style risque de mettre à mal vos finances, mais votre insistance sur le confort et la qualité à long terme l'emporteront haut-la-main sur la gastronomie et les vacances de luxe. Il sera important pour vous d'offrir à votre famille le meilleur de ce que l'argent peut acheter. Idéalement, mettez en place votre plan à suivre. De plus, l'attention aux détails et un plan de paiement seront nécessaires pour atteindre les résultats souhaités. Heureusement que votre sens des affaires se manifestera.

Santé – Bien-être physique

La pression et les responsabilités supplémentaires tendront à augmenter votre niveau de stress et vous laisseront un sentiment d'épuisement. Heureusement que le moral sera au beau fixe. Les activités sociales vous feront oublier votre lourde charge de travail. Une fête spontanée pourrait vous renvoyer à votre habitude de vous faire plaisir, mais voilà que cette fois-ci, votre retenue restera intacte.

LA PHASE RÉTROGRADE DE MARS POUR 2023

Mars rétrograde en Gémeaux – du 30 octobre 2022 au 12 janvier 2023 – votre IIe maison natale

Climat général

Voilà une période où plus que jamais vous serez en mesure de manipuler les facteurs matériels et financiers. Cela étant dit, vous ne serez pas à l'abri que des frustrations d'argent se fassent sentir. À cet effet, Mars en mode rétrograde sera loin de servir vos intérêts, puisque toute impulsivité ou toute action irréfléchie pourra se retourner contre vous. Ne prenez donc pas de risques avec vos sous et n'allez surtout pas signer quoi que ce soit sans garanties sérieuses. Sans contredit, vos finances risquent d'être mises à rude épreuve et vous risquez d'être mécontent à propos de vos revenus, sinon du soutien émotionnel que vous recevrez. Malgré tout ce qui se tramera dans votre vie, vous aurez tendance à ressentir au plus profond de vous-même que la vie est injuste à votre égard et que vous ne méritez pas un tel sort. Cela explique peut-être pourquoi vous serez plus porté à dire tout haut ce que vous pensez réellement et même à blesser ainsi qu'à humilier quelques egos au passage. En réalité, vous ne chercherez qu'à défendre vos idées, vos points de vue ou toutes les raisons derrière celles-ci qui vous ont motivé à agir, à penser, de même qu'à écrire ainsi. Vous auriez intérêt à utiliser votre influence sur les autres avec justesse, sinon vous pourriez vous retrouver assez vite contrecarré par les autres.

Travail – Finances

Le climat de travail sera plus difficile et ce ne sera pas facile non plus de se parler les uns aux autres, puisque les gens seront plus portés à se manquer de respect et à être impolis. S'il y a des bagarreurs autour de vous, évitez d'être pris à témoin et éloignez-vous de ceux qui n'aiment pas ce qu'ils font et/ou qui critiquent constamment les décisions de l'entreprise qui les fait vivre étant donné qu'il est possible que vous vous retrouviez au centre d'une mésentente professionnelle. Le fauteur de ce trouble sera probablement une femme en position de pouvoir ou une employée qui s'arrogera tous les droits et pouvoirs sans y avoir été invitée. Profitez de cette expérience pour vous mettre en valeur et pour démontrer que cette personne a tout simplement tort et que ses préjugées n'ont pas leur place au sein de l'équipe. Très certainement, son intransigeance et ses manigances lui vaudront les réprimandes de ses supérieurs, mais il est possible aussi qu'elle puisse se faire carrément mettre à la porte, ou est-ce vous qui déciderez de quitter pour une autre entreprise. Quoi qu'il en soit, vous aurez à vous adapter aux événements qui risquent de bouleverser vos projets, mais aussi le développement possible d'affaires ainsi que la structure de l'entreprise pour laquelle vous travaillez. Parlant de structure, il est très possible que l'entreprise qui retient vos services connaisse un déracinement imposé et/ou obligé par la force des événements. Ce sera une période où la compétition sera plus féroce et n'allez pas être surpris non plus qu'un concurrent cherche à vous détrôner ou *vice-versa*, ce sera vous l'instigateur. Cela dit, puisque ce sera une période où il sera avisé de retarder toute dépense, si un de vos appareils ou votre véhicule vous fait défaut, veuillez solliciter une deuxième opinion. Faites tout en votre pouvoir pour faire des économies et d'en faire une priorité. Assurez-vous également que vos comptes soient payés avant leur date d'échéance. Au risque de me répéter, faites des économies et contentez-vous de ce que vous avez en main. Même à défaut de cette recommandation, tout suggère que vous serez quand même porté à dépenser davantage, et cela ira de soi, bien entendu, si vous êtes acheteur de métier. N'empêche, évitez de déroger de votre budget puisque ce sera beaucoup mieux ainsi pour minimiser de vous causer des ennuis financiers additionnels ou inutiles. En dépit que les rentrées d'argent risquent de se faire plus rares, il est possible qu'impulsivement vous soyez porté à fouiller dans vos économies ou, du moins, vous serez tenté de le faire pour ainsi contrer les temps difficiles. Cependant, il vaudrait mieux vous contrôler et apprendre à vous passer du surplus, puisque vous réaliserez que ce n'était que du superflu au bout du compte. Soyez également avisé que le temps ne se prêtera pas aussi bien pour soumettre votre demande d'augmentation de salaire ni pour faire des investissements. Et si vous faites un retour aux études, vous pourriez éprouver davantage des difficultés importantes d'adaptation, possiblement parce que l'enseignement reçu ne sera pas adéquat ou que le professeur ne se montrera pas à la hauteur de vos attentes. Son incompétence à bien transmettre la matière et/ou l'enseignement vous fera bailler d'ennui. Et si vous jouez un rôle de conciliateur, vous aurez davantage de difficultés à représenter et à défendre les intérêts d'un groupe de travailleurs ou ceux de votre communauté. La location d'un bien immobilier ou une activité professionnelle indépendante aura toutes les chances aussi de rencontrer d'importants retards. C'est juste une période de réorganisation et de vérification de tout programme financier. Or, une idée qui devait apporter une ressource financière devra possiblement être revue. Entre-temps, il sera important de comprendre que la façon dont vous vous occupez de vos ressources financières rejaillira sur votre confiance en vous.

Amour – Sentiments

Vous pourriez vous sentir peu aimé ou pas apprécié à votre juste valeur par vos amis, sinon par l'être aimé. Vous pourriez être aussi sous l'impression que votre partenaire ne veille pas aussi bien à votre confort ou qu'il ou elle se refuse de dépenser un sou pour vous ni même pour la maison, même si une réparation s'avérait nécessaire. En dépit de cette impression, lorsque viendra le moment d'offrir un cadeau, gardez cela raisonnable ; c'est l'intention qui comptera et non la valeur de ce dernier. Quant aux célibataires, ils pourraient se passer un événement important en ce qui concerne vos amours. Quelqu'un pourrait possiblement s'enflammer pour vous, mais à ne pas vous y méprendre, sinon s'imaginera-t-on que vous cherchez à séduire à tout prix. Évitez toute passade amoureuse avec le patron ou un collègue. Parlant de collègues, l'un de ceux-ci pourrait se trouver aux prises avec des problèmes d'ordre amoureux.

Famille

Non seulement l'ambiance familiale risque d'être plutôt lugubre et oppressive, ce sera aussi un temps où l'on pourra davantage vous tenir pour acquis, sinon on s'attendra à l'impossible de votre part. Ce sera aussi un temps où vos relations pourront être plus déstabilisées par certains membres de votre clan familial, tels un frère, une sœur un parent proche, ou avec un de vos enfants. À cet effet, un jeune adolescent surtout pourrait se retrouver dans une situation difficile alors qu'il n'acceptera pas facilement la discipline et aura tendance à semer le trouble partout où il ira. Il est possible aussi qu'il ou elle s'adapte mal à son environnement scolaire pour toutes sortes de raisons. Du coup, vous n'aurez d'autre choix que de prendre les choses en main pour mieux éviter qu'il ou elle ne se détériore davantage. Il en sera de même en ce qui a trait à tout changement que vous souhaiteriez apporter à la maison alors qu'il prendra plus de temps à se mettre en place, mais attendez-vous également à des retards possibles. Quant à votre quartier, un voisin pourrait vous donner du fil à retordre suivant ses mauvaises habitudes de vie, sinon il est tout à fait possible que l'un de vos voisins se plaigne de tout et de rien à votre endroit et ne se gêne pas pour vous le faire savoir, et pas toujours de jolie manière. En plus de chercher la bête noire, il tendra à jouer sur vos nerfs avec ses interdits et ses remontrances à outrance. Inutile de chercher à vous faire justice non plus puisque vous ne feriez qu'envenimer les choses. Consultez au besoin un avocat pour connaître vos droits.

Santé – Bien-être physique

Vous risquez d'éprouver plus d'ennuis à renouveler votre énergie alors que l'angoisse, la peur ou l'inquiétude seront les sources principales de vos malaises d'estomac et de digestion. Évitez les excitants, au risque d'aggraver votre état. Attention également à la posologie du médicament prescrit. Cycle peu propice aux opérations, aux thérapies et pour entreprendre un régime.

L'ÉCLIPSE SOLAIRE ANNULAIRE DU 14 OCTOBRE EN BALANCE – VOTRE VI[E] MAISON NATALE

Secteur de votre thème où vous prenez soin de votre santé, où vous organisez votre vie et où vous établissez une routine quotidienne, c'est également l'endroit où vous perfectionnez vos compétences et ajoutez du poli à votre vie. Les tâches que vous effectuez chaque jour, les compétences que vous apprenez et les techniques que vous utilisez relèvent de cette maison astrologique. Si quelque chose ne fonctionne pas dans votre vie, l'éclipse est sûre de le mettre en lumière. Or, si vous avez négligé votre santé, votre régime alimentaire et votre forme physique, vous risquez d'en payer probablement les conséquences pendant une éclipse. Ou bien vous pourriez être confronté à un travail qui demandera beaucoup d'organisation dans votre routine et d'efforts constants, plutôt que des capacités créatives. Vous pourriez également être amené à rendre des services à d'autres personnes. Cela étant dit, cette éclipse solaire annulaire en Balance ne vous concerne pas, à moins d'avoir l'ascendant dans ce signe ou en Cancer, en Bélier ou en Capricorne. Autrement, vous conserverez la forme et pourrez aider les personnes de signes touchés à traverser cette période moins favorable à la santé physique. N'empêche, n'allez pas prendre non plus des risques inutilement; ménagez votre monture et prenez les précautions nécessaires pour ne pas contracter une infection. Sur le plan intellectuel, il se peut que sous l'influence de l'éclipse, cela puisse se traduire par des oublis que vous ne vous pardonnerez pas ou une diminution de votre concentration. Surveillez également votre dos. Des douleurs au cou vous feront prendre conscience de vos tensions.

P.-S. Vous êtes encouragé à prendre connaissance de tout ce qui est écrit au chapitre intitulé « Les Éclipses de 2023 » pour mieux vous familiariser avec toutes les mises en garde à respecter lors de toutes les éclipses.

LES POSITIONS LUNAIRES ET VOUS

À la fin du livre, vous trouverez le tableau des positions lunaires pour chaque jour de l'année 2023. Pour mieux tirer profit de la Lune au quotidien et connaître le rôle qu'elle jouera sur vos humeurs, lesquelles vont influer sur votre jugement et sur vos actes, référez-vous au chapitre intitulé « Méthode d'interprétation du calendrier des Lunes ».

Les divers passages de la Lune ne sont jamais neutres. S'il y a des moments pour l'action quand la Lune est néfaste, s'il faut prendre du recul quand elle ne l'est pas, les autres journées représentent, la plupart du temps, un mouvement vital plus lent. En général, quand la Lune passe en Taureau, en Vierge, en Capricorne, en Cancer et en Poissons, vous êtes en forme, vous êtes à votre meilleur. Ces énergies, surtout celles du Taureau et de la Vierge, du Capricorne et du Cancer, vous placent en position de force. Là où vous devriez être prudent et où il serait préférable de prendre du recul, c'est surtout lorsque la Lune se trouve en Bélier, en Lion, en Scorpion et en Verseau. Les Lunes en Gémeaux, en Balance et en Sagittaire sont neutres par rapport à votre signe. Veuillez mettre à profit ces jours-là pour ce qui est routinier et renversez la vapeur en usant de charme et de persuasion. La flexibilité et la tolérance valent mieux que la rigueur : vous n'obtiendrez rien par la force et vous serez sujet à la critique. Soyez discret, on apprécie cette qualité de votre part.

♊

Gémeaux

21 mai au 21 juin

LES DIFFÉRENTS ASPECTS DE VOTRE PERSONNALITÉ

Gémeaux – masculin, double, air

Vous êtes une personne reconnue pour sa dualité et son amour pour les nouvelles expériences, sans compter que vous faites partie de ces gens qui changent souvent d'idée.

En tant que Gémeaux, vous manifestez en général au moins deux côtés distincts de votre personnalité : d'une part, amovible et inconstant, et d'autre part, volage. Pas surprenant que vos champs d'intérêt soient variés. Aussi curieux que vous puissiez être de nature, vous ne connaissez que très peu de choses sur maints sujets. Il n'en reste pas moins que votre intelligence est remarquable et tout autant que votre l'esprit. Cependant, méfiez-vous alors que l'éparpillement vous guette !

Communicateur-né, il ne serait pas surprenant que vous travailliez dans un domaine qui implique de parler, d'écrire, de gesticuler ou de travailler dans un secteur qui exige une coordination de vos yeux et de vos mains.

Signe d'air par excellence et Mercure étant votre planète maîtresse, celle qui régit les déplacements de courte distance, non seulement vous en bougez de l'air, mais vous avez aussi cette facilité à vous mouvoir aisément d'un environnement à un autre en un temps record alors que vous possédez un sens de l'orientation comme pas un. Vous êtes partout à la fois et vous ne voulez rien manquer.

CE QUI VOUS DIFFÉRENCIE DES AUTRES NATIFS DE VOTRE SIGNE

En tant que natif du 1er décan (du 21 mai au 1er juin), vous êtes sous la tutelle de Mercure alors que votre décan est gouverné par Jupiter. Voilà qui explique votre dose supplémentaire de loquacité, d'agitation ainsi qu'une immense curiosité insatiable, sans compter non plus que vous avez un esprit actif et une nature inquiète.

Confiant, expressif et convivial, vous êtes une personne à la recherche de vérité et de justice. Cependant, il y a un danger que vous surinvestissiez votre temps et votre énergie. Pour mieux éviter tout cela, il sera suggéré de vous concentrer sur une seule chose à la fois.

Mercure, qui gouverne votre signe solaire, fait de vous quelqu'un qui est vif d'esprit, rapide sur ses patins, expressif et polyvalent. Vous avez aussi la chance de conserver une apparence jeune pour la vie.

Dans la vie, vous pourrez faire des pas significatifs si vous mettez à profit toute la puissance de votre cerveau. Votre talent de bon communicateur pourra vous mener au succès. C'est d'ailleurs sous votre décan qu'on retrouve le plus d'écrivains, d'enseignants et d'éditeurs. Vous pourrez tout aussi bien exceller dans les relations publiques que dans les communications.

Attiré par le changement et l'imprévu, en destinée, il est probable que vous tiendrez un double emploi et que vous mènerez de front deux métiers ; deux carrières se succéderont, aussi réussies l'une que l'autre.

Diplomate-né, intelligent, astucieux, logique, sociable et quelqu'un qui a de grandes compétences verbales, votre vivacité d'esprit sera un atout majeur qui vous permettra de briller dans de nombreux domaines à la fois alors que les personnes près de vous se trouveront stimulées par votre énergie.

Aussi perfectionniste que vous soyez, vous êtes également porté parfois à ignorer des choses qui vous semblent insignifiantes alors qu'à d'autres moments, vous pouvez tout autant fermer les yeux sur des choses nouvelles et intéressantes.

Curieux de tout, mais pas pour trop longtemps, les idées tendent à se bousculer en vous. Vous emmagasinez les connaissances à vive allure dans tous les domaines et vous êtes particulièrement pointu sur celles qui vous intéressent vraiment. La vie pour vous ne peut se concevoir que dans le mouvement, la vitesse et en relation avec les autres.

Vous vivez tellement dans votre esprit que vous tendez à négliger parfois vos besoins émotionnels et physiques. En tant que natif du Gémeaux, pour vous l'amour débute au niveau mental. Ce qui explique pourquoi vous vous blasez vite et plus encore si votre partenaire de vie ne sait pas vous tenir mentalement excité. Cette personne devra être intelligente, savoir vous amuser et être amusante, et ne pas dépendre de vous pour du soutien émotionnel. Même si vous avez du mal à exprimer tout ce qui vous anime intérieurement, vous faites partie de ces personnes qui ont tout de même besoin de beaucoup d'amour dans la vie, ce que je vous souhaite à profusion.

En tant que natif du 2e décan (du 2 au 11 juin), vous êtes toujours sous la tutelle de Mercure, mais votre décan est régi par Mars. Vénus y joue également un rôle clé pour faire suite à la Triplicité d'Air qu'est votre signe solaire. Cela fait de vous une personne pragmatique, remplie d'idées concrètes, au raisonnement logique et implacable.

Non seulement vous aimez l'action, mais vous allez dans la vie avec une confiance en vous et c'est possiblement ce qui fait la clé de votre succès. Il est tout aussi vrai de dire que votre manque de recul est largement compensé par une intuition fine et une belle intelligence.

En ce qui a trait à Vénus, vous êtes non seulement pétillant, mais également des plus chaleureux. Cette planète fait de vous quelqu'un d'intelligent qui a une appréciation pour les arts. Prodigue et diplomate, vous avez de belles manières raffinées et vous savez vous adapter à toute occasion et toute classe de gens. Habile travailleur au tempérament audacieux et tout aussi compétitif, votre enthousiasme, vos perspectives agréables et charmantes ne laissent personne indifférent.

L'influence de Vénus fait de vous quelqu'un d'attrayant; on admire votre gentillesse et votre attitude positive. Voilà qui va concourir à ce que vous puissiez exceller dans de nombreuses professions, telles que la vente de bijoux et/ou leur conception, la mode, la cosmétologie ou l'immobilier. Vous avez aussi des affinités pour la musique, pour le design. Vous avez aussi l'art de la parole et le sens inné de l'écriture; vous pourrez réussir de façon remarquable et plus si vous obéissez à la loi de votre conscience.

Bien que vous soyez un éternel romantique, vous avez tendance à aborder toutes les questions sentimentales sous un angle intellectuel. On ne peut vous faire changer d'idée facilement, sauf si le changement est votre idée initiale. Il est primordial que vous misiez sur l'équilibre dans tous les secteurs de votre vie. Évitez de prendre trop d'obligations en même temps.

Doté d'une mobilité d'esprit sans pareil et capable d'une grande loyauté, vous êtes le plus romantique et le plus coopératif des autres décans de votre signe ; par contre, vous avez besoin de fréquentes stimulations mentales pour prévenir l'ennui.

Côté cœur, on vous reproche souvent un certain égocentrisme et un côté séducteur. Conquérant de nature, ne soyez pas trop prompt à devenir intime avec les autres. Il n'en reste pas moins que lorsque vous voulez quelque chose ou quelqu'un, rien ne peut vous arrêter. Charmant causeur, vêtu à dernière mode, si vous vous mariez, veuillez choisir un compagnon de vie qui est loyal, qui estime votre joie de vivre et qui peut vous offrir une vie familiale paisible.

En tant que natif du 3e décan (du 12 au 21 juin), Mercure est votre planète maîtresse alors que votre décan, lui, est gouverné par le Soleil. À vous regarder, vous donnez l'impression d'être sûr de vous-même et prêt à tout.

Uranus, étant particulièrement important dans votre thème natal, puisque la Triplicité d'Air de votre signe solaire est sous sa gouvernance, Saturne y joue également un rôle clé suivant que cette planète est exaltée au signe du Verseau, et c'est Uranus qui a la maîtrise de ce signe. Ce duo d'énergie fait de vous une personne qui a un caractère unique, bien trempé et agrémenté d'un grain de bon sens que d'autres peuvent ne pas s'attendre à trouver chez vous.

Pionnier de nature, vous vous concentrez sur l'avenir. Plus que tout, vous aimez vivre selon vos propres règles qui sont en conflit parfois avec les règles de la société.

Doté d'une intelligence vive qui frise parfois le génie, vous pourrez faire des pas significatifs dans la vie si vous prônez l'éducation et les activités mentales, tout en interagissant aussi avec les gens avisés. Profitez-en pour nourrir le côté spirituel de votre nature à travers des activités tranquilles, puisque cela vous est salutaire.

Puisque Uranus joue un rôle clé en ce qui concerne votre décan, voilà qui fait de vous un natif inventif comparativement aux autres décans de votre signe. Rebelle dans l'âme, vous faites parfois des choses excentriques si ce n'est que pour choquer ou satisfaire votre besoin d'excitation. Cependant, si vous n'y prenez pas garde, ces actions démesurées risquent de vous occasionner maints ennuis. La meilleure façon de réussir et d'exceller dans la vie est de diriger votre énergie et votre intelligence dans des activités créatives et constructives.

Étant plus nerveux et plus anxieux que ceux des autres décans, votre processus de pensée est rapide et vous vous ennuyez facilement. Fort heureusement que vous discernez aussitôt une idée nouvelle ou originale pour occuper votre esprit.

Les voyages, les communications rapides et les écrits tiendront une place de choix dans votre vie. Si vous décidez de faire carrière dans l'une de ces branches, votre succès sera assuré.

Puisque votre décan est sous la protection du Soleil, ce qui fait de vous le plus fort, mais également le plus orgueilleux, votre bon esprit, votre imagination active et votre attitude autoritaire peuvent vous aider à bien réussir dans la vie. Dans le but de mieux maximiser votre plein potentiel, vous devrez absolument vous discipliner.

Il ira de votre intérêt de faire des choix pratiques et éclairés, surtout lorsque le sexe et/ou l'argent seront mis en cause, sinon toute action imprudente risque de vous occasionner de nombreux problèmes.

Maniant l'art de plaire, côté cœur, votre grosse difficulté est de vous engager. Vous avez besoin de liberté et d'autonomie. Si vous vous liez, tant pour le meilleur que pour le pire, vous tiendrez parole au prix de gros efforts ou suivant la sévérité des clauses de votre contrat de mariage. Veuillez donc viser haut lors du choix d'un partenaire. Modérer votre orgueil ne vous ferait pas de tort non plus. Descendez de votre piédestal et apprenez à cultiver un peu plus d'humilité.

Si quelqu'un veut gagner votre cœur et garder votre amour, il devra incessamment répondre à votre immense besoin de tendresse et de démonstrations chaleureuses. Cependant, vos désirs risquent de demeurer inassouvis à cause de votre côté prétentieux et impétueux.

CE QUE LES ASTRES VOUS RÉSERVENT EN 2023

Jupiter en Bélier – du 20 décembre 2022 au 16 mai 2023 – votre XIe maison natale

Jupiter est fondamentalement une planète qui se déplace lentement. Elle a tendance à rester dans un signe et une maison pendant une année entière. Mais en 2023, elle se déplace exceptionnellement vite – elle traverse en fait deux signes et maisons. Elle commence l'année en Bélier, votre XIe maison. Puis elle se déplacera en Taureau, votre XIIe maison, pour le reste de l'année et plus encore, soit jusqu'au 25 mai 2024. Tout ceci est très inhabituel et nous donne des messages importants. Jupiter en Bélier peut vous aider à transformer votre vision à long terme en réalité, mais pour cela, vous devrez vous entourer du bon type de personnes. Même si vous n'êtes pas un papillon social, pendant que Jupiter sera en Bélier, vous vous mettrez en réseau plus que d'habitude et vous rejoindrez de nouveaux groupes et communautés en fonction de vos intérêts. Plus encore, cela montre que vous fréquenterez beaucoup, que vous côtoierez différents types de personnes dans différents types de situations. Veuillez considérer le transit en Bélier comme une période où la chance et les opportunités se présenteront à vous dans les domaines sur lesquels vous vous concentrez. L'astuce sera de vous concentrer sur ce que vous voulez, plutôt que sur le manque de ce que vous voulez. Ce transit élargit plus précisément vos espoirs et vos rêves. En suivant la synchronicité pendant ce cycle, votre vision du monde s'élargira, ce qui pourrait vous amener à repenser ce que vous aimeriez faire avec votre carrière et tous les autres domaines de votre vie. Cela étant dit, la carrière sera toujours importante et fructueuse en 2023, mais pas aussi importante que l'année précédente.

Quant à vos affaires, vous pourrez faire d'étonnantes prouesses, surtout durant les cinq premiers mois de l'année. De nouveaux contrats, une plus grande affluence à votre commerce ou un emploi qui répond davantage à votre goût vous permettra d'augmenter sensiblement vos revenus. Des projets à long terme ou encore un gros investissement sera aussi dans l'air. Et ceux qui travaillent ou qui se cherchent un emploi jouiront aussi d'excellentes opportunités. Peu importe votre domaine, vos activités seront plus stimulantes et vous élargirez vos horizons. Plusieurs opteront pour un retour aux études ou une formation spécialisée. Quant aux commerçants, ils verront leur chiffre d'affaires augmenter alors que les autres obtiendront davantage de latitude avec leur budget. Vous aurez même d'importantes chances dans les jeux de hasard ! Période propice également pour les transactions, les investissements et les voyages. Les voyages faits à l'étranger seront certainement une possibilité majeure, en particulier au mois de mars (Vénus rejoindra Jupiter en Bélier). Vous aurez l'occasion aussi de vous mêler à des collègues professionnels ou à des personnes influentes qui pourront vous aider à prospérer, surtout que vous serez assez populaire dans certains cercles, alors exploitez cela en établissant des relations de travail utiles. Puisque vous pourrez à présent obtenir le soutien de personnes qui font bouger les choses dans votre domaine et prendre la direction d'un groupe, vous ne pourrez choisir meilleure période aussi pour mettre en action certaines des idées formulées par le passé. Vous aurez beaucoup d'aide de la part de vos amis. Il n'y aura pas beaucoup de temps pour la créativité en solo ; profitez plutôt des opportunités qui vous seront offertes par le biais des groupes. C'est le temps pour faire équipe, de venir en aide à votre parti que de vous trouver un nouveau public pour vos multiples talents et habiletés. Aussi, les augmentations de salaire, les promotions et les honneurs ont toutes les chances d'être encore au rendez-vous jusqu'à la mi-mai si vous n'avez pas encore reçu ces choses. Mais c'est surtout dans votre vie sociale – vos amitiés – que l'action se déroulera.

Pour ce qui est de vos amours, vous continuerez de bénéficier d'un fort courant de chance au cours duquel vous pourrez réparer des erreurs commises que regagner ce que vous avez perdu, et vous serez également dans un cycle de grande popularité où vous pourrez renouer avec vos amis et vous en faire de nouveaux. Le *timing* sera idéal aussi pour vous consacrer à vos amours que vous avez, il faut l'avouer, passablement négligées. Ceux qui souhaitent améliorer leur relation avec leur partenaire pourront tirer profit des cinq premiers mois de l'année pour le faire aisément ; le dialogue sera plus coulant et vous parviendrez à consolider votre union. De plus, étant donné que vos besoins en amour et vos goûts changent relativement vite, il est possible que le mariage ait pu facilement se produire l'année dernière (et le divorce aussi) et pourrait encore à ce jour se reproduire pendant les cinq premiers mois de l'année. Cependant, je préfère la seconde partie de 2024 pour le mariage, surtout si vous êtes célibataire et que vous travaillez pour votre premier mariage. Quant aux célibataires, vous aurez l'occasion de faire quelques rencontres intéressantes ; l'une d'entre elles pourrait se révéler déterminante, d'autant plus si elle est nouée avant la mi-mai. Cependant, lorsque Jupiter traverse le signe du Bélier, vous voulez l'amitié avec l'être aimé. Vous voulez une relation d'égal à égal. Et vous saurez instantanément si une personne est faite pour vous ou non. Encore une fois, c'est excitant, mais vous pourriez être porté à vous lancer trop rapidement dans des relations sérieuses. Heureusement qu'après la fête des mères, vous deviendrez plus conservateur en amour. Plus prudent! Vous voudrez donner plus de temps à l'amour pour se développer ; énormément de plaisir vous attend avec vos amis, anciens et nouveaux. Votre vie sociale sera pétillante et vous reprendrez goût aux sorties et aux festivités. Voilà qui est donc très prometteur!

En ce qui a trait à votre santé, avec les aspects planétaires qui prévaudront tout au long de l'année, vous ne pouvez pas vous permettre de tenir votre santé pour acquise. Vous qui, de nature, êtes un peu négligent, avez tout intérêt à vous rebrancher sur vous-même, sur vos véritables besoins. Et si vous faites attention à vous, l'année se déroulera sans heurts. Moralement, vous saurez conserver votre belle solidité.

Jupiter en Taureau – du 16 mai 2023 au 25 mai 2024 – votre XIIe maison natale

Voilà un temps où vous aurez parfois davantage du mal à faire la part des choses. Si vous prenez garde aux erreurs de jugements, vous pourrez avancer sans difficulté ; par contre, si vous vous croyez invincible, vous risquez d'avoir des ennuis. De la mi-mai à la fin de l'année, vous vous retrouverez dans une sorte de creux de la vague, où vous remettrez bien des choses en question. Rien de vraiment significatif pour ce qui est des événements, puisque vous pourriez même bénéficier d'un filon de chance ; disons que c'est plutôt de l'intérieur de vous que ça se passera. Et puis, vous allez redevenir vous-même et vous aurez à nouveau envie de faire des plans pour l'avenir. Mais d'ici là, vous aurez plus que votre lot de déceptions, de chagrins et de difficultés. Il est à espérer que vous aurez profité des cinq premiers mois de l'année pour faire table rase des problèmes, afin de repartir du bon pied dès votre prochain anniversaire en 2024, alors que ça marque le début d'une ère de chance. Vos buts deviendront alors plus accessibles et vous serez en mesure de vous organiser une existence que beaucoup envieront. De plus, le transit en Taureau, qui durera jusqu'au 25 mai 2024, aura aussi un effet expansif sur votre inconscient personnel. Vous aurez un meilleur accès à la signification de vos rêves, aux problèmes enfouis depuis longtemps ainsi qu'à tout ce qui se trouve à l'intérieur. Ce sera une période de croissance intérieure.

Quant à vos affaires, dès votre anniversaire, vous entrerez dans une période de préparatifs. Les idées foisonneront et vous penserez à long terme. Cela n'interdit pas l'action comme telle ni le sens de l'initiative, mais vous êtes invité à réfléchir avant tout engagement. Alors que vous serez dans une période de préparation, le temps sera bien choisi pour travailler en coulisse sur vos projets, en secret, et c'est bien qu'il en soit ainsi. Mais bien que vous puissiez travailler en sourdine sur certains projets, vous serez toutefois tenté d'en parler à certaines gens. Attention de vous adresser à un bavard, à un envieux ou à quelqu'un qui voudra un morceau du gâteau ; sinon, d'autres amis des membres de votre famille seront intéressés à s'y joindre. Et l'idée que vous puissiez aussi vous trouver un autre chemin de vie, d'autres voies d'accès vers le succès et la satisfaction d'être et de faire, sera tout aussi possible.

Pour ce qui est de vos amours, attention de trop vous amouracher d'une personne qui n'en vaut pas la peine. Cela dit, un de vos enfants pourrait souffrir d'un mal chronique : asthme, allergie alimentaire ou encore la maladie pourrait survenir sans avertissement. Sinon, le comportement d'un enfant pourrait changer rapidement, de l'exaltation à la déprime, de l'excitation à la tristesse, de la douceur à la violence, de la bonté à la méchanceté, en un temps record. Or, ne tardez pas à consulter. Si tel n'est pas le cas, un de vos enfants pourrait s'habiller d'une manière voyante, écouter de la musique qui vous fait mal aux oreilles, refuser de nettoyer sa chambre, de vous aider, de sortir en famille, ne pas aimer votre cuisine, manger sans cesse des sucreries ou grignoter avant les repas, et j'en passe…

En ce qui a trait à votre santé, voilà que Jupiter améliorera vos perspectives mentales, vous donnant ainsi une vision positive, même des conditions et des expériences les plus difficiles. Avec les aspects planétaires qui prévalent tout au long de l'année, vous ne pouvez pas vous permettre de tenir votre santé pour acquise, et encore plus après votre anniversaire. Vous qui, de nature, êtes un peu négligent, vous avez tout intérêt à vous rebrancher sur vous-même et sur vos véritables besoins. Si vous faites attention à vous, l'année 2023 se déroulera sans heurts. N'empêche, vous ne serez pas à l'abri de quelques rappels à l'ordre non plus. Et si vous continuez d'abuser de vos forces ou encore de courir constamment sans même prendre le temps de vous ressourcer, vous risquez la panne, sur le plan physique ou moral. C'est simple, n'attendez pas ! Prenez vos résolutions, adoptez un mode de vie et un horaire plus sains, et tout ira beaucoup mieux. Tous les efforts consacrés à améliorer votre santé physique et votre bien-être moral seront bienvenus puisqu'à partir de votre anniversaire, vous tendrez à devenir moins résistant à la maladie; votre énergie tendra à fluctuer, vous envisagerez la vie avec plus de confusion et vous serez plus reclus. Quoi qu'il en soit, misez sur la période mi-mai à la fin de l'année 2023 pour vous départir d'une mauvaise habitude nuisible à votre santé.

Saturne en Poissons – du 7 mars au 31 décembre 2023 – votre X^e maison natale

Parce que Saturne est une planète karmique – comprendre qu'elle influence votre chemin de vie, votre karma – vous allez apprendre comment gérer les répercussions de vos actes passées. Saturne en Poissons est la clé pour vous concentrer sur les changements que vous ressentez à l'intérieur de vous-même et sur les changements qui pourraient affecter vos proches lors des deux prochaines années. En astrologie, Saturne est connue comme étant la planète « sérieuse » du zodiaque. Elle a été appelée la planète de la discipline, du temps et des fois aussi l'enseignante. Saturne a parfois mauvaise presse, car nous combattons souvent les changements saturniens. Elle nous enseigne la « responsabilité » dans de nombreux domaines de notre vie qui pourraient grandement bénéficier d'un peu d'amélioration. Naturellement, l'instinct et l'ego nous suggèrent d'abord de lutter contre ces changements, jusqu'à ce que nous apprenions finalement à admettre que ceux-ci nous freinent d'une manière ou d'une autre. C'est ce que Saturne enseigne : la nécessité de changer nos habitudes ou de changer quelque chose sur soi-même qui pourrait bénéficier d'une petite refonte. Or, si vous apprenez à vous détendre et à ne pas craindre ce cycle de transformation de Saturne, vous découvrirez que vous pouvez bénéficier considérablement de sa sage tutelle. Ne vous retenez pas – et n'ayez pas peur de reconnaître ou même d'admettre le besoin d'amélioration, puisqu'apprendre à suivre le flux de Saturne pourrait s'avérer une expérience de croissance très positive. Il n'y a pas d'autre planète dans tout le système solaire avec les capacités d'enseignement que Saturne a à offrir. Cela étant dit, Saturne signe le début de l'année en Verseau. Une fois installé en Poissons, dès les premiers jours du mois de mars, les deux prochaines années qui verront passer Saturne dans ce secteur de votre thème natal marqueront un cycle de transition entre les expériences passées et futures. Or, est-il possible que vous soyez en désaccord avec ceux qui sont en position de pouvoir ou d'autorité ? Ou, êtes-vous totalement frustré par votre carrière ? Pensez-vous mériter cette promotion plus que quiconque, mais que vous vous sentez complètement ignoré par le patron ? Si tel est le cas, je vous conseille de simplement attacher votre ceinture de sécurité et de bien vouloir vaquer à vos tâches tranquillement pour l'instant. Vous finirez par obtenir ce que vous voulez, mais avant cela, vous devez apprendre une petite leçon sur l'ambition. Saturne n'est pas sur le point de vous offrir une promotion sur un plateau d'argent, vous devrez donc la mériter à la dure. Ce n'est pas parce que vous travaillez dans l'entreprise depuis plus longtemps que n'importe qui d'autre qu'il y a une promotion instantanée, et si vous pensez vraiment que vous pouvez réussir cette promotion en étant en retard quand vous le souhaitez, absent quand vous en avez envie, ainsi qu'un joueur qui ne fait pas partie de l'équipe simplement parce que cela ne lui convient pas, vous feriez mieux de réfléchir à nouveau. Saturne ne récompense que ceux qui le méritent, alors veuillez améliorer votre comportement et demeurer diligent dans vos fonctions. Votre heure arrivera bientôt. Voir plus grand à cette époque sera une bonne chose, mais voir trop grand pourrait être catastrophique. L'excès d'ambition pourrait conduire à l'échec et vous déstructurer pour longtemps. Soyez réaliste et confiant, et tout se passera bien.

En ce qui concerne les jeunes, l'année 2023 est extrêmement puissante et gratifiante pour deux raisons. La raison la plus évidente est que c'est enfin le moment de votre récolte ! Pour les cinq prochaines années environ, vous êtes sur la bonne voie ! Pour certains, il s'agira de l'obtention d'un diplôme, d'un très bon emploi, d'un mariage, de la naissance d'un enfant sinon de l'achat de votre première propriété. Tout ce qui est appelé à se produire vous rendra fier de vos réalisations. Or, tous ceux qui entreront en contact pour la première fois avec le milieu professionnel ou encore social auront brusquement l'occasion de trouver un poste, ou auront envie d'en avoir un, sinon ils voudront se faire un peu d'argent de poche. Ils réussiront, mais ce premier contact avec le travail leur semblera plus laborieux. Ils n'auront rien sans de rudes efforts, mais voilà que cette expérience leur sera nécessaire et des plus profitables par la suite, surtout s'ils ont fait preuve de courage pour affronter ce défi. Pour d'autres natifs de votre signe, il s'agira de l'apogée de leur carrière à laquelle ils ont travaillé toute leur vie ; un rêve des plus chers deviendra réalité. Les félicitations, les promotions et les succès personnels dans tous les domaines qui vous importent le plus commenceront aussi à se faire vôtre et ils continueront à le faire pendant les prochaines années. Bravo ! Mais soyez prêt. Le temps de la récolte est aussi le moment où vous verrez quelles cultures ont aussi échoué. Les endroits où vous avez mal semé dans le passé seront très évidents maintenant. Cela dit, pour la plupart des gens, c'est le moment de la réussite, un moment où tout ce que vous avez voulu se réalise. La dernière fois qu'un cycle similaire s'est produit pour vous, c'était entre 1994-1997. Cependant, ce cycle ne sera pas tout à fait le même, puisque de nombreuses autres planètes se trouvaient à des endroits différents à cette époque.

Quant aux aînés, il s'agira peut-être d'une transformation de leur plan de carrière ou d'un départ à leur compte. C'est un tournant de l'existence en ce qui concerne votre position sociale. Cette promotion ne sera pas gratuite, il faudra la conquérir, être tenace et résistant malgré les obstacles et une adversité sans merci. Elle sera aussi le résultat d'un dur labeur, d'un fardeau de responsabilités, parfois trop lourd pour vous, selon l'engagement où vos ambitions vous auront conduit. C'est un passage réalisateur, plus motivant, qui vous oblige à mobiliser toutes vos énergies combatives et votre volonté pour bien assumer cette nouvelle position sociale. Si votre caractère ne permet pas ce combat, il se pourrait alors que vous ressentiez à cette époque une frustration ou une angoisse. Vous pourriez ne pas être satisfait des tâches qui vous incombent qu'avoir la sensation d'être submergé de devoirs désagréables. Dans ce cas, c'est que votre activité ne correspond pas vraiment à votre véritable nature. Cela dit, au transit suivant de Saturne (29 ans environ plus tard), il ne sera pratiquement plus question de vous lancer dans une nouvelle entreprise, car ce sera le moment d'acquérir une vision détachée de ce que vous aurez réellement accompli, d'étudier les résultats de vos associations et de vos objectifs. Si un goût d'amertume vous reste en bouche, c'est que vous n'aurez pas réalisé vos véritables objectifs et vos idéaux sociaux.

LES PHASES RÉTROGRADES DE MERCURE POUR 2023

Mercure rétrograde en Capricorne – du 29 décembre 2022 au 18 janvier 2023 – votre VIIIe maison natale

Climat général

Beaucoup d'émotions dans l'air pour vous pendant cette phase, probablement parce que vous éprouverez quelques difficultés à vous entendre avec certaines personnes. Vous vous croirez très conciliant, mais ce ne sera jamais assez pour l'autre, et ce, peu importe de qui il s'agit. D'ailleurs, si vous aviez prévu un voyage au cours de cette période ou une quelconque activité, il ne serait pas étonnant que vous ayez à débattre plusieurs questions, mais ce n'est pas vous qui gagnerez ce genre de confrontation ; il sera préférable pour vous d'accepter la situation et d'y trouver votre compte et votre satisfaction. Apprenez à vivre avec ce qui vous est offert plutôt que d'en exiger davantage. Suivant que ce sera un temps où vous aurez de grandes aspirations, il est très possible que vous puissiez vous informer sur les possibilités de déménager, d'acheter une maison, de rénover ou de vous offrir une grande aventure ; quelque chose qui restera gravé dans votre mémoire. On dit que les moyens viennent avec les besoins. Or, peu importe votre statut social, misez sur cette période pour commencer à planifier ce grand projet. Même si cela devra prendre plusieurs mois pour tout mettre en place, votre détermination et tous les efforts que vous ferez maintenant seront la garantie du succès.

Travail – Finances

Puisque vous avez tendance à être assez expéditif avec vos clients et vos collègues, durant cette phase rétrograde, vous devrez essayer de voir cette relation autrement afin de la rendre harmonieuse puisqu'il est possible que vous soyez confronté à des situations opposées l'une de l'autre. Je m'explique... Il est très possible que vous deviez servir un client difficile qui sait précisément ce qu'il veut : n'essayez surtout pas de lui vendre autre chose alors que le client suivant ne saura pas ce qu'il veut et hésitera sur tout ce que vous lui proposerez. Vous devrez donc tenter de tirer profit de tout ça ainsi que vous adapter à eux sans les juger et acquiescer à leurs demandes avec le sourire ; ce n'est qu'ainsi que vous connaîtrez du succès. En tant que patron, vous ne serez pas toujours à l'aise de donner des ordres et de diriger les opérations. Votre tempérament sera un peu trop conciliant pour pouvoir tenir une équipe qui soit ordonnée ; ainsi la confusion viendra retarder la réalisation de vos projets. Devant cette situation qui risque de mener vers un cuisant échec, vous n'aurez d'autre choix que de prendre des moyens passablement radicaux et changer vos méthodes de travail, si ce n'est pas vos employés que vous remercierez. Et en tant que travailleur autonome, un démarrage d'entreprise sera une excellente idée, même si la conjoncture économique semblera peu favorable. L'heure en sera encore aux préparatifs de lancement puisqu'il sera très difficile de vous entendre pour l'instant avec d'éventuels associés, de futurs clients et fournisseurs. Quoi qu'il en soit, c'est la patience qui sera le secret de votre succès de même que votre ouverture d'esprit. Évitez d'être rigide avec vous-même et dans vos propos tenus.

Amour – Sentiments

Voilà une période où il se pourrait que vous ayez le cœur gros sans être en mesure d'exprimer clairement ce qui se passe, et vous ne voudrez pas non plus perdre votre relation. Dès que Mercure reprendra sa marche directe, vous arriverez à trouver les mots justes et à susciter l'intérêt de votre partenaire pour aller dans le même sens et retrouver de bons sentiments l'un pour l'autre. Si votre couple est relativement jeune, l'heure sera venue d'affirmer mutuellement votre engagement d'une manière ou d'une autre. Si votre couple dure depuis de nombreuses années, il est plus que probable que vous aurez besoin de prendre un certain recul ; la pression risque d'être trop forte. Il faudra faire preuve d'ouverture et d'écoute pour éviter la rupture. En respectant le besoin de prendre l'air de l'un et de l'autre, il y aura très certainement moyen d'éviter un drame et de rester profondément amoureux. Quant aux célibataires, il est possible que la solitude soit lourde à porter, que des besoins d'affection, de tendresse et de sexualité se fassent de plus en plus pressants. Même si vous aurez fait quelques rencontres lors des dernières semaines, il n'y aura personne qui semblera être à la hauteur de vos désirs. Mais une fois que tout sera redevenu à la normale, soit rien avant la seconde partie du mois de janvier, il ne serait pas étonnant qu'un bel étranger sache bien réveiller quelques passions que vous vous interdisiez.

Famille

Il est très possible que vous ayez l'intention de revoir les plans de votre maison, de redéfinir la décoration ou d'effectuer d'importants travaux, ne serait-ce que pour en faire augmenter la valeur et la vendre à meilleur prix une fois que Mercure reprendra son mouvement direct, bien entendu. Entre-temps, l'idée que vous amorciez diverses démarches nécessaires dans le but d'acquérir une propriété, et ce, peu importe votre situation financière, sera plus que possible. Croyez-moi, vous saurez trouver les moyens nécessaires de réaliser vos objectifs : une maison et le bien-être de votre famille. Néanmoins, attendez-vous à une peine possible !

Santé – Bien-être physique

Comme plusieurs, vous pourriez être fortement affligé par le rhume et la grippe avec une forte fièvre. Il est possible aussi que vous ne preniez pas vraiment soin de vous et ce sera la principale raison pour laquelle votre grippe ne semblera pas vouloir se guérir. Il faudra inévitablement fuir tous les abus et les excès suivant que cela risque d'affaiblir considérablement votre système immunitaire. Et pour mieux récupérer, beaucoup d'eau et de repos resteront encore et toujours le meilleur remède. En outre, les organes sexuels seront fragiles et vous pourriez connaître des règles compliquées. Évitez de prendre également des risques inutiles lors de pratiques sexuelles ; prenez toutes les précautions nécessaires. Vous ne serez pas à l'abri de douleurs arthritiques possibles, surtout pour ce qui est de vos genoux, alors que vous éprouverez plus de difficulté à les plier. Sur une note finale, il sera avisé de ne pas conduire vite ni intoxiqué, ou autres.

Mercure rétrograde en Taureau – du 21 avril au 14 mai 2023 – votre XIIe maison natale

Climat général

La communication sera strictement commerciale, succincte et pertinente. Cela vous sera très utile dans les domaines liés au travail, mais pourra faire échouer les efforts romantiques. C'est par le dialogue et par la douceur que vous arriverez à régler tous les différends, tant ceux récents que lointains que vous ayez pu ou que vous risquez d'encourir avec vos proches pendant cette période. En tant que signe double, il ne sera pas étonnant que vous changiez d'idée assez fréquemment durant cette période. En effet, vous pourriez très bien accepter une invitation et y renoncer à la dernière minute. L'inverse sera tout aussi vrai, vous pourriez refuser en premier lieu et vous présenter malgré tout. Il en ira de même pour ce qui est de faire un voyage. Dans tous les cas, personne ne pourra vous reprocher de vous soustraire à un engagement social ; ce ne sera probablement pas très amusant de toute façon. Concentrez-vous plutôt sur des questions pratiques. Si vous êtes sportif de nature, il est possible que vous commenciez déjà à préparer vos affaires pour entreprendre la saison du bon pied. Vous pourriez songer à investir dans de bons équipements pour pratiquer une activité. Attention toutefois puisqu'il est possible que vous vous en désintéressiez tout aussi rapidement, sinon ce seront vos partenaires qui vous feront faux bond.

Travail – Finances

Voilà un temps où vous semblerez plus souvent dans la lune et un peu perdu. Votre efficacité ne sera pas à son meilleur ; attention qu'un client s'en plaigne. Beaucoup d'hésitation de votre part sera davantage présente pour prendre une décision, ce qui ne vous ressemble guère. Mais serait-ce un peu de sagesse qui s'installe en vous ? Il y aura de ces jours où votre milieu de travail sera désert et d'autres où il sera bondé. Il ne sera pas facile de prévoir la clientèle ni la collaboration de vos collègues. Devant tant de confusion, vous pourriez amorcer certaines initiatives qui deviendront des actions fortement appréciées, mais vous n'aurez peut-être pas droit à toute la reconnaissance que vous méritez non plus. De nombreux dossiers sembleront atterrir sur votre bureau pour une raison ou pour une autre et il y aura énormément de confusion dans l'air. Vous pourriez même avoir l'impression de brûler la chandelle par les deux bouts de temps à autre. Certaines activités ne vous motiveront plus et des changements s'imposeront. Un conseil : tâchez de ne pas être trop distrait, sans quoi vous pourriez égarer un objet auquel vous tenez. Sur une note finale, il est plus que possible que vous fassiez partie de ces gens qui sauront profiter des aubaines de dernière minute, ce qui ne déplaira certainement pas à votre partenaire de vie, même si cela l'obligera à s'organiser rapidement.

Amour – Sentiments

L'idée que vous puissiez subir les rafles d'une crise de jalousie de la part de l'élu de votre coeur est plus que possible pendant cette période. Si votre relation est encore jeune, il ne faudra pas sauter d'étapes. Vous aurez besoin de développer quelques projets qui vous confirmeront une forme d'engagement. Malgré tout, une certaine fatigue risque d'amortir les grands élans romantiques. Rien à craindre, vous aurez tout le temps de vous rattraper aux alentours de la fête des Mères. D'ici là, si vous vous aventurez dans une activité sexuelle avec un partenaire dont vous ne connaissez pas le passé, soyez prudent lors de vos pratiques sexuelles pour mieux vous éviter ainsi bien des désagréments possibles. Cela étant dit, ce genre de situation aura plus de chances de vous arriver lors d'une soirée bien arrosée et vous risquez de ne pas saisir l'ampleur du danger qui vous menace. Ne faites pas fi du bon sens !

Famille

Le travail, la famille ou d'autres responsabilités tendront à limiter considérablement votre disponibilité, et il est possible que vous ayez également à régler encore certaines choses avec un proche ou l'être aimé. Continuez à bien communiquer vos intentions, en particulier au sujet de vos finances conjointes. Vous devrez peut-être apporter des modifications à votre portefeuille ou simplement à la façon dont vous économisez et dépensez. Si vous n'êtes pas d'accord sur la façon de procéder, demandez à quelqu'un en qui vous avez confiance de vous aider à trouver la bonne solution. Si vous avez de jeunes enfants, vous leur accorderez la priorité et vous ne vous permettrez pas de sortie avant que Mercure ait repris son mouvement direct. En prenant du recul, vous comprendrez plus vos véritables besoins en ce qui concerne l'affection. Il n'en demeure pas moins que le comportement de l'un de vos enfants vous mettra la puce à l'oreille. Heureusement, vous serez capable de régler le problème avant même qu'il ne s'installe.

Santé – Bien-être physique

Voilà une période où le stress risque de déclencher un déséquilibre hormonal et vous ressentirez très possiblement une certaine fatigue. En revanche, vous trouverez toute l'énergie nécessaire en adoptant une bonne alimentation. N'empêche, des migraines, des étourdissements et autres problèmes peu communs pourraient surgir de nulle part et disparaître tout aussi rapidement. Peut-être ne s'agira-t-il que de fatigue. Le repos et un régime de vie bien équilibré vous remettront vite en forme. Néanmoins, attention tout de même d'attraper un gros rhume qui n'en finira plus. Couchez-vous plus tôt afin de pouvoir mieux récupérer. Attention également à vos nerfs, à vos bras, à vos poumons ainsi qu'à votre gorge – le larynx surtout, qui sera plus fragile. Avec un peu de prévoyance et une dose de sagesse, vous devriez pouvoir bien vous en sortir.

Mercure rétrograde en Vierge – du 23 août au 15 septembre 2023 – votre IVe maison natale

Climat général

Voilà un temps où il y a de bonnes chances que vous vous retrouviez avec une foule de petites choses à faire. Par conséquent, vous devrez vous occuper d'une tonne d'urgences qui risquent d'accaparer tout votre temps, et possiblement au point que vous perdrez patience à quelques reprises. Cela dit, si vous avez de jeunes enfants, vous devrez établir une routine assez rigoureuse pour que tout puisse fonctionner avec facilité et dans une belle harmonie. Et si vous aviez cru en avoir fini avec la fameuse liste pour la rentrée scolaire de vos enfants, eh bien, détrompez-vous parce qu'il y aura encore des frais à débourser. En fait, vos enfants auront besoin de votre soutien financier au cours des prochaines semaines à venir. D'ailleurs, l'un d'eux pourrait bien connaître quelques petits problèmes à respecter ses obligations et pour rien au monde vous ne pourrez le voir souffrir de la sorte. Les déplacements seront également assez nombreux. Vos adolescents vous demanderont sans cesse d'aller les reconduire chez l'un et chez l'autre. Vous pourriez également avoir besoin d'assainir votre environnement – vous aurez envie de le nettoyer de fond en comble pour une raison ou une autre. Il est même possible que vous ayez à préparer beaucoup de nourriture pendant cette période ; on pourrait même vous proposer de faire des conserves ou des repas à congeler par exemple. En fin de compte, vous allez dépenser beaucoup d'énergie pour votre famille, mais pour vos enfants plus particulièrement.

Travail – Finances

Nous avons tous besoin de gagner notre vie. Si c'est une manière de mettre du pain sur la table et d'avoir un toit sur la tête, c'est aussi pour chacun sa façon d'apporter sa part dans le monde. Parlant de monde, il est possible qu'un bureaucrate oublie de cocher une case dans l'un de ses dossiers et qu'à l'autre bout de la chaîne, il viendra désorganiser toute une famille, sans même en prendre conscience. Or, un chèque ou un accord quelconque pourra ainsi être oublié. Si votre entreprise ou celle qui retient vos services est en restructuration, vous risquez d'être davantage troublé alors qu'il est possible que l'on puisse annoncer des congédiements et personne ne saura qui reste et qui part. Si une telle ambiance prévaut au travail, ce ne sera guère joyeux, sans compter qu'il est possible que vos heures de travail soient réduites, et dans ce cas, vous réagirez rapidement. Vous tenterez bien de trouver un autre emploi à mi-temps, sinon ce sera votre horaire de travail qui risque de différer et vous serez davantage surveillé et la moindre erreur vous sera reprochée. Vous serez prompt, susceptible et défensif lorsqu'on attaquera vos compétences et votre savoir. Attention, dans un accès de colère, vous pourriez donner votre démission, ce qui ne sera pas une bonne idée. Faites un effort ; restez calme et discutez avec l'autorité en place, surtout si vous servez la même entreprise depuis longtemps. Mais il y a parmi vous de vrais fautifs qui seront congédiés. Aussi étrange que cela puisse paraître, même si vous ne serez pas heureux de cette décision, instinctivement vous saurez que vous n'étiez pas à la bonne place. Prenez le temps qu'il vous faut pour trouver un emploi correspondant mieux à vos véritables compétences.

Amour – Sentiments

Les responsabilités et le quotidien ont la fâcheuse habitude de ruiner la passion dans un couple. D'ailleurs, pour une raison ou pour une autre, vous aurez beaucoup à faire à la maison, ce qui ne favorisera vraiment pas le temps de qualité à passer ensemble. Mais, comme tout le monde, vous aurez besoin d'alléger votre cœur et plutôt que de vous tourner vers l'être aimé, vous préférerez probablement fréquenter vos amis et faire des activités sociales. Tâchez tout de même de prendre un peu de temps pour votre couple. Or, peut-être devrez-vous reporter vos vacances planifiées depuis longtemps déjà ou que vous planifierez prochainement en raison de travaux urgents à adresser. Si vous êtes un jeune couple, vous commencerez possiblement à songer à vivre ensemble. Bien qu'il s'agisse d'un très beau projet pour des tourtereaux, ce n'est pas nécessairement une garantie que l'amour entre vous y sera pour la vie. Justement, vous n'êtes probablement pas encore prêt à vous investir de la sorte et vous aurez encore besoin de jouir d'une certaine liberté et surtout de profiter encore de votre intimité sans devoir la partager pour l'instant. En tant que célibataire, on dirait bien que même si vous faites des rencontres, vous n'y trouverez aucun plaisir et ce sera possiblement même ennuyant. Donc, les relations ne seront qu'amicales et vous ne ressentirez pas la moindre parcelle d'émotion pour qui que ce soit. D'ailleurs, vous aurez davantage tendance à refuser les invitations, préférant la solitude et le confort de votre foyer.

Famille

Si vous êtes parent, il est possible que vous soyez inutilement trop autoritaire avec vos adolescents qui sont en âge de prendre leurs décisions. Ils ont aussi l'âge d'être susceptibles et facilement convaincus de votre manque de confiance en eux. Si vous n'avez pas d'enfant, n'allez pas croire de pouvoir donner des conseils à un proche ami qui en a ; restez en dehors de l'éducation des enfants des autres. Ne vous mêlez pas de leurs histoires personnelles. En cas de conflit familial, surtout si cela dure depuis quelque temps, une rupture officielle des liens pourrait se produire. Il vaudra mieux s'éloigner et espérer que le temps arrange les choses. Si vous faites partie de ces gens qui vivent en famille reconstituée, des mises au point seront nécessaires. À cet effet, attendez-vous à ce que des difficultés surviennent entre tous vos enfants ; il est même possible que ce ne soit qu'une question d'espace alors que chacun réclamera sa chambre ou du moins son coin bien à lui. Il faudra être plus imaginatif afin que chacun ait son espace intime.

Santé – Bien-être physique

Voilà un temps où vos bronches et vos poumons seront plus fragiles et vulnérables. Ne négligez pas un rhume ni toute maladie. Et si vous avez une toux tenace, grasse ou sèche, si vous ressentez un essoufflement anormal, consultez. Fragilité possible de vos nerfs ! Somme toute, profitez de cette période de rétrogradation pour prendre du recul afin de pouvoir faire le vide en vous, mais également pour poser un regard compatissant, tant sur votre vie que sur celle des autres qui vous sont chers près de vous.

Mercure rétrograde en Sagittaire – du 13 décembre 2023 au 1er janvier 2024 – votre VIIe maison natale

En plus d'être cette période de l'année où tout se refroidit dans la nature, vous aurez tendance aussi à être un peu hésitant de manière assez générale, ce qui risque de ne pas vous faciliter la tâche pour ce qui est de faire l'achat de vos cadeaux de Noël ou pour ce qui est d'organiser vos réceptions des Fêtes. N'ayez pas peur de suivre votre intuition et votre instinct, ils devraient toujours vous guider dans la bonne direction. D'ailleurs, tout ce que vous ferez avec cœur sera très réussi. Toutefois, évitez de trop penser à ce que vous aurez l'air, dites-vous que vos proches vous aiment pour qui vous êtes, un point c'est tout. De toute façon, vous êtes une personne qui a la parole généralement assez facile et vous devriez avoir une forte tendance à harmoniser tout autour de vous dans la conversation entre les gens concernés. En fait, s'il y a des tensions d'ordre familial, vous chercherez à rétablir un meilleur contact entre tous pour vous assurer de vivre un temps des Fêtes des plus harmonieux. Misez également sur cette période pour prévoir les différentes activités qui devront se dérouler pendant vos festivités. Inutile de vous dire que vous serez encore la bonne personne pour tout planifier et pour tout organiser. Pour une raison ou pour une autre, cette fameuse harmonisation pourrait impliquer que vous déboursiez une certaine somme d'argent et peut-être aussi que la décoration sera à refaire à la maison.

Travail – Finances

Il faudra tout d'abord vous faire sortir de votre zone de confort pour vous permettre de connaître un peu d'avancement. Or, misez donc sur cette période pour vous porter candidat à un poste où vous pourriez très bien voir une ouverture possible sous peu, mais vous pourriez très bien craindre aussi de faire une erreur, car après tout, on est en cycle rétrograde. Toutefois, dites-vous que c'est seulement en faisant des changements que vous parviendrez à obtenir satisfaction sur le plan professionnel. Cela dit, ce sera un temps où vous ne serez malheureusement pas à l'abri de compressions budgétaires et de nouvelles contestations pour faire respecter vos droits bafoués seront également à prévoir; vous ne vous serez jamais autant impliqué que maintenant et vous jouerez un rôle de premier plan dans ces changements qui se produiront éventuellement. De plus, ne soyez pas surpris d'être confronté à des obstacles dans la réalisation de vos projets, mais ils ne seront pas là pour vous barrer définitivement la route. Voyez plutôt que la vie vous lance un défi et qu'il vous faudra à tout prix le relever. Tous les empêchements qui veulent éloigner de vous le succès ne seront rien d'autre qu'une occasion de réfléchir à une meilleure stratégie afin d'atteindre vos buts. D'ailleurs, tout suggère qu'au cours de cette période, vous croiserez de nombreuses personnes détenant un grand pouvoir. Ces gens influents deviendront rapidement vos amis parce que, quelque part en vous, tel le meilleur des vendeurs, vous saurez quoi leur dire pour tirer le meilleur de ces nouvelles relations, à la fois sur le plan financier et sur le plan amical. En tant que patron, directeur ou travailleur autonome, il est à prévoir que vous vous retrouverez avec beaucoup de congés à gérer dans votre équipe, mais d'aucune façon vous ne pourrez laisser vos émotions avoir le meilleur de vous-même pour prendre des décisions. Effectivement, il y a de bonnes chances que vous soyez assez sensible, ce qui risque d'altérer un peu votre jugement lorsque vous négocierez. Il ne serait donc pas impossible que vous reveniez sur vos décisions si vous croyez fermement avoir commis une erreur.

Amour – Sentiments

Vie amoureuse fragile, et pour rétablir l'harmonie dans votre relation, vous devrez faire quelques petits efforts. Des efforts pour vous comprendre mutuellement et pour adopter une vision commune de votre avenir ensemble. Cette rétrogradation de Mercure devrait vous donner cette possibilité et peut-être même l'occasion d'aborder des idées de nouveaux projets à long terme. Cependant, sachez que le moment ne sera pas encore venu pour accomplir quoi que ce soit. Tirez plutôt profit de cette période pour bien mûrir tout cela! Et dès le début de la nouvelle année 2024, vous aurez le feu vert pour aller de l'avant. Entre-temps, en tant que célibataire, on dirait bien que ce sera dans l'entourage immédiat de votre milieu de travail que vous ferez des rencontres intéressantes. Qui sait, peut-être que les réceptions et les activités associées au temps des Fêtes y seront pour quelque chose, c'est bien possible! Ne pensez pas à demain lorsque quelqu'une personne vous invitera, bien au contraire, tâchez de vivre pleinement l'instant présent.

Famille
La famille est toujours importante et sans doute qu'au cours de cette période, vous vous porterez plus fréquemment au secours de quelques parents qui traversent des périodes difficiles. Vous aurez les mots justes, ceux qui réveillent l'interlocuteur, qui feront en sorte que l'on retrouve sa confiance en soi et, parfois, que l'on recouvre rapidement la santé émotionnelle et physique. Inversement, n'allez pas être surpris qu'un membre de votre famille vous abandonne ou encore qu'un de vos amis vous quitte ; ils n'ont plus donné de leurs nouvelles, n'ont pas répondu à vos appels, alors posez-vous des questions. N'attendiez-vous pas tout sans avoir quoi que ce soit à donner en échange ?

Santé – Bien-être physique
Comme bien du monde, il y a de fortes chances que vous vous sentiez grossir à vue d'œil à chaque festin auquel vous prendrez part. Ayez la brillante idée de reposer votre système digestif régulièrement pour mieux vous permettre de ne pas vous sentir privé pendant cette belle période de réjouissance. Cependant, vous pourriez vous fatiguer malgré vos réussites et votre capacité à faire beaucoup de choses dans un court laps de temps. Toutefois, les activités stimulantes que vous pratiquez ne vous mettront pas, malheureusement, à l'abri de l'épuisement. Or, veillez prendre tout le temps nécessaire de bien vous nourrir, à des heures régulières, accordez-vous également suffisamment d'heures de repos pour recharger vos batteries. Si vous êtes porté à faire des allergies, ne prenez aucun risque inutilement. Surveillez vos voies respiratoires qui seront plus fragiles. Si vous prenez une médication contre la dépression, suivez bien les instructions de votre médecin : vous pourriez être davantage tenté à vous soigner vous-même, ce qui ne donnera pas nécessairement le résultat escompté.

LA PHASE RÉTROGRADE DE VÉNUS POUR 2023

Vénus rétrograde en Lion – du 22 juillet au 3 septembre 2023 – votre IIIe maison natale

Climat général
Vos tentatives d'être « diplomatiquement direct » pourraient ressembler davantage à un de vos coups bas et l'idée de blesser quelqu'un, sinon de l'induire en erreur sera plus que possible maintenant. Quoi qu'il en soit, préparez-vous à passer beaucoup de temps à clarifier les choses au cours des

six prochaines semaines. Cela étant dit, la rétrogradation de Vénus pourrait également être d'une grande utilité pour vous aider à affiner vos missives.

Travail – Finances

Voilà que des toiles d'araignée financières pourraient apparaître dans la colonne de vos comptes clients et fournisseurs. En cherchant à savoir comment certaines de vos transactions ont pu passer entre les mailles du filet, vous découvrirez possiblement des erreurs mineures qui risquent d'avoir un impact majeur. Mercure qui rétrograde en Vierge, le voilà qui prépare le terrain pour que vous révisiez votre comptabilité afin d'assurer une précision constante. Profitez-en aussi pour passer en revue vos obligations. Or, n'allez pas faire des promesses que vous ne pourrez et/ou ne voudrez plus tenir au moment de livrer la marchandise, et n'allez pas prêtez non plus d'argent et encore moins faire des transactions sans garanties sérieuses.

Amour – Sentiments

Voilà un temps où il est possible que vous ne vous sentiez pas très attiré par votre partenaire de vie pendant la période des vacances d'été. N'allez pas vous inquiéter pour autant. Concentrez-vous plutôt sur le renforcement de l'aspect amical de votre lien. Vous pourriez retomber amoureux de l'esprit de l'autre, et vous savez ce que l'on dit : le cerveau est le « plus grand organe » du corps humain. De plus, sous cette période de flirt, les natifs du Gémeaux célibataires pourraient ressentir des étincelles avec une personne qui fait partie de votre entourage amical. Avancez prudemment, car les sentiments seront chauds et froids par moments. En outre, tout cela pourrait devenir beaucoup plus compliqué que vous ne l'aviez prévu. Et si vous êtes indécis, gardez vos sentiments dans la catégorie « béguin secret » pour le moment. Posez les questions évidentes comme : « Êtes-vous en couple ? » Vous pourriez aussi attirer des personnes séduisantes, mais pas vraiment disponibles – un miroir pour toute incertitude enfouie que vous avez sur le fait d'être « attaché ». Quoi qu'il en soit, vous êtes encouragé à miser sur cette période pour faire du ménage parmi vos relations et vous ne conserverez que la crème de la crème.

Famille

Vénus rétrograde arrive avec sa part d'inquiétude et de petits désagréments au foyer. Tout se réglera par chance une fois que Vénus aura repris son cours normal et vous arriverez à vous mettre d'accord avec les personnes qui ne pensaient pas comme vous.

Santé – Bien-être physique
Il va de soi, votre emploi du temps frénétique ne vous permettra pas de prendre des repas tranquilles avec vos proches et vos collègues. Les pauses-café précipitées et les repas sur le pouce devenant la routine, votre estomac risque de subir de plein fouet l'augmentation de votre niveau de stress. Ce n'est qu'après la mi-septembre que vous retrouverez un rythme de vie plus régulier. Entre-temps, profitez-en pour revoir vos apports en vitamines et modifiez-les pour obtenir de meilleurs résultats en ajoutant davantage d'aliments frais à votre régime.

LA PHASE RÉTROGRADE DE MARS POUR 2023

Mars rétrograde en Gémeaux – du 30 octobre 2022 au 12 janvier 2023 – votre Ire maison natale

Climat général
Deux mois et demi de doutes, de manque d'initiatives, de manque de confiance en soi que vous pourrez aiguiller autrement. Vous n'aurez pas besoin d'en faire trop de toute façon. L'idée, c'est de réfléchir à la façon dont Mars pourrait mettre à mal votre esprit d'indépendance et votre collaboration avec un collectif. Vous aurez à rendre compte d'actions récentes qui ne portent pas encore leurs fruits ; pourtant, vous aurez du mal à partager vos réflexions avec les autres. Cela risque de vous faire douter de vous-même, sinon d'être porté davantage à vous éparpiller. C'est un processus naturel avant d'évaluer notre façon d'opérer, de réagir dans notre vie.

Puisque ce sera un temps où vous aurez à apprendre à rééquilibrer votre puissante énergie pour l'utiliser autrement, afin qu'elle serve mieux vos intérêts, méfiez-vous de votre orgueil qui pourrait aussi jouer contre vous telle votre indifférence envers les autres. Que ça vous plaise ou non, vous serez appelé à servir les autres, à respecter leurs choix et à les encourager. Évitez donc de vouloir tout contrôler ! Entre-temps, autant serez-vous occupé physiquement, mentalement, émotionnellement ainsi que psychologiquement, vous aurez également le pressentiment de tourner en rond et que rien n'avance. Il vaudra peut-être mieux ralentir le pas, vous tranquilliser un peu les nerfs, surtout que vous aurez un surplus d'énergie que vous tendrez à mal canaliser parfois, ce qui pourrait vous valoir un bête accident, sinon un incident fâcheux. Tâchez d'être plus attentif, sans quoi une distraction risque de vous ralentir malgré vous. Cependant, en étant prudent et en évitant d'abuser de vos forces, vous pourrez bénéficier d'une vigueur et d'une résistance accrues. Il sera également avisé de porter attention à l'attitude que vous affichez, du moins veuillez considérer si vous devriez y apporter des ajustements. Prenez garde également dans votre façon d'accueillir les gens alors que vous risquez d'être frustré et plus impatient par moments. Or, ayez plus confiance en vous et en vos habiletés, évitez de tout critiquer ou de vivre du ressentiment, et avec un peu patience, vous pourrez mettre en action tous vos projets dès la seconde partie du mois, mais idéalement mieux à la mi-février. D'ici là, profitez-en pour finaliser les projets en cours et pour décider quelle sera votre prochaine démarche. Misez aussi sur cette période pour entreprendre une recherche alors que vous serez sur la voie de la découverte. Mais, plus que tout, ne laissez pas les autres vous décourager, même si vos idées leur paraîtront étranges, du moins à certains d'entre eux.

Travail – Finances

Les détails et les échéances prendront plus d'importance au cours de cette période et il en ira de même pour ce qui est de votre apparence et l'approche que vous véhiculez dans la vie et envers les gens. Il vaudra mieux être plus à l'écoute de vos réactions et de vos paroles alors qu'elles vous permettront de décoder, sinon de prendre au vol quelques-unes de vos plus belles manipulations ou autres attitudes nuisibles. Ces réactions et ces attitudes sont à l'origine de votre souffrance et elles méritent votre pleine attention. Et si vous bouillonnez de l'intérieur pour toutes les injustices subies, rien n'y paraîtra à l'extérieur; bien au contraire, vous donnerez l'impression de tout maîtriser. Grâce à cette attitude, vous résoudrez bien des ennuis et problèmes, et vous pourriez même participer de près à l'entente entre collègues et collaborateurs, entre employés et patrons. Il ira de votre intérêt aussi de vous accorder suffisamment de temps pour choisir les occasions et les opportunités d'affaires qui tendront à se présenter, mais plus que tout, n'allez pas vous précipiter sous le coup de l'émotion et encore moins mettre votre intégrité en péril. Entre-temps, il est plus possible qu'un ou une collègue qui vous tombait sur les nerfs depuis un bon moment puisse quitter son poste et vous n'aurez plus à lui faire face à chaque instant; vous vous sentirez libre. Si vous faites un travail qui exige de la précision, vous devrez vous concentrer davantage pour éviter toutes les erreurs possibles au risque d'être obligé de tout reprendre. Or, si vous travaillez avec le public, vous vous apercevrez que les gens seront plus exigeants, plus agressifs – c'est tout simplement qu'ils auront peur de la vie, de l'avenir… Et même si vous éprouvez un effet de ralentissement, cela ne pourra que vous être bénéfique à la longue puisque cela vous rendra plus précis dans tout ce que vous faites et dans tous vos mouvements. Voilà pourquoi, si vous faites un travail intellectuel, votre concentration sera excellente, mais la lenteur de certains collègues risque de vous mettre hors de vous. Quant à vous qui êtes artiste de métier, ce ne seront pas les idées « nouveau genre » qui vous feront défaut, bien au contraire, ce seront surtout les ressources pour les appliquer qui manqueront. N'empêche, profitez-en pour partir à la recherche de capitaux et, chose étonnante, au moment où vous serez tout près d'abandonner, une personne influente sera intéressée à votre œuvre.

Amour – Sentiments

Alors que ce sera un temps où les épreuves passeront par l'affectif, pour ce qui est de vos amours, aussi passionné que vous vous sentiez, toutes les tentatives pour séduire votre chéri prendront plus de temps à se matérialiser. Même si ça ne fera pas toujours votre affaire, ne laissez pas la jalousie avoir le meilleur de vous-même, surtout lorsque les choses n'iront pas comme vous le voulez. Prenez garde également de ne pas vous embarquer dans une relation vouée à l'échec alors que vous pourriez être déçu et/ou décevrez-vous l'être aimé d'une manière ou d'une autre, et voilà que cette personne vous laissera connaître ses insatisfactions.

Famille

Les contacts avec vos enfants risquent d'être assez difficiles par moments et, pour une raison ou une autre, la vie s'organisera pour vous éloigner d'eux. À cet effet, le travail pourrait peut-être vous retenir ailleurs, sinon au loin, qui sait. Par ailleurs, apprenez à lâcher prise, ce qui servira mieux vos intérêts. Entre-temps, n'allez pas être surpris puisqu'il est tout probable qu'une personne (sœur, mère, épouse) près de vous vous reprochera amèrement votre manque d'implication familiale.

Santé – Bien-être physique

Voilà un temps où vous aurez tendance à souffrir davantage d'un manque important d'énergie. Pas surprenant que vous puissiez éprouver un problème de santé qui en retour pourrait affecter votre vitalité. Évitez de vous en mettre trop sur les épaules et n'allez rien promettre non plus que vous ne pourrez ou ne voudrez plus respecter au moment de livrer la marchandise. Attention également de vous couper, de vous blesser, sinon de vous écorcher d'une quelconque façon. Et puisque vous aurez tendance à vous sentir un peu plus fatigué et irritable, misez sur cette période pour examiner comment l'énergie de votre colère peut vous affecter ainsi que ceux autour de vous et pour vous assurer qu'elle ne provoque plus de situations complètement handicapantes. Soyez plus en contact avec vous-même, faites attention à tous les gestes brusques et désordonnés, et reposez-vous suffisamment. Croyez-moi, vous allez ressortir de cette période beaucoup plus confiant et serein, ce n'est qu'une question de temps. Or, tenez bon étant donné que tout sera à nouveau au beau fixe et prêt pour célébrer la Saint-Valentin qui sera dans le détour!

L'ÉCLIPSE SOLAIRE ANNULAIRE DU 14 OCTOBRE EN BALANCE – VOTRE V^E MAISON NATALE

Secteur de votre thème où vous vous exprimez, soit par vos talents personnels, soit en procréant des enfants, voilà un temps où vous serez davantage intéressé par la mise en valeur de vos multiples talents particuliers. C'est aussi la maison de l'amour et de l'aspect romantique de la vie où vous flirtez, où vous vous amusez et où vous appréciez l'excitation de l'amour. Les passe-temps, les risques que vous prenez et les façons dont vous explorez l'enfant espiègle qui est en vous font aussi partie de cette zone. Dans l'ensemble, cette éclipse solaire en Balance est sans effet négatif, mais si vous avez un ascendant Balance, Cancer, Bélier ou Capricorne, une faible résistance à la maladie et aux divers microbes est possible. En cas d'épidémie ou d'épizootie, suivez les règles dictées pas les autorités. Afin de demeurer imperméable aux perturbations planétaires, il sera avisé de proscrire les abus et de ménager votre dos. Et puisque l'anxiété pourrait vous jouer des tours, il sera donc important de vous changer les idées et de miser sur le positif. Huit chances sur douze que la santé soit solide. Et puisque votre système nerveux et votre intellect seront au zénith, aider tous ceux dont la résistance est amoindrie serait un beau geste. Un point à surveiller, la circulation sanguine, surtout au niveau des jambes. Une petite visite chez le dentiste n'est pas impossible non plus.

P.-S. Vous êtes encouragé à prendre connaissance de tout ce qui est écrit au chapitre intitulé « Les Éclipses de 2023 » pour mieux vous familiariser avec toutes les mises en garde à respecter lors de toutes les éclipses.

LES POSITIONS LUNAIRES ET VOUS

À la fin du livre, vous trouverez le tableau des positions lunaires pour chaque jour de l'année 2023. Pour mieux tirer profit de la Lune au quotidien ainsi que connaître le rôle qu'elle jouera sur vos humeurs, lesquelles vont influer sur votre jugement et sur vos actes, référez-vous au chapitre intitulé « Méthode d'interprétation du calendrier des Lunes ».

Les divers passages de la Lune ne sont jamais neutres. S'il y a des moments pour l'action quand la Lune est néfaste, s'il faut prendre du recul quand elle ne l'est pas, les autres journées représentent, la plupart du temps, un mouvement vital plus lent. En général, quand la Lune passe en Bélier, en Gémeaux, en Lion, en Balance ainsi qu'en Verseau, vous êtes en forme. Ces énergies, surtout celles du Gémeaux, de la Balance et du Verseau, vous placent en position de force. Là où vous devriez être prudent et où il serait préférable de prendre du recul, c'est lorsque la Lune se trouve en Vierge, en Poissons, en Sagittaire et en Capricorne. Les Lunes en Taureau, en Cancer et en Scorpion sont neutres par rapport à vous. Profitez de ces jours où votre esprit est déterminé et solide pour traiter d'affaires, d'argent et de commerce, pour étudier, lire, écrire, voyager, déménager ou planifier dans le but de changer de domicile et de style de vie. Faites vos comptes, établissez un budget que vous respecterez et commencez un régime, vous obtiendrez les résultats désirés.

♋

Cancer

22 juin au 23 juillet

LES DIFFÉRENTS ASPECTS DE VOTRE PERSONNALITÉ

Cancer – féminin, cardinal, eau

Né sous un signe cardinal d'Eau, vous êtes une personne douée pour amorcer des choses et vous faites partie de ceux pour qui leur vie privée et la famille sont très importantes.

Les personnes nées sous votre signe sont émotionnelles, vulnérables, sensibles et plus facilement blessées. Cela explique pourquoi vous avez besoin du confort de votre foyer pour pouvoir vous retirer de ce monde qui peut parfois être assez exigeant. Voilà qui explique aussi pourquoi vous avez du mal à supporter qu'il y ait de la chicane autour de vous.

Vous êtes porté à exprimer votre amour pour les vôtres en veillant à ce que tout un chacun ne manque de rien, tout en les maternant dans le confort d'un foyer douillet pour mieux s'y reposer. Le problème dans tout cela est que vous pouvez devenir une personne dépendante ou incapable de fonctionner à moins que vous sentiez qu'il y a quelqu'un ou quelque chose qui a besoin de vous.

Le signe du Cancer régit le foyer, la famille et il est responsable de vos émotions. Ce qui explique encore une fois pourquoi vous êtes une personne qui agit et qui opère avec ses tripes la plupart du temps. Fragile et sensible, pas surprenant que vous vous fassiez une carapace en société.

CE QUI VOUS DIFFÉRENCIE DES AUTRES NATIFS DE VOTRE SIGNE

En tant que natif du 1er décan (du 22 juin au 1er juillet), votre planète maîtresse, la Lune, joue un rôle déterminant dans votre thème natal. Cela explique pourquoi votre façon de raisonner, de réfléchir peut s'obscurcir par l'émotion du moment puisque parfois vous vous sentez abandonné et sans espoir. Toutefois, votre monde intérieur est si fastueux et votre imagination si fertile qu'il est rare que vous sombriez dans des dépressions graves, car vous pourrez toujours aller chercher dans votre imaginaire de quoi survivre et résister.

La Lune fait de vous également une personne qui veut être aimée et protégée à tout prix, et qui est facilement offensée. Vous êtes le natif le plus susceptible d'être imaginatif, sentimental et très attaché aux gens qui vous sont chers et à votre clan familial. Toutefois, vous devriez éviter de trop vous replier sur vous-même et/ou de vous abandonner à l'apitoiement.

Puisque Vénus régit votre décan, vous avez une grande réceptivité et une aptitude à assimiler les sensations et les circonstances. Votre confort est très important pour vous ainsi que votre sécurité financière.

Étant donné que la peur de manquer de sécurité vous classe parmi ces gens prêts à travailler assidûment et même plus que disposés à se consacrer entièrement à leur travail pour mieux atteindre cette aisance matérielle, il sera suggéré de prendre garde puisque vos émotions pourraient compromettre vos chances de succès. Il importe que vous mainteniez une attitude positive et que vous bannissiez de votre vie toute pensée négative.

La Lune et Vénus, particulièrement influentes dans votre thème, vous octroient une nature gaie, sociable, joviale, agrémentée d'une imagination très féconde ainsi que d'une patience inégalée. Vous avez aussi un sens aigu de l'intuition et certains considèrent que vous avez un don de clairvoyance, clairaudience, clairsentience/clairsensibilité ou clairconnaissance.

La vie sentimentale est très importante à vos yeux. Vous rêvez d'aimer et d'être aimé. Sous l'influence de Vénus, vous êtes une personne qui préfère une liaison stable et durable pour mieux être en mesure de témoigner toute votre affection à l'élu de votre cœur. Si quelqu'un veut gagner votre cœur et préserver votre amour, celle-ci doit apprendre à respecter vos changements d'humeur.

Lors du choix d'un partenaire ou d'un mode de vie, veuillez rechercher une personne qui vous apportera la sécurité et la compréhension dont vous avez tant besoin, mais qui sera également tout aussi affectueuse que loyale.

Autant vous avez besoin d'une vie de famille stable et d'une relation de confiance avec l'être aimé, si on vient à vous mentir, il est sûr que vous ne pourrez plus refaire confiance à cette personne, et soyez assuré qu'on ne recherchera plus votre compagnie dans un proche avenir.

En tant que natif du 2e décan (du 2 au 12 juillet), vous êtes toujours sous la maîtrise de la Lune, mais votre décan est régi par Mercure. Cela confirme que vous possédez une puissante intellectualité. Vous faites partie de ces gens qui changent souvent d'emploi et/ou qui déménagent alors que vous êtes plus heureux en transit que fixé sur place.

Pluton et Mars, toutes deux planètes maîtresses du Scorpion, jouent un rôle de second plan pour faire suite à la Triplicité d'Eau qu'est votre signe solaire. L'influence de Mercure, de Mars et de Pluton donne aux personnes nées au cours de ce décan une connotation plus intense et un surplus d'énergie physique. Intelligent et possédant aussi de grandes capacités créatives, vous tendez à être moins timide que ceux des deux autres décans. En revanche, vous êtes plus du genre à garder votre vie privée et vos émotions sous clé, cachées, sans compter que votre hypersensibilité vous pousse à développer toutes sortes de stratagèmes pour vous protéger.

Mercure et Pluton, particulièrement très influentes dans votre thème, intensifient vos désirs et vos sentiments. En ce qui concerne Mercure, cette planète sera un atout majeur pour vous aider à bien gérer une variété de gens et de situations ainsi qu'à mieux communiquer.

Vous avez une énorme force intérieure et vous êtes tout aussi résilient. Animé d'un esprit très intuitif et pénétrant, vos capacités psychiques sont des plus étonnantes. Ce petit côté mystique qui vous habite tend à vous donner du charisme. Toutefois, étant une personne analytique et très émotionnelle, voilà qui peut aussi provoquer chez vous un surplus de confusion au sujet de ce que vous ressentez. Il est tout probable que cette dynamique psychologique soit liée à votre mère. Néanmoins, veuillez miser sur l'équilibre dans tous les domaines de votre vie.

Tous les travaux ainsi que tous les métiers qui vous mettent en contact avec le public et la foule sont favorisés. Vous êtes aussi doué pour les voyages, la poésie, l'écriture romanesque et l'imaginaire, les sciences occultes, spécialement la parapsychologie et la psychologie.

Pourvu d'une grande noblesse d'esprit, dans le couple vous recherchez quelqu'un qui est tendre, compréhensif, sensible et avec qui vous pouvez relâcher vos défenses. Si vous vous mariez, veuillez choisir un compagnon mentalement et spirituellement en bonne santé et qui ne sera pas intimidé par votre force de caractère. Si quelqu'un veut gagner votre cœur et garder votre amour, cette personne doit absolument apprendre à respecter vos changements d'humeur et être tout aussi affectueuse que loyale.

En tant que natif du 3e décan (du 13 au 23 juillet), votre décan est régi par Lune et secondairement par Neptune suivant la Triplicité d'Eau de votre signe solaire. Vous êtes un peu d'ailleurs, d'ici et de nulle part. Une errance profonde semble marquer votre destinée entière. Bien partout et nulle part, n'appartenant à rien ni à personne, vous aimez voyager en rêve ou en réalité, mais vous êtes toujours mieux de retour à la maison.

Jupiter, qui joue aussi un rôle clé alors qu'elle est dite exaltée dans votre signe et dans celui du Poissons également, puisque Neptune en a la maîtrise, ces deux planètes contribuent largement à votre spiritualité, à votre intuition et à votre clairvoyance. On dit que les personnes qui font partie de ce décan sont les plus artistiques, mais aussi les plus susceptibles d'être victimes de leurs propres émotions.

La Lune et Neptune étant exceptionnellement influentes dans votre horoscope, voilà qui explique pourquoi vous êtes animé d'une grande imagination, un peu insaisissable et facilement blessé. Puisque Neptune ajoute à votre spiritualité et que la Lune amplifie vos émotions, il est essentiel qu'à tout moment, vous ayez les deux pieds bien ancrés dans la réalité et que vous appreniez à mieux exprimer votre créativité de manière positive. Vous pourrez vous ressourcer soit par le yoga ou la méditation, ou toutes les autres activités douces et tranquilles qui vous aideront à vous détendre.

Neptune accentue aussi votre seuil de sensibilité, et c'est ce qui explique pourquoi vous avez tendance à voir les choses comme vous pensez qu'elles sont au lieu de la façon dont elles sont en réalité. Évitez de manipuler les gens en les faisant se sentir coupables, ce qui pourrait les amener à vous en vouloir. Veuillez plutôt mettre à profit l'amour tout en prônant ce rituel puissant qu'est le pardon, ce qui servira beaucoup mieux ainsi vos intérêts, et vous aurez tout à gagner d'agir ainsi.

Cette double influence lunaire et neptunienne vous donne de la détermination et une force intérieure à ne pas sous-estimer. Animé d'une grande bienveillance et tout aussi serviable de nature, vous vous consacrez au bonheur des vôtres et des gens qui vous sont chers.

Aussi sympathique que vous puissiez être, vous êtes lent à faire confiance aux gens, aux nouveaux prétendants, peut-être parce que vous avez été blessé dans le passé. Il va de soi que vos changements d'humeur n'aident pas à la situation non plus alors qu'ils déconcertent et même éloignent les plus curieux.

En amour, vous recherchez une vie stable, basée sur des sentiments profonds et une sexualité puissante. Puisque la Lune tend à vous rendre romantique et que Neptune ajoute à cet idéal, il vaudra mieux viser haut au moment de choisir ce compagnon de vie. Si vous n'êtes pas satisfait dans votre mariage, vous serez plus porté à chercher satisfaction ailleurs.

CE QUE LES ASTRES VOUS RÉSERVENT EN 2023

Jupiter en Bélier – du 20 décembre 2022 au 16 mai 2023 – votre X^e^ maison natale

Jupiter est fondamentalement une planète qui se déplace lentement. Elle a tendance à rester dans un signe et une maison pendant une année entière. Mais en 2023, elle se déplace exceptionnellement vite – elle traverse en fait deux signes et maisons. Elle commence l'année en Bélier, votre X^e^ maison. Puis elle se déplacera en Taureau, votre XIe maison, pour le reste de l'année et plus encore, soit jusqu'au 25 mai 2024. Tout ceci est très inhabituel et nous donne des messages importants. Avouez que vous avez fait beaucoup de progrès depuis quelques mois ; bonne nouvelle, c'est loin d'être terminé ! Vous vous connaissez de mieux en mieux et vous êtes capable enfin d'établir vos limites alors que cette nouvelle année s'annonce riche en événements. Vous n'appréciez pas toujours les changements et vous détestez qu'on chambarde votre train-train quotidien, mais en 2023, vous aurez à composer avec de nouvelles expériences ; inutile de vous en faire, celles-ci auront des répercussions positives. Si vous faites preuve d'ouverture d'esprit, vous pourrez en retirer une foule d'avantages. Vous vous apprêtez à entamer une nouvelle tranche de votre vie et ça promet d'être excitant. Vous continuerez à vous questionner sur une foule de sujets et, parfois, vous ne saurez plus où vous en êtes. Pourtant, vous auriez tout intérêt à poursuivre votre démarche, puisque vous pourrez transformer ainsi le cours de votre destinée ; votre quête d'identité vous aidera à vous connaître et, surtout, à mieux comprendre où se trouve votre véritable bonheur. Même si cela vous demandera énormément de courage, vous affronterez vos peurs. Ne laissez plus le passé vous gâcher la vie, bien au contraire, déployez de grands efforts pour enfin vous en libérer. Cela dit, en 2022, l'intérêt principal était votre carrière, et quelle année ce fut ! Dans de nombreux cas, beaucoup d'entre vous ont atteint les sommets de leur vie. Dans de nombreux cas, il y a simplement eu une expansion de votre statut. Vous avez été élevé, promu, honoré et apprécié pour vos réalisations. Ce fut une année de grands succès extérieurs. Vous avez atteint vos principaux objectifs professionnels et maintenant vous vous dirigez vers les « fruits » du succès : les amitiés, les activités de groupe, l'union avec des personnes partageant les mêmes idées et la réalisation de vos « plus grands espoirs et souhaits ». Malgré tout, la carrière sera toujours importante (et réussie) en 2023, mais pas autant qu'avant. Les augmentations de salaire, les promotions et les honneurs pourraient encore vous arriver jusqu'à la mi-mai, si vous n'avez pas encore reçu ces choses. Vous pourriez décider d'embrasser une nouvelle carrière sinon une nouvelle direction de vie qui sera plus alignée avec votre véritable objectif. Si vous n'êtes pas satisfait de votre carrière ou de votre chemin de vie, Jupiter en Bélier vous donnera la confiance nécessaire pour sortir de votre zone de confort et aller vers ce que vous voulez vraiment. C'est également à cette période que vous pourrez obtenir aussi la reconnaissance de vos réalisations, gagner en popularité ou même devenir un expert recherché dans votre domaine. Mais c'est dans votre vie sociale, dans vos amitiés que se situera l'action.

Pour ce qui est de vos affaires, jusqu'à votre anniversaire, votre destinée pourrait connaître des hauts et bas. Des changements professionnels ainsi que des dépenses imprévues risquent entre autres de vous affecter. Quant au reste de l'année, voilà qu'il s'annonce fort bien : vous réussirez dans tout ce que vous entreprendrez et pourrez même mettre des sous de côté. Vous aurez probablement à devoir composer avec des situations inattendues, mais si vous croyez en vous, vous viendrez à bout de tous les obstacles ; vous avez davantage de ressources que vous ne le croyez et ce sera peut-être l'occasion de le constater. Voilà une excellente période aussi pour améliorer votre réputation et pour construire votre image et votre carrière. Ce cycle favorise les activités publiques plutôt que la vie domestique. C'est donc le moment propice pour vous vendre ou pour traiter avec les personnes au pouvoir. Vous devriez vous sentir très sûr de vous. Et l'idée que vous puissiez amorcer une nouvelle carrière ou vous engager plus fortement dans celle que vous avez déjà sera tout aussi possible. Tel que stipulé préalablement, la carrière sera le principal titre pour les cinq premiers mois de l'année 2023. Vous avez tous les signaux classiques du succès – promotion, honneurs, appréciation, augmentation de salaire. À cet effet, votre planète maîtresse, qui régit le secteur financier de votre thème personnel – le Soleil, en est une qui se déplace rapidement. Au cours des douze prochains mois, il se déplacera dans tous les signes et maisons de votre horoscope. À court terme, les gains ont toutes les chances de provenir de plusieurs façons ainsi que par le biais de plusieurs types de personnes et d'activités – tout dépend de l'endroit où se trouve le Soleil à un moment donné. Ces tendances à court terme seront traitées de manière appropriée en temps voulu. Quant à votre quotidien, vous vivrez une importante remise en question de vos activités ; il se pourrait que vous changiez complètement votre plan de match. Ne faites surtout pas confiance au premier venu ; protégez votre argent et vos biens, et n'ayez pas peur d'exiger des garanties sérieuses. Ainsi, vous mettrez toutes les chances de votre côté.

Socialement, après votre anniversaire, préparez-vous alors que les invitations seront des plus alléchantes. Entre-temps, l'hiver et le printemps pourraient présenter un peu de tumulte sur le plan familial, personnel, mais comme vous êtes moins vulnérables, ça ne devrait pas trop vous toucher. Quant à la deuxième moitié de l'année 2023, elle revêt une importance capitale pour vos amours. Vous ferez des choix – les bons cette fois-ci ! Vous prendrez d'importantes décisions et vos gestes auront assurément des répercussions pour les années à venir. Attendez-vous à rencontrer plusieurs nouvelles personnes. Votre cercle de relations s'agrandira, et même si bon nombre d'entre elles seront plutôt superficielles n'empêche, elles vous permettront de vous distraire et de passer d'agréables moments. Parmi toutes ces nouvelles connaissances, il va s'en trouver une ou deux avec qui vous pourrez nouer une amitié plus profonde. Les solitaires pourraient même trouver l'amour. S'il y a déjà quelqu'un dans votre vie, quelques ajustements vous aideront à filer le parfait bonheur. Seule ombre au tableau, une personne âgée dont la santé risque de laisser à désirer.

Parlant de santé, le transit en Bélier vous poussera à abuser des bonnes choses. Ces écarts de conduite pourraient affecter votre silhouette, mais aussi votre état général. Je compte sur vous pour faire preuve d'un peu de sagesse jusqu'à la mi-mai, vous avez tout à y gagner. Une fois votre anniversaire passé, vous entreprendrez une des meilleures périodes que vous ayez connues depuis longtemps. D'ici là, on observe des aspects planétaires fragilisants de la part de Jupiter, mais en prenant les moyens qui s'imposent, vous pourrez aisément conserver votre bonne forme. D'abord, évitez les distractions et les imprudences qui pourraient provoquer une chute ou un accident bête, surtout pendant la période de mars à la mi-mai

2023 – il vaut mieux prendre un peu plus de temps pour vous rendre à destination ou pour effectuer une tâche que de tout faire à la course. Il serait sage aussi de ne pas surestimer vos forces sans quoi une panne d'énergie ou un malaise vous guette. Investissez dans votre santé, vous vous en féliciterez ! N'allez surtout pas non plus abuser de vos forces, tant physiquement ou psychologiquement, soignez vos malaises sans tarder et restez dans les limites du bon sens. Croyez-moi, les cinq premiers mois de l'année ne seront pas le moment d'être un casse-cou ni de lésiner sur votre sécurité ; en voulant faire les choses à la hâte, vous risqueriez de vous blesser. Or, n'attendez pas, commencez dès maintenant à prendre les moyens nécessaires pour maintenir votre bonne forme, voire recouvrer la santé. De toute façon, le temps est venu de mettre un peu d'ordre dans tout ça !

Jupiter en Taureau – du 16 mai 2023 au 25 mai 2024 – votre XIe maison natale

Vous avez toujours fondé vos actions sur le bien-être des autres. Combien de fois vous êtes-vous oublié ou même sacrifié pour vos proches ? Trop souvent aussi, vous avez fait des compromis qui allaient à l'encontre de vos véritables valeurs, seulement pour ne pas déplaire. Eh bien, il est grand temps que vous deveniez le centre de votre existence. Ne vous contentez plus des restes, visez ce qu'il y a de meilleur... vous y avez droit et le méritez tellement ! À partir de votre anniversaire, les bons aspects de Jupiter vous permettront de vivre une série d'événements positifs. Vous aurez envie de vous ouvrir au monde extérieur, ce qui est génial, puisque vous allez rencontrer beaucoup de nouvelles personnes. Et comme vos critères de sélection seront plus pointus, vous garderez à distance les cas problématiques, ce qui ne peut qu'être avantageux pour vous.

Au travail, une année charnière se dessine à l'horizon pour vous, soit juste après votre anniversaire. Vous êtes à la croisée des chemins et vous savez que certaines choses doivent absolument changer. Le mandat est imposant, j'en conviens, mais en bout de ligne, vous avez tout à gagner ! Plus que jamais, il est impératif que vous vous fassiez confiance, malgré tous ces doutes qui vous habitent. Que ce soit vous qui décidiez de faire de gros changements et/ou la destinée qui vous y force, vous vous apercevrez après coup que c'était pour le mieux. En affaires ainsi que financièrement, les choses se replaceront, mais plus après votre anniversaire, alors que vous amorcerez une nouvelle étape de vie remplie de satisfactions de toutes sortes. Vous sentirez que vos objectifs deviennent accessibles et reprendrez le dessus sur vos affaires. Soulignons également que vous aurez quelques chances dans les jeux de hasard pour un prix secondaire.

Quant à vos amours, c'est dans votre nature d'être trop généreux mais, une fois votre anniversaire de naissance passé, vous aurez envie de penser plus à vous, une décision que j'appuie entièrement. Or, n'hésitez pas à établir vos limites, ne vous laissez plus envahir et gardez les parasites à distance ; mieux encore, mettez-les donc à la porte une fois pour toutes ! Non mais, ça devient harassant, tous ces gens qui ne vous appellent que lorsqu'ils ont besoin de vous ! À la porte aussi ceux qui se mêlent constamment de vos affaires et/ou qui veulent toujours vous imposer leur façon de faire. Dites-vous que l'univers ne tolère aucun vide et que, pour chaque personne avec qui vous couperez les ponts, il s'en trouvera une nouvelle, et ce, nettement plus compatible. En effet, vous pourriez vous faire de meilleurs amis qui partageront vos valeurs et même la possibilité d'entamer une charmante amitié amoureuse si vous êtes seul.

En ce qui a trait à votre santé et bien-être physique, il sera plus que primordial qu'en tout temps vous prôniez une alimentation saine et que vous évitiez à tout prix de consommer tous les aliments contenant des additifs chimiques. Cela étant dit, si, par le passé, vous avez été malade, en 2023, vous retrouverez votre énergie alors que le médecin découvrira exactement ce qui ne va pas chez vous. Ce sera une période où la vie vous fera d'énormes cadeaux en dehors de ceux de votre anniversaire ; ce sera comme si le bien que vous avez fait ou encore que vous avez semé par le passé vous revenait souvent sous des formes surprenantes. Sur une note finale, si vous êtes à un âge avancé et que vous ne mangez pas convenablement, soyez avisé qu'il est plus que possible que vos articulations se mettront à vous faire souffrir terriblement ; soyez actif, mais sachez également quand il faut vous arrêter, ça ne peut que vous être salutaire.

Saturne en Poissons – du 7 mars au 31 décembre 2023 – votre IXe maison natale

Parce que Saturne est une planète karmique – comprendre qu'elle influence votre chemin de vie, votre karma – vous allez apprendre comment gérer les répercussions de vos actes passées. Saturne en Poissons est la clé pour vous concentrer sur les changements que vous ressentez à l'intérieur de vous-même mais aussi sur les changements qui pourraient affecter vos proches lors des deux prochaines années. En astrologie, Saturne est connue comme étant la planète « sérieuse » du zodiaque. Elle a été appelée la planète de la discipline, du temps, et dès fois aussi l'enseignante. Saturne a parfois mauvaise presse, car nous combattons souvent les changements saturniens. Elle nous enseigne la « responsabilité » dans de nombreux domaines de notre vie qui pourraient grandement bénéficier d'un peu d'amélioration sinon d'un progrès. Naturellement, l'instinct et l'ego nous suggèrent d'abord de lutter contre ces changements, jusqu'à ce que nous apprenions finalement à admettre que ceux-ci nous freinent d'une manière ou d'une autre. C'est ce que Saturne enseigne : la nécessité de changer nos habitudes ou de changer quelque chose sur soi-même qui pourrait bénéficier d'une petite refonte. Si vous apprenez à vous détendre et à ne pas craindre ce cycle de transformation de Saturne, vous découvrirez que vous pouvez bénéficier considérablement de sa sage tutelle. Ne vous retenez pas – et n'ayez pas peur non plus de reconnaître ou d'admettre le besoin d'amélioration, puisqu'apprendre à suivre le flux de Saturne pourrait s'avérer une expérience de croissance très positive. Il n'y a pas d'autre planète dans tout le système solaire avec les capacités d'enseignement que Saturne a à offrir. Cela dit, Saturne signe le début de l'année en Verseau. Une fois installée en Poissons, dès les premiers jours du mois de mars, les deux prochaines années qui verront passer Saturne dans ce secteur de votre thème natal marqueront un cycle de transition entre les expériences passées et futures. À cet effet, avez-vous un désir irrésistible de vous éduquer d'une manière ou d'une autre ? Vous intéressez-vous plus aux étrangers ? Fréquentez-vous plus de restaurants thaïlandais, mexicains ou italiens, simplement pour satisfaire votre quête de quelque chose de différent et d'exotique – ou peut-être parce que vous ne pouvez pas vous permettre de visiter ces pays en personne pour le moment ? Si oui, vous vivez un transit de Saturne en maison IX, soit la maison du « mental supérieur ». Voilà qui explique votre désir de satisfaire un besoin d'apprendre. Peut-être étudierez-vous une langue étrangère, sinon déciderez-vous de retourner sur les bancs d'école pour vous perfectionner dans une certaine mesure que vous enrichir d'une nouvelle technique ? Toutes ces choses sont des activités de la maison IX, et si vous trouvez que vous avez du temps libre, vous bénéficierez grandement en suivant un cours qui implique une étude approfondie ou en vous éduquant dans un domaine qui a toujours capté et suscité votre intérêt. En ce moment, votre esprit est ouvert et désireux d'apprendre. Si vous pouvez le faire, vous devez absolument y aller !

Alors que le domaine du lointain, de la philosophie, des voyages et de la justice est touché par le passage de Saturne en maison IX, ce sera une période où vous alignerez votre vie sur un idéal. Ce sera peut-être celui des voyages et vous pourrez alors vous retrouver à l'autre bout du monde tout simplement pour mieux comprendre notre environnement. Cependant, n'oubliez pas que Saturne a la mauvaise habitude de tout ralentir et de tout compliquer. Or, n'allez donc pas être étonné si quelques difficultés entravent vos découvertes. C'est la façon de voir les deux côtés de la médaille. Par ailleurs, cet idéal sera peut-être aussi celui de la recherche, de la poursuite d'études académiques, sinon occultes, puisque ce sera une très bonne période pour utiliser au mieux vos énergies mentales. Pour les professeurs, conférenciers et écrivains, ce sera une époque propice pour améliorer votre champ d'action, sinon ce sera peut-être la connaissance de soi par l'intermédiaire des sciences ésotériques, métaphysiques ou religieuses. Ce sera peut-être aussi en rapport avec les théories juridiques et sociales. Quoi qu'il en soit, Saturne, dans ce domaine, vous fera penser et réfléchir. C'est la position en transit la plus douce. Profitez donc de ce laps de temps pour apprendre et vous consacrer aux activités mentales. Ayez foi en vous et en l'humanité, et vivez en harmonie avec l'univers. Parlant d'harmonie, pour la plupart ces dernières années, les partenariats ont été mis à mal. Beaucoup d'entre vous se battent maintenant pour des possessions partagées, qui possède quoi et qui doit à qui! Toutes ressources provenant d'autrui tels: aides gouvernementales, soutien des partenaires, contrats d'assurance, remboursement de certaines situations, démarches administratives n'auront pas bonne presse. À vous maintenant d'en tenir compte!

LES PHASES RÉTROGRADES DE MERCURE POUR 2023

Mercure rétrograde en Capricorne – du 29 décembre 2022 au 18 janvier 2023 – votre VIIe maison natale

Climat général

Voilà une période où vous aurez le souci que tout soit parfait! Et puisque vos idées virevolteront et que vous aurez plus de mal à demeurer concentré sur tout ce qui est important, il ne serait pas étonnant que vous encouriez quelques petites tracasseries sur le plan familial. Quoi qu'il puisse advenir, abstenez-vous de harcèlements verbaux et attention de ne vexer personne par vos paroles insensées. N'empêche, soyez clair dans ce que vous avez à communiquer pour mieux éviter la confusion ; dites ce que vous avez à dire, faites valoir votre point de vue, surtout si vous jugez qu'il est absolument nécessaire de le faire. Il vous serait très souhaitable également d'accepter l'invitation de vos amis à faire un voyage et participer à une multitude d'activités amusantes, histoire de décrocher un peu. Bien évidemment, quand on est parent de jeunes enfants, il est plus difficile de se défaire de toutes ses responsabilités, alors tâchez de les faire garder à l'occasion pour connaître une vie sociale plus active. Par contre, vendre et acheter une propriété exigera un temps de réflexion et de l'organisation, ce n'est pas une décision que vous prendrez seul de toute manière et ce sera mieux lorsque Mercure aura repris sa marche directe, plus les quinze jours après à respecter, ce qui vous sera le plus favorable pour faire toutes vos démarches en ce sens.

Travail – Finances

Passionné et déterminé à connaître une croissance professionnelle, vous hésiterez un peu avant de prendre une quelconque décision. La possibilité de faire un retour aux études de même que suivre une formation sera envisageable, mais le changement risque d'être trop radical pour vous en ce moment, bien qu'il s'agisse d'événements que vous souhaitiez depuis longtemps. Or, avant d'accepter ou de refuser une telle offre, il serait avisé de demander quelques semaines de réflexion, du moins jusqu'à ce que Mercure ait repris sa marche directe pour tout officialiser. D'ici là, prudence avec vos sous et évitez de vous laisser déconcentrer d'une quelconque façon alors que l'on pourrait essayer de vous subtiliser l'argent de votre tiroir-caisse, mais il est possible aussi que votre attention soit attirée par autre chose et vous fasse commettre une belle bourde qui vous coûtera cher. Si vous travaillez dans un bureau, veillez à ce que vos chiffres balancent bien avant de les présenter à la personne en charge. En tant que patron, dirigeant et travailleur autonome, la morosité économique risque très bien de se faire sentir auprès de vos clients lors de cette période et ceux-ci seront donc moins enclins à dépenser leur argent. D'ailleurs, soyez avisé que ce ne sera pas le meilleur moment pour renouveler vos contrats ni pour dénicher de nouveaux clients ; c'est plutôt un cycle de restructuration et de profonds changements organisationnels. Bref, vous devrez avant tout accroître votre efficacité avant d'avoir une montagne de travail sur les bras. Il sera impératif aussi que vous mettiez la main à la pâte si vous tenez à maintenir une rentrée stable de vos revenus et n'allez pas croire que vous pourrez partir en vacances et vous permettre de laisser entièrement votre commerce entre les mains de vos employés même si vous avez une grande confiance en eux. Les clients auront besoin de voir le patron, cela leur donnera davantage le goût d'acheter chez vous.

Amour – Sentiments

Que vous ayez des enfants ou non, il est possible que dernièrement vous ayez vécu un certain froid entre vous et l'être aimé à ce sujet précisément. Peut-être ont-ils été assez turbulents pour créer des tensions dans votre couple ou alors vous n'arriviez pas à vous entendre sur l'éducation et/ou sur le fait de fonder une famille. Heureusement, cette situation conflictuelle se calmera nettement une fois que Mercure aura repris sa marche directe pour faire place à un peu plus de passion entre vous, du moins aurez-vous le désir de retrouver la passion. Ce seront les petites attentions qui feront toute la différence ; pas besoin de grands rendez-vous. Tenez-vous-en aux petites marques d'affection alors qu'elles seront amplement suffisantes pour exprimer tout l'amour qu'il y a entre vous. Quant aux célibataires de votre signe, si vous avez des enfants, votre ex-partenaire risque de provoquer un conflit ; il ou elle s'obstinera à rester sur ses positions qui ne vous conviennent plus. Un certain lâcher-prise vous sera plus que nécessaire. Malgré cela, vous serez en quête de tendresse et de chaleur humaine, et vous ne serez pas insensible non plus aux charmes d'une personne pour qui vous ressentirez une forte attirance. Attention de ne pas trop vous laisser envahir, puisque celle-ci cherchera rapidement à s'installer chez vous et à profiter de votre générosité ; son magnétisme pourrait vous empêcher de réfléchir lucidement ! Vous aurez amplement le droit de profiter de cette relation, mais tâchez de ne pas trop laisser cette personne profiter de vous, même si elle menace de partir.

Famille

Vous serez assez préoccupé par les activités de vos enfants ; petits ou grands, vous restez toujours un parent attentionné. Vous pourriez ressentir pas mal d'inquiétude par rapport à leur vie de couple, à leurs études, à un voyage que planifie l'un d'eux, à leurs voitures. Bref, vous aurez l'impression de devoir vous immiscer discrètement dans leur vie afin de régler leurs problèmes. Cependant, allez-vous être le bienvenu ? Curieusement oui, parce que vous aurez l'approche parfaite, du moins c'est ce qui sera encouragé de faire, sinon il vaudra mieux vous abstenir.

Santé – Bien-être physique
Période où une situation pourra vous incommoder, sinon vous importuner. En outre, le foie et le cœur sont des organes vitaux et demandent que l'on y fasse attention. Faites un peu plus d'exercice et nourrissez-vous sainement puisque votre estomac sera assez sensible pendant cette période. Et si vous prenez le volant, demeurez vigilant !

Mercure rétrograde en Taureau – du 21 avril au 14 mai 2023 – votre XIe maison natale

Climat général
Voilà une période où la famille attirera votre attention sans relâche. Qu'il s'agisse de vos propres enfants, de vos parents ou même des frères et sœurs, ils seront tous très présents. D'ailleurs, certains auront besoin de vos services pour les conduire dans un lieu quelconque ainsi que faire des courses avec eux, alors que d'autres sentiront le besoin de se faire réconforter dans des situations plus pénibles. Votre dévouement sera très apprécié même si vous manquez de temps pour vous. Or, avec le printemps qui se fait finalement plus présent, vous voudrez en profiter pour remettre à l'avant-plan votre vie sociale. Cependant, celle-ci ne sera pas toujours facile à coordonner avec toutes vos responsabilités, sans compter que le temps deviendra une denrée assez rare.

Travail – Finances
Non seulement vous ne cesserez de tomber sur des situations compliquées, les cas à problème seront bien plus nombreux et vous perdrez un temps fou alors que les ordres (consignes) ne seront pas clairs du tout. D'ailleurs, vous devrez très souvent vous en remettre à votre supérieur et, par moments, cela vous donnera l'impression de ne pas être à la hauteur pour le travail que l'on vous demande d'accomplir. Cependant, il est possible que vous soyez le seul responsable de ces difficultés. En outre, puisque que tout suggère que ce sera une période moins faste et remplie d'insatisfactions sur le plan professionnel, toutes les démarches mises de l'avant ne donneront pas les résultats souhaités. Pour ce qui est des rentrées d'argent, elles se feront rares, sans compter que votre sens des affaires risque de vous faire plus défaut. La pression sera plus palpable dans le cadre de vos activités et vous ne serez pas à l'abri de perdre du terrain. À cet effet, une occasion favorable d'affaires pourrait être mise en suspens, sinon annulée, ou ce sera votre naïveté en affaires qui vous causera une perte. Vous ne serez pas

à l'abri non plus de recevoir une mauvaise nouvelle ainsi qu'encourir un ennui avec un ami ou un collègue. N'allez pas prendre part et encore moins répandre des racontars inutilement à leur sujet, ça ne ferait qu'envenimer la situation inutilement. Il n'en demeure pas moins, vous risquez tout de même de subir la désapprobation de l'un de vos pairs ou amis et il sera plus difficile aussi de pouvoir dépendre de leur aide et de leur soutien moral. Cela étant dit, si vous êtes plongé au cœur d'un projet, malgré toutes les difficultés, n'allez surtout pas baisser les bras alors que vous saurez passer à travers toutes ces contrariétés. Et si vous êtes à la recherche d'un travail, la meilleure offre se fera plus après la fête des Mères. D'ici là, évitez de vous associer ou même d'adhérer à tout groupe que ce soit. Et étant donné que vous serez plus buté qu'à l'habitude, jusqu'à en perdre la raison ou le bon sens, ne laissez pas l'argent devenir une obsession ni laisser votre peur d'en manquer créer chez vous des angoisses. Au contraire, faites-vous plutôt confiance et sachez que ce n'est que temporaire. Sur une note finale, soyez avisé que vous ne serez pas à l'abri d'ennuis possibles dans vos moyens de transport, mais également dans la réception de votre courrier.

Amour – Sentiments

Il n'est pas impossible que vous vous posiez certaines questions sur votre relation. Vous aurez besoin de faire un pas significatif dans le développement de votre relation amoureuse. Étant un grand rêveur de nature, vous souhaitez constamment que votre relation soit comme un conte de fées, tout en étant passionnée et dynamique. Il n'est donc pas surprenant que vous puissiez alors être tenté de vous lancer dans un grand projet de mariage et de vivre la féerie de cet événement en y rassemblant en grand nombre familles et amis. Mais à partir du moment où vous sentirez le point de non-retour, vous pourriez paniquer et refuser l'engagement que le mariage implique, si ce n'est pas votre partenaire qui vous fera faux bond. En tant que célibataire, si vous avez vécu une relation qui s'est mal terminée, vous ne serez pas trop enthousiaste à l'idée de sortir pour faire de nouvelles rencontres. Mais s'il s'avérait que c'est le cas, vous ne chercherez que l'engagement. Par conséquent, vous tendrez à rejeter les candidats qui souhaitent simplement vous connaître pour une soirée de passion. Vous devrez apprendre à vous laisser glisser dans l'amour. Parfois, cela vous mènera vers des voies sans issue, mais dans certaines occasions, vous pourriez également y trouver éventuellement cette douce perle rare de vos rêves. Cela étant dit, il est très possible que vous puissiez aussi recevoir un message de la part d'un bel inconnu ou encore d'une belle étrangère qui vous semblera plus intéressant. La prudence sera de mise et attention aussi à certains arnaqueurs possibles qui pourraient profiter de votre vulnérabilité.

Famille

Non seulement le temps sera une denrée rare, mais vous serez occupé comme jamais et toutes les situations possibles et inimaginables sembleront arriver en même temps. Votre travail vous demandera beaucoup de temps, mais également la famille, et vous pourriez vous investir dans certaines activités pour lesquelles vous ne pourrez pas ou plus reculer ainsi que vouloir vous désister. L'idée que vous puissiez également prévoir un voyage ou du moins un week-end de détente et que vous n'en profitiez pas parce que vous aurez l'impression d'avoir beaucoup trop à faire pour prendre le temps de vous reposer fera aussi partie de cette équation. Et puisque vous aurez tendance également à délier votre langue ainsi qu'à dire tout ce qui vous passe par la tête, vous risquez d'encourir un différend sinon une sérieuse brouille possible avec un membre de votre famille. Il n'est pas impossible non plus que vous puissiez surprendre un parent en train de dévoiler des secrets de famille, sinon quelque chose qui vous est privé. De grâce, n'allez pas en faire tout un drame.

Santé – Bien-être physique

Voilà une année où vous pourriez décider de vous investir dans un nouveau régime draconien, mais cela risque de ne pas avoir les résultats escomptés. Peut-être sera-t-il trop restrictif ou encore que vous ne respecterez pas à la lettre les recommandations et ainsi engendrer tout le contraire de vos objectifs. Adopter de saines habitudes de vie et alimentaires est un comportement très personnel, mais ce qui est bon pour les autres n'est pas forcément bon pour vous.

Mercure rétrograde en Vierge – du 23 août au 15 septembre 2023 – votre IIIe maison natale

Climat général

Le fait d'être natif d'un signe cardinal ne favorise pas trop la patience, mais voilà que vous serez plus irritable devant des situations qui vous semblent stagnantes. Que ce soit la circulation, les files d'attente à l'épicerie, chez le médecin, au magasin à rayons ou à l'arrêt d'autobus, vous trouverez que tout est trop long et vous allez certainement manifester de longs soupirs qui en diront long sur votre humeur; il vaudra mieux s'abstenir de vous adresser la parole si l'on a une histoire moindrement complexe à vous expliquer. Néanmoins, vous aurez à modérer vos emportements et devrez être plus prudent aussi lors de vos achats. Et lorsqu'une personne vous choquera, soyez assez sage pour prendre vos distances et surmonter votre colère, laquelle, après coup, est toujours douloureuse pour vous, même quand elle est justifiée. Enfin, si vous n'avez pas pris de vacances cet été, peut-être serait-il avisé de votre part de prendre quelques jours de congé Par ailleurs, ce sera une période où il faudra apprendre à vous détacher de gens qui ne méritent rien et à qui vous avez beaucoup donné sans même savoir pourquoi vous étiez généreux à leur endroit. Chose certaine, on ne vous aura plus. Vous ne serez plus dépendant de l'approbation de quiconque; il est clair dans votre esprit qu'une énorme différence existe entre les mots des personnes intéressées et ceux des personnes qui vous donnent une véritable affection et de l'amour.

Travail – Finances

L'automne signale toujours le retour sérieux au travail et aux horaires réguliers. Rien à vous inquiéter, vous aurez du boulot, même plus que vous ne l'imaginez. Il est même possible que vous ayez à faire des heures supplémentaires. Comme pour bien des gens, c'est un temps de l'année extrêmement actif sur le plan professionnel, et vous aurez véritablement l'impression que les affaires vont reprendre pour votre boulot ou entreprise, et plus encore une fois que Mercure aura repris sa marche directe. D'ici là, vous serez la plupart du temps coincé à argumenter avec vos clients sinon un de vos collègues pour toutes sortes de sujets, qu'ils soient importants ou non. Toutes ces argumentations seront stériles et vous feront perdre un temps fou, vous empêchant ainsi de vous occuper de ce qui est véritablement urgent. Ce sera une source de stress assez important. D'ailleurs, si vous avez de grandes idées à proposer afin d'améliorer l'efficacité de l'entreprise, gardez-les pour vous, personne ne sera en mesure de vous écouter. Bien au contraire, vous pourriez faire face à des promesses qui ne seront pas tenues et cela vous obligerait à revenir aux sources, à en comprendre les raisons et à plaider de nouveau votre cause. Il n'en demeure pas moins qu'un client pourrait vous laisser tomber sans compensation; tâchez de rester diplomate. Proposez- lui d'autres produits et services, parce qu'il finira par revenir sous peu. Il en sera de même si vous attendez des nouvelles au sujet du financement d'un projet. Il est possible également que vous désiriez suivre des cours ainsi que vouloir terminer des études dans un domaine longtemps rêvé. Cela risque de susciter chez l'être aimé un léger surplus d'inquiétude, surtout si vous avez des enfants et que deux salaires sont nécessaires. En dépit de ce retour sur les bancs d'école ou à l'université, vous serez sans doute obligé aussi de continuer à travailler, au moins à temps partiel

Amour – Sentiments

Voilà une période où vous pourriez encourir quelques frustrations et vous pourriez très bien les exprimer franchement et clairement, sans trop de retenue. Vous ne serez pas insensible non plus aux avances que l'on pourra vous faire. Peut-être que votre ex pourrait revenir vous apporter un peu d'affection et il vous sera difficile de résister, de le repousser. En tant que célibataire, si depuis quelque temps vous n'avez cessé de naviguer de déception en déception avec des fréquentations qui semblaient pourtant intéressantes, vous préférerez repartir à neuf en y mettant un terme.

Famille

Les conflits avec votre mère ou votre partenaire de vie risquent d'être plus fréquents. Ce sera une période où vous aurez plus de difficulté à vous comprendre. Mais vous serez appelé à l'accepter sans rechigner. Et si vous décidez de prêter votre voiture à votre adolescent, assurez-vous qu'il ne boive pas d'alcool et ne prenne aucune drogue alors qu'il ne sera pas à l'abri d'un accrochage possible. Et si l'être aimé a déjà conduit en état d'ébriété, s'il vous plaît, ne lui donnez pas les clés de votre véhicule. Quoi qu'il en soit, le premier pas à faire en tant que parent est de faire confiance à ceux qui, comme vous l'avez fait par le passé, se débrouilleront, régleront leurs propres problèmes.

Santé – Bien-être physique

Il est possible que vous ressentiez quelques problèmes respiratoires, surtout si vous êtes passablement actif physiquement. Peut-être en demandez-vous un peu trop à votre corps. De l'exercice modéré vous sera plus salutaire. Évitez de trop abuser de vous-même, de vos forces. En revanche, il vous sera sérieusement conseillé de ne pas taire vos douleurs. L'avertissement est clair. Si quelque chose ne va pas dans votre organisme, voyez-y avant que ça ne s'aggrave. D'ailleurs, ne soyez pas surpris que votre médecin ou un autre professionnel de la santé vous suggère un nouveau régime de vie ou alimentaire, histoire de mieux protéger votre cœur d'éventuelles maladies. Un peu de repos pourrait être prescrit puisque votre nervosité sera plus marquante. Vous seul pourrez la calmer. Fragilité possible de l'appareil gastro-intestinal.

Mercure rétrograde en Sagittaire – du 13 décembre 2023 au 1er janvier 2024 – votre VIe maison natale

Si vous êtes malheureux et que vous entretenez cet état de vague à l'âme, afin de vous secouer et pour que vous preniez conscience que vous créez votre propre mal de vivre, toutes sortes de contrariétés et diverses déceptions vous tomberont dessus. Cette période rétrograde vous invite à faire des efforts, à être plus lucide et à rester calme même quand tout le monde s'énerve. Par ailleurs, n'allez pas essayer de trop vouloir épater la galerie en voulant décorer la maison pour les Fêtes, les gens vous voudront plutôt en pleine forme et dans votre étant naturel. Ne cherchez pas à en faire plus que ce que vous pouvez non plus, de toute façon, soyez averti, on ne sera pas véritablement très attentif aux efforts que vous aurez faits. On préférera de loin vous écouter parler avec votre cœur et vous voir sous votre vrai visage. D'ailleurs, vous serez un peu comme un livre ouvert et vous ne pourrez cacher vos malaises ni vos états d'âme si la situation se présente. Vous serez facile à deviner, et si vous avez besoin d'aide, vous n'aurez qu'à le demander. Néanmoins, lorsque vous partirez faire vos courses, il sera bon de vous faire une liste et de la faire vérifier par les autres membres de la famille, ne serait-ce pour vous assurer de ne rien oublier, autrement vous risquez de faire la navette assez régulièrement parce que vous n'arrêterez pas d'oublier des items importants. Vous tendrez aussi à frotter en profondeur la maison, vous aurez le sens du détail bien affûté et rien ne vous échappera. Il ne serait pas étonnant non plus que vous entrepreniez un travail bien précis, une œuvre d'art par exemple, qui occupera en grande partie vos temps libres et qui accaparera aussi toute votre attention.

Travail – Finances

Il est possible que vous puissiez vous retrouver avec des consignes plus ou moins claires et des négociations à gérer plutôt ardues par moments. En fait, tout porte à croire que l'aspect communicationnel sera quelque peu problématique durant cette période, alors peut-être serait-il plus sage d'écouter, d'acquiescer et parfois de faire répéter au lieu de vous obstiner avec votre patron, même si vous savez pertinemment bien que vous avez raison sur toute la ligne. Peut-être croirez-vous aussi que tout est derrière vous et qu'il ne sera pas nécessaire de prendre de l'avance, mais n'allez pas dire que vous n'étiez pas prévenu, parce qu'au moment où vous vous en attendrez le moins, vous verrez que vous aviez oublié ou négligé un million de détails. Alors, vous devrez probablement rentrer au bureau – même en dehors des heures normales, et possiblement aussi remettre quelques jours de congé pour vous rattraper. Quoi qu'il en soit, n'allez pas prendre des décisions sans qu'elles aient été suffisamment mûries. Or, en tant que patron, directeur et travailleur autonome, la fin de l'année signale très souvent la période des renouvellements de contrat. Par conséquent, vous devriez prendre le temps nécessaire pour vous assurer de la fidélité de vos clients, pour leur offrir des cadeaux ainsi que des petites attentions afin d'être bien certain qu'ils renouvelleront avec vous. Ne les tenez pas pour acquis ! Traitez-les avec beaucoup de considération si vous voulez les revoir.

Amour – Sentiments

Il est clair qu'une vie à deux requiert de faire des efforts assez significatifs et de se partager les tâches. Toutefois, il y aura des jours où vous aurez l'impression que c'est mission impossible et que chaque petit détail semblera une situation ardue à la laquelle il faudra faire face, ce qui pourra engendrer souvent un peu de frustration et donc aussi des conflits importants entre vous. Mais ce ne sera qu'après le jour de l'An que vous pourrez enfin crever l'abcès et retrouver par le fait même toute la passion qui sommeillait entre vous. En tant que célibataire, il y a de bonnes chances que vous consacriez une grande partie de cette période rétrograde entièrement au travail ou à vos multiples obligations avant de vous permettre une certaine liberté pour faire des rencontres. Il est même possible que vous rencontriez votre âme sœur. L'intensité des sentiments ressentis dès les premiers instants de la rencontre devrait vous signaler qu'il y a un grand avenir entre vous qui semble déjà se dessiner, mais prenez votre temps avant de commencer à penser à vivre ensemble et, surtout, protégez vos rapports sexuels.

Famille

Des événements hors de votre contrôle, tels que la maladie d'un proche, retiendront votre attention et malheureusement, votre partenaire, qui ne l'aura pas bien connu, ne voudra ni ne pourra comprendre que vous lui donniez tant de temps, alors que lui est en attente. Et si vous n'êtes plus de la première jeunesse et si c'est votre partenaire qui est malade, il sera tout naturel qu'il ne soit pas ou plus aussi présent pour vous. En effet, cette personne aura besoin de toutes ses énergies pour supporter son mal et se guérir. Vous aurez l'impression qu'elle est capricieuse.

Santé – Bien-être physique

Il ne serait pas impossible que vous encouriez certaines préoccupations, notamment à propos de vos poumons, de votre système respiratoire ou au sujet d'une congestion presque chronique en ce moment. D'ailleurs, n'allez pas être surpris que vous ayez à multiplier les visites chez votre médecin, histoire de bien diagnostiquer tout ça et de trouver le bon remède. Le repos sera véritablement un des meilleurs remèdes pour le rhume et la grippe, mais votre état de stress risque de prendre un peu trop de place pour vous laisser connaître de précieux moments de détente qui vous permettraient de retrouver un bon dynamisme. Par ailleurs, si vous voyagez, assurez-vous de recevoir les vaccins recommandés pour votre destination choisie. Mangez bien, prenez vos vitamines, car vous serez plus sujet à une grippe tenace ! Évitez le sucre et les gras trans.

LA PHASE RÉTROGRADE DE VÉNUS POUR 2023

Vénus rétrograde en Lion – du 22 juillet au 3 septembre 2023 – votre IIe maison natale

Climat général

Voilà un temps où vous devrez mettre un frein à votre impulsivité, car Vénus, qui s'intéresse aux valeurs, passera les six prochaines semaines en mode rétrograde. Cela dit, vous serez confronté à la réalité – alors profitez de cette pause forcée pour vous questionner à savoir où vous mène votre vie amoureuse. Et comment se passe votre planification et votre gestion financières. Cela ne ressemblera pas à une histoire de Cendrillon, mais en vérité, vous serez heureux de remettre vos pantoufles de verre sur la terre ferme dès le 8 octobre prochain.

Travail – Finances

Vous investissez beaucoup de temps et parfois aussi énormément d'argent dans votre carrière ; il est bien normal que vous vous demandiez si tout cela en vaut vraiment la peine. La réponse est un OUI catégorique. D'ailleurs, soyez avisé que vous en aurez bientôt la preuve. Possiblement qu'on vous refilera un bon tuyau ou encore on vous facilitera la réalisation d'un projet. Votre talent pour être à l'écoute de l'offre et de la demande sera récompensé par un jugement avisé et des transactions commerciales profitables. N'empêche, ne prêtez pas d'argent et ne signez rien sans bien prendre connaissance du document que l'on vous propose. Toutefois, lors de vos escapades dans les magasins et chez les antiquaires, des achats extravagants vous tenteront de sortir votre carte de crédit, mais votre décision sera davantage basée sur la nostalgie ou la valeur de revente. Évitez de faire l'achat d'objets qui se périmeront rapidement ou pour lesquels vous risquez de vous désintéresser vitement.

Amour – Sentiments

Des problèmes d'abandon pourraient surgir périodiquement, surtout si votre vie sentimentale traîne un peu de la patte. Ne vous attendez surtout pas à ce que votre partenaire arrange les choses pour vous. Des demandes constantes de réassurance pourraient épuiser la patience de ce dernier (et franchement, ce n'est pas une bonne image pour vous). Or, malgré la grande stabilité de vos amours, s'il y en a, bien entendu, vous risquez de vous ennuyer quelque peu. Il est même très possible que vous puissiez trouver que l'élu de votre cœur ne fait pas assez attention à vous, et pourtant, il ou elle vous adore. En discutant avec cet ami qui vit de vrais problèmes de cœur, vous constaterez vitement que, dans le fond, vous avez tout ce qu'il faut pour être heureux. Si vous êtes célibataire, voilà qu'une tournure des événements vous donnera une image plus claire d'une romance potentielle. Bien que les restrictions aient été levées, un engagement sera nécessaire. Posez des questions précises et vous obtiendrez les réponses dont vous avez besoin pour aller de l'avant. De plus, une discussion avec un membre de la famille risque de s'envenimer, mais heureusement que vous saurez trouver les bons mots à temps.

Famille

En dépit que tout présage un léger creux de vague, toutefois, soyez informé qu'il est dépourvu d'événements négatifs. Les soucis familiaux devraient s'estomper, soit juste à temps pour célébrer la fête des Mères. Entre-temps, un de vos proches n'aura pas votre chance : il risque d'avoir le cœur en compote. Vos bonnes paroles et votre générosité apaiseront sa tristesse. Soulignons également qu'un frère, sinon une sœur, risque encore de se mettre les pieds dans les plats et cette fois, vous déciderez de ne pas intervenir. Et en dépit que la colère et la frustration risquent de s'accumuler, n'allez surtout pas vous défouler sur vos proches. Essayez d'abord de brûler cet excédent d'énergie en faisant de l'exercice. Cela dit, même lorsqu'elle est rétrograde, Vénus veut vous aider à faire revenir les sentiments d'amour et non pas à brûler les ponts.

Santé – Bien-être physique
Votre amour de la cuisine familiale et de la gastronomie vous apportera une profonde satisfaction. Avec Vénus et Mercure, tous deux rétrogrades, profitez-en pour visiter votre pharmacie locale au rayon des vitamines pour réévaluer ce qui vous manque et ainsi contrer tous vos excès. Une fois que vous aurez établi les faits et les chiffres, vous vous ferez un devoir de vous approvisionner en herbes et minéraux essentiels pour renforcer votre régime de santé. Assurez-vous aussi que votre moitié soit sur la même longueur d'onde.

LA PHASE RÉTROGRADE DE MARS POUR 2023

Mars rétrograde en Gémeaux – du 30 octobre 2022 au 12 janvier 2023 – votre XIIe maison natale

Climat général
Certains événements conspireront à vous rendre la vie plus difficile, à ne pas vous sentir bien dans votre peau et à céder aux pressions extérieures. En plus d'accuser une certaine frustration et un refus de communiquer ce que vous ressentez vraiment, comme si un certain orgueil vous empêchait de partager ouvertement cette blessure qui vous habite, cette angoisse fera en sorte qu'il vous sera encore plus difficile d'admettre vos propres imperfections ainsi que celles des autres. Votre manque de confiance en vous et vos potentialités sembleront être bloqués par quelqu'un ou par un complexe d'infériorité émanant de votre enfance – possiblement dû au père qui était absent, et vous aurez plus de difficulté à vous adapter et à vous ajuster aux gens et aux circonstances présentes. Même si des épreuves vous obligeront à changer de vie bien malgré vous, attendez-vous à ce qu'il y ait des obstacles de parcours ainsi que de nombreuses barrières à franchir. Et pour mieux franchir celles-ci, veuillez apprendre à rééquilibrer votre puissante énergie qui vous pousse à agir de façon inconsidérée, à réagir incorrectement et à lancer vos insatisfactions au visage de vos interlocuteurs. Faites quoi que ce soit qui vous aidera à mieux déployer ce surplus d'énergie !

Travail – Finances
Voilà une période où les performances au travail pourraient laisser davantage à désirer et vos relations de travail risquent également d'être plus ou moins désagréables. Non seulement la communication se fera plus difficile, mais attendez-vous également à un ralentissement de vos affaires ou

d'un projet professionnel, sinon il est possible qu'un immense projet puisse compromettre votre essor et votre réussite. Or, veuillez donc prendre le temps d'analyser tous les fondements et les structures de votre travail ou d'un projet avant de vous y engager. Attention aussi de ne pas vous égarer dans de trop grands projets alors que vous ne pourrez que compter sur vous-même et personne d'autre. Alors que le temps ne se prêtera pas pour se lancer dans des projets démesurés, si vous n'avez pas d'autre choix que de vous lancer dans de grosses dépenses, veuillez bien évaluer vos moyens financiers au préalable. N'empêche, le temps ne se prêtera pas aussi bien non plus pour consentir un prêt ni pour vous lancer dans toute entreprise risquée. Or, tenez-vous-le pour dit ! Suivant que ce sera un temps où des personnes près de vous ne comprendront pas toujours vos aspirations, votre quête ou le but de votre démarche professionnelle, d'affaires ou autres, vous aurez peut-être à changer de stratégie commerciale ou de marketing parce qu'elle ne répond plus ou pas à vos attentes, ou qu'elle est désuète et vous tire vers le bas. Il est également possible qu'un patron, un associé ou même une tête dirigeante vous fasse clairement sentir que vous ne devez pas vous attendre à un traitement de faveur de sa part. Or, assurez-vous de faire les choses noblement au risque de vous faire taper sur les doigts. Et si vous êtes en commerce, vous ne pourrez choisir meilleur moment pour élaborer toute stratégie future en vue de publiciser votre produit, vos services, sinon pour vous attirer une toute nouvelle clientèle. Veillez à ce que vos papiers soient clairs et que vos contrats et vos ententes soient bien étudiés avant d'être signés et qu'aucune transaction ne soit faite au hasard. Idéalement, passez à l'action dès février 2023. D'ici là, si vous êtes sur la route, vous aurez à voyager davantage. Heureusement que vos déplacements vous rapporteront des profits substantiels avec le temps. Demeurez tout de même prudent lorsque vous vous retrouverez derrière le volant et n'allez pas trop vite. Attention également aux contraventions et aux stationnements interdits. Protégez aussi vos biens. Ne laissez rien traîner sur les sièges de votre véhicule. Sur une autre note, il est possible qu'une personne tente une manœuvre pour vous nuire professionnellement. À vous de garder les preuves qu'elle laissera derrière elle et voyez un avocat. À défaut de tout ce qui se passera, il n'en demeure pas moins que la période sera favorable pour créer de la musique, une œuvre ou pour écrire. Cependant, vous aurez à vous pousser dans le dos plus qu'à l'habitude alors que vous serez porté à remettre en question vos habiletés et même à perdre confiance en vos multiples talents créatifs.

Amour – Sentiments

Voilà un temps où vous aurez besoin que l'on respecte votre espace personnel afin de mieux pouvoir contempler votre vie ; mais voilà que les vôtres auront tendance à vous demander plus que vous ne serez capable de donner et vous aurez du mal à leur dire non, ou vous risquerez de leur répondre sèchement. Ce sera une période où vous rechercherez davantage la solitude. Vous pourriez éprouver aussi du regret, une perte ou de la peine. N'attendez pas trop de vous-même. Or, vos désirs ont toutes les chances d'être mis à défi par des obstacles, par une situation imprévue ou fâcheuse, ou par rapport à des gens difficiles. Quant aux célibataires, vous êtes invités à plus de souplesse dans vos relations avec les autres et ne soyez pas radicaux dans vos opinions lors de certaines rencontres alors que ça ne pourra que vous jouer un bien mauvais tour. Attention aussi de faire quelque chose d'audacieux ou d'irresponsable. Calmez-vous et attendez pour de meilleurs temps. Ralentissez le pas, reposez-vous et décidez ce que vous ferez par la suite. Si vous avez une aventure, protégez-vous puisque Mars en Gémeaux tendra à affaiblir votre système immunitaire. À tout le moins, attendez-vous à des contretemps possibles ou à des mésaventures décevantes. Si vous êtes enceinte, attention, vous n'êtes pas à l'abri d'une fausse couche. Demeurez vigilante !

Famille

Voilà un temps où le chacun pour soi sera plus marquant ! Attendez-vous donc à des ennuis dans vos relations affectives familiales. Chose certaine, vous pourrez mieux vous accommoder de tout et de rien que de vos proches. À cet effet, un ou certains membres de la famille pourront se montrer plus critiques à votre endroit et vous n'apprécierez pas leur approche, ce qui risque en retour de brasser des émotions passées. Ne succombez pas à cette énergie malsaine, au contraire, misez sur cette période pour vous remettre en contact avec votre moi intérieur afin de vous guérir et de vous défaire de ces sentiments négatifs qui vous lèsent ou vous blessent. Cela dit, attendez-vous à devoir gérer une situation qui date de votre passé, soit des choses latentes. Si ce n'est pas le cas, vous risquez d'éprouver plus de difficulté à bien vous entendre avec vos enfants, votre partenaire de vie ou avec une personne qui vous est chère. D'ailleurs, tout laisse suggérer que vous allez possiblement remettre quelqu'un à sa place suivant qu'il vous aura fait sentir insignifiant, incapable ou carrément inadéquat. Mais même si quelqu'un près de vous pourra vous tomber royalement sur les nerfs, au lieu de vous emporter contre cette personne, trouvez une excuse pour ne pas vous retrouver en sa présence. Par ailleurs, vous constaterez aussi à quel point votre mère ne répondra pas à l'idéal que vous recherchez et vous en souffrirez beaucoup. Et si ce n'est pas votre mère, ce sera avec votre propre famille. Cela suggère aussi que vous ne serez pas à l'abri d'une dépense imprévue pour le foyer, possiblement une réparation à faire, sinon méfiez-vous d'un bris possible. À tout le moins, attention de ne pas vous couper ni vous blesser avec tout outil lorsque vous serez à cuisiner et méfiez-vous aussi de votre impatience.

Santé- Bien-être physique

Des idées obsédantes concernant le passé pourraient ressurgir. Ne vous laissez pas submerger par elles, maîtrisez-les. Il est temps de le faire, car vous en sortirez plus fort et confiant dans la vie que vous ne l'avez jamais été. Or, prenez un moment de répit pour vous-même, apprenez à relaxer, mettez vos problèmes de côté et concentrez-vous sur ce qui est important, sur les faits. N'empêche, vous serez davantage porté à vous laisser aller. Or, attention de ne pas négliger la gestion de votre santé et tenez compte de tous les symptômes, et au besoin consultez sans tarder votre médecin. En dépit que votre énergie mentale sera plus apparente que votre énergie physique, vous aurez tendance tout de même à vous montrer plus casse-cou que d'ordinaire. Il vous sera fortement suggéré de ralentir le pas alors qu'en réalité, votre seuil d'énergie sera à son niveau le plus bas. Ce sera d'ailleurs davantage un temps pour vous reposer, pour vous relaxer et pour prendre la vie plus mollo. Tenez-vous donc pénard et reposez-vous ! Attention également aux blessures et aux infections de toutes sortes, et à un léger malaise ; il est possible que vous ayez à visiter le cabinet de votre médecin, sinon une quelconque institution médicale. À tout le moins, vous serez dans l'obligation de prendre une voie nouvelle pour mieux répondre aux réalités familiales. Attendez-vous aussi à une dépense pour une question de santé, sinon pour une personne près de vous (un proche, un enfant ou l'être aimé) qui pourra voir sa santé affectée ou elle sera incommodée par la maladie. Période où tous les irritants vous rendront plus impatient !

L'ÉCLIPSE SOLAIRE ANNULAIRE DU 14 OCTOBRE EN BALANCE – VOTRE IVE MAISON NATALE

Secteur de votre thème natal où vous vous enracinez, c'est ici que vous établissez votre base de vie. Par conséquent, vous réfléchirez à ce que signifie réellement votre foyer pour vous. Les questions concernant les parents, la configuration physique ou l'emplacement de votre maison, et votre famille immédiate vont requérir votre pleine attention. Vous pourriez également être particulièrement préoccupé par l'éducation des enfants ou les relations avec votre propre mère. Vous pourriez aussi envisager de déménager votre maison dans un nouvel endroit ainsi que de quitter le foyer.

Bien que cette éclipse vous incite à prudence, elle ne sera pas trop rude, mais votre santé pourrait chuter légèrement ou serez-vous plus fragile, plus facilement dépressif et fatigué ou vous semblerez plus tendu, plus stressé. Un rien vous mettra à l'envers. Or, il faudra prendre toutes les précautions d'usage en prônant une alimentation saine et suffisante ainsi qu'en prenant du repos supplémentaire. Cela vous préservera des virus, des microbes et autres malaises. Un vaccin antigrippal pourrait être utile aux personnes plus âgées ou moins en forme. À vous de décider si vous êtes pour ou contre. Cela dit, si vous éprouvez quelques dérangements, n'en cherchez pas la cause trop loin. Tenez-vous-en à votre routine sécurisante, sans chercher à innover. En revanche, occupez-vous de votre santé et soyez prudent en cas d'ascendant Balance, Cancer, Bélier ou Capricorne – ceux-ci étant touchés par l'éclipse. Points sensibles : reins, voies urinaires, prostate.

Sur une note finale, lors de vos déplacements, assurez-vous de redoubler de prudence tout en surveillant les agissements des autres. Vous remarquerez très facilement que les gens seront plus nerveux sur les routes. À vous d'y voir ! Soulignons également que la période ne prédisposera pas aux transactions et aux signatures de contrats. Si vous êtes capable de les retarder, cela vous sera bénéfique. Vous éviterez des erreurs ou des dangers potentiels.

P.-S. Vous êtes encouragé à prendre connaissance de tout ce qui est écrit au chapitre intitulé « Les Éclipses de 2023 » pour mieux vous familiariser avec toutes les mises en garde à respecter lors de toutes les éclipses.

LES POSITIONS LUNAIRES ET VOUS

À la fin du livre, vous trouverez le tableau des positions lunaires pour chaque jour de l'année 2023. Pour mieux tirer profit de la Lune au quotidien ainsi que connaître le rôle qu'elle jouera sur vos humeurs, lesquelles vont influer sur votre jugement et sur vos actes, référez-vous au chapitre intitulé « Méthode d'interprétation du calendrier des Lunes ».

Les divers passages de la Lune ne sont jamais neutres. S'il y a des moments pour l'action quand la Lune est néfaste, s'il faut prendre du recul quand elle ne l'est pas, les autres journées représentent, la plupart du temps, un mouvement vital plus lent. En général, quand la Lune passe en Cancer, en Lion, en Vierge, en Scorpion ainsi qu'en Poissons, vous êtes en forme. Ces énergies, surtout celles du Cancer, de la Vierge, du Scorpion et du Poissons, vous placent en position de force. Là où vous devriez être prudent et où il serait préférable de prendre du recul, c'est lorsque la Lune se trouve en Bélier, en Balance, en Capricorne et en Gémeaux. Les Lunes en Gémeaux, en Sagittaire et en Verseau sont neutres par rapport à votre signe. Sans destination particulière, ces jours se passent plus ou moins bien, selon que vous vous adaptez aux changements ou non. Pour voyager, vous êtes en sécurité, sauf en cas d'éclipse lunaire en Cancer, votre signe. À part cela, écrivez, discutez, étudiez, planifiez et vendez à prix ferme, on achètera.

♌

Lion

24 juillet au 23 août

LES DIFFÉRENTS ASPECTS DE VOTRE PERSONNALITÉ

Lion – masculin, fixe, feu

Au-delà de tout, votre signe représente la fierté et l'ego. Régi par le Soleil, votre maître céleste, vous voulez briller de toutes vos couleurs et vous aimez ne pas passer inaperçu. Vous avez également l'art d'attirer l'attention de tous et toutes même quand vous ne la recherchez pas nécessairement. Doué pour faire une grande entrée ainsi qu'une grande sortie, vous êtes né pour amuser la foule, la masse, le public, et ce, sans compter que vous pouvez être tout aussi dramatique à vos heures.

Aussi susceptible et exigeant que vous puissiez être, vous êtes également tout aussi généreux. Vous appréciez l'attention et vous aimez être louangé par de somptueux compliments et des beaux cadeaux, et être paré d'un environnement tout aussi luxueux et de dernier cri à la hauteur de la personne que vous êtes.

Il est vrai que votre spécialité est de vous amuser, voilà qui explique pourquoi vous prenez tant de plaisir à recevoir chez vous tous ceux qui vous sont chers.

Parfois, votre peur de l'échec vous empêche de vous prouver de quoi vous êtes capable ou de commencer quelque chose de nouveau par peur de ne pas être à la hauteur, donc de ne pas briller de tous vos feux, car vous aimez être le centre d'attraction et il n'y a pas de doute là-dessus.

CE QUI VOUS DIFFÉRENCIE DES AUTRES NATIFS DE VOTRE SIGNE

En tant que natif du 1er décan (du 24 juillet au 3 août), votre signe est régi par le Soleil, vous donnant ainsi une surdose de vitalité, de puissance et de chaleur. Vous êtes une personne fidèle, noble, ambitieuse, généreuse et tout aussi charismatique. L'image que vous projetez et la position que vous occupez dans la vie sont toutes deux importantes pour vous.

Leader-né, vous avez tous les atouts en main pour influencer la masse. D'ailleurs, vous pourrez très bien exceller à votre compte alors que vous avez tous les talents, compétences et habiletés pour bien gérer une ou votre entreprise.

Votre décan est sous la dominance de Saturne. Cela fait de vous une personne dont l'ego est fort, quelqu'un qui est animé d'un magnétisme naturel et d'une dimension d'orgueil extraordinaire que vous pouvez utiliser en bien ou en mal, indépendamment de votre ascendant natal.

Votre caractère est tout aussi passionné que l'est votre l'orgueil, sans compter que vous possédez l'art du commandement comme personne. Vous êtes aussi quelqu'un pour qui la liberté est très importante.

Pour faire suite à la Triplicité de Feu qu'est votre signe solaire, cette double influence du Soleil tend à vous rendre jovial. Vous aimez vous amuser, vous aimez rire, vous aimez vivre entouré de luxe, d'apparat et de cérémonies auxquelles vous vous prêtez avec ardeur. Les amitiés et les liens sociaux sont également importants pour vous.

Autant en affaires que par plaisir, vous prônez d'excellentes valeurs éthiques. Si vous bannissez toutes les pensées négatives, il n'y a pas de raison pour que vous ne puissiez pas réussir dans la vie, surtout que vous avez également le sens du spectacle pour accomplir tout ce que vous désirez réaliser.

En plus d'être absorbé par de nombreuses pensées et idées, vous les poursuivez toutes agressivement. Possédant de l'audace, de la ruse et voulant tout obtenir de la vie, vous ferez tout pour arriver à vos fins, à votre but, et vous réussirez neuf fois sur dix.

La reconnaissance est le thème principal de votre vie. Naturellement, vous êtes plus que motivé et poussé à exercer dans un domaine où vous pouvez briller de tous vos feux.

Vous avez un goût prononcé pour les arts, la musique, la lecture ainsi que pour tout ce qui relève des activités de bienfaisance qui sont d'autres secteurs où vous pouvez très bien réussir.

En ce qui concerne vos relations, celles-ci peuvent être ardues parce que vous êtes trop impulsif, et c'est encore plus difficile lorsque cela concerne vos amours. Lorsque vous voyez quelque chose ou quelqu'un que vous désirez, rien ne peut vous arrêter.

En amour, vous donnez beaucoup, mais vous exigez aussi tout autant en retour. Le partenaire de vie idéal sera quelqu'un de loyal, d'affectueux et qui vous appréciera à votre juste valeur, mais qui supportera également que vous aimiez être en position de commander. Si vous vous mariez, choisissez quelqu'un dont vous pouvez être fier, quelqu'un avec qui vous pouvez créer une existence de rêve, puisque vous avez un immense besoin d'une vie de famille stable et d'être entouré de relations en lesquelles vous avez une confiance aveugle.

Pour ce qui est de votre santé, elle sera excellente à condition de ne pas trop abuser des bonnes choses de la vie telles que la nourriture, l'alcool, le sexe et l'amour. À ne pas prendre à la légère.

En tant que natif du 2e décan (du 4 au 13 août), vous êtes toujours régi par le Soleil, ce qui vous attribue automatiquement une forte santé, mais votre décan est gouverné par Jupiter. Puisque Jupiter joue un rôle significatif dans votre thème natal, voilà qui bonifie les pronostics favorables à votre naissance. Cela explique aussi pourquoi vos perspectives sont optimistes et positives.

Ouvert d'esprit, vous aimez explorer des horizons nouveaux, mais aussi des cultures différentes de la vôtre. Visionnaire intelligent, capable d'une grande générosité et tout aussi brillant par nature, on admire vos capacités à bien vous entendre avec toutes sortes de gens. Noble et fier par nature, vous possédez des sentiments élevés en ce qui a trait à votre dignité et à votre honneur.

Jupiter, qui influence doublement votre signe – puisque d'une part, elle est la planète maîtresse de votre décan et que, d'autre part, elle donne suite à la Triplicité de Feu qu'est votre signe solaire – augmente sensiblement le côté spirituel de votre nature et hausse votre curiosité intellectuelle tout en activant votre besoin d'indépendance.

Pondéré et digne de confiance, vous avez un fort sens de l'idéalisme qui perturbe vos actions et vos attentes. Intrépide et jovial, votre personnalité est très puissante, mais vous avez également en horreur toutes les situations ou toutes les personnes qui vous privent de votre liberté d'expression.

Compatissant de nature, tous ceux qui vous entourent vous trouvent inspirant. Royal, superbe et volontaire, vous dégagez une noblesse naturelle qui force le respect, voire l'admiration. Bien que vous preniez des risques dans la vie, vous tendez à respecter l'autorité, mais vous avez également le don d'attirer à vous toutes sortes de gens et certains peuvent ne pas être aussi bons pour vous.

Vous pourrez réaliser quelque chose d'une importance capitale dans votre vie pourvu que vous définissiez vos objectifs et que vous investissiez les efforts nécessaires pour les atteindre. Ne manquez pas non plus de mettre à profit votre talent naturel pour saisir et résoudre tous les problèmes existants. Misez également sur l'équilibre dans tous les domaines de votre vie, ce qui servira bien mieux vos intérêts ainsi que ceux des autres.

Chanceux et fortuné, il vous sera donné à plusieurs occasions la possibilité de hausser vos revenus, surtout que vous agissez vite et énergiquement, sans compter non plus que vous ne vous préoccupez aucunement de ce que peuvent dire les autres. Suivez votre ligne de pensée, faites votre chemin et vous vous en réjouirez, mais n'allez pas devenir non plus trop imbu de vous-même, trop égocentrique ou trop orgueilleux.

Aimant le rire et le plaisir, en amour vous êtes une personne qui a besoin de se sentir aimée et admirée. Votre grand sens de la justice et de la charité fait de vous un être, un associé, un partenaire de vie et un ami chaleureux sur qui on peut se fier. Heureux tous ceux qui vous ont dans leur entourage alors que vous portez bonheur !

Côté cœur, vous faites partie de ces personnes qui sont à la recherche d'un ou d'une partenaire de vie qui leur fera honneur, intelligent(e), plein(e) de fantaisie et rempli(e) d'humour, et avec lequel ou laquelle vous partagerez votre curiosité, votre goût des voyages et votre soif de liberté. Si vous vous mariez, choisissez une personne qui respecte votre dignité et qui estime votre habileté à prendre les choses en main.

En tant que natif du 3e décan (du 14 au 23 août), vous êtes régi par le Soleil et de ce simple fait, votre santé et votre exubérance naturelle ne vous font pas défaut. Votre décan est sous la tutelle de Mars. Cette planète joue un rôle déterminant dans votre thème natal, puisqu'elle ajoute de l'ambition à votre nature. Votre destinée est celle de meneur d'hommes et de femmes, de leader qui rend de grands services à l'humanité.

Courageux, vif d'esprit, énergique et autoritaire, vous avez l'endurance ainsi que tout l'enthousiasme nécessaire pour mener à bon port toutes vos visées, mais vous pouvez éprouver également une certaine difficulté à maîtriser votre impatience et vos sautes d'humeur. Il serait donc tout indiqué pour vous de changer souvent d'air, de vous secouer, de ne pas vous laisser aller à des vices ni à des manies dangereuses, et n'allez pas céder non plus à vos instincts sexuels, ou autres, très puissants. Vous aurez en ce sens un grand travail à accomplir et si vous le réussissez, vous aurez le plaisir et la satisfaction de devenir un être exceptionnel.

Ambitieux et assez direct dans votre approche, vous êtes heureux lorsque vous pouvez travailler pour vous-même et selon votre propre horaire. La position que vous occupez et l'image que vous projetez dans la vie sont importantes à vos yeux. N'empêche, ne soyez pas trop prompt à donner aux gens votre temps, votre argent, votre confiance ou votre affection.

Protecteur de votre dignité et tout aussi jovial qu'amical, vous pourrez faire des pas significatifs dans la vie grâce à votre courage, sans compter que votre nature des plus audacieuses et votre sens de l'initiative contribueront largement à votre succès.

Vos capacités intellectuelles et votre volonté de réussir font de vous un leader-né qui pourra exceller dans de nombreuses professions, entreprises ou sociétés, et ce, plus encore si vous jouissez d'une éducation avancée. À cet effet, vous pourriez très bien faire votre marque dans le domaine bancaire, l'immobilier, la comptabilité ou toutes les activités qui impliquent les finances, mais également dans les forces armées où vous pourriez atteindre un grade élevé. Visez haut lorsque vous établirez vos objectifs et soyez tout aussi sélectif des personnes qui vous entourent.

Autoritaire, impétueux et plein d'entregent, vous êtes très doué pour mettre en action de nouveaux projets, mais parfois vous perdez de l'intérêt avant qu'ils soient finalisés. Vous semblez avoir également des réserves d'énergie intarissables. Suivant que vous êtes du genre à fonctionner à vive allure, vous n'êtes pas heureux si quelque chose entrave votre route ou si vous êtes retenu d'une quelconque façon, puisque cela vous empêche d'accomplir tout ce qui était prévu au programme. Être constamment occupé est votre devise !

Sexy, aimant le risque et l'aventure, vous êtes plus du genre à prendre les initiatives au moment des relations intimes. Vous refusez catégoriquement de vous voir dominé par l'élu de votre cœur. Dans votre vie de couple, vous recherchez d'abord et avant tout le dialogue et le partage. Si vous vous mariez, choisissez une personne qui est raffinée, pondérée et séduisante alors que Sa Majesté que vous êtes sera flattée d'orgueil de la présenter à tout un chacun.

CE QUE LES ASTRES VOUS RÉSERVENT EN 2023

Jupiter en Bélier – du 20 décembre 2022 au 16 mai 2023 – votre IXe maison natale

Jupiter est fondamentalement une planète qui se déplace lentement. Elle a tendance à rester dans un signe et une maison pendant une année entière. Mais en 2023, elle se déplace exceptionnellement vite – elle traverse en fait deux signes et maisons. Elle commence l'année en Bélier, votre IXe maison. Puis elle se déplacera en Taureau, votre Xe maison, pour le reste de l'année et plus encore, soit jusqu'au 25 mai 2024. Tout ceci est très inhabituel et nous donne des messages importants. Voici donc un début d'année dont vous vous souviendrez longtemps. Jusqu'à votre anniversaire, vous bénéficierez d'un courant de chance assez exceptionnel. Vous gagnerez du terrain, vous vous rapprocherez de vos buts. D'ailleurs, Jupiter en Bélier vous aidera à trouver un nouveau but, une nouvelle perspective, sinon donner un nouveau sens à votre vie. Pour faire de ce nouveau but une réalité, vous aurez besoin un plan pour y arriver. Profitez-en pour apprendre de nouvelles compétences, pour retourner sur les banc d'école, trouver un professeur ou un mentor, voyager plus que d'habitude, explorer différents sujets, et avoir des expériences d'apprentissage significatives. Il va de soi, vos projets prendront forme aisément et vous pourrez finalement enfin voir vos espoirs se concrétiser. En plus que votre bel enthousiasme ne cessera de croître pendant les cinq premiers mois, vous continuerez à vous ouvrir au monde extérieur ; votre soif d'apprendre et de découvrir de nouveaux horizons tendra à vous pousser constamment à vous dépasser. Bref, vous aurez d'excellentes dispositions et vous vous sentirez parfaitement d'attaque pour amorcer cette nouvelle année 2023.

Quant à vos affaires, jusqu'à votre anniversaire, vous bénéficierez d'un courant de chance remarquable et il suffira que vous touchiez à quelque chose pour que ça fonctionne. Jupiter, particulièrement bien positionné par rapport à votre signe solaire, ou ascendant natal si c'est le cas, voilà qui est susceptible de correspondre avec une hausse importante de vos revenus. Un meilleur emploi, une promotion, un chiffre d'affaires à la hausse ainsi que quelques coups de chance au jeu pourraient vous permettre de vous gâter. Cette période se prêtera parfaitement bien également aux voyages, aux transactions ainsi qu'aux changements de milieu.

Pour ce qui est de vos amours, vous serez en tête du peloton jusqu'à la mi-mai en ce qui concerne les nouvelles amours, les coups de foudre et les réconciliations. Ceux qui désirent faire vie commune se bâtiront un nid douillet ; quant à ceux qui sont déjà en couple, ils pourront consolider leur union. Vous vous ferez de nouveaux amis qui correspondront bien plus à vos aspirations. Vraiment, votre cote de popularité sera à la hausse. Le reste de l'année ne comportera absolument rien de négatif, il sera plus tranquille, ce qui, de toute façon, concordera parfaitement avec ce dont vous aurez alors envie.

En ce qui a trait à votre santé, la conjoncture favorable du transit de Jupiter en Bélier pourrait vous permettre de trouver une solution à vos problèmes. Un temps propice pour consulter et, mieux encore, pour vous prendre en main. Votre vigueur physique et morale ira en augmentant. Pour que le reste de l'année soit au même diapason, prenez quelques précautions et demeurez à l'écoute de vos véritables besoins. Avec quelques gestes bien ciblés, vous pourrez améliorer votre état, voire recouvrer la santé. Une thérapie, un traitement médical, un régime ou un programme d'exercice donnera des résultats exceptionnels dont vous serez enchanté ; votre entourage remarquera la transformation et vous en félicitera. Moralement, vous afficherez une attitude positive. Le seul hic, les mauvais aspects de Jupiter, soit à partir de la seconde partie du mois de mai, pourraient vous faire oublier vos bonnes résolutions. Ce serait bien dommage, tant pour votre bien-être général que pour votre apparence.

Jupiter en Taureau – du 16 mai 2023 au 25 mai 2024 – votre Xe maison natale

Ce voyage de Jupiter vous fera invariablement sentir à l'aise dans ce que vous faites, et inhabituellement confiant dans votre propre peau. Vous croirez en vous et vous vous sentirez bien dans la façon dont la vie se déroule. Ce sera un merveilleux coup de pouce pour contrecarrer les ressources extérieures qui se tarissent, ce qui n'a rien à voir avec vos propres gains, mais plutôt avec le soutien des autres. Elle apporte aussi des opportunités de vous réorienter vers un domaine lié à Jupiter tels les voyages, les soins de guérison, ou le travail dans la médecine, le droit, l'édition ou l'enseignement supérieur. Vous aurez également toute la confiance nécessaire pour explorer le travail indépendant, si tel est votre choix. Bien que vous puissiez éprouver des contrariétés, ce ne sera pas catastrophique non plus. Les choses n'iront pas forcément à votre goût et le contrôle de la situation risque de vous échapper ; vous qui préférez décider de l'orientation de votre vie devrez composer avec des éléments inattendus. Vous êtes ingénieux, et quelques précautions vous permettront ainsi d'éviter tous les pièges que pourraient comporter la seconde partie de l'année. Cela dit, avec le transit de Jupiter dans la maison natale de la carrière, des succès professionnels, une élévation, une promotion, des honneurs et une appréciation sont à prévoir ainsi que de nombreuses opportunités heureuses de carrière. Pas surprenant que votre carrière sera le principal sujet d'actualité dès la mi-mai. Ce sera une année exceptionnelle et vous êtes appelé à être promu. Attendez-vous à recevoir une augmentation de salaire ou d'être honoré d'une certaine façon. Quant à ceux d'entre vous qui travaillent dans le domaine du divertissement (le sport aussi), ils devraient connaître une année faste. Et ceux d'entre vous qui sont artistes de métier, (et beaucoup de Lions le sont), ils devraient recevoir une plus grande reconnaissance pour leur travail. Une année spectaculaire devant eux. Ne la ratez surtout pas ! Ceux qui sont en quête d'un emploi connaîtront un bon succès. L'emploi semble se trouver dans le voisinage, près de la maison. Les relations familiales seront aussi utiles pour obtenir un emploi. Certains d'entre vous pourraient même travailler pour la famille – ou dans une entreprise familiale ou depuis la maison. Il existe aussi un lien fort entre le travail et la famille de nos jours. C'est assurément un indicateur classique de réussite et d'accomplissement vers l'extérieur. Nul doute, vos horizons professionnels s'élargiront ; vous voyez que vous pouvez aller plus loin que vous ne l'auriez jamais cru possible. Des opportunités heureuses de travail ou de carrière se présenteront à vous. Il y aura de l'avancement, soit dans votre entreprise actuelle, soit dans une autre. Vous êtes voué à une prospérité brûlante maintenant. Peut-être que la partie la plus importante de ce nouveau transit de Jupiter est que vous allez aimer votre carrière. Cela semble un plaisir. D'ailleurs, on dit que lorsque vous trouvez un travail que vous aimez, vous ne travaillerez jamais un seul jour de votre vie. Ce sera exactement le cas pour vous cette année. Dans de nombreux cas, lorsque le seigneur (planète maîtresse) de la Ve maison, soit Jupiter, se trouve dans la Xe maison (comme c'est le cas ici), les enfants sont la force motrice de la carrière. Vous voudrez réussir à cause des enfants – afin d'être une bonne providence pour eux ou de les rendre fiers de vous.

Quant à vos affaires, n'allez surtout pas prendre de risques avec votre argent. Durant le passage de Jupiter en Taureau, il vaudra mieux privilégier les placements sûrs, voire ultraconservateurs, plutôt que les investissements risqués qui promettent gros, mais menacent de vous laisser avec un déficit. Or, ne lâchez pas la proie pour l'ombre et souvenez-vous que tout le monde n'a pas votre honnêteté ni votre sens moral. Cela dit, accrochez-vous à votre chapeau, alors que tant d'opportunités professionnelles vont se développer comme par magie, et le ciel est vraiment la limite. Des personnes importantes et des opportunités à saisir se présenteront à vous. Attendez-vous à une promotion possible au travail, sinon à une reconnaissance publique pour tous vos efforts déployés ou, éventuellement, à la célébrité, et certainement à l'adulation ou à l'approbation. Le seul bémol à ce transit est que vous pourriez également avoir plus de dépenses professionnelles – pour les séminaires ou pour les ateliers auxquels vous participerez, pour les vêtements et pour les vacances des employés et des collègues. Mais dans l'ensemble, ce devrait être une période passionnante. Et si vous voulez un indice sur le genre de choses que vous pourriez vivre, regardez douze ans en arrière. Pensez à Jupiter en Taureau comme étant une période pour se concentrer sur ce que vous voulez, plutôt que sur l'absence de ce que vous voulez. Plus précisément, ce transit élargit vos espoirs et vos rêves professionnels. En suivant les synchronicités durant cette période, votre vision du monde s'élargira, ce qui pourrait vous amener à repenser ce que vous aimeriez faire de votre carrière et de tous les autres domaines de votre vie. Et étant donné que Jupiter cherche à étendre tout ce qu'il touche, vos responsabilités seront en hausse, mais également votre statut et vos revenus. Vous pourriez finir par dépenser plus pour des articles professionnels tels un ordinateur, un téléphone, une voiture et des vêtements. Mais tant que vous vous en tiendrez aux déductions fiscales légitimes, ces dépenses vous seront bénéfiques. Il est même possible que vous soyez reconnu d'une manière ou d'une autre pour votre travail et vos multiples contributions, sinon que vous gagniez un prix quelconque ou que vous voyagiez à l'étranger pour affaires.

Pour ce qui est de vos amours, si vous avez supporté un mariage, une union et que vous savez que jamais vous ne serez heureux avec ce partenaire, vous n'aurez même plus envie de discuter, vous refermerez la porte et partirez brusquement. Et si vous ne vous êtes préoccupé que de vous ; si, dans votre couple, seuls vos besoins ont compté ; si vous vous êtes comporté en égoïste, vous aurez la surprise de votre vie et vous entendrez dire adieu ! Mais si ce n'est pas le cas, vous devrez possiblement vous adapter à un ou des changements familiaux ; ce pourra être la maladie d'un proche qui atteindra un point de non-retour sinon un enfant qui décidera de voler de ses propres ailes. De plus, si vous décidez d'acheter une propriété, soyez extrêmement vigilant et faites inspecter la maison alors qu'un vice caché découvert trop tard vous entraînerait dans un long débat juridique. Cela signifie également les responsabilités familiales si vous avez des enfants, alors que l'on vous demandera de faire davantage acte de présence, ce qui pourra soulever des arguments.

En ce qui a trait à votre santé, peut-être serez-vous allé au bout de vos forces et que vous n'aurez pas fait attention à votre santé, et vous voilà épuisé et à vous demander comment faire pour remonter la pente. Si vous optez pour la sagesse et que vous décidez de vous prendre en main, vous avez tout ce qu'il faut pour gagner du terrain. Ceux qui se négligeront seront rappelés à l'ordre. La démesure sera bien mauvaise conseillère ; abuser de vos forces ou des bonnes choses de la vie ne se fera pas sans que vous ayez à en payer le prix. Des kilos en trop, sinon une vulnérabilité accrue, pourrait justement être une conséquence fâcheuse de votre laisser-aller. Voilà donc le moment venu de penser à vous et d'investir dans votre bien-être physique.

Saturne en Poissons – du 7 mars au 31 décembre 2023 – votre VIIIe maison natale

Parce que Saturne est une planète karmique – comprendre qu'elle influence votre chemin de vie, votre karma – vous allez apprendre comment gérer les répercussions de vos actes passées. Saturne en Poissons est la clé pour vous concentrer sur les changements que vous ressentez à l'intérieur de vous-même et sur les changements qui pourraient affecter vos proches lors des deux prochaines années. En astrologie, Saturne est connue comme étant la planète « sérieuse » du zodiaque. Elle a été appelée la planète de la discipline, du temps et des fois aussi l'enseignante. Saturne a parfois mauvaise presse, car nous combattons souvent les changements saturniens.

Elle nous enseigne la « responsabilité » dans de nombreux domaines de notre vie qui pourraient grandement bénéficier d'un peu d'amélioration. Naturellement, l'instinct et l'ego nous suggèrent d'abord de lutter contre ces changements, jusqu'à ce que nous apprenions finalement à admettre que ceux nous freinent d'une manière ou d'une autre. C'est ce que Saturne enseigne : la nécessité de changer nos habitudes, ou de changer quelque chose sur soi-même qui pourrait bénéficier d'une petite refonte. Or, si vous apprenez à vous détendre et à ne pas craindre ce cycle de transformation de Saturne, vous découvrirez que vous pouvez bénéficier considérablement de sa sage tutelle. Ne vous retenez pas – et n'ayez pas peur de reconnaître ou même d'admettre le besoin d'amélioration, puisqu'apprendre à suivre le flux de Saturne pourrait s'avérer ainsi une expérience de croissance très positive. Il n'y a pas d'autre planète dans tout le système solaire avec les capacités d'enseignement que Saturne a à offrir. Cela dit, Saturne signe le début de l'année en Verseau. Une fois installée en Poissons, dès les premiers jours du mois de mars, les deux prochaines années qui verront passer Saturne dans ce secteur de votre thème natal marqueront un cycle de transition entre les expériences passées et futures. Cette période de mutation vous permettra ainsi de discipliner vos désirs et de structurer vos attachements affectifs. Vous serez aussi confronté à votre manière d'utiliser votre pouvoir financier, sexuel, affectif, spirituel et occulte. Redéfinissez vos idéaux et vos convictions et essayez de les mettre en pratique. Cela étant dit, les sujets occultes attirent-ils votre attention ces derniers temps ? Pensez-vous beaucoup à la mortalité ? Lorsque Saturne transite par votre maison VIII, la vie prend soudainement un ton très sérieux. Vous ne vous sentez plus aussi invincible qu'autrefois et vous vous réconciliez, peut-être pour la première fois de votre vie, en sachant que, oui, malheureusement vous ne pourrez peut-être pas vivre éternellement. Vous recherchez des réponses à certaines des questions sans réponse de la vie, étudiant peut-être sur des sujets tels que l'astrologie sinon le tarot pour la première fois. Vous cherchez à vous éduquer sur l'inconnu, sentant qu'il est temps d'en apprendre davantage sur votre côté spiritualité. Vous voulez éliminer ces choses qui ne sont plus réalisables dans votre vie et faire plus confiance aussi à vos convictions les plus profondes qu'il existe un plan pour votre vie, après tout. Tout ce que vous avez à faire est de puiser dans votre pouvoir supérieur pour le trouver afin de pouvoir grandir naturellement à la fois dans votre esprit et dans votre âme. Mais, cette période risque d'être plus difficile pour le moral puisque vous pourriez ressentir un trouble dont vous ne pourrez définir les causes avec exactitude, sans compter non plus que les questions existentielles tendront à vous assaillir.

Quant à vos affaires, à ce stade, vous commencerez à ressentir une diminution du soutien – pratique, émotionnel et psychologique – provenant des autres ou d'autres sources. Les partenariats ne vous apporteront plus le soutien pratique que vous appréciiez auparavant. Les bourses d'études et d'entretien pourraient se tarir. Voilà qui ne sera pas une bonne période non plus pour obtenir un prêt, par exemple. C'est comme si les ressources des autres n'étaient plus disponibles pour vous de la même manière qu'avant. Naturellement, cela vous renvoie à vos propres ressources, ce qui peut être un processus de renforcement et de maturation, mais qui veut vraiment être aussi fort ou mature !

Pour ce qui est des finances, en 2023, c'est l'argent des autres qui sera en cause. Or, vous pourriez donc avoir des difficultés à récupérer un héritage, soit parce qu'il sera contesté ou assorti d'un litige, soit parce qu'il sera décevant ou bloqué. Ce sera la même chose en ce qui a trait aux paiements en retard. Les contrats sur lesquels vous comptiez pourront aussi avoir du retard, vous échapper complètement ou demander beaucoup plus de travail. Tout semblera difficile à obtenir : les prêts, les ventes ou même la justice. Vous pourriez aussi avoir le sentiment d'être spolié, dépossédé ou impuissant face à cette situation.

LES PHASES RÉTROGRADES DE MERCURE POUR 2023

Mercure rétrograde en Capricorne – du 29 décembre 2022 au 18 janvier 2023 – votre VIe maison natale

Climat général

C'est avec cœur et détermination que vous entreprendrez cette phase. Orgueilleux de nature, il ne sera pas question que vous obteniez des résultats médiocres. N'empêche, la monotonie de vos activités aura tendance à vous exaspérer davantage. Bien que vous aimiez relever des défis, mettre des projets sur pied et entreprendre de grandes choses, actuellement, ce n'est absolument pas ce qui vous servira le mieux. Bien au contraire, vous trouveriez la pression particulièrement difficile à supporter devant toutes les responsabilités à vous acquitter. C'est en vous détachant et en prenant du recul que vous en réaliserez toute l'importance. Malgré tout, vous devrez bouger, autrement c'est votre moral qui risque d'en prendre un coup et de tomber à plat. Cependant, ce pourrait être bien plus léger. Vous aurez tout simplement besoin d'apporter un peu de changement dans votre vie au quotidien, soit juste le besoin de vous tenir occupé. Attention toutefois, alors que vous serez davantage porté à agir hâtivement et, en retour, vous courrez très sérieusement le risque de vous blesser ou de vous occasionner des ennuis, sinon des pépins inutilement. N'allez pas laisser non plus votre insécurité avoir le meilleur de vous-même.

Travail – Finances

Voilà un temps où le domaine de l'emploi sera certainement inquiétant pour bien des gens, et plus particulièrement au cœur de votre entreprise. Les restructurations ne sembleront pas vouloir se terminer et vous n'arriverez pas à avoir l'heure juste sur votre position. Mais même s'il n'y aura toujours rien de rassurant pour l'avenir durant cette phase, vous ne manquerez pas pour autant de travail. D'ailleurs, il ne serait pas étonnant que vous ayez des heures supplémentaires à faire à de nombreuses reprises, ce qui sera favorable pour votre portefeuille. Or, en tant que dirigeant, l'insatisfaction aura tendance à se généraliser de plus en plus autour de vous. Que ce soit parmi vos clients ou vos employés, les gens seront durs à votre endroit. Et même si vous essayez tant bien que mal de vous plier à leurs exigences, il y en aura toujours qui ne seront pas contents et c'est peut-être bien ce que vous arriverez à comprendre : il est impossible de satisfaire tout le monde. En suivant les règles et les politiques à la lettre, vous n'aurez pas à vous sentir coupable de certaines situations. Malgré tout, l'entreprise risque de se mettre à perdre beaucoup d'argent, il y aura urgence d'agir ! Les raisons seront multiples et il se pourrait même qu'il y ait bris d'équipement tout simplement, ce qui vous empêchera malencontreusement de respecter tous vos engagements. Bref, plus vous agirez rapidement, moins vous en perdrez. Il ne serait pas mauvais du tout non plus de prévoir un plan d'urgence pour prévenir différentes catastrophes à l'avenir. Mais si vous devez embaucher des gens pour parer au manque de personnel, il n'est pas dit que vous trouverez des employés modèles. Au contraire, vous risquez de tomber sur des personnes plus ou moins honnêtes que vous devrez inévitablement surveiller. Il ne serait pas impossible non plus que vous deviez vous retrouver sur le plancher à travailler aux côtés de vos employés les plus fidèles et dévoués. Bien évidemment, ne dit-on pas que l'on n'est jamais si bien servi que par soi-même ?

Amour – Sentiments

Le ménage est souvent une bonne excuse pour défouler son surplus de frustrations; on peut se permettre d'accuser l'autre de ne rien faire dans la maison, sauf que cette situation cache certainement un malaise beaucoup plus profond qui se devra d'être analysé. D'ailleurs, l'irritation pourrait devenir de plus en plus dominante. Il sera donc impératif que vous trouviez le temps nécessaire pour avoir une bonne conversation avec votre partenaire, histoire de sauver les meubles, pratiquement. Ce n'est qu'ainsi que la tension pourra s'apaiser. Quant aux célibataires, vous ferez possiblement une rencontre assez intéressante, mais il ne s'agira certainement pas d'un coup de foudre et vous devrez être patient avant que les sentiments viennent s'installer entre vous. Il vous sera assez difficile aussi de trouver des disponibilités pour vous voir – vos deux horaires sembleront plutôt complexes à concilier.

Famille

Il est possible que vous ayez besoin d'apporter quelques changements dans la maison et, par conséquent, que vous décidiez de vous procurer de nouveaux meubles à assembler vous-même, sinon choisirez-vous plutôt de rafraîchir une pièce de votre demeure. Mais prenez garde que cette décoration intérieure puisse vous occasionner des dépenses en surplus. Si rien de tout cela ne fait partie de vos plans immédiats, il est plus que probable que vous devrez nettoyer votre maison de fond en comble pour effacer les traces des quelques réceptions que vous aurez faites chez vous dernièrement.

Santé – Bien-être physique

La sédentarité et les abus tendront à faire partie de cette phase rétrograde, ce qui n'est jamais très bon pour le cœur du Lion et assez néfaste pour sa respiration. En effet, des symptômes d'asthme pourraient se faire sentir en raison de quelques malaises associés à un manque d'activité physique, à une mauvaise circulation ou dus à une infection des voies respiratoires qui ne semblera pas vouloir vous quitter. Il pourrait s'agir aussi d'un problème psychique comme l'agoraphobie; vous vous sentirez mal dans les endroits bondés, ce qui vous occasionnera des difficultés de respiration. Vous devrez vraisemblablement vous réserver du temps pour mieux récupérer. Fatigue, rhume, grippe et autres malaises seront aussi possibles alors que vous serez particulièrement plus sensible, et votre système immunitaire sera tout aussi fragile. Attention également aux bêtes accidents ou aux incidents fâcheux. Et si vous pratiquez des sports d'hiver, soyez prudent et couvrez-vous chaudement !

Mercure rétrograde en Taureau – du 21 avril au 14 mai 2023 – votre X^e maison natale

Climat général

De grandes responsabilités vous attendent ! Tout sera à faire et vous n'aurez que très peu de temps pour vous y mettre. Chaque minute sera scrupuleusement calculée avec précision. Les éléments tendront à se bousculer très rapidement et vous ne pourrez vous permettre d'avoir une quelconque liberté. Il y aura mille et une choses à faire, à organiser, et possiblement qu'un déménagement pourra aussi faire partie de ce lot.

Travail – Finances

Il est très possible que l'on vous fasse miroiter des propositions de carrière des plus stimulantes avec un salaire des plus alléchants aussi, par contre, il sera aussi possible que l'on n'ose pas trop vous dévoiler non plus l'ampleur de la tâche à accomplir par crainte de vous décourager. Il est également possible aussi que de grandes occasions d'affaires se dessineront à l'horizon, sensiblement dans une autre ville. Bien que tout soit parfaitement planifié et que les fonds sembleront suffisants pour entreprendre la réalisation d'un important projet, vous serez possiblement et rapidement à court de liquidités plus vite que vous ne l'aviez imaginé. Non seulement les dépenses seront au-delà de ce que vous auriez pu prévoir, mais vous devrez inévitablement ralentir la cadence et réfléchir à ce problème avant d'aller plus loin. Soulignons aussi que vous serez sensiblement responsable de toutes les urgences et la personne ressource pour faire face à tous les problèmes de l'entreprise. Autant vous développerez un esprit plutôt guerrier qui vous sera assez profitable, cela risque d'être désagréable pour les gens près de vous. Or, avant de connaître une ascension fulgurante, vous aurez possiblement à suivre un cours, une formation, et étudier pour obtenir un diplôme que devoir vous enrichir d'une technique spécialisée en vue d'être plus performant. Sinon, vous ne pourrez choisir meilleure période pour vous perfectionner ainsi que d'entreprendre un virage important dans votre carrière. Cela dit, il sera fortement suggéré de bien vérifier vos talons de paie et assurez-vous qu'il n'y ait pas d'erreur, car vous ne voudriez pas être obligé de devoir des montants supplémentaires à l'impôt ou être mal couvert par votre assureur.

Amour – Sentiments

La routine risque de vous frustrer. Pas surprenant que sur le plan de la sexualité, vos désirs ne seront pas conformes à vos aspirations. Il est également possible que vous ayez à mettre au clair certains projets d'avenir qui vous concernent tous les deux. En toute réalité, il n'est pas nécessaire de compliquer l'amour et encore moins d'y mêler constamment vos problèmes de bureau. Mais il n'en demeure pas moins que parfois de grands changements sont nécessaires pour secouer la relation et ainsi retrouver la passion. Par conséquent, des projets de déménagement pourraient améliorer votre couple ou, dans une moindre mesure, une nouvelle décoration serait inspirante. Le secret du succès, en ce moment, sera de vous alléger les épaules relativement à vos nombreuses responsabilités et de tenter de profiter davantage du moment présent avec l'être aimé en toute simplicité. Or, un élan de folie pourrait facilement s'emparer de votre couple pour vous faire revivre les instants passionnés à l'origine de votre rencontre, mais dès que vous vous inquiéterez de vos finances et de tous les autres problèmes, vous briserez automatiquement la magie. Il sera important de décrocher de vos obligations si vous tenez à ce que votre relation se porte bien. Et si vous êtes célibataire, il importera avant d'entreprendre une nouvelle relation de faire le deuil de la précédente. Débarrassez-vous de son emprise et vous réussirez à passer à autre chose pour aspirer au bonheur avec quelqu'un d'autre. À cet effet, vous pourriez rencontrer quelqu'un éventuellement, mais également avoir l'impression que cette personne ne s'intéresse plus à vous après quelques fréquentations et voilà que votre fierté pourrait vous empêcher de courir après elle, et cela va de soi. Cependant, laissez le temps faire les choses, alors que cette personne reviendra bien assez tôt, réalisant que vous perdre serait un grand désastre.

Famille

À la maison, voilà qu'on décèle quelques tensions possibles. Si vous vous emportez ou si vous cherchez à avoir le dernier mot, la situation risque de s'envenimer. Mais, si vous choisissez d'y aller avec douceur, tout rentrera dans l'ordre bien plus aisément et rapidement. D'ailleurs, l'humour consistera en un bon moyen de désarmer ceux qui sont prêts à monter sur leurs grands chevaux. Ne cherchez pas à tout contrôler non plus. Bien au contraire, essayez plutôt de composer avec les événements inattendus susceptibles de se produire en cette période. Et en agissant de la sorte, vous pourrez brillamment tirer votre épingle du jeu et même obtenir de sérieux avantages. Entre-temps, il est possible que vous ayez à faire face à quelques urgences à la maison et dans la famille, provoquant ainsi des contretemps. Vous aurez possiblement aussi mille et un projets en tête, mais un choix s'imposera. À cet effet, vous pourriez planifier vos vacances estivales, mais les plans risquent de changer à quelques reprises. Il sera donc préférable d'agir plus sagement avant de faire la moindre réservation.

Santé – Bien-être physique

Voilà un temps où le stress aura un sérieux impact sur votre équilibre physique et mental. Curieusement, vous aurez l'impression de faire très attention à votre santé, de vous alimenter convenablement, de faire un peu d'exercice et d'adopter un mode de vie plus détendu, mais cela ne semblera pas offrir de résultats concrets. En fait, c'est que votre corps aura besoin de s'adapter aux changements, et les changements de saison pourront y être pour beaucoup dans cette situation. Évitez tous les excès.

Mercure rétrograde en Vierge – du 23 août au 15 septembre 2023 – votre IIe maison natale

Climat général

Il y a parmi vous des Lions généreux et d'autres qui sont égoïstes, mesquins, économes à l'excès. Si vous appartenez au premier groupe, vous n'aurez aucun mal à traverser cette période. Vous demeurerez généreux, mais cette rétrogradation vous inspirera sans doute à être plus sélectif. Vous ne donnerez pas à qui le demande, mais plutôt aux gens qui savent apprécier ce qu'ils reçoivent et qui peuvent vous dire merci. Quant aux grippe-sous, ils seront pires que jamais. D'ailleurs, il ne serait pas étonnant que vous ayez à contester quelques factures concernant la maison ou des dépenses que l'un de vos enfants aura faites sans votre consentement en utilisant, par exemple, le cellulaire ou une carte de crédit. Surveillez donc un peu plus leurs faits et gestes, car il est possible qu'ils vous en fassent voir de toutes les couleurs. Si rien de tout cela ne vous interpelle, un achat important, sinon des rénovations sur votre propriété ou à l'intérieur de votre logement vous obligeront à faire bon nombre de déplacements et de négociations ; il y aura également des pertes de temps. Les dépenses seront assez élevées ; heureusement, vous aurez dressé préalablement votre budget avec rigueur, sans laisser échapper un seul détail. Par contre, il s'agira d'un luxe que vous aviez envisagé de vous offrir depuis longtemps. N'empêche, vous vous désenchanterez devant la complexité des petits détails.

Travail – Finances

Si les uns devront travailler un temps fou, d'autres se tourneront les pouces et leur attente sera insupportable. Si vous n'avez pas de stabilité dans votre milieu de travail, un changement administratif aura tendance à vous rendre plus nerveux. Ce sera pénible à supporter puisque vos patrons manqueront de politesse à votre égard par moments, les collègues ne seront pas aussi patients, et fort probable que votre voisin se plaindra de tout et de rien. Incontestablement, l'aspect financier sera plus difficile et, même si vous négociez avec votre institution financière, vous n'obtiendriez que des dettes insurmontables. Il faut demeurer patient. Misez plutôt sur cette période pour peaufiner vos projets alors qu'un meilleur moment se présentera sous peu pour les mettre en application. D'ici là, si vous évoluez dans le marketing, vous proposerez des idées avant-gardistes, révolutionnaires qui vous permettront d'en tirer un revenu substantiel. Mais tâchez de ne pas trop vous décourager si l'on tarde à plus tard cette augmentation de salaire promise depuis longtemps déjà ou encore cette promotion. Même si vous essayez de négocier quelque chose, cela tombera dans l'oreille d'un sourd, tout simplement.

Amour – Sentiments

La générosité est l'une de vos plus grandes qualités et vous aurez fortement envie de vous faire gâter pendant cette période. Vous aurez tendance à inviter votre partenaire à faire des activités mondaines, à vous offrir de bons restaurants, des spectacles ou autres. Autant votre générosité n'aura pas de limites, autant vous souhaiterez que l'élu de votre cœur en fasse tout autant pour vous ; cependant, le retour de l'ascenseur que vous souhaitez recevoir risque de ne pas être au rendez-vous et cela vous occasionnera un peu de déception. Malgré tout, si votre tendre moitié n'est pas calme, vous le serez et saurez modérer ses peurs de l'avenir, sa crainte du manque et vous aurez même l'art de le ou la rassurer sur sa propre personne. Si vous êtes célibataire, vous serez casanier. Vous n'aurez pas beaucoup d'intérêt pour sortir, mais vous ne serez certainement pas insensible à la flatterie, mais rien de plus. Si vous avez récemment fait une rencontre qui vous a emballé, presque ébranlé, il est possible qu'à présent vous commenciez à voir les défauts de votre flirt. Le pire étant qu'il sera porté à restreindre votre liberté d'agir. Il tendra d'interférer dans vos décisions, même les plus banales. Vous vous direz alors que cette personne n'est pas vraiment pour vous.

Famille

Si vous êtes en famille reconstituée, les enfants de votre partenaire risquent d'être un peu plus turbulents et impolis à votre égard, sans compter que la situation pourrait prendre une dimension inattendue, surprenante et parfois décevante. Vous ne serez pas à l'abri non plus que l'un de vos enfants soit malade ; les visites à l'hôpital seront nombreuses et naturellement pénibles. Cette situation risque d'affecter vos autres enfants ainsi que votre conjoint, ce qui aura tendance à perturber l'ordre établi. Il est même possible aussi que l'un de vos enfants adultes puisse vivre une séparation et vous songerez à ce drame qui pourrait vous séparer plus souvent de vos petits-enfants. Soulignons également qu'il est possible que vous ayez à vous occuper d'un parent dépressif. Si rien de tout cela ne vous rejoint, il n'est pas impossible que l'ex de votre amoureux ou amoureuse nuise à votre couple, vous demande la garde des enfants après l'avoir perdue pour de bonnes raisons. Ni vous ni l'amoureux ne vous inclinerez, et ce, d'autant plus si ce parent a abandonné l'enfant ou s'en est très peu occupé. Cette lutte ne sera pas facile à mener !

Santé – Bien-être physique

Nous avons la force de nos épreuves, mais lorsqu'elles s'accumulent, voilà que celles-ci finissent par miner notre moral. Si vous ne réagissez pas, si vous ne cherchez pas en vous un autre plaisir d'être, vous risquez de vous enfoncer dans la déprime. Or, prenez-vous en main aussitôt ! Malgré une excellente alimentation, si vous vivez de grands stress, votre estomac ne digérera pas aussi bien que d'habitude. Peut-être devriez-vous songer à la naturopathie qui vous aidera considérablement. Par ailleurs, la saison des allergies tire enfin à sa fin, cependant, les derniers instants sembleront être bien plus dérangeants. La congestion deviendra intenable et vous ressentirez aussi une puissante fatigue qui vous empêchera de fonctionner normalement. Vous serez tenté d'essayer plusieurs médicaments avec ou sans ordonnance, cependant, les effets secondaires risquent d'être encore plus désagréables que l'allergie elle-même. Peut-être serait-il préférable d'endurer les symptômes tout simplement alors qu'ils se dissiperont d'eux-mêmes bien assez tôt. Cessez de trop vous inquiéter pour votre santé !

Mercure rétrograde en Sagittaire – du 13 décembre 2023 au 1er janvier 2024 – votre Ve maison natale

Climat général

Décembre est véritablement fait pour les enfants : Noël est très présent et semble être le seul sujet d'intérêt. Toutefois, pendant cette période, cela pourrait même devenir assez lassant pour vous par moments. Vous aimerez très certainement les enfants au point de vouloir leur offrir la lune, mais il est également clair que vous commencerez aussi à avoir hâte que les Fêtes se terminent pour passer à autre chose. Il est évident que vous aurez beaucoup à faire, du ménage entre autres. Mais, malgré tout, vous ressentirez un grand bonheur en faisant la popote et vous éprouverez beaucoup de plaisir à préparer les différents petits plats pour vos réceptions. À travers tout ce brouhaha, que ce soit pour une question familiale, professionnelle, personnelle ou autre, vous aurez besoin de temps pour prendre une décision, même si on aura tendance à vous presser le citron pour faire votre choix. Il ne serait pas étonnant non plus que cette situation touche votre orgueil et affecte quelque peu votre estime de soi, surtout s'il y a des sommes d'argent assez importantes en jeu en plus. Il va de soi, vous devrez faire les calculs qui s'imposent pour éviter de connaître des difficultés supplémentaires. Ce sera peut-être bien aussi un projet de voyage qui prendra forme lentement, mais sûrement, et qui commencera à vous angoisser légèrement pour une raison ou pour une autre, mais cessez de vous inquiéter inutilement et établissez aussi clairement que possible toutes les étapes à venir, dont la demande de passeport par exemple.

Travail – Finances

La tension risque d'être assez vive au boulot : il s'agit souvent d'une période où on annonce les mises à pied et, par conséquent, vous craindrez pour vos collègues et vous-même de passer sous le rouleau compresseur. Il y aura très certainement des changements importants, sinon une restructuration possible de l'entreprise ; peut-être changera-t-elle même de propriétaire ou de localisation, mais au bout du compte, il s'agira d'une bonne nouvelle pour vous, puisqu'on pourrait vous proposer un poste supérieur à celui que vous occupez déjà. Cela dit, en tant que patron, directeur et travailleur autonome, vous serez certainement sollicité de toutes parts, aussi bien en ce qui a trait à la production, aux tâches administratives qu'au service à la clientèle. Malgré vous, vous devrez occuper toutes les fonctions dans l'entreprise pendant cette rétrogradation. Si vous êtes travailleur à domicile, voilà qu'il y a de bonnes chances pour que vous puissiez acquérir de meilleurs équipements et vous installer de manière à être beaucoup plus productif. Idéalement, mieux après que Mercure aura repris sa marche directe pour faire l'achat de vos nouveaux bidules électroniques. En tant que travailleur autonome, si vous travaillez à la maison, vous serez souvent dérangé par vos enfants et vos amis s'imagineront que vous n'avez rien à faire ou que vous avez tout votre temps. Il n'y a qu'un travailleur autonome pour en comprendre un autre… Vous devrez donc dire clairement aux envahisseurs de respecter vos heures de travail et de téléphoner avant de se pointer. Et si vous avez entamé des négociations avec l'étranger ou un étranger, elles se poursuivront et il deviendra urgent de vous entendre. Ne laissez pas votre éventuel collaborateur prendre la plus grande part de ce gâteau que vous avez tous deux cuisiné ! Ne laissez pas l'impatience non plus vous gagner face à ces babillages qui, souvent, auront pour but de vous égarer. Il ne sera pas facile de vous calmer, mais il sera cependant essentiel de le faire. Si vous êtes constamment sur la route afin de desservir une clientèle, redoublez de prudence. Partez plus tôt, ainsi, en aucun temps, vous ne dépasserez la vitesse permise ; vous éviterez une contravention et, au pire, un accident. Si vous travaillez dans un milieu où l'on sert de la nourriture, où l'on boit et danse, il est plus que possible que vous deviez aviser des gens qu'ils s'amusent outre mesure et enfreignent les règles de l'établissement. N'allez pas en faire tout un plat ni tout dramatiser non plus, alors que tout sera au beau fixe dès le tout début de la nouvelle année 2024.

Amour – Sentiments

L'harmonie devrait dominer pendant une bonne partie de cette période rétrograde. Vous serez certainement en mesure de vous partager les tâches assez équitablement, ce qui laissera un peu plus de disponibilité l'un pour l'autre. Toutefois, il est possible que vous perdiez de vue la romance et la magie des beaux sentiments en raison d'un manque de temps et d'une surcharge d'activités, de réceptions et de choses à faire. Essayez de ne pas trop vous en mettre sur les épaules et votre relation ne pourra que s'en porter mieux. En tant que célibataire, vous pourriez commencer à accorder un peu plus de temps à une personne qui ne voulait pas s'engager avec vous et à vous intéresser davantage à ce qu'elle pourrait vous faire vivre dans l'instant présent. Il ne serait pas étonnant non plus que vous songiez également à entreprendre un voyage entre célibataires, ce qui vous permettrait de faire de nombreuses rencontres.

Famille

Il sera possible de créer un rapprochement familial, même si vous êtes séparé. Bien qu'il s'agisse de votre ex, les enfants et vous-même pourriez connaître des moments très agréables. Si vous êtes enceinte d'un enfant à naître et/ou que la vie vous a déjà gratifié ce bel ange, en tant que mère nourrice, vous devrez absolument vous reposer. La grossesse risque d'être un peu plus exigeante pendant cette période, du moins plus facile que la précédente si vous n'en êtes pas à la première. Il faudra donc écouter et observer les recommandations de votre médecin, et en aucun temps vous ne devrez vous croire plus forte que vous ne l'êtes réellement.

Santé – Bien-être physique

L'angoisse pourrait provoquer de petits malaises difficiles à identifier. Or, il sera avisé de bien vous nourrir puisque vous ne serez pas à l'abri de brûlures d'estomac, et que le rhume et la grippe seront aussi omniprésents. Surveillez votre orgueil et votre jalousie.

LA PHASE RÉTROGRADE DE VÉNUS POUR 2023

Vénus rétrograde en Lion – du 22 juillet au 3 septembre 2023 – votre Ire maison natale

Climat général

Étant donné que Vénus est la créatrice cosmique, profitez-en pour développer un projet artistique ou musical. Vénus rétrograde peut vous aider à vous plonger dans des lieux plus intimes et profonds. Et pour une fois, vous aurez la patience de vous plonger dans ces investigations émotionnelles. Veuillez toutefois retarder toute coupe de cheveux ou coloration radicale au risque de le regretter amèrement. Relevez plutôt le défi de l'amour de soi, en embrassant la merveille naturelle que vous êtes.

Travail – Finances

Votre goût du luxe et de bien vivre risque d'entraîner une pléthore de dépenses que vous préférerez mettre de côté jusqu'à nouvel ordre (début septembre). Les dépenses effectuées par carte de crédit pour des cures thermales ou pour des divertissements auront tendance à vous tenir en haleine tout au long du mois, sans compter que vous risquez d'oublier l'urgence de régler les comptes. Un retour à la réalité sera vôtre pas plus tard que la première semaine de septembre, lorsque les paiements seront dus dès réception. Vous aurez beau vous démener et redoubler d'efforts, la situation tendra à piétiner. Entre-temps, une réponse ou une somme d'argent que vous attendiez risque de se laisser désirer. Une confrontation pourrait s'ensuivre, mais vous saurez trouver les mots justes pour désarmer votre interlocuteur. Un conseil : protégez-vous contre les voleurs et gardez sagement à distance les beaux parleurs et leurs fausses promesses.

Amour – Sentiments

La romance et la bienveillance feront de votre vie amoureuse et affective un scénario hollywoodien, mais des restrictions s'appliqueront. La spontanéité sera récompensée et les déclarations dramatiques ainsi que les actes de chevalerie auront tendance à vous faire sentir spécial, cependant veuillez garder vos attentes raisonnables. Cupidon qui se cache (rétrograde) dans des circonstances inhabituelles, il risque de vous viser sans prévenir. Savourez le résultat, mais évitez les critiques excessives. Si vous êtes en couple, la vie vous offrira une période de révision personnelle. Vos besoins sont-ils satisfaits en amour et, si ce n'est pas le cas, se pourrait-il que vous deviez les exprimer un peu plus clairement ? Nous apprenons aux gens comment ils doivent nous traiter. Il est peut-être temps de faire ainsi – avec douceur et diplomatie, s'il vous plaît ! Mais n'oubliez pas ceci : les relations sont un miroir. Or, si vous n'aimez pas ce qui se présente à vous, réfléchissez à ce que vous servez. Cela dit, l'entente à l'intérieur du couple risque d'être plus ardue et attendez-vous à des tracasseries de toutes sortes. Pour ce qui est des célibataires de votre signe, vous ne pourrez choisir meilleure période pour faire une pause sur vos plateformes, Tinder ou autres, pour mieux renforcer votre confiance en vous.

Famille

Puisque les contrariétés s'accumuleront temporairement, vous vous inquiéterez pour une personne que vous affectionnez particulièrement. Vous déploierez tellement d'énergie pour ceux qui sont dans le besoin que vous vous oublierez. Heureusement que d'autres ne demanderont pas mieux que de prendre soin de vous ; laissez-les faire, vous le méritez. Malgré tout, attention à une mésentente possible avec une personne de la famille.

Santé – Bien-être physique

Les préoccupations familiales et domestiques pourraient vous faire faire des heures supplémentaires, poussant ainsi votre endurance à sa limite. Un changement de régime alimentaire, de sommeil ou d'horaire de travail aura également un impact sur votre quotidien et nécessitera des ajustements qui tendront ainsi à créer un stress additionnel. Vous vous montrerez à la hauteur de la situation et vous ferez ce que l'on attend de vous, mais ne mettez pas non plus votre santé en veilleuse au nom de la productivité. Cela étant dit, des soins attentifs provenant de la part d'une personne qui travaille sous vos ordres pourraient faire toute la différence. En toute réalité, n'allez prendre aucun risque inutilement et dorlotez-vous un peu plus alors que vous aurez tendance à avoir les nerfs plus à fleur de peau. Or, apprenez à vous détendre. Moralement, prévoyez des montagnes russes. À cet effet, par moments, voilà que votre optimisme sera débordant, par d'autres, c'est l'anxiété qui aura le dessus.

LA PHASE RÉTROGRADE DE MARS POUR 2023

Mars rétrograde en Gémeaux – du 30 octobre 2022 au 12 janvier 2023 – votre XIe maison natale

Climat général

Vous risquez d'être doublement affecté par cette phase rétrograde de Mars. Il s'agira de difficultés qui concernent votre façon de vous affirmer. Alors que vous serez plus dans l'introspection et le recul, vous ne pourrez choisir meilleur moment pour réfléchir à votre approche de la franchise et de la colère, et pour considérer tous les changements qui s'imposent. D'ailleurs, attendez-vous à des changements assez importants dans votre manière de communiquer avec vos proches, amis, enfants et collègues. À cet effet, toutes les discussions, échanges ou communications tenus risquent de tourner la plupart du temps au vinaigre et provoquer en retour maints malentendus. Autant vous ne verrez pas les choses ni les situations sous le même angle que les autres les perçoivent, ça ne vous empêchera pas de détecter les erreurs au premier coup d'œil. En revanche, pesez bien vos paroles alors que si vous vous impatientez en public ou en ondes, ou que vous vous enflammez au point d'avancer des propos préjudiciables, vous pourriez en retour être critiqué ouvertement, tant par vos pairs que par des gens en ondes. Cela étant dit, alors que tout laisse croire que ce sera une période où vous serez davantage plus sensible aux humeurs ainsi qu'aux ambiances régnantes, et que vous serez même porté aussi à vous sentir plus bousculé par toutes vos peurs, par toutes vos insécurités et vos émotions, il est très possible que vous puissiez vous sentir un peu plus déphasé, ce qui ne vous mènera nulle part ailleurs que dans un cul-de-sac. Vous aurez, malgré tout, à vous débrouiller par vous-même ainsi qu'avec vos propres moyens. Or, évitez de porter un regard critique et non constructif sur vos actions antérieures, mais plus que tout, veillez apprendre à vous traiter avec plus de douceur ainsi que tous ceux qui vous entourent, alors que vous aurez tout à y gagner !

Travail – Finances

Voilà une période où vous sentirez le poids de vos obligations s'alourdir de plus en plus. D'ailleurs, vous aurez sûrement à modifier vos priorités. Et même si les progrès seront lents à se manifester, saisissez tout de même l'occasion pour visiter à nouveau vos buts afin de savoir s'ils répondent bien à toutes vos attentes ou s'ils devraient être modifiés, sinon améliorés. De plus, attendez-vous à subir de nombreux changements professionnels. Et l'idée que vous ayez à mettre fin à une relation d'affaires qui aura fait son temps à vos yeux sera tout aussi possible. Si rien de tout cela ne vous rejoint, il est tout probable que vous serez témoin du changement d'attitude d'un patron ou d'une tête dirigeante ; cette personne se métamorphosera sous vos yeux. Cela suggère aussi que des personnes avec qui vous aviez l'habitude de travailler pourraient être remplacées, ce qui en retour changera la dynamique relationnelle. Ce sera aussi un temps où vous éprouverez plus de difficulté à vous adapter et à vous ajuster à cette nouvelle relève. Néanmoins, évitez d'être dur en paroles et en gestes puisque l'on pourrait mal le prendre. Évitez aussi d'initier de nouveaux projets, et si vous faites fi de cette recommandation, vous aurez possiblement à les reprendre ou à les refaire. Soyez tout aussi vigilant de ne pas vous laisser embarquer dans un quelconque bateau vu que vous ne serez pas à l'abri de conflits avec des personnes qui font partie d'un groupe ou d'une organisation. Gardez vos propres conseils pour vous-même et abstenez-vous de donner des avis ou des conseils aux gens alors qu'ils seront plus préoccupés par leur propre agenda. N'empêche, ce sera une période où vous aurez plus de difficulté à atteindre ce que vous voulez accomplir. De plus, attendez-vous à des erreurs possibles dans votre paperasse. Il est même possible que vous ayez à faire un détour important pour vous rendre à destination. Or, n'oubliez pas que c'est un temps de vérification et non de réalisation. Vous vous devez de revoir vos projets minutieusement et d'y mettre de l'ordre. Soyez pragmatique et construisez une montagne cohérente de vos projets. Vous vous féliciterez de l'avoir fait dès le début de février. Entre-temps, certains d'entre vous pourront éprouver de la frustration quant à des projets qui mettent trop de temps à voir le jour. En fait, il faudra mettre à profit cette phase pour revoir ces mêmes projets, pour vérifier que tout est cohérent et comporte tout ce que vous voulez y mettre.

Amour – Sentiments

En cette période plutôt délicate, il manquera un atout majeur à votre bonheur suivant que vous aurez tendance à ressentir davantage un vide dans votre vie de couple. En d'autres mots, l'aspect relationnel de votre couple risque d'être bousculé parce que vous tendrez à idéaliser l'être aimé et qu'il ne répondra pas à vos attentes, ou encore le partenaire de vie semblera se détacher, sinon être peu impliqué dans votre relation de couple. Attention de ne pas froisser votre chéri, ou même un ami, alors que vous aurez à faire des excuses. Entre-temps, toutes les discussions tenues ne mèneront à rien de bon parce que l'être cher se bercera d'illusions concernant une situation plutôt particulière, alors qu'il vous sera impossible de lui faire entendre raison et que des frustrations ébranleront vos humeurs. Ce sera un temps d'incertitude, d'instabilité et de division intérieure, et en plus de subir un embrouillement amoureux, vous ne saurez plus non plus où donner du cœur. Quant aux célibataires, une relation pourrait vous donner l'impression de tourner en rond et de n'aller nulle part ; par conséquent, vous choisirez possiblement d'y mettre un terme. Et pour ce qui est de vos objectifs futurs et vos liens sociaux, ils vont prendre plus d'importance pendant cette période. Voilà pourquoi il faudra choisir vos amis judicieusement étant donné que ces derniers pourront vous influencer autant que vous affecter. À titre d'exemple, un ami pourra traverser une période difficile ou tout simplement il vous évitera. Profitez-en pour savoir pourquoi ! Si ce n'est pas le cas, il est possible que vous ayez à prendre un recul amical, sinon relationnel. Ne laissez pas vos amis empiéter sur votre temps, surtout s'ils sont trop exigeants. Vous aurez à faire du ménage dans vos anciennes relations pour ne pas tomber dans un engrenage négatif. D'ailleurs, méfiez-vous de certains amis alors qu'ils seront davantage portés à abuser de vos bontés et de vos largesses, et ils n'accepteront pas un non de votre part. Attention aussi aux manipulations et aux ruptures d'amitiés possibles alors qu'un pseudo ami pourrait tenter de vous usurper financièrement, ou autres. Alors qu'il sera dans l'obligation de vous rembourser ce qu'il vous doit, le temps ne sera pas aussi bien choisi ainsi pour entreprendre des mesures juridiques, sinon serez-vous dans l'obligation de le faire dans le but de faire respecter vos droits.

Famille

Vos relations avec la famille risquent d'être plus bousculées. Non seulement les discussions n'iront nulle part, mais il est possible que vous ayez l'impression aussi de parler dans le vide. Tout suppose que vous aurez à discipliner un enfant alors que tout ira de travers dans sa vie et qu'il ne s'accomplira pas comme il le devrait. Et l'idée qu'un enfant quitte le foyer sera également possible. Sans contredit, la famille vous semblera quelque peu oppressive. Il est tout possible que certains problèmes domestiques interféreront aussi dans votre vie professionnelle ou votre travail et que vous vous retrouviez dans l'obligation de prendre plus d'un congé pour résoudre ces difficultés. Moindrement, votre garderie préférée pourrait fermer ses portes pour un certain temps ou à cause d'intempéries, ou réaliserez-vous que la gardienne de vos enfants n'a pas la bonne attitude et vous serez forcé d'en trouver une autre. De plus, une classe d'exercice ou un cours d'entraînement dans lequel vous êtes inscrit pourrait être annulé ou démantelé. Essayez plutôt de dénicher une solution au lieu de perdre votre sang-froid, mais il n'est pas assuré que vous trouverez la solution miracle. Mais avec des actions positives, vous pourrez mieux résoudre la situation et l'activité.

Santé – Bien-être physique

Vous allez ressentir qu'il est temps de prendre soin de votre santé. Profitez-en pour arrêter une mauvaise habitude nuisible à votre santé. Protégez également ce qui est important pour vous et attention lors de vos déplacements. Or, il est possible que vous souffriez d'un grand ressentiment à l'égard d'un ami sur lequel on ne peut compter, sans doute lié à des retards répétés ou à son manque d'implication en ce qui a trait à vos envies ou à vos projets communs. D'ailleurs, un projet de rêve avec un ami risque de s'envoler. Attendez-vous donc à une phase d'hypersensibilité accrue.

L'ÉCLIPSE SOLAIRE ANNULAIRE DU 14 OCTOBRE EN BALANCE – VOTRE IIIE MAISON NATALE

Secteur de votre thème qui régit vos communications, voilà que vous tendrez à vous rapprocher des autres, à exprimer vos idées et à explorer différentes pistes d'action. Vous pourriez vous sentir particulièrement agité et encourir des ennuis sinon des confrontations avec vos voisins, frères ou sœurs. Cela étant dit, dans votre quête de connaissances, vous pourriez décider d'améliorer vos compétences, de vous instruire davantage ou de vous inscrire à un cours qui suscite un vif intérêt chez vous. Malgré l'éclipse solaire, vous serez en forme et sur bonne lancée. Rien ne pourra vous arrêter sauf la maladie. Mars en Scorpion (12 octobre), cela pourrait vous causer des soucis de santé ou encore votre résistance semblera amoindrie ; voilà pourquoi vous devez respecter à la lettre les règles d'une saine hygiène de vie. Et si vous avez remis à une date ultérieure l'échéance des consultations, des chirurgies ou des soins appropriés, il est temps de remédier à la situation. La gorge, le cou, les seins sont vos points faibles. Ne négligez rien qui puisse améliorer votre qualité de vie. C'est essentiel, alors que cette éclipse pourrait jouer contre vous si vous n'y prenez pas garde. Il sera suggéré de demeurer prudent lorsque vous manipulerez certaines substances, sinon des objets potentiellement dangereux. Et si vous avez des déplacements à faire, soyez prudent sur les routes. Les risques d'accidents seront plus élevés, y compris l'attitude des gens.

P.-S. Vous êtes encouragé à prendre connaissance de tout ce qui est écrit au chapitre intitulé « Les Éclipses de 2023 » pour mieux vous familiariser avec toutes les mises en garde à respecter lors de toutes les éclipses.

LES POSITIONS LUNAIRES ET VOUS

À la fin du livre, vous trouverez le tableau des positions lunaires pour chaque jour de l'année 2022. Pour mieux tirer profit de la Lune au quotidien ainsi que connaître le rôle qu'elle jouera sur vos humeurs, lesquelles vont influer sur votre jugement et sur vos actes, référez-vous au chapitre intitulé « Méthode d'interprétation du calendrier des Lunes ».

Les divers passages de la Lune ne sont jamais neutres. S'il y a des moments pour l'action quand la Lune est néfaste, s'il faut prendre du recul quand elle ne l'est pas, les autres journées représentent, la plupart du temps, un mouvement vital plus lent. En général, quand la Lune passe en Bélier, en Lion, en Sagittaire, en Gémeaux ainsi qu'en Balance, vous êtes en forme. Ces énergies, surtout celles du Bélier, du Lion, du Sagittaire et du Gémeaux, vous placent en position de force. Là où vous devriez être prudent et où il serait préférable de prendre du recul, c'est lorsque la Lune se trouve en Scorpion, en Poissons, en Verseau et en Taureau. Les Lunes en Cancer, en Vierge et en Capricorne sont neutres par rapport à votre signe. Profitez-en pour laisser les autres travailler et prenez des mesures pour être plus libre de votre temps, de votre énergie et de votre argent. Éloignez-vous du feu de l'action et pensez famille, foyer, enfants.

♍

Vierge

24 août au 23 septembre

LES DIFFÉRENTS ASPECTS DE VOTRE PERSONNALITÉ

Vierge – féminin, double, terre

Inquiet et anxieux, tout doit être ordonné et parfait dans votre univers. Autant les gens nés sous votre signe peuvent paraître critiques et scrupuleux, vous pouvez être tout aussi simple par nature. Vous faites partie de ceux qui ont du plaisir à rendre service, et vous êtes tout aussi doué également pour vous acquitter de toutes les tâches à accomplir.

Méticuleux et perfectionniste, vous avez l'œil pour les détails, mais vous avez aussi la facilité de dénicher l'erreur tout aussi vite. Si on combine cette habileté du détail à celle d'être capable d'arranger quoi que ce soit qui cloche, voilà qui fait de vous un *arrange-tout* extraordinaire. Cependant, attention que votre timidité vous empêche de prendre vraiment le crédit de vos réalisations. Évitez aussi de toujours vous sentir coupable, sinon d'estimer que vous n'en avez pas assez fait.

Adepte de la discrimination qui se veut tout de même positive au bout du compte, de vouloir tout analyser et de tout critiquer, vous faites partie de ceux qui ont réponse à tout et qui peuvent même suggérer des remèdes à tous les maux et problèmes potentiels. Pas surprenant que vous soyez reconnu pour être le maître suprême pour ce qui est d'organiser vos listes, votre agenda et tous les horaires.

CE QUI VOUS DIFFÉRENCIE DES AUTRES NATIFS DE VOTRE SIGNE

En tant que natif du 1er décan (du 24 août au 3 septembre), Mercure régit non seulement votre signe, mais il gouverne également votre décan pour faire suite à la Triplicité de Terre qu'est votre signe solaire. Cependant, c'est au Soleil que revient la maîtrise de votre décan et, par le fait même, c'est ce qui vous octroie une santé plus forte que ceux des deux autres décans de votre signe et vous garantit une longue vie. Vous êtes aussi plus sympathique, plus attirant que les autres, et votre rayonnement personnel est, de ce fait, plus marquant.

Cet amalgame d'influence solaire et mercurienne fait de vous une personne qui a une vive curiosité intellectuelle, mais également quelqu'un qui a un talent inné pour bien communiquer. Voilà qui explique votre soif de vouloir tout apprendre et de vous enrichir de connaissances. Ceci n'exclut toutefois pas votre penchant naturel pour la solitude. Chose certaine, vous êtes très logique par nature, vous raisonnez bien, sans compter que vous savez faire passer vos opinions, vos idées et vos messages sans qu'on s'en rende compte.

Vous êtes tout aussi intelligent que vous êtes timide. Veuillez donc en profiter pour tirer avantage du temps passé seul pour mieux élaborer vos objectifs en vue de bien planifier votre avenir. Cependant, évitez de vous isoler des gens, même s'ils vous semblent imparfaits.

Vif d'esprit, vous avez tendance à aborder la vie et toutes les questions existentielles d'un niveau intellectuel. Analytique, méticuleux et critique, vous avez des attentes très élevées et vous êtes tout plein de discernement, tant envers vous-même qu'envers les personnes avec lesquelles vous êtes impliqué alors que vous voulez que tout soit fait correctement.

Discipliné par nature, vous avez cette fâcheuse tendance à porter des jugements si quelque chose ou quelqu'un ne vit pas selon vos normes.

Personne n'égale votre sérieux sur le plan professionnel. Les personnes en viennent d'ailleurs à dépendre de vous. Ponctuel, avisé et logique, vous avez cette facilité à entreprendre les tâches les plus laborieuses.

Lucide et observateur, vous vous avérez un peu trop porté à l'analyse et à la critique. D'ailleurs, votre décan est plus perfectionniste que les deux autres.

Vous pouvez très bien travailler à votre propre compte et bien gérer votre propre entreprise, et pourrez même accomplir de grandes choses, mais seulement si vous ne stressez pas inutilement, tellement vous vous inquiétez pour tout et rien. Assurez-vous d'inclure des moments de détente au quotidien alors que cela vous sera plus que salutaire. À cet effet, faire de la lecture, jouer à des jeux qui aiguisent votre esprit et qui mettent aussi à profit vos maintes connaissances ainsi qu'apprendre de nouvelles choses feront tout autant l'affaire. Entourez-vous également de gens intelligents.

En amour, vous avez besoin d'un partenaire de vie qui respecte votre dignité et votre intellect. Le compagnon idéal pour vous sera, bien entendu, de préférence intelligent, original et idéaliste. Il aimera aussi vous écouter parler de tous vos sujets d'intérêt. Si vous vous mariez, choisissez quelqu'un de passionné, tendre et sensuel, et qui pourra vous offrir une vie familiale stable et paisible.

En tant que natif du 2e décan (du 4 au 13 septembre), votre signe natal est régi par Mercure, planète du mouvement et de l'intelligence, mais c'est Vénus qui gouverne votre décan et secondairement Saturne pour faire suite à la Triplicité de Terre qu'est votre signe solaire.

Pour ce qui est de Vénus, la Petite Bénéfique, elle vous donne de la diplomatie et un talent inné pour les relations publiques, mais elle fait également de vous le plus charmeur des natifs de la Vierge. Vous appréciez tout ce qui est beau, luxueux et il est probable que vous ayez de nombreuses capacités artistiques, mais elles s'expriment habituellement davantage sous forme de créativité artisanale ou manuelle.

Marqué par l'influence de Saturne, il est possible que vous ayez pu éprouver maints ennuis ou diverses difficultés dès votre tout jeune âge. Il est possible aussi que l'un de vos parents vous ait imposé maintes restrictions ou des exigences déraisonnables dès votre jeune âge.

L'ordre et la logique occupent une place très importante à vos yeux. Saturne vous donne de l'ambition, même si votre vision de la vie est parfois dure, rigide, sérieuse, analytique, pratique et critique, et si vous maintenez une vie rangée et disciplinée, vous pourrez très bien réussir dans la vie.

Votre réussite sera peut-être tardive, mais elle viendra surtout si vous y mettez toute l'ardeur qui vous habite et tous les efforts nécessaires. Misez sur l'équilibre dans tous les secteurs de votre vie, ce qui servira bien vos intérêts.

Tenace et digne de confiance pour accomplir les travaux les plus ardus et les plus laborieux à la perfection, vous aurez à travailler très fort et à trimer très dur pour récolter les bénéfices. Évitez donc de perdre temps, argent, affection et énergie pour des personnes qui ne vous respectent pas.

Votre intelligence perspicace ne laisse rien au hasard. Étant motivé à gravir l'échelle sociale et hiérarchique de l'entreprise où vous travaillez, il est possible que vous soyez impliqué avec des personnes qui pourront vous donner un coup pouce.

Méthodique, minutieux et doté de capacités organisationnelles hors du commun, on ne peut le nier, vous êtes très performant. Bourreau du travail et quelqu'un qui a le sens inné des affaires et du commerce, vous possédez d'incomparables qualités pratiques, accompagnées d'une puissante conscience professionnelle, ce qui vous permettra d'obtenir inévitablement du succès dans toutes vos entreprises. Cependant, attention puisque vous tendez à être parfois lent pour tirer profit des occasions. Or, affirmez-vous alors qu'on saura reconnaître votre valeur, vos multiples talents et vos nombreuses habiletés.

Gracieux, sensuel, tendre et agréable en tout temps, les gens vous trouvent tout simplement attrayant, mais les relations ne sont pas toujours faciles pour vous. Très discret par nature, cela ne vous empêche pas de vous donner entièrement dans une relation amoureuse.

Vous n'êtes pas du genre à tomber amoureux sur un coup de tête. Bien au contraire, vous explorez les pour et les contre avant de vous engager, mais une fois que vous êtes décidé, vous faites preuve d'une grande disponibilité envers l'être aimé. Évidemment, vous demandez la réciprocité de sentiments.

Chez vous, il y a un énorme besoin d'aimer et d'être aimé, mais aussi de toucher ceux que vous aimez. Si vous vous mariez, choisissez une personne entière, profonde et volontaire avec laquelle vous pourrez vivre une relation intense et durable, quelqu'un qui pourra vous offrir une vie familiale stable et paisible. Conciliant de nature, vous serez porté à faire beaucoup de compromis et d'efforts pour que tout aille bien dans votre couple. Vous irez même jusqu'à esquiver les discussions tant vous avez peur de la chicane ; pourtant, certaines sont nécessaires. Heureusement, avec les années, vous apprendrez à vous affirmer davantage, ce qui sera un plus.

En tant que natif du 3e décan (du 14 au 23 septembre), votre signe et votre décan sont régis par Mercure et secondairement par Vénus, pour faire suite à la Triplicité de Terre qu'est votre signe natal. Voilà qui fait de vous le plus Vierge, le plus sociable et le plus artistique des deux autres décans.

Vous êtes aussi émotif et très analytique à la fois, ce qui jette de la confusion entre ce que vous ressentez vraiment et ce que vous voulez réellement. Dualité que vous devrez apprendre à bien maîtriser pour mieux vous comprendre, pour mieux vous accepter et pour mieux vous aimer.

L'influence vénusienne fait de vous une personne conviviale qui aime s'amuser et profiter de ce que la vie a de meilleur à offrir, et vous êtes de beaucoup moins compulsif que les deux autres décans.

Bien que vous soyez un bon travailleur, vous devez absolument dénicher un travail qui met à profit votre créativité. D'ailleurs, certains d'entre vous ont un flair inné pour faire de la scène en tant que chanteurs, acteurs ou tout travail qui implique les arts.

Même si votre nature aimable et vos bonnes manières servent bien vos intérêts, et ce, dans tous les secteurs de votre vie, évitez tout de même d'être paresseux ou passif par nature.

Étant donné que vous avez en horreur toute restriction que ce soit, voilà qui peut expliquer pourquoi vous préférez de beaucoup un travail créatif qui met à profit l'expression personnelle.

D'une grande droiture et prédisposé à travailler pour autrui plutôt que pour vous-même, vous pouvez trouver un immense plaisir à travailler dans une profession curative en tant que médecin, thérapeute ou conseiller. Sinon, vous pourrez aussi bien réussir dans le domaine de l'immobilier, des relations publiques ou de la finance.

Étant donné que vous êtes attiré par des objectifs élevés que vous souhaitez à tout prix accomplir, visez haut lorsque vous établissez vos ambitions, vos buts ainsi que lors de la sélection d'un partenaire de vie, ou un associé. Ne soyez pas trop prompt non plus à donner votre amour, votre argent, ni votre confiance au premier venu.

Grand voyageur dans l'âme, vous ne restez pas en place longtemps. Vous avez la bougeotte et de nombreux déménagements sont à prévoir, en destinée, et qui seront toujours positifs.

Toujours plus heureux au début d'une occupation qu'à la fin, il est suggéré dans votre cas de changer assez souvent d'emploi.

Rapidement fatigué intellectuellement, ne faites pas d'efforts continus dans ce domaine. Au contraire, prenez toujours des temps de répit pour vous-même afin de mieux pouvoir récupérer mentalement.

Charmeur à vos heures, vous aimez la bonne vie et vous êtes tout aussi affectueux qu'enjoué. Même si vous paraissez plus porté vers la sexualité, ce n'est qu'une apparence. Vous pouvez toutefois créer beauté et harmonie lorsque vous avez le partenaire approprié. Dans le couple, vous recherchez cette dimension d'insouciance et de poésie que vous ne vous autorisez pas à vivre, bien que vous soyez tout de même capable des pires loufoqueries, à la grande surprise de votre entourage. Si vous vous mariez, choisissez une personne qui saura bien conjuguer avec votre soif de vivre, de tout voir et de tout explorer, mais avec laquelle vous pourrez aussi vivre une relation intense et durable.

CE QUE LES ASTRES VOUS RÉSERVENT EN 2023

Jupiter en Bélier – du 20 décembre 2022 au 16 mai 2023 – votre VIIIe maison natale

Jupiter est fondamentalement une planète qui se déplace lentement. Elle a tendance à rester dans un signe et une maison pendant une année entière. Mais en 2023, elle se déplace exceptionnellement vite – elle traverse en fait deux signes et maisons. Elle commence l'année en Bélier, votre VIIIe maison. Puis elle se déplacera en Taureau, votre IXe maison, pour le reste de l'année et plus encore, soit jusqu'au 25 mai 2024. Tout ceci est très inhabituel et nous donne des messages importants. À cet effet, comme vous êtes insécure, vous aimez décider vous-même de l'orientation et du déroulement de votre destinée. Cette phase de réorganisation que vous traversez à présent prendra fin à la mi-mai. D'ici là, vous continuerez à vous chercher et à vous interroger sur des sujets fondamentaux, tels votre orientation professionnelle, votre manière d'interagir avec les autres et le sens à donner à votre vie. De belles étapes de récupération se préparent. Vous couperez avec le passé et vous vous remettrez des expériences traumatisantes que vous avez connues. Vous cesserez aussi d'être ballotté par tous les événements et vous reprendrez graduellement le contrôle de votre vie. La chance se rangera enfin de votre côté dès le 16 mai, puis elle s'amplifiera à nouveau après votre anniversaire. Vous serez alors animé d'une telle soif de vivre qu'on vous reconnaîtra à peine; plus brave, plus fonceur, vous embrasserez une nouvelle étape de votre existence avec confiance. Jupiter en Bélier vous montrera que le monde est un lieu d'opportunités infinies, et, tout comme la destruction et la perte font partie de la vie, l'abondance infinie fait également partie de la vie. Vous découvrirez que vous avez beaucoup plus de pouvoir que vous ne le pensiez et vous apprendrez à l'affirmer de manière saine.

Quant à vos affaires, dès le début de la nouvelle année 2023, vous vous débrouillerez beaucoup mieux avec vos finances. Votre coefficient de chance deviendra important à partir du 16 mai et il s'intensifiera même dans l'année qui suivra votre anniversaire. Professionnellement, tous les espoirs seront permis et ça ne s'arrêtera pas là, puisque vous aurez aussi de la veine au jeu, dans les transactions et les investissements, en toute question de voyage, et voilà que les partenariats deviendront plus abondants que d'habitude. Il est vrai que, pour l'instant, votre situation ne correspond pas à vos attentes, mais il n'en sera pas toujours ainsi. Plus vite que vous ne le pensez, vous aurez le genre de vie dont vous rêvez. En attendant, il faut préparer le terrain et y travailler. Vous aurez à trimer dur. Employez-vous à stabiliser votre situation et à lui donner une nouvelle direction, et veuillez investir beaucoup de temps et d'énergie dans vos activités, puisque cette fois-ci les résultats seront très prometteurs. Cela dit, attendez-vous à ce qu'un grand nombre de choses se produisent ou se manifestent. Veuillez prévoir aussi que les revenus de votre partenaire augmenteront : une prime ou une augmentation de salaire importante. Vos dépenses en impôts et en assurances risquent aussi de grimper en flèche, tout comme votre intérêt sur des sujets comme la vie après la mort. Vous pourriez aussi avoir des expériences étranges ou troublantes avec des fantômes et des problèmes de vie antérieure.

Pour ce qui est de vos amours, tenez bon, puisque dès votre prochain anniversaire, votre vie sentimentale retrouvera enfin une stabilité que vous aviez cru perdue à tout jamais. Ce ne sera pas toujours évident de faire la part des choses, mais avec vous, il faudrait que tout soit blanc ou noir, et pourtant… N'empêche, cette année, vous aurez envie de nouer de nouvelles amitiés et ça ne pourrait pas mieux tomber alors que la vie mettra de nombreuses personnes stimulantes sur votre route. De toutes ces belles rencontres, il s'en trouvera certainement au moins une pour transformer l'existence des solitaires. Si vous êtes déjà en couple, vous tirerez certaines choses au clair avec votre partenaire de vie, ce qui vous permettra de repartir du bon pied. Vous êtes en pleine découverte de vous-même, et il est tout à fait normal que vous réévaluiez votre cercle de relations.

Parlant de réévaluation, Jupiter, planète par excellence qui régit votre IVe maison du foyer et de la propriété, voilà qui suggère beaucoup de rénovations et des réparations profondes de la maison – pas seulement des changements cosmétiques. Cela suggère également le besoin de faire un grand nettoyage de la maison et de se débarrasser des vieilles possessions, reliques et souvenirs qui ne sont plus d'aucune utilité. Profitez-en aussi pour aller au grenier sinon à la cave, que fouiller dans tous vos placards et vous débarrasser du désordre. Alors qu'auparavant vous ne cessiez d'ajouter des choses à votre maison, en 2023, vous vous débarrassez maintenant du superflu, de ce qui n'est pas nécessaire. Moins, c'est plus. Tout ce qui est nécessaire, bien sûr, devrait être là, mais rien de plus !

En ce qui a trait à votre santé, une fois encore, à partir de votre anniversaire, vous amorcerez un cycle complètement différent durant lequel vous serez plus solide et plus résistant. Mais, d'ici là, si vous pensez que vous êtes invincible et que rien ne pourra vous atteindre, vous risquez de subir différents rappels à l'ordre. Veuillez opter pour une position conservatrice et prudente, vous évoluerez ainsi en toute tranquillité d'esprit. En toute réalité, c'est une question de gestion de vos ressources et de prévention, du moins jusqu'à la seconde partie du mois de mai. De plus, vous ne pourrez choisir meilleure période pour vous libérer de vos peurs et de vos bobos. Veuillez également prendre des mesures énergiques pour augmenter votre bien-être général, ce qui donnera des résultats stupéfiants, à court et long termes ; après votre anniversaire, vous devriez vous sentir bien comme ça ne vous était pas arrivé depuis longtemps. Autre point marquant : vous serez moins casanier, vous aurez le goût de bouger davantage et de voir du nouveau monde, ce qui aura des répercussions positives sur votre santé et, bien entendu, sur votre moral.

Jupiter en Taureau – du 16 mai 2023 au 25 mai 2024 – votre IXe maison natale

On décèle des influences planétaires majeures dans votre thème astrologique annuel. D'abord, de la mi-mai jusqu'à votre anniversaire en 2024, vous continuerez à ressentir l'appui de Jupiter, la grande bénéfique. Ce transit vous permettra de prendre votre vie bien en main et de la transformer en succès. Croyez-moi, les résultats justifient tout à fait la somme des efforts que vous consacrerez à l'amélioration de votre sort. Ne restez pas dans votre coin, osez et foncez ! Si vous voulez un indice sur le genre de choses que vous pourriez vivre sous ce transit en Taureau, regardez douze ans en arrière… Veuillez considérer ce passage de Jupiter comme étant une période où la chance et les opportunités se présentent à vous dans de nombreux domaines de votre vie. Or, concentrez-vous sur ce que vous voulez – plutôt que sur l'absence de ce que vous voulez. Plus précisément, ce transit élargit votre vision du monde et votre spiritualité. D'ailleurs, dès la mi-mai jusqu'à votre anniversaire, vous remarquerez que le hasard se mettra à jouer en votre faveur ; vous serez souvent à la bonne place au bon moment. Cette période coïncidera également avec une hausse de vos revenus et vous pourriez même rafler un prix intéressant lors d'un tirage. Un temps favorable également pour voyager. Puis, à compter de votre anniversaire, toute cette chance s'intensifiera et vous jouerez gagnant sur toute la ligne. Tout ce que vous déciderez d'entreprendre fonctionnera à merveille ; vous aurez gain de cause dans un litige et vous brasserez des affaires d'or. Ce sera un transit heureux alors qu'il apportera la prospérité matérielle, mais aussi des joies intellectuelles et mentales ; on pourrait dire qu'une percée intellectuelle, lorsqu'elle se produit, est aussi joyeuse à sa manière que le sexe. Et vous allez avoir de nombreuses percées dans l'année à venir. Votre vision du monde s'élargira, peut-être grâce à des voyages à l'étranger, à des rencontres avec des étrangers ou à de nouvelles opportunités d'éducation et de publication, et ce, sans compter que votre confiance en vous sera étonnamment plus forte, et vous serez en mesure de manifester vos désirs plus rapidement.

Quant à vos affaires, non seulement un fort courant de chance sera présent, il vous offrira aussi d'intéressantes possibilités sur le plan tant professionnel que financier. Vos initiatives en vue de réformer votre situation s'avéreront des succès retentissants. Choisissez cette période pour faire vos démarches, pour passer des entrevues sinon pour consolider vos affaires. Un temps favorable aussi pour voyager, chercher un nouveau logis, qu'apporter des modifications à votre propriété. Parlant de propriété, vous allez probablement agrandir votre maison dans les mois à venir – soit par des rénovations ou un déménagement. Les plus nantis d'entre vous achèteront une maison dans un pays étranger, sinon vous-même ou des membres de votre famille séjourneront dans des pays étrangers pendant un certain temps. Et si vous prévoyez déménager, l'après 16 mai semble plus chanceux que l'avant.

Jupiter en Taureau, ce sera également un transit des plus chanceux pour les étudiants, alors qu'ils auront de la veine dans vos études et avec les demandes d'inscription à l'université et aux écoles supérieures ; les pays étrangers semblent être des endroits attrayants pour vivre. Beaucoup d'entre vous étudieront également à la maison, via l'enseignement à distance ou avec des professeurs privés. Vous achèterez plus de livres et peut-être ajouterez-vous aussi une bibliothèque à votre maison.

Pour ce qui est de vos amours, dès la mi-mai, votre seuil de popularité sera en hausse et vous rencontrerez une foule de gens nouveaux; certaines personnes appartenant à votre passé referont également surface, mais vous êtes devenu plus sélectif et vous n'ouvrez plus votre porte ni votre cœur au premier venu. Accordez-vous le temps de mieux connaître les individus avant de vous y attacher. C'est parfait ainsi! Parmi toutes ces rencontres et retrouvailles, il y en aura certaines qui correspondront exactement à vos critères de sélection et vous pourrez ainsi nouer de belles relations. Il va sans dire que les célibataires seront courtisés plus d'une fois et ils pourront remplir le vide de leur existence.

En ce qui a trait à votre santé, si vous avez encouru des pépins dans le passé, ne perdez pas de temps pour vous y attaquer puisque vous allez jouir d'une conjoncture exceptionnelle dès la mi-mai. Cette période conviendra parfaitement aux bonnes résolutions et à l'adoption d'une meilleure hygiène de vie; chaque geste que vous ferez donnera des résultats positifs.

Saturne en Poissons – du 7 mars au 31 décembre 2023 – votre VIIe maison natale

Parce que Saturne est une planète karmique – comprendre qu'elle influence votre chemin de vie, votre karma – vous allez apprendre comment gérer les répercussions de vos actes passées. Saturne en Poissons est la clé pour vous concentrer sur les changements que vous ressentez à l'intérieur de vous-même et sur les changements qui pourraient affecter vos proches lors des deux prochaines années. En astrologie, Saturne est connue comme étant la planète « sérieuse » du zodiaque. Elle a été appelée la planète de la discipline, du temps et parfois aussi l'enseignante. Saturne a parfois mauvaise presse, car nous combattons souvent les changements saturniens. Elle nous enseigne la « responsabilité » dans de nombreux domaines de notre vie qui pourraient grandement bénéficier d'un peu d'amélioration. Naturellement, l'instinct et l'ego nous suggèrent d'abord de lutter contre tous ces changements, jusqu'à ce que nous apprenions finalement à admettre que ceux-ci nous freinent d'une manière ou d'une autre. C'est ce que Saturne enseigne: la nécessité de changer nos habitudes ou de changer quelque chose sur soi-même qui pourrait bénéficier d'une petite refonte. Or, si vous apprenez à vous détendre et à ne pas craindre ce cycle de transformation de Saturne, vous découvrirez que vous pouvez bénéficier considérablement de sa sage tutelle. Ne vous retenez pas – et n'ayez pas peur de reconnaître ou même d'admettre le besoin d'amélioration, puisqu'apprendre à suivre le flux de

Saturne pourrait s'avérer une expérience de croissance très positive. Il n'y a pas d'autre planète dans tout le système solaire avec les capacités d'enseignement que Saturne a à offrir. Cela dit, Saturne signe le début de l'année en Verseau. Une fois installée en Poissons, dès les premiers jours du mois de mars, les deux prochaines années qui verront passer Saturne dans ce secteur de votre thème natal marqueront un cycle de transition entre les expériences passées et futures. La vie associative ou la vie de couple passera sous les rayons de Saturne pendant cette période. Dès le début du transit de Saturne en Poissons, vous pourriez consolider un lien déjà existant. Le moment sera venu de concentrer vos efforts sur votre rapport avec l'autre. Vous apprendrez à connaître vos besoins, vos limites, vos devoirs et à obtenir une image très nette de vous-même. Pour les couples, ce sera une période d'interrogations et vous verrez votre couple avec objectivité et détachement. Une certaine froideur pourrait se développer dans votre comportement, amenant votre partenaire de vie à se poser des questions. Pendant ce genre de transit saturnien, il faut tenter d'obtenir le respect mutuel des aspirations et des besoins de chacun et également essayer de voir son partenaire comme un être distinct et non comme votre propre reflet. Votre relation sera plus profonde ainsi après cette épreuve.

Quant aux associations, elles pourront se constituer et avoir de bonnes chances de réussite financière, mais les relations seront empreintes de sérieux, les décisions, bien pensées et les engagements, durables. En fait, ce transit sera simplement un test sur la qualité de vos relations. Si elles ne sont pas conformes à l'authenticité dont vous êtes en quête, vous pourriez ne plus vouloir y participer. Mais cette période saturnienne n'est pas forcément celle des divorces, tout dépend du vécu de chacun. Êtes-vous à deux pas de divorcer ? Souhaitez-vous que votre dernier ami(e) s'en aille ? Voyez-vous soudainement des choses sur votre partenaire de vie pour la première fois – et n'aimez-vous pas du tout ce que vous voyez ? De tous les transits, Saturne en face de votre Soleil natal est l'un des plus difficiles. Vous faites face à vos relations de front – et s'il y a quelque chose qui vous dérange chez l'être aimé, c'est le moment que vous choisirez pour le révéler au grand jour. Bien sûr, cela risque de créer des rancunes et des humeurs sensibles, surtout si cette personne n'est pas capable de résister à ce type d'examen. Ainsi, avant de critiquer, vous devriez prendre un petit moment pour vous regarder avant de rejeter la faute sur les pieds de l'autre. Attention aussi d'être trop grincheux et irritable, ce qui rendra difficile pour vos proches de s'adapter à votre nature acariâtre. N'isolez pas ceux que vous aimez simplement parce que vous sentez que vous n'obtenez pas cent pour cent d'eux. Ce n'est pas juste. Souvenez-vous-en, chers Vierges, et essayez de vous en rappeler lors des deux prochaines années et plus: le seul endroit où vous trouverez la « perfection », ce sera dans le dictionnaire!

LES PHASES RÉTROGRADES DE MERCURE POUR 2023

Mercure rétrograde en Capricorne – du 29 décembre 2022 au 18 janvier 2023 – votre Ve maison natale

Climat général

Vous êtes habituellement peu loquace au sujet de vos sentiments ou trop analytique. Pas surprenant que l'on comprenne mal vos réactions subites et spontanées qui vous conduiront possiblement à faire certaines folies pendant cette période, mais qui, somme toute, ne seront pas nécessairement négatives ou déraisonnables. Bien au contraire, il sera tout à fait normal de lâcher votre fou à l'occasion et ce sera même très sain. Cela vous permettra de diminuer la pression auprès de votre entourage, parce que si vous gardez tout cela en dedans, vous deviendriez invivable et détestable pour vos proches. Tâchez d'évacuer ce trop-plein d'émotions entre amis et au cours d'activités sociales ou sportives. Généralement assidu dans tout ce que vous faites, voilà qui sera un temps où vos prouesses intellectuelles laisseront à désirer alors que vous accuserez davantage un manque de motivation qu'à l'habitude. En dépit que le temps risque d'être une denrée rare, tâchez de tirer profit de cette période pour faire preuve de beaucoup de créativité afin de vous démarquer des autres, mais aussi pour obtenir des résultats tout aussi intéressants les uns que les autres. Il sera également indispensable et nécessaire que vous mettiez en action votre imagination pour mieux connaître le succès souhaité, autrement vous risquez de vous noyer dans la moyenne et réduire ainsi vos chances d'obtenir ce que vous désirez.

Travail – Finances

Peu importe votre position, c'est avec conviction que vous ferez des efforts alors que vous aurez des aspirations, des buts et des objectifs à atteindre. Vous serez déterminé à en réaliser plusieurs. Il s'agira peut-être même de l'une de vos résolutions de l'année de progresser sérieusement au travail. En effet, les personnes en position d'autorité ne resteront pas insensibles devant une telle détermination d'initiatives et de leadership. Cependant, méfiez-vous alors qu'il y aura certaines personnes qui pourront vouloir vous mettre des bâtons dans les roues pendant cette période. Or, si vous n'avez pas de stabilité au travail, il est plus que possible que ce soit votre quart qui subira des compressions possibles. Toutefois, il y aura un côté très positif à tout cela, parce que c'est en allant voir plus haut, en demandant de régler les conflits ou en proposant vos services sur des postes plus stables que vous trouverez des réponses favorables. En effet, pour ne pas subir les problèmes, il vous faudra négocier et tout le monde sait que vous êtes habituellement un expert là-dedans. En tant que patron, dirigeant et travailleur autonome, lorsqu'une entreprise connaît des pertes, ce sont toujours les chefs d'équipe qui subissent les coups en premier. Il va de soi que si vous choisissez le *statu quo* et que vous attendez que les clients reviennent en force, vous passerez à côté de belles occasions. Pour réussir et connaître le succès, il s'agira de vous trouver de nouveaux associés ou de fusionner avec une autre entreprise. Vous pourriez aussi aller chercher des subventions ou encore des fonds provenant d'organismes publics.

Amour – Sentiments

Un peu de folie semblera nécessaire entre vous deux alors qu'il est possible qu'un certain froid se soit installé dans votre relation depuis quelque temps; la routine peut parfois être assez lourde à porter pour n'importe quel couple. Évitez de tomber dans le piège de l'éloignement, même si vos sentiments et votre désir pour votre partenaire ne sont pas très forts. Comme on dit, l'appétit vient en mangeant. Alors, il sera très important de faire des efforts chacun de votre côté pour réanimer le dynamisme dans votre relation. Croyez-moi, les belles périodes de tendresse et d'affection reviendront naturellement. Mais d'ici là, votre situation amoureuse et émotionnelle risque d'être très sollicitée, sans compter que vos états d'âme passeront par là. Vous aurez besoin d'être séduit par votre partenaire et de vivre des moments intenses afin de ressentir son amour avec sincérité et profondeur. Il est aussi fortement possible que ce ne sera pas assez, il vous en faudra davantage. Si votre partenaire ne semble plus éprouver autant de désir à votre endroit, vous ne vous gênerez pas pour prendre votre liberté. En tant que célibataire, il ne vous sera pas trop difficile de faire des rencontres lors de cette phase. D'ailleurs, si, dernièrement, vous avez pris part à des activités pour gens seuls, il y en aura probablement plus d'un qui cherchera à établir une relation avec vous, sauf que vous ne serez pas vraiment intéressé. C'est plutôt dans votre milieu de travail qu'il y aura quelqu'un pour vous faire vivre quelques belles émotions et un désir d'engagement, mais il vaudra mieux vous en abstenir, du moins rien avant la fin du mois de janvier pour tout expérimenter.

Famille

Si, à tout hasard, de petits problèmes familiaux viennent perturber le fragile équilibre que vous tenterez de maintenir au meilleur de vous-même et qui risque d'occuper toute la place, il est plus que probable que vous deviendrez impatient à l'endroit de votre partenaire de vie, sinon l'amant du moment. L'inverse sera tout aussi possible. Bref, il y aura certainement une atmosphère assez stressante au foyer où la tension deviendra presque palpable par moments. Fort heureusement que cette ambiance plutôt négative commencera à changer une fois que Mercure aura repris sa marche directe. Entretemps, si vous avez des enfants, misez sur cette période pour influencer leur manière de penser en écoutant vraiment les idées qu'ils préconisent. Et si l'un de ces derniers est aux études, voilà qui présage beaucoup d'instabilité dans l'horaire de ses cours, sinon aura-t-il à s'adapter à de nouvelles conditions de vie, fort probablement.

Santé – Bien-être physique

Je ne vous apprends rien en vous disant que vous êtes un éternel angoissé, mais vous êtes également très préoccupé par votre état de santé et vous abusez rarement des bonnes choses de la vie. Mais si vous vous êtes trop privé ces derniers temps, vous tendrez à vouloir vous rattraper. En fait, vous serez porté davantage à manger vos émotions et vous pourriez prendre un surplus de poids non désiré que vous perdrez aussi vite.

Mercure rétrograde en Taureau – du 21 avril au 14 mai 2023 – votre IXe maison natale

Climat général

Voilà un temps où les émotions se feront puissamment sentir. Vous aurez besoin de changement, mais vous aurez besoin aussi de vous débarrasser de vos problèmes une fois pour toutes. Non seulement vous serez en quête qu'une transformation prenne place dans votre vie, mais il est également possible que vous ayez envie de vous accorder aussi quelques moments pour ce qui est de votre beauté. Autant vous serez mûr pour une nouvelle coiffure, une nouvelle garde-robe et, qui sait, peut-être même une chirurgie esthétique, évitez de précipiter les décisions. Pesez le pour et le contre avant d'arrêter votre choix final, autrement, il pourrait y avoir quelques regrets plus tard. En revanche, s'il y a des travaux à faire à l'intérieur ou à l'extérieur de votre propriété ou du logement, vous ne pourrez choisir meilleure période pour dénicher l'entrepreneur compétent et pour négocier un prix convenable.

Travail – Finances

Il y aura certainement beaucoup d'énervement au bureau ou dans les fonctions que vous occupez et vous risquez de vous sentir impuissant face à certaines situations ; au moment où vous croirez avoir terminé vos tâches ou vous être mis à jour, voilà que l'on appellera à l'aide, quelqu'un sera débordé et vous semblerez en mesure de le ou la secourir. Bien évidemment, on abusera de vos bons services et voilà que vous vous retrouverez de nouveau à pédaler pour rattraper le retard dans vos dossiers. L'idée que vous puissiez également subir les rafles d'un collègue ou d'un supérieur et ne saurez comment réagir devant sa conduite est plus que possible. Si cette personne abuse de son pouvoir, n'hésitez pas à la rapporter. Cela étant dit, autant que certains d'entre vous seront impitoyables dans certaines situations et animés d'un profond sentiment de compassion en d'autres, selon votre position, vous préconiserez un principe de justice et d'égalité entre tous ; cependant, pourriez également être particulièrement cruel si l'on fait preuve d'une honnêteté douteuse à votre égard ou autour de vous. D'ailleurs, il ne serait pas surprenant que vous soyez l'instigateur d'une politique de délation afin de connaître les utilisateurs d'Internet sur les heures de bureau à des fins personnelles. Il est aussi possible que vous ayez à vous investir dans d'intenses négociations pour éviter des dépassements de coûts et payer le prix souhaité. Tenez bon, vous obtiendrez éventuellement le feu vert concernant le financement d'un projet une fois que vous aurez détaillé toutes les différentes étapes et refait vos calculs de nombreuses fois. Entre-temps, n'allez pas être surpris non plus que votre banquier et/ou votre investisseur vous retourne mille fois votre projet pour que vous l'éclaircissiez. Votre patron fera de même et vous demandera d'établir un budget ainsi qu'une planification financière en détail dans le but d'entreprendre de grandes transformations dans l'entreprise qui vous seront profitables. Par ailleurs, des troubles qui se dérouleront dans une ville avoisinante et/ou avec votre belle-famille risquent d'affecter la qualité de votre travail. Et si l'entreprise a des ramifications dans une ville au loin, vous devrez probablement vous y rendre afin de dénouer certaines impasses.

Amour – Sentiments

Le stress et la pression n'arrangeront en rien votre relation amoureuse. L'idée du lien de confiance qui vous unit à l'être aimé soit brisé ou simplement étiré jusqu'au point de rupture est plus que possible. Vous aurez besoin de mettre les pendules à l'heure. Si vous ou l'être aimé avez sauté la clôture par le passé, la vérité risque d'être mise à jour. S'il s'agit d'un événement qui est pardonné, il pourrait refaire surface à nouveau. Et si on ne répond pas avec autant de ferveur à toutes vos marques d'amour, vous ne manquerez pas de le faire remarquer à l'être cher et vous serez également porté à lui poser plusieurs questions au sujet de ses sentiments à votre endroit. Cela étant dit, gare aux hésitations possibles alors que vous verrez en cela un mensonge, comme si on retenait la vérité. Vous serez pratiquement comme une police qui demande un rapport sur les allers et venues de votre tendre moitié. Vous n'êtes pas dupe et il ne vous en faudra pas beaucoup non plus pour ébranler la confiance que vous avez en l'autre. Il faudra absolument faire des efforts considérables de part et d'autre pour ainsi retrouver l'harmonie. En tant que célibataire, que vous aspiriez à une vie de couple ou pas, vous pourriez croiser la route d'une personne qui souhaitera plus une relation secrète, sinon vous pourriez avoir le coup de foudre pour une personne déjà engagée. Cela ne vous empêchera pas de consumer entièrement cette flamme électrisante avec passion, mais il ne faudrait pas non plus trop croire l'autre quand cette personne vous dira qu'elle va quitter son ou sa partenaire pour vous rejoindre prochainement.

Famille

Attendez-vous d'avoir plusieurs points à régler. D'ailleurs, il est possible que vous puissiez prendre une décision concernant un proche, autant dans son intérêt que dans le vôtre. Et si vous avez choisi de déménager, sachez que ce serait une bonne idée de remettre une lettre recommandée au propriétaire, sinon de suivre les bons conseils de votre notaire pour éviter des problèmes avec l'achat ou la vente de votre propriété.

Santé – Bien-être physique

Il est possible que votre médication ne soit pas adéquate ou que vous en ressentiez des effets secondaires que vous ne pourrez supporter. Il faudra trouver une solution de rechange, ce qui devrait se faire assez facilement. Il sera avisé aussi de garder un œil sur votre foie et votre vessie qui seront vos ennemis jurés. Assimilation alimentaire perturbée. Surveillez aussi vos intestins. Ce sera également une excellente période pour prendre de sages résolutions, entre autres les régimes ainsi que les programmes d'exercices physiques qui donneront des résultats satisfaisants. Néanmoins, méfiez-vous d'un incident fâcheux possible tel un tour de rein, sinon une cheville foulée. Et gare à l'obstination qui vous guette alors que vous voudrez avoir raison à tout prix.

Mercure rétrograde en Vierge – du 23 août au 15 septembre 2023 – votre Ire maison natale

Climat général

Il est possible que les choses se compliquent un peu plus pendant cette période, mais il ne faudra pas vous en inquiéter outre mesure. En fait, s'il y a quoi que ce soit qui ne fait pas votre affaire, il sera important que vous l'exprimiez ; évitez de garder toutes ces frustrations à l'intérieur, car cela finit toujours par devenir malsain. De deux choses l'une, ou bien vous hésiterez longuement avant d'entreprendre quoi que ce soit ou vous fonctionnerez par coups de tête ; il n'y aura pas de juste milieu et vous pourriez faire maintes erreurs. Particulièrement pendant cette rétrogradation, vous devrez exercer votre patience le plus possible, et ce, d'autant plus si c'est de l'argent que l'on vous sollicite. Évidemment, si c'est l'un de vos enfants qui en veut pour participer à des petites activités, vous n'aurez pas à y réfléchir trop longuement. Mais s'il vous demande de l'aider à financer des études supérieures, tâchez de bien calculer toutes vos affaires avant d'accepter. Si c'est un bon ami qui veut vous emprunter de l'argent, en dépit de tout ce qu'il vous dira au moment de plaider sa cause, ne succombez pas, au risque de perdre votre ami, mais aussi de ne plus revoir votre argent.

Travail – Finances

Voilà un temps où vous risquez d'avoir l'impression de faire davantage du surplace. Non seulement vos dossiers n'avanceront pas comme vous le souhaitez, mais chaque pas vers l'avant vous obligera à en faire deux vers l'arrière. Malgré tout, vous aurez beaucoup d'inspiration pour les améliorer et les peaufiner. En toute réalité, il faudra peut-être qu'une certaine situation mûrisse avant de pouvoir prendre son envol. Cela dit, vos efforts seront très significatifs, vous donnerez votre 100 %, mais ça ne semblera jamais suffisant, car on vous en demandera encore plus. Vous pourriez même avoir à faire de nombreuses heures supplémentaires sans que cela vous rapporte quoi que ce soit. Il est possible que vous souhaitiez finir par obtenir des faveurs par la suite, mais il est peu probable que l'on sera véritablement reconnaissant des efforts que vous aurez donnés si généreusement. Vous devez apprendre à connaître votre véritable valeur et à vous faire respecter. Ce n'est que lorsque vous imposerez vos conditions que l'on réalisera votre importance. D'ici là, ne soyez pas surpris qu'une personne avec qui vous faites des affaires décide de revenir sur sa décision et même rompre un lucratif contrat avec votre entreprise et, par le fait même, essuyer un sérieux revers avec une importante société publique en qui vous fondiez de grands espoirs. Cependant, avec un peu de patience, vous serez en mesure d'offrir vos services à son compétiteur et peut-être même qu'il reviendra à la charge en renchérissant vos revenus une fois que Mercure aura repris sa marche directe. Par contre, si vous avez acquis une entreprise dans les derniers mois ou que vous vous êtes mis à votre compte, vous aurez à travailler dur et serez même obliger de faire des heures supplémentaires pour rejoindre les deux bouts et cela risque de vous épuiser. Bien que les consommateurs soient plus économes, vous réussirez à respecter vos échéances. Si vous vendez des produits dans un magasin à rayons, ayez l'œil ouvert, des mains agiles tendront à se faufiler et défieront même une caméra de surveillance.

Amour – Sentiments

Vous êtes une personne qui a besoin de stabilité et de sécurité au cœur de la relation pour vous épanouir. Les mots s'envolent mais les écrits restent! Vous n'avez pas besoin de ne vous faire dire que de belles choses, vous avez plus besoin de voir des actions concrètes et de sentir un engagement sérieux. Il est possible que vous soyez déçu à ce sujet. Il ne suffira que d'une bonne communication pour vous permettre de corriger la situation et de vous offrir des moments tendres ensemble. Malgré tout, vous aurez l'argumentation un peu trop facile pendant cette période. Vos critiques à l'endroit de la personne chérie seront certainement très constructives, mais elles resteront des critiques. Alors, ne vous étonnez pas si vous connaissez une certaine lourdeur dans votre relation ou des besoins non comblés sur le plan affectif. Mais vous êtes une personne qui parle beaucoup normalement, alors ce ne sera pas une situation qui devrait se détériorer. En tant que célibataire, vous aurez la parole facile lorsque vous ferez de nouvelles rencontres, ce qui favorisera l'établissement d'une bonne communication. Cependant, votre cœur ne sera pas véritablement prêt à s'ouvrir et vous ne serez pas non plus nécessairement intéressé par les histoires d'un soir.

Famille

Il arrive au sein d'une famille qu'un parent n'ait pas les deux pieds bien ancrés dans la réalité. Et lorsque cette personne ne va pas bien, elle a tendance à vous rendre visite pour être secourue, pour que vous lui remontiez le moral, sinon pour vous soutirer de l'argent. Pendant cette période, il est possible que vous trouviez le courage de refuser de lui donner votre appui puisque vous serez occupé à gagner votre vie et à prendre soin de votre propre famille. Il va de soi, cela ne sera pas sans conséquence, alors qu'il est possible que cette personne frappe à nouveau à votre porte en pleine nuit ! Il faudra trouver un moyen de faire respecter vos limites sans nécessairement non plus envenimer la situation.

Santé – Bien-être physique

Voilà une période où chez certains natifs de votre signe, des allergies surgiront. Pour d'autres, ce sera leur digestion qui sera plus capricieuse avec des maux d'estomac ou de ventre. Vous aurez là plusieurs raisons de manger sainement ! Attention également à l'épuisement qui vous guette.

Mercure rétrograde en Sagittaire – du 13 décembre 2023 au 1er janvier 2024 – votre IVe maison natale

Voilà une période où il y aura une urgence de vivre ! Vous aurez l'impression que la vie est courte et qu'il y a encore tant de choses que vous aimeriez réaliser avant la fête de Noël. Vous serez donc particulièrement actif pendant cette rétrogradation et vous ferez toutes sortes de choses plus stimulantes les unes que les autres. Qui plus est, votre habileté naturelle à bien recevoir les gens vous placera nécessairement en position d'hôte pour la période des Fêtes. Vous vous proposerez certainement pour préparer de nombreux petits plats et vous ne lésinerez pas non plus sur les moyens, afin de rendre les gens le plus heureux possible ; c'est votre manière de vous mettre en valeur. Même si ce sera beaucoup de travail et quelques sacrifices à faire, les résultats auront de quoi vous satisfaire et même vous combler. Vous serez très apprécié et les gens seront très généreux à votre endroit. De plus, le travailleur acharné que vous êtes en fera autant avec les décorations et autres aspects liés aux festivités de Noël. Ce sera une période où vous passerez une bonne partie de votre temps à la maison, avec ceux qui vous sont chers, à consacrer beaucoup de temps à vos enfants et vous participerez activement à leurs activités. Il est même possible que vous envisagiez d'aller rejoindre des membres de la famille éloignée et passer quelques jours avec eux. L'idée que vous puissiez aussi sauver quelqu'un, ne serait-ce que pour l'avoir écouté quelques minutes par exemple, sera également tout aussi possible.

Travail – Finances

Voilà un temps où il y aura un ralentissement sur le plan professionnel, du moins pour certains d'entre vous, mais ne paniquez pas, profitez plutôt de vos temps libres pour achever des travaux que vous avez mis de côté. En dépit de ce ralentissement, vous ne serez probablement pas en position de prendre congé puisqu'un événement social risque de déséquilibrer votre rythme de travail. En fait, les gens qui vous entourent ne porteront plus autant attention à leurs tâches: ils seront fascinés, hypnotisés par une situation qui éveillera leurs peurs, leurs insécurités tout autant que leurs cordes sensibles. Il ne s'agira pas d'un événement pacifique, lequel risque d'avoir de sérieuses répercussions sur vous en tant qu'employé, mais également en tant que propriétaire d'entreprise. À cet effet, si vous êtes patron, directeur et travailleur autonome, même si le bureau ou l'entreprise sera fermée durant la période des Fêtes, ça ne signifie pas que vous serez en congé nécessairement. Au contraire, ce sera un peu plus compliqué d'accomplir votre boulot adéquatement, probablement parce que vous n'aurez pas accès à tous les services et que vous devrez inévitablement effectuer de nombreuses tâches à partir de la maison. Soulignons que vous ne serez pas à l'abri non plus d'un mensonge ou est-ce vous qui ne direz pas toute la vérité au sujet de ce qui serait d'un intérêt capital pour votre équipe de travail. Méfiez-vous de garder un secret pour en tirer un certain avantage. Le camouflage de ce secret ne sera pas solide alors que tout viendra à se savoir tôt ou tard. Par ailleurs, il sera suggéré de ne jamais conduire vite au cours de cette période, et pour vous y obliger, partez plus tôt lors de vos rendez-vous. Et si vous sillonnez des routes que vous ne connaissez pas, ralentissez alors qu'il sera possible que vous passiez outre une indication et que vous vous retrouviez à côté de la chaussée. Bien évidemment, l'alcool au volant diminuera considérablement votre vigilance, vos réflexes et votre prudence, et augmentera ainsi vos risques d'avoir un accident. N'allez pas surestimer vos talents de conducteur!

Amour – Sentiments

Si vous savez que ça ne va pas du tout avec l'amoureux, car il sera impossible d'être aveugle à cette situation, de grâce, ne provoquez pas et n'acceptez pas non plus qu'on vous insulte. Ne serait-il pas plus sage de vous éloigner et d'aller visiter un parent que vous aimez bien durant la période de crise? Ainsi, vous vous donnerez du temps pour réfléchir à tête reposée à votre solution et aux mesures à prendre pour que cesse cette torture à deux. Et si vous vous surprenez à trouver à votre partenaire plus de défauts que de qualités, mais que vous restez dans la relation, sans doute en retirez-vous des avantages. Pour ne plus vous sentir malheureux, si vous ne voulez pas vous séparer, faites donc une liste des aspects positifs de ce partenaire! En tant que célibataire, si une attraction est d'abord physique, vous en concéderez qu'elle ne vient pas toute seule: elle est instantanément accompagnée de votre invisible sensibilité et de votre indéfinissable intelligence. Vous pourriez n'avoir que du charisme et, finalement, être semblable à ce bel objet qu'on se plaît à regarder. Sensiblement, vous aurez à choisir entre plusieurs flirts. Si vous n'êtes pas une Vierge fidèle, cette phase rétrograde laisse entrevoir que votre secret n'en sera plus un, et ce, avant même que Mercure ne revienne en mode direct. Soyez avisé que vous ne serez pas à l'abri non plus d'un mensonge sentimental, mais il est aussi possible que ce soit vous qui ne direz pas toute la vérité.

Famille

En tant que parent, vous serez tellement soucieux de vos enfants que vous serez tout près d'oublier le rôle que joue aussi votre partenaire au sein de la famille. Que vous soyez un homme ou une femme, en tant que Vierge, vous considérez le bien-être de vos enfants comme une priorité, ce qui est excellent, mais pendant cette période, il vous arrivera de mettre votre amoureux de côté, à un point tel que vous lui donnerez la sensation d'être inutile. Dès l'instant où vous aurez l'impression que la situation se présente ainsi, réagissez en rétablissant le contact avec l'être aimé qui, de toute façon, fait partie de votre vie familiale, même si celle-ci est reconstituée! Attention, lorsque vous aurez à quitter la maison, verrouillez bien les portes et activez votre système d'alarme alors que les filous vous auront à l'œil, que vous soyez riche ou pauvre.

Santé – Bien-être physique

Soyez prudent à la maison et prenez garde où vous mettez les pieds alors que vous ne serez pas à l'abri d'un bête accident ni d'un bon rhume. Reposez-vous suffisamment! Il est possible que vous accusiez une faiblesse à l'estomac ou des troubles digestifs.

LA PHASE RÉTROGRADE DE VÉNUS POUR 2023

Vénus rétrograde en Lion – du 22 juillet au 3 septembre 2023 – votre XIIe maison natale

Climat général

Fantaisie ou réalité ? Il se pourrait que vous ne cherchiez pas à faire la différence. Cela dit, ce cycle rétrograde de Vénus n'apportera probablement pas les meilleurs jugements de votre part. Mais lorsque vous êtes inondé par tant de passion et de désir, il est inutile d'endiguer ce flux. Sachez simplement que si vous prévoyez aller « là-bas », l'expérience sera probablement accompagnée de profondes leçons (si ce n'est de quelques regrets). Prenez le contrôle de cette situation en augmentant les vibrations des contes de fées dans votre vie. Que vous vous fassiez la cour avec des dizaines de roses et des massages hebdomadaires ou que vous fassiez de la magie avec votre partenaire de vie, n'oubliez pas que vous êtes toujours aux commandes. Si vous avez été passif, vous pourriez éprouver du ressentiment, alors arrêtez ça !

Travail – Finances

Concilier votre comptabilité personnelle et votre comptabilité commune (partagée) pourrait devenir une pomme de discorde pendant la durée de cette rétrogradation de Vénus, mais lorsque votre partenaire de vie ou l'amoureux du moment remarquera tout l'attention que vous portez à la moindre expérience, vous gagnerez la partie et ainsi vous pourrez poursuivre votre route sans faire d'histoires. Par ailleurs, une augmentation soudaine des impôts ou encore des primes d'assurance risque de vous prendre par surprise.

Amour – Sentiments

Vous aurez possiblement des problèmes de cœur à régler. Sinon vous ferez peut-être l'inventaire des amours et des pertes passées. Avez-vous récemment vécu une rupture, une perte ou une expérience décevante dans la vie ? Vous accrochez-vous encore à la douleur résiduelle d'une relation qui n'a pas fonctionné il y a des années ? Le moment est venu de terminer votre deuil afin de pouvoir mettre un terme définitif à cette relation. Vous pouvez même créer un rituel de deuil pour surmonter cette perte. Quelles sont les parties de cette personne ou de cette situation que vous aimez toujours (et qui vous manquent vraiment depuis un certain temps) ?

Installez un autel temporaire avec des photos ou des objets et lorsque que vous vous assoirez devant, permettez-vous de ressentir pleinement votre chagrin. Le 3 septembre, vous serez peut-être prêt à faire un feu et à brûler quelques-uns de ces souvenirs – ou à les ranger pour de bon. Toutefois, l'être aimé et vos amis risquent d'avoir trop de choses à faire pour vous consacrer tout le temps dont vous auriez besoin. Cela tombe plutôt mal, car vous devrez possiblement à nouveau affronter quelques ennuis d'ordre familial.

Famille

Des frustrations, de l'ennui, sinon un manque de communication semblera déranger votre quotidien, sans compter que ce sera une période où vous aurez tendance à vous replier davantage sur vous-même et vous bouderez dans votre coin. Dommage, car si vous preniez quelques initiatives, tout pourrait aller à merveille. De plus, un frère ou une sœur risque de solliciter votre aide sinon un service. L'idée qu'un parent ou une personne d'un certain âge que vous connaissez bien puisse également être malade ou incarcérée sera tout aussi possible sinon, il est plus que possible que vous ferez peut-être des recherches confidentielles ou d'autres choses par vous-même. À tout le moins, vous découvrirez la vérité au sujet d'un petit secret qu'on essayait de vous cacher.

Santé – Bien-être physique

Votre finesse à bien définir ce que vous devez manger et ce que vous ne devez pas manger deviendra une grande priorité au cours de cette période, et vous ferez ce qu'il faut pour que votre nourriture soit votre médicament, et votre médicament, votre nourriture. Vénus qui rétrograde en Lion pourrait vous inciter à vous laisser aller à des sucreries extravagantes ou à des buffets somptueux, mais vous reviendrez rapidement à votre mode de sélection pointilleux une fois que la fête du Travail sera passée. Entretemps, soyez avisé que la tentation de dépenser trop en vitamines ou en produits diététiques pourrait grever sérieusement votre budget et vous amener à prendre position sur la question à savoir si vous devez expérimenter de nouveaux produits ou rester sur des valeurs sûres. Tenez-vous pénard pour un certain temps. Attention lors de cette phase, évitez de trop vous stresser alors qu'il sera recommandé plutôt de prendre un moment de répit pour refaire le plein d'énergie ainsi que vous ressourcer, soit par le biais d'activités en douceur telles que la lecture, la méditation ou le yoga.

LA PHASE RÉTROGRADE DE MARS POUR 2023

Mars rétrograde en Gémeaux – du 30 octobre 2022 au 12 janvier 2023 – votre X^{e} maison natale

Climat général

Voilà la période idéale pour réfléchir, principalement en ce qui concerne vos choix de carrière que vous êtes sur le point de faire, suivant que vous n'êtes pas encore certain s'il y va de vos intérêts de vous engager sur cette nouvelle voie qui s'ouvre à vous et qu'on vous offre avec de belles promesses. En contrepartie, des événements qui vous paraîtront parfois étranges serviront de réponse à vos questionnements et des gens que vous connaissez à peine auront cette parole qu'il vous faudra entendre et qui en retour déclenchera en vous une certitude sur ce que vous aurez à faire et/ou à ne pas faire. Par conséquent, vous êtes donc invité à réfléchir avant d'agir puisque si vous précipitez toute décision, vous pourriez le regretter alors que vous réaliserez que vous auriez pu agir autrement – qu'il soit question de famille, de travail ou d'amour. D'ici à ce que tout se concrétise, vous pourriez pressentir que votre carrière ne va nulle part et, par le fait même, vous sentir plus frustré par moments. Attention à ce que votre discours demeure dans les limites du raisonnable, puisque vous serez très stimulé et aurez le goût de la réussite et même une grande soif du pouvoir alors qu'il faudra surveiller comment vous utiliserez ce dernier et ne pas en abuser. Or, n'allez surtout rien faire aux autres que vous ne voudriez pas que l'on vous fasse, au risque de vous mettre des gens et des occasions possibles à dos.

Travail – Finances

En dépit que le temps sera mal choisi pour initier quoi que ce soit au niveau de vos affaires professionnelles, n'allez pas non plus tout laisser tomber. Hormis qu'il y aura un ralentissement contre lequel vous ne pourrez rien, sinon que de rester patient et de vous attaquer aux tâches que vous aurez sans cesse remises à plus tard, profitez-en pour mettre de l'ordre dans votre paperasse et vos fichiers. Entre-temps, vous aurez beau vous démener comme un diable dans l'eau bénite, il n'en reste pas moins que votre destinée professionnelle semblera mal synchronisée. Évitez de vous entêter. Suivez plutôt le cours des événements au lieu d'aller à contre-courant. Veuillez aussi reconsidérer votre façon de vous conduire avec vos patrons ou supérieurs alors que votre réputation risque d'être remise en jeu, et surveillez également votre tendance à vouloir imposer à outrance votre autorité. Il vous sera fortement suggéré aussi de ne pas seulement tenir compte de vos propres intérêts en négligeant ceux des autres. Réfléchissez bien à votre plan d'action avant de vous lancer tête première dans un projet, surtout que la démesure vous guette ! Méfiez-vous également d'un éventuel accrochage alors que certains malentendus seront possibles ; soit que vous vous serez mal compris, soit que vous aurez omis de vous mettre en « mode écoute » de l'autre. Nul doute, vos réactions seront plus intuitives qu'automatiques, ou encore bien programmées pendant cette période. Or, attention de vous laisser dépasser par les événements même si vous vivez une grande instabilité professionnelle. Veuillez bien saisir la portée de vos décisions et de votre travail, puisque vous pourriez éprouver diverses difficultés ou des ennuis pour aller de l'avant dans vos accomplissements ou en ce qui a trait à votre travail alors que vos patrons ou encore ceux qui prennent les décisions, auront des attentes plus élevées à votre égard. De toute évidence, on attendra beaucoup de votre part ! Néanmoins, donnez-vous le crédit pour tout ce que vous aurez accompli ou essayez d'accomplir. Entre-temps, il n'est pas impossible que des rivalités professionnelles ou d'affaires refassent surface et vous devrez choisir entre passer à l'attaque ou laisser faire. Il sera sage de bien choisir vos batailles ! Évitez toutefois de vous affirmer avec rigidité alors que vous courez le risque de vous mettre des gens à dos. Veuillez également user à bon escient de votre pouvoir, de votre autorité, au risque de vous attirer les foudres de vos interlocuteurs tels que vos patrons, une tête dirigeante, un collègue, un client, un fournisseur, un associé ou un employé. D'ailleurs, sachez que l'une de ces personnes pourrait chercher à incriminer les autres, sinon un patron s'acharnera à trouver un coupable parce qu'il refusera d'assumer ses erreurs de jugement.

Prenant en considération que ce sera une période où vous serez plus porté à ne faire aucun compromis, à nourrir du ressentiment, soit parce que l'on vous aura refusé une promotion ou une augmentation de salaire, ravalez votre orgueil et mettez à profit vos adversaires comme étant vos alliés qui vous épauleront à long terme. À vous de savoir très exactement aussi dans quoi et avec qui vous vous embarquerez lors de vos transactions d'affaires futures puisqu'il est possible que vous ayez à assumer une perte financière imprévue. À cet effet, certaines personnes pourraient chercher à tester votre honnêteté et pas toujours de jolie manière, ou est-ce quelqu'un près de vous qui pourra vous faire du tort. De toute façon, un groupe pourrait aussi se disputer un avantage ou un bien qui ne pourra que revenir qu'à une seule personne. Cela étant dit, n'allez pas être surpris qu'un projet puisse tirer à sa fin ou sera mis en suspens, ce qui risque de ralentir les progrès au niveau de votre carrière ou de votre travail. N'empêche, mettez à profit ce temps pour visiter à nouveau vos récentes transactions financières et figurer quelle sera votre prochaine démarche. Faites un effort aussi pour résoudre vos différends au travail avec ceux de vos collègues ou suivant toute personne qui a autorité sur vous, surtout que ce sera une période de surcharge de travail et de longues heures supplémentaires à faire. Ayez à cœur de bien faire votre ouvrage au risque d'avoir à le reprendre, surtout que tout présage que ce sera une période de déséquilibre qui ne sera pas facile à gérer par moments. Et si vous êtes en attente d'un verdict, voilà que ce dernier ne sera pas nécessairement en votre faveur alors que le juge sera sévère envers vous. Une raison de plus de maintenir vos ambitions sous contrôle.

Amour – Sentiments

Tout suggère que ce sera un temps où vous éprouverez plus de difficulté à exprimer vos émotions et on aura plus de difficulté aussi à percer votre armure, ce qui pourrait inciter de vieux problèmes à refaire surface, sinon une peine d'amour pourrait vous obliger à revoir votre façon d'aimer, d'être en couple ainsi que de démontrer de l'affection. Toutefois, si vous êtes de tempérament jaloux, vous aurez tendance à vous imaginer bien des choses au sujet de l'être aimé alors que votre imagination déformera la réalité. Évitez d'entretenir une pensée négative. Or, voilà un temps où non seulement votre partenaire de vie sera plus replié sur lui-même, mais vous ne serez pas à l'abri non plus qu'un différend possible survienne entre vous et l'être aimé, sinon avec un de vos enfants, parents ou amis. Or, faites un examen de conscience au lieu de réagir. Si vous êtes célibataire, il est possible que vous ayez plus de difficulté ou que vous soyez plus réticent à vous engager dans une relation stable, comme si vous aviez peur de perdre quelque chose au change en formant un couple. Voilà pourquoi il n'est pas impossible non plus que vous puissiez mettre un terme à une relation. En revanche, attention toutefois de succomber plus facilement à l'excitation du flirt.

Famille

Voilà une période où vos enfants auront tendance à négliger leurs tâches, sinon leurs responsabilités, ou est-ce vous qui tendrez à exiger plus d'eux ; période où vous serez plus exigeant. Il n'en reste pas moins que les gens tendront aussi à vous en demander plus qu'ils ne seront prêts à vous donner en retour. Pas surprenant que vous puissiez subir un démêlé avec votre entourage familial ou amical, puisque ce sera une phase où les gens près de vous auront tendance à remettre en question votre autorité, votre manière de vous adresser à eux et votre direction parfois rigide et sans compromis. Quoi qu'il en soit, soyez informé que l'un de vos enfants risque de dépasser la limite permise sur sa carte crédit sans se soucier des conséquences et vous vous verrez dans l'obligation de le réprimander de toute urgence. Évitez aussi tous les changements domiciliaires alors qu'ils ne serviront pas bien vos intérêts.

Santé – Bien-être physique

Non seulement ce sera un temps où vous serez moins ambitieux, ou trop, mais vous serez également porté à plus vous laisser aller et fort possiblement vous serez plus fatigué aussi. Or, si un bobo se présente, réglez-le rapidement, surtout que votre énergie sera instable. Soyez également prudent lors de vos déplacements et attention aux chutes possibles. Il sera de plus avisé d'être vigilant lorsque vous manipulerez des objets dangereux, suivant que vous ne serez pas à l'abri d'un incident fâcheux, sinon d'un bête accident se produise, telle une chute qui pourrait vous occasionner une vilaine blessure. D'ailleurs, faites attention aussi aux infections possibles. Et l'idée que vous puissiez éprouver plus d'ennuis avec vos genoux ou vos joints sera aussi possible. Moindrement, attendez-vous à quelques conflits possibles, sinon à des changements de dernière minute ou à des retards qui perturberont vos activités. Pas étonnant que des tensions puissent s'accumuler !

L'ÉCLIPSE SOLAIRE ANNULAIRE DU 14 OCTOBRE EN BALANCE – VOTRE IIE MAISON NATALE

Voilà une période où vous serez davantage porté à considérer toutes les questions de sécurité, à consolider vos ressources, à gagner plus d'argent, à acquérir des biens, et vous déciderez de ce que vous appréciez et de ce que vous voulez posséder. À un niveau plus profond, cette maison révèle votre sens de la valeur personnelle, les valeurs intérieures qui attirent la richesse sous diverses formes. Profitez-en pour les explorer.

Hormis cette éclipse solaire, vous aurez remarquablement bonne mine. Les fonctions du cœur et de la circulation sanguine enrichissent le sang et, bien entendu, assurent un apport supplémentaire de globules rouges et de fer, ce qui vous donne un teint rose. L'énergie se renouvelle sans que vous ayez d'efforts particuliers à fournir. Dormant bien, vous serez frais et dispo le matin. Sinon, si vous vous doutez que quelque chose ne semble pas normal, consultez de préférence deux médecins ou spécialistes. Toutes les chances de guérir et de récupérer après une chirurgie seront de votre côté ; vous recouvrerez la santé. Toutefois, si vous avez un ascendant Balance, Cancer, Bélier ou Capricorne, prenez garde à votre santé. C'est l'automne après tout, il fait de plus en plus frais et les virus et microbes commencent à affluer. Par la suite, des vitamines supplémentaires et un vaccin antigrippal seraient utiles pour affronter les mois plus froids qui arrivent. À vous de considérer votre âge et votre état de santé, et ainsi de prendre les décisions qui s'imposent. Chose certaine, vous serez soucieux de votre apparence, mais aussi de votre santé intérieure. Il est temps de faire des gestes en ce sens. Ne mangez pas trop riche ! Et profitez des bons légumes que l'on trouve encore en quantité sur le marché.

P.-S. Vous êtes encouragé à prendre connaissance de tout ce qui est écrit au chapitre intitulé « Les Éclipses de 2023 » pour mieux vous familiariser avec toutes les mises en garde à respecter lors de toutes les éclipses.

LES POSITIONS LUNAIRES ET VOUS

À la fin du livre, vous trouverez le tableau des positions lunaires pour chaque jour de l'année 2023. Pour mieux tirer profit de la Lune au quotidien ainsi que connaître le rôle qu'elle jouera sur vos humeurs, lesquelles vont influer sur votre jugement et sur vos actes, référez-vous au chapitre intitulé « Méthode d'interprétation du calendrier des Lunes ».

Les divers passages de la Lune ne sont jamais neutres. S'il y a des moments pour l'action quand la Lune est néfaste, s'il faut prendre du recul quand elle ne l'est pas, les autres jours représentent, la plupart du temps, un mouvement vital plus lent. En général, quand la Lune passe en Taureau, en Cancer, en Vierge, en Scorpion et en Capricorne, vous êtes en forme. Ces énergies, surtout celles du Taureau, du Cancer et du Capricorne, vous placent en position de force. Là où vous devriez être prudent et où il serait préférable de prendre du recul, c'est lorsque la Lune se trouve en Bélier, en Gémeaux, en Sagittaire et en Poissons. Les Lunes en Lion, en Balance et en Verseau sont neutres par rapport à votre signe. Cela implique pour vous une certaine liberté de choix. Vous pouvez travailler avec des natifs de ces signes et obtenir de bons résultats, à condition de respecter leur autorité. La relation dépend en grande partie de vous et de votre attirance pour les tempéraments de ces gens. À votre place, je ferais l'amour avec peu d'entre eux, mais des affaires avec tous, surtout avec des natifs de la Balance.

♎

Balance

24 septembre au 23 octobre

LES DIFFÉRENTS ASPECTS DE VOTRE PERSONNALITÉ

Balance – masculin, cardinal, air

En tant que natif de ce signe, vous aimez tout ce qui est beau, tout ce qui est juste, tout ce qui est équitable, tout ce qui est harmonieux, et vous êtes aussi une personne donnant-donnant sans fausse modestie. Un signe plus charmant que le vôtre serait difficile à trouver. Les personnes nées sous votre signe aiment entreprendre des choses, recevoir chez elles tous ceux qui leur sont chers et socialiser est très important pour elles.

Avec Vénus comme planète maîtresse, vous êtes le spécialiste des belles manières, de la courtoisie et vous adorez échanger de vive voix avec les autres. Vous faites partie de ces gens qui détestent vivre seuls et vous êtes parfois porté à sacrifier vos propres besoins et vérités dans le seul but de ne pas vous retrouver seul. J'irais même jusqu'à dire que vous êtes même prêt à acheter la paix pour ne pas avoir à faire face à la solitude.

Pacifique et diplomate-né, bien peser le pour et le contre de toutes les situations ainsi que leurs options est une de vos grandes spécialités, et maintenir un équilibre intérieur dans la vérité absolue est l'une de vos tâches les plus ardues.

CE QUI VOUS DIFFÉRENCIE DES AUTRES NATIFS DE VOTRE SIGNE

En tant que natif du 1er décan (du 24 septembre au 3 octobre), gentille Vénus est doublement importante dans votre thème alors qu'elle est votre planète maîtresse, mais c'est également elle qui a aussi la gouvernance en ce qui a trait à la Triplicité d'Air qu'est votre signe solaire.

Quant à la Lune, celle-ci est tout aussi importante puisqu'elle régit votre décan. Voilà qui explique pourquoi vous avez tendance à attirer à vous des personnes complexes et des situations mystérieusement enchevêtrées.

L'influence lunaire sur ce décan tend à engendrer une personne courtoise, raffinée et élégante. Elle met aussi en valeur vos attributs physiques et fait de vous une personne qui apprécie la belle vie. Autant l'énergie de la Lune vous rend empathique envers tout un chacun, votre capacité à détecter ce que les personnes veulent est une forme de pouvoir, puisque vous pouvez l'utiliser à votre avantage. Profitez-en pour mettre en valeur votre imagination fertile là où cela peut faire le plus de bien. Il servira vos intérêts aussi de vous entourer de gens positifs et de belles choses.

En tant que planète maîtresse de votre signe, Vénus comme telle vous donne de la diplomatie et un talent inné pour les relations publiques. Votre besoin de justice et d'équilibre est infini ainsi que votre désir de fidélité. Bien que vous ayez en horreur toute restriction, il y a tout de même des règles en place que vous devez respecter.

Prenant en considération que Vénus régit à la fois votre signe solaire et votre décan, elle ajoute un charme romantique à votre personnalité. Parfois très capricieux que tout aussi futile, vous vous révélez faire partie des personnes qui sont entièrement gouvernées par leurs sentiments, sans compter que vous êtes le plus impressionnable comparativement aux deux autres décans.

Étant une personne en perpétuelle recherche d'harmonie et d'équilibre dans votre vie, vous tendez à analyser constamment les deux côtés de la médaille et parfois à votre grand détriment. Vous établissez des normes tellement élevées pour vous-même et pour les autres que cela ne rend pas votre tâche plus facile pour mieux concrétiser vos objectifs.

Puisque la droiture et la justice sont importantes et primordiales à vos yeux, vous avez tendance à être un bon juge des gens. Toutefois, quand les autres vous jugent, ils ne sont pas toujours justes dans leurs suppositions.

Rien ne dit que votre vie sera facile alors que sensiblement, vous aurez à faire un effort diligent pour répondre à toutes les demandes qui vous seront imposées, tant par votre famille que par votre partenaire vie, ou vos associés si c'est le cas. Mais si vous bannissez de votre vie tous les doutes et les pensées négatives, celle-ci en sera davantage facilitée.

Bohème mais avec goût, raffiné sans nécessairement être snob, vous pouvez être un amant ou une amante stimulant(e) s'il vous est donné de rencontrer la bonne personne.

Puisque les relations sont importantes à vos yeux, vous avez tendance à privilégier les besoins d'autrui avant les vôtres. Cependant, aussi gentil et coopératif que vous soyez, si vous êtes maltraité, si on vous pousse trop loin, vous pouvez devenir un ennemi redoutable. Il en va de même en amour comme en amitié alors que vous n'êtes jamais celui ou celle qui initie l'infidélité, mais si on vous trahit, vous serez sans merci et vous rendrez votre propre justice.

En amour, vous êtes attiré par des gens qui partagent vos valeurs. Si vous vous mariez, choisissez une personne loyale, affectueuse, intelligente, qui aime s'amuser, qui a bon goût, responsable, sérieuse, constante et financièrement sécurisée.

En tant que natif du 2e décan (du 4 au 13 octobre), vous êtes sous la protection de Vénus, mais votre décan est régi par Saturne et secondairement par Uranus pour faire suite à la Triplicité d'Air qu'est votre signe solaire. Si vous mettez sagement à profit ces énergies à bon escient, vous pourrez apporter un merveilleux équilibre dans votre vie.

Saturne et Uranus, particulièrement influentes dans votre thème natal alors qu'elles vous donnent un amour de la liberté, ceci explique pourquoi vos relations ne sont pas toujours faciles, puisque vous aimez vivre selon vos propres règles, mais vous avez parfois tendance à confondre tant l'être cher que vos collaborateurs.

Courageux et audacieux, alors qu'à d'autres moments vous pouvez être tranquille et réservé, votre liberté personnelle et intellectuelle est importante pour vous.

Vous avez un caractère dualiste. D'une part, vous pouvez être intelligent, accueillant et tout aussi imaginatif alors que, d'autre part, vous pouvez être ferme, indépendant et têtu.

Les relations sont importantes pour vous, mais vous gardez la plupart d'entre elles à un niveau assez superficiel. Extrêmement émotif, vous devez apprendre à mieux maîtriser le monde des émotions, au risque de vous rendre malade.

Beaucoup plus sérieux et conscient socialement comparativement aux deux autres décans, voilà qui fait de vous une personne humaniste qui possède un fort sens des responsabilités envers votre prochain, tout en vous sentant toutefois peu sûr de vous-même. Vous êtes de loin le plus ouvert aux changements et aux idées originales.

Autant Saturne vous donne la capacité de terminer la plus ardue des tâches, il est approprié de mentionner aussi qu'Uranus ajoute entrain et tolérance aux tendances conservatrices qu'est Saturne. Dans le temps de le dire, vous pouvez être la personne la plus gentille autant qu'un faiseur d'histoires qui exaspère tous ceux qui l'entourent.

Rabat-joie de nature, si vous maintenez vos priorités dans l'ordre et que vous évitez de vous disperser, vous pourrez bien réussir dans la vie. D'ailleurs, en destinée, vous semblez être appelé à jouer un rôle omniprésent et vous êtes aussi doué d'une grande conscience professionnelle, sociale et morale. Vous prenez plaisir également à vous exprimer artistiquement et vous pourriez même en tirer profit grâce à votre créativité.

Aussi inventif, indépendant et tolérant des autres que vous êtes, vous pouvez être tout aussi compliqué pour autant. Une partie de vous tient à prôner les traditions alors que l'autre partie de vous n'en a rien à faire.

Rebelle romantique dans l'âme, en amour, vous aspirez à la fidélité et vous avez une facilité à comprendre l'être aimé avec acuité. N'appréciant guère la solitude, mais la recherchant, sans doute par instinct de rédemption, vous vous devez de toujours être au courant de tout ce qui se passe autour de vous et dans le monde. Si vous vous mariez, choisissez une personne qui est tendre et protectrice, et pour qui le foyer est une priorité.

En tant que natif du 3e décan (du 14 au 23 octobre), votre planète maîtresse est Vénus, mais votre décan est toutefois régi par Jupiter et secondairement par Mercure pour faire suite à la Triplicité d'Air qu'est votre signe solaire. Voilà donc qui fait de vous un bon vivant, quelqu'un qui a un esprit logique et qui tend à analyser toutes ses expériences. Bavard et agrémenté d'un vif sens de l'humour que nul ne peut nier, vous avez une personnalité sociable à laquelle on ne peut résister. Vous êtes aussi un ami fidèle.

En ce qui concerne Mercure, cette planète vous alloue un esprit agile ainsi que des goûts éclectiques. C'est ce qui fait d'ailleurs de vous une personne fascinante. Vif d'esprit et tout aussi adaptable de nature, cela explique également ce besoin constant de stimulation mentale. Fort heureusement que Mercure vous donne tout de même le don de vous sortir des situations les plus loufoques ou délicates.

Quant à Jupiter, cette planète vous octroie de la tolérance ainsi qu'un penchant pour l'exploration. Elle laisse présager une destinée heureuse dans l'abondance, mais marquée par beaucoup de soucis, pour et par autrui.

Créatif et intelligent, veuillez choisir un emploi qui met à profit votre créativité ainsi que votre originalité. À cet effet, vous pourrez exceller dans le domaine de la vente, des relations publiques, dans la radiodiffusion ou tous les autres emplois qui vous mettent en contact avec le public et qui récompensent votre rapidité d'esprit.

Aussi affable, sociable, sympathique, amical et profond que vous soyez, vous tenez obstinément à votre vie privée, sans compter que vous gardez beaucoup de choses à l'intérieur de vous-même. Indiscutablement, vos capacités mentales surpassent de loin votre côté émotionnel.

Même si vous êtes une personne ouverte aux idées nouvelles et originales, vous tenez sans démordre aux traditions que vous aimez et chérissez, mais vous avez aussi en horreur toutes les restrictions.

Votre profondeur intellectuelle et votre magnétisme sexuel évidents attirent à vous de nombreux types de personnes. Vous aimez le risque, voire l'aventure. Voilà qui explique pourquoi vous pouvez facilement vous ennuyer quand il s'agit de votre vie amoureuse. Toutefois, une fois stabilisé, vous vous montrez généreux, bienveillant et bon pourvoyeur pour votre famille.

Si vous vous mariez, choisissez une personne qui est drôle, intelligente et légère à gérer, d'autant plus que vous recherchez une relation de compagnonnage fraternel plus que n'importe quoi d'autre. En retour, surveillez votre franchise directe qui manque un peu de diplomatie, mais, plus que tout, méfiez-vous de votre tendance à dire aux gens leurs quatre vérités, ce qui ne vous vaudra pas que des amis.

CE QUE LES ASTRES VOUS RÉSERVENT EN 2023

Jupiter en Bélier – du 20 décembre 2022 au 16 mai 2023 – votre VIIe maison natale

Jupiter est fondamentalement une planète qui se déplace lentement. Elle a tendance à rester dans un signe et une maison pendant une année entière. Mais en 2023, elle se déplace exceptionnellement vite – elle traverse en fait deux signes et maisons. Elle commence l'année en Bélier, votre VIIe maison. Puis elle se déplacera en Taureau, votre VIIIe maison, pour le reste de l'année et plus encore, soit jusqu'au 25 mai 2024. Tout ceci est très inhabituel et nous donne des messages importants. À cet effet, voilà qui pourrait apporter de nouvelles opportunités relationnelles. Cette maison est aussi le secteur de votre thème qui régit les « ennemis ouverts » ou des « conflits », donc voilà qui pourrait aussi apporter une abondance de conflits. En conséquence, vous pourriez laisser partir certaines relations qui ne sont pas alignées avec votre intégrité et votre but. Si au contraire vos relations actuelles sont construites sur des bases saines, la Grande Bénéfique vous apportera encore plus d'opportunités de croissance, d'expansion, et d'accords gagnant-gagnant. Son passage sera particulièrement des plus significatifs alors qu'il devrait élargir vos partenariats et vos opportunités d'affaires, et vos possibilités romantiques. Si vous êtes déjà impliqué, vous et l'être aimé pourriez décider d'emménager ensemble, vous fiancer, vous marier ou de fonder une famille. Et si vous avez travaillé pour quelqu'un d'autre, Jupiter en Bélier pourrait vous inciter à lancer votre propre entreprise. Son influence est porteuse d'une sorte d'intrépidité, une indépendance qui demande de la reconnaissance et vous pousse à sortir de la manière conventionnelle de faire les choses. De nouveaux défis se présenteront, ce qui pourrait davantage vous insécuriser, mais je vous encourage à foncer. Une petite recommandation : analysez bien les retombées avant de vous lancer tête première dans de nouvelles entreprises. Jusqu'à la mi-mai, gardez-vous une réserve d'argent, puisqu'elle vous sera utile en cas de pépin ; cette influence jupitérienne sera beaucoup moins stressante ensuite. N'empêche, continuez à protéger vos biens et vos sous.

Quant à vos affaires, dans ce domaine, la période s'annonce mouvementée jusqu'à la mi-mai : vous ne verrez pas le temps passer. Vous aurez beaucoup à accomplir et parfois même vous serez débordé. Plusieurs importantes modifications surviendront dans vos activités professionnelles, parfois à la suite de votre décision, parfois de façon inopinée. Et à partir de la mi-mai, certains d'entre vous songeront à embrasser une nouvelle carrière ou décideront-ils de faire un retour aux études, ne serait-ce que pour peaufiner leurs connaissances que vouloir s'enrichir d'une technique spécialisée.

Pour ce qui est de vos amours, les rapports interpersonnels représentent une priorité dans votre vie. Plus que jamais, vous ressentez un impérieux besoin de vous redéfinir et aussi de préciser votre position par rapport aux autres. Jusqu'à la mi-mai, vous allez traverser une phase intense de remise en question et commencerez déjà à changer. Et avec tout le charme dont vous faites preuve, vous aurez tôt fait de remplacer les gens que vous aurez quittés ou qui se seront éloignés; vous élargirez certainement votre cercle de connaissances. Vous allez possiblement aussi renégocier l'entente qui vous unit à votre chéri, tandis que les célibataires vivront des amours passionnées. À cet égard, jusqu'à la mi-mai, vous aurez l'occasion de rencontrer énormément de gens, et dès les premiers instants, vous sentirez si ces personnes vous conviennent ou non. Encore là, vous avez tout intérêt à vous fier à cette première impression. Quant aux relations déjà existantes, vous les percevrez avec davantage de clarté; vous investirez sur celles qui en valent vraiment la peine et vous serez aussi capable de mettre un terme à celles qui ne vous apportent plus rien.

En ce qui a trait à votre santé, Jupiter opposé à votre signe pourrait vous inciter à commettre des abus, ce qui aurait un effet plutôt négatif, tant sur votre santé que sur votre ligne. Ne vous croyez pas invincible. En abusant de vos forces, vous risquez de vous retrouver sur le carreau. Si vous apprenez à bien gérer votre alimentation et vos activités, vous pourriez profiter d'une année exceptionnelle au cours de laquelle vous auriez même la chance de vous débarrasser d'un problème qui menaçait de s'installer pour de bon. Évitez de prendre des risques inutiles et de défier le sort. Si vous vous occupez de votre bien-être physique, vous pouvez espérer une foule de bonnes choses comme une amélioration évidente de votre état, voire une récupération complète. Le laisser-aller, les abus et les imprudences se retourneront contre vous.

Jupiter en Taureau – du 16 mai 2023 au 25 mai 2024 – votre VIIIe maison natale

Après un long cycle durant lequel vos efforts furent surtout consacrés aux autres et à leur satisfaction, vous vous tournez maintenant davantage vers vous-même. Certaines situations changent, soit par choix, soit parce que la destinée en a décidé ainsi. Il sera donc primordial d'identifier vos besoins et vos désirs pour l'avenir. Et pour avoir des indices sur les types d'expériences et d'événements que vous pourriez vivre, regardez douze ans en arrière, en 1999, et pensez à ce qui se passait dans votre vie. Avez-vous décroché un nouvel emploi? Vous êtes-vous marié? Hérité de l'argent? Déménagé? Avez-vous eu un enfant? Comment votre vie s'est-elle développée? Pour quelques-uns, il s'agira d'un nouveau champ d'activité, voire d'un nouveau style de vie.

Quant à vos affaires, il faudra apporter certains changements dans votre manière de penser si vous voulez profiter de cette phase d'expansion possible dans vos finances sinon dans vos investissements ; écoutez, apprenez et cessez de résister ou d'être tout simplement entêté. Bien que de nombreux changements sont appelés à se produire, n'allez surtout pas vendre la peau de l'ours avant de l'avoir tué et gardez-vous un petit coussin juste au cas où et continuez à protéger vos avoirs. Hormis que vous puissiez éprouver parfois du mal à vous ajuster aux nombreux changements qui sont appelés à se manifester, vous devriez oser entreprendre des choses que vous n'avez jamais faites auparavant, étant donné que vous serez vous-même étonné par le succès et la satisfaction qui en découleront. Et si vous faites partie d'une administration en pleine négociation, ce ne sera pas le moment de ralentir ou de vous reposer ; tenez bon, vous redresserez la barre comme un capitaine d'expérience que la tempête secoue fortement.

Période de transformation, voilà que certains d'entre vous allez faire un retour aux études, sinon terminerez une formation dans le but d'obtenir un meilleur poste et un meilleur salaire. Vous pourriez aussi être en mesure de voir vos liquidités s'améliorer. Les deux possibilités les plus probables seront peut-être, soit un bon investissement suggéré par un partenaire ou un associé, et/ou une marge de crédit qui vous aidera à réaliser un projet personnel. Parlant de projet personnel, vous ne pourrez choisir meilleure période pour réaliser un rêve, tel que démarrer votre propre entreprise, – que vous avez voulu étouffer – et plus vous résisterez, moins vous serez bien. Et si vous avez un talent, il faudra le faire fructifier, car si vous ne le faites pas, vous aurez constamment un sentiment de vide. Cela dit, vous pourriez aussi voir votre nom sur la liste des gagnants dans les tirages ou les jeux de hasard, et plus encore si vous jouez en partenariat, en équipe, en groupe.

Pour ce qui est de vos amours, la preuve que vous changez, c'est que désormais vous n'avez plus envie de vous écraser pour avoir à tout prix quelqu'un dans votre vie, et ce qui est très bien aussi – je vous félicite. Alors que vous vivrez une nouvelle période d'affirmation de soi, vous serez plus porté à faire un bilan de vos expériences passées. Votre besoin d'autonomie ira en augmentant ; par la suite, vous allez prendre votre destinée en main et serez capable de vous impliquer dans toutes sortes de nouvelles sphères. En plus de régler une foule de problèmes qui se seront accumulés, vous vous métamorphoserez. Vous n'aurez plus envie qu'on abuse de vous ni perdre votre temps dans des situations qui n'aboutissent jamais ou à rien.

En ce qui a trait à votre santé, attention d'abuser de vos forces et de tomber malade. Choisissez plutôt de prendre soin de vous d'abord... Vous pourrez mieux canaliser ainsi vos énergies et modérer vos excès au niveau de votre santé. Le temps se prêtera bien également pour entreprendre un programme d'exercices physiques, sinon pour corriger vos habitudes alimentaires alors que vous obtiendrez des résultats éclatants.

Saturne en Poissons – du 7 mars au 31 décembre 2023 – votre VIe maison natale

Parce que Saturne est une planète karmique – comprendre qu'elle influence votre chemin de vie, votre karma – vous allez apprendre comment gérer les répercussions de vos actes passées. Saturne en Poissons est la clé pour vous concentrer sur les changements que vous ressentez à l'intérieur de vous-même et sur les changements qui pourraient affecter vos proches lors des deux prochaines années. En astrologie, Saturne est connue comme étant la planète « sérieuse » du zodiaque. Elle a été appelée la planète de la discipline, du temps et des fois aussi l'enseignante. Saturne a parfois mauvaise presse, car nous combattons souvent les changements saturniens. Elle nous enseigne la « responsabilité » dans de nombreux domaines de notre vie qui pourraient grandement bénéficier d'un peu d'amélioration. Naturellement, l'instinct et l'ego nous suggèrent d'abord de lutter contre tous ces changements, jusqu'à ce que nous apprenions finalement à admettre que ceux-ci nous freinent d'une manière ou d'une autre. C'est ce que Saturne enseigne : la nécessité de changer nos habitudes ou de changer quelque chose sur soi-même qui pourrait bénéficier d'une petite refonte. Or, si vous apprenez à vous détendre et à ne pas craindre ce cycle de transformation de Saturne, vous découvrirez que vous pouvez bénéficier considérablement de sa sage tutelle. Ne vous retenez pas – et n'ayez pas peur de reconnaître ou même d'admettre le besoin d'amélioration, puisqu'apprendre à suivre le flux de Saturne pourrait s'avérer une expérience de croissance très positive. Il n'y a pas d'autre planète dans tout le système solaire avec les capacités d'enseignement que Saturne a à offrir. Cela dit, Saturne signe le début de l'année en Verseau. Une fois installée en Poissons, dès les premiers jours du mois de mars, les deux prochaines années qui verront passer Saturne dans ce secteur de votre thème natal marqueront un cycle de transition entre les expériences passées et futures. Saturne vous demandera de vous adapter aux changements dans vos façons de penser et d'agir, ainsi qu'aux bouleversements de votre état de santé. Vous serez porté à être plus organisé et discipliné dans votre vie de tous les jours, ce qui entraînera ainsi un meilleur rendement de votre part, et vous saurez distinguer l'essentiel du superflu. Tout se passera comme si vous vouliez vous nettoyer, vous purifier des excès que vous avez faits depuis de nombreuses années. C'est donc la santé qui sera dans votre ligne de mire. Votre corps vous parlera en permanence, mais vous l'écouterez rarement. Le moment est donc venu d'ouvrir vos oreilles et de prendre au sérieux ses revendications ! Un changement dans votre régime alimentaire sera souvent le bienvenu ainsi que les exercices physiques qui ne seront pas à négliger non plus.

Quant au milieu de travail, vous pourriez obtenir des résultats que vous souhaitiez depuis fort longtemps et vos idées pourront être prises au sérieux. Cependant, vous devrez vous armer de patience devant l'hostilité et l'incompréhension qui risque de vous entourer. Dans la majorité des cas, malheureusement, les pressions se feront sentir et il faudra beaucoup de patience pour contrer l'adversité. Votre prestige sera en jeu et peut-être même votre place. Rien ne vous sera épargné pendant ce transit de Saturne et la lutte sera longue : ne vous essoufflez pas ! Au contraire, arrêtez-vous cinq minutes, le temps de réfléchir à ce que vous désirez vraiment. Si des tensions surviennent dans votre corps, c'est que vous n'êtes pas en totale harmonie avec vous-même. Il faudra donc changer certaines choses, peut-être votre travail ou votre façon de vivre.

LES PHASES RÉTROGRADES DE MERCURE POUR 2023

Mercure rétrograde en Capricorne – du 29 décembre 2022 au 18 janvier 2023 – votre IVe maison natale

Climat général

Voilà une phase où les agents perturbateurs seront nombreux autour de vous, ce qui pourra rendre l'ambiance particulièrement tendue. L'amour, les enfants et le foyer seront une grande source de distraction. Vous devrez faire des efforts monstres, sinon trouver un endroit où votre solitude sera assurée pour espérer retrouver toute la détermination nécessaire pour assumer la totalité de vos responsabilités et aspirer à un futur meilleur. Non seulement durant cette période vous serez plus indécis et/ou radical dans vos comportements, vous aurez tendance aussi à vous replier davantage sur vous-même. En plus de vous sentir angoissé, la tension nerveuse risque aussi de vous déranger plus qu'à l'habitude. Méfiez-vous, alors que par moments vous serez plus porté aussi à donner des conseils et parfois même à devenir assez moralisateur à vos heures à l'égard des autres parents, de vos enfants devenus adultes et même de vos amis. Cette attitude ne sera pas appréciée.

Travail – Finances

Il est plus que probable que si vous travaillez de la maison, vous soyez affligé par une situation à corriger, sinon, si vous travaillez dans un environnement à bureaux, il n'est pas exclu que l'entreprise pour laquelle vous exercez déménage. Ce pourrait être aussi un déménagement qui s'annonce en raison de votre occupation. D'une manière ou d'une autre, vous serez gagnant sur toute la ligne. Entre-temps, l'abolition de postes et d'autres types de problèmes dans votre milieu de travail sont à prévoir. Plutôt que de vous laisser abattre, restez motivé à ne pas subir de conséquences désastreuses. C'est en prenant les grands moyens que vous aurez bien plus de chances de vous en sortir. Pourquoi ne pas proposer plutôt des projets qui protégeront votre emploi ou vous ouvrir à des idées nouvelles ? Quoi qu'il en soit, il vous sera nécessaire de vous isoler, d'œuvrer seul et de ne pas trop compter les heures de travail et les efforts à investir. Avisez-vous de respecter les échéances pour vos travaux à remettre, mais n'allez pas être surpris de ne pas avoir suffisamment de temps pour tout finir. En tant que patron, dirigeant ou travailleur autonome, que votre entreprise soit toute jeune ou que vous soyez en cours de démarrage, vous devrez possiblement vous installer à la maison, du moins pour y faire vos appels importants et planifier vos journées. En réalité, vous serez dans une période de structuration et/ou de restructuration et il ne vous sera pas possible d'éviter cette étape et de vous organiser différemment, de consacrer du temps et de nombreux efforts à l'organisation de votre entreprise plutôt qu'aux véritables tâches. Bien sûr, il ira de votre intérêt de ne pas prendre de risques inutilement avec vos sous pour l'instant. Quant aux grandes entreprises, vous ne serez pas à l'abri de difficultés avec les syndicats, sinon certaines de vos négociations risquent d'être houleuses et non concluantes. N'allez pas être surpris non plus d'avoir à faire face à certains de vos employés qui vivront quelques problèmes personnels assez importants ; il faudra faire preuve de compassion et d'empathie, mais, surtout, n'ignorez pas leur situation.

Amour – Sentiments

Si vous avez une vie familiale très active, voilà que ce ne sera pas ce qu'il y a de plus stimulant pour vivre des moments intimes passionnants, plus particulièrement au cours de cette période alors que le retour à la routine semblera vous rendre plutôt distant de vos sentiments, ce qui risque d'entraîner chez vous un puissant désir de liberté, de rencontrer quelqu'un qui n'a pas de contraintes et avec qui vous vivriez pleinement l'amour et la passion. Mais plutôt que de passer à l'action, c'est en paroles que vous devriez aborder le sujet avec l'être aimé afin de comprendre et de chercher des solutions pour retrouver le goût de vous aimer avec conviction. Or, il n'en demeure pas moins que les tâches ménagères et les responsabilités familiales seront au cœur de bien des conflits à un moment donné pendant cette période. En fait, c'est parce que vous aurez un franc besoin de liberté, de sortir de la maison, de faire des activités en couple, en famille ou même seul. Toutefois, vos responsabilités vous retiendront et puisque l'autre sera si peu enclin à faire sa part, vous ruminerez un peu trop cette frustration, peut-être au point où vous imaginerez votre fuite. Le simple fait de démontrer une volonté de quitter la maison permettra de bien faire sentir votre malaise à votre partenaire afin de régler le problème entre vous. Si vous êtes célibataire, avant même de penser à faire des rencontres, vous devrez mettre un terme à toutes vos relations précédentes. Qu'il s'agisse de simples fréquentations ou d'une longue relation qui s'est terminée, votre cœur ne sera pas nécessairement prêt à s'ouvrir de nouveau. Vous aurez besoin de vous rebâtir une vie de célibataire ainsi que de trouver un bien-être avec vous-même et ce n'est qu'à partir de ce moment que vous serez plus en mesure d'aimer à nouveau, mais rien avant la fin de janvier 2023, ça, c'est sûr !

Famille

Voilà une période où les choses risquent d'être plus compliquées à la maison. Non seulement les enfants ne voudront pas participer aux tâches ménagères et n'en feront qu'à leur tête, mais voilà que cela risque d'être assez explosif également par moments comme climat régnant ! Et même si vos enfants ne restent plus chez vous, ils auront tendance à devenir aussi exigeants qu'ils l'étaient dans leur enfance. Et en ne voulant pas mettre d'huile sur le feu (faire des compromis), voilà que vous tendrez davantage à acquiescer immédiatement à leurs demandes même si ça ne vous conviendra pas du tout.

Santé – Bien-être physique

Le stress quotidien, le stress familial, bref, vous aurez l'impression de les subir tous dans un même temps. Vous devrez y aller une étape à la fois et mieux coordonner votre vie en général pour vous permettre ainsi d'arriver dans le temps. Tout ce stress ne pourra que vous causer des troubles digestifs et certains nerfs pourront aussi se coincer, limitant vos mouvements. Attention à la fatigue qui vous guette ! Ne laissez pas votre impatience avoir le meilleur de vous-même non plus. Problèmes osseux possibles.

Mercure rétrograde en Taureau – du 21 avril au 14 mai 2023 – votre VIIIe maison natale

Climat général

Vos rapports avec les autres risquent de ne pas être à la hauteur de vos attentes, mais ce n'est pas en montant sur vos grands chevaux non plus que vous allez arranger les choses. Cessez plutôt de toujours attendre après les autres et prenez vous-même certaines initiatives. Bien qu'il y ait de nombreux petits irritants qui risquent de vous bouleverser à quelques reprises, que ce soit avec la famille, les amis ou les collègues, il y aura une forme de négociations et il ne sera pas facile de satisfaire tout le monde. Ce sont par les discussions franches et honnêtes que vous viendrez à bout de régler une foule de différends. Mais dites-vous que même si vous essayez d'organiser quoi que ce soit, il y aura toujours une personne pour vous critiquer et vous faire douter de vos choix. De toute façon, essayez de créer des projets où le plaisir sera à l'avant-plan. N'empêche, vous aurez l'impression de devoir dire oui à tout le monde et il vous sera impossible de refuser quoi que ce soit, même si cela exige d'empiéter sur votre travail. Autant les membres de votre famille auront tendance à vous en demander sans cesse, il n'en demeure pas moins que ce sera une belle occasion pour vous d'essayer de commencer à vous faire respecter un peu plus. Vous donnez beaucoup, mais recevez peu en retour. Exprimez votre situation et faites-vous respecter dans tout ça ! Par ailleurs, si vous avez une cause qui traîne en justice, sensiblement, vous devriez recevoir une réponse favorable sous peu ; cependant, celle-ci risque de ne pas être à la hauteur de toutes vos attentes, particulièrement si c'est une histoire où les émotions sont impliquées bien plus que l'argent.

Travail – Finances

L'entreprise qui retient vos services pourrait profiter d'une accalmie pour amorcer une restructuration. Parfois vous serez surchargé de travail et parfois vous vous tournerez les pouces. Des délais de toutes sortes vous empêcheront d'avancer au rythme que vous aviez prévu, sans compter qu'au travail certaines choses risquent aussi d'accrocher, mais vous réussirez tout de même à bien vous en tirer. Malgré tout, un projet qui vous tient à cœur pourrait être reporté à une date ultérieure ; ne vous inquiétez pas pour autant alors qu'il prendra forme d'ici peu, c'est certain. D'ici là, il ne serait pas surprenant que vous soyez à travailler sur un dossier tenu secret que vous aura confié votre patron et que vous devrez accomplir le plus discrètement possible. L'idée que vous ayez aussi à passer de nombreuses heures sur un dossier en particulier et devoir tout recommencer parce que des clients, des collègues ou des patrons changeront constamment d'idée sera aussi chose possible. Mais vous devrez aiguiser votre patience et votre sens de la diplomatie. Et si vous êtes sans emploi, tout suggère que vous obtiendrez plusieurs entrevues sans toutefois recevoir des réponses rapidement. Tenez bon alors qu'au moment où vous vous en attendrez le moins, il n'y aura pas une, mais deux entreprises qui seront intéressées à vos services.

Amour – Sentiments

De deux choses l'une, ou ce sera l'engagement ou ce sera la séparation. Le temps des compromis est révolu, vous en aurez assez d'être l'unique pilier pour soutenir l'union. Les couples avec ou sans enfants et dont les tâches ménagères sont très mal réparties connaîtront de sérieux problèmes ; beaucoup d'ajustements seront nécessaires pour rééquilibrer les plateaux de la balance. S'il y a un peu de fatigue ou une santé plus ou moins solide pour l'un des partenaires, il va sans dire, l'harmonie ne sera pas toujours facile à maintenir dans votre relation. Quelques situations risquent aussi d'affecter vos échanges affectifs. Une bonne communication et de belles activités permettront d'améliorer les choses. Vous aurez besoin de vivre quelques folies et de sortir de la routine ; une marche en forêt ou une promenade à vélo vous offrira un bel élan passionnel. En tant que célibataire, si vous recherchez activement l'âme sœur, vous trouverez sur votre chemin des personnes compliquées qui ne savent pas sur quel pied danser. Certaines vous feront de grandes promesses qu'elles oublieront par la suite et d'autres ne vous proposeront qu'une amitié et fuiront l'engagement. Il est possible que ce soit dans votre travail que vous ferez des rencontres, ce qui rendra les choses plus délicates. Cela dit, il sera plus que nécessaire de faire un petit ménage dans vos fréquentations, particulièrement celles où l'on vous manque de respect ; après tout, vous n'êtes pas un objet sexuel et il y aura une personne qui ne semblera pas l'avoir compris. Vous pourriez avoir tendance à vous sentir un peu coincé et étouffé dans cette histoire. Tâchez de vous montrer solide et faites-vous respecter pour ne pas affecter votre estime personnelle.

Famille

Voilà une période où vous ne serez pas, malheureusement, à l'abri d'une dépense soudaine qui pourra grever sérieusement votre budget, soit pour faire réparer votre voiture ou un véhicule récréatif, sinon il est plus que possible que ce sera un appareil ménager qui vous laissera tomber. Avant de songer de le remplacer, assurez-vous de faire toutes vos recherches pour mieux faire le choix éclairé.

Santé – Bien-être physique

Au cours de cette période, voilà que les excès sembleront devenir une habitude, ce qui sera des plus néfastes, surtout pour votre silhouette, mais également aussi pour votre santé. Et si vous entreprenez un régime, prudence avec certains produits, même naturels, car ils pourraient ne pas tous vous convenir. Veuillez plutôt prôner la régularité pour fonctionner convenablement. S'il y a maladie grave, elle pourrait être de longue durée.

Mercure rétrograde en Vierge – du 23 août au 15 septembre 2023 – votre XIIe maison natale

Climat général

Voilà un temps où vous aurez besoin d'un deuxième café pour être fonctionnel. Vous ressentirez une forme de confusion omniprésente qui vous laissera souvent perplexe. Alors que votre esprit aura tendance à s'égarer plus souvent qu'autrement, votre imagination en bénéficiera grandement. N'empêche, vous vous ferez le plus discret possible. Et même si vous avez de grands projets en tête, vous serez certainement très observateur, mais également très rêveur. C'est dans un certain silence que vous élaborerez vos projets d'avenir, tant ceux qui concernent votre vie professionnelle et personnelle. Par ailleurs, devant le stress de vos responsabilités, vous aurez besoin de prendre du recul, mais il est possible que personne ne le remarque, vous seul saurez que vous réfléchissez très fort.

Travail – Finances

Votre lieu de travail est sacré pour vous. D'abord, il vous permet de gagner votre vie, ensuite vous y avez des rapports avec toutes sortes de gens avec qui vous établissez un lien qui ne vous engage guère. Durant cette période, vous aurez à consacrer plus de temps au travail. Les journées où vous aurez moins de travail à produire, il est possible que vous y restiez, sans y être obligé, pour mettre de l'ordre, et ce, même dans les affaires des autres. Et si par hasard vous étiez dans l'attente d'une décision en ce qui concerne l'abolition de postes, les signatures d'une convention collective, les problèmes syndicaux, un conflit avec la direction ou autres, vous aurez un verdict qui ne fera votre affaire qu'à moitié. Mais situation économique oblige, il faudra apprendre à conjuguer avec celui-ci. D'ailleurs, il est possible qu'il y ait des mises à pied dans votre domaine d'activité. Heureusement, vous ne détesterez pas rester à la maison durant une courte période. Assez rapidement, vous retrouverez un emploi qui vous offrira un potentiel de carrière plus stimulant. Il est possible que vous entrevoyiez cela au départ comme une forme d'obligation, mais rapidement vous réaliserez l'ampleur des possibilités qui s'offriront à vous et vos nouvelles fonctions cadreront parfaitement avec vos valeurs et vos convictions profondes. Et en tant que dirigeant, patron ou travailleur autonome, vous n'aurez d'autres option que de grincer des dents, démontrer votre autorité, dire haut et fort que le pouvoir vous appartient, autrement, c'est le manque de respect le plus total que l'on vous fera subir. Vous risquez d'être confronté à des jeunes qui pensent tout savoir et qui croient que vous n'êtes plus dans le coup, révolu tel un dinosaure. C'est en mettant à profit votre patience et votre sagesse que vous serez en mesure de démontrer l'efficacité de vos méthodes par rapport à celles qu'ils prônent. Sur une note finale, si vous travaillez dans le domaine de la vente, vos clients seront acheteurs, mais pas nécessairement faciles à satisfaire par moments. Il en sera de même si vous êtes aussi à votre compte.

Amour – Sentiments

Vous serez tenté de faire des efforts considérables pour retrouver un semblant de passion dans votre vieille relation. Vous vous attendrez évidemment à ce que l'autre en fasse tout autant, mais vos attentes seront peut-être démesurées puisqu'il y aura peu de chances que le partenaire y réponde avec la même ferveur. Si vous avez des soupçons quant à la fidélité de l'élu de votre cœur, vous tendrez à devenir méfiant à l'excès et jaloux comme jamais. Attention si vous portez une accusation sans preuve, vous pourriez dire des mots qui dépasseront votre pensée ! Peut-être prêterez-vous à votre amoureux des intentions qu'il n'a pas. Il est peut-être pris par des problèmes personnels ou professionnels provoquant chez lui un effet de recul, de repli sur lui-même alors qu'il a besoin de réfléchir seul. Si votre relation est plutôt récente, vous pourriez traverser une période de remise en question et préférerez la plupart du temps retrouver votre solitude. Et bien que vous soyez tenté de fuir la maison, il n'est pas dit que vous passerez aux actes. En tant que célibataire, le coup de foudre se fera certainement ressentir et l'autre sera romantique. Cette personne représentera l'être idéal selon vos critères. En effet, c'est bel et bien le superbe prince charmant ou la superbe princesse de vos rêves que vous rencontrerez, mais avant de ressentir véritablement de l'amour, vous vous serez pincé à plusieurs reprises.

Famille

En cas de rupture, cela affectera tous les membres de votre famille, mais plus encore vos enfants. Toutefois, il est possible de l'éviter. Il faudra d'abord calmer vos peurs d'abandon et vos craintes de manquer de l'essentiel. Il faut absolument cesser de voir vos responsabilités plus lourdes qu'elles ne le sont en réalité. Si vous vivez en famille reconstituée, quelques signaux vous avertiront d'un éventuel conflit potentiel entre vos enfants et ceux de votre partenaire. Ce conflit pourra aussi toucher les membres de chacune des familles respectives. Il est à prévoir que l'argent sera le point central de vos discussions. En tant que parent d'adolescents, leur décision de vivre leur vie amoureuse ne tiendra pas souvent compte de vos conseils. Il faudra possiblement accepter la situation si vous ne voulez pas qu'elle dégénère en bouderies.

Santé – Bien-être physique

La phase rétrograde de Mercure saura déceler la moindre anomalie dans votre corps et trouvera la raison de votre fatigue excessive, de maux de tête fréquents, de vos sensations de gonflement et/ou de votre rétention d'eau. Vous devrez adopter un régime de vie plus équilibré et moins stressant si vous voulez récupérer. Vous ne pouvez pas vous permettre de vivre longtemps dans l'excès, car, croyez-moi, votre corps vous imposera ses limites bien assez tôt. Cela étant dit, veuillez surveillez de près vos intestins !

Mercure rétrograde en Sagittaire – du 13 décembre 2023 au 1er janvier 2024 – votre IIIe maison natale

On dit souvent que vous n'arrivez jamais à vous décider, que vous hésitez toujours avant de faire un choix. La nature même de votre signe est de peser toujours le pour et le contre avant de prendre une décision. Toutefois, pendant cette période, vous aurez tendance à déroger à cette même nature en fonçant tête première dans tout ce qui vous animera. Mais est-ce une bonne idée d'être l'hôte des réceptions du temps des Fêtes ? Peut-être serait-il plus sage de passer le flambeau à une autre personne, surtout que tout présage que ce sera un temps où il sera plus difficile de vous entendre avec les gens en général ; tout le monde semblera vouloir vous contredire alors que vous êtes un signe d'harmonie totale ! Peut-être que votre meilleure option serait de vous effacer tout simplement. Laissez les gens courir après vous en toute quiétude et vous verrez leur attitude changer à votre endroit, ou alors demandez-leur de communiquer avec vous par courriel, de cette manière la correspondance sera plus réfléchie, du moins, c'est à espérer, et vous ne serez pas obligé de répondre sous pression et pourrez ainsi prendre le temps nécessaire pour bien mûrir tout cela. Cela dit, vous en avez déjà assez fait comme ça dans le passé, il serait peut-être temps que quelqu'un prenne la relève, pour une fois. Si ce n'est pas le cas, il y a de très bonnes chances que les gens près de vous aient les meilleures intentions du monde en se proposant pour vous aider, mais il est plus que probable aussi qu'ils se désisteront à la toute dernière minute et vous vous retrouverez à faire tout le travail en vitesse.

Travail – Finances

Voilà un temps où vous ne tiendrez pas en place. Vous aurez besoin de sortir assez souvent merci, de vous dégourdir les jambes et vous croiserez des personnes avec qui vous parlerez pendant de longues heures. Vous chercherez également à dénicher les aubaines de dernière minute pour faire vos cadeaux de Noël, vous ne craindrez pas les foules et profiterez de la cohue pour négocier vos achats ainsi que vos contrats potentiels. Il y aura certainement d'importantes négociations à entreprendre avec des personnes de votre entourage immédiat, avec des entrepreneurs ou encore avec des gens que vous croisez sur une base régulière et avec qui vous faites des affaires. Sauf que, en cette phase de rétrogradation, il arrivera souvent que ces personnes seront plus difficiles à joindre en raison des Fêtes et on dirait bien que c'est précisément ce qui ralentira vos démarches. Attendez-vous à ce que vos négociations soient plus ardues par moments et prévoyez beaucoup d'incompréhension aussi, ou il manquera alors trop de détails pour conclure la transaction que quoi que ce soit d'autre. Vous pourriez aussi démontrer des signes d'impatience envers de bons clients et ce ne sera pas souhaitable. Ce sera aussi un temps où vous pourriez réfléchir assez sérieusement à votre carrière et possiblement à en entreprendre une nouvelle qui sera certainement plus conforme à vos aspirations et à vos ambitions. Attention, méfiez-vous des jaloux et des envieux : laissez-les causer ! Ils n'ont aucun pouvoir sur vous et pas la moindre chance de vous nuire si, bien sûr, vous n'avez rien à vous reprocher. Cependant, si vous avez triché, si vous avez passé par-dessus quelques règles de bonne conduite, vous serez rappelé à l'ordre. En tant que patron, directeur et travailleur autonome, prudence lorsque vous négocierez un contrat ! Il pourrait sembler très lucratif en apparence, mais assurez-vous de bien lire toutes les clauses. Plusieurs seront très complexes et demanderont l'avis d'un expert en la matière. Il ne sera pas interdit de faire quelques ententes de principe et d'amorcer certains travaux pour éviter les retards, mais si vous avez le choix, attendez que Mercure ait repris sa marche directe pour tout officialiser.

Amour – Sentiments

Ne laissez personne de votre famille ou même un membre de votre entourage proche vous dire quoi faire en ce qui a trait à vos amours. Si vous ne vous sentez pas à l'aise avec l'amoureux, ce ne sera sans doute pas un parent, ou autres, qui pourra vous conseiller. Méfiez-vous des opinions fermées. Si vous ne savez plus où vous en êtes dans votre relation, avant de prendre une décision radicale, faites des démarches et au besoin pensez à suivre une thérapie. Si vous savez que vous êtes bien décidé de quitter votre relation, voyez un conseiller qui vous entretiendra sur le fait de vous retrouver seul après avoir vécu de nombreuses années avec la même personne. Et même si vous ne serez pas l'initiateur d'une séparation, il y aura tout de même des séquelles intérieures et des remous émotionnels inévitables. Vous serez plus à l'aise après avoir reçu quelques avis professionnels. En tant que célibataire, cette période rétrograde vous encourage à prendre un peu de recul, surtout si, précédemment, quand vous avez eu une occasion de vous lier avec quelqu'un, vous avez tout laissé parce que vous aviez peur de l'engagement. Si vous avez vécu une rupture et qu'elle est encore récente, il est possible que lors d'une rencontre, ce ne soit pas de l'amour. Cette personne sera, en quelque sorte, une occasion de vous consoler, de constater que vous plaisez encore beaucoup.

Famille

Si vous êtes récemment devenu papa ou maman, vous serez en amour avec votre nouveau-né, mais la fatigue se mettra de la partie et vous fera souvent dire n'importe quoi. Il ne faudra pas donner des ordres à votre partenaire ni accepter qu'il ou elle vous en donne. Évitez aussi de faire des promesses que vous ne pourrez tenir !

Santé – Bien-être physique

Soyez vraiment prudent au volant ! Ne prenez pas un verre de trop avant de conduire et gardez vos distances si vous voyez un chauffard qui semble être en état d'ébriété ! Surveillez vos reins et votre poids, et n'allez pas non plus faire des promesses que vous ne pourrez ou ne voudrez plus tenir au moment de livrer la marchandise.

LA PHASE RÉTROGRADE DE VÉNUS POUR 2023

Vénus rétrograde en Lion – du 22 juillet au 3 septembre 2023 – votre XIe maison natale

Climat général

Il n'y a rien de mal à être un romantique sans espoir (ou plein d'espoir), lorsque la douce Vénus est en rétrogradation dans votre onzième maison natale d'idéaliste. Préparez-vous à plonger dans six semaines d'introspection. Étant l'un des signes les plus ardents du zodiaque, vous tendrez à mettre la charrue avant les bœufs. Mais avec la présence de Vénus en Lion jusqu'au début de septembre, elle tirera les rênes et insistera pour que vous suiviez une procédure régulière dans le jeu de la vie et de l'amour.

Travail – Finances

En dépit du fait que les restrictions financières tendront à vous empêcher d'aller de l'avant, il n'en demeure pas moins que vous ferez des compromis et adapterez vos besoins en conséquence. N'empêche, vous ne serez pas à l'abri d'une rupture violente possible avec un membre de la haute direction ou quitterez-vous votre emploi. Chose sûre, vous serez davantage débordé de travail. Vous aurez même l'impression qu'on vous en demande plus qu'aux autres. Malgré tout, vous tirerez bien votre épingle du jeu et vous serez même en train de vous tailler une sérieuse réputation. Attendez-vous tout de même à des désagréments possibles en affaires. De plus, une dépense imprévue risque de vous faire paniquer sur le coup, mais avec quelques efforts d'ingéniosité, vous réussirez à équilibrer votre budget. Cela dit, les dépenses familiales tendront à consommer une plus grande partie de votre salaire que d'habitude, et le déséquilibre qu'elles créeront aura un effet sur vous et sur les vôtres. Et avec Mercure qui rétrograde en Vierge, des sacrifices mineurs de votre part seront un petit prix à payer pour tout le confort que vous souhaitez apporter à vos proches. Faites tout de même attention aux relevés de cartes de crédit. De plus, attendez-vous à une émergence de conflits professionnels possibles. Cherchera-t-on à tirer profit de votre travail ou vous volera-t-on une idée suivant un projet futur ?

Amour – Sentiments

Voilà un temps où les natifs de votre signe en couple pourraient avoir de véritables négociations à mener sur leur avenir commun, surtout si leur relation a dégénéré en une lutte de pouvoir ; ou, peut-être, éprouveront-ils du mal à exprimer leurs besoins profonds. Il serait judicieux de prendre rendez-vous avec un(e) thérapeute de couple qui pourra vous aider à vous écouter mutuellement. Et même si tout va bien, il est toujours possible de progresser. Or, pourquoi ne pas profiter de vos vacances d'été pour suivre ensemble un cours en ligne, en particulier un atelier ou un cours qui améliore la communication ou approfondit l'intimité ? Par ailleurs, l'atmosphère risque d'être plus tendue à la maison alors que votre partenaire tendra à fuir davantage. Une vieille dissension pourrait également refaire surface et mettre le feu aux poudres. Ne tombez pas dans le piège et réglez plutôt cet incident avec douceur, ainsi donc il ne s'éternisera pas. Prenez le temps de revoir vos objectifs et vos liens. Une discussion permettra de discuter des irritants et vous devrez peut-être modifier vos priorités en fonction de l'évolution des circonstances. Et si les gens près de vous veulent trop de vous ou de votre temps, il importera que vous vous fixiez des limites fermes pour vous protéger.

Famille

Attendez-vous à des comportements changeants de la part de l'un de vos jeunes. Il sera suggéré de lâcher prise et de prendre votre mal en patience puisque ce sera la bonne chose à faire. Les soucis occasionnés par un proche devraient aussi se dissiper une fois que Vénus aura repris sa marche directe. Il en ira de même pour qu'une personne à l'humeur maussade retrouve le sourire. Si vous oeuvrez au sein d'une entreprise familiale, vous serez témoin de déchirements et si vous prenez parti, vous risquez de vous mettre des gens à dos.

Santé – Bien-être physique

Votre sens inné de l'équilibre s'étend au lien entre le corps et l'esprit, ce qui vous permet d'affronter chaque journée avec une vigueur renouvelée. Votre penchant pour les sucreries et les aliments riches risque de vous faire prendre des kilos non désirés et votre volonté s'effacera devant la tentation. Veuillez songer à modifier votre régime alimentaire et à augmenter votre activité physique alors que vous gagnerez en énergie et en forme, car les restrictions entreront en jeu après le passage de Vénus au direct. D'ici là, le travail prendra le pas sur le plaisir et votre équilibre reviendra une fois le travail terminé.

LA PHASE RÉTROGRADE DE MARS POUR 2023

Mars rétrograde en Gémeaux – du 30 octobre 2022 au 12 janvier 2023 – votre IXe maison natale

Vous serez porté à douter plus de vous-même et trouverez le temps difficile à vivre et lourd par moments. Vous pourriez tout autant vous sentir parfois déstabilisé par l'envergure des défis à relever, ce qui pourrait vous pousser davantage à riposter. Toutefois, prenez votre mal en patience, ressaisissez-vous avant de vous mettre les pieds dans les plats. Apprenez à mieux gérer toutes les dissonances. Puisque ce sera un temps où vous vous sentirez parfois déstabilisé par l'envergure des défis, il se peut que vous soyez plus porté aussi à vous exprimer avec fougue, à être violent, voire agressant, et même porté à disséquer les paroles de votre interlocuteur et à analyser ses intentions avec minutie, et vous jugerez aussi normal d'imposer votre vision des choses. Les autres, et vos proches aussi, ne feront pas toujours tous les compromis nécessaires pour satisfaire vos exigences. Bien au contraire, ils auront tendance à vous contredire. Apprenez à calmer votre besoin de tout contrôler et montrez-vous plus tolérant, sinon certaines personnes risquent de mal le prendre et ainsi vous retourner du tac au tac cette même énergie. Lorsqu'on vous choque ou qu'on vous intimide, afin de mieux surmonter votre colère, laquelle après coup sera toujours douloureuse pour vous même quand elle sera justifiée, prenez vos distances. Clarifiez ce que vous dites et ce que vous faites, mais ne soyez pas abrasif ou imposant.

Travail – Finances

Alors que votre attitude réfractaire en fera réfléchir plus d'un en position de pouvoir ou d'autorité, il ira de votre intérêt de modérer vos emportements. Évitez de vous laisser déstabiliser par la compétition. Le travail nécessitera un surplus d'énergie et vous devrez faire preuve d'une méticulosité extrême, ce qui sera exigeant. Toutefois, il est possible que vous n'arriviez pas à bien gérer le stress au travail et que ça joue sur vos humeurs. Il est probable que vous éprouviez aussi beaucoup plus de difficulté à accepter certaines limitations. Cela dit, attendez-vous d'avoir à faire des pirouettes pour rencontrer votre budget et pour gérer vos finances. Si ce n'est pas le cas, voilà qu'un projet pourrait vous effaroucher à un point tel que vous vous trouverez toutes les raisons pour ne pas le mener à temps. Moindrement, un projet pourrait aussi vous obliger à prendre du recul, le temps d'y voir clair. Quoi qu'il en soit, un changement majeur est à prévoir au secteur professionnel et il se pourrait aussi que vous ayez à faire un choix déchirant. D'ici là, une relation d'affaires et/ou un client pourrait chercher à fuir ses obligations financières, sinon les tensions professionnelles seront tellement importantes qu'un patron ou une tête dirigeante s'entêtera à vouloir tout contrôler, ce qui risque ainsi de provoquer en retour de vifs dérangements dans l'équipe de travail; attendez-vous à ce que des gens près de vous viennent entraver le travail des autres. Des manigances pourront aussi se tramer dans l'ombre ou dans les coulisses du pouvoir. Il vaudra mieux ne pas vous insurger alors que ce sera courir à votre perte. En attendant, hormis que vous aurez l'impression que vous n'arrivez pas à faire de l'argent, à bien gagner votre vie ou que vous considérerez que votre salaire n'est pas à la hauteur de vos compétences ou de vos ambitions, ce sera aussi une période où les irritants matériels seront nombreux tels qu'une dépense imprévue, un règlement difficile à obtenir et plus encore; une raison de plus d'être sage et avisé lors de votre magasinage. À cet effet, évitez tous les achats faits sur l'impulsion du moment étant donné que cela risque de grever sérieusement votre budget inutilement. Attention aussi d'égarer un dossier, sinon un compte à régler. En revanche, si vous êtes dans le processus de mettre en action une campagne publicitaire, vous aurez à revisiter certains détails avant de pouvoir aller de l'avant avec celle-ci. Par contre, si vous êtes interpellé de vous impliquer davantage dans des politiques étrangères ou nationales, sachez que ce ne sera pas chose facile. Cela étant dit, sur une note finale, si vous avez envoyé votre manuscrit à une maison d'édition récemment, il est tout probable que vous aurez au moins un passage à réécrire, sinon une bonne partie du texte. Rien de dramatique non plus, juste une question de peaufiner ou de clarifier certaines choses ou certains passages.

Amour – Sentiments

Voilà un temps où l'énergie sexuelle sera puissante et devra être contenue. D'ailleurs, attention aux aventures amoureuses qui seront plus tentantes. Quant à vos amours, votre relation risque d'être plus ou moins satisfaisante ; soit qu'on vit une solitude à deux ou qu'on a l'impression que l'autre n'est pas réceptif à nos besoins, et vous ne vous sentirez plus vraiment aimé ou amoureux. Il se pourrait aussi que vous preniez les difficultés amoureuses un peu trop au sérieux. Cessez de tout dramatiser, apprenez à lâcher prise un peu alors que vous saurez en rire après coup. N'empêche, la désorganisation du partenaire de vie, ou même d'un associé si c'est le cas, pourrait devenir un problème important à régler. Si ce n'est pas le cas, il est possible que vous puissiez découvrir qu'un collègue souffre de dépendance affective et cela vous sera insupportable. Quant aux célibataires de votre signe, ralentissez et pensez à échanger avec plusieurs personnes au lieu de vous précipiter dans l'exclusivité. Si vous avez eu un coup de foudre non réciproque pour une personne qui ne cesse d'entrer et de sortir de votre cœur, le moment est venu d'être plus ferme. Et si celle-ci n'est pas prête à être avec vous maintenant, ne vous retirez pas du marché en attendant qu'elle se manifeste. Et si vous ne pouvez pas l'éliminer, limitez la communication à « l'unique nécessité pratique » seulement.

Famille

Au cours de cette phase rétrograde, si toutefois vous songez à voyager, il sera futile de planifier ce voyage, tant d'affaires que de plaisance, suivant que votre patience risque d'être mise à rude épreuve. Et si vous faites fi de cette mise en garde, vous ne serez pas à l'abri d'arguments possibles avec les gens que vous irez visiter. Ce sera d'ailleurs comme un signe avant-coureur de ne pas y aller ; restez plutôt chez vous ! De préférence, songez plutôt à planifier ce voyage début octobre 2022 ou début février 2023, afin de minimiser d'encourir de sérieux ennuis, sinon des problèmes possibles. Pour ce qui est des autres qui ne peuvent partir en voyage, veuillez demeurer vigilants lors de vos allées et venues à votre travail, particulièrement ceux faits sur la route. Moindrement, attendez-vous à ce que les déplacements soient plus au ralenti ou qu'il y ait une surabondance de circulation.

Santé – Bien-être physique

Attendu que ce sera un temps où vous serez moins ouvert d'esprit, moins énergique, si vous avez été malade par le passé, vous aurez beaucoup plus de difficulté à guérir plus vite maintenant. Ce sera également une période où vous serez davantage tiraillé par une grande impatience alors que votre besoin de reconnaissance et d'affirmation personnelle vous poussera à vouloir vous surpasser, à donner priorité à vos propres intérêts. Profitez plutôt de cette période pour faire le grand ménage de toutes ces émotions accumulées et vous permettre par la même occasion un certain mieux-être. Prenez également le temps de bien analyser les portes de sortie possibles et faites confiance à votre instinct. Si vous ressentez des malaises, n'attendez pas pour consulter votre médecin. Attention également à ce que votre nerf sciatique ne vous cause pas des ennuis, mais plus que tout, assurez-vous de garder un œil vigilant sur vos voies respiratoires. Puisque vous serez davantage porté à prendre des risques inutiles dans certaines situations, sachez que votre coordination physique et mentale ne sera pas toujours en harmonie. Veuillez donc ralentir le pas, la cadence, prenez cela un peu plus mollo et conduisez prudemment également. D'ailleurs, il sera avisé de laisser les autres conduire. Entre-temps, attention à un accident possible lors d'un cours de danse, d'aérobie, de Pilates ou même lorsque vous courez, faites du vélo, manipulez de la machinerie lourde ou tous les objets contondants.

L'ÉCLIPSE SOLAIRE ANNULAIRE DU 14 OCTOBRE EN BALANCE – VOTRE I^RE MAISON NATALE

Les événements vous amèneront à examiner les façons dont vous agissez de manière indépendante et vous pousseront à devenir plus visible et à vous affirmer. C'est une période où vous vous sentirez obligé de prendre vos propres décisions et de faire vos propres affaires, et l'accent sera mis sur la façon dont vous vous présentez aux autres. Cela dit, vous pourriez vouloir changer votre apparence physique, sinon votre image corporelle ou encore votre style vestimentaire, d'une manière ou d'une autre. En cas d'affliction dans votre thème personnel, il pourrait y avoir des maladies ou encore des dommages physiques.

Bien qu'il n'y ait pas lieu de s'inquiéter outre mesure, cette éclipse est tout de même plus sérieuse. Une baisse de santé pourrait survenir vers cette date, en particulier si cela correspond à votre anniversaire de naissance. Vous devriez donc faire un peu plus attention à vous. De plus, votre résistance nerveuse ou physique pourrait fléchir momentanément si vous ne respectez pas les règles de base d'une saine hygiène de vie. Optez pour cette période afin de vous construire une carapace contre les virus et les microbes, alors qu'on entre dans les mois les plus froids. Par conséquent, prendre des suppléments alimentaires pour augmenter votre résistance physique sera très approprié. Amenez ceux que vous aimez à en faire autant ! Ne perdez pas de temps ni d'énergie non plus à ressasser de vieux souvenirs suivant que vous risquez d'être plus émotif au cours de cette période. Un rien vous mettra facilement à l'envers. Tout sera intensifié ! Prudence aussi dans vos déplacements.

Si vous célébrez votre anniversaire le 14 octobre, ou aux environs de cette date, il n'y a pas lieu de paniquer cependant, être averti vous aidera à traverser sans trop de mal cette période moins intéressante. Planifier des jours plus calmes pendant la période allant du 1er au 31 octobre serait prudent, prendre au sérieux toute alerte signifierait agir avec sagacité. Surveiller votre cœur, vos reins, votre appareil génito-urinaire, votre prostate et votre vessie. Si vous êtes en bonne forme, vous le resterez en n'abusant pas de vos forces et en vous ménageant.

P.-S. Vous êtes encouragé à prendre connaissance de tout ce qui est écrit au chapitre intitulé « Les Éclipses de 2023 » pour mieux vous familiariser avec toutes les mises en garde à respecter lors de toutes les éclipses.

LES POSITIONS LUNAIRES ET VOUS

À la fin du livre, vous trouverez le tableau des positions lunaires pour chaque jour de l'année 2023. Pour mieux tirer profit de la Lune au quotidien ainsi que connaître le rôle qu'elle jouera sur vos humeurs, lesquelles vont influer sur votre jugement et sur vos actes, référez-vous au chapitre intitulé « Méthode d'interprétation du calendrier des Lunes ».

Les divers passages de la Lune ne sont jamais neutres. S'il y a des moments pour l'action quand la Lune est néfaste, s'il faut prendre du recul quand elle ne l'est pas, les autres journées représentent, la plupart du temps, un mouvement vital plus lent. En général, quand la Lune passe en Gémeaux, en Lion, en Balance, en Sagittaire ou en Verseau, vous êtes en forme. Ces énergies, surtout celles du Gémeaux, du Sagittaire et du Verseau, vous placent en position de force. Là où vous devriez être prudent et où il serait préférable de prendre du recul, c'est lorsque la Lune se trouve en Bélier, en Cancer, en Capricorne. Les Lunes en Vierge, en Scorpion, en Taureau et en Poissons sont neutres par rapport à votre signe, mais rien de particulier ne vous unit. Si vous partagez le même intérêt pour une activité, un travail, un passe-temps, vous pouvez vous rapprocher sans crainte, mais si vous heurtez de front le Scorpion ou le Taureau, méfiez-vous : ils ont la mémoire longue. Faites de la Vierge votre amie si vous le pouvez, cela vaudra mieux.

♏

Scorpion

24 octobre au 22 novembre

LES DIFFÉRENTS ASPECTS DE VOTRE PERSONNALITÉ

Scorpion – féminin, fixe, eau

Vous avez bien mauvaise réputation et pourtant, elle n'est absolument pas fondée. Il n'y a pas de bons ni de mauvais signes ; chacun a ses qualités et ses défauts. Toutes ces rumeurs qui circulent sur votre compte viennent sûrement de gens ou d'astrologues qui vous avaient en aversion. Quant à moi, je vous apprécie énormément !

Détective-né, vous avez l'art d'être stratégique. Vous êtes une personne qui passe au crible chaque situation à la recherche d'indices subtils que vous analyserez et que vous scruterez afin de bien déterminer ce qui se passe réellement.

Très doué pour envoyer des messages tout aussi fins, avisés, subtils que pénétrants aux personnes près de vous, vous pouvez être tout autant manipulateur, insaisissable, imperceptible que doué pour modifier une situation à votre avantage avec les mots et les gestes justes.

Constamment en quête d'intimité, d'intensité et quasiment toujours en situation de crise, vous êtes tout autant capable de vous consacrer profondément à un défi, à une mission difficile à accomplir ou à remplir tellement vous êtes plein de ressources.

Aussi impitoyable, implacable, obsessif et jaloux que vous soyez, il faut se rappeler qu'en tant que signe fixe d'Eau, vous avez l'art de ressentir les choses fortement et pour longtemps. Avec vous, c'est tout ou rien, pas de demi-mesures, ça passe ou ça casse.

CE QUI VOUS DIFFÉRENCIE DES AUTRES NATIFS DE VOTRE SIGNE

En tant que natif du 1er décan (du 24 octobre au 2 novembre), vous êtes régi par Mars et secondairement par Pluton pour faire suite à la Triplicité d'Eau qu'est votre signe solaire. Voilà qui fait de vous une personne calme en apparence, mais intense à l'intérieur.

L'influence de ces deux planètes potentielles sur votre signe et sur votre décan vous donne de l'énergie, de la passion, du courage et vous êtes quelqu'un qui tend à être impulsif de nature. Vous pouvez être tout aussi compétitif qu'arrogant lorsque vous avez une idée en tête ou lorsque vous voulez quelque chose qui vous tient à cœur.

Fort émotif, très déterminé et ayant des opinions arrêtées, selon ce que vous en faites, vous vivrez des expériences peu communes – tant agréables que désagréables. Même si votre vie n'est pas toujours des plus roses ou des plus faciles, vous faites tout en votre pouvoir, du moins en ordre général, pour répondre aux demandes et aux attentes qui concernent votre famille et votre travail.

Attiré par les gens et les choses qui sont mystérieux, vous avez cette facilité à lire les personnes et les situations. Vos nombreux talents de détective, qui sont d'ailleurs inégalés, vous seront d'une grande utilité dans la vie, mais vous devez apprendre à faire plus confiance à vos premières impressions, d'autant plus qu'elles sont rarement erronées. Assurez-vous donc de canaliser vos énergies de façon positive.

Magnétique et manipulateur, vous êtes une personne qui a de l'ambition, est compétitive et hautement organisée. Aussi judicieux et rusé que vous soyez, votre esprit tend à se perturber facilement aux moindres contraintes ou conflits. Heureusement que vos réserves d'énergie vous soutiennent en cas de crise.

Les gens nés sous votre décan sont les plus susceptibles dans la vie d'exercer en tant qu'explorateurs, sinon vous pouvez bien réussir dans les forces armées ou en tant que policier. Moindrement, une carrière athlétique est tout aussi possible.

Charmeur redoutable, vous attirez l'attention partout où vous passez alors que vous ne laissez personne indifférent. Précisons le rôle capital que joue la sexualité dans votre vie. Positif, vous savez vous défouler sans nuire à personne ; négatif, vous devez imposer votre volonté en tout et partout. Il vous faudra un bon dérivatif pour remédier à ce trop-plein d'énergie.

Tout aussi ardent qu'impulsif, vous êtes jaloux avec ceux que vous aimez. Il vaudra mieux que les personnes qui partagent votre vie ne vous blessent pas, car votre vengeance risque d'être terrible et sans merci.

Dans le couple, vous recherchez quelqu'un de stable, de terre-à-terre et qui est capable de vous apprendre à apprécier et à jouir du moment présent. Sur le plan intime, vous recherchez la passion. Si vous vous mariez, choisissez un compagnon de vie qui est loyal, apte à garder tous vos secrets et à l'aise de vous laisser prendre les commandes.

En tant que natif du 2e décan (du 3 au 12 novembre), Pluton et Mars sont vos planètes maîtresses. Quant au Soleil, il a la maîtrise de votre décan, mais Neptune et secondairement Jupiter exercent toutes deux une influence importante dans votre thème pour faire suite à la Triplicité d'Eau qu'est votre signe solaire. Voilà qui fait de vous une personne qui a un côté intuitif très développé et des capacités psychiques fort remarquables. Cela peut expliquer pourquoi vous êtes friand de sciences occultes. Si vous savez utiliser vos connaissances et vos attributs à bon escient, vous pourrez vous créer une belle vie.

Pour ce qui est de l'influence céleste du Soleil sur votre décan, ce luminaire fait de vous un individu qui a deux natures distinctes : vous êtes tantôt timide et réservé, tantôt fier, sensuel et tendre avec les gens qui vous entourent. Quant à Neptune, elle contribue largement à l'imagination fertile qui vous habite. Cependant, autant vous pouvez poursuivre activement votre but, autant, dans le temps de le dire ou comme par magie, vous vous laissez distraire de votre objectif. N'empêche, vous pourrez très bien réussir tant dans une carrière médicale que travailler dans toutes les autres professions liées au domaine de la santé.

Doué pour les travaux de grande envergure, vous pouvez très bien vous réaliser en tant que marin, artiste ou comme commis de bureau, puisque votre efficacité est sans limites. Vous y mettez toutes les énergies indispensables pour atteindre vos buts alors que le travail ne vous fait pas peur. Votre ténacité et votre persévérance sont à la hauteur de votre force de caractère et de votre acharnement à réussir.

Vous faites partie des Scorpions les plus imaginatifs comparativement aux deux autres décans, mais les plus vulnérables aussi émotionnellement.

À cet effet, vous avez tendance à vous accrocher aux choses du passé. Vous avez également cette tendance naturelle à confondre les personnes qui vous entourent ainsi que votre partenaire de vie en envoyant des messages contradictoires. Soyez plus net, plus précis dans ce que vous véhiculez comme informations.

Bien que vous puissiez être très sympathique à vos heures, vous souhaitez tout de même maintenir privée une grande partie de votre vie.

Autant la famille peut être très importante à vous yeux, autant vous n'êtes pas particulièrement démonstratif.

En amour, vous donnez sans compter, vous vous livrez avec ardeur et passion, mais vous êtes tout autant possessif que jaloux. La fidélité est très importante à vos yeux. Dans la vie, vous êtes attiré par des personnes originales, intelligentes et idéalistes. Si vous décidez de vous marier, choisissez une personne qui est loyale, fidèle et qui peut combler vos intarissables désirs, mais méfiez-vous de votre légendaire jalousie ou de ce besoin de vouloir posséder complètement l'être aimé.

Bien que vous ayez une forte constitution physique et une bonne santé, votre point faible, pour vous comme pour tous ceux de votre signe, est situé au niveau de la région des organes génitaux.

En tant que natif du 3e décan (du 13 au 22 novembre), vous êtes sous la tutelle de Pluton, soit votre planète dominante en astrologie moderne, mais votre décan est régi par Vénus et secondairement par la Lune pour faire suite à la Triplicité d'Eau qu'est votre signe solaire. Voilà qui fait de vous une personne qui a tout un caractère, qui est fortement instinctive, et vous êtes également émotif et sympathique à vos heures. Vous êtes de loin plus compétent et plus impressionnant que les deux autres décans tellement vous êtes animé d'un talent créatif.

Quant à l'influence lunaire, celle-ci vous donne la sensibilité et la capacité d'être à l'écoute de votre environnement. Pour ce qui est de Vénus, mal à l'aise dans ce décan agressif, elle vous donne tout de même un penchant pour la romance et pour tout ce qui est beau. Cela explique pourquoi les gens sont attirés par votre bonne nature et par votre côté charmeur. Toutefois, cela n'empêche pas vos relations d'être difficiles, surtout si les gens vous tiennent pour acquis.

Si vous savez sublimer vos instincts primaires et dévastateurs, vous pourrez atteindre de rares sommets de perfection, tant physiquement, moralement, mentalement que spirituellement.

Vous avez une gentillesse particulière qui peut vous être fort utile et appréciable dans votre vie personnelle et professionnelle. Même si votre vie n'est pas toujours des plus roses ou des plus faciles, vous n'êtes pas du genre à baisser facilement les bras pour autant et tout abandonner.

Puisque votre perspicacité vous servira bien dans la vie, vous pouvez très bien réussir en tant que médecin, infirmier, travailleur social, psychiatre, psychologue, chef cuisinier ou, encore, exercer dans toute profession qui implique tant les femmes que les enfants. Moindrement, choisissez un travail qui récompense votre créativité et votre amour de la vérité. Vous pouvez également vous accomplir merveilleusement à travers la musique, l'écriture, les loisirs et toutes les activités culturelles.

Puisque vous êtes animé d'une énergie presque sans limites et que vous pouvez tout autant travailler dur et être tout aussi doué pour les affaires d'argent et le commerce, vous saurez aussi bien faire votre marque dans le domaine de la vente.

Sensible et très profond, vos émotions sont puissantes et hautement explosives par moments. Tout au long de votre vie, vous serez porté à nouer, malheureusement, des contacts avec des gens insolites. Puisque vous êtes quelqu'un de nature hypersensible, vos sentiments risquent d'être plus facilement blessés. Il vaudra mieux apprendre rapidement à vous protéger.

Il est tout probable que votre mère ait eu une grande influence dans votre vie. Porté à materner ceux qui vous sont chers, vous vous attendez à ce que les gens en fassent tout autant pour vous.

Autant vous pouvez être un ami loyal et un amoureux fidèle, si jamais on trahit votre confiance, vous ne pourrez faire confiance de nouveau à cette personne.

Aussi mystique que séduisant, votre intelligence et votre vivacité d'esprit font de vous un compagnon de vie fort délicieux ; cependant, vous tenez obstinément à votre liberté intellectuelle.

Étant le natif le plus passionné et le plus généreux des deux autres décans, si vous décidez de vous marier, choisissez une personne qui vous ressemble et qui est tout aussi passionnée et volontaire que vous l'êtes. Par contre, en destinée, vous ne serez pas à l'abri de sombres drames possibles que vous saurez cacher soigneusement. Ce n'est pas facile de concilier passion et amour du cœur !

CE QUE LES ASTRES VOUS RÉSERVENT EN 2023

Jupiter en Bélier – du 20 décembre 2022 au 16 mai 2023 – votre VIe maison natale

Jupiter est fondamentalement une planète qui se déplace lentement. Elle a tendance à rester dans un signe et une maison pendant une année entière. Mais en 2023, elle se déplace exceptionnellement vite – elle traverse en fait deux signes et maisons. Elle commence l'année en Bélier, votre VIe maison. Puis elle se déplacera en Taureau, votre VIIe maison, pour le reste de l'année et plus encore, soit jusqu'au 25 mai 2024. Tout ceci est très inhabituel et nous donne des messages importants. À cet effet, Jupiter en Bélier vous aidera à améliorer vos routines et à faire de meilleurs choix de vie – vous pourriez vous engager dans de nouvelles routines de santé, améliorer votre nutrition, faire de l'exercice plus efficacement, et devenir plus productif. Cela étant dit, contrairement à l'année précédente où vous pouviez compter sur le hasard, vous devrez mettre la main à la pâte pour conserver votre bel élan, jusqu'à la mi-mai à tout le moins. Vous continuerez à faire des progrès remarquables et d'heureux concours de circonstances joueront fréquemment en votre faveur. Le hasard saura faire très bien les choses ! Enfin vous pourrez finalement aisément faire de votre vie ce que vous souhaitez véritablement, et l'atteinte de vos objectifs sera possible avec un minimum d'efforts. Votre nature dynamique sera comblée, les occasions de vous dépasser et de mettre du piquant dans votre existence abonderont. La seconde partie de l'année n'augure rien de dramatique, mais vous aurez alors intérêt à demeurer bien centré sur vos véritables priorités et à vous méfier des erreurs de jugement et des illusions.

Quant à vos affaires, ça va bouger beaucoup, parfois vous serez même décontenancé par la tournure des événements, mais malgré tout ce branle-bas, vous poursuivrez votre ascension. Pendant la durée du transit de Jupiter en Bélier, votre routine de travail quotidienne connaîtra une expansion. Cela pourrait être positif ou difficile, selon les circonstances. Cela pourrait aussi faire de vous un entrepreneur ! Cela dit, jusqu'à votre anniversaire, il se pourrait que vous touchiez une somme d'argent à laquelle vous ne vous attendiez pas, sinon vous continuerez à profiter du courant de chance exceptionnel, y compris dans les tirages, alors que tout ce que vous désirez sera alors facilement réalisable. Dès la seconde partie de mai, vous ne pourrez plus compter simplement sur le hasard, bien au contraire, vous devrez fournir davantage d'efforts pour parvenir à vos fins. N'empêche, vous vous débrouillerez bien mieux que la moyenne. Vous devriez tout de même protéger vos arrières ; ne mettez pas votre situation en danger et évitez les entreprises trop belles pour être vraies et les aventures risquées. Attention aussi aux écarts de conduite et aux ennuis légaux. Alors que le transit du Bélier devrait étendre votre travail quotidien d'une manière ou d'une autre, peut-être que votre entreprise s'étendra aux marchés étrangers et que vous allez embaucher de nouveaux employés pour répondre à la demande de vos produits ou de vos services. Ou peut-être que votre entreprise pourrait être vendue à une autre entreprise, et que soudainement vos collègues doubleront en nombre. Moindrement, Jupiter qui forme un angle bénéfique avec votre zone de carrière pendant ce transit, voilà qui vous permettra de connaître une expansion sur le plan professionnel ; il pourrait s'agir d'une promotion ou d'une nouvelle orientation professionnelle. Quant à ceux qui sont en quête de se dénicher un emploi, ils auront beaucoup de succès pendant les six premiers mois de l'année. Jupiter en Bélier vous apportera sans aucun doute des opportunités de trouver quelque chose de lucratif ; les emplois de rêve se concrétiseront. Et ceux qui emploient d'autres personnes élargiront la main-d'œuvre et augmenteront peut-être même les avantages et le salaire de leurs travailleurs. Bien sûr, comme pour tout transit, pour que les choses se concrétisent, vous devrez saisir ces opportunités, et ne pas les laisser passer.

Pour ce qui est des amours, vous aurez besoin de changement, mais vous n'arriverez pas à trouver ce qui vous convient avec précision et les éléments ne sembleront pas se mettre en place non plus pour vous guider dans la bonne direction ; il faudra peut-être essayer de lâcher prise et de là, vous réussirez à vivre plus profondément un certain ressourcement qui vous apportera toutefois toutes les réponses ; avant la fin de l'année, vous aurez une inspiration qui vous conduira vers ce à quoi vous aspirez et qui répondra davantage à vos attentes.

En ce qui a trait à votre santé, vous devriez péter le feu. Non seulement vous vous sentirez alerte et motivé, mais vous jouirez également d'une vitalité débordante. Les cinq premiers mois se dérouleront sous un ciel on ne peut plus clément ; profitez-en pour régler tout ce qui accroche, pour faire provision d'énergie et vous remettre en forme. Ainsi donc, quand la grande bénéfique prendra place en Taureau le 16 mai, vous ne serez pas perturbé par l'opposition de Jupiter. Je vous rappelle que ce transit prédispose à se négliger, à se croire invincible et à commettre toutes sortes d'abus. Un peu de discipline vous permettrait cependant d'éviter d'en faire les frais. Veuillez donc respecter les véritables besoins de votre organisme et cessez aussi d'ignorer vos limites. Il est certain que si vous vous en donnez la peine, les résultats seront plus qu'avantageux, et vous vous féliciterez d'avoir mis de l'ordre dans vos habitudes. Il n'en demeure pas moins, le transit de Jupiter en Bélier peut affecter votre santé en vous investissant d'une grande énergie nerveuse, le genre que les personnes essaient souvent d'étouffer en se laissant aller à leur appétit. Voilà donc un moment favorable pour trouver quelque chose à faire avec vos mains et trouver un moyen de travailler cette énergie avec des exercices.

Jupiter en Taureau – du 16 mai 2023 au 25 mai 2024 – votre VIIe maison natale

Jupiter en Taureau, opposé à votre signe solaire, un transit qui durera jusqu'à la fin mai 2024, la clé, bien sûr, c'est l'expansion. Puisque c'est également un transit qui est souvent à l'origine d'un climat de désorganisation, il est plus que probable que vous risquez de vous sentir bousculé par les événements. Il sera plus difficile de maintenir le contrôle de votre destinée. Vous auriez intérêt à bannir le laisser-aller et les coups de tête puisque seules les actions réfléchies donneront des résultats satisfaisants.

Quant à vos affaires, vous tendrez à être plus conservateur en matière d'argent lors de cette période, et moins enclin à prendre des risques – moins spéculatif. Vous serez plus lent également à prendre des décisions, vous ferez plus de recherches, vous serez plus terre à terre. L'immobilier semble être un très bon domaine, que ce soit en tant qu'entreprise ou simplement pour acheter ou vendre des propriétés. Vous serez plus prudent également dans vos dépenses. Cela dit, un partenariat commercial pourrait être possible. Ce transit en Bélier montre également d'autres choses. Vous essaierez de combiner votre vie financière avec votre vie sociale. Ainsi, vous aurez tendance à socialiser avec les personnes avec qui vous faites des affaires. Une grande partie de votre vie sociale (soirées, etc.) a un aspect financier – peut-être que vous faites du réseautage sinon des activités de cette nature. Chose certaine, vous assistez à de nombreuses fêtes et rassemblements d'affaires, d'entreprises ou d'industries.

Quant à vos amours, ceux qui investiront dans leur couple et dans leurs rapports interpersonnels en général seront parfaitement en droit d'espérer une douce et agréable continuation ; notez que vous devrez parfois faire preuve de diplomatie et essayer de vous mettre un peu dans la peau des autres. Cela dit, des ajustements vous aideront à atteindre une qualité de vie inégalée. Il est même possible aussi que vous puissiez revoir des personnes que vous aviez perdues de vue depuis belle lurette déjà, en plus de rencontrer plein de monde. Les célibataires pourraient avoir une relation amoureuse avec une personne qui s'occupe de leurs finances : planificateur financier, comptable, banquier ou courtier. Les célibataires seront plus attirés par la richesse (et en fait, ils pourraient épouser quelqu'un en moyen dans la deuxième partie de 2023 ou quelqu'un qui se concentre sur la richesse et qui vit la grande vie). Nul doute, les choses matérielles vous exciteront au plus haut point. Le soutien matériel et les cadeaux seront des aphrodisiaques. Vous tendrez à fréquenter des gens en moyen, même à un niveau non romantique. Et pour ce qui est de vos amis, ils sembleront plus prospères dans l'année à venir et seront un facteur dans vos gains. Quant à ceux qui travaillent à leur premier mariage, vous rencontrerez un amour sérieux et vous pourriez bien vous marier cette année. Pour ceux qui travaillent à leur deuxième ou troisième mariage, vous aurez une année de statu quo. Vous serez plus sociables et rencontrerez de nouveaux amis – mais pour le mariage ? Probablement pas. Ceux qui travaillent en vue de leur quatrième mariage, vous rencontrerez aussi l'amour sérieux en 2023 et serez susceptibles de vous marier. Cela étant dit, une relation personnelle existante pourrait se transformer en un partenariat plus profond et plus engagé ; vous emménagerez ensemble, vous vous fiancerez ou vous vous marierez, ou déciderez-vous de fonder une famille, ou peut-être de vous lancer dans les affaires ensemble. Nul doute, Jupiter vous donnera l'occasion de former des partenariats progressifs et productifs, et ce, y compris le mariage. Cependant, cela ne se produira pas dans le vide, donc si vous avez un amour stable ou un amour vivant avant le 16 mai, vous aurez les meilleures chances de le rendre permanent. Le meilleur moment pour vous engager sérieusement et approfondir l'engagement dans une relation existante sera lorsque Vénus et Jupiter seront en transit au signe du Taureau et dans votre septième maison natale, ou solaire si c'est le cas, une année entière, soit du 16 mai 2023 au 25 mai 2024. Veillez simplement à ce que vous et votre partenaire de vie ne preniez pas de décisions importantes en ce qui concerne les relations pendant que Mercure sera rétrograde. Avec Mars en Taureau, pendant cette période, voilà que votre sexualité sera exacerbée. Si vous n'êtes pas impliqué au début de ce transit, vous le serez très probablement avant sa fin. Si vous ne l'êtes pas, cela a peu d'importance, puisque vous vous amuserez trop ou vous serez profondément impliqué dans divers projets créatifs. Sans contredit, il y aura plus de rencontres, plus de sorties et plus d'activités sociales. Des amis nouveaux et importants entreront en scène, et préparez-vous aussi à assister à plus de mariages en 2023.

En ce qui a trait à votre santé et pour ce qui est de votre bien-être physique, voilà que vous risquez d'encourir des ennuis si vous n'êtes pas suffisamment à l'écoute de vos véritables besoins ou encore si vous prenez des risques inutilement. La gourmandise et la propension à vous croire invincible sont les deux pièges qui vous guettent; à vous de les éviter, la balle est dans votre camp!

Saturne en Poissons – du 7 mars au 31 décembre 2023 – votre V^e^ maison natale

Parce que Saturne est une planète karmique – comprendre qu'elle influence votre chemin de vie, votre karma – vous allez apprendre comment gérer les répercussions de vos actes passées. Saturne en Poissons est la clé pour vous concentrer sur les changements que vous ressentez à l'intérieur de vous-même et sur les changements qui pourraient affecter vos proches lors des deux prochaines années. En astrologie, Saturne est connue comme étant la planète « sérieuse » du zodiaque. Elle a été appelée la planète de la discipline, du temps et des fois aussi l'enseignante. Saturne a parfois mauvaise presse, car nous combattons souvent les changements saturniens. Elle nous enseigne la « responsabilité » dans de nombreux domaines de notre vie qui pourraient grandement bénéficier d'un peu d'amélioration. Naturellement, l'instinct et l'ego nous suggèrent d'abord de lutter contre tous ces changements, jusqu'à ce que nous apprenions finalement à admettre que ceux-ci nous freinent d'une manière ou d'une autre. C'est ce que Saturne enseigne: la nécessité de changer nos habitudes ou de changer quelque chose sur soi-même qui pourrait bénéficier d'une petite refonte. Or, si vous apprenez à vous détendre et à ne pas craindre ce cycle de transformation de Saturne, vous découvrirez que vous pouvez bénéficier considérablement de sa sage tutelle. Ne vous retenez pas – et n'ayez pas peur de reconnaître ou même d'admettre le besoin d'amélioration, puisqu'apprendre à suivre le flux de Saturne pourrait s'avérer une expérience de croissance très positive. Il n'y a pas d'autre planète dans tout le système solaire avec les capacités d'enseignement que Saturne a à offrir. Cela dit, Saturne signe le début de l'année en Verseau. Une fois installée en Poissons, dès les premiers jours du mois de mars, les deux prochaines années qui verront passer Saturne dans ce secteur de votre thème natal marqueront une période de transition entre les expériences passées et futures. À cet effet, avez-vous un désir profond et ardent de créer quelque chose, mais vous n'arrivez pas à trouver le temps ? Ou vos enfants ont-ils soudainement besoin de plus de conseils ou encore peut-être d'un programme éducatif ? Et qu'en est-il de votre vie amoureuse ? Est-ce aussi ennuyeux et monotone ces jours-ci ? Si c'est le cas, prenez courage, Scorpion, car rien de tout cela ne durera éternellement. Avec Saturne qui transite par votre Maison V, celle qui régit la créativité, les enfants et la romance, si vous avez l'impression qu'une couverture mouillée a été jetée sur votre ingéniosité, prenez un moment pour vous demander pourquoi. Un bon exemple pourrait être vos enfants. Peut-être avez-vous abandonné l'année dernière pour ce qui était des devoirs de mathématiques de votre enfant, pour découvrir que la situation nécessite à présent une attention sérieuse et immédiate. Ou un autre exemple pourrait être votre dernière implication amoureuse. Obtenez-vous vraiment ce que vous voulez de cette relation ou vous accrochez-vous simplement jusqu'à ce que la prochaine meilleure chose se manifeste ? Ou peut-être avez-vous l'illusion qu'il vaut mieux être impliqué avec une personne qui ne possède qu'un quart des qualités que vous désirez chez l'autre, plutôt que de faire cavalier seul et ainsi d'attendre indéfiniment que le « spécimen authentique » fasse surface. Si c'est le cas, alors bien sûr vous n'êtes pas content ! Si, à l'heure actuelle, vous avez l'impression qu'il y a un manque d'opportunités gratifiantes dans votre vie, essayez de maintenir le cap tout en prônant une attitude positive à ce sujet alors que vous êtes toujours votre bon vieux moi dynamique, cher Scorpion. C'est juste qu'en ce moment, vous sentez que vous sautez un battement chaque fois que vous essayez de l'exprimer. Apprenez à vous détendre et à nourrir ces moments libres que vous devez épargner pour le plaisir et la créativité – et apprenez à apprécier le temps que vous passez avec votre imagination.

Pour les créateurs, ou les artistes de métier, voilà une période redoutée étant donné que vous aurez possiblement l'impression que votre inspiration n'est pas souvent au rendez-vous et, de ce fait, vous pourriez perdre la foi en votre don, ou muse. Pas de panique surtout, ce cycle saturnien ne sera que passager et il tentera de vous faire ressentir le besoin d'accompagner les dons du ciel d'un travail structuré, bien canalisé. Même si vous êtes en carence d'inspiration, mettez-vous tout de même au travail. Vous pourrez remplacer ce manque par la technique et vous découvrirez que celle-ci peut également faire des merveilles.

Quant à votre santé et pour ce qui est de votre bien-être physique, vous apprendrez finalement à mieux gérer vos énergies, ce qui est bien. N'ayant plus autant de vitalité, en 2023, vous serez amené à ne plus vous disperser autant que vous l'avez fait par le passé. Consacrez-vous plutôt à l'essentiel. Évitez tout surmenage, car les distractions seront elles aussi nécessaires à votre organisme, et la multitude de pensées qui vous assaillent en permanence devra faire place à des idées positives. Cela dit, attendez-vous à des changements majeurs de se produire en ce qui concerne vos priorités. Et, de grâce, veuillez-vous en tenir à la modération en tout alors que vous avez tout à y gagner. La balle est maintenant dans votre camp !

LES PHASES RÉTROGRADES DE MERCURE POUR 2023

Mercure rétrograde en Capricorne – du 29 décembre 2022 au 18 janvier 2023 – votre IIIe maison natale

Climat général

Voilà une période où vous serez davantage préoccupé mentalement par vos affaires. Par surprenant que vous soyez porté à travailler beaucoup trop ou vous n'aurez tout simplement pas le choix, mais faites très attention à l'épuisement de votre système nerveux qui vous guette ! Profitez-en pour méditer à l'occasion, ce qui vous fera le plus grand bien, et à votre organisme aussi. Malgré tout, les responsabilités familiales s'imposeront d'elles-mêmes, particulièrement si vous avez été trop permissif au cours des dernières semaines ; vos enfants s'attendront à ce que vous le soyez encore, et ce, même si ceux-ci sont grands. Ils exigeront de vous encore et encore de la bonté, de la générosité et comme vous avez peine à leur refuser quoi que ce soit, vous pourriez vous retrouver dans une situation précaire financièrement, ou autre. Il ne serait pas étonnant non plus que vous ayez quelques travaux d'urgence à effectuer sur votre maison. Heureusement, vous devriez être en mesure de trouver le bon entrepreneur à bon prix, ce qui fera augmenter éventuellement la valeur de votre propriété.

Travail – Finances

Quoi de mieux qu'une bonne restructuration dans une entreprise pour y trouver son compte et se frayer un chemin vers de meilleures conditions de travail ! Il est évident que ça ne se fera pas en toute simplicité et qu'il est même possible que votre salaire soit affecté, tout comme votre horaire. Le déroulement pourra sembler chaotique de prime abord, sauf que vous devrez avoir à l'esprit que la fin justifie les moyens. Alors, il n'est pas impossible que l'on exige de vous quelques concessions, mais le jeu en vaudra la chandelle. En tant que dirigeant, et même travailleur autonome, si vous êtes au sein d'une grande société, cette phase présage un temps de suppressions possibles ; votre poste ne sera certainement pas affecté, mais il est très possible que l'on coupe du personnel. Vous devrez probablement travailler avec des équipes plus réduites et vous réorganiser autrement. Bref, faire plus avec moins au bout du compte. N'allez pas être surpris non plus d'encourir quelques difficultés en ce qui a trait à certaines négociations en cours. Vous parviendrez à décrocher éventuellement une entente, mais beaucoup plus après que Mercure aura repris sa marche directe. D'ici là, si vous êtes payé à forfait, il est très possible que vous traversiez une période où vos services ne seront pas autant en demande, sans compter qu'il sera plus difficile de nouer de nouveaux contacts ainsi que de tisser des liens avec des gens influents, alors que l'on risque d'être plus insensible à vos belles paroles. Chose certaine, l'atmosphère sera plus lourde au travail et les gens seront aussi plus détachés et même indifférents par moments. Attendez-vous également à ce que des projets soient mis en suspens, mais plus que tout, veuillez être bien préparé pour mieux contrer tout imprévu et pour ne pas perdre la face.

Amour – Sentiments

Il est toujours important de se parler, de communiquer ses sentiments ainsi que ses émotions à l'autre, de partager ses désirs, ses ambitions et ses rêves, de développer sa passion en fonction de la réalité du moment présent. Toutefois, voilà une période où vous aurez cette tendance et cette capacité de « cérébraliser » votre relation, de la mettre en perspective afin de mieux l'analyser. Eh oui, vous trouverez de nombreuses solutions à vos petits problèmes, mais par la suite, le temps viendra de voir votre relation avec le cœur, et là vous pourriez oublier les grandes théories récemment élaborées. En fait, une fois que vous comprendrez les problèmes, vous aurez une bonne partie de la solution entre les mains et le temps vous aidera pour le reste. Bien que ça risque d'être un temps difficile pour le couple, avec votre flair, avec votre sixième sens bien développé, vous ferez en sorte de connaître des moments plutôt chaleureux, remplis de tendresse et d'affection. Vous aurez besoin de sentir l'autre vous aimer profondément avec des marques d'affection. Mais si vous vous êtes éloignés l'un de l'autre, il n'est pas impossible que l'un de vous deux vive une relation extraconjugale, histoire de s'enlever un peu de pression sur le cœur momentanément. Quant aux célibataires de votre signe, il y aura bien une personne parmi toutes qui se démarquera ; cependant, l'engagement ce ne sera pas pour demain matin, et méfiez-vous de ceux qui seront trop pressés en ce sens également.

Famille

Une histoire de cœur pourrait perturber passablement un de vos enfants ou encore il s'agira de difficultés financières qui occuperont son esprit, surtout si son propriétaire commence à le menacer au sujet du loyer. Malgré ces perturbations, son esprit restera vif et très analytique, ce qui lui permettra de saisir la teneur du problème ainsi que de trouver une solution pour parer à cette situation. Il n'en demeure pas moins que vos enfants éprouveront plus de difficulté à exprimer tout ce qui leur tient à cœur au cours de cette période. D'ailleurs, s'ils sont aux études, un de ces derniers pourrait éprouver plus d'ennuis à assimiler la matière enseignée. Peut-être devrait-il songer à retenir les services d'un professeur privé.

Santé – Bien-être physique

Voilà un temps où vous bénéficierez d'une grande protection contre les attaques hivernales, les microbes généralement actifs durant l'hiver, pour autant que vous fassiez preuve d'une certaine prudence. Il est clair que si vous sortez mal habillé par grand froid, vous ne vous en échapperez pas. En préconisant de saines habitudes, vous y trouverez beaucoup de vigueur et d'énergie, suffisamment pour remplir vos fonctions, vos responsabilités et vos loisirs. N'empêche, attention aux chutes et aux accidents alors que vous pourriez vous briser un os et ainsi perdre une partie de votre mobilité ; problèmes osseux possibles, surtout au niveau du genou. Méfiez-vous aussi d'un accrochage possible, mais plus que tout, attention à l'anxiété qui vous guette !

Mercure rétrograde en Taureau – du 21 avril au 14 mai 2023 – votre VIIe maison natale

Climat général

Voilà une période où vous aurez la fâcheuse habitude d'abuser de vos forces, sans compter qu'émotionnellement vous aurez plusieurs poids à retirer de vos épaules. Vous devrez impérativement parler, discuter, échanger avec d'autres gens pour mieux vous sortir de cette impasse. Ce ne sera pas toujours facile, puisque vous n'êtes pas nécessairement de ces personnes qui s'ouvrent facilement; il faut vous tirer les vers du nez pour savoir ce que vous pensez, et plus encore au cours de cette période. Serait-ce par sagesse ou par peur de blesser quelqu'un avec vos paroles, qui sait? N'empêche, quand l'un dira blanc, l'autre tendra à dire noir. Vous serez régulièrement entouré d'individus qui changeront d'idée à la toute dernière minute. Vous pourriez avoir à faire face également à des situations qui vous obligeront à changer votre fusil d'épaule à quelques reprises. Bref, toute cette confusion vous permettra de voir plus clairement, car vous saurez percevoir les véritables intentions de tout le monde. Plus concrètement, vous tendrez à faire du grand ménage et à rendre votre environnement impeccable afin que vous puissiez épurer votre esprit. Et même s'il y aura des retards possibles et que parfois le contrôle de la situation vous échappera, vous saurez quand même marquer des points. D'ailleurs, vous en marquerez plus si vous êtes assez souple pour vous adapter à la tournure parfois loufoque des événements. Vous pourriez même vous retrouver avec mille et une choses à faire, sans oublier que bon nombre de vos amis pourraient faire appel à vos services plus souvent.

Travail – Finances

Autant vous donnerez l'impression d'être conciliant, autant vous bouillirez au fond de vous, même lorsque l'on vous critiquera vertement ou que l'on vous donnera des ordres sans que vous puissiez émettre votre opinion. Il ne serait pas étonnant non plus que vous preniez la décision de partir, tant la pression sera désagréable. Tel que je vous connais, vous allez certainement jouer le jeu pour qui tout est parfait dans le meilleur des mondes, mais vous préparerez votre fuite de façon spectaculaire. Cependant, il est possible que vous puissiez accuser un peu de difficulté à vous trouver un nouvel emploi de sitôt, du moins à vous trouver dans une position qui vous conviendra parfaitement. Autant vous serez actif dans tout ce qui concerne la négociation en ces temps qui courent, il faudra faire de gros efforts pour réussir. Et lorsqu'il s'agira de contrat, tous les petits détails compteront. Vous aurez certainement besoin de toute votre attention pour lire les petits caractères au bas de la page. Que vous soyez ou non familiarisé avec ce genre de document, vous ne pourrez vous permettre d'en négliger la lecture. Il en ira de même pour ce qui est de peaufiner à la perfection vos documents et structurer votre discours avant d'entreprendre les négociations. Une fois que vous aurez bien maîtrisé votre dossier, personne ne sera en mesure de vous contredire. Et si vous êtes comptable ou artiste de métier, vous devrez peaufiner un dossier, le rendre impeccable. Les résultats seront très profitables à long terme, mais dans l'immédiat, vous aurez l'impression qu'il s'agit d'une tâche ardue et interminable, sans compter que les étapes de production pourraient s'entremêler et vous tendrez à procrastiner. Malgré toute cette confusion généralisée, il n'en demeure pas moins qu'elle vous offrira l'occasion de mieux comprendre tous les rouages de votre travail.

Amour – Sentiments

Voilà un temps où vous tendrez à tout analyser – pas étonnant que vos relations interpersonnelles s'alourdissent. Votre entourage risque de se lasser de toutes ces questions, voire de vos insinuations. Au lieu de déterrer les souvenirs, de ruminer de vieilles histoires ou d'anciennes angoisses pour votre avenir, concentrez-vous plus sur le moment présent. Il ne sera pas facile de trouver un terrain d'entente entre vous et l'être aimé alors que le travail passera avant tout. D'ailleurs, si votre conjoint est le seul à rapporter un revenu, pas étonnant que vous vous sentiez quelque peu obligé d'être à son service, en plus de vos tâches domestiques à vous acquitter. Cela dit, ce sera une excellente période pour faire un bilan et certaines mises au point; les petites attentions pourraient vous permettre de retrouver l'harmonie. Entre-temps, il est possible qu'un collègue puisse vous manifester de l'intérêt, ce qui tendra à provoquer des élans de jalousie de la part de votre chéri. En tant que célibataire, bien que vous soyez assez solitaire de nature, vous manifesterez de l'intérêt pour une personne; cependant, celle qui vous fera un tel effet risque de ne pas être disponible pour une relation stable, provoquant ainsi de la déception. S'il s'agit d'une personne avec qui vous travaillez ou que vous voyez fréquemment, cela risque de susciter un malaise.

Famille

Il est possible qu'un proche vive une situation difficile, une séparation par exemple, et vous l'accueillerez sûrement chez vous à bras ouverts. Il pourra compter sur vous, une épaule sur laquelle il puisse s'appuyer et une oreille attentive à son écoute.

Santé – Bien-être physique

Avec la saison des allergies qui reprend avec vigueur, vos voies respiratoires seront plus irritables et fortement congestionnées, même si vous ne souffrez pas de ce genre de problème. Tous excès de zèle pourraient vous rattraper, vous affaiblir et vous épuiser, tant moralement que physiquement.

Surveillez l'appareil rénal, urinaire et vos organes génitaux. Attention également à l'angoisse qui vous guette !

Mercure rétrograde en Vierge – du 23 août au 15 septembre 2023 – votre XIe maison natale

Climat général

Étant naturellement un ermite, vous aurez l'impression d'avoir négligé vos amis au cours de l'été et il faudra maintenant vous rattraper et peut-être même vous racheter dans certains cas. Vous serez certainement celui ou celle qui proposera différentes activités tout en les écoutant attentivement. Malgré les apparences dictatoriales, vous agirez selon les désirs de tout un chacun. Vous consacrerez un temps considérable à vos activités sociales. D'ailleurs, il ne serait pas étonnant que ce soit pour participer à des activités passives tels le cinéma et les musées. Il est également possible que vous deviez vous bâtir une solide place au sein d'un groupe ; vous vous démarquerez et vous ferez en sorte d'y être valorisé. Vous vous impliquerez activement aussi dans votre communauté afin de vous sentir une personne importante et d'être considéré comme telle.

Travail – Finances

Si vous êtes de retour de vos vacances, il est évident que vous trouverez les premières journées de travail assez difficiles et même assez stressantes par moments. Mais rien à craindre, vous devriez être en mesure de retrouver votre erre d'aller naturel une fois que Mercure aura repris sa marche directe. D'ici là, comme s'il y avait du sable dans l'engrenage, vous aurez beau fournir tous les efforts considérables, la situation ne va pas évoluer. Vous devrez impérativement défaire ce qui aura été fait afin de nettoyer les impuretés qui ralentissent la bonne marche de votre travail. Et une fois tout ce ménage accompli, vous serez surpris de la cadence à laquelle vous avancerez. À cet effet, votre efficacité sera bien supérieure à ce que vous vous attendiez. Pour faire croître vos ventes, vos profits et vos affaires, vous aurez impérieusement besoin de soutien de la part des autres, des sociétés publiques, etc. Cependant, armez-vous de patience si vous travaillez dans la fonction publique, dans les communications, dans les relations publiques, alors que même si vous présentez le meilleur des documents, dossiers ou autres, il faudra un certain temps avant qu'il soit traité, et ce, même s'il est prioritaire. Si vous avez des problèmes légaux à régler, si par exemple on vous doit de l'argent et que vous entamez des poursuites, il y aura règlement, très probablement hors cours, du moins, c'est ce qui vous est suggéré de faire. On vous remboursera ce qu'on vous doit ; peut-être recevrez-vous un peu moins, mais vous aurez enfin la sainte paix. N'allez pas être surpris non plus qu'un collègue sinon un patron ou même un de vos supérieurs nuise à votre progression ou à votre réputation. Bien entendu, il sera fortement avisé aussi de ne pas prêter d'argent, et ce, quoi que ce soit que cette personne vous dise au moment de plaider sa cause, au risque de ne plus revoir vos sous ni cet emprunteur.

Amour – Sentiments

Peu importe la situation dans votre vie de couple, vous pourriez ressentir une forme de détachement, le besoin d'être plus autonome et d'avoir plus de liberté. Vous êtes une personne unique et à part entière. Personne n'est entièrement à l'aise de vivre aux crochets de quelqu'un d'autre et/ou de se sentir étouffé par lui. Peut-être aurez-vous besoin de prendre du recul pour voir votre relation autrement. Il y a de très bonnes chances que vous décidiez d'être seul pendant un temps ou plus simplement de vous trouver des activités, des passe-temps que vous ferez seul. En tant que célibataire, vous serez sensiblement en demande, d'autant plus que vous avez l'art de la séduction dans la peau. Par contre, étant une personne qui a besoin de profondeur dans les sentiments pour s'investir avec quelqu'un, il ne serait pas étonnant que vous puissiez ressentir une très forte attirance pour une personne et que vous ne sachiez plus trop comment gérer vos émotions. Possiblement qu'il y aura une différence d'âge entre vous et il faudra bien quelques semaines avant d'établir une première rencontre, idéalement une fois que Mercure aura repris sa marche directe. En effet, au début, ce sera plutôt des échanges téléphoniques ou des courriels en raison de certains conflits d'horaire, mais par la suite, rien ne vous empêchera de vous fréquenter.

Famille

En tant que parent, il est possible que vous vous sentiez un peu plus confus dans votre rôle de parent. Vous serez davantage porté à vous demander si vous êtes à la bonne place. Vous vous questionnez sur vos compétences parentales. N'ayez crainte, comme tout le monde, vous surmonterez ce défi. Sans doute se produira-t-il maints événements qui ne seront pas tous des plus agréables, mais vous n'aurez d'autre choix que d'intervenir auprès de vos enfants, de vos jeunes adultes qui auront encore besoin d'un guide. N'allez pas être surpris non plus que l'un de vos enfants revienne vivre avec vous ou alors vous aurez un nouveau pensionnaire ou un parent avec lequel votre couple apprendra à vivre avec sérénité.

Santé – Bien-être physique

Avec la tête qui bouillonne d'idées et de nombreux soucis, ce n'est pas toujours l'idéal pour bien se détendre. Par conséquent, ce ne serait pas mauvais de votre part de vous imposer une routine qui vous permettrait de vous ressourcer et de diminuer votre niveau de stress. Un petit signal d'alarme pourrait se faire entendre si vous savez écouter votre corps : fatigue, chute, rhume, stress, etc. Ce sera assez subtil et vous devrez être conscient que le problème ne fera que s'aggraver au fil de cette période. Or, pourquoi ne pas songer à essayer la méditation et certaines médecines douces pour y remédier ? Il est également possible que votre stress se transforme en maux de ventre, et l'idée que votre digestion soit plus lente et que votre système produira un taux d'acidité plus élevé qu'à l'habitude est aussi à prévoir. Cela étant dit, méfiez-vous également des courants d'air. Il sera avisé aussi d'être extrêmement prudent lorsque vous prendrez la route. Partez plus tôt pour ne pas devoir dépasser les voitures qui sont devant et soyez tout aussi vigilant étant donné que vous serez terriblement nerveux et maladroit tout au long de cette rétrogradation. Il va sans dire que ce sera une période rétrograde où votre vitalité sera plus faible et vous risquez d'encourir le danger d'une longue maladie. Afin de mieux minimiser tous les problèmes possibles, évitez, autant que faire se peut, tous les abus et de trop critiquer. Problèmes abdominaux possibles !

Mercure rétrograde en Sagittaire – du 13 décembre 2023 au 1er janvier 2024 – votre IIe maison natale

En ces temps troublés, les gens rieurs seront de moins en moins nombreux alors que les gens inquiets pour leur avenir se feront majoritaires ! Si vous organisez un grand événement qui réunira beaucoup de monde, aussi bien la famille que les bons amis, évitez de calculer les dépenses au risque de vous sentir étouffé. Toutefois, veillez à ce que ceux qui doivent contribuer financièrement ne tardent pas trop à vous donner votre dû, autrement vous pourriez vous retrouver à assumer tous les frais seul. Évidemment, même si vous aviez tout prévu pour vos festivités du temps des Fêtes, il y aura des achats de dernière minute à faire qui risquent de défoncer le budget assez significativement. Vous êtes un signe intense qui peut parfois être très susceptible et pas toujours en contrôle de ses émotions. Non seulement ce sera une période où vous ne supporterez pas les conversations banales, alors que vous aurez besoin d'aborder des sujets plus profonds, vous seriez bien capable d'annuler une réception si vous entrez en conflit avec un de vos invités ou de vous décommander à la dernière minute si vous pensez qu'il pourrait y avoir un malaise. Mais dites-vous qu'il y a de bonnes chances aussi qu'en affrontant la situation, elle pourrait se régler pacifiquement parce que vous saurez maîtriser parfaitement toutes vos émotions et vous saurez employer les bons mots, du moins c'est ce qui sera suggéré de faire dans une telle situation. Et s'il y avait la moindre tension entre certaines personnes de la famille, il n'y aura pas meilleure personne que vous pour crever l'abcès !

Travail – Finances

Ne pensez pas que vous pourrez vous permettre de longues vacances pendant cette période. Au contraire, on aura certainement besoin de vous, et en tant que directeur, patron et travailleur autonome, il n'y aura probablement pas de vacances non plus pour les cadres. Vous serez possiblement tous convoqués à participer à d'intenses négociations ou à de la formation, sinon l'entreprise pourrait finalement décider de passer à l'action pour ce qui est d'une certaine restructuration et sensiblement vous serez très certainement l'un des artisans de cette réforme qui devrait entrer en vigueur dès que vous serez prêt. Or, voilà un temps où il ne sera pas toujours facile de maintenir vos décisions, aussi bonnes soient-telles. Ainsi, affirmez-vous ! Il vous faudra une bonne dose de résistance pour ne pas donner foi à ces gens qui, sur un ton plein d'assurance, vous avisent que vous gaspillez votre temps et votre argent à vouloir « être meilleur qu'eux ». Leur message sera bel et bien une forme de peur d'être totalement dépassés par vous ! Peut-être devriez-vous reconnaître que ces collègues ou amis ne sont en réalité que des envieux. D'ailleurs, l'idée qu'une mésentente avec un collègue vous tracasse davantage, particulièrement s'il y a une histoire d'argent dans tout ça, est possible. Vous pourriez aussi être témoin d'une situation où quelqu'un profitera du système tandis que vous travaillez continuellement d'arrache-pied. Vous pourriez aussi décider de changer d'emploi si vous n'êtes plus heureux où vous travaillez. Il faut parfois beaucoup de courage pour abandonner un travail qui rapporte bien, qui vous fait vivre, mais qui, avec le temps, vous rend dépressif et vous éloigne de votre idéal. Si vous en êtes là, misez sur cette rétrogradation pour entamer des recherches, faites-le discrètement sans vous affoler, sans espérer le paradis, mais de grâce agissez de manière à vous rapprocher de ce que vous avez toujours espéré faire pour vous réaliser.

Amour – Sentiments

La communication sera certainement très intéressante entre vous deux pendant cette période. Vous discuterez assez ouvertement de vos besoins affectifs, mais surtout de l'importance de ne pas vous enliser dans la routine et de vivre une certaine passion ensemble. En toute réalité, votre couple aura possiblement besoin de vivre quelques folies et c'est quelque chose dont vous parlerez avec une certaine insistance. Vers la fin de cette rétrogradation, il ne serait pas surprenant que vous commenciez à en concrétiser quelques-unes et c'est ce qui approfondira votre engagement. En tant que célibataire, voilà que votre milieu de travail sera des plus propices pour y faire une belle rencontre dès le début de cette période rétrograde. Mais, il est peu probable que vous réussissiez à développer une relation, mais un bon coup de foudre ne serait pas nécessairement désagréable non plus en cette période de festivités. Ce sera surtout plus lorsque Mercure emboîtera à nouveau sa marche directe qu'une situation bien spéciale vous mettra en contact avec une personne très intéressante avec qui vous aurez une complicité au niveau de la parole qui vous stimulera beaucoup.

Famille

Même si vous aimez vos enfants, il faudra leur imposer quelques règles. Vos enfants, qu'ils soient petits ou de jeunes adolescents, auront encore beaucoup à apprendre sur le respect d'autrui. Ils ne peuvent prendre des libertés qui seront des imitations de ce que font leurs amis, mais ces derniers ne sont pas éduqués, ils ne sont pas polis, etc. Gentiment, et par amour pour eux, vous aviserez vos enfants le plus sérieusement du monde qu'ils n'ont pas à suivre l'exemple des voisins ou d'élèves qu'ils fréquentent et qui ne se comportent pas très bien ! L'amour peut prendre bien des formes et aimer ses enfants, c'est aussi leur enseigner à vivre en harmonie avec la liberté que vous leur accordez.

Santé – Bien-être physique

Voilà une période où vous risquez de ressentir beaucoup de stress et c'est peut-être ce qui pourra vous inciter à manger un peu plus ou alors l'inverse. Évitez de jouer au yoyo avec votre ligne ! Traitez-vous avez plus de douceur.

LA PHASE RÉTROGRADE DE VÉNUS POUR 2023

Vénus rétrograde en Lion – du 22 juillet au 3 septembre 2023 – votre X^e maison natale

Climat général

Secteur de votre thème natal qui régit entre autres votre carrière, et Vénus, créative et soucieuse des valeurs, voilà qu'elle pourrait éclairer les trésors cachés de vos propres capacités. En Lion, le leadership et l'expertise sont mis en valeur. Par conséquent, voilà le temps de vous inscrire à un programme de formation pour aiguiser vos compétences naturelles ou de commencer à verser vos connaissances dans une nouvelle formation, sinon un nouvel atelier ou cours que vous pourriez offrir en ligne.

Travail – Finances

Des retards, des frustrations, des dépenses imprévues sont à prévoir et cela risque de plus vous accabler. Or, une décision de carrière risque de se manifester pendant cette période, et que vous la preniez vous-même ou qu'elle soit prise pour vous, dans les deux cas vos finances seront affectées et vous aurez à adapter vos dépenses à votre nouvelle situation. Impressionner les gens de pouvoir en place fera partie de votre profil maintenant et vous ne ménagerez pas vos efforts pour vous mettre en valeur, surtout dans la salle du conseil et lors d'événements publics. Toutefois, vous risquez de vous heurter à divers obstacles et parfois même à l'hostilité de ceux qui vous entourent. Bien que tout puisse s'arranger sous peu, d'ici là, n'allez pas croire que c'est dans les magasins que vous trouverez la meilleure façon d'oublier vos frustrations. Continuez à protéger vos biens et votre argent. Analysez chacune des opportunités d'investissement et assurez-vous de compléter avec la feuille de calcul et les perspectives de profit futur. D'ailleurs, vous pourriez abandonner un projet pour vous consacrer à quelque chose de plus réalisable. Bonne idée, car de toute façon, le moment est venu de tourner certaines pages. Prenez votre mal en patience et demeurez souple en toute situation, ce qui vous aidera à mieux fonctionner en attendant que passe l'orage. Entre-temps, gare aux actions irréfléchies et à la négligence, tant avec le budget qu'au boulot !

Amour – Sentiments

Voilà qui risque de rendre vos relations interpersonnelles particulièrement épineuses. Vous devrez marcher sur des œufs et composer avec les sautes d'humeur de votre entourage, sans quoi la guerre risque d'éclater.

Heureusement qu'un bon ami à vous vous accueillera à bras ouverts et vous donnera un conseil fort pertinent. Cela dit, bien que l'amour soit dans l'air, n'allez pas vous lancer en chute libre dans n'importe quelle situation alléchante qui se présentera devant vous. Ce n'est pas que vous ayez besoin de vous fixer des objectifs en matière de relations, mais vous pourriez très bien commencer à clarifier l'avenir que vous souhaitez pour vous en 2023. À cette fin, vous pourriez commencer à remarquer les disparités entre les désirs du cœur et les raisonnements de votre esprit. Certaines personnes ne peuvent répondre aux critères que sur un seul plan, et c'est très bien ! Mais les gens qui peuvent vous émouvoir au niveau de l'âme et vous ancrer dans la réalité sont ces personnes qu'il faudra garder près de vous. Aussi rares soient-elles, elles existent. Et comme les phases rétrogrades régissent le passé, tout laisse croire qu'au cours des six prochaines semaines, vos liens existants pourraient s'approfondir de manière inattendue. Profitez-en pour réaligner vos objectifs amoureux. Et si vous êtes célibataire, attention de vous faire prendre par les apparences alors que vous ferez trop de calculs et vous pourriez être attiré par une personne superficielle alors qu'il ne s'agira pas d'échanges de beaux sentiments, mais plutôt d'une attirance basée sur ce que chacun vaut matériellement pour l'autre.

Famille

Voilà que cette période comporte son lot d'inquiétude sur le plan familial. On dirait que tous ceux que vous chérissez vivent des difficultés, ce qui tendra à vous affecter par ricochet. En plus d'avoir des relations tendues avec la famille, vous vous ferez aussi du mauvais sang pour un parent. Or, si tout le monde unissait ses efforts au lieu de semer la zizanie, voilà que ce serait tellement plus simple ! Fort heureusement que la générosité de vos bons amis devrait vous procurer davantage de satisfaction. Il n'en demeure pas moins que le manque de dialogue et la routine tendront à vous taper plus sur les nerfs, mais ce n'est pas en haranguant vos proches non plus que vous arrangerez les choses. Encore une fois, et ce, au risque de me répéter, c'est la douceur qui sera votre meilleure alliée. Cela étant dit, soyez avisé qu'un parent, sinon votre partenaire de vie ou conjoint risque de poser un geste qui vous déplaira au plus haut point ; de grâce, veuillez ne pas réagir trop vivement, sinon vous mettrez le feu aux poudres.

Santé – Bien-être physique

Voilà un temps où vous serez enclin à vous affoler pour des riens ou à vous torturer inutilement, sans compter qu'un mal de ventre pourrait vous envoyer à la pharmacie, mais soyez sans crainte, puisque les symptômes s'estomperont après. Or, votre volonté indomptable prendra le dessus et contraindra même votre corps à des performances optimales, malgré des horaires décalés et un manque de sommeil dû à une vie sociale trop intense. Bien qu'une tension nerveuse soit plus que possible, vous garderez le contrôle sous un sourire secret et un regard d'acier. Et pour ce qui est des maux de tête, ils seront davantage dus à une augmentation soudaine de la charge de travail ; alors détendez-vous quand vous le pourrez. Incluez une forme de relaxation, comme le yoga ou la méditation, dans votre routine quotidienne.

LA PHASE RÉTROGRADE DE MARS POUR 2023

Mars rétrograde en Gémeaux – du 30 octobre 2022 au 12 janvier 2023 – votre VIIIe maison natale

Climat général

Tout suggère que ce sera un temps où vous aurez davantage tendance à lever l'index avec insistance sans vous soucier de la réaction des gens autour de vous. Vous serez même porté à exprimer haut et fort vos opinions, et vous les défendrez avec passion. Cependant, certaines personnes près de vous n'adhéreront pas nécessairement à votre façon de penser ou de voir les choses. Par conséquent, ce doigt accusateur et mécontent pourrait vous attirer de nombreux ennuis relationnels importants si vous n'y prenez pas garde. Demeurez respectueux et ouvert aux opinions des personnes qui vous entourent puisqu'elles vous apporteront des arguments de taille qui en vaudront la peine. Prenez garde aussi à votre impatience et d'être trop critique, mais plus que tout, méfiez-vous de votre tendance à vouloir réformer le mode de fonctionnement de l'entreprise pour laquelle vous travaillez, d'un employé et/ou de la famille d'une manière intransigeante.

Travail – Finances

La situation s'annonce plutôt périlleuse en ce qui concerne vos sous. Voilà pourquoi il sera conseillé de garder la ligne de communication ouverte avec les personnes près de vous afin de pouvoir discuter librement des points sensibles liés à l'argent et même au sexe. Profitez de cette phase pour revisiter, pour inventorier, pour réévaluer vos finances et même pour fixer aussi les dommages et intérêts d'une cause en litige. En revanche, il sera vivement déconseillé de solliciter un prêt. Tout ce qui relève des questions d'argent risque de stagner et des investissements qui connaissaient une croissance pourraient soudainement décroître rapidement, du moins en termes de profit. Il vaudra donc mieux éviter toute action faite sous l'impulsion du moment et plus encore en ce qui a trait à la façon de gérer votre portfolio. Profitez-en pour revisiter vos finances familiales et vos comptes conjoints, et tenez-vous au courant des finances et des dépenses de votre partenaire de vie, ou de votre associé, si tel est le cas. Il ira de votre intérêt également de vous assurer que toutes vos assurances sont à jour et qu'elles répondent bien à vos attentes et à vos besoins. Cela étant dit, dans vos fonctions au travail, vous aurez tendance à vous montrer plus perfectionniste, plus exigeant et rendrez la vie impossible à votre équipe de travail, vos collègues ou à vos associés, si tel est le cas. Vous pourriez également être porté à vous questionner beaucoup plus sur vos motivations et sur vos ambitions professionnelles ainsi que sur vos affaires, et ainsi de suite. Ce questionnement vous portera d'ailleurs à prendre une décision qui en surprendra plusieurs. Entre-temps, des opportunités se feront vôtres; cependant, vous aurez à travailler plus fort pour les faire se matérialiser ou pour les mériter. Ne manquez pas non plus de tirer profit de cette période pour dénicher des façons en vue d'améliorer l'état de vos finances, de votre carrière, de votre réputation et de votre vie intime. N'empêche, vous ne serez pas à l'abri que certains blocages refassent surface, mais heureusement, ces ennuis se transformeront éventuellement en éléments positifs. D'ici là, un patron ou un de vos supérieurs pourrait vous faire subir son autorité, sinon il est plus que probable que vous aurez l'impression que les personnes en autorité fuient plus leurs responsabilités, et ce faisant, vous devrez endosser à leur place sans pour autant recevoir le salaire, la reconnaissance ni tous les bénéfices liés à une telle fonction. En ce qui a trait aux ententes d'affaires prises avec toute entreprise, un décideur sinon un patron pourrait aussi vouloir se défaire de son engagement et l'argent promis pourrait être remis en question. Vous ne serez pas à l'abri non plus qu'un revirement se produise et que vous soyez dans l'obligation d'avoir à vous tourner vers la loi ou la justice pour faire respecter toutes les ententes prises ou même vos droits. Si c'est le cas, armez-vous de patience et n'allez pas sombrer dans un déséquilibre émotionnel alors que ça ne ferait qu'affaiblir votre force d'action. De plus, vous aurez peut-être à remplacer un absent au travail, surtout si vous êtes temporaire, alors qu'avec le temps vous prendrez sa place puisque ce dernier quittera son emploi. D'ici là, veuillez prendre garde à votre impatience ou d'être trop critique. Et si vous êtes en affaires ou à votre compte, non seulement méfiez-vous des vendeurs, mais prenez garde aussi puisque les fraudeurs auront la main haute. Non seulement vous ne serez pas à l'abri qu'une personne se montre malhonnête financièrement, mais il est également possible que l'on puisse s'en prendre à vos sous, sinon à vos placements d'argent; veuillez prendre tout le temps nécessaire pour bien examiner les tenants et les aboutissements de tous vos placements et soyez tout aussi prudent également dans votre façon de gérer votre portfolio. Soyez également avisé qu'il ira de votre plus grand intérêt de vous assurer aussi que tous vos comptes soient bien payés avant leur date d'échéance.

Amour – Sentiments

Voilà qui va ôter tout enthousiasme concernant votre intimité et les partages avec les autres. Les difficultés sexuelles auront tendance à devenir plus obsédantes et vous risquez ainsi d'expérimenter des ennuis dans votre vie intime. Vous pourriez aussi vous tourner vers d'anciennes relations pour trouver une solution. Non seulement l'éclat social du partenaire de vie risque de décliner, mais la prestance que vous colliez à son statut disparaîtra aussi. Ce sera un temps où la réalité des vrais sentiments que vous portez à son égard vous rattrapera. Quant aux célibataires de votre signe, s'il leur est donné une occasion de rencontrer quelqu'un, il est plus possible que cette personne ne réponde pas à leurs attentes. Sans pour autant s'en faire, voilà qu'ils passeront tout simplement à un autre appel qui sera forcément meilleur. D'ici là, votre vie sociale a bien des chances d'être mise en veilleuse. Et attention qu'un ami se serve de vous pour redorer son blason; il est possible que vous ayez à prendre vos distances. Et même si des vérités ne seront pas toujours faciles à regarder en face, vous aurez l'impression d'avoir été piégé dans une situation dont vous vous seriez bien passé. Ce sera peut-être aussi le retour d'un ex ou même d'une ancienne relation avec qui les choses s'étaient mal terminées, sinon un amant ou vous-même pourriez devenir trop intense et obnubilé par des idées obsédantes. L'idée ici est de revoir, de canaliser et d'apprendre à mieux vivre vos émotions.

Famille

Rien de plus éclatant ici non plus puisque la famille pourrait aussi vous faire sentir coupable. Les dettes, les ressources partagées, sinon une situation financière exigera votre pleine attention; veuillez doublement tout vérifier. Il est tout aussi possible que votre propriété nécessite également une réparation majeure à cause d'une catastrophe naturelle imprévisible.

Santé – Bien-être physique

Voilà une période où vous n'aurez d'autre choix que de changer votre façon de vivre. Par conséquent, il vaudra mieux éviter de vous laisser tenter par les plaisirs faciles, la démesure ou pour la seule satisfaction de vos sens alors que physiquement ainsi qu'intellectuellement, il sera fortement avisé de ralentir le pas, ou du moins de vous accorder des pauses pour récupérer vos énergies que vous tendrez à dépenser sans compter. Et si vous faites fi des recommandations, tout ou tard vous aurez à vous préoccuper de votre santé alors qu'un symptôme vous obligera à consulter. Chemin faisant, vous aurez sûrement à changer votre façon de vivre au quotidien. D'ici là, la maladie d'un proche ou d'un enfant vous obligera à vous retirer. Il sera donc suggéré d'en prendre moins sur vos épaules. De plus, des obligations pourront vous être imposées par les autres. Et si vous tenez à continuer à jouir de ce que la vie a de meilleur à vous offrir, méfiez-vous où vous mettrez les pieds alors qu'un bête accident est si vite arrivé. Soulignons aussi que les dépendances, les peurs et les phobies seront vives pendant cette rétrogradation. Or, misez sur cette période pour travailler sur vos colères refoulées et apprenez à les extérioriser de façon positive.

L'ÉCLIPSE SOLAIRE ANNULAIRE DU 14 OCTOBRE EN BALANCE – VOTRE XIIE MAISON NATALE

Votre attention se portera davantage sur votre vie intérieure. Cette éclipse pourrait vous apporter une grande perspicacité et de l'inspiration, ou des événements pourraient se produire qui vous amèneront à vous retirer de la vie publique. C'est à ce secteur de votre thème que l'on va pour être seul, pour entreprendre un travail spirituel ou réparateur dans les retraites, les hôpitaux, les institutions religieuses, de même que prendre part à une psychothérapie. C'est ici que vous rendez des services désintéressés par des actes de charité. Les bons aspects d'Uranus et Neptune pourraient favoriser une capacité à suivre le courant, à s'élever au-dessus de la compétition ainsi qu'à trouver une force intérieure, presque mystique, qui vous permettra de vous connecter aux besoins les plus profonds des autres. Cela dit, l'éclipse solaire n'affectera pas votre résistance physique, à moins d'avoir un ascendant Balance, Cancer, Capricorne ou Bélier. Votre résistance morale et mentale devrait se maintenir à un haut niveau. N'empêche, ne rien changer du début à la fin du mois d'octobre vous préservera des erreurs que trop de personnes commettent. Commencer du nouveau en temps d'éclipse étant voué à l'échec, optez plutôt pour une routine sécurisante. Elle vous rendra plus heureux que les échecs cuisants qui risquent de survenir à cause de l'éclipse. Au risque de me répéter, ne changez rien, restez fidèle à votre routine habituelle. Le meilleur moyen d'en venir à bout sera d'adopter une attitude préventive et de ne pas vous exposer au danger inutilement, surtout que Mars transite votre signe depuis le 12 octobre. En agissant de la sorte, vous demeurerez à l'abri des accidents, des malaises et des crises de nerfs. Un conseil cependant, les risques de brûlures ou de blessures sont plus que présents. Prudence aussi dans la manipulation de produits inflammables ou d'objets tranchants.

P.-S. Vous êtes encouragé à prendre connaissance de tout ce qui est écrit au chapitre intitulé « Les Éclipses de 2023 » pour mieux vous familiariser avec toutes les mises en garde à respecter lors de toutes les éclipses.

LES POSITIONS LUNAIRES ET VOUS

À la fin du livre, vous trouverez le tableau des positions lunaires pour chaque jour de l'année 2023. Pour mieux tirer profit de la Lune au quotidien ainsi que connaître le rôle qu'elle jouera sur vos humeurs, lesquelles vont influer sur votre jugement et sur vos actes, référez-vous au chapitre intitulé « Méthode d'interprétation du calendrier des Lunes ».

Les divers passages de la Lune ne sont jamais neutres. S'il y a des moments pour l'action quand la Lune est néfaste, s'il faut prendre du recul quand elle ne l'est pas, les autres journées représentent, la plupart du temps, un mouvement vital plus lent. En général, quand la Lune passe en Cancer, en Vierge, en Scorpion, en Capricorne et en Poissons, vous êtes en forme, vous êtes à votre meilleur. Ces énergies, surtout celles du signe du Cancer, de la Vierge, du Scorpion et du Capricorne, vous placent en position de force. Là où vous devriez être prudent et là où il serait préférable de prendre du recul, c'est lorsque la Lune se trouve en Bélier, en Taureau, en Lion et en Verseau. Les Lunes en Balance, en Bélier, en Sagittaire et en Gémeaux sont neutres par rapport à votre signe. Il vous faut de solides attaches pour entretenir de bons rapports avec les natifs de ces signes, mais les choses sont plus faciles avec les Bélier et les Gémeaux. Profitez de ces jours-là pour laisser à d'autres les tâches que vous aimez moins, mais traitez vous-même vos affaires d'argent. En cas d'erreurs ou de pertes financières, vous n'aurez personne d'autre à blâmer.

♐

Sagittaire

23 novembre au 20 décembre

LES DIFFÉRENTS ASPECTS DE VOTRE PERSONNALITÉ

Sagittaire – masculin, double, feu

Vous êtes une personne dont l'enthousiasme se répand tout aussi vite qu'un feu de paille. Vous avez également tendance à ne jamais être satisfait ou content, et vous vous questionnez à savoir s'il y a toujours quelque chose de mieux ailleurs.

Curieux, instable, aventurier dans l'âme, vous ne tenez pas longtemps en place. Vous détestez la routine alors que vous êtes un esprit né pour être libre, généreux et tout aussi optimiste. Vous avez besoin de vous sentir libre pour avancer dans la vie et vous avez en horreur toute restriction alors que vous êtes de ceux qui apprennent dans le feu de l'action.

Excessif et permissif, vous adorez toutes les activités de plein air ainsi que les cultures différentes de la vôtre.

Aussi friand que vous êtes de prêcher aux autres vos vérités, vous croyez tout autant au pouvoir du rire jusqu'à vous ridiculiser vous-même pour solliciter un sourire.

CE QUI VOUS DIFFÉRENCIE DES AUTRES NATIFS DE VOTRE SIGNE

En tant que natif du 1er décan (du 23 novembre au 2 décembre), Jupiter est votre planète maîtresse alors que Mercure régit votre décan. L'influence de cette dernière planète tend à engendrer une personne intelligente, originale, généreuse et d'une extrême indépendance. Autant vous aimez vous sentir libre, vous pouvez à certains moments être tout aussi impulsif que porté à dire tout ce qui vous passe par la tête. On ne peut le nier, vous luttez ardemment pour votre liberté et votre indépendance. Pour ce qui est de Jupiter, elle fait de vous un individu sociable qui prend plaisir à explorer tout ce qui ouvre de nouveaux horizons à l'esprit et à l'élargissement du champ de conscience. Autant vous êtes animé d'opinions et de goûts bien arrêtés, vous êtes tout autant attiré par les personnes qui sont brillantes et amusantes.

Aussi bavard, sociable, agité, optimiste et divertissant que vous puissiez être sous l'influence jupitérienne, si vous vibrez négativement, alors là, vous serez indolent, calomniateur et manipulateur.

Ouvert d'esprit, expressif, curieux, parfois bizarre et changeant, vous suivez les mouvements incessants de votre cerveau. Pas surprenant que vous soyez très friand de connaissances et de vérités.

Vous avez le don de faire bonne impression chez les gens, puisque vous êtes sincère, confiant et tout aussi digne de confiance, ce qui vous servira bien dans tous les domaines de la vie.

Votre désir de vivre pleinement votre vie peut cependant vous causer certains problèmes, surtout si vous prenez trop d'engagements en même temps. Il vaudra mieux vous concentrer sur un ou deux buts spécifiques de sorte que vous ne vous dispersiez pas trop ou ne brûliez pas la chandelle par les deux bouts.

Puisque vous êtes constamment sollicité de toutes parts, il sera avisé de vous réserver des moments de solitude pour mieux pouvoir méditer en paix et, bien entendu, vous refaire spirituellement.

Cultivé, philosophe à vos heures et explorateur-né, vous avez un intérêt marqué pour les hautes études. Voilà pourquoi vous pourriez très bien réussir dans le domaine de l'enseignement, sinon vous pourriez exceller tout aussi bien en tant que commis-vendeur ou agent de voyages.

Conquérant-né et fringant en amour, vous estimez les relations sulfureuses. Puisque vous avez un goût prononcé pour les relations amoureuses charnelles, vous tendez à endosser le rôle de l'amant idéal, car vous savez surprendre avec panache.

Sous l'influence mercurienne, vous êtes l'amoureux idéal étant donné que vous êtes rempli d'affection et de considération pour votre partenaire. Attiré par tout ce qui est étranger et exotique, si vous décidez de vous marier, choisissez une personne qui sera affectueuse, mais qui pourra aussi suffire à ses propres besoins.

En tant que natif du 2e décan (du 3 au 12 décembre), c'est à Jupiter qu'en revient la gouvernance, suivant qu'elle est votre planète maîtresse, mais c'est la Lune qui régit votre décan. D'instinct, vous recherchez la popularité et la gloire. Tous les contacts avec le public et la foule vous sont indispensables. La famille est très importante à vos yeux, même si vous n'êtes pas particulièrement affectueux ou démonstratif de nature.

Mars, jouant également un rôle clé pour faire suite à la Triplicité de Feu qu'est votre signe solaire, il vaudra mieux être sur vos gardes, puisque votre impatience et vos comportements irresponsables pourraient vous causer de sérieux ennuis.

Cet amalgame d'énergie martienne et lunaire vous donne un goût très prononcé pour l'aventure. Cela explique également pourquoi vos émotions et vos états d'âme sont tous aussi imprévisibles. Votre humeur fluctue rapidement. Pour être plus efficace dans la vie, il servira vos intérêts de maintenir un meilleur contrôle de vos émotions et d'éviter les gens ainsi que toutes les choses qui vous distraient de vos objectifs. Être sensible et attentif aux sentiments et aux besoins des gens près de vous servira bien aussi vos intérêts.

Mars, particulièrement influent dans votre thème natal, vous octroie toute l'énergie nécessaire que vous pouvez utiliser à bon escient et selon vos désirs. Cependant, puisque vous êtes agité et nerveux par nature, prenez garde étant donné que vous êtes aussi le plus vulnérable des deux autres décans aux accidents de toutes sortes.

Aussi indépendant et intelligent que vous puissiez être, veuillez mettre à profit cette énergie de façon positive en vue d'améliorer votre vie et celle des gens près de vous. Mettez l'accent sur des activités constructives afin de mieux tirer parti de toutes vos capacités. Évitez de vous disperser ou d'abuser trop de votre énergie alors que vous diminuerez vos chances de réussir dans la vie.

Brillant, pragmatique et très rapide sur vos patins, vous excellez avec adresse et plus encore lorsque cela concerne les transactions d'affaires. Vous pouvez très bien réussir dans la restauration, l'immobilier ou dans une garderie pour enfants. Moindrement, veuillez rechercher les métiers et les professions qui ont du panache, de l'envergure, sinon vous serez mécontent et malheureux.

Spontané, énergique et aventureux dans l'âme, on n'a pas le temps de s'ennuyer avec vous. N'étant pas de tout repos non plus, voilà qui confirme pourquoi les débuts des relations sont difficiles alors que votre esprit d'indépendance vous empêche de vous attacher.

En amour et sous l'influence lunaire, vous désirez être aimé, compris et estimé à votre juste valeur pour mieux être en mesure de révéler tous vos sentiments les plus sincères. Mais aussi passionné et fougueux que vous soyez sur le plan sentimental, vous tenez beaucoup à votre autonomie.

Même si vous prenez plaisir à explorer de nouveaux endroits et à vivre de nouvelles expériences, vous tendez à vous blaser facilement. Si vous vous mariez, choisissez un partenaire qui est affectueux, volontaire, qui a de l'ambition autant que vous et qui est tout aussi responsable que vous, car vous aurez ainsi plus de chances de vivre une relation durable et solide.

En tant que natif du 3e décan (du 13 au 20 décembre), vous êtes sous la tutelle de Jupiter alors que Saturne est la planète maîtresse de votre décan. Mal à l'aise dans ces degrés jupitériens, il est possible que vous ayez une destinée lourde de conséquences à porter. Puisque le Soleil influence votre décan, pour faire suite à la Triplicité de Feu qu'est votre signe solaire, celui-ci vous donne de la dignité, de l'ambition, mais aussi de l'autorité. Cela fait de vous un meneur d'hommes et de femmes. Vous êtes sans contredit un leader-né dans l'âme et quelqu'un capable de grandes réalisations.

Le Soleil, donneur de vie par excellence, fait de vous un être ambitieux, généreux et tout aussi chaleureux. D'ailleurs, beaucoup de personnes admirent votre personnalité stimulante.

Quant à Saturne, elle vous donne toute la détermination et la discipline nécessaires pour bien cibler vos visées. Animé d'un talent naturel pour bien organiser vos activités, veuillez mettre à profit cette énergie dans des activités honorables qui peuvent améliorer votre réputation et votre capacité à faire le bien autour de vous.

Cet amalgame d'énergie solaire et saturnienne, influente dans votre thème natal, fait que la vie vous est parfois difficile et lourde à supporter. Fort heureusement, vous n'êtes pas de ceux ni de celles qui baissent les bras facilement. Bien au contraire, abandonner ne fait pas partie de votre vocabulaire.

Puisque vous êtes plus sérieux, digne de confiance, poli, sage et ambitieux que les deux autres décans, votre dignité et votre magnétisme personnel vous servent bien, tant dans les affaires que dans votre vie privée. Cependant, on ne peut nier que de temps à autre, les gens se sentent mal à l'aise en votre présence alors que vous tendez à être assez direct et franc dans votre parler.

Foncièrement indépendant, vous menez votre vie selon vos certitudes et vos désirs. D'ailleurs, l'influence saturnienne sur votre décan vous pousse à vous réaliser dans le monde des affaires préférablement, étant donné que vous avez un talent inné pour bien administrer vos entreprises, sinon vous avez besoin d'un travail qui récompense votre amour de la vérité. Vous pourrez très bien exceller aussi dans une profession en tant qu'enseignant ou tout autre emploi où vous êtes en contact avec le public. Il va de soi que la politique, les contingences matérielles et l'argent vous touchent plus que d'autres de votre signe.

Réputé pour être un ami fidèle et un partenaire loyal, si vous vous sentez toutefois incompris par l'élu de votre cœur, vous pourriez chercher de l'attention ailleurs.

En amour et sous l'influence saturnienne, vous êtes peu porté à vous abandonner à des passions fulgurantes alors que vous préférez de loin la stabilité et la sécurité d'un compagnon de vie parfois plus âgé que vous.

Si vous décidez de vous marier, veuillez choisir une personne sensible, tendre et protectrice, mais vous aurez à faire les premiers pas, courir même après elle, la séduire tout en la laissant libre, car si vous tentez de l'attacher, vous vous exposez à la perdre.

CE QUE LES ASTRES VOUS RÉSERVENT EN 2023

Jupiter en Bélier – du 20 décembre 2022 au 16 mai 2023 – votre V^e^ maison natale

Jupiter est fondamentalement une planète qui se déplace lentement. Elle a tendance à rester dans un signe et une maison pendant une année entière. Mais en 2023, elle se déplace exceptionnellement vite – elle traverse en fait deux signes et maisons. Elle commence l'année en Bélier, votre V^e^ maison. Puis elle se déplacera en Taureau, votre VIe maison, pour le reste de l'année et plus encore, soit jusqu'au 25 mai 2024. Tout ceci est très inhabituel et nous donne des messages importants. Jupiter en Bélier vous montrera ce que c'est que de s'amuser et de vivre avec le cœur. Vous aurez plus d'opportunités d'entrer dans votre pouvoir créatif, de consacrer plus de temps à vos hobbies, d'améliorer votre relation avec vos enfants, et de vous ouvrir à la romance et à l'amour. Et si vous vous lancez dans une nouvelle entreprise, avec Jupiter en Bélier, cette entreprise ne sera pas seulement une activité secondaire – elle sera alignée avec vos véritables passions et intérêts. Vous aurez envie de profiter de la vie, vous aurez envie d'être plus créatif et la recherche du bonheur deviendra primordiale. Il ne s'agit pas d'argent, de pouvoir, de position ou d'amour – mais du bonheur lui-même que vous recherchez, et c'est une quête intéressante. Vous apprenez beaucoup. Il s'agira de construire les fondations d'un avenir créatif, de rester concentré, de vous organiser, d'être méthodique et orienté vers les objectifs. C'est une année propice également à l'exploration de votre spiritualité, à l'amélioration de vos techniques de communication et à l'inspiration. Et puisqu'il y a quelques transits majeurs en 2023 qui auront un impact très positif sur votre vie, ne ratez pas l'occasion d'apprendre à écrire le scénario de votre vie. Indéniablement, vous traversez une période des plus favorables qui vous permettra de rattraper le temps perdu, mais en plus de gagner du terrain rapidement, vous pourrez aussi reprendre le contrôle de votre destinée durant lequel vous atteindrez plusieurs objectifs que vous caressiez depuis longtemps. Les astres favoriseront grandement vos entreprises pour peu que vous agissiez de façon réfléchie. De fait, la négligence ainsi que l'impulsivité seront des comportements susceptibles de vous jouer de vilains tours, il vaut donc mieux les éviter.

Quant à vos affaires, avec toute l'énergie qui vous animera, ça promet de bouger ! On peut donc parler d'un début d'année sous le thème du dynamisme et de l'action. Bref, une année comme vous les aimez. Vous reprendrez bien en main la situation, que ce soit au niveau professionnel ou financier. Vous vous débarrassez même de certaines dettes. Profitez-en pour jeter les bases d'un avenir plus prospère. Vous aurez aussi des chances d'obtenir un prix secondaire dans un tirage. De plus, sera une excellente période aussi pour les nouvelles carrières, pour les retours aux études, les recyclages et pour modifier votre orientation. Attendez-vous à beaucoup de travail. Très bonne période également pour les voyages et les déménagements. Jusqu'à la mi-mai, vous serez favorisé au plus haut point. Vous aurez de la chance en tout, y compris dans les démarches, les transactions, les négociations, sans compter non plus que les activités professionnelles seront ultra-gratifiantes, alors ne restez pas dans votre coin et foncez, ce sera le moment ou jamais !

Pour ce qui est de vos amours, cela annonce le début d'une ère de grande popularité. Votre vie mondaine deviendra particulièrement effervescente et vous fournira certes l'occasion de vous lier avec des personnes compatibles, et ce, tant sur le plan amical qu'amoureux. Vous ferez tourner des têtes partout où vous irez et avec ce charme accru, les solitaires ne le resteront pas très longtemps. Vous qui détestez demeurer enfermé, vous aurez maintes occasions de sortir et de rencontrer une foule de gens. Je peux aussi vous annoncer des retrouvailles ainsi qu'un rapprochement avec ceux que vous aimez, y compris votre douce moitié. Il vous sera même donné l'occasion de raviver la flamme qui vous unit à votre partenaire. Des fiançailles, une union constitueront autant d'autres belles possibilités. Et si vous avez envisagé de fonder une famille, le transit en Bélier pourrait être le bon moment pour le faire ! Par contre, si vous n'en voulez pas, prenez toutes vos précautions. Quant aux célibataires, il y aura beaucoup d'aventures amoureuses (non sérieuses), et même que les mariés auront certainement aussi des opportunités dans ce domaine (cela ne veut pas dire que vous devez les prendre). C'est une année de fêtes, de loisirs, de divertissements et aussi pour faire les choses que vous aimez le plus ; année pour le plaisir personnel. Voilà donc que l'on pourrait réussir à vous apprivoiser et vous ne vous en plaindrez absolument pas, mais avec votre V^e^ maison si forte cette année, du moins jusqu'à la mi-mai, 2023 sera plus axée sur les relations non sérieuses et il y en aura beaucoup ; rien qui ne mènera au mariage ou à l'engagement. Et si vous aimez voyager, le transit de Jupiter au signe du Bélier vous donnera l'occasion d'en faire plus d'un pour le plaisir.

Quant aux personnes impliquées dans des domaines créatifs, l'inspiration coulera à flot ! Mettez un peu de plaisir dans votre vie et aidez les autres à le faire de manière profitable. Vos meilleures idées viendront lorsque vous jouerez dans votre travail – n'est-ce pas toujours le cas ? – en trouvant des façons plus créatives de travailler. Le seul danger ici est de trop s'amuser, de trop faire la fête ; vous pourriez être plus intéressé par le plaisir que par le profit. Les relations amoureuses, les moments de plaisir et de récréation pourraient s'imposer sur le temps de travail. D'ailleurs, lors du passage de Saturne en Verseau, il se trouve qu'il formera un bon aspect (sextile) avec Jupiter en Bélier (fin décembre 2022 à mi-mai 2023), vous assurant ainsi un équilibre, tant avec votre entourage professionnel que personnel. Or, l'idée que vous puissiez décider de prendre des distances avec certaines personnes que vous trouvez trop superficielles est à prévoir. Vous aurez besoin, en effet, de liens plus solides et de relations que vous pouvez approfondir. Cela dit, cette position de Saturne sera aussi favorable aux études, aux apprentissages et tout ce que vous apprendrez vous servira pendant longtemps, et plus encore si vous faites partie du deuxième décan, soit ceux d'entre vous nés entre le 3 et le 12 décembre de n'importe quelle année.

En ce qui a trait à votre santé et à votre bien-être physique, l'influence positive de Jupiter en Bélier vous donnera le goût de mordre dans la vie à belles dents. Vous vous sentirez plus vigoureux, plus dynamique sans compter que votre moral semblera à toute épreuve. Vous auriez cependant tort de croire que vous pouvez abuser de vos forces ou vous permettre tout ce qui vous passe par la tête, car vous pourriez des lors vous retrouver sur le carreau sinon avoir une panne d'énergie. L'imprudence ainsi que la distraction pourraient également être à l'origine d'un bête accident ou d'un incident fâcheux. Or, veuillez demeurer sur vos gardes alors qu'un brin de sagesse s'avérera un investissement des plus fructueux et tous ceux qui mettront de l'ordre dans leur vie obtiendront des résultats des plus époustouflants. Au risque de me répéter ou d'étirer la sauce, tous les efforts que vous allez déployer pour améliorer votre état donneront rapidement des résultats. Vous bénéficierez alors d'un regain d'énergie. La période sera également propice à la prise de sages résolutions. Or, qu'il s'agisse de perdre quelques kilos en trop ou encore de vous débarrasser d'un trouble qui s'éternise, toutes les chances seront de votre côté, pour peu que vous vous donniez la peine d'agir. Par conséquent, cessez de tergiverser de gauche à droite et passez à l'action alors que ça vous sera salutaire au bout du compte.

Jupiter en Taureau – du 16 mai 2023 au 25 mai 2024 – votre VIe maison natale

Vous êtes dans une année d'expansion énorme quant à votre quotidien. Avec Jupiter en Taureau, vous tendrez à devenir plus sérieux et davantage orienté vers le travail. Vous continuerez à vous amuser, mais vous voudrez également travailler. Nul doute, les cinq derniers mois ont été pour vous une forte période de fêtes (certains mois plus, certains mois moins). À présent, vous vous êtes débarrassé de cela et vous êtes prêt à travailler sérieusement. Voilà qui est donc très prometteur pour vous ! Votre carrière pourrait soudainement s'envoler, avec toutes sortes d'options qui pourraient élargir votre champ d'action. Ou peut-être que votre famille s'agrandira : la naissance d'un enfant, l'emménagement d'un parent ou le retour d'un enfant à la maison.

Quant à vos affaires, des développements, de l'avancement et plus d'argent vous apporteront un nouveau souffle et un plus grand sens de l'initiative, de l'audace ainsi que beaucoup d'imagination et d'idées qui vous feront progresser l'entreprise qui emploi vos services. Votre carrière pourrait soudainement s'envoler avec toutes sortes d'options qui pourraient élargir votre champ d'action. Il y aura aussi divers changements fondamentaux au travail et vous devrez tout probablement avoir à développer une nouvelle clientèle, possiblement plus multiethnique, ce qui vous fera découvrir de nouvelles cultures. Vous serez certainement craintif au départ et ne serez pas très à l'aise avec cette nouvelle situation mais, avec le temps, l'abondance finira par venir, par s'installer et vous serez de plus en plus satisfait de travailler avec des personnes de diverses nationalités. Il n'est pas impossible que vous soyez appelé aussi à voyager par affaires. Un temps favorable également pour établir des contacts partout ailleurs. Même si vous travaillez au foyer, vos fonctions pourront très bien consister à transiger avec le monde entier par le biais de l'Internet. Et si vous êtes à votre compte, on pourrait vous faire des offres ou vous proposer un contrat à long terme. Le travail viendra en double et pour préservez votre énergie, il faudra vous nourrir plus sainement que jamais. Prévoyez plusieurs transformations survenir sur le plan professionnel : vous aurez de l'avancement ou vous serez nommé à un poste afin de remplacer le patron ; acceptez le poste ! Sinon, votre méchant patron pourrait être transféré dans un autre département, ou ailleurs. Certains d'entre vous seront peut-être plus heureux aussi dans leur travail ou dans l'amélioration de leur emploi simplement parce qu'ils auront une attitude différente. Une telle nouvelle attitude pourra vous permettre d'apprécier davantage votre travail ou de mieux vous entendre avec les autres. De plus, vous ne pourrez choisir meilleur moment également pour commencer à enseigner, à donner de la formation, ainsi qu'occuper des fonctions qui font appel à vos connaissances. Profitez-en pour mettre la touche finale à tous les projets que vous avez déjà amorcés. Vous aurez à travailler fort, mais vous récolterez énormément de satisfaction. Le temps se prêtera bien aussi pour prendre un second emploi, pour lancer votre propre entreprise ou quitter votre emploi quotidien pour faire ce que vous aimez. Si vous êtes en quête de travail, il y aura de bons emplois pour vous, indépendamment de ce qui se passera dans la situation économique « extérieure », vous aurez de la veine ici. N'empêche, méfiez-vous tout de même des profiteurs, des beaux parleurs et des fraudeurs. Quant à ceux d'entre vous qui sont à la retraite, cette influence positive s'appliquera encore à la façon dont ils abordent leurs tâches quotidiennes. Vous serez plus heureux en les accomplissant ! Vous pourriez même faire l'acquisition d'une sorte d'équipement ou de machine qui vous rendra plus enthousiaste dans ce que vous faites.

Pour ce qui est de vos amours, vous êtes dans une année d'expansion énorme ; pas surprenant que votre partenaire de vie ou quelqu'un d'autre avec qui vous partagez des ressources, puisse obtenir une augmentation importante de salaire et/ou hériter d'argent. Ou peut-être que votre famille s'agrandira soit par la naissance d'un enfant, l'emménagement d'un parent ou encore le retour d'un enfant à la maison.

En ce qui a trait à votre santé, vous allez jouir d'une meilleure santé en 2023-24, et ce, malgré les responsabilités accrues à la maison ; vous vous sentirez bien dans la vie en ce moment. D'ailleurs, le temps est venu pour débuter un programme d'exercices physiques. Vous aurez besoin d'être invincible lorsque viendra le temps de vous nourrir alors que si vous refoulez (mangez) vos émotions, vous risquez d'en subir les contrecoups et en retour, vous accuserez un surplus de poids non désiré. Le transit de Jupiter en Taureau peut vous mettre dans un mode détendu et confiant qui est bon pour la santé, mais également vous rendre trop confiant quant à vos capacités à manger à peu près n'importe quoi et à maintenir un poids optimal. Contrez cette tendance en commençant un régime en mai et tenez-vous-en à ce régime !

Saturne en Poissons – du 7 mars au 31 décembre 2023 – votre IVe maison natale

Parce que Saturne est une planète karmique – comprendre qu'elle influence votre chemin de vie, votre karma – vous allez apprendre comment gérer les répercussions de vos actes passées. Saturne en Poissons est la clé pour vous concentrer sur les changements que vous ressentez à l'intérieur de vous-même et sur les changements qui pourraient affecter vos proches lors des deux prochaines années. En astrologie, Saturne est connue comme étant la planète « sérieuse » du zodiaque. Elle a été appelée la planète de la discipline, du temps et des fois aussi l'enseignante. Saturne a parfois mauvaise presse, car nous combattons souvent les changements saturniens. Elle nous enseigne la « responsabilité » dans de nombreux domaines de notre vie qui pourraient grandement bénéficier d'un peu d'amélioration. Naturellement, l'instinct et l'ego nous suggèrent d'abord de lutter contre tous ces changements, jusqu'à ce que nous apprenions finalement à admettre que ceux-ci nous freinent d'une manière ou d'une autre. C'est ce que Saturne enseigne: la nécessité de changer nos habitudes ou de changer quelque chose sur soi-même qui pourrait bénéficier d'une petite refonte. Or, si vous apprenez à vous détendre et à ne pas craindre ce cycle de transformation de Saturne, vous découvrirez que vous pouvez bénéficier considérablement de sa sage tutelle. Ne vous retenez pas – et n'ayez pas peur de reconnaître ou même d'admettre le besoin d'amélioration, puisqu'apprendre à suivre le flux de Saturne pourrait s'avérer une expérience de croissance très positive. Il n'y a pas d'autre planète dans tout le système solaire avec les capacités d'enseignement que Saturne a à offrir. Cela dit, Saturne signe le début de l'année en Verseau. Une fois installée en Poissons, dès les premiers jours du mois de mars, les deux prochaines années qui verront passer Saturne dans ce secteur de votre thème natal marqueront un cycle de transition entre les expériences passées et futures. À cet effet, voilà qu'un sentiment d'insatisfaction naîtra au cours de ce passage de Saturne dans le domaine du foyer, des racines de l'individu, de la famille. Pas surprenant que vous serez possiblement insatisfait de votre maison. Vous aurez peut-être envie de la rénover ou de déménager, ce qui entraînera fatigue et difficultés. Méfiez-vous qu'un projet de rénovation domiciliaire s'avère un désastre financier. Sinon, est-ce possible que certaines responsabilités à la maison vous causent des inquiétudes excessives ou un grand stress? Lorsque Saturne transite ce secteur précis de votre thème de naissance, il y a quelque chose dans votre environnement domestique qui pourrait vous causer beaucoup de frustrations. Ce que vous recherchez, c'est la stabilité intérieure, mais vous sentez que vos plans sont contrecarrés. Pour une raison quelconque, les choses semblent trop erratiques à votre goût et votre demeure, qui il n'y a pas si longtemps semblait relativement paisible, semblera maintenant sous le feu. Je ne peux que vous conseiller d'essayer de réparer tout ce qui pourrait vous déranger, vous et votre environnement personnel. Plus longtemps vous laisserez une tension inutile exister dans vos murs personnels, plus vous deviendrez frustré. Le monde extérieur est assez dur tel quel, et aucun de nous n'a besoin de l'expérience frustrante de rentrer chez lui dans un foyer rempli de stress sans solution claire en vue. Travaillez à rendre votre havre de paix aussi aimant et heureux que possible pendant la durée de ce transit. C'est votre défi! Et bien que beaucoup d'entre vous aient déménagé au cours des dernières années, croyez-le ou non, beaucoup vont encore déménager ! C'est une sorte de routine qui se met en place. Ceux d'entre vous qui ont aimé l'endroit où ils ont déménagé récemment vont maintenant commencer à rénover, ou à reconstruire, sinon faire des changements majeurs afin de solidifier cette maison comme leur ancrage dans le monde. D'autres ne seront pas satisfaits d'un déménagement récent et vont donc ainsi déménager à nouveau. Si possible, c'est également un excellent moment pour acheter un bien immobilier, car il y a de fortes chances que, quel que soit l'endroit où vous allez déménager maintenant, vous y restiez longtemps. Et en ce qui concerne l'entente du couple ou au sein de la famille, ce transit pourra faire ressortir des griefs anciens non résolus, une incompréhension profonde qui pourrait se traduire par un blocage ou une rupture afin de reconstruire sur une base plus solide. Il se pourrait que certains d'entre vous aient aussi des responsabilités accrues auprès de leurs parents ou de leurs proches plus âgés. Ce transit marque également l'éloignement d'un membre de la famille. Soyez avisé que vous connaîtrez à cette période un passage à vide dans votre vie sociale, sinon professionnelle et vous aurez l'impression d'être bloqué dans vos envies, vos désirs et vos élans. La meilleure façon de passer à travers ce transit sera de réfléchir à vos ambitions et désirs professionnels, et de voir ce qu'il serait souhaitable de faire pour leur réalisation à long terme.

LES PHASES RÉTROGRADES DE MERCURE POUR 2023

Mercure rétrograde en Capricorne – du 29 décembre 2022 au 18 janvier 2023 – votre IIe maison natale

Climat général

Voilà qui présage une période où vous risquez de traîner un peu plus de la patte, rien de grave non plus, mais il n'en demeure pas moins que vous ne serez pas dans votre assiette et vous manquerez de motivation. En dépit que vous accusiez davantage un manque de volonté, n'allez pas baisser les bras pour autant puisque tout sera au beau fixe sous peu. Entre-temps, intellectuellement, vous fonctionnerez plus au ralenti. Même si rien de spectaculaire ne se passera dans votre vie, il est plus que probable que rien ne se déroulera comme prévu aussi, sans compter que certaines personnes près de vous tendront à être plus agitées, nerveuses ou maladroites, et voilà que cela risque de vous jouer de vilains tours, surtout en ce qui a trait aux échanges et aux communications; toutes les tensions ou toutes incompréhensions entraîneront un changement d'attitude avec ces gens. Bien entendu, vous ne réussirez pas toujours à faire passer vos messages et/ou à vous faire comprendre. Et l'idée que vous puissiez également subir les affronts d'un frère, d'une sœur, d'un ami, d'un proche, ou même d'un voisin, suivant que la dynamique relationnelle fera plus défaut, est aussi possible. Soulignons également que des amis sinon des collègues pourront être plus envieux, et n'allez pas être surpris que l'un de ces derniers tende à avoir une attitude plus fermée. Il vaudra donc mieux faire attention à ce que vous dites, au risque d'effriter quelques egos sensibles au passage.

Travail – Finances

Qui n'a pas d'objectif de carrière, sinon quelques ambitions et une certaine passion d'entreprendre sa voie professionnelle privilégiée, particulièrement pour le Sagittaire, signe qui recherche continuellement l'avancement, la progression, la croissance et aussi l'expansion. Justement, pour faire face à des obligations financières contraignantes, vous serez certainement obligé de faire de nombreuses heures supplémentaires ainsi qu'élaborer des projets qui vous permettront de combler votre manque à gagner. En tant que patron, dirigeant et travailleur autonome, assurez-vous de bien vérifier votre comptabilité et tous les autres trucs concernant l'impôt et l'administration: il y a bien des chances que le fisc vienne faire quelques vérifications. Évidemment, si vos affaires sont en ordre, vous ne connaîtrez aucun problème, mais si vous leur devez un peu d'argent, trouvez le moyen d'en venir à un arrangement. Malgré toutes les situations assez complexes, vous serez tout de même relativement chanceux pendant cette période concernant vos finances. Toutefois, une somme que vous attendiez ou qui vous était due ne pourra vous être rendue pour une raison quelconque et il est même possible que l'on vous tourne le dos sans raison valable. L'idée qu'une prime et/ou un contrat payant dont vous étiez en attente tardera à rentrer ou sera mis en suspens est possible, mais tout se résorbera dès que Mercure aura à nouveau repris sa marche directe. D'ici là, alors que vous n'aurez pas autant de veine en affaires pendant cette période, soyez plus prudent dans vos démarches et assurez-vous d'investir votre argent seulement dans des placements sûrs.

Amour – Sentiments

Vous aimez certainement votre famille et vos enfants, mais c'est tout à fait normal de sentir par moments le besoin de vous éloigner d'eux. En effet, plus grande sera votre famille, plus fort sera votre désir d'évasion, et cela inclura l'être aimé. Loin de vous l'idée de refaire votre vie avec quelqu'un d'autre, mais voilà un temps où vous aurez besoin de prendre une certaine distance. En fait, il s'agira seulement de remettre vos sentiments à leur place puisqu'il y aura certaines fois où vous ne saurez pas trop pourquoi vous ressentez telle ou telle sensation. Ce n'est qu'une fois que Mercure aura repris son cours normal que vous serez en mesure de discuter plus sérieusement avec l'être aimé, mais d'ici là, vous ne saurez pas trop ce que vous voulez et celui-ci devra être des plus patients avec vous. À titre d'exemple, un de ces beaux matins, vous pourriez vous réveiller avec l'idée de déménager et de vous acheter un château tandis que la journée suivante, vous vendriez tout pour faire le tour du monde avec un simple baluchon. Cette douce folie pourra être assez stimulante sur votre couple, pour autant que vous ne signiez aucun papier et que cela reste dans votre imaginaire. Cependant, si vous franchissez certaines étapes, vous toucherez le point de non-retour et vous vous engagerez ainsi dans quelque chose qui risque d'être trop dur à supporter pour le couple. Autant la vie de château peut être accessible, mais la vraie question sera quels seront les sacrifices à faire ? Si vous êtes célibataire, ce sera principalement dans le confort de votre foyer que vous pourrez établir quelques contacts avec des gens intéressants, plus probablement des étrangers ou des personnes qui vivent dans une ville différente d'où vous résidez, alors que l'aspect international est très stimulant pour le Sagittaire, peu importe de quoi il s'agit. Cependant, il est peu probable que l'amour se développe, mais au moins une grande amitié surgira.

Famille

Comme bien du monde, il est possible que vous ayez commis quelques excès avec votre carte de crédit et l'heure de payer les comptes sera arrivée et cela tombera bien puisqu'il est possible que votre patron vous propose de faire des heures supplémentaires pour lesquelles vous serez bien rémunéré. Bien que vous ayez à faire d'importants efforts, cela ne vous gênera nullement et vous apprécierez fortement ce que vous faites. D'ailleurs, ces tâches supplémentaires auront un impact positif sur votre carrière à long terme. Attendez-vous tout de même à des restrictions possibles.

Santé – Bien-être physique

Attention de vivre quelques hauts et bas sur le plan énergétique. L'abus de nourriture, de boisson ainsi que les excès en tous genres contribueront largement à une hausse du stress chez vous, et ce, même si en premier vous cherchiez à vous détendre. Si votre intention de faire plus d'activité physique est sérieuse, passez à l'action dès maintenant, alors que ça vous aidera à renforcer votre système immunitaire et à être moins sensible aux petits virus.

Mercure rétrograde en Taureau – du 21 avril au 14 mai 2023 – votre VIe maison natale

Climat général

Grandement passionné, vous aurez besoin de vivre pleinement chaque instant. Vous vous surprendrez à rêver au quotidien de voyages et d'aventures. Vous chercherez des solutions pour réussir à vivre votre vie avec plus de passion tout en conciliant vos différentes responsabilités, mais également en réalisant qu'il y en a trop sur vos épaules par moments. Pas surprenant que votre estime personnelle puisse en prendre un coup, mais ça n'excusera pas les autres de vous manger la laine sur le dos. Il ne sera pas toujours facile non plus d'expliquer à vos enfants la nécessité de travailler, d'autant plus s'ils sont assez jeunes. N'empêche, ils se plaindront certainement que maman ou papa travaille trop. Vous pourriez être tenté d'acheter la paix en les gâtant un peu trop lorsque vous êtes disponible, mais, en toute réalité, c'est plutôt vis-à-vis de vous-même que vous achèterez la paix en leur donnant ce qu'ils désirent.

Travail – Finances

Avec tout le labeur qui vous incombera, vous n'aurez pas le temps de vous ennuyer. On vous en demandera beaucoup, parfois trop, mais au moins, ça vous donnera l'occasion de faire vos preuves et d'assurer votre avenir. Il n'y a pas de secret pour augmenter votre salaire considérablement, vous devrez absolument faire des heures supplémentaires, sinon vous trouver un autre emploi. Passablement, vous serez donc le premier arrivé au bureau ainsi que le dernier parti en raison d'un grand nombre de dossiers et d'urgences à traiter. Méfiez-vous de votre efficacité qui risque de ne pas être autant à son meilleur, comme c'est le cas habituellement. En revanche, vous ne pourrez choisir meilleur moment pour dénicher certaines stratégies qui vous feront économiser des taxes et de l'impôt. Il va de soi que les occasions de faire du travail au noir seront également bonnes pour n'importe quel entrepreneur, sans compter que les économies et les profits à réaliser seront substantiels. Toutefois, il ira de votre intérêt de faire très attention à vous puisque vous ne serez pas à l'abri de vous faire prendre la main dans le sac. Et l'idée que vous puissiez signer un contrat qui semblera des plus intéressants et lucratifs est plus que probable, mais il est possible aussi que vous aurez fortement sous-estimé le temps nécessaire à la réalisation des travaux, ce qui risque d'occuper vos soirées et vos week-ends. Et puisque la communication et la concentration se feront plus difficilement, il sera mal avisé de votre part de donner des conseils à votre patron, à vos supérieurs ainsi que dire aux collègues ce qu'ils ont à faire alors qu'il est peu probable qu'ils vont l'apprécier. Ayez plutôt la diplomatie de vous taire et faites ce qui est attendu de vous, au risque que la situation se détériore et que vous vous retrouviez avec un nouveau défi.

Amour – Sentiments

En dépit des efforts que fournira l'être aimé, ça ne suffira pas pour éviter une possible prise de bec. Essayez de ne pas trop lui en vouloir ou de lui tenir rancune, et encore moins de le ou la bouder. C'est surtout sur le plan sexuel que votre vie de couple risque de se compliquer : l'un voudra des caresses et de l'affection, l'autre voudra faire l'amour promptement. Bien que la sexualité permette de tâter le pouls de la relation, c'est précisément à travers cela que vous chercherez à connaître les véritables sentiments de votre partenaire ; il n'en demeure pas moins que c'est peut-être aussi en retenant vos désirs que vous percevrez en l'autre ses intentions amoureuses. Bref, c'est un jeu auquel vous n'êtes pas très à l'aise, mais que vous jugerez nécessaire pour bien comprendre l'état de la relation. Ce n'est que par la suite que vous serez en bien meilleure posture de savoir quelle est la bonne direction à prendre. En tant que célibataire, très passionné de nature, vous tendrez à tomber sur des personnes qui ne voudront qu'une aventure avec vous ; vous aurez énormément de difficulté à obtenir un engagement. Il est probable aussi que vous ressentiez une forte attirance envers des personnes déjà engagées. Bien sûr, ces personnes vous diront que leur relation est pratiquement terminée et qu'elles viendront vous rejoindre bientôt, mais ce jour ne semblera jamais vouloir arriver.

Famille

Le foyer et la famille prendront une grande place et vous devrez ajuster votre relation en fonction de cette situation. Vous tenterez de reconstruire des liens qui se sont brisés et de retrouver un sens plus profond à la vie de famille. Il n'en demeure pas moins que l'insatisfaction et les frustrations seront plus présentes, ce qui risque de miner votre humeur. Ce que vous direz ou dévoilerez pourrait se retourner contre vous suivant que vous serez plus porté à dire les choses avec une attitude. Il est bien d'être honnête, mais d'être trop direct risque d'engendrer des répercussions négatives. À ne pas prendre à la légère ! En toute réalité, c'est surtout parce que vous serez davantage en conflit avec vous-même alors que vous voudrez que deux idées, diamétralement opposées, se concrétisent. Prévoyez un nombre incalculable de contradictions de se manifester si vous n'ajustez pas votre ligne de conduite. Entre-temps, continuez de croire en un futur meilleur.

Santé – Bien-être physique

À part une légère tendance à manger vos émotions, vous serez plein d'énergie et de bonne volonté pour entreprendre un rythme de vie en accord avec votre corps. Vous aurez à portée de main la possibilité de prendre un virage très intéressant pour vivre sainement : une bonne alimentation, des périodes de détente et d'activité physique. Cependant, un obstacle important risque de se mettre en travers de votre route, possiblement votre conjoint ou les enfants. Pour que vous réussissiez, il faudra les convaincre d'adhérer à ce nouveau régime de vie, sinon c'est vous qui aurez à vous adapter à leur style de vie. Néanmoins, attention de contracter une maladie ou un virus lors de vos déplacements.

Mercure rétrograde en Vierge – du 23 août au 15 septembre 2023– votre X^e maison natale

Climat général

Il est possible que vous vous sentiez au bout de votre rouleau, mais n'allez pas vous isoler pour autant. Au contraire, allez au-devant des gens, alors que tout sera au beau fixe sous peu. D'ici là, même si vous faites tout en votre pouvoir et investissez tous les efforts monstres pour faire bouger les choses, elles avanceront à peine. En toute honnêteté, il sera préférable de lâcher prise pour mieux reprendre le contrôle par la suite. Entre-temps, il est possible que l'un de vos amis ait besoin de vous, ce pourrait n'être qu'une simple petite demande à laquelle vous vous empresserez de répondre, mais celui-ci profitera certainement de votre générosité. Cependant, il ne s'agira pas nécessairement d'un profiteur ou d'un manipulateur ! Cette personne sera probablement dans un bien plus gros pétrin qu'elle le laissera entendre en premier lieu et vous n'aurez pas le cœur assez dur pour l'ignorer. Il s'agira peut-être même d'un drame important auquel elle devra faire face et vous ne pourrez faire autrement que de lui offrir votre soutien et de l'accompagner à chaque étape. Sur une note finale, si vous avez mal agi ou avez été malhonnête par le passé, méfiez-vous que le vent ne se mette à souffler dans votre direction et que vous soyez victime d'une situation que vous-même aurez provoquée.

Travail – Finances

Un retour au travail s'effectuera pour beaucoup de personnes, par contre, il sera plus difficile pour certains de reprendre le pas ainsi que se remettre dans leur petite routine quotidienne. Au travail, bien que le climat ne soit pas à la joie, vous ne perdrez rien sur le plan matériel, mais préparez-vous d'avoir à remplacer certains collègues et même d'avoir à respecter les échéances de leurs propres tâches. Si vous êtes dans le commerce, ne faites pas crédit à des clients qui déjà n'ont pas l'habitude de payer régulièrement leurs factures. En tant que patron, dirigeant et travailleur autonome, il est possible que vous puissiez encourir du retard dans le développement d'un important projet, mais ce ne sera que partie remise. Dès que Mercure reprendra son cours normal, vous serez en mesure de parler à bien des gens qui pourront vous donner un coup de main pour faire avancer les choses. Il ne serait pas étonnant que les émotions soient en partie responsables de ce ralentissement. Vous devrez donc vous organiser pour faire en sorte qu'une telle situation ne se reproduise plus. Vous devrez également prendre le temps de revoir votre stratégie et vos méthodes de travail. En tant qu'employé, la possibilité que l'on vous confie d'importantes responsabilités est à envisager, même si celles-ci ne seront pas toujours en accord avec vos objectifs de carrière. Si, au début de cette période rétrograde, vous êtes en recherche d'un travail, il est possible que les choses se fassent attendre quelque peu. En effet, beaucoup de gens qui sont dans la direction risquent d'être encore en vacances, et vous ne pourrez obtenir d'entrevue facilement. Cependant, cette situation se réglera sous peu et vous vous retrouverez possiblement à devoir faire de nombreuses heures supplémentaires. Tenez bon ! Entre-temps, une personne pourra intervenir favorablement dans vos affaires.

Amour – Sentiments

Votre relation risque d'être particulièrement confuse. Cela ne signifie pas que vous êtes en mauvais termes, mais plutôt dans une forme d'instabilité émotionnelle. Il y aura de ces journées où vous aurez envie de pleurer, alors qu'à d'autres, la romance et la passion prendront le dessus. Il serait bon de vous réserver plusieurs moments pendant cette période pour vous retrouver tous les deux, de prendre le temps de vous parler franchement et de vous laisser transporter par les sentiments. Si l'amour a rendu de l'espoir au célibataire, Mercure risque de venir semer plus le doute en vous, parfois sans motif valable. Est-ce la peur de perdre cette pseudo-liberté qui vous fera peur ? Certains d'entre vous seront portés à acheter l'amour. Prenez garde, on n'achète pas l'amour ni l'amitié des autres ! Si vous êtes porté à faire des cadeaux dès que vous rencontrez quelqu'un, retenez-vous ; ce n'est pas une façon de faire. À l'intérieur de vous, il y a tout simplement un manque d'amour. Malgré le fait que vous souhaitiez probablement rencontrer l'âme sœur, vous ne serez pas porté à sortir ni à vous amuser pendant la durée de cette rétrogradation. D'ailleurs, on aura beaucoup plus de difficulté à obtenir votre présence dans une activité entre amis. En fait, votre cœur est un peu au ralenti ; vous n'êtes pas vraiment prêt à l'ouvrir facilement. Il faudrait vraiment une personne exceptionnelle pour vous faire changer d'avis.

Famille

Si vous avez de jeunes enfants, vous pourriez avoir un peu de difficulté à retrouver une routine fonctionnelle avec ceux-ci, surtout s'ils amorcent une nouvelle année scolaire. Le temps sera une denrée rare et vous devrez le gérer avec beaucoup de doigté, avec beaucoup de précision pour ne négliger aucun détail. Parlant de la rentrée scolaire, votre ex-conjoint tendra à revenir à la charge avec de nombreuses recommandations sur l'éducation des enfants que vous avez eus ensemble ! Cet ex pourra aussi bien être une femme qu'un homme. Entre-temps, l'idée que vous vous investissiez dans un projet qui concerne votre communauté, le quartier dans son ensemble ou pour une cause sociale est plus que possible. Ce sera sûrement quelque chose qui vous tient à cœur pour une raison ou pour une autre, et possiblement à la suite d'une situation que vous avez dû affronter par le passé.

Santé – Bien-être physique

Une digestion difficile et des maux de ventre seront plus présents. Si vous vivez un grand stress, de petits bobos ou de grandes douleurs, ils tendront à se manifester davantage. Prenez garde d'abuser des bonnes choses de la table et de la vie. Il sera avisé aussi de rester calme au volant. Une simple distraction suffira pour vous sortir de la route. Et à la suite des petites fraîcheurs automnales qui s'installent, il est possible vous puissiez ressentir des douleurs dans vos articulations. Attention, période de grande nervosité.

Mercure rétrograde en Sagittaire – du 13 décembre 2023 au 1er janvier2024 – votre Ire maison natale

De deux choses l'une, ou bien vous embarquerez à pieds joints dans la frénésie des Fêtes ou alors vous ignorerez cet événement jusqu'à la dernière minute. Bref, d'une manière ou d'une autre, cette attitude démontrera assez clairement votre côté plutôt excessif. Le temps deviendra nécessairement une denrée assez rare dès que la phase rétrograde s'amorcera. Or, vous pourriez vous retrouver avec de très nombreuses responsabilités sur les épaules, mais vous pourriez aussi les voir comme de grandes montagnes insurmontables à franchir, alors qu'il ne s'agira probablement que de simples petits détails à régler. Malgré tout, vous vous organiserez assez bien pour structurer tout ce qu'il y aura à faire au cours des prochaines semaines. D'ailleurs, votre vivacité d'esprit sera difficile à égaler et vous aurez une rapidité d'exécution qu'on aura du mal à suivre. Si Mercure active votre mental, il ajoutera aussi un peu de nervosité. Par contre, certains seront parfaitement à l'aise avec ce stress additionnel ; ils produiront vite, bien et apprécieront de se voir obligés de produire à 100 km/h. Vous pourriez toutefois vous sentir exténué par moments. De plus, bien que vous ayez tout prévu et planifié pour vos festivités du temps des Fêtes et pensiez avoir acheté tous les cadeaux à l'avance ainsi que préparé l'essentiel pour les différentes réceptions, vous pourriez réaliser à la dernière minute qu'il manque ceci ou cela, ce qui risque de faire un trou dans votre budget. Mais bon, qui ne s'endette pas durant les Fêtes ? Par ailleurs, il n'est pas impossible non plus que vous viviez un peu de stress en raison de la famille ; peut-être qu'il y aura quelqu'un qui vous demandera une attention toute particulière.

Travail – Finances

Une promotion tout juste avant les Fêtes, c'est quelque chose d'intéressant, surtout s'il y a de bonnes chances que votre salaire connaisse une augmentation considérable. Cependant, il faudra bien comprendre que vos nouvelles fonctions ne seront pas de tout repos et que vous aurez aussi beaucoup de choses à faire en dehors du milieu de travail, donc l'intégration risque d'être un peu plus longue que prévu. Si tel n'est pas le cas, il y a de bonnes chances que l'on vous propose du travail supplémentaire et peut-être même de nouvelles fonctions qui viendront certainement augmenter de manière significative votre niveau de stress. Il s'agira simplement de bien gérer votre emploi temps si vous voulez connaître du succès.

Il ne serait pas impossible non plus qu'il s'agisse d'un projet devant se coordonner avec l'étranger et pour lequel vous devrez vous y rendre assez régulièrement. Cela dit, en tant que directeur et travailleur autonome, ce ne sera pas la meilleure période pour proposer de nouveaux projets, particulièrement s'ils sont en avance sur leur temps ou carrément révolutionnaires. On vous traitera de rêveur, mais ce n'est que partie remise. Néanmoins, profitez du temps des Fêtes et de cette rétrogradation pour en discuter avec vos proches alors qu'ils auront de bonnes suggestions pour mieux présenter vos affaires dès que Mercure aura repris sa marche directe. Entre-temps, si vous conduisez vite parce que vous êtes à la dernière minute pour vous rendre au travail ou à un rendez-vous, ralentissez, tant pour vous que pour cet autre automobiliste que vous pourriez accrocher ! Il vaudra mieux arriver avec dix minutes de retard que de ne pas arriver du tout ! Bien entendu, les drogues, l'alcool, les médicaments causant de la somnolence seront à bannir au volant.

Amour – Sentiments

Il y aura tellement de choses à faire pendant cette période que votre vie amoureuse ne sera véritablement pas votre priorité, et c'est tout à faire normal : il y aura bien d'autres chats à fouetter ! Cela dit, il serait important de vous accorder des soirées, seuls tous les deux, et de vous retrouver dans votre bulle romantique pour vivre quelques instants passionnants ; cela vous rappellera qu'il y a encore beaucoup d'amour entre vous. Si déjà il y avait des tensons dans votre couple par rapport au budget, vous pourriez n'avoir qu'un seul sujet de conversation avec l'amoureux : l'économie ! Et si vous avez une confiance mitigée en vous et en la vie, plus vous discuterez de vos manques, plus vous insisterez auprès de l'amoureux pour qu'il évite ces dépenses que vous jugez superflues. Vous pourriez dépasser la mesure et créer ainsi de l'inquiétude au point où l'amour entre vous et l'autre s'estompera. Ne perdez pas de vue que vous, comme bien d'autres, subissez les peurs et les frayeurs qui circulent sur la planète. Sans qu'on s'en rende compte, on s'y laisse prendre et on les transpose dans sa vie de couple ainsi que sur ses enfants. En tant que célibataires, les activités pour vous et les gens seuls prendront beaucoup de place dans de nombreux endroits en cette période de festivités ; les gens ne veulent pas être seuls pour les Fêtes. Mais ce n'est qu'une fois que Mercure aura repris sa marche directe que vous serez plus disposé à vous laisser tenter et rien avant.

Famille

Voilà une période où vous tendrez à être considérablement plus sévère envers vos enfants. En tant que parent d'enfants, si ces derniers ont l'âge de vous répondre, vous n'apprécierez pas qu'ils vous disent, à leur manière, que vous ne savez pas comment les aimer. De plus, il n'est pas impossible que dans votre famille une personne soit malade. Si vous l'affectionnez, vous lui donnerez beaucoup de votre temps. Après que vous aurez donné de vous-même, assurez-vous de vous accorder le droit de récupérer. L'amour que vous portez à cette personne ne doit pas réduire votre résistance et encore moins vous détruire.

Santé – Bien-être physique

Si vous avez des problèmes de santé et que, jusqu'à présent, vous les aviez ignorés, il sera important de vous soigner avant que votre toux ne se transforme en bronchite.

LA PHASE RÉTROGRADE DE VÉNUS POUR 2023

Vénus rétrograde en Lion – du 22 juillet au 3 septembre 2023– votre IXe maison natale

Climat général

Préparez-vous à un énorme changement interne, cher natif du Sagittaire, alors que Vénus va rétrograder dans votre neuvième maison natale, ou solaire si c'est le cas, de la vérité et de l'optimisme. Cela soulève la question : avez-vous utilisé la pensée positive pour essayer d'éviter un conflit ? Vous ne pouvez pas vous moquer de vos sentiments honnêtes ou remettre à plus tard le fait de parler parce que vous ne voulez pas faire de vagues ! Cessez d'enjoliver un problème légitime et veuillez commencer à l'aborder directement. Si aborder certains sujets peut mettre mal à l'aise, une fois que vous aurez ouvert les vannes, vous vous sentirez tellement plus soulagé ! Comment pouvez-vous aller de l'avant avec vos proches si vous n'êtes pas entendu ?

Travail – Finances

Ça mijote beaucoup dans votre petite tête et c'est d'ailleurs grâce à votre vivacité d'esprit que vous pourrez enfin venir à bout des obstacles et de ceux qui tentent de freiner vos élans. Votre sens de la stratégie vous permettra de transformer certaines épreuves en succès, alors que votre perspicacité vous aidera aussi à saisir au vol une excellente occasion, dès le début du mois de septembre. D'ici là, attention, alors que vous pourriez traverser une période difficile et vous devrez peut-être reconfigurer temporairement vos finances, sinon il est possible que vous remettiez en question votre vie professionnelle, artistique, d'affaires ainsi que politique en ce moment. Profitez-en pour prendre du recul et pour décider de votre avenir ou du plan d'action à mettre de l'avant. Cela dit, la possibilité que l'une de vos relations d'affaires se complique et que vos clients ne soient pas aussi faciles à être convaincus par vos offres et services est à prévoir. En tant qu'entrepreneur, n'hésitez pas à vous retirer pour bien planifier votre action future. La tentation de dépenser sans compter doit être tempérée par l'adoption d'un plan d'austérité dans l'autre sens. Épargner pour des études et des voyages interculturels apportera plus de satisfaction à long terme qu'une sortie rapide au casino ou une nuit en ville. Le besoin de crédit s'atténuera après la fête du Travail, à mesure que vous rationaliserez votre comptabilité et vos dépenses quotidiennes.

Amour – Sentiments

Des frustrations, de l'ennui, sinon un manque de dialogue semblera déranger votre quotidien, sans compter que vous ruminerez possiblement l'histoire de celui ou de celle qui vous a échappée. Vénus qui rétrograde pourrait faire revenir une ancienne flamme dans le tableau, peut-être quelqu'un qui a déménagé. Si le lien est encore fort, vous pourriez vous sentir inspiré de raviver la flamme. Mais ne vous attendez pas à y voir clair avant que la planète de l'amour ne change de cap début septembre. Quant aux natifs célibataires de votre signe, votre tendance à l'imprudence s'invitera dans vos rencontres amoureuses alors que les futurs prétendants seront aussi intrépides que vous. Cela dit, la tournure des événements lors d'un rendez-vous privé pourrait s'avérer plus problématique qu'anticipé; votre honnêteté aura sûrement été mise en évidence. Mais il n'en demeure pas moins que la poursuite amoureuse n'apportera pas d'engagement en soi. Cultivez le contrôle.

Famille

Voilà qui présage une période où vous serez plus rebelle et indépendant d'esprit. Vous n'aimerez pas vous plier et correspondre aux attentes de vos proches, ni de vos amis ni même de l'être cher ou d'un nouvel amoureux. Vous tendrez à faire ce que vous aimez au moment où vous le déciderez, et cette attitude risque de déranger ceux et celles qui s'imposent des restrictions pour plaire aux autres. Or, dans toutes vos relations les plus proches, mettez les objectifs à long terme sur la table et voyez comment ils s'alignent. Bien que vous puissiez découvrir que vous voulez des choses très différentes, cela ne présage pas nécessairement une rupture. Profitez plutôt des six prochaines semaines pour réfléchir intelligemment aux moyens de soutenir les rêves des vôtres.

Santé – Bien-être physique

Pendant cette période de rétrogradation, vous serez trop occupé à vivre pour vous soucier d'une alimentation équilibrée et d'une bonne nuit de repos. Néanmoins, vous avez besoin de ralentir le rythme, la cadence, mais vous ne serez pas d'humeur à vous imposer des restrictions, quelles qu'elles soient.

LA PHASE RÉTROGRADE DE MARS POUR 2023

Mars rétrograde en Gémeaux – du 30 octobre 2022 au 12 janvier 2023 – votre VIIe maison natale

Climat général

Vous ne serez pas aussi généreux de votre personne et vous serez même porté à vous rebeller contre tout un chacun, en ce sens que vous ne serez pas tout à fait d'accord avec leurs manières de procéder. Vous voudrez vous séparer à tout prix du pouvoir que ces personnes exercent sur vous, mais il est tout probable aussi que vous puissiez vous sentir piégé par des circonstances de la vie et vous devrez répondre contre votre gré. Quoi qu'il en soit, vous aurez des comptes à régler ou des explications honnêtes à donner. D'ici là, l'attention sera portée davantage sur vos relations; veuillez donc être plus sensible aux besoins des personnes qui vous sont chères ainsi qu'à ceux de vos associés, mais plus encore lorsque vous ferez quelque chose qui puisse les affecter personnellement; prisez plutôt leurs bons côtés et si des conflits surviennent, sachez régler ces derniers dans le calme et d'une manière raisonnable. De plus, il ira de votre intérêt de bien peser le pour et contre avant de vous engager dans toute relation ou association sérieuse. Attention aussi à la tension qui pourrait s'installer dans vos relations, et ce, tant émotionnelle que professionnelle.

Travail – Finances

Alors que vous sentirez plus le fardeau de vos responsabilités – tant professionnelles, familiales, amicales, d'affaires, artistiques que politiques – ce transit rétrograde de Mars risque d'affecter votre amitié et votre relation avec un de vos collègues. Faites tout en votre pouvoir pour bien protéger ce lien qui vous unit en étant plus sensible à ses besoins et à ses sentiments; toutefois, ça n'exclura pas la possibilité que vous puissiez vivre quelques conflits sinon des mésententes sur différents points avec un autre de vos collègues. Pas étonnant non plus que vous puissiez mettre un terme à une association, sinon à un contrat d'association ou de travail parce que l'entreprise ou le partenaire d'affaires ne se sera pas montré à la hauteur ou n'aura pas été loyal, ou encore il n'aura pas rempli ses engagements. Quoi qu'il en soit, n'allez pas vous lancer dans un partenariat d'affaires. Et afin de vous épargner le pire, n'allez pas non plus mettre en marché un produit, un service ou un projet, sans quoi vous risqueriez de rester dans l'ombre. Au contraire, misez plutôt sur cette période pour trouver une solution et pour amender vos ennuis légaux ou juridiques en suspens. N'empêche, vous risquez très bien de vous retrouver sur le qui-vive professionnel puisque l'on ne peut pas dire non plus qu'au travail tout baignera dans l'huile. Bien au contraire, la pression sera grande et vous ne saurez pas au juste ce que vous voulez, sinon vous accuserez plus un manque de motivation. Toutefois, assurez-vous de suivre les règles de l'entreprise qui emploie vos services, et ce, même quand elles ne feront pas votre bonheur. Entre-temps, prenez garde alors que non seulement des gens près de vous risquent de vous mettre au défi ou ils initieront une chicane; vous éprouverez probablement aussi plus d'ennuis à bien gérer la compétition. De toute évidence, vos rapports avec les autres seront plus aggravants alors que chacun voudra avoir raison, sinon avoir son propre mot à dire suivant toutes les décisions communes; apprenez à être diplomate alors que cela servira mieux ainsi vos intérêts. Néanmoins, quelques tensions possibles dans le secteur de vos activités sont à prévoir, surtout que les dossiers ne s'empileront pas sur votre bureau. Il y aura même possibilité de rumeur de fermeture de l'entreprise ou de grève possible. Votre insatisfaction se traduira par de l'impulsivité, ce qui risque de vous faire commettre une bévue. Allez-y un peu plus doucement et réfléchissez avant de poser un geste important. Sur une note finale, il est possible que vous puissiez être témoin qu'un patron, une tête dirigeante, sinon un responsable abuse de son autorité. Pire, cette personne pourrait même fuir ses responsabilités!

Amour – Sentiments
Voilà un temps où vos relations intimes vont requérir votre pleine attention. Si vous avez négligé l'être aimé ou toute autre personne près de vous, veuillez prendre cet avertissement au sérieux, mais si vous avez tout fait en votre pouvoir pour connecter avec cette personne, cessez de bannir tout sentiment de non-confiance en vous et, qui sait, peut-être que la source du problème provient d'ailleurs. Il n'en demeure pas moins qu'il ira de votre intérêt d'être doux et gentil si des conflits devaient survenir et rappelez-vous que chaque personne sera sous une pression différente. D'ailleurs, il est possible que l'être aimé subisse des changements de vie importants et que vous ayez à vous ajuster. Il est également possible qu'une situation personnelle que vous aviez cru réglée par le passé refasse surface et vous aurez besoin à présent de vous en acquitter une fois pour toutes. Cependant, puisque ce sera une période où vous vous opposerez à tout changement, que ce soit d'apporter des changements qui s'imposent dans votre comportement ou que vous refusiez d'ouvrir votre cœur et votre esprit au changement. N'allez donc pas être surpris si le partenaire de vie se sent plus négligé alors que possiblement il s'attendait à ce que vous vous impliquiez davantage dans votre relation. Chose certaine, ce sera un temps où l'on vous trouvera plus insoumis, plus insaisissable ainsi que peu motivé. Apprenez à vous adapter au lieu de vous rebeller. N'empêche, attendez-vous à des défis possibles suivant que vous trouverez que votre partenaire de vie, ou l'associé si c'est le cas, prendra un peu trop d'espace à votre goût et que tout convienne à sa guise, alors qu'en retour vous serez porté à broyer du noir. La meilleure option sera de vous questionner sur ce qui se passe avec ce dernier et de mettre un peu plus d'eau dans votre vin, de part et d'autre, alors que vous ne pourrez régler seul ce problème. Évitez de faire des suppositions et/ou de foncer tête première alors qu'une attitude objective devrait être prônée et plus de conversation, ce qui pourra améliorer grandement votre situation. Entre-temps, prenez garde alors que vous pourriez être victime d'une attraction physique hors de l'ordinaire, une passion amoureuse qui pourrait s'avérer nocive à long terme, sinon certains événements fortuits vont vous obliger à voir l'aspect authentique d'un nouvel élu plutôt que de vous arrêter à son apparence physique.

Quant à vos relations amicales, elles risquent de mal tourner alors que vous vous questionnerez sur les intentions réelles de l'une de celles-ci. Attendez-vous à ce que certains problèmes occasionnels surviennent. Si rien de tout cela ne vous interpelle, un ami que vous chérissez risque d'être plus difficile à gérer ou se sentira-t-il négligé par vous. Quoi qu'il en soit, il faut vous concentrer sur des solutions et réorganiser l'énergie que vous utilisez avec l'être aimé. Il est temps de vous poser la question sur ce que vous attendez de votre couple, de vos relations. D'ailleurs, ce faisant, vous ferez un très bon travail. Vous allez trouver d'autres moyens d'améliorer votre relation avec l'être aimé ou suivant tous les autres partenaires potentiels. Dites-vous bien que si vous provoquez des situations tendues, il vous faudra considérer votre rôle dans ces situations et améliorer votre comportement. Maintenant la balle est dans votre cour, à vous de faire à votre tête ! Mais dites-vous que vous pourrez apprendre beaucoup sur vos rapports avec l'autre en ce moment ; améliorez ceux-ci par un nouveau comportement. Et si vous êtes à la source du conflit, réfléchissez à votre rôle dans cette histoire et changez vos manières, et bien entendu, votre comportement !

Famille

Vous réaliserez, du moins à certains égards, que les relations familiales vont être difficilement conciliables. Il vous sera donc suggéré de n'intervenir dans un conflit familial important que si, préalablement, vous recevez l'assentiment d'une figure d'autorité parentale, mais dites-vous bien que quelqu'un détiendra le pouvoir décisionnel dans une histoire de famille plutôt compliquée. D'ici là, soyez informé qu'un proche pourrait traverser une épreuve difficile dans sa vie ou il sera frappé par la maladie. Si ce n'est pas le cas, vous pourriez décider de couper les ponts avec des personnes de la famille ou même avec des proches. Moindrement, vous tendrez à tenir tête aux gens qui vous entourent, tout autant votre paternel, ainsi que défier son autorité ou l'autorité en général, de même que refuser de répondre à leurs attentes. Quoi qu'il en soit, sachez que vous ne serez pas à l'abri que l'un de vos appareils ménagers vous cause des ennuis, sinon qu'il fasse défaut et que vous vous retrouviez dans l'obligation de délier les cordons de votre bourse pour le remplacer ou le réparer.

Santé – Bien-être physique

Voilà une période où lorsque le temps viendra de devoir faire un choix, de prendre des décisions importantes ainsi que de relever un défi de taille, non seulement vous hésiterez à passer à l'attaque, mais vous serez également porté aussi à ressentir de l'inquiétude, ce qui pourrait en retour affecter votre santé, mais également votre bien-être physique. Or, une raison supplémentaire pour laquelle il sera avisé de faire un peu plus attention à votre alimentation, mais méfiez-vous aussi d'une trop grande privation. Faites preuve de modération et vous pourrez ainsi vous prémunir contre toutes les blessures possibles. Et lorsque vous pratiquerez votre sport favori ou vous faites de l'exercice, soyez prudent en tout temps et évitez d'abuser de vos forces ainsi que de prendre des risques inutilement. Il sera sage aussi de votre part de redoubler de prudence pour mieux vous éviter ainsi un bête accident de même qu'un incident fâcheux. Vous ne serez pas à l'abri non plus de souffrir d'une fatigue extrême et/ou d'éprouver un fort sentiment de solitude ou d'abandon, ce qui risque de provoquer un déséquilibre émotionnel faisant ressurgir un mal dont vous ne souffriez plus, ou vous pourriez aussi éprouver un problème rénal si vous vous nourrissez mal. Cela dit, voilà qu'il est possible aussi que vous soyez davantage porté à être trop sévère envers vous-même. Il est également possible aussi que vous ressentiez constamment une douleur au niveau de vos hanches. Par conséquent, veuillez consulter au besoin alors qu'il y aura une solution. Mais si vous remettez sans cesse, vous courez le risque que le problème puisse non seulement s'aggraver, mais également qu'avec le temps il puisse s'étendre jusque dans vos genoux.

L'ÉCLIPSE SOLAIRE ANNULAIRE DU 14 OCTOBRE EN BALANCE – VOTRE XIE MAISON NATALE

Votre relation avec les groupes auxquels vous adhérez sera examinée de près pendant la durée de cette éclipse. Vous vous concentrerez plus sur les personnes auxquelles vous vous identifiez, sur celles que vous fréquentez et sur la façon dont vous êtes accepté par les autres membres de votre équipe. Les activités de fraternisation et des partis politiques ainsi que le réseautage et autres interactions sociales deviendront plus importantes. Chose certaine, vous serez davantage préoccupé par ce que les autres pensent de vous.

Vous connaîtrez moins d'enthousiasme en octobre du fait de l'éclipse, sans effet direct sur vous et votre signe, mais portant tout de même à limiter les grosses dépenses. Mieux vaut s'en tenir à la sobriété ce mois-ci. Vous apprécierez la stabilité que vous procurera la routine ; rien de tel pour calmer le Sagittaire en effervescence. Bien que l'éclipse n'ait pas d'impact sur vous, vous vous sentirez plus détendu que par le passé. Parfois un peu trop, alors que vous tendrez à être davantage passif qu'à l'habitude. Ce n'est pas grave, vous avez assez couru dernièrement ; ce n'est pas une mauvaise idée de vous la couler douce. Ne prenez quand même aucun risque inutile, d'autant plus si vous avez un ascendant Balance, Cancer, Capricorne ou Bélier. Si tel est le cas, optez pour vous faire bichonner, vous faire masser.

P.-S. Vous êtes encouragé à prendre connaissance de tout ce qui est écrit au chapitre intitulé « Les Éclipses de 2023 » pour mieux vous familiariser avec toutes les mises en garde à respecter lors de toutes les éclipses.

LES POSITIONS LUNAIRES ET VOUS

À la fin du livre, vous trouverez le tableau des positions lunaires pour chaque jour de l'année 2023. Pour mieux tirer profit de la Lune au quotidien ainsi que connaître le rôle qu'elle jouera sur vos humeurs, lesquelles vont influer sur votre jugement et sur vos actes, référez-vous au chapitre intitulé « Méthode d'interprétation du calendrier des Lunes ».

Les divers passages de la Lune ne sont jamais neutres. S'il y a des moments pour l'action quand la Lune est néfaste, s'il faut prendre du recul quand elle ne l'est pas, les autres journées représentent, la plupart du temps, un mouvement vital plus lent. En général, quand la Lune passe en Bélier, en Lion, en Balance et en Sagittaire, vous êtes en forme. Ces énergies, surtout celles du Bélier, du Lion et du Sagittaire vous placent en position de force. Là où vous devriez être prudent et où il serait préférable de prendre du recul, c'est lorsque la Lune se trouve en Gémeaux, en Vierge, en Poissons et parfois en Scorpion. Les Lunes en Capricorne, en Taureau et en Cancer sont neutres par rapport à votre signe. Vous devrez faire abstraction de vos préjugés et aller à la rencontre de personnes avec qui vous avez peu d'affinités. Tout se déroulera bien si vous vous montrez souple et conciliant. Avec les natifs de ces signes, vous imposer de force est déconseillé. Ne provoquez pas leur inimitié, car cela vous nuirait longtemps et pour si peu de satisfaction.

♑

Capricorne

21 décembre au 20 janvier

LES DIFFÉRENTS ASPECTS DE VOTRE PERSONNALITÉ

Capricorne – féminin, cardinal, terre

Régi par Saturne, votre planète maîtresse, il faut du temps pour bien vous connaître alors que vous vous montrez généralement assez réservé et retenu, sans compter que vous êtes froid d'approche.

De nature, vous avez tendance à vouloir construire quelque chose, à vouloir ériger des structures et à vous créer une carrière. D'ailleurs, vous aimez mettre en action une organisation et en faire une entreprise familiale, surtout que vous êtes doué pour gérer n'importe quoi.

Vous faites partie de ces gens qui imposent leur autorité. Prudent et discipliné, vous aimez établir les règles et vivre selon celles-ci. Vous aimez que vos investissements rapportent sur ce que vous avez investi et vous n'avez aucune fausse modestie.

Le sens de la propriété et des traditions est très fort chez vous. Vous souhaitez vous en tenir aux bonnes vieilles manières qui ont su faire leurs preuves par le passé et le respect des gens âgés est tout aussi primordial chez vous.

CE QUI VOUS DIFFÉRENCIE DES AUTRES NATIFS DE VOTRE SIGNE

En tant que natif du 1er décan (du 21 au 31 décembre), vous êtes régi par Saturne. En ce qui a trait à la Triplicité de Terre qu'est votre signe de naissance, c'est à Saturne qu'en revient la maîtrise. Cette double influence saturnienne vous octroie une nature rigide et conservatrice. Stable et tout aussi patient, voilà des atouts précieux pour bien réussir dans la vie.

Jupiter, mal à l'aise dans ces degrés et qui règne en main de maître sur votre décan, cela vous donne la possibilité de mettre de l'équilibre et de l'ordre dans votre vie. Cette planète fait de vous une personne qui a énormément d'ambition, persévérante et qui vise tant le succès social que professionnel que vous savez obtenir grâce à votre travail acharné et à votre sens de l'organisation.

Vous êtes de ces gens qui ont l'art de tirer profit de toutes les nouvelles idées et méthodes pour mieux atteindre le seuil de leurs ambitions, sans pour autant abandonner toutes les traditions qui vous sont chères et précieuses.

Pour mieux exceller et réussir dans la vie, il sera fortement suggéré de vous fixer un objectif spécifique et de ne pas y déroger, tant que vous ne l'aurez pas atteint. Ayez l'œil ouvert, usez de votre perspicacité pour démasquer les profiteurs, les usurpateurs et les manipulateurs. Ne laissez personne vous embarquer dans des affaires louches ou trop belles pour être vraies alors que vous risquez d'en payer la note et elle sera salée. Tous les liens tissés, tant amicaux que professionnels, vous seront significatifs et importants dans la vie.

Grand travailleur-né, prudent et calculateur dans l'élaboration et la réalisation de vos objectifs, votre sang-froid et la maîtrise de vous-même vous donneront toutes les capacités nécessaires pour bien organiser ce que vous voulez accomplir dans la vie. Méfiez-vous cependant, car certaines personnes près de vous pourraient croire que vous êtes une personne qui se prend pour une autre ou encore que vous êtes tout simplement arrogant par nature.

Vous êtes plus farouche et sélectif que vous en avez l'air. Aussi à l'aise que vous pouvez l'être devant un groupe, vous l'êtes moins en tête-à-tête. Vous avez besoin de temps pour accorder votre confiance et votre cœur. D'ailleurs, en tant que natif de ce décan, vous êtes plus sérieux et réservé comparativement aux deux autres décans de votre signe. Ainsi donc, vous tendez à garder vos émotions plus sous contrôle.

Sentimentalement, vous êtes timide et très fidèle, mais très empressé une fois qu'on a su mériter votre confiance. N'empêche, vous n'êtes pas quelqu'un de passionné pour autant. Vos sentiments sont plus raisonnables et raisonnés ; tout passe par la tête avec vous.

Sous l'influence jupitérienne se manifeste un goût prononcé pour vous laisser séduire par un partenaire de souche différente de la vôtre. Puisque vous communiquez peu vos sentiments et que vous êtes peu démonstratif, si vous vous mariez, choisissez une personne enjouée, drôle, affectueuse et stable, ce qui aidera à contrecarrer votre nature réservée.

En tant que natif du 2e décan (du 1er au 10 janvier), vous êtes sous la protection de Saturne et votre décan est sous la tutelle de Mars qui règne en force dans ces degrés, et secondairement par Vénus pour faire suite à la Triplicité de Terre qu'est votre signe solaire.

Vénus, mal aisée dans ce signe, fait de vous une personne pour qui les initiatives ne font pas défaut. Dès que vous prenez une décision, vous n'êtes satisfait qu'une fois que vous avez atteint votre objectif.

Vénus vous octroie aussi une nature plus sociable qu'est le Capricorne en réalité. Elle vous donne aussi le talent, la loyauté, des idéaux élevés et un penchant pour tout ce qui est luxueux et beau. Toutefois, il sera avisé de prendre garde, puisque l'avidité risque de vous causer bien des ennuis.

Quant à Mars, cette planète vous donne l'énergie, le courage, l'endurance, la force, la confiance ainsi que tout l'enthousiasme nécessaires pour mieux définir ce que vous voulez poursuivre et atteindre en ce qui concerne vos objectifs. Vous êtes destiné à commander.

La sécurité et la loyauté sont des qualités importantes pour vous, particulièrement en ce qui concerne les finances et tout ce qui relève de la famille, mais tout autant aussi en ce qui concerne les unions et les partenariats futurs possibles.

Bourreau du travail et travailleur infatigable, vous avez tous les atouts nécessaires en main pour pouvoir fournir tous les efforts afin de pouvoir parvenir victorieusement à la concrétisation de vos objectifs.

Tenace et persévérant, il est important que vous orientiez vos énergies sur une seule chose à la fois et que vous fassiez votre bout de chemin avec gloire et honneur. Vous avez tous les talents et toutes les habiletés en main pour bien réussir en tant qu'artiste ou diplomate, mais vous pouvez également très bien exceller dans la construction ou le domaine de la finance.

Autant vous avez besoin d'une vie de famille paisible, harmonieuse et construite sur une base solide, autant les relations affectives tendent à vous effrayer, car vous êtes plus du genre à ne compter que sur vous-même. Heureusement que votre sensualité vous aide à combattre vos craintes et vos inhibitions. Cependant, ce n'est qu'avec beaucoup de temps et de patience que vous viendrez à bout de vous ouvrir et de donner votre confiance, de préférence à une personne entière et tout aussi exclusive que vous, et au caractère bien trempé, il va de soi. Assurément, les histoires d'un soir, ce n'est pas pour vous puisque vous avez besoin d'une relation stable qui dure avec un partenaire dont vous êtes fier.

Sur le plan sentimental, on peut dire que vous êtes possessif, jaloux et autoritaire, sans compter que vous pouvez être dictateur à vos heures. Si vous vous mariez, choisissez un compagnon de vie qui a du tact et de la diplomatie, qui est constant et prêt à s'engager pour la vie.

En tant que natif du 3e décan (du 11 au 20 janvier), vous êtes sous la protection de Saturne, mais votre décan est régi par le Soleil et secondairement par Mercure pour faire suite à la Triplicité de Terre qu'est votre signe solaire. Vous faites partie de ces gens qui ont un esprit très actif, ambitieux de nature, mais surtout en seconde partie de leur vie.

Pour un Capricorne, on vous trouve très accueillant et sociable. Il faut l'avouer, vous êtes plus futé que les deux autres décans, ce qui est fort appréciable. Votre cœur est bon et vous êtes tout aussi généreux par nature. Même si vous êtes d'un naturel timide et très réservé, vous êtes quand même plus sociable que les deux autres décans de votre signe alors que vous estimez les interactions sociales. Cela explique pourquoi vous aimez vous retrouver avec les élites de la société.

Le Soleil, qui joue un rôle particulièrement déterminant dans votre thème natal, vous octroie chaleur, vitalité et une nature généreuse. Même si la vie parfois est difficile et intransigeante, vous n'êtes pas de ceux qui baissent facilement les bras pour autant. Abandonner ne fait pas partie de votre vocabulaire.

Quant à Mercure, cette planète fait de vous une personne intellectuellement stable et tout aussi responsable. Logique de nature, vos réponses sont habituellement rapides, directes et pointues, laissant les gens se demander si vous n'êtes pas un peu critique. Vous aimez que les choses soient faites correctement et selon vos attentes.

Intelligent et raisonnable, mais quelque peu changeant et capricieux à vos heures, votre ambition immense et votre orgueil démesuré font qu'une réussite précoce est plus que probable, mais elle risque aussi d'être suivie d'une chute possible.

Aussi orgueilleux et égoïste que vous puissiez être, votre honnêteté compense et fait toute la différence. D'ailleurs, le succès ne vous viendra en réalité qu'après vos 42 ans.

Perfectionniste et conscient de votre valeur, vous cherchez constamment à améliorer votre sort et votre statut en visant la réussite professionnelle et la sécurité matérielle. Malgré vos bonnes intentions et votre franchise, vous êtes porté au découragement à l'occasion et, par le fait même, vous subissez involontairement votre destin. Quoi qu'il advienne, vous pourrez très bien exceller et faire votre marque dans le domaine des communications de même qu'être en commerce à votre propre compte. Vous avez également toutes les compétences requises et tout le talent nécessaire pour bien réussir en tant qu'écrivain. Le domaine de l'enseignement et être commis-voyageur sont d'autres professions qui peuvent aussi très bien vous servir.

Autant vous êtes un ami fidèle et un partenaire loyal, si vous vous sentez incompris, vous pourriez aller voir ailleurs. Charmeur à vos heures, vous craignez toutefois les ennuis et les complications d'un amour passionné et physique. C'est pour cette seule raison que vous opterez davantage pour le côté pratique de l'union conjugale.

Exceptionnellement sincère dans vos affections, si vous vous mariez, choisissez un partenaire qui respecte votre liberté et qui vous propose une relation stable. Il ou elle devra vous encourager également à exprimer vos pensées et votre créativité.

CE QUE LES ASTRES VOUS RÉSERVENT EN 2023

Jupiter en Bélier – du 20 décembre 2022 au 16 mai 2023 – votre IVe maison natale

Jupiter est fondamentalement une planète qui se déplace lentement. Elle a tendance à rester dans un signe et une maison pendant une année entière. Mais en 2023, elle se déplace exceptionnellement vite – elle traverse en fait deux signes et maisons. Elle commence l'année en Bélier, votre IVe maison. Puis elle se déplacera en Taureau, votre Ve maison, pour le reste de l'année et plus encore, soit jusqu'au 25 mai 2024. Tout ceci est très inhabituel et nous donne des messages importants. Jupiter en Bélier et qui transite votre IVe maison celle du foyer, des racines, de la sécurité et de la famille, vous pourriez améliorer vos relations avec les membres de votre famille, et passer plus de temps de qualité avec les personnes qui sont importantes pour vous. Ce sera également un bon transit pour agrandir votre maison, acheter une nouvelle propriété ou déménager. Vous pourriez également devenir un parent ou un grand-parent, ou accueillir de nouveaux membres dans votre famille. Cela dit, l'année 2023 est celle de la liberté – liberté créative, personnelle, professionnelle, glorieuse sous toutes ses formes. C'est l'année pour penser en dehors de la boîte, pour suivre les dictats de votre propre cœur plutôt que de faire quelque chose uniquement parce que vous vous sentez obligé. L'année 2023 en sera une dont vous vous souviendrez longtemps car elle marquera la fin d'un cycle décevant, mais également aussi le début d'une ère d'épanouissement et de réalisations dès la seconde partie du mois de mai. Vous allez bénéficier même d'une période fortunée durant laquelle plein de bonnes choses vont vous arriver. Et en dépit que cela fasse un bon moment que les choses ne vont pas à votre goût et que vous n'êtes pas pleinement satisfait du déroulement de votre vie, de votre existence, il est évident que vous ressentiez le besoin de vous redéfinir et de revoir vos objectifs. Actuellement, vous nagez en pleine confusion, vous ne savez plus trop où vous en êtes ni par où commencer. Ne vous en faites pas puisque dès la seconde partie du mois de mai, tout deviendra clair comme de l'eau de roche. Vous trouverez alors la solution à de nombreux problèmes et vous disposerez des outils pour y remédier. De nombreux changements importants vont survenir encore cette année, mais plus le temps progressera, plus ils serviront vos intérêts. Le transit en Bélier devrait vous permettre de développer votre vie domestique d'une manière ou d'une autre, soit vous déménagerez dans une propriété ou maison plus grande ; soit vous rénoverez ou agrandirez votre maison existante ; soit votre famille s'agrandira avec la naissance d'un enfant, ou encore un parent sinon un enfant emménagera. Vous pourriez même vous relocaliser ou déciderez-vous de réorganiser votre style de vie. Vous comprenez l'idée : expansion, plus d'ampleur. N'oubliez pas que Jupiter agrandit tout ce qu'il touche. C'est donc le moment d'établir votre espace personnel, sinon votre bureau à domicile, de renforcer les liens familiaux et de vous donner une base solide d'opération (un bureau) pour mieux ainsi produire à partir de chez vous. Profitez-en également pour créer l'équilibre tant attendu entre votre vie privée et le monde extérieur, qui vous soutiendra pendant les douze prochains mois. Visez une plus grande harmonie familiale et une plus grande force intérieure.

Quant à vos affaires, l'insécurité risque de vous habiter pour quelque temps encore, mais dès la mi-mai, tout cela s'estompera à votre plus grand plaisir et satisfaction. Les doutes s'effaceront pour faire place à un cycle de chance. Vous pourrez donner ainsi à votre carrière la direction dont vous rêviez depuis un bon moment. Vous pourriez même décrocher un prix dans un tirage. Ce cycle se prêtera bien aussi pour aller de l'avant, pour repartir du bon pied. Bref, pour enfin faire ce dont vous avez envie. La période sera avantageuse aussi pour les voyages, les déménagements, les transactions et les investissements. Mais entre-temps, vous aurez parfois du mal à obtenir ce que vous désirez, sans compter que les choses n'iront pas toujours selon vos plans, et vos finances pourraient s'en ressentir. Afin de ne pas envenimer la situation inutilement, évitez les prêts, les affaires risquées ainsi que les investissements faits à la légère. Ce n'est qu'une fois que Jupiter aura emménagé en Taureau que vous jouirez de l'appui de la Grande Bénéfique et alors tout commencera à changer. D'ailleurs, les projets qui stagnaient par le passé se mettront enfin à évoluer favorablement sinon ils seront carrément remplacés par de meilleures occasions. Et pécuniairement, vous amorcerez un cycle à la hausse. Un temps idéal aussi pour faire des changements, pour aller de l'avant. Vous pourriez également décider de vendre votre maison et déménager dans une maison plus grande, ou vous pourriez aussi acheter des biens immobiliers à titre d'investissement qu'améliorer votre maison et votre lieu de vie. Pour une raison quelconque, vous vous sentirez riche dans votre vie privée ou vous ferez quelque chose pour que votre lieu de vie soit plus riche, plus étendu et plus luxueux.

Quant à vos amours, c'est dans votre nature d'être trop généreux, mais vous n'avez plus le goût de vous faire avoir. Vous ne voulez plus qu'on vous utilise, qu'on vous prenne par les sentiments ou, pire, qu'on joue avec votre culpabilité. Trop c'est trop ! D'ailleurs, jusqu'à la mi-mai, vous pourriez traverser une phase de révolte et remettre ainsi à leur place certaines personne de votre entourage ou carrément les envoyer promener. Et si vous vous posez des questions à ce sujet, permettez-moi de vous dire que votre attitude est parfaitement justifiée. De toute façon, il faut faire de la place pour les nouvelles rencontres amicales ou amoureuses que vous ferez par la suite. À cet effet, pas plus tard que dès la seconde partie du mois de mai, vous deviendrez certes plus en demande, plus populaire. Vous serez très sollicité, ce qui pourrait, bien entendu, permettre aux solitaires de combler le vide de leur existence. Et si vous avez déjà quelqu'un dans votre vie, la communication avec cette personne devrait grandement s'améliorer. Plusieurs feront des projets sérieux : de vie commune ou de mariage ainsi que fonder une famille. Moins méfiant du monde extérieur, vous accepterez davantage d'invitations. Ça promet, vous vous amuserez énormément.

En ce qui a trait à votre santé, méfiez-vous, puisque vous serez plus vulnérable au cours des cinq premiers mois de l'année. Par la suite, vous arriverez bien à vous débarrasser de certains ennuis qui perduraient, pour peu que vous vous preniez en main et, il va sans dire que moralement, vous gagnerez en solidité aussi. De plus, l'opinion des autres vous importera beaucoup moins ; vous ne vous sentirez pas coupable à propos de tout et de rien. Et avec de telles dispositions, votre éclat augmentera, vous donnerez même l'impression de rajeunir. En prenant de bonnes résolutions, et surtout en les tenant, vous pouvez être assuré de passer une année positive. Cela dit, attention, alors que vos états d'âme seront variables jusqu'à la mi-mai. Heureusement, il vous sera nettement plus facile de trouver votre équilibre par la suite.

Jupiter en Taureau – du 16 mai 2023 au 25 mai 2024 – votre Ve maison natale

Avec Jupiter en Taureau, une position qu'il conservera pendant un an, soit jusqu'au 25 mai 2024, des influences déterminantes s'exerceront dans votre thème natal. Or, préparez-vous à vivre des événements qui sortiront de l'ordinaire. Et en dépit que vous puissiez compter sur le soutien de Jupiter – planète de la chance, le déroulement dépendra entièrement de la façon dont vous jouerez vos cartes ; en agissant ainsi avec discernement, vous pourrez non seulement intervenir dans l'évolution de votre vie, de votre destinée, mais également vous rapprocher du plan de vie dont vous rêvez.

Quant à vos affaires, vous avez tout intérêt à privilégier les actions réfléchies plutôt que les gestes intempestifs. En allant trop vite, en tenant votre situation pour acquise ou en faisant confiance aveuglément, vous risquez d'essuyer des revers. Cela dit, des transformations importantes sont susceptibles de survenir, mais vous devrez trouver le moyen de vous y adapter, ce qui vous permettra de vous démarquer. Et si vous travaillez dans le domaine des arts, il se pourrait très bien que vous vous lanciez dans des domaines que vous n'avez jamais essayés auparavant. Si, par exemple, vous êtes un écrivain non fictionnel, vous pourriez vous essayer à l'écriture d'un roman ou d'un scénario. Et si vous gagnez votre vie en tant que musicien, vous aurez possiblement l'occasion d'apprendre un autre instrument de même que créer un nouveau genre de musique. Puisque Jupiter agrandit tout ce qu'il touche, on peut en conclure aussi que vos possibilités seront donc nombreuses. Jupiter pourrait déclencher divers coups de chance, et ce, y compris dans les tirages et aux jeux de hasard. Misez également sur cette période pour voyager au loin et pour conclure une transaction, à la condition toutefois de procéder avec prudence. Jupiter en Taureau vous aidera sur le plan professionnel. D'ailleurs, vous découvrirez que vous serez au bon endroit au bon moment, pas une seule fois, mais constamment ; vous vous connecterez à un niveau plus significatif avec des étrangers et des amis, vous établirez d'excellents contacts, et vous élargirez votre réseau de clients.

Pour ce qui est de vos amours, votre scène romantique s'annonce excellente ! Vous continuerez à mettre de l'ordre dans votre vie personnelle. Vous ne tenez plus à vous entourer de gens qui ne vous apportent rien ou, pire, qui profitent de vous. Disons que vous avez déjà suffisamment donné ! Maintenant que vous avez mis à la porte les profiteurs et ceux qui vous rendaient malheureux, voilà qu'à présent votre cycle de popularité battra son plein. Vous ferez la connaissance de nombreuses nouvelles personnes, et les solitaires auront même l'opportunité de se trouver un partenaire à leur goût. Quant aux histoires d'amour existantes, elles vont se réchauffer ; vous et votre partenaire vous plongerez dans vos plaisirs mutuels, quels qu'ils soient. Je ne peux pas vous dire comment cela va se passer pour vous personnellement, mais il y a deux choses sur lesquelles vous pouvez compter : si vous n'êtes pas impliqué au début de ce transit, vous le serez probablement lorsqu'il se terminera (mi-mai 2024). Et si vous ne l'êtes pas, cela n'aura pas d'importance parce que vous vous amuserez trop pour y penser. Jupiter apportera de nombreuses possibilités romantiques. Vous aurez le choix et vous pourrez sauter d'une relation à l'autre, mais avec un cœur léger et la compréhension que la variété est ce que vous voulez maintenant ; vous pourriez vous installer dans une relation qui vous aidera à définir ce que vous désirez vraiment dans un partenariat romantique. De plus, votre adrénaline créative sera à son comble, alors profitez-en pleinement. Sachez que ce sera aussi une excellente année pour les sports, que vous les pratiquiez ou les regardiez. Par tous les moyens, prévoyez des vacances en 2023, alors que les activités ludiques avec les enfants seront délicieuses. Ce sera également l'année classique pour agrandir votre famille par un mariage, sinon une naissance. En résumé, l'année est placée sous le signe de la joie, du plaisir, de la bonne humeur et de faire ce qui vous apporte de la joie. Que les festivités commencent !

En ce qui a trait à votre santé, petit à petit, vous reprendrez possession de vos états et vous vous déferez de vos angoisses, de vos peurs, surtout celles qui concernent vos enfants. Évitez de vous en faire à la place des autres si ça ne vous concerne pas. Jupiter vous récompensera largement si vous vous prenez en main, si vous acceptez de faire des compromis et si vous investissez aussi davantage d'efforts dans votre bien-être moral que physique. Il vous sera alors possible non seulement de garder la forme, mais également d'améliorer votre état de façon significative.

Saturne en Poissons – du 7 mars au 31 décembre 2023 – votre IIIe maison natale

Parce que Saturne est une planète karmique – comprendre qu'elle influence votre chemin de vie, votre karma – vous allez apprendre comment gérer les répercussions de vos actes passées. Saturne en Poissons est la clé pour vous concentrer sur les changements que vous ressentez à l'intérieur de vous-même et sur les changements qui pourraient affecter vos proches lors des deux prochaines années. En astrologie, Saturne est connue comme étant la planète « sérieuse » du zodiaque. Elle a été appelée la planète de la discipline, du temps et des fois aussi l'enseignante. Saturne a parfois mauvaise presse, car nous combattons souvent les changements saturniens. Elle nous enseigne la « responsabilité » dans de nombreux domaines de notre vie qui pourraient grandement bénéficier d'un peu d'amélioration. Naturellement, l'instinct et l'ego nous suggèrent d'abord de lutter contre tous ces changements, jusqu'à ce que nous apprenions finalement à admettre que ceux-ci nous freinent d'une manière ou d'une autre. C'est ce que Saturne enseigne : la nécessité de changer nos habitudes ou de changer quelque chose sur soi-même qui pourrait bénéficier d'une petite refonte. Or, si vous apprenez à vous détendre et à ne pas craindre ce cycle de transformation de Saturne, vous découvrirez que vous pouvez bénéficier considérablement de sa sage tutelle. Ne vous retenez pas – et n'ayez pas peur de reconnaître ou même d'admettre le besoin d'amélioration, puisqu'apprendre à suivre le flux de Saturne pourrait s'avérer une expérience de croissance très positive. Il n'y a pas d'autre planète dans tout le système solaire avec les capacités d'enseignement que Saturne a à offrir. Cela dit, Saturne signe le début de l'année en Verseau. Une fois installée en Poissons, dès les premiers jours du mois de mars, les deux prochaines années qui verront passer Saturne dans ce secteur de votre thème natal marqueront un cycle de transition entre les expériences passées et futures. Or, vous saurez ce que vous voulez dire, mais vous n'arriverez pas toujours à l'exprimer. Vous pourriez même avoir l'impression que votre capacité de concentration est tombée à l'eau. D'ailleurs, des programmes d'études simples qui semblaient autrefois si faciles pourraient poser un défi plus grand que jamais maintenant… Voilà qu'à présent, vous ne pouvez plus vous contenter de « scanner » votre matériel. Bien au contraire, vous devrez sérieusement vous plier et assimiler sérieusement ce que vous essayez d'apprendre. Cela risque d'être frustrant au tout début, mais si vous considérez ce transit comme un moyen de recycler vos capacités mentales, qui sont sans aucun doute devenues un peu plus paresseuses ces derniers temps, vous constaterez que la discipline supplémentaire que vous mettrez en avant vous aidera en fait à fonctionner de manière plus ordonnée et systématique, un rôle avec lequel la plupart des Capricornes se sentent à l'aise généralement. Or, gardez votre esprit flexible et ne soyez surtout pas si rigide dans votre façon de penser. Essayez de rester ouvert aux suggestions des autres et écoutez vraiment pour une fois ce qu'ils ont à dire. Il est temps d'arrêter de croire que votre chemin est le seul chemin. Sur le plan intellectuel, vous pourriez aussi avoir envie de reprendre des études, sinon d'approfondir vos connaissances sur un sujet marginal. Ce sera une très bonne période également pour étudier, pour réfléchir, pour analyser ainsi que pour structurer vos acquis malgré une certaine difficulté à enregistrer, à mémoriser. Quant à vos déplacements, ils pourront se faire dans de mauvaises conditions, avoir des retards, être malvenus ou entraîner des problèmes. Surveillez votre véhicule pour ne pas qu'il tombe en panne ; incidents mécaniques possibles. Vous pourriez même être amené à le changer. Au cours de ce cycle où Saturne occupera ce secteur de votre thème natal, il sera de loin préférable de vivre une vie plutôt calme, régulière, avec des échanges intellectuels enrichissants plutôt que vouloir faire le tour du monde !

LES PHASES RÉTROGRADES DE MERCURE POUR 2023

Mercure rétrograde en Capricorne – du 29 décembre 2022 au 18 janvier 2023 – votre Ire maison natale

Climat général

Voilà un temps où il est possible que vous fuyiez plus facilement vos responsabilités familiales. D'ailleurs, par moments, vous les trouverez passablement assez lourdes à gérer, sans compter que votre patience risque d'être limitée. Vous serez également plus nerveux et même porté aussi à dépenser d'une manière plus compulsive, ce qui ne vous ressemble pas alors que vous êtes si raisonnable habituellement. Soyez-en assuré, il servira de loin beaucoup mieux vos intérêts de vous en tenir à la routine et de garder les yeux grands ouverts. Il n'en demeure pas moins que vous serez porté à vouloir tout contrôler, et ce, plus qu'à l'habitude, en vue de minimiser des pertes possibles. Tout suggère également que vous serez plus que déterminé à faire valoir aussi votre point de vue, et ce, à tout prix et quelle qu'en soit la conséquence, si ce n'est que pour gagner. Mais voilà qui est à s'y méprendre puisque malheureusement ce genre d'attitude sera vivement à déconseiller. Et si, à cet égard, vous faites fi de cette recommandation, vous risquez de vous en mordre les doigts plus tard.

Travail – Finances

Voilà une période où votre emploi occupera la majeure partie de votre attention. Il y aura des changements structurels qui demanderont beaucoup de concentration et de disponibilité. Veuillez prévoir rentrer à la maison bien plus tard que d'habitude, ce qui ne va pas favoriser nécessairement la conciliation travail-famille. Et voilà qu'il ne sera probablement pas facile non plus d'arriver à tout faire alors que le temps vous manquera pour exécuter vos travaux dans les délais prescrits, mais heureusement, grâce à votre persévérance, vous trouverez moyen de respecter vos engagements et plus encore dès la seconde partie du mois de janvier. Entre-temps, vous ne serez pas à l'abri d'encourir des frictions possibles avec un de vos patrons, sinon vous pourriez vous sentir plus incompris par celui-ci alors que vous aurez le pressentiment que vous ne pourrez jamais progresser dans les échelons de l'entreprise. Malgré tout, une montagne de travail vous attend qui, en retour, risque de taxer votre santé, surtout si vous tentez de brûler la chandelle par les deux bouts. Cela dit, en tant que patron, dirigeant et travailleur autonome, vous n'arriverez probablement pas à tirer les ficelles à partir de votre bureau ; vous devrez impérativement mettre la main à la pâte, concevoir les projets, en analyser tous les détails et participer à tous les travaux et à toutes les étapes de leur développement. D'ailleurs, cette implication vous permettra d'en tirer un revenu. Autrement, l'ensemble risque de manquer de cohérence, sinon vos clients ne vous feront confiance que si vous êtes directement impliqué.

Amour – Sentiments

Les grands projets tendent à stimuler un peu plus la passion entre deux personnes et ils augmentent l'intérêt d'être ensemble et les obligent ainsi à regarder dans la même direction, mais ils sont aussi porteurs d'un peu d'angoisse et de la crainte de l'échec. Peu importe, c'est dans ce genre de circonstance que l'on peut mesurer pleinement l'intensité des sentiments de l'un envers l'autre. Au début de cette période, le temps vous manquera pour simplement vous aimer ; par la suite, vous aurez sans arrêt tendance à tâter le pouls de la relation, à essayer de sentir l'amour qui existe entre vous. Pour ce qui est de l'affection et de la tendresse dans votre couple, essayez de chercher la profondeur et non la quantité. Or, vous ne serez pas à l'abri d'une déception possible, car vos attentes ne pourront être totalement comblées. En dépit que vous ayez fortement besoin de tendresse, d'affection et de vivre certaines nuits d'amour torrides ou de simples soupers à la chandelle à l'occasion, la plupart du temps votre partenaire de vie devra vous laisser tomber pour diverses raisons, ce qui aura pour effet de vous décourager. C'est alors que vous commencerez à exiger de l'autre des comptes, histoire de vérifier si l'amour existe toujours entre vous. Quant aux célibataires de votre signe, ce ne sera pas vraiment la période pour développer une relation alors que vous aurez davantage tendance à ignorer ou à remettre en question vos fréquentations. Attendrez que Mercure ait repris sa marche directe avant de penser à chercher activement l'amour, ce qui servira beaucoup mieux ainsi votre cause et votre bonheur.

Famille

Voilà un temps où vous pourriez subir la froideur et le détachement d'un proche qui s'estimera au-dessus des lois et des codes moraux de la famille. Vous ne serez pas à l'abri non plus d'un petit vol, mais qui pourra être évité si vous demeurez vigilant. Ce sera également un temps où vous tendrez à faire vos courses avec beaucoup plus de négligence, soit vous n'achèterez pas les bonnes choses ou vous vous les procurerez en double. Ce sera un temps où vous serez porté à plus agir à contre-courant et vous serez plus porté aussi à faire la morale aux autres. Tâchez de ne pas trop prêcher dans le désert et gardez-vous de dire aux autres tout ce qu'ils devraient faire.

Santé – Bien-être physique

Il vous sera avisé de faire moins d'abus et de revenir à une diète plus rigoureuse pour retrouver un bien-être physique et psychique. Exercice et saine alimentation seront de rigueur, mais attention aussi aux blessures possibles. Vous devriez vous investir dans des exercices faits avec douceur et de bien vous étirer avant de les entreprendre. Il ne faudrait pas raviver de vieilles blessures ni provoquer de l'inflammation dans vos articulations. Une grande sensation de fatigue et des maux de tête assez violents seront aussi possibles durant cette période. Vous devrez également être prudent puisque vous pourriez être victime d'un accident, sinon d'un accrochage possible. Tâchez de vous tenir loin des plaques de glace qui vous feront perdre l'équilibre. Attention, fragilité possible de l'estomac!

Mercure rétrograde en Taureau – du 21 avril au 14 mai 2023 – votre V^e^ maison natale

Climat général

Voilà un temps où vous traverserez une phase d'introspection et vous aurez tendance à remettre plusieurs aspects de votre vie sociale et amoureuse en question. Vous allez devenir tellement discret qu'il n'est pas impossible que vos proches pensent que vous vous cachez. Plutôt que de trop scruter le comportement de vos proches ou de vous faire des scénarios catastrophiques, vous feriez bien mieux de voir du monde et de vous changer les idées. En dépit que le temps sera une denrée rare et que la famille pourra vous demander beaucoup d'énergie, n'allez pas être surpris que cette dernière puisse accaparer la majeure partie de votre temps. On aime toujours nos enfants, et ce, peu importe ce qu'ils font, mais il n'en demeure pas moins que vous ne serez pas toujours d'accord avec leurs agissements ou leurs comportements. Quoi qu'il en soit, vous serez toujours là pour les aider à recoller les pots cassés, et ce, qu'ils l'aient fait exprès ou non. Qu'ils soient petits ou grands, attendez-vous à quelques bêtises de leur part auxquelles vous ne pourrez que manifester votre plein désaccord. Toutefois, attention à votre façon de vous empresser à leur faire savoir votre déception et votre mécontentement alors que la diplomatie et le tact serviront mieux votre cause. L'idée que vous puissiez perdre patience rapidement est plus que possible, mais cela n'aura rien à voir avec l'intensité de votre amour à leur endroit. Au contraire, il s'agira peut-être même d'une situation qui ne fera que renforcer votre attachement.

Travail – Finances

Voilà une période où vous risquez d'être plus mal habile en affaires, sans compter que tout laisse croire qu'une personne près de vous pourra tout faire en son pouvoir pour vous écarter du but que vous tentez désespérément de réaliser. Or, il sera de loin préférable de ne finaliser aucun contrat étant donné que vous ne serez pas au meilleur de vos capacités et pas tout aussi persuasif non plus qu'à l'habitude. Il en ira de même pour ce qui est de votre créativité et vous accuserez aussi un manque flagrant d'imagination. Toutefois, si vous rêvez d'avoir votre propre entreprise depuis longtemps, misez sur cette période pour envisager cette possibilité et même pour faire quelques pas en ce sens. Il faudra beaucoup de patience pour gravir les échelons et ce n'est pas en un mois que vous y parviendrez. Mais si vous êtes installé chez vous à exploiter votre entreprise, il y a bien des chances que la place finisse par faire défaut et qu'il ne soit plus convenable de travailler dans ces conditions, et ce, particulièrement si vous n'y vivez pas seul. Bien que le fait de vous installer un local commercial soit un investissement important, vous connaîtrez une croissance assez importante dans les temps à venir. D'ailleurs, veuillez songer à investir vos efforts dans une campagne publicitaire dès que Mercure aura repris sa marche directe, puisque des retours intéressants devraient être au rendez-vous.

Amour – Sentiments

Avant d'ouvrir la porte à l'amour, il faudra être bien avec vous-même. Questionnez-vous à savoir si votre environnement est adéquat et propice pour accueillir un futur prétendant ou prétendante. Si la réponse est non, commencez par entreprendre un grand ménage et ainsi vous aménagerez votre intérieur de façon à vous sentir plus heureux. Il faudra d'abord vous aimer vous-même, puis vous réussirez à attirer le véritable amour vers vous. En tant que célibataire, bien que vous dégagiez un charme fou et un désir de vivre l'amour, vous n'oserez pas trop sortir de chez vous et vous vous donnerez mille et une excuses pour ne pas mettre le nez dehors. Vous serez même efficace pour vous convaincre que vous n'avez pas les moyens d'aller prendre un verre ni participer à des soupers-rencontres. En toute réalité, ce sera plutôt au fond de vous-même que vous ressentirez une crainte de ne pas être à la hauteur devant une personne intéressante et c'est ce qui vous retiendra. Si rien de tout cela ne vous interpelle, ce sera votre situation familiale qui prendra beaucoup de place, tout autant que votre travail, alors qu'il il deviendra plus difficile de prendre le temps de faire des rencontres. Cependant, il ne serait pas impossible qu'une petite lumière s'allume pour quelqu'un dans le voisinage, mais il faudra un peu de temps avant d'avoir un premier rendez-vous galant, puisque cette personne préférera prendre tout son temps afin de faire bonne impression sur vous.

Famille

L'aspect familial retiendra sérieusement votre attention et vous demandera beaucoup de votre temps et de votre disponibilité, sans compter qu'il est possible aussi que vous viviez le retour de l'enfant prodigue. Vous devrez donc lui faire à nouveau une place à la maison ou alors vous songerez de plus en plus à accueillir vos vieux parents chez vous. Soulignons aussi que les tâches ménagères seront véritablement une source de frustration au sein de votre couple, l'un ayant toujours l'impression d'en faire plus que l'autre, mais heureusement que vous aurez la sagesse innée de bien comprendre que cela n'affectera en rien l'amour que vous éprouvez l'un pour l'autre. En toute honnêteté, ce fameux ménage pourra véritablement devenir une façon d'exorciser vos problèmes fondamentaux.

Santé – Bien-être physique

Le stress et les brûlures d'estomac seront interreliés. Même si vous venez à bout de vous détendre pendant une journée ou même deux, la douleur ne s'estompera pas automatiquement. Il sera important de modifier votre alimentation pour apaiser les symptômes. L'émotion pourra être responsable de malaises gastriques. D'ailleurs, une saine alimentation pourra aussi réduire les états dépressifs. Il sera suggéré aussi de surveiller votre élimination rénale. Et attention également où vous mettez les pieds lors de vos randonnées.

Mercure rétrograde en Vierge – du 23 août au 15 septembre 2023 – votre IXe maison natale

Climat général

Nous sommes irrémédiablement entrés dans le grand sérieux, soit le retour au travail. La chance en général sera de votre côté sur bien des aspects pendant cette période. Que vous ayez pu prendre ou non vos vacances, vous serez déjà tenté de planifier celles de l'hiver prochain, à moins que vous ne décidiez de partir en voyage plus vite que prévu. Vous aurez besoin de vous détendre, de penser davantage à vous amuser et à découvrir de nouveaux plaisirs. Vous serez fortement attiré également par la méditation, les massages et vous pourriez même être ouvert à un cheminement spirituel. Ce sera une période où vous aurez l'impression que le temps s'arrête par moments ou alors il se mettra à avancer à une vitesse folle, particulièrement si vous avez une jeune famille sur les bras qui vous demande plus que vous ne pouvez offrir. Ce sera aussi un temps où les responsabilités seront nombreuses et parfois même assez lourdes à supporter. Tenez bon puisque tout sera à nouveau au beau fixe dès la mi-septembre.

Travail – Finances

Voilà une période où vous ne serez pas toujours à l'aise avec beaucoup de monde autour de vous. Si vous appartenez à cette minorité de personnes qui se satisfait de parasiter la vie des autres, on risque de vous claquer la porte au nez. Ceux que vous dérangez constamment depuis longtemps ne vous supporteront plus. Soit que vous vous prenez en main ou vous serez remercié de vos services. En tant que travailleur autonome, si vous avez l'intention de démarrer votre propre entreprise à la maison, il serait important que vous ne quittiez pas nécessairement votre emploi de sitôt. Il sera plutôt avisé de prendre le temps de bien évaluer vos finances, mais également le rythme auquel vous arriverez à vous verser un salaire. Les chances seront très bonnes pour connaître du succès dans vos projets, à condition que vous sachiez être patient. Entre-temps, en tant que dirigeant ou même patron, il y aura possiblement beaucoup de changements à apporter au bureau et vous aurez l'odieux d'en faire l'annonce. Ce sera particulièrement difficile s'il s'agit d'une abolition de postes. Ce sera un temps où vous aurez tendance aussi à manquer de structure ou de soutien et vous chercherez à improviser un peu trop souvent, ce qui risque de vous obliger à recommencer vos tâches ou à revenir sur vos décisions. N'allez pas être surpris non plus si vos appareils de communication et/ou votre ordinateur vous fassent défaut, soient désuets ou inutiles pour ce que vous aurez à faire. Il ne serait pas étonnant également que l'on vous impose un nouveau système informatique qui ne sera pas facile à comprendre et que vous soyez peut-être obligé d'aller suivre une formation.

Amour – Sentiments

Il sera important de vous exprimer clairement avec l'être aimé pour éviter les frustrations. Vous aurez besoin de vivre pleinement votre amour et d'y ajouter des moments plus romantiques. Il n'en reste pas moins que la patience n'y sera surtout pas avec votre partenaire de vie et vos propos pourront choquer sérieusement; même vos bons amis seront assez surpris de votre situation. L'inverse sera possible également, votre partenaire pourrait avoir la mèche courte ou même vous deux en même temps, ce qui n'augure rien de bon. Cependant, vous devriez connaître une accalmie dès la mi-septembre et retrouver une belle joie de vivre qui vous incitera tous les deux à faire la paix et à sortir un peu plus. D'ici là, votre relation risque d'être un peu plus tendue ou tout simplement plus froide. Cette situation devra cesser. Choisissez de prendre un recul et si vous croyez qu'il sera préférable de tout quitter, veuillez au moins prendre le temps d'annoncer cette décision à votre partenaire une fois la rétrogradation finie. Si vous êtes célibataire, il y aura bien une personne qui se manifestera discrètement, mais vous ne pourrez pas vivre cette relation au grand jour à cause d'un ex possiblement toujours dans les parages ou parce qu'il ne sera pas question que vos enfants soient au courant. Il faudra beaucoup de patience avant de vous diriger vers une relation plus sérieuse.

Famille

Les enfants seront au cœur de vos préoccupations. S'ils sont petits, ils changeront de fond en comble vos plans de vie et ne seront pas aussi sages que vous le souhaitez. Vous aurez besoin d'un surplus de patience et de tolérance. Il n'est pas impossible que l'un de ces derniers attrape un rhume ou un virus. Cela pourrait tourner en vilaine bronchite ou en allergie. Quant à vos adolescents et préadolescents, ils s'opposeront presque automatiquement à ce que vous êtes. Ils voudront s'affirmer tels qu'ils sont. Vous les verrez changer pour adopter des comportements qui ne sont pas ceux que vous aviez à leur âge. Si vous vivez en famille reconstituée, votre ex ou celui de votre partenaire fera à nouveau intrusion dans votre couple. La raison en sera les enfants que vous avez eus ensemble. Trouvez le moyen d'en venir à une entente afin de préserver la paix.

Santé – Bien-être physique

Ouf! Les abus et les excès de l'été risquent sérieusement de se faire sentir sur votre organisme. Cessez de faire l'autruche et reprenez-vous en main. De toute façon, vous n'aurez pas d'autre solution que de vous imposer un régime de vie plus strict et sain ainsi qu'une diète assez sévère pour renverser la situation. Si vous négligez de vous soigner au moindre petit bobo ou malaise, vous risquez d'être moins productif que prévu. Songez à commencer à faire un peu plus d'activité physique, vous retrouverez ainsi un bel équilibre de vie. Attention, problèmes de constipation possibles.

Mercure rétrograde en Sagittaire – du 13 décembre 2023 au 1er janvier 2024 – votre XIIe maison natale

Vivement, c'est le temps des Fêtes ! En cette période rétrograde, vous manquerez de temps pour tout faire : travail, trucs personnels, préparation des réceptions à venir. Vous ressentirez beaucoup de confusion, comme s'il y avait toujours quelque chose d'autre à faire que ce qui prime vraiment. Vous aurez un peu de peine à vous aligner sur un objectif précis. Heureusement, dès les premiers jours de janvier 2024, c'est l'inverse qui se produira ; vous deviendrez extrêmement rapide et efficace. D'ici là, ce sera plus un temps où vous aurez besoin de silence, de vivre dans un endroit moins bruyant. Bien que cette rétrogradation ne vous soit pas facile au premier abord, en étant attentif, vous passerez à travers ces épreuves possibles, mais n'allez pas perdre de vue pour autant qu'au milieu de quelques contrariétés, vous aurez aussi de très bonnes nouvelles, justement celles qu'il vous fallait entendre pour ainsi avoir le courage de surmonter toutes ces petites misères. Cela étant dit, vous pourriez faire vos emplettes de Noël avec négligence, vous n'achèterez pas les bonnes choses, sinon vous vous les procurerez en double ou alors vous aurez tendance à énerver tout le monde, alors que vous serez le seul ou la seule à bouger et à faire en sorte que rien ne manque en toute circonstance. N'empêche, tâchez de ne pas trop prêcher dans le désert et gardez-vous des forces pour les célébrations.

Travail – Finances

Il ne serait pas surprenant que vous vous retrouviez seul à devoir faire tout le travail au bureau. On dirait bien que vos collègues ont décidé de prendre leurs vacances un peu plus tôt que prévu, ou alors il s'agira d'une restructuration dans l'entreprise. Il y aura des compressions et vous hériterez de nouvelles tâches, mais en fin de compte, vous serez gagnant dans cette situation. N'empêche, vous ne serez pas épargné de subir des retards à plusieurs reprises pendant cette période. Généralement, vous êtes quelqu'un qui est toujours à l'heure, quelqu'un pour qui les tâches sont terminées à temps ; par contre, dans une entreprise où vous travaillez, comme il s'agira souvent d'une sorte de travail à la chaîne, ceux qui doivent parachever ou ceux qui doivent vous présenter la première partie de ce que vous avez à faire en seront empêchés. Ce sera à cause d'un manque de main-d'œuvre, mais possiblement aussi parce que des employés seront absents ou auront été négligents. Il est également possible que vous subissiez un bris mécanique: les ordinateurs tomberont en panne ou seront infestés par un nouveau virus. En tant que patron, directeur et travailleur autonome, n'allez pas être surpris de vivre quelques contraintes qui viendront gruger une bonne partie de votre temps. Par contre, c'est dans ce genre de situation que vous serez en mesure de réfléchir plus longuement et d'être véritablement inspiré. Or, si vous exercez dans le domaine artistique, vous devriez être en mesure de créer un véritable chef-d'œuvre. Par ailleurs, si vous partez en voyage, par affaires ou par plaisir, n'oubliez pas ce dont vous avez vraiment besoin. Cependant, évitez d'apporter des objets qui ne sont pas essentiels et qu'on pourrait vous voler. Si ce n'est pas le cas et que vous décidez à boire un verre d'alcool de trop lors de vos petites fêtes, évitez de prendre le volant alors qu'une distraction suffira pour vous causer un accrochage et par la suite, tout cela vous occasionnera une montagne de problèmes, surtout si vous échouez à l'alcootest. Quant à votre véhicule, il est à souhaiter qu'il soit bien assuré contre le vol et, de préférence, qu'il ait aussi son propre système d'alarme. Et si vous partez et devez faire une longue route, il sera important que votre véhicule soit en bon ordre.

Amour – Sentiments

Voilà une période, peu importe l'état de vos sentiments l'un à l'endroit de l'autre, où vous ressentirez le besoin d'être plutôt seul, d'avoir la liberté de faire les choses comme et quand bon vous semble, et surtout de ne pas vous faire imposer quoi que ce soit. En d'autres mots, vous aurez principalement envie de vous occuper de vos petites affaires personnelles. Il est possible également que vous ayez à consacrer tout votre temps et toutes vos énergies à une situation où vous ne serez pas en contrôle et qui vous obligera à négliger votre relation. L'être aimé comprendra certainement et sera ouvert à respecter vos choix, en autant que la situation ne s'éternise pas trop longtemps non plus. Quant aux célibataires de votre signe, voilà un temps où vous gagnerez certainement en popularité. D'ailleurs, il ne serait pas étonnant que vous ayez plusieurs options à propos de la personne qui vous accompagnera dans les différentes réceptions. Cependant, rien de vraiment sérieux ne pourra se développer pendant cette période de rétrogradation. En toute honnêteté, vous aurez besoin d'expérimenter ou simplement de mieux connaître chacun des candidats à votre cœur.

Famille

En tant que parent d'un enfant difficile à gérer, si récemment vous avez encouru des ennuis sinon de sérieux problèmes, il sera plus urgent que jamais de trouver le bon moyen efficace afin d'aider votre enfant à s'en sortir. Cet enfant difficile aura plus que jamais besoin de vos attentions, de votre compréhension, de votre écoute, de votre tolérance et de votre patience. Il est même possible que vous deviez vous absenter de votre travail.

Santé – Bien-être physique

Il est clair que vous aurez besoin de repos ! Votre corps vous l'imposera et si vous ne l'écoutez pas, vous accueillerez inévitablement les virus du rhume et de la grippe.

LA PHASE RÉTROGRADE DE VÉNUS POUR 2023

Vénus rétrograde en Lion – du 22 juillet au 3 septembre 2023 – votre VIIIe maison natale

Climat général

Voilà une période où vos comptes conjoints ainsi que les finances partagées seront mis en lumière et représenteront aussi des sujets sérieux, y compris le sexe, la mort et les impôts, entre autres. Par conséquent, vous ne pourrez choisir meilleur moment pour rembourser les dettes. Entre-temps, il est également possible aussi que vous puissiez assister à des funérailles de même que recevoir des fonds, sinon d'avoir à travailler sur la planification de votre succession ou même encore sur vos besoins intimes.

Travail – Finances

Remplir vos étagères et votre congélateur de produits alimentaires de base vous aide à être un excellent fournisseur. La gestion de votre trésorerie au centime près vous permettra de mieux maîtriser toutes les transactions commerciales qui auront un impact sur vos factures mensuelles, et même si cette attention aux détails semblera parfois inutile, elle fait partie de votre profil. Or, des possibilités d'investissement attireront votre attention, mais vous devrez obtenir plus d'informations avant d'aller plus loin, et rien avant la fête du Travail. Entre-temps, un projet communautaire pourrait avoir besoin de votre capacité d'exécution. Si tel n'est pas le cas, vous aurez énormément de choses à finir, à accomplir, à finaliser et c'est vrai qu'on tendra à vous en demander beaucoup. Mais vous êtes si efficace, si performant qu'on ne se gênera pas non plus pour augmenter votre charge de travail. Encore une fois, vous serez à la hauteur de la situation, vous ferez presque des miracles. Néanmoins, tenez bon alors que tout sera au beau fixe sous peu.

Amour – Sentiments

Voilà une période où l'ambiance aura un petit quelque chose de monotone – vous trouverez que votre vie manque de piquant et qu'il ne vous arrive rien d'excitant. Aimeriez-vous mieux une série de complications comme celles qu'éprouvent une ou deux de vos connaissances actuellement ? En y regardant de plus près, votre destin ne se porte pas mal du tout. Et puis, si vous voulez de l'action, pourquoi ne prendriez-vous pas quelques initiatives dès que Vénus aura repris son mouvement direct ? À cet effet, les démonstrations d'affection spectaculaires se multiplieront et vous vous efforcerez de les garder derrière des portes fermées alors que la discrétion comptera beaucoup pour vous. Impressionner les autres avec des cadeaux coûteux et des repas haut de gamme apportera une satisfaction particulière ; votre excellent goût se manifestera. Avec Cupidon qui lance une balle courbe dans votre jeu, voilà un temps où vous ne pourrez tout simplement pas compter sur vos sens intuitifs – ou votre jeu de tarot – pour lire ce qui se passe. Si vous voulez approfondir l'intimité, vous allez devoir ouvrir la chambre des secrets et devenir vulnérable... Et n'allez surtout pas déterrer les vieilles histoires. Quant à vous, célibataire, ce qui est bien avec un rétrograde planétaire, c'est qu'il peut vous aider à plonger dans des eaux plus profondes. Or, si vous vous êtes lancé dans une course romantique sans tenir compte des considérations pratiques (par exemple des chemins de vie divergents ou des idées différentes sur l'éducation des enfants), voici l'occasion de freiner. Ou peut-être avez-vous caché quelque chose de vraiment important pour vous par peur de vous montrer trop fort. Mettez votre âme à nu, petit à petit. La personne avec qui vous sortez finira par découvrir la vérité. C'est la beauté des vraies relations : vous êtes aimé pour tout ce que vous êtes. Inversement, l'objet de votre affection peut partager un sombre et profond secret. Mettez votre plus sexy lingerie et créez un espace sûr pour une communication authentique. Posez vos questions sur un ton relax, détendu, sans attendre de « bonnes réponses ». Si vous entendez quelque chose de dérangeant, vous n'avez pas à paniquer. Mais ne le balayez surtout pas sous le tapis.

Famille

Au cours des prochaines semaines, il sera fortement avisé d'apporter une attention des plus particulières à vos enfants, d'autant plus s'ils sont petits et ne les laissez pas s'éloigner de vous trop longtemps, et ne leur permettez pas non plus de jouer à des jeux dangereux alors qu'il sera sage de les surveiller davantage parce qu'il y aura un danger de chute, sinon d'accident possible. Et pour ce qui est de vos grands enfants, le temps sera venu d'avoir une discussion d'adulte à adulte. Cela étant dit, attention au danger de troubler la paix familiale par un flirt, alors qu'au bout du compte, ce sera à vous de décider. D'ailleurs, il sera avisé de votre part de faire très attention que l'on ne vous coure après que pour votre argent, suivant que cela risque de vous blesser au plus au point et d'éveiller en vous certaines insécurités.

Santé – Bien-être physique

Un revirement de situation dans votre régime de vie et de santé pourrait vous être bénéfique alors que de bons résultats s'ensuivront. L'idée qu'un collègue puisse vous fournir des informations qui vous permettront de corriger un problème de longue date est plus que possible. La recherche d'opinions éclairées jouera en votre faveur, apportant clarté, compréhension et soulagement. Vénus qui rétrograde présente des difficultés possibles avec l'assurance médicale, mais votre sens des affaires et votre persévérance vous permettront d'aller au fond des choses. Entre-temps, méfiez-vous, suivant que vous ne serez pas à l'abri d'une rechute possible d'anxiété qui risque de compromettre votre bien-être.

LA PHASE RÉTROGRADE DE MARS POUR 2023

Mars rétrograde en Gémeaux – du 30 octobre 2022 au 12 janvier 2023 – votre VIe maison natale

Climat général

Voilà une période où vous tendrez à perdre davantage goût aux responsabilités du quotidien et vous pourriez être porté aussi à laisser tomber les tâches ménagères, à avoir envie d'abandonner un régime ou ce seront des projets de travail qui ne vous emballeront plus. Non seulement ce sera un temps où le travail ne vous satisfera plus, mais toutes les nouvelles initiatives sembleront inutiles ou moins excitantes. Vous ne trouverez pas de solutions aux conflits ni aux problèmes. Ce sont trois mois où vous couvrirez une déprime au regard de tout ce qui est votre quotidien. Voilà une raison de plus de revoir tranquillement votre agenda et la façon dont vous vous organisez. N'allez pas laisser non plus la frustration grandir au boulot et réévaluez votre emploi du temps. Pour certains, il s'agira d'un problème de santé qui viendra cacher autre chose. Travaillez sur votre emploi du temps, rendez-le plus cohérent, plus fluide. Triez les infos concernant votre santé et votre travail de façon à pouvoir y voir plus clair et, surtout, à pouvoir anticiper avec assez de temps les événements prévus. Soulignons que ce peut être aussi un problème de santé pour l'un de vos animaux domestiques.

Travail – Finances

Attendez-vous d'avoir à relever des défis et de vivre des hauts et des bas au niveau professionnel alors que tout suggère que ce sera une période erratique en ce qui a trait à votre travail et pour ce qui est de vos obligations qui, d'ailleurs, tendront à être assez frustrantes par moments. Soit que vous en aurez trop à faire ou qu'il y aura des problèmes que vous ne réussirez pas à résoudre. Et les arguments et les conflits qui en découleront émaneront plus de vos incompréhensions, de votre entêtement à ne pas vous ouvrir aux compromis. Faites l'effort de ne pas vous laisser emporter par les frustrations du moment, ce qui n'est jamais chose facile. Or, essayez de mieux les verbaliser de même que vos émotions au lieu de les laisser grandir et ainsi déranger votre santé. Bien que vous puissiez vous sentir déstabilisé par moments, cela ne devrait pas vous empêcher de faire montre d'une grande ouverture d'esprit tout en respectant également les exigences des personnes responsables (en charge). Il sera particulièrement important aussi que vous accomplissiez votre travail avec savoir-faire et que vous compreniez vraiment ce que vous êtes appelé à produire, à réaliser ou à développer, sinon vous aurez de nombreuses complaintes de la part de votre patron ou d'une tête dirigeante. Abstenez-vous de répondre à leurs interférences par de l'irritabilité ou de l'agressivité, mais plus que tout, n'allez pas claquer la porte alors que ça ne pourra que nuire à votre crédibilité professionnelle. Et même si vous faites tout votre possible pour gérer ce surplus de travail, ne vous attendez surtout pas à recevoir une marque d'appréciation de la part de vos supérieurs. Veuillez donc tout simplement vous acquitter de vos tâches et n'essayez pas d'en faire plus que ce qu'on attend de vous. Il sera également avisé, du moins dans la mesure du possible, d'éviter de vous commettre et n'acceptez pas non plus de nouvelles responsabilités, puisque vous en aurez plein les bras à vous tenir occupé. Et si vous encourez un problème avec un collègue, n'allez pas surréagir ni vous blâmer non plus personnellement alors que la source du problème proviendra tout simplement d'une divergence d'opinion. Et si ce n'est pas le cas, attendez-vous à des frictions possibles avec une personne près de vous. Tout cela risque aussi de produire une confusion qui pourrait vous amener à prendre des décisions draconiennes. Par ailleurs, la mauvaise gérance de vos finances pourrait finir par se faire sentir à plusieurs niveaux alors que vous aurez à vous ajuster aux problèmes de liquidités ou de baisse de budget qui se présenteront, suivant que tout suggère que votre situation financière sera plus précaire et que vous devrez vous montrer extrêmement flexible et prêt à vous investir pour vous sortir de cette impasse. Cependant, il est tout aussi possible que certains arrérages vous soient remboursés et tout ce dédommagement pourrait provenir de sources diverses tel un réajustement de salaire, ou autres, ce qui allégera certainement votre fardeau. Entre-temps, misez sur cette période pour rattraper le temps perdu et pour élaborer des projets futurs, mais pas nécessairement favorables toutefois pour les mettre en action maintenant, du moins ce sera mieux après le début du mois de février 2023.

Amour – Sentiments

Alors que les natifs de votre signe ont de grandes ambitions et souhaitent régner sur la première marche du podium, cette rétrogradation risque donc de vous rendre plus irritable par moments et aussi déclencher de grosses colères si par malheur quoi que ce soit, l'amour inclus, vous empêche d'atteindre l'un de vos objectifs. Attendez-vous à une certaine froideur de la part de votre partenaire de vie qui ne sera pas forcément très porté à accorder une grande importance à vos sentiments.

Famille

Tout suggère que ce sera une période où il est possible que vous soyez plus perturbé par des problèmes familiaux ou est-ce une personne près de vous qui aura des ennuis de santé. Quoi qu'il en soit, les relations qui impliquent vos frères et sœurs pourront être plus tendues, chacun culpabilisant l'autre à qui mieux mieux, sinon une division se produira qui vous séparera désormais. Si rien de tout cela ne vous rejoint, n'allez pas être surpris que certaines personnes près de vous puissent être davantage portées à agir sans réfléchir. Une raison de plus de rester sur vos gardes, et ce, surtout en ce qui a trait aux promesses faites qui ne seront pas tenues. Et si vous êtes étudiant ou si vous suivez des cours pour parfaire vos connaissances ainsi que vouloir vous enrichir d'une technique et/ou d'une formation spécialisée, il est plus que possible que vous serez en désaccord avec les enseignements du formateur.

Santé – Bien-être physique

Non seulement votre seuil d'énergie risque de vous faire plus défaut pendant la durée de cette phase, mais il en sera de même pour ce qui est de votre vigueur, de votre taux de résistance physique et de votre courage. Misez donc sur cette période pour vous ressourcer, pour entreprendre un programme d'exercices physiques ainsi que faire des randonnées à pied. N'empêche, demeurez vigilant en tout temps. Et bien que vous soyez un peu moins suractivé durant cette phase, cela ne voudra pas dire de rester là à ne rien faire ni d'être passif-agressif non plus. Au contraire, ne vous laissez surtout pas abattre. Profitez-en plutôt pour vous tenir occupé et rester en bonne condition physique. Mais, puisque vous aurez tendance à vous surmener et à pousser si fort la machine, vous risquez de battre de l'aile plus vite que vous ne le pensez, surtout que ce sera un temps où vous serez davantage vulnérable aux virus et aux contagions de toutes sortes. Il sera fortement avisé aussi de demeurer vigilant en tout temps lors de vos déplacements aller-retour au travail ou lorsque vous visiterez le cabinet de votre médecin ou celui de votre vétérinaire ainsi que toutes les autres institutions médicales alors que vous ne serez pas à l'abri d'un accident ou d'un incident possible. Veuillez être tout aussi prudent afin de ne pas tomber non plus. Or, si vous avez débuté un régime pendant cette période rétrograde, celui-ci ne fonctionnera pas. Toutefois, n'allez pas non plus vous infliger des restrictions excessives. Soyez plutôt raisonnable dans vos portions plutôt que de vous imposer de suivre ce régime à la lettre. N'empêche, il faudra faire attention à la gourmandise qui vous guette ! Prenez garde, vous pourriez aussi développer des problèmes osseux ou intestinaux. Vous serez sans doute plus nerveux aussi. Attention aux maux possibles avant que vous ne compreniez qu'il est temps de vous détendre. Cessez aussi de vous inquiéter pour des riens !

L'ÉCLIPSE SOLAIRE ANNULAIRE DU 14 OCTOBRE EN BALANCE – VOTRE X^{E} MAISON NATALE

Secteur de votre thème personnel le plus important, c'est ici que vous considérez comment la société vous regarde et quelle est votre position dans le monde extérieur. Voilà un temps où vous vous inquiéterez de savoir si votre travail est reconnu à sa juste valeur et si vous êtes également reconnu par vos supérieurs. Des promotions, des augmentations et d'autres formes de reconnaissance pourraient être accordées de même que refusées, sinon votre position dans votre carrière, travail, ou dans votre communauté pourrait être remise en question, ou serez-vous reconnu publiquement pour avoir atteint un objectif. Quoi qu'il en soit, cette éclipse a tout pour vous rendre célèbre tout autant que crever votre bulle si vous avez été trop ambitieux ou si vous avez négligé d'autres domaines de votre vie.

L'éclipse solaire en Balance – votre carré, est restrictive en ce sens que vos forces physiques seront diminuées. Si vous n'avez pas terminé le travail commencé le mois dernier, veuillez donc remettre la suite à des temps plus propices à la réussite de vos affaires. Agir en temps d'éclipse signifie temps perdu, énergie perdue, argent perdu. Soignez le moindre rhume, mais toute baisse de santé devrait être passagère.

Les hommes de votre signe solaire seront plus affectés, le Soleil étant le symbole de la masculinité. De bons éléments vous rendront capable de vous dépasser. Ce n'est pas un rhume qui vous empêchera de fonctionner, mais attention, il ne faudrait pas que ça dégénère en pneumonie non plus !

Cela étant dit, si vous respectez les règles du bon sens et si vous vous changez les idées, cette période n'aura guère d'impact sur vous. N'hésitez pas non plus à vous libérer de certains engagements pour profiter davantage de votre vie personnelle. Vous manquez de temps ! Pourtant, c'est plus qu'essentiel. Vous devez prendre des mesures et avoir une meilleure qualité de vie.

D'ailleurs, soyez avisé que vous serez plus fragile au niveau respiratoire. Les virus risquent d'avoir plus d'emprise sur vous. S'il est trop tard, faites-vous des infusions de thym, prenez de la vitamine C. Toutefois, ces petits conseils ne remplaceront pas votre médecin en cas de besoin. Néanmoins, un peu plus de fatigue est à prévoir en raison de l'éclipse. Or, reposez-vous !

P.-S. Vous êtes encouragé à prendre connaissance de tout ce qui est écrit au chapitre intitulé « Les Éclipses de 2023 » pour mieux vous familiariser avec toutes les mises en garde à respecter lors de toutes les éclipses.

LES POSITIONS LUNAIRES ET VOUS

À la fin du livre, vous trouverez le tableau des positions lunaires pour chaque jour de l'année 2023. Pour mieux tirer profit de la Lune au quotidien ainsi que connaître le rôle qu'elle jouera sur vos humeurs, lesquelles vont influer sur votre jugement et sur vos actes, référez-vous au chapitre intitulé « Méthode d'interprétation du calendrier des Lunes ».

Les divers passages de la Lune ne sont jamais neutres. S'il y a des moments pour l'action quand la Lune est néfaste, s'il faut prendre du recul quand elle ne l'est pas, les autres journées représentent, la plupart du temps, un mouvement vital plus lent. En général, quand la Lune passe en Taureau, en Vierge, en Scorpion, en Capricorne et en Poissons, vous êtes en forme, vous êtes à votre meilleur. Ces énergies, surtout celles du Taureau, de la Vierge, du Scorpion et du Capricorne vous placent en position de force. Là où vous devriez être prudent et où il serait préférable de prendre du recul, c'est lorsque la Lune se trouve en Bélier, en Cancer, en Balance, en Lion ainsi qu'en Gémeaux. Les Lunes en Sagittaire, en Verseau et en Gémeaux sont neutres par rapport à votre signe. Faites selon votre cœur et décidez à la dernière minute de vos sorties et de vos loisirs. Les gens seront plus indépendants et volontaires, ne les forcez pas à penser comme vous. Suivez-les dans des sentiers nouveaux, ils vous enseigneront des choses utiles. Vous devez vous tenir à la fine pointe de la nouveauté.

♒

Verseau

21 janvier au 19 février

LES DIFFÉRENTS ASPECTS DE VOTRE PERSONNALITÉ

Verseau – masculin, fixe, air

Vous avez tendance à être contradictoire et imprévisible. Avec Uranus comme planète maîtresse, vous pouvez être tout aussi tumultueux à vos heures, sans compter que votre liberté est primordiale dans votre vie.

Humaniste par excellence, votre bonté tend à se retourner facilement contre vous alors que vous êtes souvent victime de profiteurs, de parasites, de faux amis qui abusent carrément de vous et de vos largesses.

Doué pour les inventions de tous genres et reconnu pour votre côté avant-gardiste, vous avez la facilité d'influencer la masse. Vous êtes de ces gens qui créent leurs propres règles, qui se battent pour des causes désuètes et qui délibérément brisent les règles et les traditions établies, puisqu'ils sont friands de changement.

Les revers de situation sont votre spécialité. Voilà qui peut expliquer pourquoi les autres vous perçoivent comme étant erratique, rebelle, instable et sur qui on ne peut pas compter. Cependant, lorsque l'énergie d'un Verseau s'active, vous pouvez tout aussi bien vous consacrer à une cause ou à un idéal intellectuel avec une telle fermeté et une telle constance que c'en est désarmant.

CE QUI VOUS DIFFÉRENCIE DES AUTRES NATIFS DE VOTRE SIGNE

En tant que natif du 1er décan (du 21 au 31 janvier), Uranus est la planète maîtresse de votre signe, mais votre décan est sous la tutelle de Vénus et secondairement de Saturne, dont celle-ci est dite exaltée dans votre signe.

Ce duo d'énergie, Saturne et Uranus, vous donne de la dignité, de la créativité et vous avez en plus l'art de créer l'ordre là où régnait le chaos.

Quant à Vénus, elle vous donne une appréciation pour tout ce qui est beau, pour tout ce qui est luxueux. Même si votre tenue vestimentaire laisse parfois à désirer, vous n'en pensez pas moins. Il faut dire que ce sont surtout les hommes de ce décan qui tendent le plus à se laisser aller, soit par manque d'intérêt ou par désir d'être différents ou, encore, dans certains cas, de choquer carrément.

Uranus, qui joue un rôle déterminant dans votre horoscope, fait de vous quelqu'un qui a une forte personnalité ainsi qu'une nature originale accentuée d'exceptionnelles connaissances et d'aptitudes inventives. Elle vous donne aussi des idées brillantes, progressistes, avant-gardistes, sans compter que vous êtes attiré par des personnes qui sont différentes, peu ordinaires et animées d'expériences peu communes.

Vous avez besoin de stimulation mentale fréquente et vous souhaitez contrôler toute situation dans laquelle vous êtes impliqué. Vous avez aussi beaucoup de volonté et d'endurance, et vous aimez également être perçu comme une autorité.

Rebelle et conservateur dans un même temps, vous n'observez que les traditions qui ont de la valeur à vos yeux. Nerveux et précurseur, votre processus de pensée est unique en son genre et les personnes en viennent à respecter vos idées. Amical, curieux et honnête envers ceux qui vous entourent, vous vous attendez à ce qu'on vous traite de la même façon.

Intelligent et polyvalent, ces traits vous seront très utiles, tant dans votre vie privée que professionnelle alors que vous pourrez briller de toutes vos couleurs en vous exerçant dans un travail constructif qui vous permettra de définir votre propre horaire tout en mettant à profit vos talents, habiletés, compétences et intérêts.

Il importe d'utiliser à bon escient toutes les idées et méthodes nouvelles dans le but de mieux réaliser vos ambitions, sans pour autant mettre de côté certaines pratiques qui ont fait leurs preuves.

Il est possible que, dans votre vie, une aide ou un gain financier puisse se concrétiser grâce à un associé, un ami, la belle-famille ou par l'intermédiaire d'un voyage et/ou en ce qui concernera un projet d'éducation.

Vulnérable sentimentalement, vous avez tendance à cacher vos sentiments, mais vous les exprimez par des marques d'affection et de tendresse.

Cela n'empêche pas que la famille occupe une place très importante dans votre vie.

L'amour ainsi que parfois même le manque d'amour sont, en destinée, deux de vos préoccupations principales, mais davantage chez la gent féminine. Apprenez à exprimer vos remous intérieurs alors que cela vous fera le plus grand bien.

Votre profonde sensualité vous pousse à vivre pour les sensations fortes et pour les contacts charnels. Si vous vous mariez, choisissez un compagnon de vie qui est tout aussi entier que vous, passionné et qui saura enrichir votre vie par ses idées positives.

En tant que natif du 2e décan (du 1er au 10 février), vous êtes sous la gouvernance d'Uranus et de Saturne, mais votre décan est sous la maîtrise de Mercure. Voilà qui vous donne un esprit organisé et calculateur. Autant vous aimez communiquer vos pensées, autant vous vous frustrez facilement lorsque les gens ne peuvent pas les saisir ou comprendre vos visions avant-gardistes.

Aimable et confiant en vos propres moyens, ces qualités vous mèneront loin dans la vie. Intelligent, polyvalent et doté d'un tempérament indépendant, ces traits vous seront également très utiles et appréciables, tant dans votre vie privée que professionnelle.

La double influence mercurienne, pour faire suite à la Triplicité d'Air de votre signe solaire, exerce un effet profond sur vos intérêts et sur vos aptitudes. Bref, vous êtes capable de faire beaucoup de choses et il est probable que vous aurez plus d'une carrière au cours de votre vie, d'autant plus que vous avez l'intelligence ainsi que l'art de bien planifier et d'effectuer toutes les tâches complexes.

Plus intuitif, plus cérébral et plus intellectuel que ceux des deux autres décans, vous pourrez très bien exceller dans toute occupation qui demande de l'imagination.

Créateur-né, artiste-né, vous faites partie de ces gens qu'on rencontre le plus dans les milieux du cinéma, de la radio et de la télévision. L'ordinateur n'a pas de secrets non plus pour vous.

Déterminé et habile de vos mains, vous pourrez briller de tous vos feux dans un travail qui encourage vos multiples talents et habiletés. D'ailleurs, vous faites partie des natifs du Verseau qui sont les plus susceptibles d'être des hommes politiques, des écrivains ou des enseignants. Cependant, vous aurez à lutter fermement pour atteindre vos buts.

Si vous savez bien cibler vos visées, vous réussirez tout ce que vous entreprendrez grâce à votre merveilleuse ingéniosité sans bornes et votre sens des responsabilités. En revanche, il importera que vous puissiez exercer dans un travail constructif où vous pourrez mettre à profit vos nombreuses capacités, mais également dans un environnement qui vous permettra de définir votre propre horaire. Vous vous devez aussi d'apprendre à ne pas vous fier qu'aux apparences.

Puisque Mercure exerce une influence importante sur vos opinions, sur vos champs d'intérêt et sur vos capacités, vous pourrez tirer profit de nouvelles perspectives à travers des études, des voyages, de la lecture ainsi que par l'intermédiaire de gens de cultures différentes de la vôtre.

Autant vous êtes habité par une force intérieure implacable, autant vous tendrez à éviter de prendre trop de responsabilités sur vos épaules. Il n'en reste pas moins que vous prenez plaisir à vous enrichir de nouvelles connaissances ainsi qu'à développer cet esprit brillant qu'est le vôtre.

En amour et sous les influences mercurienne, saturnienne et uranienne, il va de soi que vos démonstrations affectives sont empreintes de délicatesse sans compter que vous avez aussi un constant besoin de communion intellectuelle et spirituelle avec l'être aimé. Par conséquent, votre charme sans équivoque et votre goût d'être libre vous attireront des personnes qui veulent un partenaire de vie pas comme les autres et qui ne sera pas possessif non plus, mais également qui ne se cramponnera pas à l'autre sans cesse. L'individu qui voudra gagner votre cœur et garder votre amour devra avant tout être un ami, mais également quelqu'un qui respectera votre besoin de liberté.

En tant que natif du 3e décan (du 11 au 19 février), Uranus joue un rôle de premier plan dans votre thème natal puisqu'elle est votre planète maîtresse. En ce qui concerne votre décan, ce dernier est régi par la Lune et secondairement par Vénus pour faire suite à la Triplicité d'Air qu'est votre signe solaire. Saturne joue aussi un rôle clé alors qu'elle est dite exaltée dans votre signe.

Pour ce qui est de la Lune, cette planète vous octroie de forts instincts et émotions, et elle fait aussi de vous une personne intuitive, compatissante, sensible et profonde. Changeant et également plus instable, vous êtes toutefois le plus fantaisiste des trois décans de votre signe.

Quant à Vénus, elle vous donne du charme, de la beauté ainsi que du *sex-appeal,* et une appréciation marquée pour les belles choses de la vie. Vous dégagez également un tel charisme, voilà pourquoi les gens sont attirés vers vous. En dépit de tout cela, vous avez quand même besoin de vos moments de solitude, sans compter qu'il importe pour vous que vous restiez en contact avec le côté spirituel de votre nature.

Sensible, intuitif et plein de compassion, vous avez des goûts bien arrêtés. Bref, vous voulez que les choses soient faites correctement, ce qui signifie à votre manière. Vous pourrez bien exceller dans la vie en tirant profit d'emplois ou d'activités qui traitent avec le public, la foule, les femmes, les enfants, l'immobilier, la science, les produits cosmétiques.

Vous pourrez également atteindre une position enviable, surtout si vous exercez dans la conception et le design de bijoux, en tant que styliste, chef de cuisine, acteur, animateur de radio, acteur, médecin vétérinaire, esthéticienne ou astrologue, ce qui vous servira bien d'autant plus si vous savez mettre à profit vos multiples talents, compétences et habiletés à bon escient.

Puisque vous êtes plus émotif et plus romantique que les deux autres décans de votre signe, votre nature agitée est parfois difficile à gérer pour les autres étant donné que vous êtes en quête d'excitation et que vous tendez à changer d'opinion assez souvent. On peut même confirmer que vous êtes d'humeur inégale.

Romantique et sensible, vous affichez des tendances très poussées à la rêverie et à la contemplation. Il faut dire que vous n'êtes pas toujours très pratique et que parfois, vos rêves dépassent souvent vos réalisations. Veuillez ne pas laisser votre imagination prendre le pas sur la raison, même si ce ne sera pas nécessairement facile en périodes de Pleine Lune et d'Éclipse Lunaire. Avec un peu plus de discipline, vous pourrez en venir à bout.

Sous l'influence lunaire, le domaine sentimental vous influence plus particulièrement alors que vous désirez être aimé et apprécié à votre juste valeur. Vous aspirez avant toute chose à obtenir la tendresse et l'affection de l'être aimé.

Sensuel et imaginatif, il importe qu'une atmosphère tendre et chaleureuse abrite votre refuge, votre havre de paix afin que vous puissiez mieux exprimer en toute sécurité vos sentiments les plus profonds.

Côté cœur, les gens qui vous entourent sont très attirés et intrigués par votre nature libertine. Effectivement, vous pouvez être parfois fougueux et un peu volage à vos heures. Mentionnons que les conventions, ce n'est pas pour vous. Malgré tout, vous souhaitez une relation durable et solide.

Si vous décidez de vous marier ou de vivre en couple, veuillez choisir une personne qui est énergique, entreprenante, qui sait ce qu'elle veut, mais qui respectera aussi votre besoin de liberté.

CE QUE LES ASTRES VOUS RÉSERVENT EN 2023

Jupiter en Bélier – du 20 décembre 2022 au 16 mai 2023 – votre IIIe maison natale

Jupiter est fondamentalement une planète qui se déplace lentement. Elle a tendance à rester dans un signe et une maison pendant une année entière. Mais en 2023, elle se déplace exceptionnellement vite – elle traverse en fait deux signes et maisons. Elle commence l'année en Bélier, votre IIIe maison. Puis elle se déplacera en Taureau, votre IVe maison, pour le reste de l'année et plus encore, soit jusqu'au 25 mai 2024. Tout ceci est très inhabituel et nous donne des messages importants. Jupiter en Bélier sera un excellent transit pour le développement personnel ainsi que pour l'acquisition de nouvelles compétences. Vous serez plus curieux que d'habitude, et plus désireux d'apprendre de nouvelles choses et d'améliorer vos compétences. Le temps sera bien choisi aussi pour améliorer vos compétences en communication, pour ouvrir un blog ou écrire un livre. Soulignons qu'avec Jupiter en Bélier, vous vous sentirez plus dans votre élément, car le feu (Bélier) est beaucoup plus à votre goût. Par conséquent, ce transit devrait vous rendre assez intrépide dans la poursuite de votre propre chemin, quel qu'il soit. Votre esprit conscient et votre routine quotidienne se développeront à pas de géant. Or, si vous êtes écrivain de métier, vous adorerez le transit en Bélier ; il développera tout ce que vous écrivez ainsi que le genre de choses que vous écrivez, et il élargira vos options de publication. Si vous êtes jeune, cela pourrait signifier aussi un nouveau frère sinon une nouvelle sœur pour vous avant que le transit ait pris fin. Il y aura également une possibilité de déménagement dans un nouveau quartier. Et si cela se produit, le quartier sera plus grand et plus joli que celui où vous vivez. Cela dit, vous savez beaucoup mieux ce qui vous convient et le plus beau, c'est que vous êtes en mesure de l'atteindre aisément. La première partie de 2023 est consacrée à la diplomatie et au service – ce que vous pouvez faire pour les autres sans penser à la compensation. L'année 2023 en est une pour donner des conseils, pour pratiquer la gentillesse ainsi que trouver des solutions innovantes aux défis quotidiens. Bien sûr, vous vous monterez facilement à la hauteur de la situation. Les mots clés pour les cinq premiers mois sont communication et mouvement. Vous aurez plus besoin que d'habitude d'échanger avec les autres ; vous aurez soif de nouveaux contacts, vous chercherez les occasions de partager, de fraterniser. Jupiter en Bélier sera également porteur aussi d'une certaine vivacité dans votre façon de communiquer, une sorte d'intrépidité qui vous poussera à essayer la nouveauté et l'inexploré ainsi qu'une expansivité dans votre vie quotidienne que vous apprécierez. Vos idées auront tendance à arriver maintenant rapidement et furieusement, et même si vous ne les saisissez pas toutes, vous devriez enregistrer les meilleures pour référence future. C'est une période où vous pourriez écrire une tempête et/ou les opportunités abonderont à votre porte. Vous pourriez même entreprendre des études qui vous rapporteront plus tard. Votre vie sociale sera en pleine effervescence et le téléphone ne cessera de sonner. De plus, de nouveaux contacts dans votre région pourraient s'avérer payants. Vous pourriez aussi trouver une aventure financière heureuse qui impliquera vos amis ou vos frères et sœurs. Or, préparez-vous puisque ça va bouger royalement au cours des cinq prochains mois de l'année. La vie vous réserve bon nombre de surprises et de votre côté, vous aurez le goût de tout changer : vous transformerez votre environnement, votre attitude et vos valeurs évolueront considérablement.

Quant à vos affaires, Jupiter en Bélier, un signe de feu beaucoup plus compatible avec votre Soleil en signe d'air, où il sera pour moins de six mois, ce transit peut développer pratiquement n'importe quel domaine de votre vie, mais il améliorera certainement vos capacités de communication. Et si vous pouvez bien parler, bien écrire et faire passer vos idées, votre carrière en bénéficiera, votre vie personnelle en bénéficiera ; vous comprenez l'idée. Financièrement, l'année s'annonce en dents de scie. À certaines périodes, vous ferez beaucoup de sous, tandis qu'à d'autres, les rentrées pécuniaires seront moins importantes. Mais avec un peu de planification et en mettant de l'argent de côté lorsqu'il abonde, vous ne serez jamais ainsi pris au dépourvu. Il ne s'agit pas d'une année extraordinaire, mais plutôt d'un cycle agréable durant lequel vous aurez le plein contrôle des événements. Non seulement votre situation se stabilisera, mais vos finances progresseront lentement, mais sûrement. Étant dans un cycle propice aux changements, au renouveau, aux déplacements et aux déménagements, n'allez pas être surpris que ce transit apporte des changements dans vos relations avec vos proches et vos voisins, et au sein de votre communauté. Vous serez occupée par de nombreux déplacements ou voyages, et par une année merveilleuse pour écrire, enseigner, jouer et promouvoir vos idées. Vous serez très enthousiaste à propos de quelque chose. En fait, vous serez carrément optimiste ! Peut-être que cette injection d'argent ou ce coup de pouce à vos revenus en 2022-23 a fait l'affaire.

Pour ce qui est de vos amours, vous appartenez à l'un des signes les plus sociables du zodiaque et vous avez fondamentalement besoin d'être entouré. Pourtant, avec le temps, vous avez compris que la qualité des relations compte beaucoup plus que leur nombre. En 2023, la communication, l'échange et le dialogue seront des priorités pour vous. Vous vous ferez de nouveaux amis, vous élargirez aussi votre cercle de relations et vous éloignerez progressivement également ceux qui ne partagent ni vos aspirations ni vos valeurs. Si vous souhaitez élargir votre cercle de connaissances, optez pour les cinq premiers mois de l'année, puisque la vie placera sur votre route quantité de gens intéressants, peut-être même un être compatible pour les solitaires.

En ce qui a trait à votre santé, les cinq premiers mois de l'année devraient se dérouler sans embûche. Ce sera une période en or pour vous ressaisir, mais également pour améliorer votre santé et même votre apparence. Quant au reste de l'année, vous aurez tendance à vous laisser aller, à négliger votre alimentation et vos bonnes résolutions, ce qui risque, à la longue, de se retourner contre vous. Cependant, si vous faites le contraire, vous n'aurez à redouter ni les fluctuations de poids ni les malaises. Pour mieux traverser l'année sans difficulté, optez pour une attitude préventive. N'ignorez pas les signaux que vous enverra votre corps dès la mi-mai, alors qu'abuser de vos forces pourrait vous nuire ou vous causer un ennui. Sans doute est-il grand temps de mettre un peu d'ordre dans vos habitudes de vie. En agissant de la sorte, tout ira comme sur des roulettes.

Jupiter en Taureau – du 16 mai 2023 au 25 mai 2024 – votre IVe maison natale

Vous risquez d'être bousculé par le transit de Jupiter en Taureau – quatrième secteur de votre thème natal, alors que les choses risquent de ne pas aller comme vous l'aviez prévu ou souhaité et, parfois, vous sentirez que l'orientation de votre destinée vous échappe tout à fait. Il vaudra mieux agir avec discernement ainsi que proscrire toutes les imprudences de même que les coups de tête. Cela dit, Jupiter, soit la planète qui gouverne votre XIe maison natale des amis, des groupes et de la technologie, vous tendrez à recevoir des amis à la maison (plus que vous ne le faites habituellement). Des amis pourraient venir séjourner chez vous pendant un certain temps ou votre maison pourrait être le lieu de rencontre de groupes et d'organisations. Moindrement, vous installerez possiblement des gadgets de haute technologie dans votre demeure ou vous mettrez à jour la propriété sur le plan technologique. À un niveau plus profond, il sera question de la réalisation de vos « espoirs et souhaits les plus chers » pour la famille et la maison. Votre maison deviendra ce que votre souhait le plus cher a été.

Quant à vos affaires, Jupiter en Taureau, pour une durée d'un an, soit jusqu'au 25 mai 2024, et qui s'oppose à votre secteur de carrière, alors qu'il élargira certaines facettes de votre vie domestique, vous pourriez trouver qu'il élargira également vos options professionnelles, particulièrement avec Uranus dans le tableau. Les cinq premiers mois de l'année se dérouleront dans un certain désordre, mais dites-vous que ça ne durera pas. Entretemps, n'allez pas accorder votre confiance au premier venu non plus, car cela pourrait vous jouer des tours. N'empêche, l'année se prêtera bien pour voyager, déménager ou encore pour rénover.

Pour ce qui est de vos amours, voilà que le transit en Taureau apportera toutes sortes de bénédictions. Tout d'abord, il apportera l'harmonie dans la situation familiale. S'il y a eu des problèmes là-bas, vous aurez là une très bonne occasion de les corriger à présent. Cela montre aussi plus de divertissements et de socialisation à la maison. Il pourrait s'agir de réunions strictement familiales ou de rencontres plus formelles. Il montre également l'embellissement de la maison. Songerez-vous à repeindre, sinon à décorer à nouveau ou acheter des objets de beauté pour la maison (probablement des objets d'art). Si tel n'est pas le cas, votre vie de famille et votre environnement domestique connaîtront une expansion. Vous allez peut-être agrandir votre maison ; elle deviendra plus spacieuse, plus opulente ou déménagerez-vous dans un endroit plus grand. Il est tout aussi possible que quelqu'un emménage dans votre maison ou qu'il y ait une naissance. D'une manière ou d'une autre, l'unité familiale s'agrandira. Souvent, ce transit montre l'achat de maisons ou de propriétés supplémentaires, ou la rénovation de la maison existante afin que ce soit « comme si » vous aviez déménagé. Il y aura une bonne fortune dans l'achat et la vente de maisons et un très bon soutien familial. Cela étant dit, vous ferez encore un peu de ménage dans vos relations alors que vous n'avez plus envie d'être le seul à faire des compromis. Vous serez amical avec la famille – ce ne seront pas seulement des « liens du sang » – des obligations – mais une véritable amitié. Et en plus de rencontrer des personnes qui sont « comme une famille » pour vous, des amis viendront séjourner chez vous au cours des douze prochains mois.

En ce qui a trait à votre santé, votre pire ennemi sera essentiellement la négligence. Si vous n'écoutez pas les messages que votre corps vous envoie, vous risquez d'en subir les conséquences, pas plus tard qu'à partir de la seconde partie du mois de mai, et la même chose si vous abusez de vos forces, ou encore si vous vous croyez invincible. Possiblement que vous vous sentirez également blasé par tout et rien !

Saturne en Poissons – du 7 mars au 31 décembre 2023 – votre IIe maison natale

Parce que Saturne est une planète karmique – comprendre qu'elle influence votre chemin de vie, votre karma – vous allez apprendre comment gérer les répercussions de vos actes passées. Saturne en Poissons est la clé pour vous concentrer sur les changements que vous ressentez à l'intérieur de vous-même et sur les changements qui pourraient affecter vos proches lors des deux prochaines années. En astrologie, Saturne est connue comme étant la planète « sérieuse » du zodiaque. Elle a été appelée la planète de la discipline, du temps et des fois aussi l'enseignante. Saturne a parfois mauvaise presse, car nous combattons souvent les changements saturniens. Elle nous enseigne la « responsabilité » dans de nombreux domaines de notre vie qui pourraient grandement bénéficier d'un peu d'amélioration. Naturellement, l'instinct et l'ego nous suggèrent d'abord de lutter contre tous ces changements, jusqu'à ce que nous apprenions finalement à admettre que ceux-ci nous freinent d'une manière ou d'une autre. C'est ce que Saturne enseigne : la nécessité de changer nos habitudes ou de changer quelque chose sur soi-même qui pourrait bénéficier d'une petite refonte. Or, si vous apprenez à vous détendre et à ne pas craindre ce cycle de transformation de Saturne, vous découvrirez que vous pouvez bénéficier considérablement de sa sage tutelle. Ne vous retenez pas – et n'ayez pas peur de reconnaître ou même d'admettre le besoin d'amélioration, puisqu'apprendre à suivre le flux de Saturne pourrait s'avérer une expérience de croissance très positive. Il n'y a pas d'autre planète dans tout le système solaire avec les capacités d'enseignement que Saturne a à offrir. Cela dit, Saturne signe le début de l'année en Verseau. Une fois installée en Poissons, dès les premiers jours du mois de mars, les deux prochaines années qui verront passer Saturne dans ce secteur de votre thème natal marqueront un cycle de transition entre les expériences passées et futures. À cet effet, avez-vous utilisé toutes vos cartes de crédit ? Et vous disputez-vous sans cesse pour de l'argent ? Ou redoutez-vous de répondre au téléphone parce que vous pouvez ressentir que c'est cette répugnante agence de recouvrement ? Quoi qu'il en soit, votre leçon de vie pendant ce transit est d'apprendre à devenir plus responsable et conscient de votre situation financière. Les règles sont très simples : Tout ce que vous avez à faire est d'arrêter de dépenser à outrance et de commencer à épargner. Si vous ne le faites pas, vous vous retrouverez endetté et vous n'aurez personne d'autre à blâmer que vous-même. Il est temps de vous débarrasser de ces habitudes puériles auto-indulgentes et de modifier votre comportement avec une bonne dose de frugalité à la maison. Vous n'êtes pas obligé d'acheter tout ce que vous voyez. Vous êtes dans une phase où vous devez apprendre à conserver votre argent, car ce proverbial « jour de pluie » pourrait arriver plus tôt que prévu. Préparez-vous dès maintenant pour ne pas être pris au dépourvu. Saturne vous demande d'apprendre à développer une attitude plus mature à propos de vos habitudes de consommation et il n'y a pas de meilleur moment que maintenant. Cette prise de conscience sur le rôle de l'argent est primordiale. Si, pour être heureux, vous avez besoin d'un apport régulier d'argent, établissez une structure qui vous mettra à l'abri des hauts et des bas. N'attendez pas que le voisin agisse pour vous et n'allez pas vous attendre non plus à voir les solutions arriver rapidement : tout semblera bloqué. Vous n'aurez pas grand-chose, mais rassurez-vous, vous ne manquerez malgré tout de rien. Il se pourrait même qu'une lumière s'allume au bout du tunnel et que des espérances deviennent réalité à la toute fin de ce transit pour le moins désagréable. Or, prenez votre mal en patience, réfléchissez bien pour changer d'orientation si c'est nécessaire, serrez les cordons de la bourse et vous serez récompensé de vos efforts.

LES PHASES RÉTROGRADES DE MERCURE POUR 2023

Mercure rétrograde en Capricorne – du 29 décembre 2022 au 18 janvier 2023 – votre XIIe maison natale

Climat général

Voilà une période où vous risquez d'être généralement plus distrait. Pour diverses raisons, vous aurez peine à vous entendre avec certaines personnes ; l'être sociable que vous êtes habituellement aura besoin d'un peu de recul et peut-être même de repos. En fait, votre plus grand rêve sera probablement de vous évader avec un bon livre, de vous enfermer à double tour dans la maison ou d'avoir les deux pieds dans le sable chaud en solo, si l'occasion vous le permet. Vous aurez besoin de temps pour réfléchir à tout et à rien, et ce sera une excellence période pour songer à entreprendre de la méditation ou suivre des cours à saveur artistique. Bref, lâchez prise sur le plan cérébral et laissez-vous transporter davantage par vos intuitions et par vos sensations. Cela étant dit, il n'en demeure pas moins que ce sera un temps où vous serez plus difficile à comprendre et à saisir, et vous aurez tendance également à susciter bien des points d'interrogation chez les autres, et vous en serez parfaitement conscient. C'est vraiment à se demander si vous ne le ferez pas exprès pour vous attirer ce genre d'attention. En dépit que vous puissiez encourir des hauts et des bas, cette période vous permettra aussi de réaliser comment sincères sont vos amis ainsi que les personnes qui vous entourent.

Travail – Finances

Voilà un temps où l'aspect de la santé semblera dominant pendant cette période dans votre milieu professionnel. Certains jours, vous pourriez devoir prendre congé pour soigner un vilain rhume et à d'autres moments, vous devrez prendre en charge les tâches de vos collègues qui seront restés à la maison. Si vous craignez un peu pour votre emploi en raison de la conjoncture économique, ce ne serait pas une mauvaise idée non plus d'entreprendre une formation qui pourrait vous conduire à une carrière plus solide dans un proche avenir. Mais n'ayez crainte, vous trouverez toujours les moyens de vos ambitions. D'ailleurs, ne dit-on pas qui ne risque rien n'a rien ! Vous aurez fortement besoin d'avancement et peut-être même de changements profonds, mais ce n'est pas en attendant que la vie le fasse pour vous que vous aurez le poste qui vous convient, et c'est encore moins en claquant des doigts que tout se mettra en place comme par enchantement. Tâchez de réunir les bons arguments avec preuves à l'appui et aller voir vos patrons, ils ne sauront refuser vos demandes. Ce sera la même chose pour l'obtention d'une promotion; vous aurez même le droit de tenter votre chance vers une autre entreprise. Tous les changements vous seront favorables. Et en tant que dirigeant et travailleur autonome, des associés, sinon d'importants clients commenceront à vous taper sur les nerfs, au point où vous pourriez réfléchir à une manière de vous passer d'eux. Par contre, il ne sera pas souhaitable de passer aux actes pendant cette période; retirez-vous doucement pour éviter les confrontations et observez la situation le plus calmement possible. Vous serez certainement récompensé bien assez tôt pour votre patience.

Amour – Sentiments
Que se passe-t-il dans votre cœur? Le savez-vous vous-même? Voilà un temps où vous ne serez pas véritablement passionné par votre relation et vous douterez peut-être même de vos propres sentiments à l'endroit de votre partenaire de vie. Mais peut-être vous sentirez-vous aussi mis de côté, abandonné par moments et vous ne saurez probablement pas comment réagir à cette situation. Vous pourriez même être tenté de verbaliser votre frustration, mais dites-vous que ce n'est pas ça qui fera renaître la passion dans votre relation. Bien au contraire, vous mettriez plutôt de l'huile sur le feu. La patience sera de mise et la réflexion à l'honneur à ce moment. Sensiblement, vous aurez sans doute besoin d'air, de voir du monde, de vous amuser et de faire des activités afin de décrocher de la triste réalité du quotidien. Vous pourriez faire tout cela seul ou en couple. Évidemment, il est possible que votre partenaire soit casanier ou encore très jaloux lorsque vous partirez fréquenter vos amis, mais c'est bien la dernière chose à faire à un Verseau que de l'attacher et le brimer dans sa liberté. Et vous n'aurez pas de remords de conscience en brisant une relation malsaine. Tout le contraire sera possible également alors que l'être aimé pourra très bien être celui ou celle qui vous entraînera dans de nombreuses activités et cela relancera certainement tout l'amour que vous éprouverez l'un pour l'autre. Si vous êtes célibataire et que tout récemment vous avez fait des rencontres plutôt décevantes, les unes après les autres, cela risque de se dérouler dans le même sens pendant cette phase. D'ailleurs, si vous entretenez à ce jour quelques communications avec certaines de ces personnes pour voir jusqu'où ça ira, vous prendrez probablement la décision de mettre un terme à vos fréquentations présentes afin d'être véritablement disponible pour l'âme sœur qui aura toutes les chances de se manifester plus

durant la seconde partie du mois de janvier, soit une fois que Mercure aura repris son mouvement direct.

Famille

Étape par étape, succès après succès, votre enfant ou vous-même finirez bien par obtenir votre diplôme, surtout si vous avez décidé de faire un retour aux études, mais il vrai que cela pourra sembler long avant de le décrocher. D'ailleurs, il est possible que des membres de votre famille tentent de vous décourager dans le choix de vos études en vous signalant qu'il ne vous sera peut-être pas facile d'y faire fortune. Écoutez votre cœur, l'important est que vous soyez heureux alors que l'abondance suivra.

Santé – Bien-être physique

Voilà un temps où vous risquez d'être plus nerveux et vous aurez tendance également à vous replier sur vous-même, à vous inquiéter, à réfléchir sur l'avenir. Veuillez vous pardonner pour toutes les erreurs commises, mais apprenez aussi de celles-ci ; bien entendu, vous ne pourrez pas changer le passé, cependant vous pourrez éviter de commettre les mêmes erreurs à nouveau. Par ailleurs, vous serez véritablement bombardé par des micro-organismes durant cette période. Or, attention de ne pas affaiblir inutilement votre système immunitaire à cause de l'alcool ou autres. Vous pourriez aussi être victime d'un bête accident ou d'un incident fâcheux.

Mercure rétrograde en Taureau – du 21 avril au 14 mai 2023 – votre IVe maison natale

Climat général

Voilà un temps où les déplacements seront particulièrement nombreux ce mois-ci, peut-être parce que vous serez à la recherche d'un nouvel appartement ou d'une maison. Il sera avisé d'être prudent lorsque vous vous retrouverez derrière le volant. Et si vous envisagez de déménager prochainement, il y aura de nombreux préparatifs à faire assez rapidement ; il y a aura une forme d'urgence à ce sujet que vous ne pourrez plus négliger. Et si vous avez de jeunes enfants, ils seront plutôt hyperactifs et vous devrez faire un peu plus de discipline avec eux. Souhaitons qu'ils finissent par comprendre le gros bon sens. Entre-temps, l'idée que vous devrez peut-être revoir des décisions ou des événements passés, en particulier concernant les dépenses ou encore pour ce qui est de votre logement, sera plus que possible. N'empêche, n'allez pas apporter des modifications que vous souhaitez conserver.

Travail – Finances

Vous aurez beau vous démener, les choses n'iront pas assez vite à votre goût. Au lieu de vous impatienter ou de brusquer les événements, profitez-en plutôt pour mettre de l'ordre dans vos affaires et pour bien planifier les projets que vous pourrez mettre sur pied une fois que Mercure aura repris son cours normal. D'ici là, vous aurez à répondre à une vaste clientèle ; il y aura beaucoup de personnes autour de vous et vous pourriez devoir répéter constamment les mêmes instructions. Devant tout ce surplus de travail, vous devrez sensiblement en apporter à la maison ou devoir faire quelques heures supplémentaires sans nécessairement être rémunéré pour celles-ci, vous obligeant ainsi à vous organiser avec les autres membres de la famille. Il n'en demeure pas moins que vous ne pourrez choisir meilleure période pour songer à lancer votre entreprise de chez vous. Cela étant dit, en tant que dirigeant, patron et travailleur autonome, la peur de l'échec est souvent une profonde motivation pour réussir. Par conséquent, il est possible que vous soyez confronté à une situation où vous devrez négocier quelque chose où vous n'êtes pas à l'aise. La seule manière de réussir sera de vous faire sortir de votre zone de confort et de confronter la situation grâce à votre charisme et à votre volonté. Si vous êtes à la recherche d'un emploi, vous ne saurez plus où donner de la tête. Vos recherches sembleront infructueuses malgré les nombreuses options qui s'offriront à vous et vous pourriez même accepter un poste qui ne vous conviendra guère si vous êtes dans une situation désespérée. Prévoyez recevoir de lourdes responsabilités qui ne feront pas nécessairement partie de votre description de tâches et vous serez en mauvaise posture pour les refuser. Il se pourrait également que l'on cherche à vous pousser à bout enfin que vous fassiez quelques erreurs ou bévues, possiblement pour éviter de devoir vous payer selon vos compétences. En fait, il sera difficile de faire valoir vos droits, mais vous serez en mesure de vous rattraper une autre fois.

Amour – Sentiments

Vous ne serez pas toujours diplomate lorsque viendra le temps d'exprimer ce qui vous habite et vous risquez d'être parfois assez froid et même distant face à votre partenaire de vie devant une situation compliquée. Si vous avez des enfants à la maison, ils seront une sorte de tampon qui vous permettra de trouver une solution au conflit que vous vivez. Personne n'a intérêt à ce que votre union se brise. Au contraire, c'est précisément ce qui vous permettra de vous ressaisir et d'analyser la situation avec logique afin de retrouver l'harmonie, le désir de poursuivre votre relation, de faire des projets communs et de planifier votre retraite. Il n'en demeure pas moins que l'aspect affectif pourra être relégué aux oubliettes durant cette période et avant de parvenir à briser la glace, il faudra communiquer les mots clairs, nets et précis pour vous faire comprendre. Avec de belles paroles, vous aurez plus de chances d'obtenir toutes les faveurs que vous souhaitez de la part de votre chéri. En tant que célibataire, si vous n'êtes pas à l'aise avec votre apparence, vous serez davantage plus réservé pendant cette période. Ce sera plus avec les aspects cérébral et intellectuel que l'on pourra réussir à vous séduire. Bien que vous ayez tendance à vous plaindre davantage d'être seul, en aucun cas vous ne voudrez faire de la place non plus à quelqu'un à vos côtés. On pourrait vous présenter des gens, mais vous les renverriez avec vigueur ou vous seriez désagréable à leur endroit. Bref, vous n'aurez pas le caractère qui favorisera les rencontres, même si vous souhaitez le coup de foudre. D'une certaine façon, c'est peut-être mieux puisque vous ne serez pas à l'abri de rencontrer un beau parleur ; il vous encensera peut-être bien avec les plus beaux mots d'amour, mais sa sincérité risque d'être assez douteuse. Et l'idée que vous puissiez aussi faire la rencontre d'un ancien amour de jeunesse est également possible, cependant, vous ne succomberez pas à la tentation d'aller plus loin. Vous vous intéresserez davantage aux beaux souvenirs qu'il vous apporte ; un peu de nostalgie se fera sentir.

Famille

Vos enfants occuperont toute la place et vous dépenserez beaucoup d'énergie pour eux. L'idée que l'un de vos enfants ou un proche vous cause certaines inquiétudes sera possible et le problème ne sera pas aussi facile à régler que vous le pensiez. Malgré tout, votre détermination et votre patience feront en sorte que tout finira par s'arranger.

Santé – Bien-être physique

Attention à votre alimentation et protégez vos chevilles. Et si vous ressentez un engourdissement dans les mains ou les jambes, n'attendez pas que ça s'aggrave. Vous devrez être particulièrement vigilant aussi parce qu'un mauvais réflexe, sinon une négligence pourrait se retourner contre vous. Surveillez vos états d'âme.

Mercure rétrograde en Vierge – du 23 août au 15 septembre 2023 – votre VIIIe maison natale

Climat général

Bien entendu, c'est le retour à la vie active ! Ce qui signifie que vous aurez sûrement beaucoup de choses à faire, peu importe que ce soit pour votre travail, la famille ou vous personnellement. En fait, le temps sera une denrée rare pendant cette période, parfois assez majeur, parfois pour des peccadilles, et c'est surtout dans ces moments-là que vous risquez de vous mettre les nerfs en boule. Croyez-moi, il y aura beaucoup d'éléments qui viendront tâter les limites de votre patience. À cet effet, une situation personnelle ou familiale viendra toucher à quelques cordes sensibles et vous pourriez avoir droit à des crises. Vous vivrez toute la gamme des émotions et devrez apporter des changements et peut-être recommencer ce qui aura déjà été fait. Et si un membre de votre famille est souffrant, vous devrez probablement en prendre soin. D'ailleurs, vous pourriez prodiguer des soins avec un tel succès qu'il pourrait se croire en bien meilleur état. Cependant, il y a un important risque de rechute et c'est plutôt là que vous aurez de véritables efforts à donner.

Travail – Finances

Peu importe la situation ou le sujet, il y aura de l'obstination dans l'air, ce qui risque de retarder certains projets. Une chose est sûre, vous devrez cesser d'écouter tout le monde et chercher vos propres réponses. Vous ne pourrez que compter sur vous-même pour prendre une décision. Si vous sentez l'appel de la transformation radicale, suivez-le donc. Vous bénéficiez d'une expérience de vie et de travail, mais vous aurez également une audace peu commune pour vous introduire à peu près n'importe où. Si vous ambitionnez de travailler pour telle entreprise, allez poser votre candidature : il serait étonnant qu'on vous refuse. Au départ, sans doute dira-t-on que vous êtes plus qu'audacieux, mais cette attitude plaira énormément. Le temps est venu d'oser ! Cela dit, la pression et les stress seront si intenses que vous ne serez plus certain de vouloir y être encore la journée suivante. Vous aurez grand besoin que la situation s'améliore, autrement vous claquerez la porte sans même demander votre reste. En fait, vous aurez l'impression d'avoir des ennemis partout et que tout ce que vous faites n'est pas correct. Il vaudra peut-être mieux partir et chercher des horizons plus intéressants. Toutefois, votre budget ne vous permettra probablement pas un tel luxe et vous devrez plutôt vous armer de patience, vous plier aux exigences de la direction et mettre de côté votre orgueil quelque temps. Entre-temps, si vous exercez dans le domaine des communications tel que les médias, vous serez débordé. Et si vous travaillez dans le secteur de l'imprimerie, il risque d'y avoir, malheureusement, des petits problèmes. Vous pourriez faire moins d'heures qu'à l'habitude ou sera-t-il question de fermeture de l'entreprise, mais plus rarement. Et si vous gagnez votre vie en prenant soin des personnes malades ou âgées, plusieurs situations d'urgence vont se présenter pendant cette période. Et enfin, si vous gardez des enfants, il faudra que vous redoubliez de prudence alors qu'ils seront très vite sur leurs pattes, mais aussi imprudents.

Amour – Sentiments

Voilà une période où vous aurez tendance à dramatiser un événement banal et aussi à prêter à votre partenaire de vie des intentions qu'il ou elle n'a pas. Le contraire sera tout aussi applicable : loin des yeux, loin du cœur de votre chéri(e), si vous êtes souvent sur la route, vous aurez l'occasion de le ou la tromper. Vous serez la seule personne à pouvoir décider de le faire ou non, mais il n'en demeure pas moins que la tentation sera au rendez-vous ! Et si vous succombez à une aventure, de grâce, ayez la sagesse de prendre toutes les précautions nécessaires lors de vos pratiques sexuelles. Cela dit, l'idée que des amis que vous accueillez par bonté deviennent des envahisseurs sera tout aussi possible. Et tout le temps qu'ils passeront dans votre demeure, ils finiront par vous brouiller avec l'être aimé. Si tout va bien entre l'amoureux et vous, de grâce chassez les parasites, alors que vous serez plus vulnérables et plus fragiles que vous ne l'imaginez pendant toute cette période. En tant que célibataire, l'âme sœur sera au rendez-vous, cependant, il est possible que vous preniez du recul dès vos premières fréquentations étant donné l'importance des sentiments ressentis pour cette douce personne. En fait, vous voudrez prendre le temps de vous pincer afin de bien vérifier que vous ne rêvez pas. Cette personne transformera votre vie dès la seconde partie du mois de septembre, et plus encore aussi lorsque Mercure aura repris sa marche directe, et c'est exactement ce dont vous aviez besoin. Laissez le temps faire les choses !

Famille

Voilà un temps où vos enfants risquent de ressentir davantage votre stress. Il faudra possiblement aussi protéger vos petits contre vos grands qui pourraient s'amuser à leur faire peur. Le temps ne sera pas à la paix, ça c'est sûr ! Si vous habitez un quartier où sévissent quelques intimidateurs, gardez un œil vigilant sur vos enfants pour qu'ils ne subissent aucun « taxage » de leur part. Il sera également nécessaire d'en parler avec d'autres parents pour que les fauteurs de troubles soient arrêtés au plus vite. Sachez qu'il est possible aussi que vous appreniez la nouvelle qu'une personne près de vous ou de votre entourage immédiat soit malade. Aussitôt, vous volerez à son secours. Par ailleurs, peut-être serez-vous la seule personne dans la famille à vous déplacer pour en prendre soin.

Santé – Bien-être physique

N'allez pas négliger de voir votre médecin si vous subissez un quelconque malaise ou inconfort. Le temps se prêtera bien aussi pour passer votre examen médical annuel, si cela n'a pas été fait, et encore plus si vous avez de fréquentes baisses de vitalité. Ne manquez pas non plus de faire vérifier votre taux de cholestérol, juste au cas où.

Mercure rétrograde en Sagittaire – du 13 décembre 2023 au 1er janvier 2024 – votre XIe maison natale

Climat général

Vous pourrez mieux traverser cette période en étant très attentif à tout ce que l'on vous dira ; écoutez plus que vous parlez, mais également en réajustant vos attentes pour qu'elles soient plus réalistes. Misez sur cette période pour revisiter tous les plans élaborés par le passé ainsi que pour peaufiner tous les projets en cours. C'est en vous concentrant sur les objectifs que vous souhaitez réaliser dans un proche futur que la vie vous servira beaucoup mieux ainsi. Cela dit, il n'en demeure pas moins que ce sera une période où vous serez davantage porté à rejeter ce que vous ne voulez pas accepter, même de ces gens que vous aimez ! Vous êtes tout un anticonformiste dans l'âme après tout et ce n'est pas nécessairement le temps des Fêtes qui vous ramènera vers des valeurs plus traditionnelles. Bien au contraire, vous y trouverez l'occasion d'innover assez grandement pour ce qui est de vos prochaines réceptions. Vous aurez certainement beaucoup d'imagination, mais aussi le désir de vous retrouver au cœur même de groupes importants. Et justement, si votre famille est véritablement athée, il ne serait pas étonnant que vous proposiez d'aller à la messe de minuit pour faire différent en cette période. De plus, l'aspect social occupera une place de choix dans votre vie pendant cette période. Il est clair que vous aurez à participer à diverses activités qui réuniront vos amis ou des membres de votre communauté. Et l'idée que vous puissiez vous investir dans une forme de levée de fonds par exemple, sera tout aussi possible. Vous pourriez même arriver à en faire parler dans les médias.

Travail – Finances

Le stress sera très certainement omniprésent pendant cette période et vous aurez une clientèle très abondante à servir, particulièrement si vous travaillez dans le commerce au détail. D'ailleurs, il y a de très bonnes chances que vous alliez reconsidérer assez sérieusement votre emploi. Bien que vous soyez un leader naturel en quelque sorte et même si vous pouvez accepter d'avoir un patron au-dessus de vous un certain temps, il est clair que tôt ou tard, vous chercherez à prendre sa place et c'est très possible que vous soyez en mesure de l'accomplir en partie pendant cette période; vous pourriez recevoir la poussée d'adrénaline nécessaire pour réussir un tel exploit. En tant que patron, directeur et travailleur autonome, la vie n'est jamais vraiment un long fleuve tranquille. Il faudra obligatoirement mettre les bouchées doubles, alors qu'en d'autres temps, vous penserez pouvoir vous la couler douce pour toujours. En effet, cette période rétrograde s'annonce effectivement plutôt calme, mais tout de même rentable, sauf qu'il est clair que vos activités ne ralentiront pas avec l'approche des Fêtes. Il semble que c'est totalement le contraire qui se produira. En attendant, si vous avez fait de gros investissements dans un projet par le passé et que celui-ci ne se réalise pas comme vous l'aviez prévu, vous risquez d'être presque au désespoir! Mais pas tout à fait, alors que la vie fera en sorte que vous puissiez rencontrer les bonnes personnes qui pourront vous ouvrir des portes, ou vous présenter des gens influents dans le milieu où vous êtes impliqué. Si telle est votre situation actuelle, vous allez entamer des négociations au bout desquelles il vous sera permis de poursuivre votre idéal n'empêche, il sera toutefois fortement suggéré de n'officialiser le tout qu'après les premiers jours de janvier 2024, soit une fois que Mercure aura finalement repris sa marche directe.

Amour – Sentiments

Voilà une période où vous devriez avoir de nombreuses activités de nature sociale. Des sorties entre amis entre autres pourront très bien se faire avec ou sans l'être cher, selon les circonstances. D'ailleurs, ce ne sera que vers la toute fin seulement de cette rétrogradation que vous prendrez enfin un peu plus de temps pour vous deux. En fait, vous commencerez à adopter une attitude qui ressemblera plus à du *cocooning*. Votre partenaire de vie, sinon l'amoureux du moment et vous serez assez friands de bons films, confortablement installés sous les couvertures pour vous y échanger également un peu d'affection. En tant que célibataire, vous serez certainement très actif en ce qui a trait aux rencontres pendant cette période. Ce sera un peu la course contre la montre suivant que vous ne voudrez probablement pas passer la période du temps des Fêtes seul, alors vous vous activerez pour multiplier les rendez-vous, quitte à ne pas toujours bien connaître la personne avant d'accepter une première invitation. Il ne serait pas étonnant non plus que vous soyez invité à participer à des événements pour célibataires qui ressembleraient à la limite au fameux « speed dating » des années passées. Il est également possible que de vieilles fréquentations ne voudront pas totalement décoller. Des gens qui reviennent essayer de vous séduire à l'occasion ? En fait, il s'agira possiblement d'une personne avec qui vous avez déjà eu un premier contact ou même une relation, et celle-ci vous proposera de vivre quelque chose d'intéressant dans les prochaines semaines. Il ne serait pas impossible non plus que ça aille même au-delà de cela ! Si vous avez une vie de couple et n'avez jamais voulu d'enfant parce que vous avez choisi de vivre librement, assurez-vous de prendre toutes les précautions nécessaires lors de vos pratiques sexuelles. Il en ira de même si vous décidez de traverser la clôture.

Famille

Il est possible que l'un de vos enfants soit malade : les rhumes et les grippes seront au rendez-vous fréquemment durant cette période de l'année. Il pourrait s'agir aussi d'un proche ou d'un bon ami à vous à qui il faudra tenir la main pour l'encourager à passer à travers une épreuve.

Santé – Bien-être physique

Évidemment, c'est le stress qui dominera en cette période et il sera plus qu'important que vous appreniez à vous détendre, autrement vous risquez de vous épuiser assez rapidement, ce qui n'est pas souhaitable à ce temps de l'année. De plus, il ne serait pas impossible vous vous lanciez dans un nouveau régime révolutionnaire qui vous permettrait de rentrer dans des vêtements qui ne vous font plus depuis un certain temps. Si rien de tout cela ne vous rejoint, il sera suggéré de regarder où vous mettez les pieds pendant cette rétrogradation, alors qu'une plaque de glace pourrait bien vous rendre la vie difficile ou du moins vous confiner au repos pendant quelque temps. En fait, il sera important aussi de prendre toutes les précautions nécessaires pour vous éviter d'attraper un rhume ou une grosse grippe, puisque votre système immunitaire sera un peu plus fragile maintenant ; peut-être est-ce en raison d'une bonne fatigue accumulée dernièrement ? Un temps idéal aussi pour s'inscrire à un cours de yoga ou de conditionnement physique. Accident vasculaire possible.

LA PHASE RÉTROGRADE DE VÉNUS POUR 2023

Vénus rétrograde en Lion – du 22 juillet au 3 septembre 2023 – votre VIIe maison natale

Climat général
Nous avons tous un passé, mais le vôtre n'aurait-il pas besoin d'un petit nettoyage ? Vénus qui rétrograde au secteur de votre thème qui régit les relations, voilà qui risque de faire remonter des problèmes désagréables à la surface alors qu'il vous sera donné une excellente occasion de ramener toutes vos relations à un équilibre plus heureux et sain.

Travail – Finances
Ça va piétiner : de plus en plus de lenteurs, de pépins et l'arrogance de certaines personnes aura tendance à jouer avec vos nerfs. Hélas, vous ne serez pas en position de force actuellement, il vaudra donc mieux éviter de ruer dans les brancards, vous empireriez votre situation. Au lieu de voir cette période comme un temps mort, essayez plutôt d'en faire un temps de préparation. Réfléchissez à ce que vous voulez vraiment faire, à la façon dont vous pourriez agir, et une fois Vénus redevenue directe, vous aurez des possibilités d'aller de l'avant plus facilement. Les portes s'ouvriront alors devant vous. D'ici là, veuillez continuer à vous méfier de ceux qui voudraient vous embobiner ou s'en prendre à vos biens. Attention aussi à un dégât que vous pourriez éviter avec un peu de vigilance. À tout le moins, une surcharge de travail ou de responsabilités professionnelles pourrait avoir un impact sur votre capacité de gain, mais vous vous adapterez si nécessaire. Cela dit, Vénus qui rétrograde, voilà qui incitera votre partenaire à vivre avec style et à dépenser sans compter ou à s'afficher en tant que « fashionistas ». Et avec Mercure qui rétrograde en Vierge, tournez votre esprit scientifique vers vos relevés de cartes de crédit, vos primes d'assurance et les taux d'intérêt. Lisez les petits caractères plus attentivement que d'habitude.

Amour – Sentiments

On dirait que vous n'aurez guère le goût de voir du monde, ce qui est plutôt exceptionnel dans votre cas. Malheureusement, ce n'est pas en restant dans votre coin à broyer du noir ou à ressasser de vieilles histoires que vous prendrez du mieux. Faites un petit effort, vous vous en féliciterez. Vous aurez intérêt aussi à être sensible aux besoins et aux sentiments de ceux qui vous entourent. Voilà qui va donc exiger davantage de doigté, sans quoi vous pourriez froisser un proche et déclencher une sérieuse discussion. Rappelez-vous que personne n'est parfait et que, à trop idéaliser les autres, on finit par être déçu. Malgré tout, accrochez-vous, vous en aurez besoin. Si les vacances d'été ne suffisent pas à déterrer des problèmes enfouis, Vénus le fera. À cet effet, un ex pourrait refaire surface avec des affaires inachevées, peut-être la deuxième chance que vous espériez. Mais attention à ne pas ouvrir ces portes alors que Vénus tendra à brouiller votre jugement. Pour ce qui est des célibataires de votre signe, certains natifs pourraient être déchirés entre deux amants, ou incertains quant aux prochaines étapes à suivre. Permettez-vous d'envisager des arrangements « non conventionnels » et n'allez pas forcer le scénario de l'histoire d'amour de quelqu'un d'autre à être le récit de la vôtre. Tout s'arrangera d'ici les six prochaines semaines si vous restez honnête – avec vous-même avant tout, même si les dialogues que vous aurez risquent d'être plus difficiles. Sur une note finale, soyez avisé que ce ne sera pas le moment de prendre une décision sérieuse concernant l'amour ou le mariage, car vous pourriez changer d'avis pas plus tard qu'autour de la fête du Travail. Laissez plutôt les relations se développer naturellement.

Famille

Certains problèmes familiaux sont à prévoir durant cette phase. La communication et les amours avec vos proches ne seront pas toujours évidents. Prévoyez des tensions possibles, alors que le dialogue risque de devenir plus difficile avec votre entourage qui sera d'ailleurs moins attentif à vos besoins. Soulignons que les personnes que vous aimez auront le don de se mettre les pieds dans les plats et vous risquez donc d'avoir à en dépanner plus d'un, sans compter que vos proches seront parfois aussi maladroits et manqueront de délicatesse à votre égard. Ne leur en veuillez pas trop, mettez plutôt leur maladresse sur le compte du stress qu'ils vivent actuellement. Il n'en demeure pas moins qu'un proche vivra des moments difficiles, ce qui risque de vous affecter par ricochet.

Santé – Bien-être physique

Voilà un temps où vous tendrez à prôner toutes les habitudes alimentaires possibles et imaginables, allant de l'abondance à la table d'un buffet à la consommation d'un morceau de nourriture. D'une manière ou d'une autre, vous parviendrez à maintènir une alimentation équilibrée malgré les écarts entre les heures de repas et les choix alimentaires, ce qui vous permettra au moins de rester sur la bonne voie. Profitez-en également pour réévaluer votre apport en suppléments vitaminiques. Cela dit, toutes les recherches additionnelles permettront de régler la question pour l'instant. Sur ce, il est à parier fortement que votre programme d'exercices physiques tombera à l'eau, et ce, plus vite que vous ne le pensez.

LA PHASE RÉTROGRADE DE MARS POUR 2023

Mars rétrograde en Gémeaux – du 30 octobre 2022 au 12 janvier 2023 – votre Ve maison natale

Climat général

Voilà un temps où vous serez davantage poussé à vous extérioriser et à montrer au monde entier qui vous êtes et à exprimer plus spontanément, sinon de manière agressive, ce que vous aimez et détestez. Ce sera, incontestablement, un temps où vous saisirez des vérités qui échapperont à bien des personnes gens près de vous. Vous pourriez également ressentir aussi un sérieux manque de productivité, une certaine introversion, sinon un manque de spontanéité dans votre affirmation personnelle. En fait, votre attention sera davantage dirigée vers la volonté de vous affirmer socialement ainsi que le besoin de vous investir dans des projets collectifs et sociaux. Il n'en demeure pas moins que des inconvénients non négligeables sont à prévoir pendant cette période rétrograde. Vous pourriez constater aussi que même la relation la plus délicieuse, et dont le sexe est tout simplement exquis, ne sera pas suffisante pour vous maintenir attaché à cette relation amoureuse qui, d'ailleurs, laisse peut-être à désirer depuis un certain temps déjà et pour laquelle il est également possible que vous ayez à ce jour encouru divers problèmes ou même encore quelques embrouillements possibles.

Travail – Finances
Tout suggère que la compétition sera plus féroce et vous vous retrouverez souvent au cœur de la tourmente. L'idée que des conflits entretenus par des jaloux, sinon des envieux, puissent venir aux oreilles de vos supérieurs et que des mesures soient mises en place est chose possible. Vous vous retrouverez donc, malgré vous, au centre de la controverse. Essayez de trouver un moyen non agressant de régler le cas. Quant aux finances, elles sembleront plus instables ; vous ne manquerez pas d'argent, mais il faudra vous ajuster. Et tous les travaux faits à la hâte devront très probablement être repris. Or, lorsqu'il se présentera des dossiers plus complexes à bien gérer, prenez tout le temps nécessaire d'examiner chaque petit détail au risque d'être réprimandé ou d'avoir à refaire le travail, sinon qu'on remette en cause vos compétences et votre savoir-faire. Une raison de plus de ne pas prendre de risque dans toutes les affaires spéculatives, d'autant plus que ce sera un temps où vous vous sentirez plus engagé par qui que ce soit qui vous dira avoir une idée pour devenir riche rapidement. Soyez prudent et assurez-vous que les idées spéculatives aient bien été vérifiées au préalable, alors que tout laisse croire que vous serez déçu au bout du compte. En toute réalité, il serait préférable de ne pas vous impliquer dans une telle combine. Or, évitez tous les investissements hasardeux au risque de vous en mordre les doigts et d'encourir ainsi des pertes et des déceptions possibles. Il en ira de même si une offre professionnelle vous est faite. Puisqu'il faudra faire un choix judicieux, ce qui sera extrêmement difficile, il importera d'avoir les idées claires pour prendre la bonne décision. Si rien de tout cela ne vous interpelle, qui sait, peut-être déciderez-vous de vous lancer tête première dans un projet sans avoir vraiment pris tout le temps de réfléchir à votre implication et qu'après coup, vous décidiez de faire marche arrière suivant que vous éprouverez plus de difficulté à bien mener vos projets, sinon à bien les coordonner.

Parlant de coordination, il sera recommandé d'être prudent et vigilant lorsque vous vous retrouverez derrière le volant, et plus encore si vous avez à conduire un véhicule lourd. Il en ira de même si vous avez besoin d'une voiture pour gagner votre vie alors que perdre votre permis de conduire ne vous serait d'aucune utilité. Il sera également avisé de respecter le Code de la route et attention aux ennuis possibles avec la loi, la police alors que vous ne serez pas à l'abri d'une contravention possible. Et si vous deviez avoir des ennuis avec la loi ou que vous vous retrouviez au centre d'une mésentente professionnelle, justice vous sera rendue. Cela dit, n'allez pas lésiner non plus avec les lois sur la sécurité au travail.

Parlant de travail, si vous êtres un sportif de métier et/ou que vous vous entraînez, prenez garde alors que vous pourriez subir une blessure dont vous vous souviendrez longtemps. Soyez donc très vigilant. En revanche, si vous êtes un artiste, ce sera un temps où la créativité sera stimulée par la prise de risque, mais les rênes du pouvoir appartiendront au public. Par ailleurs, un poste de pouvoir pourrait vous échapper pour une raison ou pour une autre. Possiblement que vous aurez négligé l'objectif de service relié à toute fonction de pouvoir. Quoi qu'il en soit, abstenez-vous de faire mauvais usage du pouvoir. Soyez avisé qu'il est également possible que l'entreprise pour laquelle vous travaillez implante de nouvelles méthodes de travail à intégrer, à apprendre et à mettre de l'avant, sinon un nouveau système informatique auquel il faudra vous adapter.

Amour – Sentiments

Attention de vous érailler plus qu'à l'habitude en amour, alors que non seulement les relations amoureuses auront tendance à s'intensifier pendant cette période, mais ce sera bien pire encore si ça ne se passe pas comme vous le désirez et/ou que vous ne respectez pas votre parole. Les sentiments et les émotions auront tendance à être exprimés davantage avec force, de manière spontanée et parfois assez brusque. Vous tenterez même de mettre à profit votre volonté pour obtenir la reconnaissance, l'approbation, sinon l'amour. Bien que la force physique et la volonté de vaincre ou de gagner renforcent la confiance en soi, attention de projeter vos frustrations sur l'être aimé. Évitez de tenir les autres pour acquis alors que ça n'augure jamais rien de bon ainsi qu'être vous-même tenu pour acquis. Profitez-en plutôt pour rectifier votre tir relationnel afin de corriger votre approche amoureuse. D'ailleurs, serait-il possible que vous soyez plus présent pour vos amis que pour l'être cher ? Quoi qu'il en soit, soyez informé que vous pourriez recevoir une déclaration d'amour, et ce, qu'importe si votre cœur est libre ou engagé. Et si vous êtes en couple et que tout va pour le mieux, respectez votre engagement conjugal et faites preuve de loyauté, sinon vous pourriez être pris en flagrant délit d'adultère et vous ne pourrez pas faire marche arrière. Si vous êtes célibataire, des hésitations ou des rendez-vous manqués tendront à vous faire perdre votre enthousiasme pour une liaison, surtout que vous n'arriverez pas à exprimer clairement ce que vous désirez. Cependant, une chose est sûre, vous souhaiterez être aimé plus qu'aimer.

Et gare à l'emballement pour toute nouvelle connaissance étant donné que ça risque de ne pas durer. Il n'en demeure pas moins que l'une de ces rencontres risque de vous placer hors de votre zone de confort, possiblement à cause d'une grande différence d'âge en amour, sinon ce sera une relation passive-agressive. Si c'est le cas, espérons que vous avez appris de vos erreurs passées. Cela étant dit, une personne que vous fréquentiez risque de s'être détachée et vous allez possiblement vouloir mettre un terme à la relation. Toutefois, vous pourriez essayer de rétablir cette situation quelque part en février 2023. Entre-temps, vous éprouverez une certaine difficulté à vous rapprocher aussitôt vers cette personne. Qui sait, peut-être qu'elle ne vous apparaîtra plus aussi gentille, romantique et excitante que par le passé. N'empêche, vous serez excessivement préoccupé par toute relation amoureuse qui n'avance pas ou plus. Non seulement une différente approche sera nécessaire, mais il faudra analyser de façon pragmatique ce qui se passe.

Famille

Non seulement une confrontation avec la famille sera possible, mais votre relation avec un de vos enfants pourrait aussi devenir très compliquée. Faites très attention de ne pas perdre votre sang-froid. Il vaudrait mieux réfléchir sans complaisance à ce qui peut être changé dans votre comportement, mais aussi dans le sien. N'empêche, n'allez pas être surpris si certains membres de votre famille vous accusent d'assumer votre rôle de parent avec une grande dureté ou est-ce vous qui trouverez la dictature familiale difficile à vivre. Néanmoins, misez sur cette période rétrograde pour bien guider tous vos enfants et n'allez surtout pas agir non plus par la violence avec ces derniers. Vous vous devrez absolument d'apprendre à contenir une telle énergie au risque de subir les conséquences de vos décisions ainsi que celles de vos actions. Et le fait de vous sentir davantage fatigué n'aidera pas votre cause non plus. Malgré tout, attention à votre seuil d'irritabilité qui risque d'être plus fragile durant cette phase. Et la possibilité de la perte d'un être cher ne sera malheureusement pas exclue non plus dans l'équation. Sur une note finale, si vous êtes enceinte ou si vous êtes impliqué avec une personne qui est enceinte, il sera fortement avisé de ne rien faire qui puisse mettre sa vie ainsi que celle de son nouveau-né en danger. Ne prenez aucun risque inutilement. D'ailleurs, cette mise en garde s'appliquera également en ce qui concerne les jeux de hasard, puisque vous risquez davantage d'encourir des pertes ainsi qu'une déception possible.

Santé – Bien-être physique

Voilà une période où vous devriez vous méfier de l'impression de grande vitalité que vous ressentirez, puisque vous devriez prendre le temps de vous reposer, de garder l'équilibre en tout. N'allez pas faire fi de cette mise en garde étant donné que vous ne serez pas à l'abri de moments de fatigue qui vous menacent. Mais advenant le cas, vous récupérerez tout de même rapidement. Profitez-en quand même pour vous la couler plus mollo et refaire ainsi le plein de vos énergies. Cela dit, alors que vous ressentirez le besoin d'être plus physiquement actif qu'à l'habitude, il sera fortement avisé de ne prendre aucun risque inutile. Or, demeurez prudent dans vos activités sportives et tous les jeux de compétition. Évitez aussi de laisser votre dynamisme avoir le meilleur de vous-même. Prenez note que cette recommandation s'appliquera tout autant lors de vos pratiques sexuelles. Quant à vos randonnées à pied ou pour ce qui est de faire de l'exercice, la modération aura bien meilleur goût. Soyez également avisé que l'être cher tendra à négliger davantage sa santé. Non seulement celui-ci la prendra de haut comme si rien de grave ne pouvait l'atteindre, mais en réalité, il jouera avec le feu inutilement.

L'ÉCLIPSE SOLAIRE ANNULAIRE DU 14 OCTOBRE EN BALANCE – VOTRE IXE MAISON NATALE

Secteur de votre thème où vous regardez la situation dans son ensemble et la façon dont tout est lié pour former un modèle, voilà une période où vous serez davantage en quête d'informations qui vous aideront à trouver un sens à votre vie telles que des études supérieures, la religion, les voyages, les problèmes mondiaux. Cette éclipse pourrait vous pousser à sortir de votre routine, à explorer quelque chose que vous n'avez jamais fait auparavant et à élargir vos horizons.

Toutefois, ce n'est pas tant l'éclipse que le transit de Mars en Scorpion qui vous menace en cette période. Vous pouvez cependant déjouer son influence en prenant plus soin de votre santé, en redoublant de prudence dans vos déplacements et en manipulant avec précaution tous les objets contondants avec lesquels vous risquez de vous blesser. Gardez-vous du temps pour vous détendre, pour faire le vide, car vous aurez plus facilement les nerfs à fleur de peau. Ne rien changer dans votre vie privée, votre travail et vos affaires serait bien pensé. Vous le regretteriez si vous changiez quelque chose. Or, pourquoi braver le sort? Ralentir et fonctionner à vitesse moyenne serait suggéré en cet octobre peu engageant. Tout devrait bien se passer pourvu que vous assuriez votre santé et votre sécurité. Prendre des risques serait défier le sort; ne le faites sous aucune considération.

Cela dit, la résistance à la maladie sera bonne, sauf dans le cas d'un ascendant Cancer, Balance, Capricorne ou Bélier. La situation devenant plus corsée, alors prenez toutes les mesures qui s'imposent pour retrouver la forme. En cas de chirurgie, si vous le pouvez, ne choisissez pas le mois d'octobre 2023. Si l'opération est urgente, n'hésitez pas à procéder, vous ne courez pas de risque sérieux. La récupération sera un peu plus lente, c'est tout. En cas d'accouchement, ne paniquez pas, rien ne vous arrivera de déplaisant, promis.

P.-S. Vous êtes encouragé à prendre connaissance de tout ce qui est écrit au chapitre intitulé « Les Éclipses de 2023 » pour mieux vous familiariser avec toutes les mises en garde à respecter lors de toutes les éclipses.

LES POSITIONS LUNAIRES ET VOUS

À la fin du livre, vous trouverez le tableau des positions lunaires pour chaque jour de l'année 2023. Pour mieux tirer profit de la Lune au quotidien ainsi que connaître le rôle qu'elle jouera sur vos humeurs, lesquelles vont influer sur votre jugement et sur vos actes, référez-vous au chapitre intitulé « Méthode d'interprétation du calendrier des Lunes ».

Les divers passages de la Lune ne sont jamais neutres. S'il y a des moments pour l'action quand la Lune est néfaste, s'il faut prendre du recul quand elle ne l'est pas, les autres journées représentent, la plupart du temps, un mouvement vital plus lent. En général, quand la Lune passe en Bélier, en Gémeaux, en Balance, en Sagittaire et en Verseau, vous êtes en forme. Ces énergies, surtout celles du Gémeaux, de la Balance, du Sagittaire et du Verseau, vous placent en position de force. Là où vous devriez être prudent et où il serait préférable de prendre du recul, c'est lorsque la Lune se trouve en Taureau, en Lion, en Scorpion et en Capricorne. Les Lunes en Poissons, en Cancer et en Vierge sont neutres par rapport à votre signe. Profitez-en pour céder la place aux autres et vous reposer. L'attention générale se porte sur des sujets sérieux, historiques, politiques, socio-économiques et spirituels. Cela peut vous rebuter, mais vous auriez intérêt à écouter ce qu'on dit dans certains milieux: il vaut mieux être renseigné quand il est question de sujets de portée mondiale.

♓

Poissons

20 février au 20 mars

LES DIFFÉRENTS ASPECTS DE VOTRE PERSONNALITÉ

Poissons – féminin, double, eau

De tous les signes, vous êtes le plus sensible et le plus vulnérable, sans compter que vous êtes porté à vous décourager plus facilement et à baisser les bras au premier échec.

Romantiques et très rêveuses de nature, les personnes nées sous votre signe ont une grande facilité à s'isoler émotionnellement et à quoi que ce soit qu'elles s'exposent.

De réputation, vous êtes d'une compassion ultime et vous avez tendance à vouloir fuir la réalité. Vous faites partie de ces personnes qui ressentent les choses, tant pour le meilleur que pour le pire. Voilà pourquoi vous avez besoin d'un temps de répit par moments pour mieux gérer tout ce bagage d'émotions et rassembler vos idées. Vous exposer devant les autres, devant la masse, est très exigeant pour vous.

Déjà que vous avez tendance à attirer à vous des personnes et même des animaux de nature nécessiteuse ou dépendante, vous devez absolument faire attention de ne pas être victime de votre générosité en voulant sauver tout le monde. Vous avez aussi tendance à ne voir que le meilleur chez tout un chacun et dans toute situation, et par conséquent, vous risquez d'être éventuellement déçu lorsque la réalité s'installera. Il sera donc primordial que vous gardiez les deux pieds bien ancrés dans la réalité.

CE QUI VOUS DIFFÉRENCIE DES AUTRES NATIFS DE VOTRE SIGNE

En tant que natif du 1er décan (du 20 au 29 février), votre signe natal est gouverné par Neptune et secondairement par Jupiter alors que cette planète est dite exaltée dans votre signe. Pour ce qui est de votre décan, c'est Saturne qui en a la maîtrise.

Dans un temps, Neptune vous donne une imagination riche et une spiritualité innée, mais n'impliquant pas nécessairement un ou des liens religieux formels.

Quant à Saturne, elle vous rend plus sérieux, plus réservé, parfois plus solitaire que d'autres natifs de votre signe. Elle vous donne aussi de la dignité, vous aide également à mettre de l'ordre et de la structure dans vos idées et dans vos ambitions.

En destinée, le père, votre nourricier, ou celui qui en tiendra lieu, jouera toujours un rôle particulièrement déterminant de par son influence capitale sur les choix que vous ferez, tant dans votre vie intime que dans votre métier ou votre carrière.

Vous êtes de ces personnes qui ont besoin d'un mode de vie paisible qui puisse leur permettre de mieux mettre à profit leurs multiples talents, compétences et habiletés de manière positive. Voilà pourquoi vous pourriez très bien exceller dans le domaine des arts et du théâtre, de la chimie, des sciences, de la musique, dans la recherche, dans une profession médicale, en tant que travailleur social ou dans l'industrie du pétrole. Or, ne manquez pas de cultiver vos meilleurs traits et vos nombreuses capacités pour bien servir vos intérêts.

Autant que rire et profiter à fond de ce que la vie a à vous offrir soit important à vos yeux, l'influence de Saturne sur ce décan fait de vous une personne sensible, mystique et fortement encline à éprouver de l'anxiété et/ou à poursuivre un idéal irréalisable. Trop réceptif aux influences des personnes qui vous entourent, vous manifestez aussi certaines tendances à fuir vos responsabilités.

Des trois décans, c'est assurément le vôtre qui éprouve le plus de difficulté à gérer et à comprendre ses émotions. Introverti à l'extrême, vous vous enfermez dans votre tour d'ivoire. On pourrait même croire que vous êtes égoïste, mais lorsqu'on apprend à mieux vous connaître, on découvre finalement que vous êtes de ces personnes très dévouées et que vous possédez également un cœur en or.

Intuitif et perceptif, vous possédez de grandes habiletés psychiques. Ne manquez pas de mettre à profit votre clairvoyance innée ainsi que vos qualités médiumniques pour mieux neutraliser vos ennemis, soigner et guérir ceux qui sont dans le besoin, et mieux apprendre et enseigner aux intéressés.

Il importe de dire également que vous devenez parfois tellement confus et renfermé sur vous-même que vous en venez à craindre de réaliser vos propres désirs. Il sera donc primordial de faire attention de ne pas être votre pire ennemi ni de vous saboter personnellement.

En amour, vous êtes un romantique-né et vous avez des idéaux élevés en ce qui a trait à votre vie et à votre destinée amoureuse. La personne qui voudra gagner votre cœur et garder votre amour aura à respecter votre nature sensible. Très fidèle, si vous vous mariez, choisissez un compagnon de vie qui est protecteur, tendre et tout aussi sensible que vous l'êtes. Cependant, beaucoup de natifs de votre signe préfèrent le célibat ou choisissent un ou une partenaire plus âgé(e) qui leur offrira la sécurité matérielle et la stabilité.

Aussi solitaire, lucide et exigeant que vous puissiez être, vous êtes tout aussi capable de refouler vos sentiments et vos émotions, et même d'émettre des jugements assez tranchants sur les gens qui vous déçoivent. Il vaudra donc mieux apprendre vite et jeune que toute vérité n'est pas bonne à dire et si la franchise est une vertu appréciée, la diplomatie en est une à cultiver également.

En tant que natif du 2e décan (du 1er au 10 mars), vous êtes sous la protection de Neptune, mais votre décan est régi par Jupiter et secondairement par la Lune pour faire suite à la Triplicité d'Eau qu'est votre signe solaire. Cet amalgame d'énergie ajoute et amplifie le côté sensible et hautement émotionnel de votre nature.

Cette triple influence est également un atout majeur alors qu'elle vous donne toute la capacité de mieux définir vos objectifs élevés, mais également de les atteindre tout en mettant à profit votre riche imagination. Mentionnons aussi que vous avez le don d'inspirer les autres à faire de leur mieux.

Puisque vous êtes de ces gens privés par nature, vous préférez de beaucoup éviter toutes les confrontations et tous les conflits possibles. Voilà pourquoi il servira bien vos intérêts d'éviter à tout prix toutes les personnes toxiques ou hectiques qui tendent à vous vider de vos énergies.

Étant un mélange d'explorateur-né et de nourricier, la personne qui partage votre cœur de même que vos enfants tiennent une place importante à vos yeux et dans votre vie. D'ailleurs, tout ce qui relève de votre vie domestique l'est également, même si certains ajustements liés à celle-ci peuvent vous être difficiles à faire à l'occasion. Voilà pourquoi il importe que vous soyez un modèle fort et sensible aux besoins et aux attentes des gens près de vous afin qu'ils puissent mieux se développer à leur juste valeur et selon leur plein potentiel.

Optimiste, expansif et plein d'idées pratiques, vous avez toutes les chances de voir vos rêves se réaliser, mais vos sautes d'humeur pourront vous faire perdre confiance en vos capacités de pouvoir les poursuivre. N'empêche, vous pourrez quand même très bien réussir votre vie en tant que conseiller, historien, écrivain ou enseignant. Il va de soi aussi que beaucoup d'artistes, de musiciens et d'acteurs émergent de votre décan.

Des trois décans, vous faites partie de ceux qui sont les plus conscients de la fragilité de leurs émotions alors que vous luttez constamment pour les garder sous contrôle. Vous êtes aussi enclin à vous sacrifier, voire à vous laisser bafouer par vos proches, d'autant plus que vous êtes très vulnérable par nature. En revanche, vos sentiments risquent d'être facilement blessés. Il faudra apprendre à mieux vous protéger.

Sous l'influence jupitérienne, votre vie, votre santé ainsi que vos affaires sont de loin considérablement meilleures pour les natifs du premier et du troisième décan, mais précisons aussi que vous êtes essentiellement matérialiste et jouisseur, et que vous aimez la vie passionnément.

Charmant, séduisant et enjôleur comme pas un, vous obtenez à peu près tout ce que vous désirez dans la vie. En amour, vous aimez combler votre partenaire de menues attentions et de démonstrations enthousiastes pour assurer son bonheur, mais aussi son confort. Cependant, sous l'influence bienveillante et dévouée de la Lune, vous êtes facilement impressionnable et tout aussi affecté par la moindre contrariété.

Porté sur les passions amoureuses, il est probable que vous aurez de nombreuses aventures sentimentales, et ce, même si pour vous, le mariage revêt une grande importance. Si vous vous mariez, choisissez un compagnon de vie qui a le sens de l'humour, volontaire, ambitieux et responsable.

En tant que natif du 3e décan (du 11 au 20 mars), vous êtes régi par Neptune et votre décan est sous la protection de Mars et secondairement de Pluton pour faire suite à la Triplicité d'Eau qu'est votre signe solaire. Cela fait de vous une personne ayant beaucoup de volonté, d'énergie, de courage et d'endurance. Vous êtes aussi pourvu d'une intuition et d'une prise de conscience psychologique fort remarquables.

La combinaison d'énergie Mars et Pluton vous expose à une certaine violence en raison de votre nature provocatrice sous des dehors doux et rêveurs. Elle vous donne aussi une capacité énorme de survivre à toute épreuve que la vie mettra sur votre route. Toutefois, demeurez très prudent, surtout en tant que jeune personne, alors que la flamme intérieure brûle tout ce qu'elle touche et plus encore les feux rouges.

Bien que vous ayez à expérimenter des défis, ce ne sera rien que vous ne pourrez maîtriser et/ou gérer avec brio. Pour mieux vous aider à traverser ces épisodes, il sera suggéré de nourrir le côté spirituel de votre nature par l'intermédiaire d'activités qui vous aident à vous calmer telles que par la méditation, le yoga, la prière, la musique ainsi que par toute lecture qui puisse vous inspirer.

Puisque les natifs de ce décan sont plus intenses comparativement aux deux autres décans, suivant que Mars et Pluton tendent à vous accabler, il ira de votre intérêt de garder sous contrôle votre seuil d'énergie et votre intensité naturelle de sorte que vous puissiez mieux propager la paix et la stabilité, tant envers les membres de votre entourage immédiat qu'envers vos collègues et toutes les relations avec qui vous faites des affaires. Toutefois, cela ne veut pas dire non plus que vous ne serez pas à l'abri d'encourir certains bouleversements dans votre vie.

Toutes ces émotions et tous ces mauvais souvenirs, logés dans votre inconscient, dans votre for intérieur, exercent une grande pression sur vous et suivant laquelle il est possible que vous éprouviez une énorme difficulté à vous en libérer. Toutefois, ce sont toutes ces nombreuses et diverses expériences émotionnelles qui vous ont forgé à être plus fort et plus résistant. Apprenez à les accueillir avec sérénité !

Alors que tout vous incite à agir de façon courageuse et de manière déterminée, l'influence des planètes Mars et Pluton fait de vous un individu qui aime s'engager dans des activités audacieuses et/ou des carrières à haut risque. Voilà pourquoi vous pouvez très bien réussir en tant que conducteur d'automobiles de course. Il va de soi que vous pourrez tout autant faire votre marque dans la vie en tant que soldat des forces armées, explorateur ou chercheur.

Souvent parti de rien dans la vie, vous ne pourrez atteindre en destinée des sommets inégalés que si vous savez mettre à profit votre troisième œil ainsi que votre don de clairvoyance, de clairsentience, de clairaudience ou de clairconnaissance alors qu'en retour, vous pourrez souvent vous éviter le pire.

Il est vrai de dire aussi que vous n'avez pas choisi le plus rassurant des signes ni le plus choyé des décans. Les épreuves et les handicaps physiques et moraux qui vous échoient ne surpasseront jamais votre immense courage alors que vous faites partie de ces gens qui s'affranchissent coûte que coûte de toutes les intempéries possibles. Rares sont ceux de votre décan qui se suicident malgré leur lot d'épreuves.

L'amour exerce une influence majeure dans votre vie, tant pour le meilleur que pour le pire. Les influences de Mars et Pluton vous poussent à rechercher les sensations fortes et les démonstrations chaleureuses. Cependant, aussi ardent et passionné que vous soyez, vous êtes incapable de concevoir l'infidélité de votre partenaire de vie.

Romantique-né, vous avez des idéaux élevés en ce qui concerne votre vie et pour ce qui est de votre vie amoureuse. D'ailleurs, dans le couple, vous avez un faible pour les gens raffinés, pondérés et paisibles. Si vous décidez de vous marier, choisissez un compagnon de vie qui est sociable et qui saura respecter votre nature sensible.

CE QUE LES ASTRES VOUS RÉSERVENT EN 2023

Jupiter en Bélier – du 20 décembre 2022 au 16 mai 2023 – votre IIe maison natale

Jupiter est fondamentalement une planète qui se déplace lentement. Elle a tendance à rester dans un signe et une maison pendant une année entière. Mais en 2023, elle se déplace exceptionnellement vite – elle traverse en fait deux signes et maisons. Elle commence l'année en Bélier, votre IIe maison. Puis elle se déplacera en Taureau, votre IIIe maison, pour le reste de l'année et plus encore, soit jusqu'au 25 mai 2024. Tout ceci est très inhabituel et nous donne des messages importants. Jupiter en Bélier stimulera votre estime de soi et votre confiance, et par conséquent, vous prendrez plus de chances et de risques que d'habitude. Jupiter en Bélier vous aidera aussi à vous débarrasser des croyances limitatives ou de pénurie autour de l'estime de soi, afin que vous puissiez embrasser l'abondance et prendre des décisions qui servent votre croissance. La clé du succès est de s'engager dans les activités qui sont alignées avec vos valeurs les plus élevées. Cela dit, avec le transit en Bélier jusqu'au 16 mai, voilà une période où vous tendrez davantage à mesurer le succès en termes d'argent, vous n'aurez pas toujours ressenti cela – que pour cette période. Mais après cette date cruciale (Jupiter en Taureau), les opportunités de carrière seront dans le voisinage et dépendront de vos compétences en vente et en communication. Vous exercerez aussi un meilleur contrôle sur votre destinée et vous pourrez enfin faire des plans sans être constamment obligé de les modifier. Cela dit, dès le tout début de l'année, vous vous sentirez moins bousculé par les événements ; vous retrouverez une certaine paix intérieure et vous commencerez aussi à reprendre le contrôle de votre vie. Vous traverserez une phase de réorganisation au cours de laquelle vous réglerez une foule de problèmes qui s'étaient accumulés. Par la suite, vous entamerez un cycle encore plus favorable qui vous donnera l'occasion de faire de grands progrès, et ce, à tous les points de vue.

Quant à vos affaires, vous repartirez du bon pied. Pour certains, il sera question d'un travail différent ou d'une nouvelle carrière alors que d'autres songeront ou pourront même prendre leur retraite dans des conditions avantageuses. Vous découvrirez votre voie et vous ferez des gestes concrets pour vous rapprocher de votre idéal. Malgré votre statut, on pourrait vous annoncer une stabilisation de votre situation financière, mais méfiez-vous de votre naïveté et de votre tendance à accorder trop facilement votre confiance aux gens. De grosses surprises sont à prévoir étant donné que des événements inattendus sont appelés à se produire avec le temps. Or, n'ayez crainte, même si tout va trop vite à votre goût, il en ressortira quelque chose de fort positif. Ce qui pourrait à première vue ressembler à un problème se transformera rapidement en véritable coup de chance. De plus, des rentrées d'argent sur lesquelles vous ne comptiez pas vous parviendront et vous pourriez même tenter votre chance aux jeux de hasard et avoir la main heureuse. Excellente période aussi pour les voyages, pour les nouvelles entreprises, pour les transactions immobilières, mais de grâce protégez-vous et ne laissez plus personne abuser de votre bonne foi ! Cela étant dit, Jupiter, agrandit tout ce qu'il touche et pendant la période où il sera de passage dans votre deuxième maison, vos revenus devraient s'améliorer. Même si vos dépenses risquent d'augmenter aussi, vous aurez l'argent pour les couvrir. Vous trouverez une nouvelle façon d'en gagner plus, soit en vous aventurant dans un territoire inexploré, soit en suivant votre propre voie ou en écoutant votre propre tambour. Bref, vous serez en mesure de trouver des moyens novateurs de gagner de l'argent et ces méthodes ont toutes les chances d'être liées entre autres à l'édition, à l'éducation, sinon à la culture étrangère ou même à des thèmes spirituels. Ce sera aussi le moment d'utiliser les contacts que vous avez établis en 2022 pour consolider votre sécurité financière. Vous pourrez constater que vos flux de trésorerie augmenteront, alors qu'il y aura généralement plus d'argent disponible. Cependant, vous pourriez aussi être un grand dépensier. Il sera donc important d'utiliser ce cycle d'opportunités pour vous donner des fonds de secours pour l'avenir. Profitez-en également pour développer de bonnes habitudes de gestion de l'argent. Jupiter en Bélier jusqu'au 16 mai, c'est un indicateur classique d'augmentation et d'opportunités financières. Mais, il existe de nombreux scénarios possibles quant à la façon dont cela se manifestera. Par conséquent, les biens que vous possédez prendront de la valeur, vous encaisserez des actions, ou encore des obligations, sinon dans des entreprises dans lesquelles vous êtes impliqué ; il y aura aussi des augmentations de salaire et des promotions possibles au travail. Il pourrait également y avoir des versements importants de la part du gouvernement.

Pour ce qui est de vos amours, vous rencontrerez beaucoup de beau monde, vous nouerez des amitiés, vous pourriez même refaire votre vie si vous êtes seul. Jusque-là, toutefois, vous serez enclin à faire du ménage dans vos relations. Vous en avez assez des personnes qui ne font que se plaindre ou qui viennent constamment abuser de vos bontés. Comme vous apprenez actuellement à vous connaître et à vous respecter, il est normal que vous redéfinissiez vos limites et vos attentes. Et mieux encore, vous trouverez les bons mots pour exprimer vos nouvelles dispositions.

En ce qui a trait à votre santé et pour ce qui est de votre bien-être physique, l'année 2023 se prête à la récupération. Si vous devez suivre un traitement ou une diète, les résultats seront éloquents avec le temps. Si tel n'est pas le cas, il sera avisé de votre part d'adopter de sages résolutions et, surtout, d'être capable de les tenir ; mieux après la mi-mai. De plus, profitez-en pour vous prendre en main afin d'améliorer votre état et également retrouver votre ardeur morale et votre désir de profiter de la vie. Donc, une année en or pour acquérir de saines habitudes de vie, pour perdre du poids et pour vous remettre en forme.

Jupiter en Taureau – du 16 mai 2023 au 25 mai 2024 – votre IIIe maison natale

Dans une large mesure, l'une des raisons principales pour lesquelles vous êtes si excité par la vie est que vous savez que vous êtes au seuil de quelque chose de complètement nouveau. Vous entrez dans un tout nouveau bac à sable qui est si différent que vous allez même changer votre garde-robe et cultiverez une nouvelle image. Dès la mi-mai, vous ferez partie des signes privilégiés par le passage de Jupiter en Taureau. Profitez donc d'une succession d'influences planétaires positives qui vous permettront non seulement dans un premier temps de redresser et d'améliorer votre vie, mais vous pourrez aussi entrevoir une stabilisation à long terme. Il ne faut pas attendre après les autres ni rêver que les choses se produisent par enchantement. Désormais, vous devez croire en vous, car vous avez l'étoffe d'un champion. Tous les gestes que vous ferez pour bonifier votre destinée dépasseront vos propres espoirs et prévisions. Foncez, vous ne pourriez espérer meilleur moment pour le faire !

Quant à vos affaires, le transit de Jupiter constitue un gage de chance pour l'année et celle qui suivra. Vos entreprises iront comme sur des roulettes, vos rêves deviendront réalité, vous vous rapprocherez de votre idéal et vous pourriez également rafler peut-être même un petit prix lors d'un tirage. Non seulement vos finances tendront vers une nette amélioration, vous liquiderez aussi des dettes et vous pourrez même mettre des sous de côté, du moins vous êtes encouragé à le faire. Vous pourriez également songer à vous engager sur une nouvelle voie en prenant un nouvel emploi, ou en quittant un emploi, ou en faisant équipe avec quelqu'un, ou en déménageant dans une toute nouvelle région, ou en ayant des enfants, ou en disant au revoir aux enfants qui quittent la maison – c'est l'un de ces moments majeurs et charnières dans votre vie. Bonne période également pour les voyages, les déménagements, les rénovations et l'immobilier. Soyez avisé aussi que l'année 2023 sera un grand moment pour les écrivains, les enseignants ainsi que les acteurs de votre signe.

Pour ce qui est de vos amours, vous jouirez d'une popularité hors du commun. Peu à peu, vous mettrez votre timidité de côté, ce qui vous permettra de rencontrer une multitude de personnes intéressantes. Vos critères de sélection ayant énormément changé, vous n'avez plus envie de vous entourer de personnes à problèmes ni, pire, de profiteurs. À l'intérieur de ce tourbillon se trouvera sans doute quelqu'un pour toucher le cœur des célibataires. S'il y a déjà un partenaire de vie, l'évolution de votre couple deviendra une priorité et vous savez ce que vous voulez ; on renégocie les termes de son union et on ferait mieux de vous accommoder, sinon vous ne voudrez pas continuer. Quant à certains membres de la famille ou de votre entourage, les choses risquent de demeurer compliquées, mais on dirait que cela vous atteint moins. De toute façon, vous serez tellement occupé à gauche et à droite que vous n'aurez pas le temps de ruminer des pensées négatives ni de vous inquiéter de ce qu'ils pensent. Vous pourriez même choisir de leur fermer la porte pour de bon. Avec le transit de Jupiter au signe du Taureau, voilà que votre vie quotidienne est appelé à s'élargir considérablement. Par conséquent, vous pourriez dénicher un nouveau quartier qui vous conviendra mieux, à vous et à votre petite famille, que celui où vous vivez actuellement. Vous rencontrerez également de nouvelles personnes dans votre quartier, votre communauté et vous vous ferez de nouveaux amis qui, d'une certaine manière, développeront votre expression créative. Ajoutons aussi qu'il pourrait être question de naissance, de fiançailles, de vie commune, voire de mariage pour certains.

En ce qui a trait à votre santé, voilà une période de récupération et de nets progrès. Ce sera donc un cycle favorable durant lequel vous aurez la possibilité de trouver la solution à vos problèmes, si problèmes il y a. Ce sera aussi une excellente période pour consulter, pour vous soigner ou, tout simplement, pour mettre de l'ordre dans vos habitudes de vie. Les régimes, les programmes d'exercice et les techniques de relaxation donneront des résultats du tonnerre et vous vous féliciterez de vous être enfin décidé à agir en ce sens. Et ceux qui sont en forme le seront davantage et ils verront leur énergie ainsi que leur robustesse augmenter graduellement

Saturne en Poissons – du 7 mars au 31 décembre 2023 – votre Ire maison natale

Parce que Saturne est une planète karmique – comprendre qu'elle influence votre chemin de vie, votre karma – vous allez apprendre comment gérer les répercussions de vos actes passées. Saturne en Poissons est la clé pour vous concentrer sur les changements que vous ressentez à l'intérieur de vous-même et sur les changements qui pourraient affecter vos proches lors des deux prochaines années. En astrologie, Saturne est connue comme étant la planète « sérieuse » du zodiaque. Elle a été appelée la planète de la discipline, du temps et des fois aussi l'enseignante. Saturne a parfois mauvaise presse, car nous combattons souvent les changements saturniens. Elle nous enseigne la « responsabilité » dans de nombreux domaines de notre vie qui pourraient grandement bénéficier d'un peu d'amélioration. Naturellement, l'instinct et l'ego nous suggèrent d'abord de lutter contre tous ces changements, jusqu'à ce que nous apprenions finalement à admettre que ceux-ci nous freinent d'une manière ou d'une autre. C'est ce que Saturne enseigne : la nécessité de changer nos habitudes ou de changer quelque chose sur soi-même qui pourrait bénéficier d'une petite refonte. Or, si vous apprenez à vous détendre et à ne pas craindre ce cycle de transformation de Saturne, vous découvrirez que vous pouvez bénéficier considérablement de sa sage tutelle. Ne vous retenez pas – et n'ayez pas peur de reconnaître ou même d'admettre le besoin d'amélioration, puisqu'apprendre à suivre le flux de Saturne pourrait s'avérer une expérience de croissance très positive. Il n'y a pas d'autre planète dans tout le système solaire avec les capacités d'enseignement que Saturne a à offrir. Cela dit, Saturne signe le début de l'année en Verseau. Une fois installée en Poissons, dès les premiers jours du mois de mars, les deux prochaines années qui verront passer Saturne dans ce secteur de votre thème natal marqueront un cycle de transition entre les expériences passées et futures. Par conséquent, la vie aurait-elle soudain pris un ton très sérieux ? Votre attitude serait-elle devenue récemment très réservée et conservatrice ? Êtes-vous submergé de responsabilités ? Vous sentez-vous frustré ? Si c'est le cas, voilà que vous mettez fin à l'ancien cycle et préparez la voie à un nouveau vous. Mais avant que cela ne se produise, vous allez devoir abandonner certaines habitudes en cours de route – et vous y habituer pourrait s'avérer un défi. Ce transit vous amènera à réaliser que quelque chose en vous doit changer… Vous pourriez accueillir cette expérience à bras ouverts ou la combattre jusqu'au bout. La plupart des gens choisissent de l'accueillir, car ils découvrent que ce n'est pas une si mauvaise chose de grandir et de devenir un individu plus fort et plus efficace. Gardez le moral élevé. Vous êtes dans un état d'esprit très sérieux et si vous ne laissez pas la négativité ou la dépression s'emparer de vous, vous pourrez relever la plupart des défis qui vous seront présentés durant ce cycle. Laissez Saturne vous guider et n'ayez pas peur de changer. En effet, si vous manquez de confiance en vous, si vous craignez l'échec ou si vous avez des difficultés de communication, vous pourrez ainsi vous sentir bloqué physiquement, ou vous manquerez d'élan vital. Analysez la situation et donnez une réponse adaptée à ce que vous voulez vraiment être, puis avancez. Si, par contre, vous avez trop confiance en vous et que cet orgueil vous a fait perdre de vue la réalité, vous risquez de vous engager dans une aventure qui vous ramènera sur terre. Attention à la chute ! Réfléchissez bien avant d'agir. Cela étant dit, vous ne pourrez choisir meilleur moment pour vous défaire des mauvaises habitudes qui vous nuisent : consommation de tabac, d'alcool, de drogue, de repas trop plantureux ou dépenses excessives. La période sera particulièrement propice également pour vous engager et mener à terme un combat difficile ou qui vous tenait à cœur depuis longtemps. Au risque de me répéter, prenez le temps de bien réfléchir avant d'agir. Cette période pourra être extrêmement constructive pour votre personnalité ; les retards ou les difficultés ne seront là que pour vous allouer du temps de réflexion.

LES PHASES RÉTROGRADES DE MERCURE POUR 2023

Mercure rétrograde en Capricorne – du 29 décembre 2022 au 18 janvier 2023 – votre XIe maison natale

Climat général

C'est avec surexcitation que vous entreprendrez cette période qui devrait vous être extrêmement profitable en ce qui concerne vos amitiés, mais le fait d'entretenir une vie sociale aussi active pourrait avoir quelques répercussions étant donné que vous risquez de manquer de temps pour toutes vos responsabilités quotidiennes, entre autres. Néanmoins, essayez malgré tout de maintenir des structures pour ne pas avoir l'impression de courir sans cesse après votre queue. D'ailleurs, optez sur cette période pour évaluer vos besoins personnels et pour définir vos objectifs futurs. Toutefois, vous risquez de vous sentir plus tiraillé entre votre sens du devoir et le goût de vous amuser. N'empêche, attention de vous mettre en situation périlleuse avec les gens qui vous entourent. Et même si vous êtes habituellement quelqu'un de bien inspiré et que votre imagination déborde d'originalité, voilà qui ne sera pas le cas maintenant, étant donné que vous accuserez davantage un manque d'énergie flagrant et vous n'aurez pas la force ni le courage non plus de résoudre certains problèmes qui vous harassent. Il va de soi, avouons que le stress aura tendance aussi à aveugler votre créativité. Il en ira de même également pour ce qui est de vos bonnes idées alors qu'elles risquent de faire plus défaut à présent.

Travail – Finances

Il y aura certainement un stress omniprésent pendant cette période rétrograde; vous aurez l'impression de devoir tout faire en double ou de recommencer sans cesse les mêmes choses. Si vous occupez un emploi plutôt précaire, n'allez pas être surpris que votre patron ne vous accorde pas autant d'heures que vous auriez aimé. Malgré tout, tâchez de voir le bon côté de cette situation et de vous investir plus dans vos affaires personnelles et dans votre vie sociale. Bien que le Poissons ne soit pas toujours des plus ambitieux et déterminés, il n'en demeure pas moins qu'il bâtit constamment sa vie avec des espoirs et de grands rêves. D'ailleurs, il y a en a certains qui réussissent à les atteindre, mais cela prend une volonté de fer. Or, c'est précisément ce qui vous animera pendant cette phase. Par un heureux hasard, vous pourriez vous retrouver au bon endroit au bon moment pour obtenir le poste rêvé. Mais vous pourriez avoir tendance aussi à être hésitant, à craindre qu'il ne s'agisse d'un poste à occuper trop exigeant pour vous, que le travail y soit trop difficile, qu'il dérange votre douce tranquillité et perturbe vos rêves. À vous de choisir entre une réalité dynamique et stimulante, et un monde de fantaisies. Cela dit, en tant que dirigeant et travailleur autonome, il y aura des moments où il faudra montrer les dents, même si vous êtes une personne douce et gentille. Vous devrez prouver que vous n'êtes pas bonasse et que, devant des situations complexes, vous êtes capable de monter aux barricades et démontrer une certaine fermeté quand vous savez que vous avez raison. N'hésitez pas non plus à regarder du côté des grandes institutions et des gouvernements pour obtenir un appui dans le développement de vos projets; vous êtes bien placé pour que l'on vous dise oui. Et si vous travaillez dans un commerce de détail ou encore en boutique, voilà qui présage que ce sera une période où il n'y aura pas foule à votre comptoir; cependant, une fois que Mercure aura finalement repris son mouvement direct, la cohue risque de se présenter à nouveau et vous n'aurez plus le temps de vous évader dans vos rêves. Sans aucun doute, le stress et la performance seront exigés!

Amour – Sentiments

Votre présence sera requise dans de nombreux événements sociaux, vous obligeant ainsi à remettre les petites soirées à saveur plus romantique que votre partenaire et vous aviez préparées ou qui font partie d'une certaine routine. Cependant, ce n'est pas ce qui affectera votre relation pour autant. Au contraire, cette attente ne pourra être que profitable puisque vos sentiments l'un pour l'autre ne pourront que grandir, mais il ne serait pas surprenant que vous deviez attendre jusqu'au début de février de la prochaine année (2023) avant de vivre de nouveaux moments intimes. D'ici là, vous risquez d'être plutôt difficile à suivre pour votre partenaire sans compter que vous risquez de dépasser les bornes par moments. Attention toutefois de démontrer trop de détachement total auprès de l'être aimé alors que celui-ci risque de comprendre que vous ne voulez plus de lui et même de penser à la séparation. Cependant, ce ne seront pas vos intentions, alors peut-être serait-il plus sage de votre côté d'accorder un peu d'attention à l'autre, du moins d'exprimer clairement vos désirs ainsi que vos intentions, cela évitera une grande confusion qui pourrait avoir des répercussions que vous ne souhaitez nullement. Si vous êtes célibataire, ce ne seront pas les occasions de faire des rencontres qui manqueront. Mais étant trop souvent une personne sensible – quelqu'un qui se laisse facilement transporter par la passion du moment présent et qui se crée de grandes attentes pour l'avenir avec une personne qui lui fera vivre des instants magiques – même si la relation ne s'élèvera pas aussi haut que vous l'auriez souhaité, il n'est pas dit que ça se terminera là. Tout au contraire, les prochaines semaines mettront probablement la table au développement d'un bel amour. Voilà qui est très prometteur ! Une raison de plus de tenir bon.

Famille

Un de vos enfants pourrait vous annoncer une mauvaise nouvelle qui vous mettra dans tous vos états, sans compter que sa conduite laissera à désirer. Gardez l'œil ouvert sur les amis qu'il fréquente. Il sera également possible qu'une nouvelle en provenance de vos proches ou d'un ami à vous vous laisse bien souvent sans voix. Quoi qu'il en soit, il sera sage de votre part de vous méfier de l'hypocrisie et/ou de la méchanceté d'une personne près de vous. À ne pas prendre à la légère !

Santé – Bien-être physique

Vous aurez assurément besoin de retrouver une certaine vitalité. Or, c'est en faisant de l'exercice sur une base quotidienne que vous y arriverez ; en combinant un corps sain avec un esprit sain, il n'y aura plus rien à votre épreuve et le temps n'aura plus aucun effet sur vous. De plus, vous ne serez pas à l'abri d'une fatigue possible. Vous ne l'attribuerez pas à vos mauvaises habitudes, mais bien au manque de lumière et à la déprime de l'hiver. Soyez réaliste, votre niveau d'énergie sera directement lié à votre alimentation !

Mercure rétrograde en Taureau – du 21 avril au 14 mai 2023 – votre IIIe maison natale

Climat général

Voilà une période où vous aurez tendance à être trop souvent naïf devant certains manipulateurs, particulièrement s'ils font partie de votre cercle d'amis. Vous n'oserez pas les décevoir ou vous mettre à dos d'autres amis communs. Par conséquent, vous risquez de vous enliser dans un profond malaise si vous n'exprimez pas vos véritables sentiments à l'endroit de l'un d'eux. Il n'en demeure pas moins qu'on ne se gênera pas pour autant d'essayer de vous emprunter de l'argent ; il s'agira probablement de ces mêmes manipulateurs qui sauront user de leur magnétisme pour vous y obliger. Timide et assez réservé de nature, vous n'êtes pas des plus batailleurs non plus pour contrer ce genre d'individus, mais, en réalité, il ne s'agit que d'exprimer votre véritable pensée pour que vous soyez sérieusement respecté. Or, l'idée que vous ayez à vous déplacer beaucoup pendant cette période est plus que possible. Vous parcourrez les routes, vous ferez le tour de la ville en transport en commun ou explorerez votre quartier en marchant, et votre téléphone sera en fonction sans arrêt. Il y aura toujours quelqu'un avec qui faire la conversation. Attention qu'on vous appelle durant la nuit.

Travail – Finances

Si l'on vous confie des tâches hors de vos fonctions habituelles, vérifiez que vous serez rémunéré convenablement pour celles-ci. N'acceptez pas s'il s'agit d'un simple pourcentage ou d'être payé plus tard alors que vous risquez d'être passablement déçu du montant. Cependant, cette expérience pourrait vous servir fortement de leçon de vie et vous serez en mesure d'entreprendre certaines démarches pour éventuellement démarrer votre entreprise ou pour arrondir les fins de mois. N'hésitez pas à négocier, peu importe votre situation, vous aurez tout à gagner en exprimant ouvertement vos demandes. D'ailleurs, c'est par le dialogue que vous viendrez à bout de régler bien des petites choses qui accrochent, tant avec les collèges, les patrons que toute personne qui fait partie de votre entourage quotidien. En dépit que vous serez un négociateur hors pair durant cette période, il n'en demeure pas moins que vous serez quelque peu naïf et tendrez à faire confiance trop rapidement à votre interlocuteur. Tâchez de ne rien signer trop hâtivement et encore moins sans avoir tout lu, particulièrement si ça concerne des investissements apportés à votre entreprise. Et puisque tout suggère que ce sera un temps intense de négociations, des histoires de convention collective pourraient occuper une bonne partie de votre temps. Il est même possible que vous deviez enquêter sur une situation compliquée à même l'entreprise pour laquelle vous travaillez. Attention aussi qu'une personne ait les doigts longs et qu'elle vous prenne quelque chose qui vous appartient. Il sera également important que vous preniez le temps aussi d'éplucher vos factures et de bien évaluer la pertinence de chacune, car vous pourriez faire de grandes économies en dénichant une erreur possible.

Amour – Sentiments

Vous aurez nettement besoin d'affection, pas nécessairement de sexualité, mais bien de tendresse et de moments intimes où la sensualité et la romance dominent. Il est possible aussi que vous caressiez un rêve que vous aimeriez réaliser avec l'être aimé. Devant votre expression plutôt sérieuse, il s'empressera de répondre à vos attentes pour vous faire plaisir, mais du jour au lendemain vous pourriez changer d'idée et avoir un nouveau rêve. Prenez le temps de définir plus clairement vos objectifs communs et surtout de départager ce qui est une simple inspiration d'une véritable aspiration. En tant que célibataire, vous pourriez croiser une personne qui vous manifestera un soudain intérêt. Vous pourriez trouver ses intentions quelque peu déplacées, car il pourrait s'agir d'une personne qui commente tout sans approfondir et surtout sans délicatesse. Finalement, vous réaliserez que cette personne a au fond un grand cœur et c'est ce qui est important. Dans un autre temps, qu'un ami tente de vous séduire alors que vous ne ressentirez aucune attirance à son endroit est possible. Aussi, cette personne risque d'avoir la fâcheuse habitude d'être un peu trop insistante, mais avant de la rejeter, vous pourriez être tenté de succomber à ses avances (demandes) afin qu'elle vous fiche la paix une fois pour toutes. Cependant, cela risque d'avoir l'effet inverse : elle ressentira une plus grande attirance à votre endroit et vous aurez donc créé un problème plus gros en essayant d'abord d'être gentil.

Famille

L'argent risque d'être une source de conflits et de désaccords. La communication franche et directe sera la seule approche efficace pour régler tous les problèmes. Cela dit, vous risquez d'encourir une dépense reliée à votre foyer ou concernant la famille.

Santé – Bien-être physique

Votre vitalité sera excellente, malgré un rythme de vie effréné et assez complexe où l'émotion et le laisser-aller seront courants, possiblement dû à une surconsommation de certaines substances stimulantes tel le thé ou la caféine. Vous aurez à rattraper des heures de sommeil à quelques reprises, si ce n'est une maladie quelconque qui vous obligera à garder le lit durant plusieurs jours. Déséquilibre glandulaire possible.

Mercure rétrograde en Vierge – du 23 août au 15 septembre 2023 – votre VIIe maison natale

Climat général

Les vacances sont bel et bien terminées. Vous devrez reprendre avec assiduité toutes vos tâches et responsabilités familiales et professionnelles, et retrouver une gestion du temps complexe après quelques semaines plus détendues. C'est une période où vous devrez inévitablement apporter quelques changements assez importants à votre routine, histoire d'être plus efficace ou moins stressé par votre organisation. Comme bien des gens, vous aurez peut-être négligé vos vieux amis au fil des ans. Les amours, la famille, le travail et les obligations font en sorte d'en perdre quelques-uns de vue et c'est bien normal. Toutefois, une forte impression de passer à côté de quelque chose s'emparera de vous pour que vous entrepreniez des démarches pour les retrouver. En effet, les amitiés seront renouvelées et vous entrerez dans une nouvelle ère beaucoup plus sociale et dynamique; vous vivrez bien des changements dès la seconde partie du mois de septembre. D'ici là, vous serez fortement tenté par un achat coûteux fait sur le coup de l'impulsion et vous pourriez vous retrouver à débourser d'importantes mensualités.

Travail – Finances

Vous n'aurez pas le temps de vous ennuyer et vous ne parviendrez pas non plus à dire non, même si vous êtes débordé, sans compter qu'il est possible qu'à la dernière minute vous deviez peut-être annuler une activité en raison d'un épuisement, d'un contretemps ou d'un conflit d'horaire. Évidemment, vous tendrez à vous culpabiliser de cette situation. Cela dit, en tant que patron, dirigeant ou travailleur autonome, vous aurez probablement à résoudre une situation difficile avec un ou plusieurs de vos employés ou associés. En fait, vous êtes peut-être un peu trop bon pour les autres, vous êtes prêt à sacrifier quelques-uns de vos privilèges pour que l'harmonie règne autour de vous. Mais c'est une situation qui peut aussi engendrer quelques frustrations. Alors, tâchez plutôt de trouver des solutions qui conviennent à toutes les parties et mettez tout cela par écrit. S'il y a ou s'il y a eu des conflits de travail autour de vous, voilà que les tensions ne se seront toujours pas estompées et vous pourriez avoir l'impression de marcher sur des œufs avec certains collègues. Avant que le calme s'installe, il faudra crever l'abcès et retrouver un semblant de raison. Vous êtes une personne pacifique de nature et votre sagesse remettra à l'ordre certaines personnes pour vous assurer que le travail soit bien fait. L'inverse sera tout aussi possible : tout le monde sera gentil, vous serez grandement apprécié, vous accomplirez vos tâches, mais vous commencerez à trouver vos journées longues et monotones. Vous serez donc à l'affût de nouveaux défis professionnels en restant discret à ce sujet, même si vous accomplirez votre travail sans trop faire de remous. Vous êtes un grand rêveur avant tout, alors vous vous demanderez toujours où la prochaine vague vous emportera tout en l'attendant patiemment. Cependant, ce ne sera probablement pas pendant cette période rétrograde que s'effectueront les grands changements, mais vous commencerez à mieux cerner vos prochains objectifs.

Amour – Sentiments

Il est possible que vous entendiez parler de quelqu'un que vous connaissez ou qu'une personne de votre entourage immédiat se sépare ou est sur le point de rompre pour que vous réagissiez par la peur que la même chose puisse se produire dans votre vie. Il sera important que vous raisonniez ce genre de situation. Si ce n'est pas vous qui vivez une rupture, évitez de vous accaparer la douleur d'autrui et n'allez pas vous laisser ébranler par vos amis. Sans s'en rendre compte, au fond d'eux, ils voudront peut-être que vous soyez comme eux, soit malheureux. Vous aurez donc à travailler fort pour retrouver un peu de passion pendant cette période et vous comprendrez mieux pourquoi votre relation s'est effritée au fil des années ; vous ferez de votre mieux pour la reconstruire. Si vous vivez avec votre partenaire depuis de nombreuses années, il est possible que la magie de la passion amoureuse se soit estompée quelque peu, si ce n'est complètement. Mais en tant que natif ou native du Poissons, il n'est pas question que cette situation perdure, surtout que vous vous nourrissez d'amour, vous carburez à la passion et l'espoir est votre bouée de sauvetage. Vous tenterez bien de fouetter votre relation, mais les résultats seront certainement très mitigés. En tant que célibataire, s'il vous est donné l'occasion de rencontrer quelqu'un qui vous plaît, il pourrait y avoir un peu de confusion avant que vous puissiez établir une certaine régularité dans vos fréquentations, mais soyez tout de même patient puisque à qui sait attendre, le temps ouvre ses portes.

Famille

Le train-train quotidien sera bousculé en raison de la rentrée scolaire. Il faudra que vous arriviez à vous entendre et à établir une routine beaucoup plus harmonieuse. Cela dit, si vous avez choisi d'être séparé des vôtres, que vous soyez un homme ou une femme, vous aurez à vivre avec la conséquence de vos actes, et voilà que ça risque d'être difficile à supporter pendant cette phase. Si vous vivez en famille reconstituée, des problèmes seront soulevés entre les enfants de l'un et de l'autre, et avec l'ex. La garde des enfants, la pension alimentaire à donner ou à recevoir, etc., tout deviendra plus complexe. Et si tout semblait réglé, attention alors que vous aurez tendance à revenir à la charge. Qui paiera la facture, si ce ne sont les enfants ? En tant que grand-parent, si vous êtes témoin d'une guerre familiale de cette sorte, il vaudra mieux rester en retrait. Attendez qu'on vous demande de l'aide.

Santé – Bien-être physique

Il est toujours important de suivre les conseils de votre médecin et d'entreprendre les démarches nécessaires pour obtenir les examens recommandés par ce dernier. Mais ne soyez pas trop inquiet, le plus compliqué sera d'obtenir les rendez-vous ; les soins, pour leur part, vous seront très profitables et vous bénéficierez d'un traitement de faveur pour avoir été si patient. Entre-temps, attention aux maux de ventre qui pourraient survenir. Si vous faites comme si de rien n'était ou presque, n'allez pas être surpris d'avoir à vous rendre d'urgence à l'hôpital. Au moindre malaise, consultez.

Mercure rétrograde en Sagittaire – du 13 décembre 2023 au 1er janvier 2024 – votre Xe maison natale

Si, au cours de cette période rétrograde, vous vous proposez de recevoir des gens ou encore si vous décidez d'organiser les festivités du temps des Fêtes pour la famille et les amis, tâchez, en premier lieu, de bien saisir l'ampleur de la tâche. Vous tiendrez certainement votre parole jusqu'au bout, mais il est clair que vous réaliserez que c'est beaucoup plus exigeant que ça en a l'air ou que vous l'aviez prévu. Cela étant dit, attendez-vous à devoir faire face à diverses situations inattendues qui viendront perturber votre horaire de manière considérable. Fort heureusement que vous saurez faire preuve d'ingéniosité et d'originalité pour rendre mémorable tout événement. Il n'en demeure pas moins qu'en famille, pour que l'harmonie règne au foyer, il sera des plus importants que vous ne soyez pas trop paternaliste, que vous n'imposiez pas vos idées ni vos opinions, mais que vous respectiez le droit de parole de tout un chacun. De plus, pour éviter toute la cohue dans les magasins et centres commerciaux, il vous sera fortement suggéré de commencer déjà vos décorations de Noël et la course folle aux cadeaux.

Travail – Finances

Même si dans l'ensemble vous semblerez progresser à vive allure dans le milieu où vous êtes impliqué, vous ne serez pas à l'abri d'encourir quelques obstacles possibles et des personnes qui s'opposeront à vos idées, à vos manières de servir le client, à vos coûts et même à l'expédition de vos produits, sinon à la lenteur de vos services. En bref, vous aurez à faire face à des clients tatillons et aussi à des manipulateurs qui, parfois, ne voudront que des rabais. Il est possible que vous soyez aussi légèrement freiné dans vos démarches, particulièrement en ce qui concerne les associations, les négociations ainsi que toutes les autres transactions. En tant que patron, dirigeant et travailleur autonome, il est évidemment qu'il y aura beaucoup de gestion à faire pour organiser les vacances de tout le monde. Il ne serait pas étonnant de vous voir mettre la main à la pâte et occuper les fonctions de plusieurs de vos subalternes, alors qu'ils seront en congé. C'est à coup sûr un temps où il y aura beaucoup d'action. D'ailleurs, ce n'est jamais très délicat de la part des entreprises d'annoncer des compressions budgétaires juste avant les Fêtes, mais c'est une histoire de chiffres et de comptabilité, et personne n'a véritablement le pouvoir de contrôler cela. Mais plutôt que de nuire à votre emploi, cette situation angoissante vous sera malgré tout favorable, et ce, assez rapidement. Il est plus que probable que vous héritiez de fonctions plus intéressantes qui lanceront significativement votre carrière au sein de la compagnie. D'ici là, si vous avez un emploi routinier et que chaque jour, vous faites les mêmes gestes, voyez les mêmes gens, prenez votre pause toujours à la même heure, si vous obtenez le même salaire parce que l'entreprise qui emploie vos services ne vous augmente pas, il est possible que pendant cette période vous vous ennuyiez au point où vous songerez sérieusement à tout lâcher ! Démissionner sur vous-même ne sera pas une bonne idée ! Et si vous cédez, vous vous retrouverez plus seul que jamais. Sur une note finale, si vous êtes un intellectuel, vous lirez beaucoup ; vous aurez un grand besoin de savoir. Si votre métier est d'écrire, de peindre ou de sculpter, vous innoverez. Votre imagination sera décuplée et vos idées pourront aussi bien plaire que choquer ; il vous sera impossible de ne pas être reconnu dans le milieu dont vous faites partie.

Amour – Sentiments

Le temps sera une denrée assez rare en ce temps-ci de l'année, alors c'est évidemment le partenaire qui écopera en premier lieu pour ce qui est de votre disponibilité à vivre des moments intimes. Mais on dirait aussi que la famille se mêlera d'une manière ou d'une autre à votre relation, ce qui n'est pas nécessairement l'idéal pour inspirer la romance entre deux personnes. Bref, vous aurez besoin de vous évader tous les deux pour retrouver le désir de vous aimer. Du moins, tâchez de participer ensemble à des activités de nature sociale, question de changer le mal de place un peu. D'ailleurs, si vous et votre amoureux avez décidé de partir en voyage durant le temps des Fêtes, vous ne serez pas tout à fait d'accord quant à la destination. L'un voudra explorer une contrée qui le fascine depuis longtemps, alors que l'autre ne songera qu'à se faire dorer sur une plage au soleil. Et si vous vivez ensemble depuis quelques décennies et que vous avez confiance l'un en l'autre, tout laisse suggérer que vous pourriez partir chacun de votre côté ! Sur une note finale, en tant que célibataire, il est peu probable que vous ayez le temps ou le désir de faire une rencontre avant que Mercure ait repris son mouvement direct.

Famille

En tant que parent, amoureux des enfants, vous serez si présent pour eux que vous les empêcherez de prendre des décisions. Vous aurez la sensation qu'il vous faut à tout prix leur dire quoi faire, quoi dire et j'en passe pour que leur vie soit le plus agréable possible. Il se peut aussi que vous exagériez ! Quant à vos tout-petits, vous aurez raison de les cajoler, ce qui ne voudra pas dire que vous devrez les contrôler et leur dire chaque minute qu'ils sont magnifiques et parfaits. Si vous avez une famille où l'on se querelle fréquemment, si vous ne supportez pas un parent à cause de son attitude, de ses manies, ou si vous n'avez aucune affinité avec cette personne, en ce temps où on se prépare à fêter en famille, vous serez ferme. Vous ne ferez aucun effort pour être agréable et il est même possible que vous choisissiez d'être seul plutôt qu'en mauvaise compagnie. Soucis possibles de la part ou pour un frère, sinon une sœur !

Santé – Bien-être physique
La saison froide annonce souvent des problèmes au niveau des articulations et des os pour bien du monde. Vous ne serez probablement pas épargné de ce désagrément. Il est possible que vous connaissiez aussi des irruptions cutanées qui vous démangeront passablement, sans trop savoir qu'elle en est la cause. Vous pourriez aussi endurer ce malaise jusqu'à ce que Mercure reprenne sa marche directe avant que tout cela ne disparaisse comme par enchantement. Soyez également plus prudent dans vos déplacements ! Attention aussi aux problèmes respiratoires possibles ! Cela étant dit, ne manquez pas de rendre service à une personne qui vous est chère, que vous aimez ou encore qui est dans le besoin. Vous saurez en retirer une satisfaction personnelle.

LA PHASE RÉTROGRADE DE VÉNUS POUR 2023

Vénus rétrograde en Lion – du 22 juillet au 3 septembre 2023 – votre VIe maison natale

Climat général
Ce sera une période où autant vous aurez à cœur de vouloir rendre service à quelqu'un qui vous est cher ou que vous aimez, sinon qui est dans le besoin, il faudra être des plus sélectifs au risque que votre geste se retourne contre vous. Bien que cela vous fasse plaisir de rendre service, attention que l'on abuse de vos bontés ou de vos largesses. Or, voilà un temps où vous êtes également encouragé à examiner de près vos habitudes de vie et alimentaires. Vous apportent-elles du plaisir ou êtes-vous une épave stressée à la fin de chaque journée ? C'est le moment d'ajuster votre emploi du temps et vos systèmes afin de mieux équilibrer ainsi votre vie, mais aussi votre santé.

Travail – Finances
Voilà un temps où vous serez emballé par les nouvelles perspectives qui s'offriront à vous, mais ce ne sera pas une raison valable non plus pour aller trop vite en affaires. Loin de servir vos intérêts, les actions irréfléchies pourraient se retourner contre vous. Or, ne signez rien sans garanties sérieuses et méfiez-vous des achats injustifiés. En contrepartie, agissez avant que Vénus ne devienne rétrograde si vous voulez que les choses marchent rondement. Après cette date, il se pourrait que vous soyez pris avec une foule de désagréments ; des délais, un manque de communication et/ou de

synchronisation menacent l'évolution de vos entreprises. Ne prenez pas de chance avec votre argent ; il vaudra mieux privilégier les investissements conservateurs. Or, oubliez les coups de tête. Si l'on veut vous emprunter, un non catégorique s'impose. Par ailleurs, les dépenses consacrées aux enfants et aux activités de loisirs risquent d'épuiser vos ressources. Par conséquent, il sera avisé de vous fixer des limites fermes dès le départ pour mieux éviter ainsi toute confrontation inutile par la suite. Une vérification de votre réalité financière dès le tout début de la phase rétrograde de Vénus devrait vous donner un bon avertissement sur ce qui est à votre portée et ce qui ne l'est pas. Respectez ces directives et vos résultats financiers resteront positifs. N'empêche, le budget risque d'être un peu trop serré à votre goût et des frais imprévus pour la maison, sinon pour la voiture ne seront pas impossibles non plus ou encore ce seront les dépenses de restaurant qui auront tendance à augmenter soudainement. Il n'en demeure pas moins que vous saurez retirer des satisfactions personnelles dans votre travail. Attention toutefois à un faux sens de sécurité alors qu'il vous sera plus facile de prendre du retard ; possibilité de perte de temps par rapport à vos affaires, sinon due à vos déplacements personnels. Sur une note finale, soyez avisé qu'il est possible également qu'on vous demande d'être un juré suivant une cause en cours.

Amour – Sentiments

Bien que rien d'excitant ne se passe, vous pourrez au moins apprécier la quiétude de votre vie, surtout avec Vénus qui rétrograde. Cela dit, durant la période estivale, vous êtes invité à ralentir et à adopter une approche plus mesurée de vos sentiments. Vous n'êtes pas obligé de réagir à tous les caprices et à toutes les humeurs ; en fait, apprendre l'art de la retenue pourrait changer la donne. Au lieu d'envoyer un message de colère, regardez plutôt une vidéo de *fitness*, faites une méditation de 10 minutes, servez-vous une tasse de tisane apaisante. Si vous devez absolument vous défouler, parlez-en à votre journal intime ou encore enregistrez ce message sur votre téléphone intelligent. Lorsque votre cerveau rationnel aura repris le dessus (au lieu de votre cerveau reptilien), soit après la fête du Travail, vous serez ravi d'avoir attendu. En fait, vous pourriez même vous rendre compte que vous devez soutenir un peu plus les objectifs de votre partenaire de vie.

Famille

Vous aurez l'impression que l'on essaie de vous cacher des choses. Au lieu de tout garder à l'intérieur, vous avez raison d'en parler à un ami qui ne demande pas mieux que de vous écouter. Quand ce ne sera pas la santé d'un parent qui vous tracassera, tout probable que ce seront les problèmes financiers ou professionnels d'un être cher qui vous inquiéteront. En outre, vous auriez tort de trop attendre des autres. En effet, votre entourage immédiat ne semblera pas toujours bien disposé, ce qui compliquera le dialogue et vous rendra perplexe. Inutile non plus de forcer les choses, vous ne feriez qu'envenimer la situation. Par chance que vos amis vous comprennent et vous aideront à vous changer les idées. Acceptez les invitations qu'on vous lancera, cela vous fera le plus grand bien. Avec la famille, les choses demeureront tendues; vous trouverez que personne ne vous comprend.

Santé – Bien-être physique

Avec la reine de beauté Vénus qui est en mode rétrograde, prendre soin de soi sera le summum de l'éclat. Or, veuillez nourrir votre corps avec des aliments sains et verts, et veuillez manger à intervalles réguliers pour ainsi mieux éviter que votre énergie ne s'emballe et ne s'effondre. Une bonne santé intestinale renforcera votre immunité. Cela dit, les conditions joueront en votre faveur pour un bien-être optimal; faites tout votre possible pour profiter pleinement d'une bonne situation, malgré la tentation de faire des excès. La pratique d'un sport ou d'une autre activité intense pourrait mettre votre dos à rude épreuve, mais aussi augmenter votre endurance cardiovasculaire. Faites preuve de bon sens et vous obtiendrez un entraînement complet tout en vous amusant.

LA PHASE RÉTROGRADE DE MARS POUR 2023

Mars rétrograde en Gémeaux – du 30 octobre 2022 au 12 janvier 2023 – votre IVe maison natale

Climat général

Voilà une période où vous serez porté à vouloir vous occuper davantage de vos intérêts personnels plutôt que ceux des autres. En plus de vous retirer de toute œuvre, vous serez même porté à vous replier davantage sur vous-même. C'est comme si une situation extérieure vous avait, ces derniers temps, amené son lot de déceptions. Quoi qu'il en soit, non seulement vous tendrez à vous éloigner, mais il est tout aussi possible que vous puissiez décider de recentrer votre énergie au secteur de votre thème qui régit votre travail et, par conséquent, de votre santé également. Vous serez plus rigoureux, mais pas nécessairement plus organisé dans votre quotidien. Il ira de votre intérêt de bien vous recadrer. Autodisciplinez-vous ! Plus que tout, tentez de comprendre ce qui motive vos actes, votre travail et même aussi le service que vous rendez aux autres. Même si les choses ne sembleront pas vouloir fonctionner du premier coup, même si les résultats ne seront pas toujours probants, demeurez tout de même persévérant, car vous finirez par tirer votre épingle du jeu. N'empêche, vous aurez sûrement à trimer dur et vous n'apprécierez pas que l'on s'ingère dans vos affaires personnelles ni que l'on vous critique. En toute réalité, profitez de ce temps pour donner un sens nouveau à votre vie ainsi que pour goûter pleinement la vie, et le succès qui s'ensuivra avec le temps. D'ici là, vous serez appelé à apprendre à tenir bon lorsque ce sera nécessaire et à lâcher prise au moment approprié.

Travail – Finances

Voilà une période rétrograde où vous risquez de vous retrouver devant des gens qui seront imbus d'eux-mêmes et ils rechercheront la confrontation. Or, n'allez pas être surpris qu'un conflit entre employés et l'autorité puisse survenir, et chacune des deux parties ne baissera pas sa garde facilement. La compétition sera tellement forte entre deux collègues qu'une crise pourrait éclater au grand jour et dégénérer en une attaque physique. C'est un temps où l'énergie sera explosive et vous devrez redoubler de vigilance et de prudence, et ce, plus encore si vous êtes dirigeant, patron, cadre, décideur, administrateur, chef d'entreprise, directeur, responsable ou gérant alors que vous en aurez plein les bras. D'ailleurs, votre groupe de travail ne sera pas aussi facile à gérer. Sinon, il est possible que vous éprouviez plus d'ennuis à vous intégrer à un nouveau groupe, à un cercle professionnel ou de travail. Il est également possible aussi que vous puissiez vous sentir inconfortable devant une situation professionnelle, artistique ou d'affaires alors que la partie adverse se montrera moins flexible, moins ouverte, plus complexée, donc plus sujette à se retirer dans sa bulle. Non seulement les projets d'équipe seront plus difficiles à faire matérialiser, et en tant que patron, tout suggère que vous aurez sûrement à mettre en place une réforme importante où chacun devra mettre son orgueil de côté ou s'acclimater pour le mieux-être du groupe, ou suivant de tout le monde impliqué. Quant aux négociations, elles seront plus exigeantes, plus difficiles ; n'empêche, vous saurez vous tirer d'affaire quand même assez bien. Il n'en demeure pas moins que les choses n'iront pas toujours à votre goût au niveau de vos affaires. Non seulement ce sera une période quelque peu décevante, mais rien ne marchera à votre goût, sans compter que des retards s'accumuleront et la pression augmentera ; cependant, en vous organisant et en faisant preuve de souplesse sans pour autant renoncer à votre ténacité, vous en viendrez à bout. N'empêche, de vieux problèmes pourraient refaire surface, vous obligeant à prendre parti et ce n'est pourtant pas ce qu'il faudra faire. Loin de là, laissez aux autres leurs responsabilités respectives dans ces conflits et demandez-vous comment vous pouvez vous affirmer en intelligence et faire respecter votre position. Cela dit, il n'est pas impossible que vous ayez peut-être à suivre et à compléter une formation professionnelle pour mieux vous adapter à un nouvel environnement de travail, sinon allez-vous décider d'embrasser un nouveau domaine d'expertise parce que vous en aurez assez de la routine et serez en quête de quelque chose de nouveau pour lequel vous changerez complètement de milieu de travail. Autant ce sera un temps où vous pourriez songer à réorienter votre carrière selon vos goûts et vos aspirations, mais en vous engageant sur une nouvelle voie, vos finances pourraient aussi en prendre un coup. Heureusement, vous trouverez plus important de vous construire une vie professionnelle, artistique, sinon d'affaires sur des bases plus conformes à votre mesure. Cette grande transformation fera écho à un appel intérieur ou à un besoin de changement important. Profitez de ce temps pour faire évoluer votre vie ou celle des autres près de vous. Entre-temps, il est possible que les expériences vécues en rapport avec l'argent vous obligent à vous reconstruire et, par le fait même, à grandir intérieurement en remettant vos valeurs à la bonne place. Des événements hors de votre contrôle pourraient aussi freiner votre expansion et votre influence. Profitez donc plutôt de cette période pour réfléchir à la mise en marché de quelque chose qui vous tient à cœur, sinon au développement d'affaires nouvelles ainsi que concevoir des projets et/ou développer des idées en catimini. Vous aurez bien raison de mettre à profit cette accalmie pour préparer avec minutie votre plan d'action. Sur une note finale, si vous utilisez des outils dans les fonctions de votre travail, assurez-vous de leur bon fonctionnement. Il faudra aussi vous monter des plus disciplinés au travail, sans quoi vous vous retrouveriez vite débordé et incapable de suivre la cadence. Évitez également de donner cours aux histoires personnelles des gens qui vous entourent et n'allez pas non plus vous immiscer ou vous mêler de leurs problèmes. Idéalement, il sera avisé de vous éloigner des commérages et des intrigues possibles alors que ça ne pourra qu'envenimer la situation ainsi que l'ambiance régnante. Maintenant, à vous de décider quoi faire alors que la balle est dans votre camp.

Amour – Sentiments

De vieilles émotions pourraient refaire surface. Parlez ouvertement de l'agressivité qui vous ronge, de ce que vous ressentez à l'égard d'un membre de votre famille alors que le temps se prêtera bien pour examiner la dynamique familiale. Ce n'est qu'en amendant la situation en rapport avec ce membre de votre famille que la tension pourra s'alléger. Or, non seulement allez-vous devoir redoubler de prudence pour maîtriser vos émotions, mais n'allez pas vous laisser emporter non plus dans des flots menant à la confusion et au chaos. Cependant, si vous savez garder un bon contrôle sur vous-même, vous pourrez mieux ainsi saisir toutes les multiples possibilités qui s'offriront à vous pour agir avec bienveillance et efficacité auprès de ceux qui vous entourent. Entre-temps, le partenaire de vie risque d'être plus dépendant de vous que vous ne l'auriez souhaité ou, tout le contraire, plus indépendant. Pas étonnant que votre relation tanguera parfois sur des eaux troubles. Tout suggère aussi que vous serez dépassé par des proches ou des amis qui entretiendront leur misère et leur désarroi sans jamais faire ce qu'il faut pour s'en sortir et réaliser leurs rêves, alors qu'ils auront toujours en bouche une bonne raison pour justifier leur inertie. Pas surprenant que vous soyez moins patient. Cependant, durant ces moments, évitez d'utiliser un langage destructeur, le sarcasme et/ou de sévères critiques, et rappelez-vous que toute vérité n'est pas toujours bonne à dire ! Abstenez-vous aussi de juger sévèrement les autres et/ou de les blesser davantage. N'empêche, attendez-vous à l'inconduite caractérielle d'une personne chère près de vous et possiblement d'être obligé de subir sa dictature amoureuse. Non seulement son autoritarisme éteindra votre désir, mais cette personne se montrera parfois si directive que vous préférerez acheter la paix. Or, pour certains, il est possible que vous puissiez vous retrouver dans la tourmente d'un divorce, mais, dans le meilleur de vos intérêts, essayez de conclure un règlement hors cour puisque vous vous éviterez de grosses dépenses alors que le règlement par les voies légales pourrait s'étirer dans le temps. Si vous êtes célibataire, votre vie sociale et amoureuse ne manquera pas de piquant pour autant, mais de là à aller croire que vos amours vous combleront totalement, c'est beaucoup dire. Néanmoins, si vous êtes seul, il est très possible que vous puissiez rencontrer quelqu'un d'intéressant. Non seulement vos réserves d'énergie seront inépuisables, mais vous serez un véritable tourbillon de vigueur. Mieux encore, un dénouement heureux d'une situation qui vous a possiblement créé beaucoup d'angoisse par le passé vous apportera enfin un immense soulagement.

Famille

Voilà un temps où vous pourrez vous montrer plus actif dans votre maison : bouger les meubles, construire, démonter, rénover… et vous chercherez aussi à défendre votre territoire, votre famille. Alors que l'inconscient pourra se révéler spontanément, sans que l'on comprenne ce que cela signifie, vous aurez besoin d'affirmer votre identité et votre puissance personnelle. N'empêche, demeurez prudent à la maison ainsi qu'avec tous les objets contondants, chauds ou brûlants. Et si vous avez des réparations à faire sur votre propriété et que vous êtes obligé de grimper dans une échelle, veillez à ce qu'elle soit installée sur une base solide et ne manquez pas non plus de prendre les précautions nécessaires pour mieux vous éviter un problème possible. Attention à la distraction qui risque aussi de vous causer des ennuis. Si vous décidez d'entreprendre ainsi que faire faire des travaux majeurs chez vous, assurez-vous d'engager les personnes appropriées en la matière pour tous les travaux exigeants ou dangereux. Cependant, si vous êtes en phase de rénovations, veuillez bien tout surveiller ainsi que les travailleurs qui auront laissé leurs outils traîner afin qu'ils ne risquent pas de vous enfarger ni de vous blesser. À tout le moins, assurez-vous de doublement vérifier tous vos plans et que tout soit en bon ordre dans votre foyer pour mieux vous protéger contre le feu ou un bris possible. Néanmoins, un projet ou des travaux qui devaient être entrepris en lien avec la maison pourraient également être retardés. Cela étant dit, alors que les conditions de vie seront plus instables et nécessiteront d'être revues avec bon sens, n'allez pas être surpris si des conflits familiaux éclatent et que vous en ayez un peu marre d'être le seul commandant à bord. En plus que vous soyez très sensible à l'ambiance régnante et pour tout ce qui n'est pas à sa place, le climat risque d'être plus inconfortable au foyer et certaines des responsabilités familiales seront plus exigeantes qu'à l'habitude. Entre-temps, un de vos enfants pourrait subir la mauvaise influence d'un ami, de votre ex-conjoint ou d'un grand-parent, et vous devrez mettre un terme à cette relation, mais non sans faire savoir à cette personne votre façon de penser. En dépit que la famille puisse être en désaccord avec vos décisions, ne la laissez pas s'introduire dans votre vie privée ni vous dire comment élever vos enfants ou comment vivre en amour ; faites preuve d'une grande générosité alors que la situation aura plus de chances de progresser. Faites preuve aussi de sagesse et de prudence alors que vous ne serez pas à l'abri d'une dépense imprévue pour la maison ou pour votre véhicule.

Santé – Bien-être physique

Voilà une période où vous risquez d'être plus fragile au niveau de votre santé. Or, puisque physiquement ce ne sera pas la grande forme, une attitude vigilante vous gardera à l'abri de tous les imbroglios et blessures possibles. Prenez garde de ne pas vous blesser. Veuillez être tout aussi prudent sur la route pour mieux vous éviter un incident fâcheux ou qu'un bête accident se produise. Il sera également avisé de vous méfier d'être victime d'un vol. Assurez-vous aussi de manipuler avec soin tous les objets contondants et gare aux sources de chaleur. Surveillez aussi votre hygiène alimentaire afin d'éviter des problèmes circulatoires ainsi que des maux d'estomac. Gardez vos pieds bien au chaud suivant que vous serez sujet à attraper un vilain rhume ou une sinusite. Attention également aux coups de tête, mais plus que tout, ralentissez le pas.

L'ÉCLIPSE SOLAIRE ANNULAIRE DU 14 OCTOBRE EN BALANCE – VOTRE VIIIE MAISON NATALE

Secteur de votre thème natal qui est concerné par le pouvoir et le contrôle, voilà une période où vous réfléchirez à ce que vous êtes prêt à abandonner pour que quelque chose puisse se produire. Les luttes de pouvoir, les relations intenses et le désir de pénétrer un mystère plus profond seront tous possibles. Les dettes, les prêts, toutes les questions financières qui impliquent une autre partie ainsi que les manigances seront également à l'ordre du jour. Il en ira de même pour l'ex, où vous abandonnez votre pouvoir individuel pour créer une nouvelle vie ensemble. Toutes les questions relatives à la naissance et à la mort pourraient aussi être concernées. Or, malgré les deux éclipses qui obscurcissent le ciel d'octobre, vous resterez solide et des plus persévérants dans l'effort. Vous aurez même ce petit je-ne-sais-quoi qui fera tourner les têtes. Votre dynamisme sera communicatif et on vous trouvera hautement stimulant. Votre intellect, vif et piquant, sera curieux et avide d'apprendre.

Quant aux jeunes et aux aînés surtout, voilà qu'ils profiteront d'un regain nerveux et intellectuel exerçant un meilleur effet sur leur santé. Sport et exercice, mais surtout yoga et méditation seront des activités à prôner. Un sain programme de vie devrait aussi être établi dans le but de consolider la santé et de conserver la jeunesse de l'esprit. Ce ne sera pas facile de s'y conformer tous les jours, mais sachez que les résultats s'avéreront probants. Mais, en principe, vous serez en bonne santé. Aider ceux qui sont malades serait une bonne action à votre actif. Si vous en avez le temps… Cela dit, vos anciens *patterns* pourraient refaire surface. Changez-vous les idées, cessez de vous en faire pour rien et voilà que le cafard disparaîtra rapidement.

Ceux dont l'ascendant est Balance, Cancer, Capricorne ou Bélier doivent prendre soin d'eux et s'assurer de ne rien commencer d'important, surtout du 1er au 31 octobre, temps appelé « période d'éclipse ». Rien de viable n'étant amorcé sous ce thème, mieux vaut s'en tenir à la routine. Néanmoins, il est possible que vous puissiez ressentir plus de fatigue. Vous auriez tout à gagner de prôner de bonnes habitudes de vie. Or, les gens autour de vous seront plus nerveux et vous ressentirez cela beaucoup. Essayez de ne pas vous retrouver dans leur champ négatif, mais ce ne sera pas toujours possible et, malgré vous, vous en subirez l'influence.

P.-S. Vous êtes encouragé à prendre connaissance de tout ce qui est écrit au chapitre intitulé « Les Éclipses de 2023 » pour mieux vous familiariser avec toutes les mises en garde à respecter lors de toutes les éclipses.

LES POSITIONS LUNAIRES ET VOUS

À la fin du livre, vous trouverez le tableau des positions lunaires pour chaque jour de l'année 2023. Pour mieux tirer profit de la Lune au quotidien ainsi que connaître le rôle qu'elle jouera sur vos humeurs, lesquelles vont influer sur votre jugement et sur vos actes, référez-vous au chapitre intitulé « Méthode d'interprétation du calendrier des Lunes ».

Les divers passages de la Lune ne sont jamais neutres. S'il y a des moments pour l'action quand la Lune est néfaste, s'il faut prendre du recul quand elle ne l'est pas, les autres journées représentent, la plupart du temps, un mouvement vital plus lent. En général, quand la Lune passe en Taureau, en Cancer, en Scorpion, en Capricorne et en Poissons, vous êtes en forme, vous êtes à votre meilleur. Ces énergies, surtout celles du Taureau, du Cancer et du Capricorne vous placent en position de force. Là où vous devriez être prudent et où il serait préférable de prendre un peu recul, c'est lorsque la Lune se trouve en Gémeaux, en Vierge et en Sagittaire. Les Lunes en Verseau, en Bélier et en Lion sont neutres par rapport à votre signe. Vous avez la liberté de diriger vos actions conformément à vos goûts et à vos intérêts personnels. La tendance étant à l'action rapide, vous ferez bien d'agir sans délai : vous mettrez ainsi toutes les chances de votre côté. Avec les natifs de ces signes, vos relations ne seront pas toujours harmonieuses, mais les Verseau et les Balance font l'exception.

Numérologie

8 7 9 6 1 5 2 3 4

NUMÉROLOGIE

La numérologie prévient, conseille, mais ne prédit jamais. Averti, conscient, chacun d'entre nous doit observer son propre code de la route. Maître de son véhicule, à la barre de son vaisseau, à chacun de maintenir le cap, conscient de ses atouts, en évitant les pièges au maximum.

Comment calculer votre Année Personnelle

Afin de connaître vos prévisions et de savoir à quelle année personnelle vous reporter, faites le calcul suivant:

Additionnez votre jour et votre mois de naissance et rajoutez 7 alors que ce nombre correspond à la valeur numérologique de l'année 2023 (2 + 0 + 2 + 3 = 7).

1er exemple

Supposons que vous êtes né un 30 novembre.

Additionnez 30 + 11 (novembre = onzième mois de l'année) + 7 (qui correspond à la valeur numérologique de l'année 2023) = 48.

Réduisez ce nombre à une valeur comprise entre 1 et 9 en additionnant les chiffres les uns avec les autres. Or, votre total était de 48, alors additionnez 4 + 8 = 12 et additionnez de nouveau 1 + 2 = 3.

Vous êtes donc en Année Personnelle 3.

2e exemple

Supposons que vous êtes né un 17 septembre.

1er calcul: cela nous donne 17 + 9 (septembre = neuvième mois de l'année) + 7 (qui correspond à la valeur numérologique de l'année 2023) = 33.

2e calcul: 31 donne 3 + 3 = 6

Vous êtes donc en Année Personnelle 6.

Ces indications concernant les années personnelles restent globales. Elles indiquent les grandes tendances collectives, sans tenir compte, et pour cause, de la diversité des tempéraments, du stade d'évolution, des événements vécus ou d'un moment particulier. Prenez-le comme un *vade-mecum* (ce qu'on emporte avec soi), et non comme un verdict. On éclaire votre route. Regardez où vous marchez, voilà tout. Et c'est déjà beaucoup!

Votre année personnelle 1

TENDANCE GÉNÉRALE DE L'ANNÉE

Une année riche en possibilités dans tous les domaines

L'année 2023 vous propose un net changement. Il s'agit là d'un nouveau départ, d'un redémarrage qui implique les neuf années à venir. Il vous est recommandé d'agir, de décider, d'amorcer, d'entreprendre ainsi que de mettre en action quelque chose qui aura toutes les chances de progresser au cours du temps et qui saura récompenser vos initiatives. Ne vivez plus dans le passé, au contraire, regardez droit devant vous et forgez votre destin.

Profitez-en pour concrétiser tous vos projets en attente alors que rien ne devrait freiner vos progrès, sauf si vous péchez par inertie, par paresse, par doutes, par tergiversations, par craintes ou par dépendance. Ne comptez que sur vous et vous seul.

Pour certains, le climat restera encore un peu instable. Pour d'autres, la chance sera au rendez-vous. Et pour d'autres enfin, il pourra s'agir d'une collaboration, voire d'une union importante. Si des opportunités se présentaient, saisissez-les au passage. Affirmez-vous ! Définissez tous vos objectifs et foncez avec toute votre liberté d'action et de pensée. D'ailleurs, vous ne pourrez choisir meilleur moment pour créer une entreprise et pour mettre sur pied de nouvelles activités. Ce sera une très bonne année aussi pour faire des investissements à long terme.

Cependant, sous la dominante du « 1 », vous serez plus porté à ne centrer les choses que sur vous, sans tenir compte des besoins et des aspirations des autres. Faites attention aux opinions bien arrêtées alors que cela risque de donner naissance à de nombreux conflits d'intérêt et des discussions ; des maladresses de votre part pourraient entraver votre marche. N'empêche, vous devriez voir la récompense de vos efforts.

Voilà qui présage une année décisive. Vous amorcez un nouveau cycle important qui durera neuf ans et qui déterminera une nouvelle orientation de vie. Il s'agit d'une période où vous pourrez bénéficier d'excellents influx qui auront deux effets majeurs. Le premier concrétisera ce qui était en attente, des projets qui se confirment, des décisions qui se prennent officiellement et la stabilisation selon de nouveaux principes. Le second vous ouvrira les portes de la nouveauté et vous conduira vers une sorte de libération. Vous allez prendre un nouveau départ sur de nouvelles bases solides qui vous dégageront des problèmes et des soucis du passé. Faites preuve d'initiative et vous mettrez ainsi toutes les chances de votre côté. N'ayez pas peur d'innover, de pousser les portes qui s'ouvrent et n'hésitez pas à laisser de côté ce qui bloque.

Déménagement, changement de poste, de fonctions, d'activité, ouverture vers de nouvelles relations, tout s'ouvre devant vous, alors engagez-vous. Cela dit, ne faites pas n'importe quoi n'importe où. Les notions de prudence, de réflexion, de méthode seront importantes, mais en agissant avec bon sens, vous irez vers le succès.

Pour vous qui êtes célibataire et en quête d'amour, il n'est pas exclu que vous puissiez rencontrer cette perle rare de vos rêves. Toutefois, le plus difficile sera de le ou la garder. Trop d'ego fort de votre part pourra le ou la faire fuir. Apprenez à composer avec plus d'aisance.

En ce qui concerne votre santé et votre bien-être physique, votre énergie sera en hausse. Cependant, il vous sera suggéré d'adopter une alimentation plus saine, plus équilibrée. Protégez-vous aussi du stress. N'allez pas fatiguer vos yeux et oxygénez davantage vos poumons.

En bref: l'année personnelle « 1 », c'est le début d'actions. Vous démarrez un cycle de 9 ans. Idéal pour innover. Profitez-en pour démarrer un nouveau projet, mettre de l'avant une nouvelle activité. Votre attitude et vos initiatives marqueront la majeure partie de l'année à venir. Possibilité de mutation, de déménagement, de promotion.

Sur le plan du travail, vous pourriez avoir un avancement, une augmentation ou un changement d'emploi. Et si vous êtes sans emploi, vous pourriez trouver un travail.

Sur le plan financier, vous pourrez faire des engagements à long terme. Aucune porte n'est fermée, faites preuve d'esprit d'initiative.

Sur le plan sentimental, vous pourriez faire une nouvelle rencontre ainsi qu'avoir une nouvelle liaison pouvant engager l'avenir. Période favorable pour une nouvelle union. Année propice aussi au mariage.

Votre année personnelle 2

TENDANCE GÉNÉRALE DE L'ANNÉE

Une période pleine de contrastes et de double teinte

Vous ne bénéficierez certes pas de beaucoup de latitude au cours de l'année 2023. L'ambiance sera fragile étant donné la dualité inhérente au nombre « 2 ». On peut discerner deux tendances : l'une faite de coopération, de patience, d'adaptabilité et de diplomatie nécessaires, l'autre, au cas où vous ne couleriez pas dans ce courant, composée de risques, de mésententes, de déceptions, de soucis, voire de ruptures, sous quelque forme que ce soit.

Le code de la route propre à votre année personnelle « 2 » vous demande de faire preuve de disponibilité, d'écoute, d'aide et de soins pour les autres en vous oubliant un peu. Ne provoquez rien ni personne alors qu'un calme positif viendra à votre rencontre pour vous habiter. Souriez malgré les embruns possibles. Créez un climat amical et chaleureux. Sachez attendre sans commencer quelque chose de nouveau.

Les relations et l'entente avec autrui étant prédominantes, apaisez-vous, montrez-vous serviable et discret à la fois. Ainsi, en luttant contre une hyperémotivité fréquente, vous arriverez à pallier les éventuelles désillusions, les conflits, voire les pertes de toute nature. Surveillez votre santé. Montrez-vous souple et ferme à la fois. Rien ne vous arrivera tout cuit. Méritez votre paix.

Bien qu'il s'agisse d'une année assez ambiguë, elle pourra se révéler excellente comme telle, peut-être délicate, cela dépendra de votre comportement et de votre lucidité face aux situations que vous vivrez. Vous êtes avisé de maintenir une attitude prudente et extrêmement patiente devant certaines propositions pour mieux éviter tous les écueils et inconvénients possibles. En clair, trois tendances entrent en jeu. La première concerne les associations, les liens, alors que la deuxième présente des mouvements et la troisième montre des blocages ou des projets.

En positif, ce sera une année riche en affection où les sentiments tiendront une grande place. Une rencontre importante, professionnelle ou sentimentale pourrait vous conduire à comprendre que votre existence va changer et à envisager une autre orientation de vie. Si vous vivez de bonnes relations, des projets prendront une tournure pour aller dans le bon sens. Profitez-en pour vous associer, en affaires surtout, et pour mettre en place de nouvelles relations de coopération tout en cultivant la collaboration de façon équilibrée. Ce sera une année indiquée pour le travail en équipe et l'intégration au sein d'un groupe, et pour tirer profit des conseils et des idées des autres.

En négatif, si vous vivez de mauvaises relations, des blocages importants pourront se présenter ou une mésentente s'accentuera jusqu'à un point de rupture sans retour qui vous mènera à votre solitude. Sinon, la rupture d'un contrat de travail ou la fin d'une collaboration difficile au point de vue relationnel pourrait être au rendez-vous. Ne la regrettez pas, bien au contraire, elle vous permettra de vivre une nouvelle vie sur de nouvelles bases. Des bases qui se révéleront bénéfiques par la suite et, finalement, vous vous débarrasserez d'une belle épine dans le pied. Entre-temps, faites preuve de patience et de modération dans vos rapports avec les autres afin de vous éviter toutes les anicroches possibles.

En ce qui a trait à votre santé, votre état physique risque d'en prendre un coup alors que votre équilibre émotionnel sera plus fragile. Plus que d'habitude, protégez-vous contre le stress et surveillez votre estomac.

En bref: l'année personnelle « 2 » est synonyme d'harmonie ou de conflits avec autrui. C'est le temps de perfectionner les premiers acquis. C'est une année de relations avec autrui. Il faut compter sur les autres, coopérer, interagir, se faire aider. Dualité possible dans une de vos relations. En négatif: rupture privée ou personnelle, pertes financières, problèmes nerveux. En positif: rencontre sentimentale, gains, nouvelles amitiés. Mon conseil: prenez du recul par rapport à une situation problématique et assurez-vous de faire preuve de tact et de diplomatie. N'hésitez pas à rompre des liens avec des gens qui ne vous conviennent plus et n'en ressentez aucune culpabilité. Conflits possibles avec des amis. Évitez de leur faire confiance aveuglément.

Sur le plan du travail, profitez-en pour mettre en valeur votre imagination. N'allez pas dévoiler vos plans à une personne. Restez positif, car la paresse pourrait vous faire perdre votre emploi. Il se peut que vous soyez félicité pour un effort personnel.

Sur le plan sentimental, voilà qui présage soit une année de paix ou de disputes, soit de mariage ou de divorce. Votre désir sera de trouver quelqu'un qui vous apportera la tranquillité d'esprit et l'équilibre émotionnel. De nombreux échanges, conversations sincères, découvertes prometteuses sont à prévoir dans le domaine de l'amour. Année idéale pour renouer les liens amoureux. Favorable aussi pour dénicher l'âme sœur.

Votre année personnelle 3

TENDANCE GÉNÉRALE DE L'ANNÉE

Une période de protection professionnelle, d'aisance et d'épanouissement

Les tendances de votre année personnelle « 3 » confirment les bonnes influences dont vous pourrez jouir en 2023. Il existe peu de difficultés à l'horizon. Si les contraintes et/ou les obstacles semblent mineurs, ce n'est pas une raison pour vous éparpiller ni pour entreprendre plusieurs choses simultanément alors que vous risquez de fausser les influx créatifs dont vous hériterez. Soyez optimiste et confiant, sortez, rencontrez, communiquez, créez. Faites preuve de sociabilité. Exprimez-vous. Projetez. Votre activité devrait reprendre ou augmenter, et vos affaires sont susceptibles de connaître des changements positifs. Vous possédez tout pour réussir. C'est le moment où vous pourriez même recueillir ce que vous avez semé il y a deux ans.

Vous avez devant vous une période de protection professionnelle. Il vous est encore possible de mettre en place certaines choses restées en suspens l'an dernier. Ne laissez pas passer les opportunités de contacts sociaux, de commerce, de déplacements. Les loisirs, l'art, l'écriture, les médias seront tous des domaines privilégiés. Petit conseil : évitez de changer de travail, de logement, de partenaire, c'est encore trop tôt !

Votre sens des responsabilités sera mis à l'épreuve cette année. Vous allez devoir prendre des décisions radicales et votre destin vous demandera de vous engager sans détour. Ce sera le fruit de rencontres qui aboutiront à des projets, mais qui vous conduiront également à couper les ponts avec certaines personnes ou avec un certain entourage. Ce ne sera pas une mauvaise chose en soi puisque si vous vous décidez à agir, vous pourrez profiter d'excellentes possibilités, tant dans le domaine affectif que dans le domaine professionnel.

En clair, des transformations relationnelles auront lieu. Vous aurez à vous séparer d'une personne ou d'un milieu. Cela pourrait se traduire par une mutation, un déménagement ou une nouvelle relation affective qui vous entraînera à fréquenter d'autres gens, d'autres endroits. Par moments, vous ne saurez trop que faire, mais faites confiance à votre destin puisque tout s'arrangera pour le mieux. Nul doute, vous retrouverez un climat d'harmonie et une ambiance chaleureuse pour peu que vous acceptiez les changements.

Voilà qui promet une année où vous pourrez être débordant d'imagination et de bonne humeur. Si vous avez des talents journalistiques ou littéraires, ne manquez pas de mettre à profit toutes vos habiletés alors que vous ne pourrez choisir meilleur moment pour les exploiter. Si vous êtes en commerce, non seulement vous serez favorisé alors que votre clientèle s'agrandira, mais vos rapports avec celle-ci seront privilégiés. Un voyage, un intérêt nouveau pour un loisir ou pour un passe-temps favori, la naissance d'un enfant ou d'une œuvre pourront tous faire partie de votre lot.

En ce qui a trait à votre santé et à votre bien-être physique, votre flux d'énergie sera au beau fixe ! Cependant, il sera suggéré d'éviter tous les excès alimentaires alors que votre foie et votre vésicule biliaire risquent d'en prendre un coup. Profitez-en pour changer vos habitudes alimentaires et surveillez votre circulation sanguine.

En bref : l'ambiance de cette année personnelle « 3 » sera agréable. Année de succès. Année de relations publiques. Vous ferez preuve de créativité. Vos efforts seront récompensés.

Sur le plan du travail, c'est le temps de changer vos vieilles habitudes. Il est possible que vous puissiez bénéficier d'une augmentation salariale. Année idéale aussi pour présenter un projet qui pourrait aboutir ; cependant, il pourrait y avoir du retard pour votre projet, mais ce ne sera que momentané. Profitez-en aussi pour rénover, décorer votre foyer alors que le temps sera propice à la création.

Sur le plan matériel et financier, rien à signaler de négatif, sinon de ne pas faire de dépenses exagérées. Le secteur de la vente sera favorisé.

Sur le plan sentimental, les rencontres seront facilitées, mais ne cédez pas trop. Année de vie heureuse sentimentalement. Cela présage un temps de joie de vivre. Favorable pour le mariage ou la naissance d'un enfant. Pour les célibataires, beaucoup de rencontres faciles. Année de séduction et de flirts. Pour ceux d'entre vous qui espèrent la naissance d'un enfant, l'année s'y prêtera bien. L'année sera très bénéfique aussi pour toute activité créative : littérature, musique, sculpture, etc.

Votre année personnelle 4

TENDANCE GÉNÉRALE DE L'ANNÉE

Une période pour consolider vos positions

Voilà une année qui sera dans son ensemble assez contraignante alors qu'elle vous réclamera beaucoup d'efforts et de courage pour pallier les difficultés ou résoudre de difficiles contingences matérielles, mais avec persévérance, ordre, méthode, rigueur, attention, sens du devoir et pratique, vous saurez établir une base solide afin que l'année prochaine s'épanouisse. Vous aurez probablement à lutter, à traverser des périodes de pénurie, à connaître des obstacles, à supporter une certaine lenteur, mais dites-vous qu'avec de la volonté, vous en viendrez à bout. Tout ce que vous désirez mettre en action doit être établi sur des fondations solides. Avec un peu de prévoyance et de constance, vous finirez par affermir vos positions. Pas très drôle ni facile, n'est-ce pas ? N'empêche, considérez le mérite au lieu de vous complaire dans vos frustrations éventuelles.

En 2023, c'est l'inattendu qui prédominera. Vous entamez un cycle de changements qui vous mènera vers d'autres avenues, tant dans votre vie sentimentale que dans votre vie professionnelle et sociale.

Le principe de base de l'année personnelle « 4 » est la concrétisation de situations qui étaient en attente. Certaines seront difficiles selon que vous les aurez mal gérées et une remise en ordre s'imposera d'elle-même. Il sera avisé de vérifier toutes les déconvenues. Cependant, vous pourriez assister à des événements surprenants dans le sens où des aides providentielles vous seront apportées par des coups heureux du destin. Des rencontres, des associations et des collaborations nouvelles vous permettront de vous situer sur un meilleur plan et dans une meilleure orientation. Toutefois, il sera nécessaire de vous départir de ce qui ne vous sert plus, de ce qui ne fonctionne plus, de ce qui vous bloque, de ce qui n'est pas logique ou rationnel, de ce qui vous encombre.

Toutes les relations boiteuses, tous les objectifs et tous les projets faits à la va-vite se verront sans le moindre doute sanctionnés. Ce n'est que par la suite que les choses iront beaucoup mieux, mais il faudra du temps pour que vous vous réalisiez vraiment au mieux. Ces délais, ces retards qui interviendront ne devront pas être vécus comme des échecs, mais plutôt comme une période nécessaire et essentielle afin de fignoler toutes vos réalisations futures et de leur donner une solidité à toute épreuve. Encore un petit effort!

L'idée que certains d'entre vous seront en communication avec le lointain est plus que possible. Un déménagement, des rencontres avec des personnes d'une autre ville, d'une autre région ou contrée seront au menu. Cela explique une sorte de solitude possible par périodes, faute de pouvoir se rencontrer facilement, et des attentes, dans le sens où les projets prendront du temps, quels qu'en soient les domaines.

En ce qui a trait à votre santé et à votre bien-être physique, votre seuil d'énergie et votre vitalité risquent d'être plus en carence. Méfiez-vous de maux chroniques qui pourraient réapparaître. Le stress, la fatigue nerveuse, le surmenage pourront être la source de maux de dos. Il sera bon pour vous de bien veiller à votre hygiène de vie, à vos habitudes alimentaires et il sera sage d'inclure un peu d'exercice au quotidien alors que cela vous sera salutaire au bout du compte. Profitez-en pour prendre un rendez-vous chez votre dentiste afin d'être à date dans vos soins dentaires. Il sera suggéré de surveiller vos articulations et vos os. Un supplément de calcium est recommandé. Prenez les choses comme elles viennent, ne forcez pas la note et apprenez à vous détendre.

En bref: l'année personnelle « 4 » présage beaucoup de travail et d'efforts. C'est l'année de construction par excellence. Peu de temps pour les plaisirs. Dans le meilleur des cas, c'est une année lente. Il ne faut négliger aucun papier administratif. Profitez-en pour remettre de l'ordre dans votre vie administrative. Rangez, triez… En année 4, on ne peut se projeter dans le futur que sur des constructions durables et bien ancrées sur du solide. Mais les années 4 viennent du chiffre 13 (1 + 3 = 4), le 13 étant un nombre qui vient bousculer l'ordre des choses. Par conséquent, attendez-vous à des remises en question d'ordre familial ou professionnel – ces changements vont intervenir l'année prochaine.

Sur le plan du travail, veuillez porter une attention toute particulière aux détails. Vous pourriez obtenir une promotion, une augmentation de salaire, sinon une personne influente pourrait vous apporter de l'aide. Année favorable pour un changement de travail ou d'emploi, mais le côté négatif de ce nombre peut aussi vous faire perdre votre emploi ainsi qu'être porteur de conflits possibles au travail. Attendez-vous à un surcroît de responsabilités.

Sur le plan sentimental, l'énergie risque d'être plutôt tempérée durant l'année à venir. Si les années précédentes ont été vécues avec tension et des conflits permanents, cela pourrait possiblement signifier aussi la fin du couple. Pour les célibataires, le temps sera idéal pour une rencontre stable et durable, et si vous êtes de nature positive, vous stabiliserez votre vie de couple durant les mois à venir.

Votre année personnelle 5

TENDANCE GÉNÉRALE DE L'ANNÉE

Une période de mutation, de mouvement et riche en possibilités futures

Voilà une année qui sera porteuse de changements de tous ordres. En général, il est vrai qu'une année personnelle « 5 » annonce liberté, opportunités, transformation, changements, le tout sur un fond un peu instable. Les voyages, une promotion, un changement de cap, un déménagement, voilà ce qui se trouve directement concerné.

L'année 2023 promet d'être mobile, mais réclamera une certaine circonspection afin de vous adapter aux imprévus, tout en sachant être sélectif. Finies la routine, les limitations, mais réagir sur un coup de tête ne provoquerait que fugacité à long terme.

Les réalisations comme les projets seront encouragés, mais rien ne semble bien définitif. Profitez-en pour corriger les erreurs passées ainsi que pour amenuiser tout ce qui vous frustrait l'année dernière. Il est temps de respirer à pleins poumons, sans euphorie aveugle ni précipitation. Inutile de précipiter les projets.

Ce climat, apparemment instable, ne tolère ni approximation ni médiocrité. Conciliez sociabilité avec intelligence. L'évolution en marche vous promet un mieux-être. Tout présage que vous prendrez un nouveau départ et que les tendances qui domineront votre année « 5 » prendront pleinement leur élan positif. Cependant, vous aurez un bilan à faire auparavant, tant sur vos relations que sur votre activité quotidienne.

En fait, vous êtes dans une année d'évolution qui vous met en face de vos actes passés et de vos responsabilités. Une sorte de concrétisation officielle de ce qui était en attente se vérifiera. Cela veut dire que vous serez devant la réalité des choses et que vous serez obligé de faire le tri entre ce qui n'était que pur fantasme illusoire et les vérités de l'existence.

Toutes les relations qui ne conviennent pas davantage seront remises en question. Si vous êtes dans une relation harmonieuse et solide, des projets en attente tels une naissance, un déménagement ou autres se verront réalisés.

Comme vous le voyez, vous avez tout intérêt à bien réfléchir à ce qui est solide et bon pour vous, à faire le tri entre ce qui vous est profitable ou non, et à prendre les décisions en conséquence pour un avenir meilleur. Si vous ne faites pas cet effort, les événements feront le ménage pour vous.

Cette période s'annonce riche en divertissements. Vous vous sentirez poussé vers la recherche du plaisir sous toutes ses formes; un grand besoin de jouir du présent. Le sexe et l'amour tiendront une place plus importante pour vous cette année. Tout suggère que vous serez davantage en quête de nouvelles aventures, mais toutes les relations qui seront nouées au cours de l'année risquent de ne pas durer.

Évitez d'abuser des facilités qui se présenteront à vous alors que votre insouciance risque de vous coûter gros, sans compter qu'il vaudra mieux ne pas surestimer votre potentiel de récupération. Évitez d'en faire trop, de brûler la chandelle par les deux bouts. N'empêche, l'année se prêtera bien pour faire un grand voyage, sinon pour déménager.

En ce qui a trait à votre santé et à votre bien-être physique, il sera nécessaire de prôner la modération en tout, surtout dans le domaine physique, alors que cela réduira vos probabilités d'accidents (par la route, en déplacement à pied ou autres) à cause de votre maladresse.

En bref: ça va bouger dans tous les domaines au cours de l'année personnelle « 5 ». Celle-ci sera généralement agréable. Favorable aux finances, aux voyages ainsi qu'aux changements. Si vous attendez une mutation, elle se manifestera cette année. Si vous comptiez déménager, ça se produira cette année. S'il vous est donné l'occasion de faire une rencontre sentimentale, méfiez-vous, car ça ne durera pas toute la vie!

Sur le plan du travail, l'année se prêtera bien pour faire des demandes d'emploi et les changements pourront se faire très rapidement. Une vocation pourrait même vous être révélée. Il se pourrait que l'année vous incite aussi à déménager et/ou même à changer d'emploi grâce à de nouveaux contacts. Ne partez aucun projet, car il sera de courte durée.

Sur le plan sentimental, l'année sera porteuse de chance quant aux relations avec le sexe opposé. Mais attention, tout comme ces relations peuvent conduire au mariage, elles peuvent aussi amener un divorce pour la prochaine année, surtout si vous ne respectez pas la liberté de l'autre à cause de votre besoin obsédant de vous sentir jeune en année 5. Pour les célibataires, des rencontres sont prévues dans vos sorties, dans vos déplacements. Les amours pourront être heureuses, mais peu durables.

Votre année personnelle 6

TENDANCE GÉNÉRALE DE L'ANNÉE

Une période de responsabilités et de recherche de stabilité

Voilà une année où il vaudra mieux préconiser l'harmonie en tout. Resteront toujours d'actualité des responsabilités à assumer, des conciliations à faire, des ajustements nécessaires à apporter et parfois un choix à opérer. Les pièges à éviter demeureront l'égoïsme, des erreurs à ne pas commettre, des sollicitations néfastes, un manque de souplesse à l'égard de votre partenaire de vie. Le sachant, veuillez être plus sensible aux besoins et aux sentiments des gens près de vous. Pensez aux vôtres. Calmez les tensions. Écoutez les personnes âgées, d'expérience ou celles qui sont dans le besoin. Finissez aussi tout ce que vous aurez entrepris par le passé.

Étant donné que l'affectif semble être la clé de voûte pour l'année 2023, disons que votre couple pourra connaître une épreuve, quitte à vous réconcilier plus tard. Quant aux célibataires, ils ne devraient pas laisser passer une possibilité d'union.

La maison, l'immobilier, les finances, l'activité professionnelle et les arts paraissent protégés, mais ne soyez pas surpris d'avoir à faire face à de nombreuses responsabilités que vous n'aviez pas prévues ou escomptées.

Deux aspects domineront votre année personnelle « 6 ». Le premier touchera l'union, celle que vous vivez avec votre milieu professionnel, l'être aimé ou le conjoint actuel, qui connaîtra une transformation radicale. En positif, vous allez réaliser des projets importants ou bien vous bénéficierez d'ouvertures vers une bien meilleure situation. En négatif, si vous avez fait les mauvais choix, vous couperez les ponts avec votre entourage. Le second aspect touchera les ruptures et le lointain. En positif, vous déménagerez ou vous vivrez des relations heureuses avec des gens d'une ville autre que celle où vous résidez, ou d'une autre région, contrée, pays ou continent. Elles vous permettront d'ouvrir de nouvelles perspectives favorables pour votre existence. En négatif, vous aurez à vivre un « divorce » professionnel ou sentimental, sinon la cellule familiale pourrait encourir diverses modifications.

Il ne servira à rien de rester dans le passé, tant en positif qu'en négatif, car c'est dans le changement que vous trouverez de nouvelles ressources et une belle existence future. Il ne reste plus qu'à vous souhaiter de consolider vos liens ou de trouver l'âme sœur.

Profitez des douze prochains mois pour amorcer tous vos travaux d'aménagement, intérieurs/extérieurs, du lieu où vous vivez. Le temps se prêtera également pour entamer une démarche en vue d'acquérir un nouveau logement, une maison, un chalet, un condominium ou un terrain. Quel que soit l'objectif, il est certain que vous serez plus enclin que d'habitude à investir dans l'immobilier.

En ce qui a trait à votre santé et à votre bien-être physique, il ira de votre intérêt de prôner des règles de vie plus saines, plus adaptées à votre style de vie, sinon vous risquez de vous retrouver victime d'une fatigue pernicieuse attribuable au surmenage. Vous ne serez pas à l'abri non plus d'un problème lié à votre appareil urinaire. Il sera avisé de ne pas utiliser les sucreries ni le chocolat pour pallier vos problèmes affectifs. Cessez d'intérioriser ces derniers et résolvez-les une fois pour toutes. Surveillez aussi de près votre tension artérielle. Cependant, en allégeant votre alimentation et/ou en changeant vos habitudes alimentaires, vous pourrez constater une nette amélioration de votre condition physique.

En bref : l'année personnelle « 6 » vous pousse à prendre des responsabilités. La famille sera à l'honneur. La maison, le confort, l'esthétique, le bien-être, le mariage vont tous faire partie de vos centres d'intérêt. Les responsabilités familiales ou professionnelles s'accroîtront. Vous aurez des choix à faire. Sous cette vibration, les investissements dans l'immobilier et les finances seront très favorisés.

Sur le plan du travail, il y aura plus de responsabilités et même des propositions où des choix seront à faire. Des promotions sont à prévoir, mais qui demanderont toutefois des ajustements. Favorable pour se trouver un emploi ainsi que pour changer d'emploi si vous le désirez, mais vous devez vibrer de façon positive, sinon…

Sur le plan sentimental, vous pourrez développer des liens très forts avec les autres ainsi que resserrer les liens avec une personne concernée, avec une ancienne flamme si vous êtes célibataire. S'il vous est donné l'occasion de rencontrer une personne, l'union sera durable. Mais si le désordre règne dans votre foyer, cette année représente une rupture possible, voire le divorce. De toute façon, pendant l'année 6, il est conseillé de pardonner plutôt que d'essayer de comprendre. C'est une année favorable pour le mariage, l'union sérieuse, mais si vous vibrez négativement, il y aura risque de divorce ou de crise au sein du couple, mais possibilité d'arrangement et de réconciliation puisqu'il faut pardonner.

Votre année personnelle 7

TENDANCE GÉNÉRALE DE L'ANNÉE

Une période de ralentissement général et une phase d'intériorisation

Voilà qui présage une année d'intériorisation. Lors de celle-ci, il est possible que vous connaissiez des ralentissements ou une sensation réelle ou non de solitude. Il faudra prendre votre mal en patience.

Il vous sera suggéré de ne pas vous mêler de questions matérielles, financières, voire, dans certains cas, affectives. Voyez les choses de loin alors que la distance vous permettra de mieux faire le point, de comprendre le pourquoi et le comment. N'engagez rien de nouveau. Il vous faut réfléchir, prendre conscience, méditer sans vouloir forcer les événements. Profitez-en pour vous remettre en question. Faites un retour sur le passé afin d'améliorer ce qui peut l'être. Ne vous refermez pas sur une mélancolie frustrante. Si votre analyse est saine, vous pourrez y découvrir dans votre inconscient des tas de ressorts qui vous éviteront à l'avenir de reproduire les mêmes erreurs. Évitez les doutes corrosifs, le découragement apathique. Entretenez plutôt une certaine sérénité, loin du bruit, loin de la foule. Des inattendus interviendront sans que vous n'ayez rien provoqué et vous pourrez même bénéficier d'une chance imprévue, inouïe.

Voilà une année « 7 » où vous irez de surprise en surprise… et des bonnes en plus ! L'inattendu fera partie intégrante de votre quotidien tout au long de 2023, et vous bénéficierez de coups de chance, sans compter que les situations se dénoueront.

Vous pourrez tirer avantage d'aide imprévue, de rencontres passionnantes et fort utiles pour votre avenir, quel que soit le domaine où vous exercez. Les associations, les collaborations nouvelles, les rencontres sentimentales, les projets à deux seront au cœur de vos pensées et de vos actions. Ne laissez pas passer les occasions qui se présenteront, chassez les doutes et les inquiétudes, le destin vous offrira ce qu'il y a de mieux, alors pas d'hésitation.

Tous ces événements, très favorables, vous conduiront sur la route de nouveaux projets. Toutefois, n'allez pas prendre à la légère toutes les ouvertures qui pourront se faire vôtres alors qu'elles pourront être déterminantes et transformer radicalement votre vie dans le bon sens. Gardez l'œil ouvert, veuillez accepter les invitations dont vous ferez l'objet et soyez prêt à saisir toutes les occasions qui se présenteront. Bougez et voyez du monde !

Si, d'aventure, quelques propositions vous étaient soumises, il vaudra mieux les étudier avec soin et prendre tout votre temps pour analyser chacun de leurs aspects avec un maximum de réflexion. Ne ratez pas l'occasion d'en profiter aussi pour faire le point sur votre cheminement intérieur.

Même si le domaine de l'argent sera peu favorisé, restez patient, faites des plans pour l'avenir, mais ne vous engagez d'aucune façon financièrement. Par ailleurs, vous ne pourrez choisir meilleure année pour parfaire vos connaissances, pour vous inscrire à un cours ou tout atelier qui suscitera votre curiosité, pour vous mettre à écrire, pour élargir vos horizons, pour vous engager dans un programme de recherche.

En ce qui a trait à votre santé et à votre bien-être physique, il ira de votre intérêt de surveiller de près votre tension artérielle et d'alléger votre alimentation. Assurez-vous aussi de prévoir des périodes de repos et de détente afin de mieux refaire votre plein d'énergie. Ne vous laissez pas gagner par des idées noires ou dépressives. N'allez pas non plus essayer de forcer le destin. Plus votre esprit sera sain et en harmonie, mieux vous vous porterez.

En bref : l'année personnelle « 7 » en est une de réflexion et de calme. Prenez votre temps avant de continuer. Aussi, ne vous étonnez pas si les choses ne bougent pas beaucoup, c'est normal. Profitez-en pour faire le point. Les nouveautés sont déconseillées. Ne pas investir, mais possibilité de chance financière si vous savez attirer l'argent. Pour les chercheurs, pour tous ceux qui veulent évoluer sur le plan spirituel, ce sera une année extrêmement bénéfique, mais pour les autres, patience… Préférence aux travaux intellectuels.

Sur le plan du travail, mais plus encore pour ceux qui travaillent dans un domaine intellectuel ou dans la recherche, l'année sera propice. Toutefois, il pourrait y avoir des retards dans l'avancement de certains projets. La discrétion sera de mise si vous voulez vous protéger contre des ennemis. Vous pourriez avoir envie d'abandonner un travail ainsi que prendre une année sabbatique. Si votre situation vous le permet, prenez-la, sinon profitez de vos vacances ; idéal pour des vacances près de l'eau ou dans la nature.

Sur le plan sentimental, l'amour sera davantage vécu au niveau de l'intellect que sur le plan physique. C'est la raison pour laquelle l'année sera bénéfique aux échanges verbaux entre conjoints. L'amour sera donc stable, surtout si la dernière année a été vécue de manière positive, sinon ce sera peut-être une année de solitude qui vous permettra de réfléchir ou d'apprendre à cultiver la patience. Positivement, l'année 7 apporte aux célibataires la découverte de l'amour idéal.

Votre année personnelle 8

TENDANCE GÉNÉRALE DE L'ANNÉE

Une période où la vie matérielle est au premier plan

Voilà une année où le domaine matériel, les questions concrètes et financières se trouveront au premier plan. Vous devrez continuer à faire preuve de courage, de sagesse, d'énergie, d'exigence, de vigilance afin de favoriser vos chances de réussite au lieu d'aller contre le courant et d'essuyer des échecs. La pondération, la maîtrise de soi toucheront autant vos pensées que vos actes, tant et si bien que votre attitude engendrera consolidation, sinon choc selon que vous canaliserez votre énergie avec mesure ou que vous céderez devant une ambition démesurée dont vous ou votre environnement pourriez faire les frais. Viser la réussite ? Rien de plus normal ! Il s'agira de considérer les moyens d'y accéder et ce qu'on en fera ensuite.

L'année 2023 sera celle des hauts et des bas, du tout ou rien, suivant vos semailles passées. Récolterez-vous déceptions ? Accidents ? Punitions ? Procès ? Ces risques ne seront que des conséquences. Ou avancement ? Expansion ? Croissance ? Gestion ? Vous ne pourrez espérer que le meilleur du fait de vos efforts contrôlés. Restez encore un peu sur vos gardes, les pieds bien ancrés dans la réalité pour mieux récolter vos semences. Le pouvoir sourira aux audacieux, mais il vaudra mieux éviter d'être trop sûr de vous. Évitez de vouloir grimper trop rapidement l'échelle hiérarchique de l'entreprise qui retient vos services au risque de vous empêtrer, car vous pourriez redescendre aussi vite !

L'année 2023 suggère une année importante, grandiose même ! Le destin tendra à vous mettre à l'épreuve en vous proposant une évolution magistrale et votre défi consistera à prendre ce qui se présentera.

En numérologie, la vibration « 8 » correspond à une année de matérialisation et de concrétisation, la réussite n'en tiendra qu'à vous, qu'à votre caractère. Si vous êtes du genre à faire preuve d'initiative, suivie d'un esprit de décision et avez la faculté de vous adapter aux situations nouvelles, alors vous gagnerez sur toute la ligne et vous risquez même de décrocher le gros lot. Par contre, si vous êtes quelqu'un d'indécis, attaché à ses principes, difficile à bouger, vous verrez alors le train du bonheur vous filer sous le nez. Maintenant, sachant cela, ce sera à vous de jouer !

En ce qui a trait à votre santé et à votre bien-être physique, votre potentiel énergétique sera excellent. Cependant, il ira de votre intérêt d'éviter tous les excès et imprudences pour ne pas hypothéquer inutilement votre santé. Veuillez plutôt profiter de cette année, qui risque d'être exigeante par moments, pour vous départir d'une mauvaise habitude de vie nuisible à votre santé et pour changer vos habitudes alimentaires. N'oubliez pas qu'une bonne santé débute à la table et que la modération a toujours meilleur goût ! Il vous sera également suggéré d'être prudent lorsque vous vous retrouverez derrière le volant, lorsque vous bricolerez ou quand vous utiliserez tous les objets contondants.

En bref : l'année personnelle « 8 » en est une de récolte, en bon ou en mauvais. On récolte ce que l'on a semé, et en proportion. La vie matérielle et financière sera au premier plan. Année du management, de la concrétisation matérielle ainsi que sociale. Si tout se passe bien et que vous avez des projets ambitieux, allez-y ! Risque de hauts et de bas, la vigilance sera donc nécessaire. L'année 8 favorise en soi la promotion, l'augmentation de salaire, mais aussi la perte d'une situation professionnelle. N'allez pas vous engager non plus trop vite dans un litige ou dans une action juridique. Il faut garder l'équilibre en tout, ou le retrouver.

Sur le plan du travail, voilà qui présage une année en valeur, un nouveau travail ou une nouvelle promotion pourra vous être proposé, car vous vivez une période active et excitante. Côté négatif, vous pourriez perdre votre travail injustement ainsi que quitter votre emploi et vous retrouver au chômage, donc ne soyez pas impulsif et jouez bien vos cartes !

Sur le plan sentimental, voilà qui ne sera pas l'année la plus romantique ni la plus passionnée suivant que vous aurez bien d'autres choses en tête. Cependant, l'année sera propice au mariage, surtout en ce qui concerne la gent féminine. Tout peut arriver. Riche mariage, vie à deux harmonieuse ou divorce et disputes. La perte d'un être cher pourrait aussi vous amener à vivre des émotions.

Votre année personnelle 9

TENDANCE GÉNÉRALE DE L'ANNÉE

Une période pour faire le point et pour prendre d'importantes décisions

Vous allez clôturer un cycle de neuf ans, moment très important, car votre mue s'achève. Votre année réclame une transformation volontaire ou subie afin de vous aider à repartir d'un pied neuf sur un sol nettoyé, pas plus tard qu'en 2023. Cette épuration hyperémotive nécessaire risque d'être ressentie, vécue comme pénible, avec abandons, pertes et sacrifices éventuels, mais on doit quitter d'anciens vêtements si on veut endosser un habit neuf. Il s'agira, dans un premier temps, de conclusion ou de bilan. Dans un deuxième temps, cette année personnelle pourra vous apporter, en tout ou en partie, aboutissement et récompense, contact avec l'étranger et parfois même un voyage ou, à tout le moins, une ouverture sur des horizons novateurs.

Ne considérez pas ce transit comme étant punitif, mais plutôt comme le temps des labours. On ne peut semer que sur une terre amendée. Poursuivez votre évacuation. Débarrassez-vous de ce qui traîne ou gêne, de l'inutile, de ce qui ne sert plus ou qui encombre, mais plus que tout, n'allez rien commencer de nouveau jusqu'à l'année prochaine. Ce n'est qu'après ce grand ménage que vous serez plus en meilleure position pour aborder un nouveau cap dans votre vie avec une énergie et une confiance retrouvées. L'année 2023 sera consacrée à élaborer de nouveaux projets, mais pas pour les concrétiser cette année. Profitez-en pour terminer toutes les tâches en cours.

Cela présage tout de même une belle année en perspective. En général, on considère qu'une année personnelle « 9 » est porteuse de fins, de coupures, de ruptures. Ce sera probablement le cas, mais en 2023, vous aurez une grande chance, celle de voir que le destin vous apportera sur un plateau d'argent les possibilités d'une nouvelle vie. Malgré une ambiance morose qui vous donnera l'impression que les choses ne vont pas très bien pour vous, vous verrez tout de même arriver quelques bonnes nouvelles. À cet effet, rencontres et amitiés nouvelles ouvriront un dialogue sur des projets futurs. Ensuite, votre destin vous demandera de prendre vos responsabilités. Ce sera donc à vous de savoir vous engager dans une voie et de vous dégager d'une autre. Vous vous devrez de faire l'effort d'accepter des ruptures de situations pour mieux pouvoir profiter d'un renouveau prometteur. Toutefois, il y aura du ménage à faire auparavant dans votre vie ; ce qui ne va plus s'en ira. N'attendez pas que le couperet tombe, saisissez les situations nouvelles. L'idée que vous ayez à vivre un changement professionnel ou que vous vous en inquiétez sera possible, mais informez-vous des opportunités et des possibilités nouvelles, et prenez les décisions qui s'imposent. Profitez-en pour faire le point sur votre cheminement intérieur et pour prendre d'importantes décisions qui s'imposent ; cela aidera à comprendre vos épreuves et à mieux saisir le sens de votre vie.

En ce qui a trait à votre santé et à votre bien-être physique, vous ne serez pas à l'abri d'une dépression passagère possible et/ou de fatigue morale, sans compter que vous risquez de tomber malade, même pour les personnes habituellement en très bonne santé. Veuillez préconiser la relaxation, le yoga et la méditation ; ces techniques vous seront bénéfiques et salutaires. Vous êtes également encouragé à être vigilant lorsque vous ferez renouveler votre médication. Assurez-vous aussi de respecter la posologie recommandée. N'oubliez pas qu'il vaut mieux prévenir que guérir. Au besoin, il sera avisé de consulter pour mieux outrepasser toute épreuve qui vous empêche de vous réaliser positivement.

En bref : une année personnelle « 9 » est annonciatrice de la fin d'un temps. On est à la fin d'un cycle de vie ; année du bilan global. Ne commencez rien de nouveau au risque que ça tombe à l'eau. Contentez-vous d'y réfléchir pour l'année prochaine. Année où il faut « épurer ». Vous pouvez mettre en application des projets élaborés en année 7 ou 8, mais si une idée subite vous vient à l'esprit, n'allez pas la mettre à exécution, attendez à l'année prochaine pour ce faire. Mon conseil est de laisser filer cette année sans prendre de risque de quelque sorte. Toutefois, si vous avez un projet que vous avez longuement préparé, vous pouvez le réaliser, mais misez plutôt sur ce cycle pour élaborer vos stratégies futures. En année 9, toutes les initiatives qui concernent l'étranger ou le lointain seront favorables.

Sur le plan du travail, excellente année pour changer d'emploi, surtout si cela a pour but d'améliorer vos conditions de vie et qu'il s'agisse d'un travail attendu depuis fort longtemps. N'oubliez pas que l'année 9 en est une de transition vers la suivante, et que ce cycle n'est pas facile à vivre même si vous êtes positif, car c'est une période d'achèvement et aussi de préparation, donc soyez prudent sur le plan du travail si vous devez faire un choix.

Sur le plan sentimental, rencontre possible avec une personne de souche différente de la vôtre et/ou qui vit dans un quartier ou une ville différente d'où vous résidez à présent. Pour les non célibataires, l'année en sera une décisive et changeante. Avec la fin d'un long cycle d'apprentissage, vous vous sentirez prêt à discuter de la relation et à prendre des décisions : soit vous marier, soit vous séparer pour de bon, soit vivre ensemble ainsi que concevoir un enfant. Ce sera le résultat de longues conversations avec votre partenaire où vous pourrez à la fois exposer vos souhaits et vos peurs, et vous diriger vers le futur. Si vous êtes célibataire, ce sera une bonne année pour vous concentrer sur vos sentiments et sur votre vie émotionnelle. Il est temps de préparer votre cœur à l'arrivée d'un nouvel amour ; libérez-le des blessures des relations passées. Croyez en votre intuition et laissez-la vous guider dans ce nouveau voyage de sentiments.

Astrologie chinoise

LA NAISSANCE DE L'ASTROLOGIE CHINOISE

L'astrologie est l'une des plus anciennes philosophies chinoises. Elle est âgée d'au moins 2000 ans. À l'origine, l'astrologie était inséparable de l'astronomie. Les deux étaient considérées comme une discipline. La Chine étant l'une des plus anciennes civilisations du monde, très tôt, des praticiens de l'astronomie et de l'astrologie ont fait partie de la cour impériale en tant que fonctionnaires.

Dans la Chine ancienne, l'astrologie était utilisée pour révéler ce qui était prévu d'arriver pour une nation. Ce n'est qu'au début de l'ère chrétienne que l'astrologie a commencé à être utilisée pour donner des lectures individuelles. À l'époque de la dynastie Tang (618-907 av. J.-C.), une pléthore d'encyclopédies a été écrite sur l'art de donner des lectures astrologiques personnelles.

L'origine des signes des douze animaux de l'astrologie chinoise est peu claire. La légende chinoise attribue la création des signes à l'Empereur Jaune (2637 av. J.-C.). L'Empereur Jaune est une figure semi-mythique dans l'histoire chinoise. D'autres légendes attribuent à Bouddha (563-483 av. J.-C.) la création du cycle des douze animaux.

D'après le mythe, Gautama le Bouddha, nom du premier Bouddha (Ve siècle av. J.-C.) issu de la tribu des Câkya, à partir duquel s'est fondé le bouddhisme (Buddha, mot sanscrit qui veut dire « l'Éveillé »), décida un certain jour de l'An de convoquer tous les animaux de la création et de leur accorder une faveur en vue de les remercier de leur loyauté, tout en leur promettant en échange une récompense.

Pour une raison quelconque, seulement douze animaux se sont présentés. Le premier qui apparut fut le Rat. Par la suite, il y eut le Bœuf, le Tigre, le Lapin, le Dragon, le Serpent, le Cheval, la Chèvre, le Singe, le Coq, le Chien et enfin le Cochon. Pour les remercier, Bouddha a donné à chaque animal une année qui lui serait consacrée à travers l'histoire. Les années ont été attribuées selon l'ordre dans lequel les animaux s'étaient présentés. Ils furent tous enchantés et comblés par ce précieux don.

De là est né l'horoscope chinois tel que nous le connaissons aujourd'hui et dont la popularité ne se limite plus qu'à l'Orient puisqu'il est très répandu maintenant en Occident. À tout moment de l'année, l'horoscope chinois est un outil indispensable pour mieux connaître la direction à suivre, mieux définir les choix à faire et mieux apprivoiser les types de relations possibles avec les autres. Vous trouverez dans les pages qui suivent une définition appréciable de votre signe et un aperçu de votre caractère d'après votre signe chinois, suivis de vos prévisions annuelles.

COMMENT TROUVER VOTRE SIGNE ASTROLOGIQUE CHINOIS

En astrologie chinoise, les signes sont représentés par des animaux. Ils ne sont pas basés sur la position des étoiles comme dans l'astrologie occidentale, mais plutôt sur l'année de naissance de la personne. Chaque signe est sous la gouvernance d'un animal et de ses éléments pour une année complète. Il y a douze animaux et ils apparaissent toujours dans le même ordre, tel que mentionné précédemment, et ce cycle se répète tous les douze ans.

Le calendrier chinois est basé sur l'année lunaire (soit la Lune qui orbite autour de la Terre). Le calendrier occidental est basé sur l'année solaire (soit la Terre qui orbite autour du Soleil). Les deux ne correspondent pas exactement.

Pour trouver l'animal qui représente votre signe astrologique chinois, veuillez repérer votre année de naissance dans le *Tableau des années lunaires*, ici-bas. Toutefois, si vous êtes né en janvier ou en février d'une quelconque année, assurez-vous de bien vérifier les dates auxquelles l'année lunaire chinoise commence, car la date du début de l'année chinoise varie d'une année à l'autre, puisqu'elle commence toujours à la première nouvelle lune de l'année civile occidentale. Une fois que vous aurez bien identifié votre signe chinois, vous devrez calculer votre ascendant natal chinois.

TABLEAU DES ANNÉES LUNAIRES			
1900	Rat	du 31 janvier 1900 au 18 février 1901	métal
1901	Buffle	du 19 février 1901 au 7 février 1902	métal
1902	Tigre	du 8 février 1902 au 28 janvier 1903	eau
1903	Lapin	du 29 janvier 1903 au 15 février 1904	eau
1904	Dragon	du 16 février 1904 au 3 février 1905	bois
1905	Serpent	du 4 février 1905 au 24 janvier 1906	bois
1906	Cheval	du 25 janvier 1906 au 12 février 1907	feu
1907	Chèvre	du 13 février 1907 au 1er février 1908	feu
1908	Singe	du 2 février 1908 au 21 janvier 1909	terre
1909	Coq	du 22 janvier 1909 au 9 février 1910	terre
1910	Chien	du 10 février 1910 au 29 janvier 1911	métal
1911	Cochon	du 30 janvier 1911 au 17 février 1912	métal

1912	Rat	du 18 février 1912 au 5 février 1913	eau
1913	Buffle	du 6 février 1913 au 25 janvier 1914	eau
1914	Tigre	du 26 janvier 1914 au 13 février 1915	bois
1915	Lapin	du 14 février 1915 au 2 février 1916	bois
1916	Dragon	du 3 février 1916 au 22 janvier 1917	feu
1917	Serpent	du 23 janvier 1917 au 10 février 1918	feu
1918	Cheval	du 11 février 1918 au 31 janvier 1919	terre
1919	Chèvre	du 1er février 1919 au 19 février 1920	terre
1920	Singe	du 20 février 1920 au 7 février 1921	métal
1921	Coq	du 8 février 1921 au 27 janvier 1922	métal
1922	Chien	du 28 janvier 1922 au 15 février 1923	eau
1923	Cochon	du 16 février 1923 au 4 février 1924	eau
1924	Rat	du 5 février 1924 au 23 janvier 1925	bois
1925	Buffle	du 24 janvier 1925 au 12 février 1926	bois
1926	Tigre	du 13 février 1926 au 1er février 1927	feu
1927	Lapin	du 2 février 1927 au 22 janvier 1928	feu
1928	Dragon	du 23 janvier 1928 au 9 février 1929	terre
1929	Serpent	du 10 février 1929 au 29 janvier 1930	terre
1930	Cheval	du 30 janvier 1930 au 16 février 1931	métal
1931	Chèvre	du 17 février 1931 au 5 février 1932	métal
1932	Singe	du 6 février 1932 au 25 janvier 1933	eau
1933	Coq	du 26 janvier 1933 au 13 février 1934	eau
1934	Chien	du 14 février 1934 au 3 février 1935	bois
1935	Cochon	du 4 février 1935 au 23 janvier 1936	bois
1936	Rat	du 24 janvier 1936 au 10 février 1937	feu
1937	Buffle	du 11 février 1937 au 30 janvier 1938	feu
1938	Tigre	du 31 janvier 1938 au 18 février 1939	terre
1939	Lapin	du 19 février 1939 au 7 février 1940	terre
1940	Dragon	du 8 février 1940 au 26 janvier 1941	métal
1941	Serpent	du 27 janvier 1941 au 14 février 1942	métal
1942	Cheval	du 15 février 1942 au 4 février 1943	eau
1943	Chèvre	du 5 février 1943 au 24 janvier 1944	eau
1944	Singe	du 25 janvier 1944 au 12 février 1945	bois

1945	Coq	du 13 février 1945 au 1er février 1946	bois
1946	Chien	du 2 février 1946 au 21 janvier 1947	feu
1947	Cochon	du 22 janvier 1947 au 9 février 1948	feu
1948	Rat	du 10 février 1948 au 28 janvier 1949	terre
1949	Buffle	du 29 janvier 1949 au 16 février 1950	terre
1950	Tigre	du 17 février 1950 au 5 février 1951	métal
1951	Lapin	du 6 février 1951 au 26 janvier 1952	métal
1952	Dragon	du 27 janvier 1952 au 13 février 1953	eau
1953	Serpent	du 14 février 1953 au 2 février 1954	eau
1954	Cheval	du 3 février 1954 au 23 janvier 1955	bois
1955	Chèvre	du 24 janvier 1955 au 11 février 1956	bois
1956	Singe	du 12 février 1956 au 30 janvier 1957	feu
1957	Coq	du 31 janvier 1957 au 17 février 1958	feu
1958	Chien	du 18 février 1958 au 7 février 1959	terre
1959	Cochon	du 8 février 1959 au 27 janvier 1960	terre
1960	Rat	du 28 janvier 1960 au 14 février 1961	métal
1961	Buffle	du 15 février 1961 au 4 février 1962	métal
1962	Tigre	du 5 février 1962 au 24 janvier 1963	eau
1963	Lapin	du 25 janvier 1963 au 12 février 1964	eau
1964	Dragon	du 13 février 1964 au 1er février 1965	bois
1965	Serpent	du 2 février 1965 au 20 janvier 1966	bois
1966	Cheval	du 21 janvier 1966 au 8 février 1967	feu
1967	Chèvre	du 9 février 1967 au 29 janvier 1968	feu
1968	Singe	du 30 janvier 1968 au 16 février 1969	terre
1969	Coq	du 17 février 1969 au 5 février 1970	terre
1970	Chien	du 6 février 1970 au 26 janvier 1971	métal
1971	Cochon	du 27 janvier 1971 au 14 février 1972	métal
1972	Rat	du 15 février 1972 au 2 février 1973	eau
1973	Buffle	du 3 février 1973 au 22 janvier 1974	eau
1974	Tigre	du 23 janvier 1974 au 10 février 1975	bois
1975	Lapin	du 11 février 1975 au 30 janvier 1976	bois
1976	Dragon	du 31 janvier 1976 au 17 février 1977	feu
1977	Serpent	du 18 février 1977 au 6 février 1978	feu

1978	Cheval	du 7 février 1978 au 27 janvier 1979	terre
1979	Chèvre	du 28 janvier 1979 au 15 février 1980	terre
1980	Singe	du 16 février 1980 au 4 février 1981	métal
1981	Coq	du 5 février 1981 au 24 janvier 1982	métal
1982	Chien	du 25 janvier 1982 au 12 février 1983	eau
1983	Cochon	du 13 février 1983 au 1er février 1984	eau
1984	Rat	du 2 février 1984 au 19 février 1985	bois
1985	Buffle	du 20 février 1985 au 8 février 1986	bois
1986	Tigre	du 9 février 1986 au 28 janvier 1987	feu
1987	Lapin	du 29 janvier 1987 au 16 février 1988	feu
1988	Dragon	du 17 février 1988 au 5 février 1989	terre
1989	Serpent	du 6 février 1989 au 26 janvier 1990	terre
1990	Cheval	du 27 janvier 1990 au 14 février 1991	métal
1991	Chèvre	du 15 février 1991 au 3 février 1992	métal
1992	Singe	du 4 février 1992 au 22 janvier 1993	eau
1993	Coq	du 23 janvier 1993 au 9 février 1994	eau
1994	Chien	du 10 février 1994 au 30 janvier 1995	bois
1995	Cochon	du 31 janvier 1995 au 18 février 1996	bois
1996	Rat	du 19 février 1996 au 6 février 1997	feu
1997	Buffle	du 7 février 1997 au 27 janvier 1998	feu
1998	Tigre	du 28 janvier 1998 au 15 février 1999	terre
1999	Lapin	du 16 février 1999 au 4 février 2000	terre
2000	Dragon	du 5 février 2000 au 23 janvier 2001	métal
2001	Serpent	du 24 janvier 2001 au 11 février 2002	métal
2002	Cheval	du 12 février 2002 au 31 janvier 2003	eau
2003	Chèvre	du 1er février 2003 au 21 janvier 2004	eau
2004	Singe	du 22 janvier 2004 au 8 février 2005	bois
2005	Coq	du 9 février 2005 au 28 janvier 2006	bois
2006	Chien	du 29 janvier 2006 au 17 février 2007	feu
2007	Cochon	du 18 février 2007 au 6 février 2008	feu
2008	Rat	du 7 février 2008 au 25 janvier 2009	terre
2009	Buffle	du 26 janvier 2009 au 13 février 2010	terre
2010	Tigre	du 14 février 2010 au 2 février 2011	métal

2011	Lapin	du 3 février 2011 au 22 janvier 2012	métal
2012	Dragon	du 23 janvier 2012 au 9 février 2013	eau
2013	Serpent	du 10 février 2013 au 30 janvier 2014	eau
2014	Cheval	du 31 janvier 2014 au 18 février 2015	bois
2015	Chèvre	du 19 février 2015 au 7 février 2016	bois
2016	Singe	du 8 février 2016 au 27 janvier 2017	feu
2017	Coq	28 janvier 2017 au 15 février 2018	feu
2018	Chien	16 février 2018 au 4 février 2019	terre
2019	Cochon	5 février 2019 au 24 janvier 2020	terre
2020	Rat	25 janvier 2020 au 11 février 2021	métal
2021	Bœuf	12 février 2021 au 31 janvier 2022	métal
2022	Tigre	du 1er février 2022 au 21 janvier 2023	eau
2023	Lapin	du 22 janvier 2023 au 9 février 2024	eau

COMMENT CALCULER VOTRE ASCENDANT CHINOIS

Le concept chinois du compagnon de vie ne se réfère pas à une autre personne, mais plutôt à ce moi intérieur qui fait partie de chaque individu. Le compagnon de vie ou ascendant natal chinois agit comme un guide, un tuteur, un mentor, un gourou, mais également comme l'avocat du diable. Votre compagnon de vie (ascendant natal) est déterminé par votre heure de naissance. Chaque tranche de deux heures d'une journée est régie par l'un des signes chinois.

Votre ascendant chinois se calcule comme en astrologie occidentale, soit à partir de l'heure réelle de votre naissance. Cependant, il y a quelques différences. En Chine, le jour lunaire commence à 23 heures, et cette heure correspond au premier signe de l'astrologie chinoise qu'est le Rat. Vient ensuite le Buffle, qui occupe l'heure astrale allant de 1 heure à 3 heures du matin, et ainsi de suite.

Pour connaître votre ascendant chinois, vous devez savoir exactement à quelle heure vous êtes né. Si vous êtes né en période d'heure avancée, retranchez une heure de votre heure de naissance, tout comme on l'a fait précédemment pour calculer votre ascendant natal selon l'astrologie traditionnelle. Veuillez répéter le même processus suggéré et lorsque vous aurez terminé tous vos calculs, consultez la *Table des heures astrales chinoises* qui suit et découvrez votre ascendant chinois. Les heures qui sont inscrites correspondent aux heures relatives des douze signes emblématiques chinois.

Une fois que vous aurez trouvé votre compagnon de vie (ascendant natal), vous êtes encouragé à lire les pages consacrées à cet animal pour être mieux informé ainsi que pour prendre connaissance de vos prévisions annuelles pour l'année en cours.

Cependant, ne présumez pas que vous avez les qualificatifs ou les attributs des deux signes (lunaire et ascendant). Votre compagnon de vie a la possibilité de modifier les traits de votre signe de base (lunaire). Par exemple, on dit que les natifs sous le signe du Tigre sont généralement des gens téméraires et imprévisibles. Un Tigre dont le compagnon de vie serait le Bœuf, voilà qui fera de ce natif quelqu'un de plus stable que ce qui serait autrement prévu.

TABLE DES HEURES ASTRALES CHINOISES

Signe chinois	Heure astrale
Rat	de 23 h 01 à 1 h
Buffle	de 1 h 01 à 3 h
Tigre	de 3 h 01 à 5 h
Lapin	de 5 h 01 à 7 h
Dragon	de 7 h 01 à 9 h
Serpent	de 9 h 01 à 11 h
Cheval	de 11 h 01 à 13 h
Chèvre	de 13 h 01 à 15 h
Singe	de 15 h 01 à 17 h
Coq	de 17 h 01 à 19 h
Chien	de 19 h 01 à 21 h
Cochon	de 21 h 01 à 23 h

2023 – L'ANNÉE DU LAPIN D'EAU

Voilà qui présage une année placide, et dieu sait qu'elle sera la bienvenue, car on en avait besoin après la féroce année du Tigre d'Eau. Il sera bon de pouvoir se retrouver pour panser ses blessures et se reposer un peu après toutes les batailles de l'année précédente. Le bon goût et le raffinement se refléteront dans toute chose et l'on se rendra compte que l'on obtient davantage par la persuasion que par la force. Une période favorable au cours de laquelle la diplomatie, les relations internationales et la politique reviendront à l'avant-scène. Nous agirons avec discrétion et accepterons des concessions raisonnables sans trop de difficulté.

Au cours de cette année, il faudra veiller à ne pas devenir trop indulgent. L'influence du Lapin d'Eau tend à communiquer un esprit débonnaire qui pourrait faire perdre de l'efficacité et le sens du devoir.

On connaîtra un relâchement de l'ordre social. Les lois et les règlements ne seront pas appliqués si sévèrement, car personne ne sera enclin à s'occuper de ces réalités désagréables. La joie de vivre accaparera tout le monde et l'on sera porté à s'amuser et à ne rien faire. La vie sera calme, sereine et tranquille, atteignant presque un point de somnolence. Nous aurons tous tendance à reporter à plus tard toutes les tâches désagréables.

On peut s'enrichir sans trop d'efforts. Nous adoptons un style de vie langoureux et oisif parce que nous pouvons nous permettre tout le luxe auquel nous aspirons depuis longtemps. Une année sobre au rythme indolent. Il semble pour une fois que nous puissions nous laisser aller à une vie heureuse et insouciante sans risque de trop d'ennuis.

J'espère vivement que l'année vous soit favorable et que vous saurez exploiter au maximum toutes les opportunités et occasions que vous offrira cette année mouvementée et enthousiasmante du Lapin. Tous mes vœux vous accompagnent.

Note : *Les appellations des signes du zodiaque chinois peuvent varier d'un auteur à l'autre, sans pour autant modifier, de quelque façon que ce soit, les caractéristiques et attributs de ces signes. Ainsi, dans certains livres ou pays, la Chèvre porte les noms de Bouc, Mouton ou Bélier ; le Bœuf, ceux de Buffle ou de Taureau ; le Dragon, celui du Lézard ; le Coq, celui du Phœnix ; le Rat, celui de Souris ; le Lapin, ceux du Lièvre ou du Chat ; le Cochon, ceux de Porc, de Sanglier, d'Éléphant ou d'Ours.*

Rat
Souris

Le **Rat** est en analogie avec le signe du **Sagittaire** en astrologie occidentale.

Vous êtes gentil, créatif, généreux, tout spécialement avec ceux qui vous sont chers. Vous avez appris à vous exprimer clairement et aisément avant même de savoir marcher. En réalité, vous avez développé très jeune l'art de manipuler le verbe pour obtenir tout ce que vous voulez de vos parents, amis et autres.

Très ingénieux, vous êtes quelqu'un qui a l'art de faire bon usage de ses capacités. Cela fait de vous une personne qui peut facilement traverser toutes les intempéries de la vie, même dans les conditions les plus difficiles. Vous parvenez toujours à dénicher des occasions en dépit des circonstances les plus défavorables. Si la vie vous sert un citron, vous saurez en faire de la limonade, et vous êtes même doué pour en retirer un revenu.

Derrière votre apparence impassible se cache un grand sensible. Par contre, vous n'hésitez pas à vous servir d'une certaine autorité pour vous imposer dans votre entourage et pour mieux vous protéger de vos anxiétés intérieures. Vous tenez tellement à ce que tout se passe selon vos désirs et vos attentes que vous pouvez en devenir susceptible, cruel même, sans compter exploiteur parfois. Toutefois, votre persévérance sans limites et votre manière énergique de mener de front tout ce que vous entreprenez font de vous une personne stimulante et amusante.

Méthodique et doté d'une grande adaptabilité, on peut compter sur vous pour prendre les rênes dans votre milieu professionnel tout comme dans vos groupes d'amis. Vous cherchez toujours à tirer profit et avantage des situations, des circonstances, des gens et des confidences que vous recevez sous le sceau du secret.

Professionnellement, vous n'êtes pas du genre à signer quoi que ce soit à l'aveuglette et chaque contrat qui porte votre signature a été scrupuleusement lu, relu et bien étudié dans les moindres détails. Grâce à votre ruse, votre adresse et votre savoir-faire, vous vous réservez toujours une sortie de secours pour quitter le navire quand la situation ne vous est plus bénéfique.

Vous êtes de ces gens sportifs de nature et qui excellent bien en art. Puisque vous aimez être occupé, il n'y a pas mieux que vous pour dénicher un petit quelque chose à faire, tant à la maison qu'au travail, et même en vacances. Vous êtes toujours ouvert à l'idée de découvrir diverses façons de rentabiliser vos revenus ou vos dépenses avec beaucoup d'originalité.

Vous aimez collectionner des objets d'art, allant de la porcelaine fine à des pièces de monnaie. Vous êtes aussi une personne qui ne peut s'empêcher d'accumuler toutes sortes de choses futiles, encombrant ainsi votre espace de vie. Vous aimez recycler tout, de vos vieux vêtements à des livres usagés, et maints autres articles que vous vous faites un plaisir de refiler à vos amis et membres de la famille.

En ce qui concerne votre vie amoureuse, vous savez séduire et tracer votre chemin dans les coulisses de la séduction. Vous êtes tout autant attiré par tout ce qui peut répondre au goût de la fête et du luxe. Pour vous, le luxe, c'est aimer fort et bien. Aussi rassurant que vous puissiez être, il n'en reste pas moins que vous êtes une personne agitée et facile à faire tomber dans le doute.

Sentimentalement, vous faites partie de ces gens qui vont souvent jusqu'à la passion. Les personnes nées sous le signe du Bœuf sauront mieux répondre à vos exigences tandis que les gens nés sous le signe du Singe seront des êtres de votre égal en tout. Vous pourrez trouver aussi votre part de bonheur avec les personnes nées sous le signe du Cochon, du Serpent et du Dragon. Toutefois, vos relations seront plus difficiles avec les gens qui sont nés sous le signe du Coq, du Chien, du Tigre et du Lapin.

VOS PRÉVISIONS ASTROLOGIQUES POUR 2023

Années de naissance: 1924, 1936, 1948, 1960, 1972, 1984, 1996, 2008, 2020

L'année du Lapin d'Eau, qui s'amorce le 22 janvier prochain, sera raisonnable pour les natifs du Rat. Mais, même encore là, vous ne progresserez pas autant que vous le voudriez ou le souhaiteriez, mais vous continuerez à acquérir de l'expérience et, avec de la détermination, vous réussirez à faire des pas significatifs. En outre, ce que vous réussirez à accomplir durant l'année du Lapin d'Eau vous servira de base pour les grands progrès que vous effectuerez plus au cours de 2024 et après. D'ici là, l'année 2023 comportera plusieurs aspects intéressants, surtout relativement à vos activités récréatives (loisirs et sports).

Pour ce qui est du travail, vous devrez faire appel à votre légendaire débrouillardise, tirant le maximum des événements nouveaux et changeants qui se produiront. Il faut admettre que vous ressentirez quelque inquiétude face à certaines situations et à certaines tâches que l'on vous demandera d'accomplir, mais en acceptant de relever les défis et en faisant de votre mieux, vous pourrez réussir de grandes choses et faire bonne impression. Des corvées intimidantes pourraient décourager certains signes, mais pas le Rat. Au contraire, tous les défis vous stimuleront à fournir un plus grand effort et à tirer le maximum de la situation ; ce sera le cas en 2023. Tout au long de l'année, votre débrouillardise naturelle, votre perspicacité et votre sens de l'initiative vous serviront bien, vous permettant ainsi de progresser. De plus, si vous en avez l'occasion, vous vous inscrirez dans des cours de formation ou encore vous vous perfectionnerez. En effet, tout ce que vous réussirez à accomplir au cours de l'année du Lapin d'Eau vous aidera à jeter les bases de vos progrès à venir qui ne tarderont pas à se manifester. À cet effet, plusieurs natifs de votre signe qui se cherchent du travail décrocheront un emploi en 2023, bien que ce ne sera pas toujours dans le domaine de leur choix. Cependant, dans plusieurs cas, cet emploi leur permettra d'acquérir de nouvelles compétences et les aidera probablement à développer leurs points forts. D'ailleurs, il arrive fréquemment que les événements qui ont pris cours durant l'année du Lapin d'Eau aient une portée considérable. Cela dit, cous et les natifs du Rat serez en mesure de progresser au niveau professionnel au cours de l'année, mais vous devrez soigner vos relations avec vos collègues. Vous êtes une personne habituellement très habile dans ses relations avec les autres, c'est vrai, mais vous devrez veiller à régler tout différend avec tact et, autant que possible, à désamorcer la crise aussi vitement et amicalement que possible. Si vous laissez la situation se détériorer, vous risquez de gâcher votre bon travail.

Quant aux finances, la prudence sera de mise en 2023. Autant vous pouvez être économe, autant vous pouvez à l'occasion faire de folles dépenses. Et c'est ce que vous devrez éviter à tout prix durant l'année du Lapin d'Eau ! Il vous faudra planifier vos achats importants et faire attention à vos sorties de fonds. Par ailleurs, vous devrez vous méfier de toute transaction un peu douteuse ou de nature spéculative ; votre désir d'améliorer votre sort, toujours présent chez vous, ne devra pas vous aveugler au point de prendre de gros risques et dépenser des sommes importantes.

Sur une note plus positive, vous retirerez beaucoup de satisfaction de vos loisirs au cours de l'année. Ils vous permettront non seulement de vous évader du train-train quotidien, mais vous évoluerez vraisemblablement de façon positive. Les natifs de ce signe qui sont dotés de talents artistiques, par exemple la création littéraire, la peinture, la musique, la photographie et/ou les arts d'interprétation, gagneraient beaucoup à se mettre en évidence cette année. Ainsi, plusieurs verront leurs efforts récompensés, ce qui les motivera à continuer. De plus, les natifs de votre signe qui espèrent se tailler une place durable dans le domaine des arts gagneront à tenir compte des conseils empreints de sagesse que des personnes d'expérience leur offriront. Comme dans d'autres domaines de la vie du Rat en 2023, tout ce que vous réussirez à apprendre, à réaliser, à mettre en branle pourra se révéler un instrument du succès que vous connaîtrez dans les prochaines années.

Ceux qui n'ont pas de passe-temps gagneraient beaucoup à en adopter un. Or, vous devriez peut-être en choisir un qui vous tente depuis un certain temps, mais que vous n'avez jamais eu l'occasion de développer. Ainsi, vous connaîtrez des moments de pure joie des plus satisfaisants, tout en vous permettant d'ajouter une corde à votre arc. Comme les prévisions pour l'année relativement aux activités de loisir seront très favorables, veiller à ne pas négliger ou ignorer cet aspect de votre vie.

Grâce à votre nature chaleureuse et sympathique, vous accorderez énormément d'importance à votre vie familiale et sociale et 2023 ne fera pas exception à la règle. Votre vie privée sera bien remplie et vous devrez consacrer temps et énergie à diverses questions d'ordre familial et domestique. Certaines de celles-ci, comme les progrès et les succès de personnes proches, vous procureront de grandes joies, mais il en est d'autres, susceptibles de vous occasionner de l'inquiétude. La tension nerveuse et la fatigue pourront être à l'origine de différends, de malentendus ou d'irritabilité. Dans tous les cas, vous ferez tout votre possible pour régler vos problèmes plutôt que de les laisser persister et stagner. Parfois, vous constaterez que si vous faites preuve d'un peu d'ouverture d'esprit, cela contribuera pour beaucoup à alléger l'atmosphère. Pour tout rassemblement familial, optez pour la période du 27 janvier au 20 février ainsi que celle du 24 novembre au tout début de la nouvelle année 2024. De plus, vous ne devriez pas toujours vous attendre à ce que les autres acceptent vos plans et vos suggestions sans faire de difficultés. Vous vous laissez parfois emporter par votre enthousiasme et votre entrain et, à certaines occasions au cours de l'année, vos projets risquent d'éveiller de la crainte chez les gens de votre entourage. C'est une situation que vous devrez accepter et, en 2023, vous devrez tenir compte, plus que jamais, de l'opinion des autres. Heureusement que vous êtes habituellement habile dans les relations interpersonnelles, ce qui contribuera à minimiser et à adoucir les difficultés qui pourraient survenir.

Sur le plan social, vous pouvez vous attendre à passer agréablement du temps en compagnie de vos amis et à participer à des fêtes, à des cérémonies et à des événements qui seront parfois inhabituels. Les célibataires du Rat à la recherche de nouvelles amitiés auront de nombreuses occasions de faire des rencontres, surtout du 20 février au 16 mars ainsi que du 5 juin au 22 juillet, suivies par la période du 4 septembre au 8 octobre 2023. Il y aura bien sûr de la romance dans l'air, mais vous devrez laisser le temps faire son œuvre et éviter la précipitation. Vous trouverez sans doute plus avantageux de laisser vos amitiés se développer naturellement, laissant à chacun le temps de bien connaître l'autre, plutôt que de vous engager hâtivement. Dans l'ensemble, vous aurez une vie sociale satisfaisante, mais vous devrez tenir compte de l'opinion de votre entourage.

Si on résume, les natifs du Rat connaîtront vraisemblablement des moments éprouvants au cours de l'année du Lapin d'Eau, mais cela ne diminuera en rien les moments profondément satisfaisants que l'année leur réserve ni ne gâchera leur préparation à la période nettement plus favorable qu'ils connaîtront en 2024. En attendant, voici le mot d'ordre pour l'année du Lapin d'Eau et à plusieurs égards : c'est le moment d'affermir votre position, de planifier et de mettre en branle vos projets et vos activités, afin de pouvoir profiter des progrès majeurs que vous accomplirez dans un proche avenir. Que la nouvelle année comble tous vos vœux les plus chers !

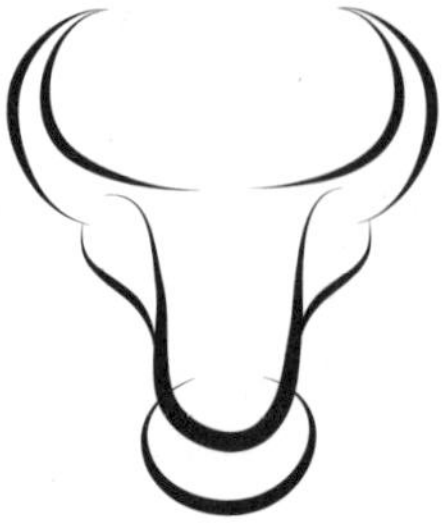

Bœuf Buffle Taureau

Le **Bœuf** est en analogie avec le signe du **Capricorne** en astrologie occidentale.

Non seulement le Bœuf a les quatre pattes solidement en appui sur le sol, mais il est aussi un être foncièrement fort dans le sens le plus pur du mot. Vous vivez votre vie au jour le jour et prenez plaisir à vivre intensément chaque instant, sans compter que vous êtes porté à prôner une attitude sérieuse, tant dans la vie en général que dans votre vie familiale et personnelle.

Patient avec les gens près de vous et vos proches, vous avez besoin la plupart du temps de réfléchir avant de prendre une décision, suivant que vous êtes assez prudent et bien organisé dans la vie.

Votre confort et votre bien-être tiennent une place importante dans votre vie. Voilà qui explique pourquoi, lorsque vous vous adonnez à un passe-temps favori, vous excellez mieux si vous êtes en mesure de vous retrouver avec le même groupe, la même journée et à la même heure, semaine après semaine. Si une personne nouvelle s'ajoute à ce groupe, cela risque de prendre du temps avant de vous sentir à l'aise avec elle.

Il est facile de s'imaginer que la nostalgie de ceux qui vous sont chers se retrouve dans chaque pièce, étagère et placard de votre demeure, alors que chacun de ces lieux est rempli de souvenirs que vous prenez plaisir à revoir de temps à autre ainsi que vos souvenirs d'enfance.

Au quotidien, vous êtes de ces gens qui essaient de vivre leur vie d'une façon calme, ordonnée et disciplinée. Puisque vous êtes des gens pragmatiques par nature, vous ne croyez qu'à ce que vous pouvez voir, entendre, goûter, toucher et sentir. Ayant aussi ce petit côté têtu qui vous définit, il n'est pas facile pour vous de faire des compromis avec les personnes qui vous entourent. Par contre, vous n'êtes pas du genre à faire fi de vos responsabilités et vous vous attendez à ce que les autres en fassent autant.

Vous êtes des gens patients, tranquilles et qui ont le don d'inspirer la confiance chez les autres. Dotés d'une intelligence brillante et d'une grande logique, vous accusez, toutefois, un manque d'imagination et d'originalité. Pour mieux compenser ces manques, vous avez cependant une mémoire d'éléphant, ce qui n'a pas que de bons côtés alors que vous n'oubliez jamais une injure, un affront, ni une mise en échec humiliante.

Pour vous, tout se fait à force de travail et d'acharnement, mais rien n'est jamais gagné d'avance puisque rien ne vous arrive si vous n'y mettez pas tous les efforts nécessaires. Vous êtes de ces gens organisés dans les moindres détails et d'une détermination à toute épreuve, et pourvu d'une patience sans borne. Cette ambition, la plupart du temps démesurée, provient de votre nature orgueilleuse.

La fierté personnelle est un atout majeur et précieux pour vous, mais il vous arrive d'être excessif dans l'expression de vos sentiments et vous pouvez être tout aussi jaloux, entêté que violent. Fort heureusement que le calme l'emporte la plupart du temps.

En ce qui concerne votre vie amoureuse, vous n'êtes pas du genre à faire de grandes déclarations d'amour passionnées et lyriques alors que vous faites partie de ces gens qui se sentent très mal à l'aise quand il s'agit de sentiments. Vous avez du mal à les exprimer et à manifester des émotions, à extérioriser votre tendresse, votre amour, et vous n'êtes pas du genre à faire les premiers pas. Voilà qui n'aide pas votre cause !

Étant une personne remplie de principes sans fin, vous avez tendance à les faire valoir dans votre vie amoureuse. Votre partenaire de vie pourra compter sur votre force, mais il aura à composer avec votre autorité. Dans votre cas, il vaudra peut-être mieux choisir quelqu'un qui est né sous le signe du Lapin, du Tigre, du Rat ou du Coq, mais le Serpent pourra tout aussi bien vous combler.

VOS PRÉVISIONS ASTROLOGIQUES POUR 2023

Années de naissance: 1925, 1937, 1949, 1961, 1973, 1985, 1997, 2009, 2021

L'année du Lapin d'Eau, qui s'amorce le 22 janvier prochain, s'annonce meilleure pour les natifs du Bœuf. Vous progresserez plus facilement et réussirez mieux à vous organiser et à être plus efficace.

Sur le plan professionnel, vous pourrez progresser énormément et obtenir les résultats qui vous semblaient toujours vous échapper par le passé. En effet, même avant l'aurore de l'année du Lapin, vous accomplirez vos tâches avec une vigueur renouvelée, vous serez déterminé à vous dépasser et à améliorer votre situation. Votre dynamisme, votre volonté et votre ténacité vous aideront à obtenir des résultats très positifs.

Tout au long de l'année, vous explorerez toutes les occasions qui se présenteront, surtout si vous désirez obtenir une promotion ou songez à changer de domaine. Si aucune occasion ne se présente, vous en chercherez ou essaierez même d'en créer une. En vous montrant innovateur et entreprenant, vous risquez d'obtenir des résultats intéressants. Comme le Bœuf le sait, pour obtenir des résultats, il faut mettre les efforts nécessaires et la plupart d'entre vous seront prêts à relever volontiers le défi.

Les natifs de votre signe qui sont à la recherche de travail verront finalement leur quête récompensée. À cet égard, misez sur les périodes du 3 au 26 janvier et du 4 au 29 décembre qui seront favorable. En plus de rester attentif aux occasions qui se présenteront, vous gagnerez à communiquer directement avec les compagnies et les organismes pour lesquels vous désirez travailler, à leur exposer clairement quelles sont vos compétences et à leur demander si elles ont quelque chose à vous proposer. Encore là, un bon sens de l'initiative vous permettra d'obtenir des résultats positifs ainsi que de l'information utile. Il est certain que sur le plan professionnel, vous ferez bien de considérer de nouvelles possibilités. De plus, certaines paroles prononcées par des gens qui exercent le type de travail que vous recherchez vous seront très profitables.

En 2023, la plupart des natifs du Bœuf réussiront à améliorer leur situation et, dans l'ensemble, ils pourront attribuer leur succès à leur sens de l'initiative. Vous savez que vous avez tout ce qu'il faut pour réaliser de grandes choses et, au cours des douze prochains mois, vous serez récompensé pour votre confiance en vous et votre savoir-faire.

En plus des progrès que vous réussirez à accomplir sur le plan professionnel, vous gagnerez à exprimer vos idées. Si vous avez élaboré des plans et des projets, l'année est propice pour passer à l'action. Tout ce que vous réaliserez ou initierez durant l'année du Lapin d'Eau se déroulera bien et aura une influence positive sur le cours des prochaines années.

Sur le plan financier, cette année sera raisonnable pour vous. Si vous avez éprouvé des difficultés, celles-ci s'aplaniront graduellement à mesure que l'année progressera. Vous effectuerez également des achats importants et utiles au courant de l'année. Il pourrait s'agir de nouveaux vêtements, alors que certains feront beaucoup d'efforts pour améliorer leur style ou en changer, ou de l'équipement relié à votre passe-temps et à vos loisirs. Puisque les natifs du Bœuf ont une oreille musicale, il pourrait s'agir d'un système de son haute-fidélité ou d'un instrument de musique. De plus, vous passerez beaucoup de temps sur votre maison et plusieurs de vos achats en amélioreront la décoration et le confort. Cependant, si vous effectuez des achats importants, vous êtes encouragé à prendre votre temps, à étudier les conditions et les choix qui vous seront offerts par les détaillants. En évaluant soigneusement toutes les options qui vous seront offertes, il vous sera possible de faire d'excellentes acquisitions, souvent à bon prix. Toutefois, méfiez-vous de la période du 22 juillet au 3 septembre alors qu'il vaudra peut-être mieux de faire l'acquisition d'une garantie prolongée.

En 2023, vous devrez faire face à des dépenses importantes au cours de l'année, mais s'il vous reste de l'argent dont vous n'avez pas un besoin urgent dans l'immédiat, il va de soi, vous en profiterez pour en mettre de côté en vue d'un voyage ou de vacances et investir ou économiser le reste. Vous atteindrez de bien meilleurs résultats si vous prenez le temps de gérer judicieusement votre argent.

Puisque les natifs de votre signe accordent beaucoup d'intérêt à leur vie familiale. Même si vous êtes très occupé, elle sera pour vous une source de contentement au cours de 2023. Les gens de votre entourage vous accorderont un appui utile et vous serez souvent touché par leur confiance en vous et par l'affection qu'ils vous portent. Également, vous trouverez très satisfaisant de partager vos intérêts avec eux. Dans l'ensemble, les activités récréatives, les loisirs et les activités familiales feront bon ménage au cours de l'année.

Vous aurez maintes occasions d'avoir du plaisir avec les membres de votre famille, mais il y aura des périodes d'intense activité. Ce sera à cause des engagements pris par des membres de votre famille ou par des projets que vous désirez compléter, en plus des tâches habituelles. Durant les périodes les plus occupées, vous profiterez de votre facilité à établir vos priorités et de votre grande capacité à vous mettre à la tâche. Malgré le fait que vous aimiez travailler par vous-même et sans interférence, vous devrez sans hésiter demander l'aide de votre entourage. Vos proches seront souvent prêts et désireux de vous donner un coup de main, mais connaissant votre caractère, ils ne s'imposeront pas à moins que vous ne leur fassiez signe. De plus, vous devrez vous montrer réaliste dans vos attentes, surtout lorsque vous entreprendrez des projets domestiques. Malgré votre impatience, vous devez vous rappeler que Rome n'a pas été bâtie en un jour et vos projets non plus ! Vous devez veiller à vous accorder tout le temps nécessaire pour les compléter.

Les projets communs seront une source de plaisir, mais en période de pointe, vous gagnerez à trouver des activités appréciées de tous, par exemple un repas à votre restaurant favori, une visite dans un lieu de divertissement ou d'intérêt local. Ce type d'activités contribuera à libérer les tensions et la fatigue accumulée. Vous apprécierez beaucoup les vacances et les congés passés en famille, et tous les natifs de ce signe devraient s'assurer de prendre des vacances au moins une fois en 2023. Cette pause se révélera des plus bénéfiques pour toutes les personnes concernées.

Vous pouvez également vous attendre à mener une vie sociale satisfaisante au cours de l'année et à passer de bons moments en compagnie de vos amis. De plus, vous apprécierez les événements mondains auxquels vous participerez et même si vous avez l'impression que vous devriez avoir une vie sociale moins active à cause de vos nombreux engagements, vous devrez essayer de la préserver. Votre vie sociale vous fournira l'occasion de relaxer, mais elle vous permettra également de bénéficier de la présence des autres et des conversations. Bien que vous vous montriez parfois solitaire, il serait à votre désavantage, cette année, de vous replier sur vous-même, car cela vous priverait de moments significatifs et heureux.

Une des principales caractéristiques du Bœuf est que vous choisissez toujours vos amis avec soin. En 2023, vous ferez des rencontres qui seront très importantes dans le futur. Pour les natifs de ce signe qui aimeraient avoir plus de compagnie, l'année sera propice aux rencontres, surtout du 7 mai au 5 juin et au cours de l'été. Pour ceux qui n'ont pas d'attaches, il y a de la romance dans l'air et une nouvelle amitié est susceptible de s'épanouir au cours de l'année.

Si on résume, dans l'ensemble, l'année 2023 sera potentiellement excellente pour les natifs du Bœuf. Vous pouvez vous attendre à une vie familiale et sociale des plus agréables et, sur le plan professionnel, vous aurez de très bonnes occasions de progresser et d'améliorer votre situation. Grâce à votre courage, à vos immenses talents et aux prévisions favorables, vous ne pourrez que réussir et semer les graines de votre réussite future. Que la nouvelle année comble tous vos vœux les plus chers !

Tigre

Le **Tigre** est en analogie avec le signe du **Verseau** en astrologie occidentale.

Aussi dynamique que vous puissiez être, vous êtes tout aussi inquiet de nature. Vous êtes très souvent également à rechercher les aventures et tout ce qui est nouveau. Prendre des risques fait partie de la norme pour vous, étant donné que vous ne craignez pas de sombrer dans des avenues où d'autres n'oseraient pas s'y aventurer. On peut même affirmer que cela exerce un grand attrait sur vous.

Votre état d'indépendance et d'individualisme vous tient tellement à cœur que vous semblez vivre constamment sur vos gardes tel un fauve dans la jungle. Plus que tout autre signe, vous exigez obstinément qu'on respecte votre territoire et gare à qui s'aviserait de l'envahir. Lorsqu'on a bien assimilé cette nature particulière chez vous, on découvre dès lors un être fascinant et généreux à outrance. Cependant, aussi solitaire, indépendant, amical que vous soyez, et quelqu'un pour qui les défis ne font pas peur, si on vous provoque vous n'êtes pas du genre à rebrousser chemin non plus, et ce, même si cela ira à l'encontre de vos intérêts.

Friand de vitesse, vous éprouvez une montée d'adrénaline lorsque vous avez le pied à fond sur l'accélérateur. Tout aussi enthousiaste, vous avez l'art de rebondir sur vos pieds comme pas un, au moindre revers. Voilà qui explique que vous pourrez gagner et perdre une jolie fortune à plusieurs reprises au cours de votre vie.

Généralement doué pour vous défendre dans la vie, vous tendez habituellement à vous offrir une existence de qualité. Instinctif comme une bête sauvage, vous avez tendance à réagir beaucoup par impulsions vives et vous ne reculez jamais devant les risques à prendre ni ne craignez les conséquences de vos actes. En fait, vous prenez souvent la vie comme une bagarre, suivant que vous êtes un passionné dans l'âme!

Audacieux, rebelle, animé d'une grande énergie et tout aussi affectueux que généreux, vous avez besoin d'être constamment stimulé par le mouvement, le bruit, la nouveauté, les changements. On peut même affirmer, sans crainte de se tromper, que le but principal dans votre vie est l'aventure sous toutes ses formes. Autant vous êtes indiscipliné et fier de l'être, autant vous pouvez agir aussi bien sur des coups de tête et/ou sur des coups de cœur de façon parfois tout à fait déraisonnée.

Doté d'une grande sensualité irrésistible, vous aimez les dessous affriolants, un décor propice à l'amour et les mets raffinés. Pas surprenant de vous retrouver dans les endroits les plus huppés à la recherche de plaisirs. Le pire affront qu'on puisse vous faire est de vous ignorer, de faire comme si vous n'étiez pas là.

Pour vous, parler de simples coups de cœur, c'est peu dire. Vous êtes une personne tellement passionnée qu'on vous dit être de véritables bêtes en amour. Il ira de votre intérêt que le compagnon de vie choisi ait un certain goût du risque. Or, optez pour quelqu'un qui est né sous le signe du Lapin, du Dragon, du Cochon, du Chien ou du Cheval, qui pourra mieux répondre à votre fougue. En revanche, il sera préférable de vous tenir loin de tous ceux qui sont nés sous le signe du Singe, du Coq, du Serpent et de la Chèvre.

VOS PRÉVISIONS ASTROLOGIQUES POUR 2023

Années de naissance: 1926, 1938, 1950, 1962, 1974, 1986, 1998, 2010, 2022

L'année du Lapin d'Eau, qui s'amorce le 22 janvier prochain, s'annonce positive pour les natifs du Tigre. En 2023, vous réussirez à consolider vos acquis et vous continuerez sur votre lancée des douze derniers mois. L'année sera plus calme et moins active que la dernière, vous laissant le temps de planifier vos activités sans être constamment dérangé et distrait.

L'aspect professionnel sera particulièrement favorisé et, au cours de l'année, les natifs de votre signe auront plusieurs occasions de faire étalage de leurs talents variés et de promouvoir leurs idées. Les personnes de votre entourage seront impressionnées par votre versatilité et votre approche innovatrice, ce qui vous permettra d'accomplir des progrès utiles.

Si vous avez obtenu un nouveau poste ou avez hérité de nouvelles responsabilités, vous vous attacherez à vous familiariser avec votre nouveau rôle. Au fur et à mesure que l'année se déroulera, vous recevrez des tâches additionnelles, dont certaines vous poseront un défi stimulant, et rafraîchirez votre motivation à donner le meilleur de vous-même et à vous mettre au diapason des demandes formulées. Vos réalisations feront certainement bonne impression et contribueront à améliorer vos perspectives d'avenir.

Si les natifs de votre signe sentent toutefois qu'ils ne donnent pas le maximum d'eux-mêmes pour se chercher un emploi ou désirer obtenir un nouveau poste, n'allez pas vous décourager, car plusieurs occasions intéressantes se présenteront au cours de l'année. À cet effet, les périodes du 27 janvier au 20 février et du 4 au 29 décembre seront particulièrement positives sur le plan professionnel. Cela dit, vous surveillerez naturellement les postes vacants, mais vous recueillerez également de l'information auprès de votre entourage. Une remarque entendue par hasard pourrait vous ouvrir des possibilités intéressantes qui vaudront la peine d'être explorées.

Ceux d'entre vous qui songent à démarrer une entreprise gagneront à discuter de leurs idées et de leurs plans avec des personnes suffisamment expérimentées pour les conseiller. Une des choses à éviter serait de s'engager dans une nouvelle entreprise à la hâte et sans préparation, ou encore sans avoir réfléchi à toutes les retombées d'une telle décision. En 2023, vous pourrez connaître le succès dans vos entreprises à condition toutefois de vous montrer prudent et de planifier soigneusement vos activités. Il est important que vous traversiez le début de l'année qui sera pour vous une étape cruciale. Or, l'année du Lapin favorise les études, tout comme l'an passé, et si vous ressentez le besoin de poursuivre vos études et/ou d'obtenir de nouvelles compétences afin de pouvoir progresser, vous ne pourrez choisir meilleure année pour le faire. D'ailleurs, vous découvrirez que c'est une façon très utile et très significative de passer le temps et qu'en plus, vous améliorez de loin beaucoup vos perspectives d'avenir. Si vous vous qualifiez pour un cours de formation en rapport avec votre travail, vous devrez en profiter et le suivre. Vos apprentissages seront des plus bénéfiques pour l'avenir.

En ce qui a trait aux études, vous allez connaître du succès cette année dans celles-ci. Vous toucherez à un éventail de sujets, ce qui vous sera utile et vous réussirez mieux à vos examens. Vous rendrez davantage justice à vos talents en vous préparant à vos examens, en planifiant vos révisions de façon systématique au lieu d'attendre au dernier moment. De plus, vous ne devrez pas hésiter à vous confier si vous ressentez des difficultés et ne comprenez pas certaines choses. Les personnes de votre entourage ne demandent qu'à vous aider et à vous rassurer.

Sur le plan financier, ce sera également une bonne année. La plupart d'entre vous noteront une amélioration appréciable de leur situation et connaîtront plusieurs coups de chance. Malgré ces augures favorables, il est dans votre intérêt de décider de quelle façon il est préférable de dépenser votre argent – vous pourrez économiser, vous procurer certains articles ou le mettre de côté en vue de vacances ou d'un voyage. Il est une chose contre laquelle vous devez être mis en garde et c'est de dépenser sans nécessité. Il vous arrive parfois de dilapider votre argent et il se pourrait que vous vous retrouviez devant des sorties de fonds beaucoup plus importantes que prévu. Que les natifs de votre signe prennent cet avertissement en considération lorsqu'ils effectueront des achats importants.

La chance sourira aux natifs de votre signe. Vous devrez en profiter pour participer à toutes les compétitions intéressantes au cours de l'année du Lapin, surtout si elles sont inhabituelles. Vous pourrez également vous attendre à plusieurs surprises agréables durant l'année et vous pourrez compter parmi les natifs du Tigre de remporter le premier rang à une compétition !

La vie domestique sera également susceptible de vous apporter énormément de bonheur. Les personnes de votre entourage vous soutiendront dans vos diverses activités et il sera à votre avantage d'écouter leurs conseils. Après tout, elles parlent dans votre intérêt et peuvent parfois considérer certains aspects de vos projets et de vos entreprises d'une façon différente de la vôtre. Vous retirerez également beaucoup de satisfaction des travaux entrepris à votre domicile, et ce, que ce soit la décoration, l'élaboration de plans ou autres changements, et plus encore ceux exécutés durant la période du 16 mars au 11 avril. Vous devrez toutefois inviter vos proches à participer à ces travaux plutôt que de tout décider seul. Ce projet bénéficiera non seulement de la mise en commun de divers talents, mais il sera également plus facile à réaliser et plus satisfaisant pour toutes les personnes concernées.

Vous apprécierez également passer vos loisirs en compagnie de vos proches et vous constaterez que, dans l'ensemble, le partage d'intérêts communs, les vacances en famille et les voyages dans les environs seront agréables. En dépit de votre soif d'indépendance, votre famille vous est très chère et l'amour que vous leur témoignez et qui vous est si bien rendu se manifestera à plusieurs reprises au cours de l'année.

Sur le plan social, vous pourrez également vous attendre à avoir beaucoup de plaisir. Vous apprécierez la compagnie de vos amis ainsi que les nombreux événements à saveur sociale auxquels vous participerez. Les périodes du 11 avril au 7 mai, du 5 juin au 23 juillet et du 4 septembre au 8 octobre seront à la fois actives et prometteuses sur le plan social. Vous aurez maintes occasions de vous faire des amis et d'élargir votre cercle de connaissances.

Pour les célibataires de votre signe, l'année du Lapin se prêtera particulièrement bien à l'éclosion de relations amoureuses. D'ailleurs, de nombreux natifs de votre signe vont rencontrer leur futur partenaire de vie, se fianceront ou se marieront au cours des douze prochains mois. Tout au long de l'année, vous connaîtrez une vie très satisfaisante sur le plan personnel. Grâce à vos manières sociables et extraverties, vous serez très populaire et vous vous sentirez très bien.

Si on résume, dans l'ensemble, l'année du Lapin d'Eau traitera bien tous nos natifs du Tigre ; cependant, comme à chaque année, elle comportera certaines difficultés qui ne manqueront pas de surgir. Dans votre cas, il se pourrait bien que vous soyez en partie à blâmer. Par conséquent, emporté par votre enthousiasme, il vous arrive de vous engager à accomplir plus que vous ne pouvez en faire et de vous fixer des objectifs irréalisables. Si vous n'y prenez garde, vous subirez une pression croissante, parfois sans nécessité, et devant l'obligation de vous presser dans l'unique but de mener vos projets à terme. En 2023, il sera préférable pour vous de planifier et d'accomplir vos tâches avec régularité plutôt que de vous en mettre trop sur les épaules. À l'opposé de certaines années qui amènent plusieurs problèmes de toutes sortes, l'année du Lapin d'Eau permettra aux natifs du Tigre de choisir leurs activités et de les mener à leur façon. Pour cette raison, vous devez apprendre à contenir votre zèle et à vous montrer réaliste dans ce que vous acceptez d'entreprendre, car vous risquez de voir fondre vos temps libres que vous chérissez tant !

De façon similaire, vous ne prendrez aucune décision importante sur l'impulsion du moment en 2023 ou sans avoir consulté les gens de votre entourage. Encore là, il sera préférable pour vous de maîtriser votre impulsivité plutôt que de regretter l'irréparable ou d'accepter un projet sans y avoir suffisamment réfléchi. Dans l'ensemble, ce sera une année positive pour les natifs de votre signe. Vous pourrez progresser sur le plan professionnel et vous chercherez à atteindre vos objectifs tout en acquérant de l'expérience et des connaissances. L'année du Lapin d'Eau sera à plusieurs égards constructive et instructive pour vous et, en donnant le meilleur de vous-même, vous réussirez bien. Sur le plan personnel, ce sera une année heureuse avec plusieurs occasions de vous réjouir en compagnie de votre famille et de vos amis. Que la nouvelle année comble tous vos vœux les plus chers !

Lapin Lièvre Chat

En astrologie orientale, le **Lapin** et/ou le Lièvre pour ce qui est de l'Amérique du Nord et du Vietnam, ce signe chinois est mieux connu sous le nom du Chat en Chine. Le Lapin, le Lièvre et le Chat sont tous en analogie avec le signe du **Poissons** en astrologie occidentale.

On vous dit être de ces gens alertes, intelligents, adroits, plaisants, affectueux, craintifs, timides, conservateurs, raffinés et fins négociateurs. Aussi doux, délicats, modestes, sociables et d'agréable compagnie que vous puissiez être, vous avez en horreur les conflits, les disputes et la violence. Toujours poli et courtois envers tout un chacun, vous exigez qu'on le soit également envers vous. Intuitif par nature, vous avez l'art de vous sortir du pire pétrin.

Sur le plan personnel, vous aimez le confort par-dessus tout. Vous avez besoin aussi d'intimité et de sécurité, tant financière qu'affective, et vous désirez préserver à tout prix votre vie privée. Vous aimez tout ce qui est beau. C'est ce qui explique pourquoi vous vous efforcez de rendre votre maison attrayante, et ce, même si vous résidez en chambre, alors que vous avez le tour de bien décorer votre intérieur comme si vous étiez dans un appartement luxueux. Assurément, vous estimez vos possessions et le confort d'une belle maison. D'ailleurs, en tant qu'hôte, vous vous assurez toujours que vos invités et/ou vos clients aient tout ce dont ils ont besoin. Les étiquettes et les bonnes manières sont définitivement quelque chose qui est important à vos yeux, et c'est ce qui explique pourquoi vous n'oubliez jamais de dire s'il vous plaît et merci.

Aussi gentil, poli et raffiné que vous puissiez être, vous êtes tout autant quelqu'un de réservé qui ne révèle pas facilement ses véritables pensées et ses sentiments aux gens qui l'entourent, et ce, même à vos meilleurs amis et membres de votre famille. Votre vie privée est importante à vos yeux.

Vous tenez à ce que votre vie personnelle ne soit pas étalée au grand jour, encore moins à la une d'un journal local, ce qui pourrait en surprendre plus d'un parmi vos amis, surtout lorsque vous vous aventurez dans une voie différente.

Sur le plan professionnel, ni très courageux ni très persévérant, vous caressez des ambitions modestes. Vous réussirez là où vos dons de diplomatie pourront être utilisés.

Doué pour tout ce qui relève de la recherche et de la collecte d'informations utiles, dans votre environnement de travail, vous vous plaisez mieux à travailler à l'abri de toutes et tous.

Doté d'une grande et débordante imagination, vous avez tendance à vous réfugier dans votre monde, apparaissant ainsi aux yeux des autres comme un être mystérieux et secret. Il faut absolument avoir une relation vraiment privilégiée avec le natif du Lapin pour avoir droit à ses confidences. Cette forme de sagesse naturelle qui vous anime vous rend charmant, mais vous permet aussi de mieux vous faufiler dans la vie. Peu sûr de vous-même, vous préférez de loin la tranquillité douillette aux grandes aventures palpitantes.

Douceur et sensualité sont les qualités qui attirent votre signe, étant donné que vous êtes des personnes instinctives aux pulsions naturelles et spontanées. Vous aimez les gens et vous vous adaptez généralement bien à votre environnement. Votre calme et votre simplicité font de vous un compagnon de vie agréable et gentil avec qui on se sent en confiance, et qui est prêt à s'engager dans la vie.

Votre discrétion et votre gentillesse vous rendent irrésistible aux yeux de tous, voilà qui peut expliquer pourquoi nombreux sont ceux qui veulent vous attirer. Cependant, ils ne vous méritent pas tous ! Pour mieux éviter toutes déceptions possibles, il ira de votre intérêt d'arrêter votre choix sur une personne née sous le signe du Serpent, du Cheval, du Singe ou de la Chèvre avec qui vous aurez une complicité et vous vous entendrez à merveille, mais également avec une personne née sous le signe du Chien. Cependant, il vaudra mieux éviter à tout prix tous ceux qui sont nés sous le signe du Dragon, du Rat, du Coq et du Tigre.

VOS PRÉVISIONS ASTROLOGIQUES POUR 2023

Années de naissance: 1927, 1939, 1951, 1963, 1975, 1987, 1999, 2011, 2023

Avec l'arrivée de l'année sous la gouverne de votre propre signe, soit du 22 janvier 2023 au 9 février 2024, vous et les natifs du Lapin connaîtrez un retour de la chance et vous ferez bien de vous y préparer. Les idées et les projets formulés l'an dernier porteront fruit, tout en vous aidant à diriger votre énergie de façon plus significative.

Sur le plan professionnel, durant l'année 2023, vous profiterez de toutes les occasions pour élargir votre expérience et/ou accepter des tâches différentes, ce qui contribuera beaucoup à améliorer vos perspectives d'avenir. Vous éprouverez peut-être certaines appréhensions relativement à des aspects de votre travail, mais vous donnerez tout de même le meilleur de vous-même et ferez preuve de votre diligence et de votre diplomatie habituelle. Ainsi, vous continuerez à faire bonne impression, ce qui vous aidera également lorsque les occasions se présenteront. Vers la fin de l'année, vous devrez aussi faire un effort pour régler toutes vos affaires, vos projets ou votre correspondance en attente. Cela vous libérera de la pression et vous laissera plus libre de mener vos plans et vos activités à bien pour la nouvelle année.

Sur le plan familial et social, voilà que les natifs du Lapin vivront des moments des plus agréables en compagnie des membres de leur famille et de leurs amis dès le tout début de 2023. En effet, vous connaîtrez une grande popularité et cette activité vous consolera de vos déboires, vous aidant à oublier vos inquiétudes. Mais vous gagnerez à exprimer vos difficultés plutôt que de les garder pour vous-même ; ainsi, vous aurez plus de chance de recevoir de l'aide et vous vous sentirez réconforté par les conseils reçus.

Vous avez beaucoup appris de vos difficultés et de vos tracas au cours de 2022. Vos réalisations, ainsi que les plans que vous aurez pu élaborer au cours de cette dernière année vous prépareront à profiter des augures très favorables qui vous attendent au cours de l'année qui se déroulera sous votre signe. En effet, celle-ci contribuera beaucoup au soutien et à l'encouragement des vôtres et presque tous les aspects de la vie du Lapin sont de bon augure.

Sur le plan professionnel, vous aurez la possibilité de progresser beaucoup. D'ailleurs, si vous songez à changer d'emploi, à obtenir une promotion ainsi qu'à nourrir des projets, vous devrez surveiller toutes les possibilités qui se présenteront. Souvent, elles se manifesteront de façon impromptue et imprévue, mais il n'en tiendra qu'à vous de les saisir. Les augures vous favoriseront comme rarement et les changements en votre faveur n'auront jamais été si faciles à se produire. Vous pourrez également vous créer vos propres ouvertures et faire votre propre chance. Si vous vous intéressez à un type de travail en particulier, vous gagnerez à communiquer avec des organisations pour lesquelles vous désirez travailler ou avec des gens susceptibles de vous conseiller et de vous aider. Dans certains cas, grâce à une approche directe et entreprenante, vous réussirez à obtenir de l'information utile dont vous pourrez profiter. De même, si vous avez un projet d'entreprise, vous devrez aller de l'avant. L'année 2023 est propice pour en discuter et explorer la possibilité de passer à l'action. Encore là, on peut accomplir de grandes choses avec de la détermination.

Les natifs de votre signe qui sont en recherche d'emploi avanceront dans leurs démarches et exploreront activement toutes les ouvertures qui les intéressent. La plupart d'entre eux verront leur persévérance finalement récompensée. Lorsque vous obtiendrez un nouvel emploi, vous ferez rapidement bonne impression et vous allez même découvrir que cet emploi vous procurera encore davantage de chances d'avancement, et ce, en peu de temps.

L'année du Lapin d'Eau favorisera les apprentissages et les études. Ce sera donc un moment très favorable pour entreprendre une formation ou songer à élargir vos compétences d'une manière ou d'une autre. Cela procurera aux natifs de votre signe un défi intéressant, tout en leur permettant de passer le temps de façon satisfaisante. Les natifs du Lapin qui sont aux études feront également des progrès. Ils obtiendront des résultats intéressants à condition d'étudier sérieusement. Comme tous les Lapins pourront le constater, il vaudra vraiment la peine de faire un peu plus d'effort alors que des bénéfices substantiels découleront souvent des apprentissages et des réalisations qu'ils feront au cours de leur propre année lunaire.

Plusieurs natifs du Lapin nourrissent un intérêt pour les arts, que ce soit la création littéraire, le théâtre, la musique, etc. Tout au long de l'année 2023, vous puiserez de vives satisfactions à vous consacrer à votre passe-temps. Vous n'êtes assurément pas le plus audacieux des signes chinois, mais vous devrez vous souvenir de l'adage suivant: « Qui ne risque rien n'a rien ». Or, si vous tenez de grandes aspirations, vous devrez alors vaincre vos résistances, faire preuve d'audace et vanter vos mérites. Au cours de l'année, sous la gouverne de votre propre signe, vous découvrirez que les augures vous soutiennent dans toutes vos entreprises.

Au risque de me répéter, l'année se prête idéalement à l'exploration de nouveaux loisirs et s'il en est un qui pique votre curiosité, ce sera le moment de foncer. En 2023, vous pourrez profiter d'une vie riche et satisfaisante, mais il n'en tiendra qu'à vous d'accomplir les premiers pas.

Généralement, vous vous montrez prudent dans la gestion de vos finances et l'année s'annonce bien à cet égard. Vos investissements et vos économies fructifieront, se transformant en un capital intéressant. Vous aurez peut-être même de la chance dans certains de vos achats au cours de l'année, surtout dans l'acquisition d'articles qui ajouteront au décor et au confort de votre maison. Les collectionneurs de votre signe ou ceux qui ont une affection particulière pour les arts ou les antiquités pourraient faire de précieuses acquisitions. Comme à l'habitude, le bon goût et le jugement raffiné du Lapin seront au rendez-vous.

Sur le plan familial, ce sera une année agréable pour vous et les natifs de votre signe. Vous puiserez beaucoup d'encouragement dans le soutien et l'affection des vôtres. Vous exprimerez donc sans hésiter vos pensées et partagerez vos idées. S'il vous arrivait de vous retrouver au cœur d'un dilemme, concernant surtout un changement possible de carrière ou de certains projets que vous avez à l'esprit, vous devrez en discuter avec votre entourage plutôt que de ruminer seul vos pensées. Vos proches ne demandent pas mieux que de vous aider et, croyez-moi, vous aurez bien raison d'accorder beaucoup de valeur à leurs conseils aussi.

De plus, vous vous intéresserez beaucoup aux activités et aux progrès des êtres chers et on saura apprécier grandement toute l'aide que vous pourrez leur apporter. Il y aura également plusieurs événements à célébrer en famille au cours de l'année et certains natifs de votre signe pourraient se retrouver au cœur de ceux-ci.

Vous profiterez également de la tendance plus que favorable sur le plan social et vous serez très populaire auprès de vos nombreux amis. De plus, vous assisterez à plusieurs fêtes et réceptions à saveur sociale. Vous aurez également des occasions de vous faire des amis et d'élargir le cercle de vos connaissances. Il est également à noter que pour les célibataires sans attaches de votre signe, les perspectives de rencontrer l'âme sœur auront rarement été plus favorables. Plusieurs verront une amitié fortuite s'épanouir et un grand nombre de natifs du Lapin se fianceront ou se marieront au cours de l'année.

Si on résume, dans l'ensemble, ce sera une année dont vous vous souviendrez avec fierté et satisfaction. La chance et le bonheur vous souriront dans tous les aspects de votre vie et vous accomplirez des progrès considérables sur le plan professionnel. Les problèmes qui surgiront seront négligeables et, avec l'aide de votre entourage, ils seront rapidement réglés. Afin toutefois de pouvoir profiter au maximum de la tendance favorable, vous devrez utiliser judicieusement votre temps, vous fixer des buts et des priorités, et poser des gestes en vue de les atteindre. Le Lapin déterminé et actif connaîtra rarement meilleure année que la sienne ; vous veillerez à sortir de votre réserve afin de ne rater aucune des merveilleuses occasions susceptibles de se présenter. C'est le moment de vous montrer audacieux, résolu et de récolter des succès bien mérités ! Que la nouvelle année comble tous vos vœux les plus chers !

Dragon Lézard

Le **Dragon** est en analogie avec le signe du **Bélier** en astrologie occidentale.

Dans le folklore chinois, le Dragon représente l'empereur ou l'impératrice. C'est ce qui peut expliquer pourquoi, dès votre naissance, vous aviez le pressentiment d'avoir un rôle particulier à jouer dans la vie. Conscient de votre propre pouvoir personnel, vous êtes parfois un peu princier ou princesse. Même si tout n'est pas un jeu chez vous, vous pourriez facilement être la vedette de votre propre télé-réalité.

Vous êtes sociable avec une personnalité effervescente, et tout aussi intelligent que talentueux. Vous vous attendez d'ailleurs à ce que les autres soient aussi talentueux que vous.

Vous êtes de ces gens qu'on ne peut éviter de remarquer puisque vous êtes du genre à avancer dans la vie en brillant de tous vos feux. Dans votre manière de foncer, de défoncer et d'avancer malgré tous les obstacles, on pourrait vous comparer à un char d'assaut.

Autoritaire mais en même temps tellement séduisant, vous êtes porté, il va de soi, à foncer à coup d'impulsions saccadées. L'existence près de vous est un vrai tourbillon, à un point tel que ça peut en devenir insupportable pour les gens qui vous entourent, car vous avez la manie de tout vous accaparer. L'environnement, les personnes et les situations, tout y passe, mais en revanche, vous savez toujours laisser sur votre passage une impression profonde qui vous donne un certain prestige dont vous vous nourrissez volontiers. Par contre, vous avez tendance aussi à vous plaindre souvent de tout et de rien alors que la chance vous suit partout.

Autant vous prenez plaisir à remettre les pendules à l'heure, surtout lorsque les gens abusent de leur autorité, autant vous êtes une personne qui a la main sur le cœur pour venir en aide aux gens les plus démunis de la société.

Sur le plan personnel, vous êtes un contemplatif, quelqu'un qui s'épanouit au contact de la nature. Vous êtes constamment en quête de vérité et vous cherchez sans cesse à donner un sens à votre vie. En plus d'aimer les belles choses et la bonne vie, dès que vos moyens vous le permettent, vous ne ratez pas l'occasion de vous gâter et de faire l'acquisition de biens raffinés pour votre propre plaisir, mais sans pour autant vouloir épater la galerie.

Sur le plan amoureux, vous êtes un infidèle invétéré. Aussi égocentrique, frivole et jaloux que vous puissiez être, vous êtes tout aussi passionné, sensuel, affectueux, généreux, tendre et intense, sans compter que vous ne passez pas inaperçu aux yeux de tous. Sur le plan sexuel, vous vous permettez des libertés ; par contre, il en va tout autrement dans ce que vous permettez à votre partenaire.

Sur le plan amical, vous faites partie de ces gens qui font des détours pour venir en aide ou rendre service à un ami ou à un voisin. En revanche, votre plus grand défaut est que vous éprouvez une grande difficulté à accepter l'aide de vos amis et/ou des personnes qui vous sont chères.

Bien que vous ayez de nombreux admirateurs et amis, vous ne vous en servez pas pour en retirer un bénéfice. Vous êtes plutôt du genre à vous lier seulement avec les personnes qui vous inspirent sincérité et respect.

Attiré par la diversité des relations humaines, vous trouverez facilement votre part de bonheur et de joie avec un natif du Singe, du Coq, du Serpent, du Tigre ou du Rat. Vos relations seront toutefois plus difficiles avec les natifs du Chien, du Cochon et du Bœuf.

VOS PRÉVISIONS ASTROLOGIQUES POUR 2023

Années de naissance : 1928, 1940, 1952, 1964, 1976, 1988, 2000, 2012

L'année du Lapin d'Eau, qui s'amorce le 22 janvier prochain, sera dans l'ensemble une année calme mais agréable pour les natifs de votre signe. Après l'activité intense des douze derniers mois, cela vous procurera une période de répit bien méritée, vous permettant de faire le point sur votre situation présente et de réfléchir à vos plans pour l'avenir. La prochaine année, 2024, sera l'année du Dragon, votre année, et voilà qu'elle revêtira beaucoup de signification pour vous. Tout ce que vous réaliserez et amorcerez en 2023 contribuera pour beaucoup à vous préparer aux excellentes perspectives qui vous attendent bientôt.

Au travail, vous pourrez accomplir des progrès raisonnables en 2023, même si vous ne réaliserez pas autant de choses ou n'avancerez pas autant que vous le voudriez. Tout au long de l'année du Lapin d'Eau, vous devrez aiguiser votre patience et vous préparer à rencontrer des obstacles sur votre route. Ardent et ambitieux de nature, vous pourriez éprouver de la frustration, mais aussi ennuyant que cela puisse vous sembler sur le moment, certains retards et certaines difficultés se révéleront à leur heure des bénédictions déguisées. Dans certains cas, voilà qui vous forcera à vous arrêter et vous empêchera d'agir avec précipitation, vous permettant par conséquent de réfléchir à vos plans et d'organiser vos activités.

Les natifs de votre signe qui ont obtenu récemment un nouveau poste ou qui ont hérité de différentes responsabilités profiteront de l'année du Lapin d'Eau pour se familiariser avec leurs nouvelles tâches et ils essaieront de prendre autant d'expérience que possible. Quant à ceux qui se cherchent du travail ou qui sont insatisfaits de leur emploi actuel, ils examineront attentivement toutes les offres qu'on leur fera. Il ne sera pas toujours aussi facile ni aussi simple que vous le souhaiteriez de vous trouver un emploi, mais avec de la détermination, vous finirez par obtenir ce que vous désirez. D'ailleurs, la période allant du 12 octobre au 24 novembre risque d'être importante sur le plan professionnel.

Si, en plus de prendre de l'expérience au travail, vous croyez que vous gagneriez à acquérir une nouvelle technique, vous devrez aller de l'avant. L'année du Lapin favorisera les études et la croissance personnelle, et toutes les décisions que vous prendrez dans ce sens contribueront pour beaucoup à améliorer vos perspectives d'avenir, en plus de vous apporter beaucoup de satisfaction.

Ceux de votre signe qui sont aux études accompliront des progrès appréciables au cours de l'année. L'étude d'une nouvelle matière sera susceptible d'évoluer d'une manière intéressante, influençant peut-être même votre choix de carrière. Les natifs de votre signe qui passeront des examens importants au cours de l'année effectueront leurs révisions de façon systématique plutôt que d'attendre au dernier moment. Et si vous éprouvez des inquiétudes ou des problèmes reliés à vos études, parlez-en aux autres plutôt que d'essayer à tout prix de vous en sortir seul. Comme vous pourrez le constater, les gens de votre entourage vous aideront avec empressement.

Sur le plan financier, vous connaîtrez un modeste changement de situation cette année. Plusieurs natifs profiteront d'une augmentation de salaire et ceux qui éprouvent des difficultés constateront une amélioration graduelle au cours de l'année. Ceux-ci sont également susceptibles de voir un de leurs talents ou de leurs passe-temps évoluer de façon intéressante. Tout ce que vous initierez au cours de l'année du Lapin d'Eau aura souvent des conséquences importantes au cours des mois et des années à venir.

Sur le plan domestique, vous connaîtrez une année assez paisible. Vous partagerez des moments agréables avec vos proches et prendrez plaisir à les aider et à les encourager. De même, vous recevrez avec gratitude le soutien de votre entourage. Vous gagnerez à tenir compte de l'opinion de ceux qui vous entourent, car après tout, leur plus grand désir est de vous voir réussir. De plus, vous veillerez à exprimer vos inquiétudes et vos sentiments plutôt que de les garder pour vous. En 2023, vous vous rendrez compte qu'il sera souvent préférable de vous engager dans une discussion franche et ouverte plutôt que de refouler vos peurs et vos tensions.

Afin de pouvoir maintenir avec votre entourage proche les rapports cordiaux que vous valorisez tant, vous encouragerez les activités que tous apprécient, surtout durant les périodes occupées ou stressées. Un repas au restaurant ou toute autre sortie de famille seront très appréciés et contribueront à alléger les malaises qui ont pu s'installer au fil des jours. Vous pourrez également puiser dans l'exercice d'un passe-temps ou d'un loisir des heures de détente et il sera à votre avantage d'inviter vos proches à se joindre à vous. Les vacances que vous prendrez en famille et les longs voyages que vous entreprendrez au cours de l'année seront très satisfaisants et les destinations que vous avez choisies dépasseront souvent toutes vos attentes.

Vous retirerez également beaucoup de plaisir de votre vie sociale. Vous aurez maintes occasions de faire des rencontres et d'assister à des fêtes et à des événements sociaux. À cet égard, la période s'échelonnant du 5 juin au 23 juillet et celle du 4 septembre au 8 octobre sera plus particulièrement active. Or, que les natifs de votre signe qui n'ont pas d'attaches ou qui aimeraient élargir leur cercle d'amis se le tiennent pour dit. Une relation amoureuse qui aura vu le jour au cours de l'année du Lapin pourrait, avec le temps, devenir significative.

Si on résume, dans l'ensemble, vous réussirez bien au cours de l'année du Lapin. Il faut reconnaître que vous n'atteindrez peut-être pas tous vos buts, mais vous acquerrez une expérience valable. Si on ajoute à cela vos réalisations éloquentes et les plans que vous élaborerez au cours de l'année, vous serez prêt à profiter des progrès excellents que vous accomplirez en 2024. D'ailleurs, l'année du Lapin d'Eau constitue, de plusieurs manières, le prélude à la période plus favorable qui vous attend. Que la nouvelle année comble tous vos vœux les plus chers !

Serpent

Le **Serpent** est en analogie avec le signe du **Taureau** en astrologie occidentale.

Pondéré, calme et recueilli, voilà des qualités qui vous décrivent bien. Vous êtes tout aussi doué pour garder les secrets qui vous sont confiés et pour protéger les vôtres.

Vous êtes du genre à penser avant de parler, ne serait-ce que pour utiliser les mots appropriés à votre conversation. Aussi charmeur et charmant que vous soyez, il y a tout de même ce petit côté matérialiste de vous dont il faut se méfier.

Franc et direct, vous avez de grandes ambitions. Vous savez ce que vous voulez et vous savez comment l'obtenir. Avec vous, jamais de mensonges, jamais de ruses malhonnêtes ou de roublardises, car à votre avis, le mensonge ne paie pas. Il n'y a pas mieux que vous pour détecter les messages du langage corporel, puisque vous avez une compréhension très profonde de la nature humaine.

Mature à un jeune âge, il faut l'avouer, votre connaissance du monde surpassait de loin vos années d'expérience lorsque vous étiez jeune enfant. Discret et solitaire, vous avez tendance à évoluer dans un univers bien à vous, suivant ainsi votre chemin sans vraiment vous soucier des autres.

La discrétion est l'une de vos plus grandes qualités, et ce, autant en ce qui concerne vos affaires personnelles que celles de votre prochain. Vous aimez vivre paisiblement dans un esprit d'harmonie et d'humour avec votre entourage. Jamais, au grand jamais on ne vous verra chercher à tout changer autour de vous, mais ça ne vous empêchera pas d'avoir un sens critique aussi aiguisé que le bout de votre langue. Vous savez tout remettre en question sans blesser quiconque.

Même si *a priori* vous êtes un solitaire de nature, cela ne fait pas de vous pour autant une personne moins sociable ; au contraire, vous savez vous rendre intéressant, allant même jusqu'à faire preuve d'une certaine excentricité s'il le faut.

La lecture est un de vos passe-temps favoris, en particulier un bon roman policier, là où le suspense vous tient en haleine. Votre esprit de déduction vous servira bien alors que vous aurez l'art d'élucider l'énigme avant même d'avoir lu la dernière page. Vous aimez aussi les jeux de société, particulièrement les échecs, qui mettent en évidence votre talent pour la stratégie. Le poker est un autre jeu auquel vous pouvez très bien exceller puisque vous avez un bon contrôle de vos expressions faciales.

Sur le plan affectif, vous avez du mal à exprimer vos émotions, vos sentiments. Par contre, lorsque vous voulez exercer un effet chez un autre, tout ce que vous avez à faire est de le regarder profondément dans les yeux. Plein de secrets, introverti et renfermé, vous êtes, malgré cela, très sensuel et romantique.

Vous aimez les relations charnelles, les jeux érotiques et les nuits d'amour faites de désir et de passion. Cependant, sur le plan amoureux et amical, vous avez tendance, même dans vos meilleurs jours et/ou quand vous vous sentez contrarié, à devenir sarcastique, moqueur, caustique et parfois même outrageusement vaniteux et assez présomptueux. Si vous semblez difficile à comprendre, c'est que vos pensées, votre code moral et vos valeurs se transforment constamment au rythme de vos profondes réflexions.

Si l'on sait accepter votre goût prononcé pour l'aventure dans tous les sens du terme, vous saurez vous montrer ouvert aux différences des gens qui vous entourent. À cet effet, une personne née sous le signe du Coq ou même sous votre propre signe saura vous rejoindre dans votre fantaisie. Il en ira de même pour ce qui est du natif né sous le signe du Dragon qui vous permettra de vous épanouir pleinement. Quant au natif du Bœuf, il vous assurera respect et constance. En contrepartie, vos relations risquent d'être plus tendues ou tumultueuses avec les natifs du Tigre, du Cochon et du Chien.

VOS PRÉVISIONS ASTROLOGIQUES POUR 2023

Années de naissance: 1929, 1941, 1953, 1965, 1977, 1989, 2001, 2013

L'année du Lapin d'Eau qui s'amorce le 22 janvier prochain et voilà que les natifs du Serpent noteront une nette amélioration de leur situation. L'année 2023 sera remplie d'activités et parfois exigeante, mais vous saurez exercer davantage de contrôle sur les événements et pourrez aborder vos tâches de façon plus systématique. L'année du Lapin offrira également aux natifs de votre signe l'occasion de se rapprocher de leurs ambitions les plus chères et ils en retireront, par conséquent, de grandes satisfactions.

Vous accomplirez des progrès intéressants sur le plan professionnel. Les événements de l'an dernier vous auront laissé un sentiment de confusion et d'indécision, mais en 2023, tout ira beaucoup mieux. Au début de l'année du Lapin d'Eau, les natifs de votre signe décideront de faire un effort conscient pour franchir certains obstacles qui les ont retenus et leur ont fait perdre pied. Vous découvrirez qu'avec une plus grande détermination et un engagement renouvelé, vous réaliserez beaucoup de chose et réussirez bien.

Les natifs du Serpent qui sont désireux de changer d'emploi ou qui nourrissent un projet devraient passer à l'action, c'est le moment de faire des pas significatifs dans cette direction. Si vous désirez obtenir des résultats, vous devez poser des gestes en conséquence. Cette année, la chance est de votre côté. D'ailleurs, la période du 12 octobre au 24 novembre sera plutôt encourageante sur le plan professionnel et vous saisirez toutes les occasions qui se présenteront ou vous envisagerez même d'en créer. Puisque vous êtes doté d'une imagination fertile, en 2023, certains de vos plans se traduiront par de bons résultats.

Plusieurs de ceux qui se cherchent du travail réussiront à en trouver cette année. Il faut reconnaître qu'il leur arrivera de se décourager, mais à chaque demande d'emploi, ils prendront de l'expérience et leur persévérance finira par être récompensée. Au risque de me répéter, encore là, la période de mi-octobre à mi-novembre sera riche en possibilités.

L'année du Lapin d'Eau encouragera également les activités culturelles et ce sera aussi le moment idéal, pour vous et les natifs du Serpent, de développer vos passe-temps et vos talents. Étant une personne d'une grande curiosité, il existe sûrement certains sujets qui retiendront votre attention. De même, ceux d'entre vous qui sont dotés de talents artistiques devraient, autant que possible, les exploiter davantage ainsi qu'exposer leurs productions. Grâce à des efforts francs, vous obtiendrez une réponse encourageante, mais vous devrez pour cela en prendre l'initiative et exploiter vos talents au maximum : telle est la nature intrinsèque de l'année du Lapin. Ceux qui auront de l'énergie à dépenser seront susceptibles de connaître une année excitante et progressive.

Les natifs de votre signe sont doués pour les finances et voilà qu'en 2023, cela vous permettra d'obtenir des succès notables. Un plan d'épargne ou un investissement soigneusement choisi sera susceptible d'avoir un excellent rendement et vous verrez probablement vos revenus augmenter. Malgré cette amélioration prévue, vous devrez rester fidèle à votre nature et éviter toutes les entreprises de nature spéculative. En cas de doute, vous vous abstiendrez et chercherez à obtenir davantage de détails et d'éclaircissements. En effet, il vous sera plus profitable de vous concentrer dans des domaines que vous connaissez et comprenez, plutôt que de prendre des risques. En 2023, il semble que vous dépenserez beaucoup d'argent pour votre demeure (maison ou logement), surtout à l'achat de meubles et d'articles pour la décoration. Vous gagnerez cependant à prendre votre temps et à comparer les prix, car vous réussirez à obtenir des produits de meilleure qualité et souvent à des prix plus bas.

L'année 2023 sera active sur les plans familial et social pour les natifs de votre signe. Il y aura plusieurs rencontres gratifiantes en famille et vous retirerez beaucoup de satisfaction à aider et à encourager vos proches. Vous aurez avantage à inviter les gens de votre entourage à participer à vos activités, surtout pour vos loisirs et vos passe-temps, plutôt que d'en faire une chasse gardée. Le Serpent a parfois l'impression que les autres ne sont pas intéressés par ses activités, mais tel n'est pas le cas. Si vous vous montrez ouvert, vous serez agréablement surpris de l'intérêt réel qu'ils manifesteront. Les natifs du Serpent connaîtront sur le plan personnel une année riche et valorisante.

En plus de ces augures favorables, d'autres aspects seront également favorisés en cette année du Lapin. Ainsi, les voyages que vous entreprendrez s'annoncent particulièrement bien et vous serez satisfait contre toute attente des vacances que vous prendrez, surtout si vous choisissez un endroit que vous n'avez jamais visité auparavant.

Votre vie sociale sera également plus active qu'à l'habitude. Pour ceux d'entre vous qui êtes célibataires, une amitié qui a pris naissance au cours de l'année du Tigre est susceptible d'évoluer de façon significative. Il y a de l'amour dans l'air et l'année vous réserve assurément des moments heureux. Vous assisterez également à quelques réceptions, ce qui vous permettra d'élargir votre cercle d'amis et de connaissances. Malgré votre réserve naturelle, vous vous amuserez beaucoup.

Vous pouvez assurément vous attendre à plusieurs moments agréables durant l'année 2023, mais il est cependant possible aussi que vous soyez soumis à des tentations auxquelles vous trouverez difficile de résister. Vous devrez cependant prendre garde si vos activités vous font glisser vers la duplicité ou vous serez susceptible de vous attirer de la réprobation, car vous risquez de vous retrouver dans un imbroglio qui ne pourra que vous nuire. Cet avertissement ne touche qu'un nombre très restreint des natifs du Serpent, mais tous devront rester honnêtes afin d'éviter toute difficulté.

Si on résume, dans l'ensemble, les natifs du Serpent connaîtront une année positive et satisfaisante. Vous comptez parmi les plus calmes du zodiaque chinois, mais sous une apparence placide se cache un esprit alerte qui planifie et pense constamment, et qui est désireux d'exploiter ses capacités au maximum. La tendance favorable vous permettra certainement d'accomplir de grandes choses et vous gagnerez à profiter de ce que l'année du Lapin d'Eau vous apportera. Que la nouvelle année comble tous vos vœux les plus chers!

Cheval

Le **Cheval** est en analogie avec le signe du **Gémeaux** en astrologie occidentale.

Pour mieux définir le type de Cheval que vous êtes, il faut *a priori* savoir si vous êtes un cheval sauvage ou un cheval domestiqué. Le premier est plutôt un individualiste fougueux qui peut se faire très agressif si on cherche à le dresser. Quant à l'autre, il est le compagnon loyal, sociable, un peu confus et inquiet, qui cherche le réconfort auprès des autres. Dans les deux cas, vous êtes une personne de bonne humeur, intelligente, astucieuse, charismatique, ouverte d'esprit, mais vous pouvez aussi être arrogante, enfantine et obstinée à vos heures, sans compter que vous avez un impérieux besoin d'indépendance.

Il est difficile de prévoir les réactions du natif du Cheval, car lui-même ne sait jamais comment il va réagir. Par conséquent, il faut donc être très patient avec vous en tout temps.

L'optimisme fait partie de votre ADN et vous êtes un partisan de la pensée positive. Vous faites partie des gens qui voient le verre à moitié plein plutôt qu'à moitié vide, ce qui explique votre empressement à rassurer et à aider un être cher qui traverse une mauvaise passe dans sa vie. L'expression « Oui, je le peux » devrait absolument être gravée sur une plaque accrochée haut sur le mur de votre salle de séjour alors qu'elle vous décrit si bien et, qui sait, est-ce peut-être déjà fait !

Toujours très occupé, vous aimeriez bien avoir dix mains et autant de jambes pour faire face aux maintes responsabilités à respecter, et ce, dans un temps record idéalement.

Amoureux de la nature et de la vie, le meilleur endroit pour être bien et serein reste la fréquentation des grands espaces. Vous avez besoin de vous sentir libre, de bouger à votre guise, tant dans votre vie privée que professionnelle, et de pouvoir être en mesure de faire de l'exercice physique sur une base régulière alors que, pour vous, c'est essentiel à votre bien-être physique et mental.

Extrêmement sympathique et à l'aise pour tisser de nouvelles rencontres, vous avez une facilité à communiquer et à discuter avec toutes les personnes qui croisent votre route. Conscient que les gens ne sont pas parfaits, y compris vous-même, voilà qui explique pourquoi vous êtes tolérant des faiblesses des autres, ce qui est d'ailleurs une de vos grandes qualités. Vous êtes même prêt à leur donner le bénéfice du doute et vous ne gardez que très rarement rancune, même si on vous blesse ou si on vous déçoit.

Généreux à souhait, mais seulement lorsque vous en avez envie, vous êtes souvent très instable émotionnellement, même si vous cherchez à vous maîtriser, ce qui fait que vous êtes constamment impatient dans la vie.

Votre sensualité remarquable tend à vous pousser vers l'aventure et les changements fréquents. Cela explique pourquoi, sur le plan affectif, il est impossible d'emprisonner votre cœur. Friand d'aventures, brèves mais très intenses, vous tendez à fuir tout ce qui revêt un caractère permanent alors que vous détestez par-dessus tout ce qui est routinier en amour, suivant que vous êtes avide de mouvement et de liberté. À cet effet, les personnes nées sous le signe du Tigre, de la Chèvre, du Coq et du Chien pourront parfaitement vous rejoindre dans vos aspirations et votre façon d'envisager la vie. Cependant, vous éprouverez plus de difficulté à vous entendre avec les gens nés sous le signe du Singe, du Bœuf, du Cochon, du Serpent et du Dragon.

VOS PRÉVISIONS ASTROLOGIQUES POUR 2023

Années de naissance : 1930, 1942, 1954, 1966, 1978, 1990, 2002, 2014

L'année du Lapin d'Eau, qui s'amorce le 22 janvier prochain, sera très valable pour les natifs du Cheval. Celle-ci ne sera pas aussi trépidante ni aussi agitée que la précédente, mais elle vous permettra de consolider vos gains récents, d'acquérir de l'expérience et d'accomplir des progrès appréciables. De plus, sur le plan personnel, vous connaîtrez une année splendide.

Sur le plan professionnel, l'année du Lapin offrira aux natifs du Cheval d'excellentes chances d'avancement. Afin de tirer le maximum de la tendance favorable, il sera avisé de vous concentrer dans des domaines qui vous sont très familiers plutôt que de vous lancer dans des entreprises nouvelles et radicalement différentes de ce que vous connaissez. Si vous occupez un nouveau poste ou avez obtenu de l'avancement, vous devrez vous acharner à bien connaître vos nouvelles tâches plutôt que d'essayer d'en changer rapidement. Cela peut signifier parfois que vous devrez tenir en bride votre esprit agité, mais les progrès ne se manifesteront que si vous vous appliquez et persévérez. De plus, en vous concentrant dans les domaines que vous connaissez le plus, vous réussirez à faire bonne impression sur les gens de votre entourage, y compris ceux qui ont de l'influence, ce qui sera également à votre avantage. En effet, l'année du Lapin permettra aux natifs du Cheval de démontrer leur véritable valeur et d'évoluer, mais en même temps, il leur faudra faire preuve de patience, de persévérance et de discipline.

Vous devrez également vous informer de tous les développements qui se produisent dans votre environnement et être à l'écoute de l'opinion de vos collègues. Vous avez parfois tendance à prendre vos distances ou à n'en faire qu'à votre tête à cause de votre nature indépendante et entêtée, mais cette année, vous devez travailler en étroite collaboration avec les autres et les inviter à participer à vos activités. Vous améliorerez ainsi votre position et votre réputation. Dans la seconde moitié de 2023, vous connaîtrez des développements intéressants.

Ceux d'entre vous qui sont en quête de travail devraient également se concentrer sur leur recherche. Veuillez explorer toutes les possibilités qui s'offriront à vous, mieux encore, assurez-vous également d'essayer de trouver diverses façons de tirer profit de votre formation, de votre expérience et de vos connaissances. Une idée innovatrice est susceptible de vous montrer des avenues intéressantes que vous aurez peut-être l'occasion d'explorer au cours de l'année.

Une année raisonnable s'annonce sur le plan financier. Plusieurs natifs de votre signe connaîtront une amélioration notable de leur situation financière, surtout au début de l'année. Vous devriez réfléchir au meilleur usage que vous pourriez faire d'un surplus d'argent, plutôt que de le laisser filer entre vos doigts. Vous pourriez, par exemple, vous acheter des articles d'ameublement, améliorant ainsi votre confort et votre décor. De même, vous auriez avantage à vous mettre de l'argent de côté pour des vacances et des congés, vu que l'année sera propice aux voyages. À cet effet, misez sur la période du 3 au 26 janvier pour ce faire, bien que parfois, le tout sera fait à la dernière minute, sinon de façon imprévue.

Une année heureuse attend les natifs du Cheval sur le plan personnel. Vous serez content des activités et des succès remportés par les membres de votre famille. Vos encouragements seront très appréciés et, comme toujours, on tiendra votre jugement et vos conseils en haute estime. Vous serez très fier de votre famille et, à cet égard, la période de fin août au 12 octobre s'annonce plus particulièrement favorable.

Afin de préserver l'harmonie domestique et vos bonnes relations avec tous ceux de votre entourage immédiat, vous aurez avantage à inviter vos proches à participer à vos activités et à vos projets plutôt que de faire cavalier seul. Il faut reconnaître que vous tenez énormément à votre indépendance, mais vous constaterez qu'une plus grande participation des membres de votre famille à vos activités contribuera pour beaucoup à maintenir l'esprit de camaraderie qui est si important pour le maintien de bonnes relations. De même, vous prendrez la peine de discuter avec vos proches s'ils doivent prendre une décision importante au cours de l'année, au lieu de ruminer dans leur coin.

Vous pouvez également vous attendre à connaître une vie sociale agréable. À cet égard, il y aura des surprises-parties et d'autres rencontres à saveur sociale auxquelles vous aimerez participer et vous aurez plusieurs occasions de vous amuser avec vos amis. Les natifs de votre signe qui ont déménagé récemment et qui, pour une raison ou pour une autre, se sentent déprimés, ou qui aimeraient créer de nouveaux liens, auront la chance de leur côté. Ils devront toutefois prendre l'initiative et faire l'effort de communiquer avec d'autres personnes. Par exemple ils pourraient devenir membres d'une société ou d'un club. Grâce à votre entregent et à vos intérêts diversifiés, vous connaîtrez rapidement une amélioration de votre vie sociale, mais il sera important que vous fassiez les premiers pas.

Les perspectives seront plutôt défavorables en amour, surtout pour les jeunes natifs célibataires de votre signe. Vous aurez plusieurs occasions de faire des rencontres, mais vous veillerez à laisser ces nouvelles amitiés évoluer naturellement plutôt que de vous engager face à l'autre ou de nourrir des attentes trop rapidement. Ainsi, cette amitié aura plus de chances de s'établir sur des bases solides, ce qui aidera à prévenir les déceptions et les chagrins. Que les jeunes natifs de votre signe en prennent bien note ! Appréciez ce que l'année vous apporte, la compagnie des personnes que vous rencontrerez, mais évitez toute précipitation. Les relations amoureuses qui sont nées avant l'année du Lapin, soit celle du Tigre d'Eau (2022), continueront à apporter beaucoup de joie, mais gare à celles qui verront le jour en 2023.

Vous retirerez aussi beaucoup de satisfaction de vos activités de loisir. Une de ces activités est susceptible d'évoluer de façon inattendue, vous rapportant peut-être de l'argent et la reconnaissance de votre savoir et de vos talents. Cette prévision s'applique surtout aux natifs de ce signe dotés de talents artistiques. De plus, vous verrez à profiter de toutes les occasions possibles de voyager. Les vacances et les congés que vous pourrez prendre, parfois à la dernière minute, se dérouleront bien.

Si on résume, dans l'ensemble, l'année du Lapin d'Eau sera peut-être plus calme que certaines autres, mais elle sera porteuse néanmoins de son lot de joie. Votre vie personnelle sera en général harmonieuse et vous vous sentirez inspiré par les tâches et les défis qu'on vous proposera, ce qui vous amènera à des réalisations positives, dont certaines auront une valeur durable et des conséquences à long terme. Que la nouvelle année comble tous vos vœux les plus chers !

Chèvre Bouc Mouton Bélier

La **Chèvre** est en analogie avec le signe du **Cancer** en astrologie occidentale.

Vous êtes timide, sincère, doté de bonnes manières et vous pardonnez facilement. Vous êtes également romantique et vous avez aussi l'art de savoir très tôt comment bien gagner votre vie. Heureusement que, sur le plan professionnel, il y aura toujours une personne influente pour vous prendre sous son aile, car vous êtes de ces gens faciles à aimer et que l'on aime avoir près de soi. Voilà qui explique pourquoi on hésite rarement à vouloir une ou un ami né sous votre signe, puisque votre gentillesse et votre légendaire tendresse sont les marques principales de votre personnalité.

Chez vous, tout se passe en douceur, avec franchise et honnêteté. Vous n'êtes pas du genre à chercher les faux-fuyants, au contraire, vous croyez à la simplicité des choses et vous en faites votre mot d'ordre.

Bien que vous soyez discret et possédiez une grande force de caractère, bien cachée, avouons-le, il ne faut pas abuser de votre bonne foi ni de votre bonne volonté, car vous ne vous gênerez pas pour le faire savoir. Dommage pour la ou le gaffeur, car vous vous désintéresserez de cette personne et il lui sera très difficile par la suite de regagner votre confiance.

Avec vous, il faut toujours agir avec délicatesse, étant donné que votre grande fragilité naturelle vous rend plus souvent qu'à votre tour vulnérable à la fatalité et à l'anxiété. Vous avez aussi constamment besoin d'être rassuré ! Fort heureusement, vous avez l'art de vous adapter à tout, et ce, peu importe ce que la vie vous servira, alors que vous saurez trouver votre juste part et serez même en mesure de régler quoi que ce soit que la vie mettra sur votre route.

Vous avez une très forte envie d'aider votre prochain et vous êtes même prêt à tout pour lui venir en aide en cas de besoin. Bien vous entendre avec tout le monde est l'une de vos grandes priorités dans la vie et vous êtes tout autant très accommodant à tous points de vue, spécialement lorsque cela concerne les besoins des membres de votre famille, principalement les enfants et les personnes âgées. N'empêche, aussi conciliant et sensible que vous l'êtes, vous êtes porté aussi à adopter les opinions des gens qui vous entourent, particulièrement au travail, ne serait-ce que pour maintenir la paix.

Lorsque vous êtes à la maison, vous ne voulez pas être entouré d'agitation ni de stress inutilement, suivant que vous appréciez les choses simples de la vie, telles que regarder un coucher de soleil en fin de journée. Voilà qui explique aussi pourquoi la bonne fortune vous sourira au moment où vous vous y attendrez le moins, ce qui ne pourra qu'ajouter à votre bonheur. En revanche, sur le plan financier, vous n'avez aucune notion d'économie ou de comptabilité, ce qui risque de rendre la gestion de votre budget très aléatoire.

Toujours en quête d'harmonie, vous savez vous montrer des plus doux, des plus dociles, des plus dévoués, des plus bienveillants, et comme vous ne voulez jamais blesser vos interlocuteurs, vous pouvez tergiverser longtemps avant de dire ce que vous pensez vraiment. Cette attitude, bien que partant d'une bonne intention, aura tendance à rendre les personnes de votre entourage plutôt impatientes.

Vous avez l'art de bien vous vêtir et êtes un hôte hors pair, sans compter que pour vous laisser les autres briller de toutes leurs couleurs, alors que vous vous sentez bien dans les coulisses, ne vous dérange pas.

Reconnu parmi les gens qui apprécient les plaisirs simples de la vie, vous aimez être entouré de personnes raffinées, créatrices et vivre des relations romanesques et sécurisantes à la fois, ce qui ne sera guère facile.

Lorsque vous désirez quelque chose d'une personne, vous êtes habile à la convaincre, et ce, en toute subtilité. Voilà pourquoi les relations tendres et vraies seront des plus aisées auprès des gens qui sont nés sous le signe du Singe, du Lapin, du Cheval, du Cochon et du Dragon. Cependant, il sera tout de même suggéré d'apprendre à mettre de côté votre grande sensibilité afin de minimiser les risques d'être blessé. Toutefois, vos relations avec les personnes nées sous le signe du Chien, du Bœuf, du Coq, du Rat et du Tigre risquent d'être plus ardues.

VOS PRÉVISIONS ASTROLOGIQUES POUR 2023

Années de naissance: 1931, 1943, 1955, 1967, 1979, 1991, 2003, 2015

L'année du Lapin d'Eau, qui s'amorce le 22 janvier prochain, sera bien meilleure pour les natifs de la Chèvre, leur permettant d'aller à leur propre rythme et de s'occuper de leurs affaires. Vous vous sentirez plus à l'aise avec l'atmosphère sympathique de l'année du Lapin et connaîtrez des succès notables au cours des douze prochains mois.

Au début de l'année, vous devrez revenir sur les nombreux événements qui se sont déroulés au cours de la dernière année (Tigre d'Eau – 2022) et réfléchir au tour que vous aimeriez que prenne votre vie. Considérant certains événements passés, vous aurez peut-être à modifier certains projets, mais vous réfléchirez à de nouvelles possibilités intéressantes, dont quelques-unes seront très prometteuses. En cette période de réflexion, vous ferez bien de discuter de vos idées avec vos proches et de tenir compte de tout ce qu'on vous dira. Les gens de votre entourage souhaiteraient vous voir réussir et ils vous donneront des conseils avisés. Vous gagnerez également à rechercher l'avis de personnes qui ont déjà réalisé ce que vous désirez accomplir, que ce soit sur le plan professionnel ou autres. En prenant l'initiative, vous vous exposerez à recevoir des suggestions très valables.

Au travail, vous avancerez beaucoup. Vous vous appuierez sur les leçons apprises au cours des dernières années, évitant ainsi les erreurs commises, mais vous appuyant sur vos réalisations pour progresser. Vous réfléchirez aussi à la meilleure façon de mettre votre expérience et vos talents à profit. Grâce à votre esprit créateur et innovateur, vous aurez beaucoup à offrir, et l'année du Lapin d'Eau vous en fournira l'occasion, mais c'est vous qui devrez poser des gestes afin d'atteindre vos objectifs. Il ne vous suffira pas d'attendre que la situation idéale se présente. L'année 2023 offre de très grandes possibilités aux natifs de la Chèvre qui devront faire montre de détermination.

Les natifs de ce signe qui désirent changer de poste ou acquérir de l'expérience dans un nouveau domaine devront tirer avantage de toutes les occasions qui se présenteront, en plus de communiquer avec les compagnies et les organisations pour lesquelles ils aimeraient travailler. Vous devrez vanter votre expérience et vos idées, et expliquer de quelle façon vous contribuerez à la bonne marche de l'entreprise. Une telle initiative portera fruit et il est très probable qu'une suggestion que vous aurez faits ou un poste que l'on vous aura confié évoluera de façon significative, ce qui aura une influence bénéfique non seulement sur cette année, mais également sur celles à venir. La chance d'hériter de plus grandes responsabilités ou de connaître d'autres développements intéressants est à prévoir dans un proche avenir.

Plusieurs d'entre vous réussiront à se trouver du travail, parfois de manière fortuite. On vous confiera des tâches que vous n'aviez jamais accomplies auparavant, ce qui sera susceptible de vous décourager de prime abord, mais cela vous permettra aussi d'acquérir de nouvelles compétences, de vous découvrir des talents insoupçonnés et de développer votre carrière d'une façon positive, quoique imprévue. L'année du Lapin d'Eau recèle des possibilités intéressantes et vous essaierez d'exploiter les événements en votre faveur, surtout que plusieurs de ceux-ci auront une influence bénéfique à long terme.

L'année du Lapin apportera aux natifs de la Chèvre, dont le travail comporte un volet artistique ou qui met leur créativité à contribution, des occasions uniques les menant au succès et à une reconnaissance bien méritée. Afin toutefois de tirer le maximum de ces prévisions, ils devront faire tout en leur pouvoir pour promouvoir leur travail et se perfectionner. Le succès sourira aux natifs de la Chèvre qui se montreront audacieux et entreprenants !

Ces perspectives agréables touchent également le domaine des loisirs et des passe-temps, et vous vous assurerez d'y consacrer régulièrement du temps. Vos activités de loisir vous apporteront de grandes satisfactions, vous permettant en plus de vous détendre et d'oublier momentanément vos soucis quotidiens. Encore là, les activités artistiques seront une source de grand plaisir et ceux d'entre vous qui ont des aspirations littéraires ou musicales devront chercher à se faire connaître d'un public plus large. Malgré une certaine réticence et même une gêne à présenter votre œuvre, vous devriez vous souvenir que : « Qui ne risque rien n'a rien ! »

Vous vous sentirez beaucoup mieux si vous faites plus d'activités physiques, telles la marche ou la bicyclette, surtout si vous êtes plutôt sédentaire durant le jour. De plus, si votre alimentation laisse à désirer, il sera à votre avantage de rectifier la situation.

Sur le plan financier, vous pouvez vous attendre à une nette amélioration. Il pourrait s'agir d'une augmentation de salaire, de rendement d'un investissement, sinon d'une somme d'argent imprévue. Malgré votre joie, vous devrez vous montrer prudent dans toutes vos transactions. Vous serez tenté de dépenser votre argent, mais vous devrez réfréner vos ardeurs, réfléchissant ainsi sérieusement à tout achat important que vous envisagiez de faire. Si vous flambez toutes vos économies, vous risquez d'avoir de la difficulté à les remplacer. Vous vous montrez parfois extravagant et même trop généreux et, dans ces cas, une certaine prudence sera certainement de mise cette année.

Sur le plan familial et social, voilà que vous connaîtrez une année agréable. Vos proches vous soutiendront dans vos activités. Vous les inviterez à participer à vos projets et vous vous ouvrirez à eux, partageant également vos inquiétudes. Au cours de l'année à venir, vous gagnerez énormément à consulter les autres, non seulement pour obtenir l'information dont vous avez besoin, mais aussi pour être réconforté et encouragé.

Vous prendrez par ailleurs grand plaisir à suivre et à encourager les activités de vos proches, et certains projets conjoints vous apporteront beaucoup de satisfaction. Or, dans l'ensemble, votre vie familiale se déroulera certes bien au cours de 2023, mais il pourrait arriver que des contretemps ou des différends possibles viennent assombrir l'atmosphère. Dans ces cas, vous essaierez de régler les problèmes le plus rapidement possible, à l'amiable, trouvant un compromis ou tout simplement en manifestant votre accord ou votre désaccord. Vous risquez, en laissant les conflits perdurer et même s'envenimer, de gâcher une année qui s'annonce par ailleurs très bien. Vous ne devriez pas laisser votre nature parfois volage semer la mauvaise humeur autour de vous. Cette année est trop favorable pour la gaspiller en querelles mineures.

En 2023, vous mènerez également une vie sociale active et vous aurez aussi plusieurs occasions de vous amuser avec vos amis. À cet effet, ne manquez pas d'encercler les périodes du 7 mai au 5 juin et du 4 au 29 décembre qui seront des plus intéressantes. Les célibataires de votre signe connaîtront une année splendide, car la romance sera très favorisée. Plusieurs jeunes natifs de la Chèvre rencontreront leur futur partenaire de vie en 2023, se fianceront ou se marieront, car les augures sont à ce point favorables. Tous ceux d'entre vous qui ont souffert de solitude ou qui ont vécu de la peine récemment devront tourner fermement leur attention vers le présent, essayer de se refaire une vie sociale et d'adopter de nouveaux passe-temps. En posant des gestes positifs, la chance leur sourira à nouveau et ils pourront établir de nouvelles amitiés solides.

Si on résume, dans l'ensemble, l'année du Lapin d'Eau sourira aux natifs de la Chèvre en 2023, et il n'en tiendra qu'à eux de donner le meilleur d'eux-mêmes, profitant ainsi de toutes les possibilités. Cette année pourra être positive et marquée par la réussite, et vous en garderez un excellent souvenir. Que la nouvelle année comble tous vos vœux les plus chers !

Singe

Le **Singe** est en analogie avec le signe du **Lion** en astrologie occidentale.

Les gens nés sous votre signe ne sont pas nécessairement tous vains, arrogants et imbus d'eux-mêmes, ou suspicieux et susceptibles, mais certains le sont et, fort heureusement, il y a aussi parmi vous des gens qui sont intelligents, complaisants, sociables, confiants en leurs moyens, polis et dignes de nature.

Extrêmement intelligent et doué pour résoudre les énigmes, peu importe le genre de problèmes que vous puissiez encourir dans la vie, vous savez vous en sortir comme pas un, tellement vous avez l'art de la parole. Voilà qui explique pourquoi les gens ont toujours tendance à se rassembler autour de vous dans toutes les situations sociales, alors que non seulement vous êtes un bon raconteur d'histoires, mais vous êtes également un comique-né.

Curieux, artistique et désireux d'apprendre, vous pouvez très bien exceller dans les domaines qui suscitent votre intérêt, surtout que vous êtes doué pour faire plusieurs choses à la fois.

En raison de votre besoin impératif d'être actif, vous ne restez pas assis longtemps. Constamment dans l'action, on a affaire à une personne qui est particulièrement dynamique et agitée. En plus de faire preuve d'une intelligence vive et remarquable, le contact intellectuel avec vous est très stimulant. Pas surprenant que vous ayez l'art de séduire tout le monde, car vous adorez plaire et vous faire remarquer.

Mentionnons que votre ego est fort. Vous n'hésitez pas à choquer et à tout remettre en question, ne serait-ce que pour susciter l'intérêt des gens qui vous entourent. Voilà donc ce qui fait aussi tout votre charme ! N'empêche, avouons-le, votre principale préoccupation, c'est vous-même !

Curieux, vous êtes particulièrement attiré par les musées, l'endroit idéal pour enrichir vos connaissances, tant sur le monde que sur la vie. Vous avez cette facilité d'acquérir de nouvelles compétences rapidement, tellement vous êtes si polyvalent et vous visez l'accomplissement personnel sur tous les plans. Voilà pourquoi il ne faut jamais sous-estimer votre force, votre efficacité et votre vivacité d'esprit.

Vous aimez le monde en général à un point tel que, parfois, vous ne pouvez vous en passer. Le contact avec les autres vous stimule, et les gens sont tout autant dynamisés par votre énergie. Joueur de tours, vous aimez également lancer et relever les défis de toutes sortes.

Sur le plan amoureux, vous fascinez et vous avez tout autant l'art d'envoûter les gens du sexe opposé. Même si vous ressentez fortement le besoin d'être compris et aimé, vous avez un goût tel pour les histoires compliquées et les stratégies de toutes sortes que vous attirez souvent des personnes marquées par un sens du jeu identique au vôtre, ce qui ne vous comble qu'à moitié.

Trompeur et profiteur à vos heures, vous pouvez en inquiéter plus d'un près de vous alors que l'on ne sait pas à quoi s'attendre. Tout aussi que narcissique à ses heures, le partenaire idéal devra vous apporter toute l'admiration dont vous avez besoin et être prêt à fermer les yeux sur certains écarts de conduite, car vous avez beaucoup de mal à résister à la tentation du fruit défendu. Les personnes nées sous le signe du Rat, du Dragon, du Tigre, du Serpent, du Cochon et de la Chèvre sauront vous aimer comme vous le désirez et le souhaitez. Par contre, vous risquez d'encourir de sérieux ennuis et des problèmes avec les gens qui sont nés sous le signe du Bœuf, du Chien ou du Cheval.

VOS PRÉVISIONS ASTROLOGIQUES POUR 2023

Années de naissance: 1932, 1944, 1956, 1968, 1980, 1992, 2004, 2016

L'année du Lapin d'Eau, qui s'amorce le 22 janvier prochain, sera des plus sereines. Après les tensions et les incertitudes que l'année du Tigre d'Eau vous aura apportées, vous retrouverez un rythme normal, bénéficiant de la conjoncture favorable et tirant le maximum des situations qui se présenteront. De plus, l'année du Lapin sera heureuse et gratifiante sur le plan personnel, avec plusieurs moments agréables en compagnie de parents et amis.

Plusieurs natifs du Singe commenceront toutefois l'année insatisfaits de leur situation actuelle et de la lenteur de leurs progrès. Vous ne devrez absolument pas vous laisser aller au découragement, mais tentez activement de provoquer les changements que vous souhaitez dans votre vie. Grâce à votre débrouillardise, à vos manières affables et à vos grandes capacités, vous pourrez vous rapprocher beaucoup de vos objectifs, mais il vous faut pour cela passer à l'action. Vous connaissez votre potentiel énorme et, en 2023, vous devrez relever les défis qui se poseront et vous élever à la hauteur de vos propres aspirations. Ainsi, vous avancerez beaucoup.

Au travail, vous aurez accès à l'avancement qui vous échappait depuis un certain temps et vous réussirez à améliorer votre situation. Vous hériterez de nouvelles responsabilités, obtiendrez une promotion ou un autre type d'emploi. Le moment sera également venu de concrétiser certaines idées et projets que vous nourrissez depuis un certain temps. Par le passé, les événements jouaient contre vous et les occasions se faisaient rares, mais tel ne sera pas le cas au cours de l'année du Lapin. Vous ferez tout en votre pouvoir pour faire connaître vos idées et vos talents, et si vous faites preuve d'initiative, l'année sera exceptionnelle.

En plus de surveiller toutes les occasions qui se présenteront, vous devrez rester à l'écoute de tout ce qui se passe, de tout ce qui se trame. Vous entendrez parler, souvent par hasard, d'ouvertures et de développement susceptibles de tourner à votre avantage.

Plusieurs de ceux qui se cherchent du travail réussiront également à en trouver. La détermination et la persévérance alliées à la débrouillardise amèneront ces natifs du Singe à décrocher un poste intéressant avec de bonnes chances d'avancement. À cet égard, la période du 12 octobre au 24 novembre a toutes les chances d'être favorable.

En 2023, vous connaîtrez une nette amélioration de votre situation financière. La plupart des natifs de votre signe vont recevoir plusieurs bonnes nouvelles sur le plan financier au cours de l'année: il s'agira soit d'une augmentation de salaire, soit du résultat d'une politique, d'un investissement ou d'un cadeau. Grâce à ce retour de la chance, vous pourrez effectuer des achats, pour vous-même ou pour votre domicile, auxquels vous songiez depuis un certain temps. Avant d'aller de l'avant, assurez-vous cependant que l'achat que vous vous apprêtez de faire sera pertinent et que vous comparerez les prix plutôt que d'agir à la hâte.

Vous et plusieurs natifs de votre signe examinerez également la possibilité de déménager au cours de l'année et, encore là, vous devrez prendre tout votre temps. En choisissant soigneusement le lieu où vous vivrez, vous serez très heureux de votre acquisition, mais ce n'est pas une décision que vous pourrez prendre à la hâte.

Vous devrez aussi traiter soigneusement toute correspondance, tous les formulaires et documents que vous serez appelé à remplir au cours de l'année. Malgré l'ennui que ces tracasseries puissent vous inspirer, vous devrez accorder toute l'attention voulue aux détails, sinon vous risquez de vous retrouver pris dans un échange de correspondance interminable et cela sera susceptible en plus de vous occasionner des dépenses inutiles. Vous veillerez également à garder une copie de vos transactions et de vos reçus, sinon vous risquez de vous attirer des problèmes inutiles. En 2023, vous pourrez économiser pas mal de temps si vous faite une tenue de livres rigoureuse.

Sur une note plus positive, vous apprécierez beaucoup vos activités de loisir, surtout si elles vous permettent de sortir et de rencontrer d'autres personnes. C'est l'année pour aller explorer davantage ce qui vous intéresse. L'année du Lapin, caractérisés par la culture et le perfectionnement, appuiera ceux qui désirent développer leurs talents et leurs passe-temps.

La vie familiale sera aussi favorisée. Vous serez très occupé, mais vous connaîtrez plusieurs périodes significatives et plaisantes. Vous retirerez beaucoup de satisfaction à suivre et à encourager les activités des gens de votre entourage et, comme à votre habitude, vous leur offrirez des conseils très utiles. Vos proches respectent beaucoup vos opinions et cette année ne fera pas exception. Malgré le bonheur que votre famille vous apportera, il y aura des moments où vous vous sentirez découragé par l'ampleur des tâches à accomplir et le travail qui s'accumule. Durant ces périodes, vous trouverez utile d'établir vos priorités et vous résisterez à la tentation de vous lancer dans de nouveaux projets avant que les précédents ne soient terminés. Vous devrez aussi demander l'aide des autres qui, dans plusieurs cas, ne seront que trop heureux de vous donner un coup de main. Ceux d'entre vous qui déménagent cette année devront planifier et organiser leur déménagement soigneusement. Ainsi, leur tâche en sera d'autant facilitée qu'ils économiseront temps et tracas. En effet, en 2023, tous les natifs du Singe auront avantage à organiser leurs activités correctement et efficacement.

Sur le plan social, une année excellente attend les natifs de votre signe qui seront très populaire auprès de leurs amis. Ils assisteront à des événements intéressants au cours de l'année, ce qui leur permettra d'élargir leur cercle d'amis et de connaissances. Les natifs du Singe sans attaches ou ceux qui se cherchent des amis connaîtront une année splendide avec la perspective de voir des amitiés significatives se développer. Il y aura même de la romance dans l'air !

Si on résume, dans l'ensemble, l'année du Lapin d'Eau sera favorable dans presque tous les aspects de votre vie au cours de l'année. Vous progresserez beaucoup au travail et tout ce que vous réaliserez vous ouvrira la voie vers de meilleures choses encore en 2024. Vous tenterez également de tirer avantage des occasions qui se présenteront et de mettre vos idées de l'avant, car 2023 s'annonce vraiment excellente pour le Singe entreprenant. Sur les plans domestique et social, l'année s'annonce bien, bien que vous puissiez trouver parfois difficile de faire tout ce que vous désirez. Votre vie privée vous tiendra occupé, mais l'année vous apportera néanmoins beaucoup de bonheur. Que la nouvelle année comble tous vos vœux les plus chers !

Coq Phœnix

Le **Coq** est en analogie avec le signe de la **Vierge** en astrologie occidentale.

Vous êtes rangé, organisé, minutieux, perfectionniste et plein d'assurance. Vous avez confiance en vous et êtes un peu critique de nature, mais également puritain, fier et opiné. Observateur-né, vous êtes toujours bien informé, tant sur le plan de la culture générale que sur les actualités quotidiennes.

Vous n'hésitez pas à prendre votre place dans la vie et vous ne vous en laissez pas imposer facilement non plus. Vous avez l'art de savoir tout faire avec subtilité, sans pour autant vous prendre pour un autre. Cette confiance en vous vous rend des plus fascinants aux yeux de tous, même si vous êtes parfois poussé par un certain orgueil démesuré. N'empêche, on vous pardonne facilement, car c'est ce qui fait votre charme et votre classe.

Soigné en tout, voilà qui explique pourquoi vous prenez beaucoup de fierté dans votre apparence et passez maintes heures à vous préparer avant de quitter la maison. Croiser une nouvelle personne ou d'anciens camarades quand vous n'êtes pas au meilleur de votre forme est une de vos pires craintes.

Vous avez la finesse de vous attirer la sympathie des gens, d'être aimé et apprécié grâce à votre originalité et à votre jovialité. Vous êtes aussi une personne qui maîtrise bien ses émotions, sauf lorsqu'on empiète sur votre vie privée, alors là, vous devenez facilement sujet à la colère, et vous savez défier tous ceux qui vous cherchent.

Professionnellement, vous êtes un travailleur imbattable qui ne compte jamais ses heures ni ne ménage ses énergies. Vous êtes de ces gens entreprenants, dynamiques et très autonomes. Autant vous êtes exigeant envers vous-même, autant vous l'êtes aussi envers les autres.

Flamboyant de nature, vous prenez plaisir à vous exhiber et n'avez pas peur de prendre tout le crédit pour un travail bien fait. Non seulement vous savez ce que vous valez, mais vous vous attendez aussi à ce qu'on vous paie bien pour les services que vous offrez. À cet effet, si vous venez de terminer un travail de longue haleine qui a su épater vos supérieurs, une fois le projet conclu, vous ne serez pas du genre à hésiter trop longtemps pour leur solliciter une augmentation de salaire.

Vous êtes quelqu'un qui a besoin d'un environnement sain, propre et ordonné pour être heureux et à l'aise au quotidien. En revanche, votre petit côté pessimiste et/ou négatif s'exprime dans votre tendance à être très susceptible, à sermonner sans fin et à évoquer sans cesse les erreurs du passé commises par les autres. Il va de soi aussi que vous ne mâchez pas vos mots lorsque vous avez quelque chose à dire. Mais, plus que tout, vous avez horreur de perdre votre temps et votre argent avec des gens qui ne sont pas à la hauteur de vos attentes.

En ce qui a trait à vos amitiés, on peut dire que socialiser et échanger avec les autres est le point culminant de votre journée. Vous adorez prendre part à une fête ou à un party, à l'ouverture d'un restaurant en vogue, d'un magasin huppé, d'une galerie d'art prisée ou à une dégustation de vins et fromages.

En ce qui concerne votre vie amoureuse, vous êtes immédiatement séduit par celui ou celle qui partage votre goût des douces folies, et si cette personne sait en plus se montrer prévenante et affectueuse, ce sera le vrai bonheur. Une personne née sous le signe du Bœuf, du Dragon, du Chien, du Rat ou du Serpent sera un partenaire à la hauteur de vos attentes. Vous pourrez également vous fier et compter sur le soutien d'amis et de collaborateurs nés sous ces signes. Par contre, vous risquez d'encourir des problèmes avec des gens nés sous le signe du Lapin, du Cochon et de la Chèvre.

VOS PRÉVISIONS ASTROLOGIQUES POUR 2023

Années de naissance: 1933, 1945, 1957, 1969, 1981, 1993, 2005, 2017

L'année du Lapin d'Eau, qui s'amorce le 22 janvier prochain, s'annonce intéressante pour les natifs du Coq, tant sur le plan professionnel que personnel. L'année ne sera pas sans problèmes, mais elle marquera tout de même un retour de fortune pour ces natifs.

Au travail, vous devrez viser à vous servir des changements survenus dans votre environnement pour consolider votre position. Ainsi, si vous avez hérité de nouvelles responsabilités ou si vous avez été muté à un autre poste, vous gagnerez à concentrer vos énergies à vous familiariser avec vos nouvelles tâches. Appliqué et consciencieux comme vous l'êtes, vous ne manquerez pas de faire bonne impression, ce qui pourrait bien vous valoir de l'avancement plus tard dans l'année. Il est à noter cependant que vous réussirez beaucoup mieux si vous concentrez vos énergies dans des domaines qui vous sont familiers. En 2023, le succès ne viendra pas d'un changement radical de plan de carrière ni de la mise sur pied de nouveaux projets ambitieux, loin de là ; cette année, il n'y aura que l'effort et la constance qui porteront fruit et permettront aux natifs de votre signe de progresser.

L'année du Lapin, qui favorise particulièrement la culture et le perfectionnement, constituera une période idéale pour acquérir les nouvelles compétences que vous jugerez nécessaires à votre avancement au travail. Tout cours que vous suivrez ne pourra qu'améliorer vos perspectives d'avenir. L'expérience que vous aurez acquise durant l'année du Tigre d'Eau (2022) et l'année du Lapin d'Eau vous servira en 2024. En fait, le temps présent sert à ériger les fondations de vos futurs succès.

Les natifs de votre signe insatisfaits de leur travail actuel et ceux qui se cherchent du travail verront d'intéressantes possibilités se présenter à eux. Sans être nombreuses, elles seront toutefois significatives. Ce sera à eux et à vous de saisir les occasions au passage. Si vous tardez à agir, vous pourriez voir la chance vous filer entre les doigts. Et vous gagnerez à concentrer vos recherches là où vous pourrez tabler sur votre expérience plutôt que de vous aventurer dans des domaines qui ne vous sont pas familiers.

À vos yeux et ceux des natifs du Coq, les événements pourraient sembler ne pas se dérouler tel que convenu et au moment voulu. Ne vous découragez pas cependant, des temps meilleurs, en ce qui concerne le travail, sont à venir. Ainsi donc, des développements importants pourraient se produire, sans compter qu'il y aura un changement de cap pour le mieux. La patience et la persistance seront enfin récompensées. Et c'est à ce moment que vous réaliserez l'importance de l'expérience acquise ces derniers temps.

Les questions financières requerront cependant une attention particulière de la part des natifs du Coq. Les risques et les entreprises de nature spéculative seront à éviter. Les transactions importantes nécessiteront également une étude approfondie. Les grosses sorties de fonds devront être planifiées et prévues au budget. L'année du Lapin d'Eau exigera que vous gériez avec vigilance vos finances ; fort heureusement, vous êtes généralement méticuleux de nature. Les natifs de votre signe qui ne le sont pas, et qui sont portés à être extravagants, devront faire particulièrement attention à cet aspect.

Un domaine qui jouira d'augures des plus favorables est celui des relations avec les autres. Vous accorderez beaucoup d'importance à vos relations avec vos proches dont le bien-être vous tient à réellement à cœur. En 2023, on vous demandera souvent conseils et aide, et chaque fois que vous répondrez à ces demandes, on vous en sera reconnaissant. Vous en tirerez beaucoup de satisfaction, mais cela ne devra pas vous empêcher de demander à votre tour de l'aide si vous en avez besoin. Rien ne sert de garder pour vous-même des soucis, quand vous savez que l'opinion éclairée d'une autre personne peut souvent vous aider à résoudre un problème. En 2023, les natifs de votre signe aideront les autres, mais ils devront aussi se laisser aider par les autres.

Vous vivrez de bons moments avec vos amis et vos proches. Si vous envisagez de mener des travaux importants à votre propriété ou autour de la maison, vous gagnerez à mener vos projets de concert avec les membres de votre famille plutôt que d'agir seul. Non seulement profiterez-vous de leur savoir-faire respectif, mais en plus, vous partagerez le fardeau des travaux. Tout un chacun en ressortira satisfait. L'année du Lapin permettra aux natifs du Coq de répondre à leur goût des activités de plein air.

Pour ce qui est de votre vie sociale, elle s'annonce agréable, avec plein de sorties et d'événements plaisants. Les natifs de votre signe qui désirent mener une vie sociale plus active ou encore rencontrer l'âme sœur verront la chance leur sourire, et plus encore pendant la période du 7 mai au 5 juin. Ce sera donc à eux de profiter de la conjoncture favorable en se rendant dans des endroits où ils seront susceptibles de rencontrer des gens.

Si on résume, dans l'ensemble, l'année du Lapin d'Eau en sera une raisonnablement positive pour les natifs du Coq. Sur le plan personnel, les perspectives seront bonnes, alors qu'au travail, les réalisations porteront fruit dans la seconde partie de l'année et au début de 2024. Toute acquisition de compétences et d'expérience s'avérera utile dans le futur. La seule zone possible de turbulence est celle de vos finances ; à vous donc de ne pas trop dépenser et d'éviter les risques. Si vous tenez compte de ces dernières réserves, vous retirerez beaucoup de satisfaction de cette année. Que la nouvelle année comble tous vos vœux les plus chers !

Chien

Le **Chien** est en analogie avec le signe de la **Balance** en astrologie occidentale.

Vous êtes loyal envers les gens que vous aimez, mais vous avez tendance aussi à être constamment en mode inquiétude. Aussi honnête que vous soyez, vous avez le don de faire sentir les autres coupables. Extrêmement fidèle et protecteur de vos proches et de tous ceux qui vous sont chers, vous étiez probablement le genre d'enfant à l'école qui était le premier à défendre ceux qui étaient sans défense et/ou attaqué par des intimidateurs.

Vous êtes intègre, diplomate et équitable dans vos rapports avec les autres et n'êtes pas du genre à fuir non plus, et encore moins lorsque vous savez que vous avez raison. Votre sens des responsabilités est très développé chez vous, tant en ce qui concerne votre travail que votre vie personnelle, et c'est une qualité primordiale que vous appréciez chez les autres.

Travailleur acharné et quelqu'un qui se plaît à relever des défis, lorsque votre besogne est terminée, vous vous plaisez à vous reposer et à vous détendre chez vous en lisant un bon livre ou en regardant la télévision, les deux pieds sur la table basse.

Terre à terre, vous n'appréciez pas ceux qui se croient supérieurs aux autres, et non seulement vous n'hésiterez pas à les remettre à leur place, mais vous serez tenté de les éliminer de votre cercle d'amis.

Vous êtes né sous le signe de l'harmonie et de la bonne entente par excellence. On peut facilement en conclure que les complications vous troublent et vous rebutent au plus haut point. Tant que vous vous sentez en confiance avec les personnes que vous côtoyez, vous faites preuve d'une grande affection et êtes un ami fiable sur qui on peut compter aveuglément. Cependant, si les gens abusent de votre amitié ou de vos bontés, on vous verra vous renfermer sur vous-même et même agir prudemment. Vous serez peut-être même un peu sarcastique pour vous venger doucement, mais plus que tout, vous chercherez profondément le moyen de rétablir l'harmonie autour de vous. En revanche, si vous vous sentez trop seul et/ou incompris, vous pourriez sombrer dans le défaitisme et il faudra être patient pour vous ramener dans le positivisme.

Sérieux, sage et juste, vous êtes l'ami le plus fidèle de tous les signes du zodiaque chinois. En plus d'être épris de justice, vous êtes franc, direct et vous prenez votre temps pour juger de la valeur d'un autre. Vous savez voir au-delà des apparences, et les rumeurs ou les ragots n'ont aucun poids sur votre décision. Vous pesez le pour et le contre, mais quand cela est fait, vous avez la fâcheuse tendance à cataloguer arbitrairement les individus en deux groupes: les bons et les moins bons. Apprenez à vous occuper de vous un peu plus tôt que de laisser passer tous les autres avant vous. Méfiez-vous également de votre curiosité qui risque d'avoir le meilleur de vous-même et de vous occasionner des ennuis, surtout si vous ne vous mêlez pas de vos affaires.

Autant vous admirez ceux que vous aimez, même si, au départ, vous vous montrez exigeant, vous demandez, ou je dirais même que vous exigez que l'on soit joyeux pour partager vos élans d'enthousiasme, mais aussi pour calmer vos sautes d'humeur qui peuvent être méchantes par moments. Pour mieux satisfaire vos attentes, il sera avisé de rechercher la compagnie des personnes nées sous le signe du Rat, du Cheval, du Cochon, du Singe ou du Lapin dont vous pouvez être sûr de leur tendresse, et le Tigre qui aura le don de vous charmer, alors que tous ces gens seront d'excellents compagnons de vie. Toutefois, il vaudra mieux fuir ceux qui sont nés sous le signe du Rat, du Dragon, du Coq et de la Chèvre.

VOS PRÉVISIONS ASTROLOGIQUES POUR 2023

Années de naissance: 1922, 1934, 1946, 1958, 1970, 1982, 1994, 2006, 2018

L'année du Lapin d'Eau, qui s'amorce le 22 janvier prochain, est très prometteuse pour les natifs du Chien. La conjoncture est favorable dans la plupart des domaines, sans compter que leur vie privée s'annonce particulièrement plaisante.

Afin toutefois de tirer le maximum de cette année favorable, vous devrez établir vos objectifs et travailler à les atteindre en faisant preuve de votre résolution habituelle. L'époque est à l'audace et à l'esprit d'entreprise. Une telle disposition d'esprit est susceptible de produire des résultats valables et ceux qui poursuivront leurs buts connaîtront un succès éclatant.

Afin de pouvoir obtenir les meilleurs résultats, vous devrez concentrer vos efforts dans les domaines où vous avez la meilleure expertise, vous appuyant sur ce que vous connaissez et avez déjà réalisé, exploitant totalement vos capacités. En cas d'échecs ou de déception, vous veillerez à ne pas vous laisser décourager, mais tenterez plutôt d'apprendre de ces expériences et de vous remettre à la tâche avec encore plus de détermination. Les natifs de votre signe possèdent plusieurs talents merveilleux et l'année du Lapin les encourage certainement à les exploiter au maximum.

Au travail, vous aurez la chance de prendre des responsabilités différentes, ce qui vous permettra de relever de nouveaux défis et de faire appel à toute votre expérience et à votre compétence. Il faut admettre qu'au départ, vous vous sentirez peut-être découragé par les demandes que l'on vous fera, mais cela vous stimulera à faire un plus grand effort et à montrer ce dont vous êtes capable. Vous réussirez ainsi à impressionner favorablement votre entourage et à améliorer votre réputation, de même que vos perspectives d'avenir.

Tout au long de l'année, vous profiterez également de toutes les occasions possibles pour exprimer vos idées ; certaines recevront un accueil favorable et évolueront de façon encourageante. Dans le cas où vous avez réfléchi à la possibilité de vous lancer en affaires, c'est un bon moment pour discuter de vos plans et évaluer la première réaction des gens. Encore là, ceux qui n'auront pas peur de franchir des étapes décisives en vue de réaliser leurs ambitions réussiront le mieux.

Vous et les natifs de ce signe qui se cherchent un emploi connaîtrez des développements positifs. Encore là, vous devrez profiter de toutes les occasions qui se présenteront, mais également réfléchir à différentes façons de mettre vos multiples talents et votre expérience à profit. Cela est susceptible de vous ouvrir de nouvelles possibilités qui pourraient se transformer en occasions intéressantes. Tel que mentionné auparavant, une approche entreprenante et innovatrice sera très efficace.

De plus, comme l'année du Lapin d'Eau favorise les activités culturelles ainsi que le perfectionnement, tous les natifs du Chien devront en profiter pour suivre un cours et parfaire leurs connaissances s'ils en ont la possibilité. Alors, si un certain sujet pique votre curiosité, vous devriez chercher à en savoir davantage. Tous les gestes positifs que vous poserez auront pour effet d'améliorer vos perspectives d'avenir et de vous apporter beaucoup de satisfaction.

Ce sera une année positive sur le plan financier et plusieurs d'entre vous noteront une nette amélioration de leur situation. Cela permettra à certains de s'acheter des items, sinon des articles pour eux-mêmes ou pour leur maison. Ils réussiront à faire d'excellentes acquisitions s'ils prennent la peine de visiter plusieurs endroits afin de voir ce que ceux-ci ont à offrir et de comparer les prix. Si vous disposez d'une somme d'argent dont vous n'avez pas un besoin immédiat, vous feriez bien de la mettre de côté dans un but précis plutôt que de la laisser filer entre vos doigts. Par exemple vous pourriez l'économiser en vue d'un voyage, de vacances, de dépenses futures ou souscrire à un plan d'épargne. Grâce à une saine gestion, vous en aurez plus pour votre argent.

Les voyages sont un autre domaine fortement favorisé par l'année du Lapin. Ainsi, vous ferez tout en votre pouvoir pour partir au moins une fois au cours de l'année. Non seulement vous apprécierez le temps passé au loin, surtout si vous décidez de vous rendre dans une nouvelle destination, mais vous bénéficierez énormément du repos que cela vous procurera. Les natifs du Chien qui ont la piqûre des voyages, qui aimeraient parfaire leurs connaissances d'une langue étrangère et/ou travailler dans d'autres pays auront des occasions qui en valent la peine. Ils auraient avantage à en profiter, car elles risquent de ne pas se présenter à nouveau avant longtemps.

En 2023, vous apprécierez beaucoup ce que votre vie privée et familiale aura à vous offrir. Comme toujours, c'est un aspect de votre vie que vous valorisez beaucoup et vous aurez bien raison de vous fier aux encouragements et à l'aide que vos proches vous offriront, de même qu'à l'affection qu'ils vous témoigneront. En cas de dilemme ou de difficultés, vous trouverez utile de leur demander leur opinion, car cela aidera à adopter une perspective juste. De plus, vous adopterez un point de vue original et cela vous aidera à trouver la paix. Tout au long de l'année, vous devrez vous souvenir qu'ils seront toujours là lorsque vous aurez besoin d'eux.

Vous partagerez des moments mémorables avec votre famille et vous fêterez non seulement vos progrès et vos réussites, mais il y aura maintes raisons de célébrer, par exemple un mariage, une naissance, des succès académiques et autres réalisations. Croyez-moi, l'année du Lapin d'Eau s'annonce riche en événement inoubliables, et particulièrement favorable à l'épanouissement de la vie de famille !

Vous connaîtrez également une vie sociale active. Vous avez l'habitude de choisir vos amis avec soin et, en 2023, des amitiés nouvelles deviendront très significatives au fil des mois. L'année du Lapin est propice à l'éclosion de l'amour et toute amitié qui a vu le jour l'an dernier aura des chances d'apporter aux natifs de votre signe beaucoup de bonheur et plusieurs d'entre eux célibataires se fianceront ou se marieront au cours de cette année.

L'année se déroulera bien sous plusieurs aspects, mais vous devrez garder certaines choses à l'esprit. En 2023, il y aura des périodes d'intense activité, avec de la pression au travail et une multitude de tâches domestiques à accomplir. Durant ces périodes, vous établirez vos priorités plutôt que de vous disperser. De plus, vous veillerez à être réaliste dans vos engagements. Vous n'aimez certes pas décevoir les autres, mais il sera préférable que vous soyez honnête et que vous avouiez ne pouvoir participer à une activité, ou que vous vous résolviez à demander de l'aide. Il sera inutile que vous vous imposiez de la pression ou bâcliez votre travail dans le seul but d'en venir à bout.

De plus, vous aurez tendance à vous rendre à la limite de vos capacités. Vos efforts seront appréciés et vous en récolterez les fruits au cours de l'année, mais il sera important que vous preniez bien soin de vous et que vous vous réserviez du temps pour vous détendre et vous changer les idées. Si vous négligez de le faire, vous pourriez vous surmener et vous sentir tendu, ne profitant pas au maximum de ce que l'année a à vous offrir. Heureusement, votre famille, vos amis et vos loisirs contribueront à votre bien-être, mais il y aura certainement quelques natifs de votre signe qui seront tentés d'en faire trop et s'ils n'y prennent garde, cela pourrait leur attirer des problèmes. En 2023, il est important que vous gardiez un équilibre entre votre vie personnelle et vos activités.

Si on résume, dans l'ensemble, durant l'année du Lapin d'Eau, vous vivrez une année positive et constructive. En vous fixant certains objectifs et en vous concentrant à les atteindre, vous progresserez de façon satisfaisante. L'année s'annonce splendide sur le plan personnel et votre vie familiale et sociale vous apportera beaucoup de bonheur. Vous vous souviendrez longtemps de cette année du Lapin d'Eau qui sera marquée par la prospérité. Que la nouvelle année comble tous vos vœux les plus chers !

Cochon Porc Sanglier Éléphant Ours

Le **Cochon** ou Porc, mieux connu sous le nom du Sanglier au Japon, de l'Éléphant au nord de la Thaïlande et de l'Inde, et de l'Ours chez les Amérindiens, est en analogie avec le signe du **Scorpion** en astrologie occidentale.

Vous êtes intègre, patient, indulgent, compréhensif, compatissant, ardent, plein de ressources, astucieux, consciencieux et vous avez bon cœur. Malgré tout cela, vous pouvez être tout aussi naïf à vos heures. Vous êtes également honnête, travaillant, digne de confiance et quelqu'un qui ne se refuse rien. De plus, vous pouvez être autant égoïste que facile à duper.

Bon vivant et fervent de nature, vous faites preuve de compréhension envers les autres et vous avez l'art de vous gagner leur confiance petit à petit. Tous les secrets et confidences qui vous seront faits resteront enfouis en vous et bien gardés.

Particulièrement réceptif de nature, vous êtes doué pour vous attirer la sympathie des autres. Vous aimez découvrir la vie et les gens, et il vous arrive souvent que vous en fassiez une sorte de quête philosophique personnelle, surtout que vous avez l'âme d'un justicier. En revanche, votre plus grande faiblesse est sans doute d'être trop facilement influençable, sans compter que, dans vos moments de trouble, vous pouvez devenir profondément inquiet et porté à tout dramatiser, même lorsqu'il n'y a pas lieu de le faire.

Sur le plan professionnel, vous faites partie de ces gens qui se fixent des objectifs et qui travaillent incessamment pour les atteindre dans le plus grand respect d'autrui. On vous retrouve souvent à la tête d'un projet communautaire, car vous avez à cœur le bien-être de la collectivité. Vos efforts pour améliorer la vie des gens reposent sur la valeur du partage.

Voilà qui explique pourquoi vous êtes le premier à offrir votre chemise à une personne moins nantie que vous ou qui est dans le besoin. Vous êtes choyé d'avoir une ouverture d'esprit des plus aimables envers votre prochain.

En plus d'être très confiant envers les personnes que vous croisez au quotidien, vous préférez éviter toutes confrontations et trouver un terrain d'entente, mais si c'est impossible, vous saurez affronter la tempête et saurez même surprendre votre adversaire. Cependant, n'allez pas vous en prendre à sa famille, sinon gare à vous.

Aussi secret et introverti que vous soyez, c'est généralement vous qui faites les premiers pas en vue d'établir la communication avec les personnes que vous jugez dignes d'un tel privilège. Par conséquent, ne ratez pas l'occasion de mettre à profit votre légendaire intuition pour dénicher l'élu de votre cœur. Et quand vous trouverez chaussure à votre pied, il n'y aura pas plus fidèle, loyal et dévoué que vous.

N'étant pas du genre à vous plaindre, vous aimez être entouré de gens bien nantis et susceptibles d'exciter votre curiosité afin de faire naître en vous mille désirs et envies. Toute personne née sous le signe du Tigre, du Lapin, du Rat, du Dragon, du Chien ou du Singe saura ravir votre âme, d'autant plus que vous êtes quelqu'un d'émotif, de passionné et extrêmement sensuel. Toutefois, il vaudra mieux fuir ceux qui sont nés sous le signe du Serpent et du Cheval.

VOS PRÉVISIONS ASTROLOGIQUES POUR 2023

Années de naissance: 1923, 1935, 1947, 1959, 1971, 1983, 1995, 2007, 2019

L'année du Lapin d'Eau, qui s'amorce le 22 janvier prochain, sera extrêmement favorable pour les natifs du Cochon. Après les défis qu'aura comportés l'année du Tigre d'Eau (2022), les augures tourneront franchement en faveur du Cochon qui réussira à accomplir des progrès considérables.

Presque aussitôt après le début de l'année du Lapin d'Eau, vous sentirez nettement la chance tourner à votre avantage et vous accomplirez ainsi vos activités avec un enthousiasme renouvelé, résolu à effacer les échecs passés et à réaliser votre plein potentiel. Votre énergie, votre grande détermination et votre grande confiance vous propulseront à des hauteurs inégalées.

Les natifs de votre signe, qui emboîtent 2023 insatisfaits de leur situation actuelle, devraient réfléchir au tout début de l'année à ce qu'ils aimeraient faire. Certains considéreront que le moment est venu de changer de carrière, de se partir en affaires, tandis que d'autres désireront gravir les échelons dans l'entreprise pour laquelle ils travaillent en s'appuyant sur leur expertise. Quelle que soit votre décision, vous devrez surveiller les chances d'avancement et essayer de vous créer vos propres ouvertures. Si vous agissez franchement avec un bon sens de l'initiative, vos efforts seront récompensés et amèneront des résultats probants. Vous et les natifs de votre signe savez très bien que pour obtenir ce que vous désirez, vous devez prendre l'initiative; si vous agissez de cette manière, les bons augures vous soutiendront.

Plusieurs d'entre vous qui sont à la recherche de travail verront leur persévérance récompensée au cours de l'année, et souvent de manière surprenante et imprévue. Vous resterez actif dans votre quête, explorant toutes les possibilités qui s'offrent à vous, mais vous prendrez également le temps de réfléchir à diverses manières de mettre vos talents et votre expérience à profit. Une idée audacieuse pourrait vous permettre d'avoir accès à un plus grand nombre d'emplois, ce qui faciliterait d'autant votre tâche. Certains d'entre vous pourraient également réussir à obtenir un emploi différent de tous ceux qu'ils ont occupés auparavant et qui est susceptible d'évoluer d'une façon positive au cours des prochaines années.

Sur le plan professionnel, l'année du Lapin comporte des perspectives agréables et encourageantes, mais il n'en tiendra qu'à vous de vous faire valoir et de poursuivre vos objectifs. Vous pourrez accomplir beaucoup de choses grâce aux talents, aux capacités et au caractère dont vous avez hérité, et en adoptant une attitude positive, vous récolterez du succès, non seulement en 2023, mais également au cours des prochaines années. Chose certaine, attendez-vous à de plus grandes responsabilités sur le plan professionnel.

Sur le plan financier, vous aurez le maximum de chances de faire de l'argent cette année. En plus de pouvoir vous attendre à une augmentation de vos revenus, plusieurs de votre signe recevront de l'argent d'une autre source. Ces revenus pourraient provenir de l'exercice d'une compétence que vous venez d'acquérir, de l'un de vos passe-temps que vous déciderez d'exercer à titre professionnel ou de la concrétisation d'un projet d'entreprise. Puisque les natifs de votre signe ont un excellent sens des affaires, une idée audacieuse pourrait vous apporter des bénéfices financiers. Malgré cette amélioration de votre situation financière, vous devrez éviter de prendre des risques et d'être suffisant. En 2023, vous aurez la chance de faire de l'argent et d'augmenter votre capital, mais vous ne devez pas pousser votre chance trop loin non plus.

Dans plusieurs cas, l'amélioration de votre situation financière vous amènera à apporter des modifications à votre habitation (logement/maison). Certains décideront que le moment est venu de déménager et malgré les embarras qu'ils subiront à cause de cette décision, ils seront satisfaits de leur nouveau lieu de résidence et des possibilités naîtront du seul fait de vivre dans un nouvel environnement. D'autres décideront de dépenser temps et argent sur leur maison actuelle, effectuant des travaux de rénovation et de décoration. Ces derniers prendront plus de temps que prévu, mais les résultats seront plus que satisfaisants.

Les natifs de votre signe aiment beaucoup les activités de plein air et pour ceux d'entre vous qui aiment jardiner, l'année leur réserve beaucoup de plaisir. Plusieurs effectueront des travaux autour de la maison, apportant de légers changements à l'aménagement ou le transformant radicalement.

Quant à votre vie personnelle, elle vous apportera énormément de satisfaction et des événements importants se produiront. Vous aurez plusieurs occasions à souligner, telles qu'une naissance, le mariage d'un proche parent, etc.

De plus, vous serez réconforté par l'appui et les encouragements que vous recevrez de vos proches et devrez toujours tenir compte des paroles et des conseils des êtres chers. Ils parlent dans votre intérêt et désirent plus que tout vous voir donner le meilleur de vous-même et exploiter vos capacités au maximum. Ainsi, si vous subissez des pressions importantes, surtout relativement à des projets d'ordre domestique et aux tâches qui s'accumulent, il sera préférable que vous demandiez de l'aide plutôt que de tout faire seul. Durant les périodes occupées, vous trouverez utile d'établir vos priorités plutôt que de vous disperser dans tous les sens.

Grâce à votre entregent et à votre nature extravertie, vous accorderez énormément d'importance à votre vie sociale et à cet égard, vous serez au maximum de votre forme. Vous prendrez des repas au restaurant, voyagerez, assisterez à des fêtes, à des réceptions et autres événements à saveur sociale, et vous pourrez vous attendre à vivre des moments inoubliables en compagnie de vos amis. Pour ceux d'entre vous qui n'ont pas d'attaches, l'amour sera grandement favorisé et plusieurs natifs de votre signe se fianceront ou se marieront au cours de l'année. Les augures vont en ce sens !

Tous les natifs de votre signe qui se sont sentis tristes récemment ou qui aimeraient se refaire une vie sociale devraient considérer l'année du Lapin comme le début d'une nouvelle phase dans leur vie. En sortant davantage et en participant à des activités de groupe, ils se feront rapidement de nouveaux et d'excellents amis. Et en fournissant les efforts appropriés, même si dans certains cas cela pourrait s'avérer plutôt difficile, et c'est compréhensible, ils verront le bonheur revenir dans leur vie.

Si on résume, dans l'ensemble, l'année du Lapin d'Eau sera, à maints égards, très favorable pour les natifs du Cochon. Comme à chaque année, cependant, elle n'ira pas sans son cortège de difficultés et il n'est pas improbable que certains natifs de ce signe éprouvent des problèmes de nature légale. Dans ce cas, ils devront procéder avec prudence et s'assurer de recevoir l'aide appropriée, sinon ils pourraient éprouver des difficultés plus grandes encore. Même si cette recommandation ne s'applique qu'à un petit nombre de natifs de votre signe, ils feraient bien d'en tenir compte.

Un autre point à surveiller concerne votre habitude à prendre trop d'engagements à la fois et à accepter plus de responsabilités que vous ne pouvez en assumer. Vous vous laissez parfois emporter par votre enthousiasme et votre grand cœur, et il faut absolument que vous vous montriez réaliste à cet égard si vous voulez éviter de vivre sous pression et même de décevoir les autres. En gardant ces conseils à l'esprit, vous connaîtrez beaucoup de succès en 2023. Vous réaliserez de grandes choses si vous donnez le meilleur de vous-même, poursuivez vos objectifs et mettez vos idées de l'avant. La chance sera définitivement de votre côté pour la plus grande partie de l'année. Que la nouvelle année comble tous vos vœux les plus chers !

Les mystères de la Lune

Depuis la nuit des temps, les humains prêtent au Soleil et à la Lune un pouvoir magique et mystique. La Lune et le Soleil exercent une influence déterminante sur notre planète, sur les marées, sur les récoltes et sur les êtres humains. Découvrez les influences occultes de notre unique satellite dans les pages qui suivent.

LES PHASES DE LA LUNE EN 2023

06 janvier – 06:09 PM	Pleine Lune ○	16° 22′ Cancer
14 janvier – 09:11 PM	Dernier Quartier ☾	24° 38′ Balance
21 janvier – 03:54 PM	Nouvelle Lune ●	1° 33′ Verseau
28 janvier – 10:20 AM	Premier Quartier ☽	08° 26′ Taureau
05 février – 01:13 PM	Pleine Lune ○	16° 41′ Lion
13 février – 11:02 AM	Dernier Quartier ☾	24° 40′ Scorpion
20 février – 02:07 AM	Nouvelle Lune ●	01° 22′ Poissons
27 février – 03:07AM	Premier Quartier ☽	08° 27 Gémeaux
07 mars – 07:42 AM	Pleine Lune ○	16° 40′ Vierge
14 mars – 10:09 PM	Dernier Quartier ☾	24° 13′ Sagittaire
21 mars – 01:24 PM	Nouvelle Lune ●	00° 50′ Bélier
28 mars – 10:34 PM	Premier Quartier ☽	08° 09′ Cancer
06 avril – 00:36 AM	Pleine Lune ○	16° 07′ Balance
13 avril – 05:13 AM	Dernier Quartier ☾	23° 11′ Capricorne
20 avril – 00:14 AM	Nouvelle Lune ●	29° 50′ Bélier
27 avril – 05:21 PM	Premier Quartier ☽	07° 21′ Lion
05 mai – 01:35 PM	Pleine Lune ○	14° 58′ Scorpion
12 mai – 10:29 AM	Dernier Quartier ☾	21° 37′ Verseau

19 mai – 11:54 AM	Nouvelle Lune ●	28° 25' Taureau
27 mai – 11:23 AM	Premier Quartier ☽	06° 06' Vierge
03 juin – 11:43 PM	Pleine Lune ○	13° 18' Sagittaire
10 juin – 03:33 PM	Dernier Quartier ☾	19° 40' Poissons
18 juin – 00:38 AM	Nouvelle Lune ●	26° 43' Gémeaux
26 juin – 03:51 AM	Premier Quartier ☽	04° 29' Balance
03 juillet – 07:40 AM	Pleine Lune ○	11° 19' Capricorne
09 juillet – 09:49 PM	Dernier Quartier ☾	17° 36' Bélier
17 juillet – 02:33 PM	Nouvelle Lune ●	24° 56' Cancer
25 juillet – 06:08 PM	Premier Quartier ☽	02° 43' Scorpion
1er août – 09:37 PM	Pleine Lune ○	09° 16' Verseau
08 août – 06:30 PM	Dernier Quartier ☾	15° 39' Taureau
16 août – 05:39 AM	Nouvelle Lune ●	23° 17' Lion
24 août – 05:58 AM	Premier Quartier ☽	01° 00' Sagittaire
30 août – 09:37 PM	Pleine Lune ○	07° 25' Poissons
06 septembre – 06:22 PM	Dernier Quartier ☾	14° 04' Gémeaux
14 septembre – 09:41 PM	Nouvelle Lune ●	21° 59' Vierge
22 septembre – 03:33 PM	Premier Quartier ☽	29° 32' Sagittaire
29 septembre – 05:59 AM	Pleine Lune ○	06° 00' Bélier
06 octobre – 09:49 PM	Dernier Quartier ☾	13° 03' Cancer
14 octobre – 01:56 PM	Nouvelle Lune ●	21° 08' Balance
21 octobre – 11:31 PM	Premier Quartier ☽	28° 28' Capricorne
28 octobre – 04:25 PM	Pleine Lune ○	05° 09' Taureau
05 novembre – 03:38 AM	Dernier Quartier ☾	12° 40' Lion
13 novembre – 04:29 AM	Nouvelle Lune ●	20° 44' Scorpion
20 novembre – 05:51 AM	Premier Quartier ☽	27° 51' Verseau
27 novembre – 04:17 AM	Pleine Lune ○	04° 51' Gémeaux
05 décembre – 00:50 AM	Dernier Quartier ☾	12° 49' Vierge
12 décembre – 06:33 PM	Nouvelle Lune ●	20° 40' Sagittaire
19 décembre – 01:40 PM	Premier Quartier ☽	27° 25' Poissons
26 décembre – 07:34 PM	Pleine Lune ○	04° 58' Cancer

* Soyez informé que c'est l'heure normale de l'Est (EST) qui a été utilisée dans ce livre.

LE CYCLE LUNAIRE

La Lune, comme chacun le sait maintenant, joue un très grand rôle dans notre vie et son impact dans notre vie quotidienne n'est plus à démontrer. Elle représente notre sensibilité, notre humeur, notre réceptivité et notre émotivité, nos états d'âme, etc. C'est par sa position dans votre thème personnel qu'elle influe plus ou moins fortement sur vous. La Lune, qui parcourt le zodiaque en un peu moins de 28 jours, va en d'autres mots « transiter », c'est-à-dire réactiver toutes les autres planètes et points importants de votre thème. C'est donc elle qui, au quotidien, va agir en tant que baromètre de cette sensibilité, toujours en fonction de sa position natale, bien sûr.

Chaque mois, la Lune entreprend un nouveau cycle qui dure environ 28 jours. Les rythmes de la Lune peuvent guider votre dynamique d'entreprise comme ils peuvent guider aussi l'ensemble de votre vie pour la faciliter, et cela dans les domaines de l'argent, du marketing ou de l'organisation. Il est alors bien utile de connaître les moments clés qui peuvent favoriser votre succès dans chaque domaine de vos activités, ne serait-ce que pour en tirer le meilleur parti. Ce cycle est divisé en quatre phases à raison d'une semaine chacune. Voici ce qu'on observe en fonction de ses différentes phases.

Premier Quartier de la Lune : Début de la phase de la Nouvelle Lune

Cycle pour prendre des initiatives, pour semer (pour s'aimer). Période où l'énergie renouvelée commence à monter. Profitez de ce moment pour faire des approches, pour poser les bases d'une action future.

Cette phase s'amorce dès le moment où le Soleil et la Lune sont conjoints dans le ciel. Au début de cette phase, la Lune est invisible alors qu'elle est cachée par la luminosité du Soleil. On dit qu'elle traverse sa « phase noire » lorsqu'elle est nouvelle. Elle est représentée par un cercle noir ● dans les calendriers. La Nouvelle Lune peut être perçue seulement 5½ à 12 heures après sa nouvelle naissance. Vers la fin du premier quartier, la Lune s'éloigne de plus en plus du Soleil et de là elle s'apprête à amorcer sa seconde phase, le deuxième quartier de la Lune, alors qu'un croissant argenté apparaît.

En astrologie, la phase de la Nouvelle Lune correspond à un nouveau départ, soit un temps idéal pour s'affirmer. Elle représente l'énergie du démarrage, de la mise en place de nouvelles choses… dans l'idée. Ce n'est pas un temps d'activité intense, mais plutôt une période pour vous poser ou pour revoir vos objectifs, et commencer à penser à ce que vous aimeriez mettre en œuvre. C'est un moment idéal pour vous reconnecter avec votre vision primaire de ce que vous aimeriez voir se réaliser éventuellement et élucider comment vous allez vous aligner avec cette visée.

N'espérez pas, à cette période, être super productif autrement que mentalement alors que l'énergie extérieure chute, ne serait-ce que pour vous permettre de rêver, de concevoir ainsi que faire de nouveaux progrès. C'est donc la période idéale pour vous relaxer et pour vous concentrer sur un aspect précis de votre vision globale dans le but de voir comment vous pourriez le développer. Une période également propice pour définir vos objectifs financiers du mois et voir comment vous allez les déployer et les atteindre.

Dès que la Nouvelle Lune laissera apparaître au fil des jours un mince croissant – ce qui peut se comparer à une naissance, suivie d'une lente croissance -, l'obscurité fera place à la lumière et voilà que votre optimisme battra son plein, sans compter que vos actions seront spontanées et instinctives. Symboliquement, ce sera le moment de rassembler vos énergies et de vous lancer dans de nouvelles activités. Tout ce que vous mettrez de l'avant sera placé sous de bons auspices. Vous ne pourrez choisir un meilleur moment pour instaurer de nouvelles choses dans votre vie, pour aller de l'avant avec vos projets, pour mettre en action une nouvelle entreprise, pour entamer de nouveaux projets et pour relever les défis qui se présentent.

Puisque cette période se prête bien pour semer, sachez que vous ne pourrez choisir meilleur moment aussi pour concevoir un enfant. D'ailleurs, autrefois, on choisissait la Nouvelle Lune pour les semailles. Ce quartier de Lune se prêtera bien également pour labourer, pour tailler ses plantes et arbustes et pour enlever toutes mauvaises herbes. Si vous souhaitez que vos cheveux ou vos ongles repoussent avec davantage de vigueur, ce sera le moment pour les couper.

Soyez informé que cette phase ne convient pas aussi bien aux questions d'ordre amoureux. Cependant, si vous êtes rempli de passion pour une personne avec laquelle vous souhaiteriez cultiver une relation durable, veuillez prévoir votre premier rendez-vous autour de la Nouvelle Lune, alors que c'est une période riche en rêves d'amour et de gloire qui valent la peine d'être suivis.

Mentionnons aussi que c'est à ce moment précis que vous voudrez soumettre votre demande d'augmentation de salaire, entreprendre des démarches pour vous dénicher un nouvel emploi ou même un nouveau prétendant, et ce, malgré que les débuts risquent de s'avérer un peu difficiles. Il en ira de même pour ce qui est de planifier des négociations pour qu'elles prennent place alors qu'elles auront toutes les chances d'aboutir rapidement. Vous êtes encouragé d'en faire autant pour ce qui est d'amorcer un nouveau programme alimentaire sain et/ou une cure de désintoxication.

Deuxième Quartier de la Lune: Début de la période de la Lune Croissante

Cycle pour prendre des décisions, pour nourrir les plans semés par le passé, pour évaluer vos avancées. C'est à cette période que l'énergie lunaire soutient le mieux les projets et leur aboutissement. Si vous avez une décision importante à prendre ou si vous souhaitez une action efficace, il faut toujours agir à ce moment-là qui est, de très loin, le plus favorable du cycle et entreprendre le maximum de choses.

Cette phase prend forme sept jours après le début de la Nouvelle Lune. Elle est identifiée par ce symbole ☽ dans tous nos calendriers. Elle est à son sommet dans le ciel. Elle peut être visible à l'œil nu, surtout dans l'hémisphère Ouest, aux premières heures du début de la soirée alors qu'elle croît en largeur, allant d'une Lune Croissante à une Pleine Lune. Voilà une période où l'on ressent le besoin de se rassurer: on ménage ses arrières, mais on surveille également ses devants.

Ce quartier correspond au développement et à la croissance de la vie. Du coup, on poursuit ce qui a été créé à la Nouvelle Lune. La majorité des initiatives prises au cours de ce quartier peuvent devenir très profitables, surtout que les projets sont à la veille de se réaliser. Vous devrez travailler un peu plus fort pour atteindre les buts que vous vous êtes fixés. N'allez donc pas baisser les bras, d'autant plus que vous êtes plus susceptible de recevoir une réponse favorable au sujet de cette fameuse augmentation de salaire soumise par le passé.

Professionnellement, voilà qui sera le moment à saisir pour créer de nouvelles opportunités de développement: conférences, conventions, réseautages, nouvelles collaborations, webinaires; bref, un passage à l'action pour initier les idées de la Nouvelle Lune.

C'est également à ce moment précis aussi que les collaborateurs feront preuve d'initiative et auront plus de confiance en leur potentiel. Toutes ces nouvelles idées que vous avez eues et que vous avez conçues ont besoin à présent de beaucoup de soin, d'attention et de peaufinage, étant donné qu'elles sont au tout début de leur croissance.

Dans un tout autre ordre d'idées, voilà qui sera aussi le moment pour lâcher prise sur vos vieilles peurs et sur vos angoisses, ainsi que sur toutes croyances qui vous poussent à vous autosaboter et à ne penser qu'à vous mettre en action pour concrétiser toutes vos nouvelles idées, sans nécessairement réfléchir si, oui ou non, vous devriez oser. Ne vous occupez pas de ce que les autres risquent d'en penser, faites juste semer, car c'est en semant que vous aurez plus de chances de voir vos projets se concrétiser, se matérialiser, et ce, même si l'argent ne se récoltera pas forcément à ce moment-là. En toute réalité, vous préparez la récolte future.

Sur une note finale, voilà un temps où vous pourrez davantage vous faire une idée plus précise de l'évolution d'une relation amoureuse. Toutes relations amoureuses amorcées au cours de ce quartier se poursuivent souvent toute la vie. C'est aussi le moment opportun pour mettre cartes sur table si un conflit s'engage. Assurez-vous de tirer profit de ce quartier de Lune pour vous réorganiser, pour vous débarrasser d'une vieille habitude nuisible à votre santé et pour peaufiner toutes vos stratégies.

Troisième Quartier de la Lune: Début de la phase de la Pleine Lune

Cycle pour évaluer ce qui a été semé; on récolte le fruit de son travail. La Pleine Lune favorise surtout les énergies amoureuses et l'impulsion sexuelle. Durant cette phase, les réalisations concrètes sont fluctuantes.

Cette phase lunaire prend forme au moment de la Pleine Lune, alors que le Soleil et la Lune s'opposent l'un à l'autre. Elle est représentée par un cercle blanc ○ dans nos calendriers. C'est la période où la Lune apparaît dans l'hémisphère Est au coucher du Soleil, et plus son cycle progresse, plus on la voit chaque soir.

La semaine qui suit le jour de la Pleine Lune représente un temps de puissance. C'est un temps favorable pour prendre conscience de vos pensées négatives. Le moment parfait pour surmonter les obstacles et pour vous départir d'une mauvaise habitude. Vous ne pourrez choisir meilleure phase pour vous désencombrer, vous purger de choses qui ne servent plus dans votre vie, telles qu'une dépendance à la nourriture, à la drogue ou au sexe, mettre un terme à toute relation qui vous fait souffrir et/ou qui vous est nuisible, vous déchargeant ainsi de toute douleur physique et émotionnelle. Attention toutefois aux excès possibles d'émotivité, surtout chez les âmes sensibles. C'est à ce moment précis que les scènes romantiques et les prises de bec se font plus nombreuses ; la tension intérieure et les pressions extérieures peuvent entraîner des conflits personnels et des crises qui draineront votre énergie.

Ce quartier de Lune correspond à la culmination de vos plans et à leur maturation. C'est le moment idéal pour créer des « temps forts », pour générer des revenus et l'impact que vous désirez mettre en scène. J'espère que vous saisissez bien alors que ce n'est pas le moment pour vous mettre en mode pause. Attention pour autant de ne pas vous épuiser, de ne pas en faire trop, ni de brûler la chandelle par les deux bouts alors que vous n'aurez rien à gagner non plus d'agir ainsi.

Bien que cette phase s'avère propice aux prises de conscience, le temps est mal choisi pour vous disputer avec les gens près de vous, surtout que les émotions s'intensifient toujours plus lors de la Pleine Lune. N'empêche, elles peuvent vous aider à exorciser une désolation, une colère, un chagrin ou un ressentiment que vous aviez intériorisé. Prêtez attention à ce que vous révèlent vos émotions – ce que vous devez résoudre vous apparaîtra plus clairement. Cependant, n'allez pas agir sur un coup de tête ni sous l'impulsion du moment au risque de vous causer des ennuis inutilement. Ce n'est donc pas le moment de vous disputer avec qui que ce soit. Évitez de vous en prendre à vos proches ou à votre patron.

Au cours de cette période, nombreux sont ceux qui démissionnent de leur poste ou qui décident d'une rupture, alors qu'en réalité, cette phase lunaire ne faisait qu'indiquer des difficultés à résoudre progressivement, mais certainement pas d'une manière radicale. Armez-vous de courage afin de mieux faire face à vos démons et à toutes les peurs mises en lumière par la Pleine Lune. Profitez-en aussi pour amorcer un régime amaigrissant la journée même de la Pleine Lune, alors que vous serez ravi des résultats escomptés ; vous dégonflerez au rythme de cette lune décroissante. Vous ne pourrez choisir aussi un meilleur moment pour rendre visite à votre coiffeur afin de faire couper vos cheveux, étant donné qu'ils repousseront moins rapidement.

Quatrième Quartier de la Lune : Début de la phase de la Lune Décroissante

Cycle pour se réorganiser, pour arracher les mauvaises herbes. Période ardue durant laquelle rien ne va plus, sinon avec des entraves et au prix de grandes difficultés. Les turbulences sont nombreuses dans cette fin de cycle qui freine l'énergie. Les êtres sont souvent perturbés, fatigués, déprimés, coléreux ou anxieux durant cette phase-là, période qu'il vaudrait mieux « mettre entre parenthèses » si l'on en a la possibilité.

Cette phase se manifeste lorsque la Lune a bougé de 90 degrés de la Pleine Lune. Période où elle décroît en luminosité. Elle est identifiée par ce symbole ☾ dans nos calendriers. Elle se lève à minuit et ne peut être vue que dans l'hémisphère Est durant les heures tardives de la soirée. Elle ne culmine pas au point le plus élevé dans l'espace avant les petites heures du matin. Cette phase lunaire correspond à la « désintégration » de la Lune puisque, symboliquement, elle prend un pas de recul pour mieux réfléchir sur le cycle qu'elle vient d'accomplir.

Lors de la semaine du dernier quartier de la Lune, vous ne pourrez choisir meilleur cycle pour faire une introspection en vue de reconsidérer tous vos plans stratégiques. C'est aussi un temps idéal pour vous réorganiser, pour faire table rase de ce qui est devenu inutile, pour payer vos factures, pour relancer vos clients qui vous doivent de l'argent afin que tout soit en ordre pour mieux être prêt pour la Nouvelle Lune qui approche à grands pas et pour planifier, bien entendu, vos prochaines démarches.

À ce stade, prenez le temps nécessaire de voir comment vous avez progressé dans ce cycle, avec recul et bienveillance envers vous-même, et avec honnêteté. C'est ainsi que vous pourrez continuer à progresser sur le chemin de votre *business*, spirituellement et financièrement riche. N'allez pas vous donner une excuse pour procrastiner en vous disant que vous avez loupé une phase ou que vous attendrez la prochaine Nouvelle Lune pour vous y mettre. En fait, les actions et les gestes du passé vous rattrapent. En somme, c'est la semaine où l'on découvre que la persévérance est récompensée.

Si des heurts ont eu lieu au cours des dernières semaines, saisissez ce moment pour faire amende honorable et pour méditer sur vos erreurs passées pour mieux en tirer de bonnes leçons. Ce quartier peut également favoriser une action qui était restée à ce jour dans l'ombre et manifester à nouveau un nouvel intérêt, mais de manière provisoire tout de même.

Ce quartier de Lune tend aussi à masquer les sentiments amoureux. La probabilité d'une rupture est plus que possible au cours de cette phase. Toutes les rencontres faites ont également peu de chances de perdurer. En revanche, cette période s'avère propice à une réconciliation ou, à tout le moins, pour faire le point dans une relation, mais les couples qui survivent à cette introspection forment dès lors une union résistante.

Ne manquez pas non plus de tirer avantage de cette phase lunaire pour faire du rangement à l'intérieur de vos tiroirs, de votre garde-robe, de votre maison ou de votre esprit.

Soyez également avisé que cette période se prête bien aussi pour faire des mises en conserve, telles des confitures, alors que le sucre ne sera pas porté à remonter à la surface, ce qui préviendra tout risque d'acidité et de fermentation.

Si on récapitule...

Jour de la Nouvelle Lune

Veuillez voir la journée de la Nouvelle Lune comme étant une journée dynamique. C'est le moment du mois où la Lune recommence à croître, redoublant de lumière et elle reflète une nouvelle énergie créatrice sur toutes les choses du monde. C'est à coup sûr le moment de passer à la vitesse supérieure et de planifier vos aspirations pour l'avenir, tant personnelles que professionnelles. Notez cinq à dix objectifs clés que vous aimeriez voir se réaliser, visualisez-les dans votre subconscient, puis travaillez à leur réalisation – à court terme, au cours des quatre prochaines semaines ou, à plus long terme, au cours des prochains mois.

1. Générer des idées et mettez de l'avant tous nouveaux projets qui vous tiennent à cœur à partir du lendemain de la Nouvelle Lune jusqu'à la veille de la prochaine Pleine Lune.
2. Les deux semaines qui suivent la Nouvelle Lune sont des périodes d'expansion et d'activités de haut niveau. Mettez-les à profit pour vous promouvoir, promouvoir votre travail et/ou votre entreprise.
3. Faites des plans, fixez-vous des objectifs et mettez le tout en action dès le jour de la Nouvelle Lune.

4. Évaluez et réévaluez votre programme, ce qui est à l'agenda, vos plans et projets d'affaires après la Pleine Lune.
5. Il sera peu judicieux de chercher du travail, de poser votre candidature à un nouveau poste ainsi que mettre un nouveau produit sur le marché dans les deux semaines qui séparent la Pleine Lune de la Nouvelle Lune suivante.

De la Nouvelle Lune au Premier Quartier de la Lune

Idéal pour initier de nouvelles offres, de nouveaux accords ; rédiger un contrat ; signer un document, des papiers officiels ou tous accords ; nouer de nouveaux contacts ; vous rattraper sur votre correspondance ; soumettre votre demande d'augmentation de salaire ; solliciter une promotion ainsi que chercher un nouvel emploi ; soumettre une proposition ; introduire de nouvelles idées ; proposer quelque chose ; annoncer les offres publiques d'achat, conclure des partenariats ; mettre les projets en action ; organiser une réunion importante du conseil d'administration ; vous porter candidat ; élire de nouveaux membres ; pour penser à un projet ; pour entreprendre un projet de construction ; interviewer des candidats potentiels, pour établir une présélection, embaucher du personnel ; publier ou diffuser des chiffres favorables de performance ; pour intenter une action en dommages et intérêts ; emménager dans une nouvelle maison ; démarrer un nouvel emploi ; amorcer une nouvelle relation ; faire une étude de faisabilité ; entamer une enquête ; couper, colorer et faire faire un masque nourrissant à vos cheveux. Si vous souhaitez épaissir vos cheveux, alors coupez-les lorsque la Lune sera de passage en Lion ou en Vierge. Propice aussi pour commencer à éliminer une mauvaise habitude de vie. Excellent aussi pour un jeûne – la détoxication sera à son maximum.

Du Premier Quartier de la Lune à la Pleine Lune

Idéal pour lancer une campagne publicitaire ; mener de front toutes les activités de grande envergure telles que la promotion de l'image de l'entreprise ; pour développer un projet ; solliciter des conseils juridiques ou financiers ; prêter de l'argent ; informer la main-d'œuvre (le personnel) des augmentations de salaire ou des systèmes de primes (bonus). Idéal aussi pour apprendre des choses nouvelles ; pour prendre des compléments alimentaires. Et si vous avez tendance à grossir, c'est une période où il faut vous surveiller.

Le jour de la Pleine Lune

Idéal pour changer de vitesse de croisière et évaluer les progrès accomplis depuis le jour de la Nouvelle Lune ; vous concentrer sur la réalisation des projets existants au cours des deux prochaines semaines ; si nécessaire, prévoir d'éliminer toutes les procédures longues et/ou non productives. Période favorisant l'insomnie – le trop-plein d'agitation et d'excitation provoqué par la Pleine Lune peut être canalisé dans vos activités physiques. Période également favorable à la méditation.

De la Pleine Lune au Troisième Quartier de la Lune

Idéal pour entreprendre tous les travaux d'investigation (d'enquête), d'infiltration ou des projets de nature secrète ; vous concentrer sur toutes les recherches utiles ou exhaustives ; explorer de nouveaux marchés ; entreprendre des études de profil de clients ou de clientèle potentielle ; préparer des budgets et des devis ; dresser un inventaire ; faire le point ; effectuer des travaux d'entretien ; rédiger des rapports sur ce qui a été accompli à ce jour ; revoir les politiques de l'entreprise ; élaborer de nouveaux ordres du jour ; suivre des cours d'études.

Du Troisième Quartier de la Lune à la Nouvelle Lune suivante

Idéal pour vous retirer ou démissionner ; réduire vos effectifs ; rétrograder ou licencier du personnel ; informer la main-d'œuvre des réductions de salaire ; restructurer ; déléguer ; dissoudre des partenariats ; contracter un prêt ; défendre un litige en cours ; publier et/ou diffuser des chiffres médiocres de performance ; déclencher une grève ; nettoyer, peindre ou remettre en bon état les lieux (locaux) de travail ; faire table rase ; régler les derniers détails ; vous préparer à mettre en œuvre toutes les nouvelles stratégies d'attaque et tous les nouveaux projets pour la prochaine phase de la Lune.

Méthode d'interprétation du calendrier des Lunes

L'influence de la Lune au quotidien est très variable selon sa position et la nature des astres dans les maisons et dans les signes avec lesquels elle est en configuration. En astrologie, chaque signe présente des caractéristiques qui lui sont particulières dont les associations avec l'ensemble des éléments avec la carte du ciel conduisent à des interprétations multiples, mais également parfois contradictoires, d'où l'importance de pouvoir faire une synthèse des éléments en fonction de ce que vous vivez.

Pour mieux comprendre la signification des aspects lunaires en cours, il faut respecter un certain nombre de règles. Dans un premier temps, chaque signe du zodiaque symbolise une unité de base ; dans un deuxième temps, chaque maison représente un secteur précis de votre thème ; et dans un troisième temps, chaque planète possède une fonction qui lui est propre. L'interprétation va alors consister à établir les liens les plus plausibles qui les unissent selon le principe de l'analogie et selon une logique très cartésienne.

Autrefois, les travaux ménagers et agricoles, les soins apportés aux personnes et aux animaux étaient planifiés en fonction des cycles lunaires et des signes du zodiaque. Les anciens astrologues, grâce à leur don d'observation, avaient des connaissances érudites et bien précises sur le « moment propice » pour agir dans leurs entreprises, cultures, élevages, travaux d'entretien et ménagers.

Les qualités du « moment propice » dépendent pour une grande part du cycle lunaire : Nouvelle Lune, Pleine Lune, Lune ascendante ou descendante, en apogée ou en périgée. Les Nœuds Lunaires et la position de la Lune dans le zodiaque sont autant d'éléments importants qui influencent le résultat.

Si vous avez été attentif dès le début de la lecture de mon livre, vous avez compris qu'il y a douze signes du zodiaque et chaque signe est en analogie avec une des douze maisons astrologiques. Ces douze signes sont répartis dans quatre éléments, trois font partie de l'élément Feu, trois autres de l'élément Terre, trois de l'élément Air et trois de l'élément Eau (page 78 pour plus d'information). Vous pourrez y lire aussi sur les polarités et les qualités des signes. Il y a également deux luminaires : le Soleil, la Lune, suivis de huit planètes : Mercure, Vénus, Mars, Jupiter, Saturne, Uranus, Neptune et Pluton. Pour connaître le rôle qu'elles exercent, référez-vous au chapitre intitulé « Les planètes et le rôle qu'elles jouent » (page 63). Profitez-en pour lire sur les maisons astrologiques (page 72). Si vous êtes un amateur d'astrologie, vous connaissez probablement votre ascendant natal, sinon vous êtes encouragé à faire les calculs suggérés (page 40), et à lire le chapitre réservé à votre ascendant natal (page 56). Si vous êtes plus chevronné en astrologie, il est sûr que vous connaissez la position de vos planètes dans votre thème natal. Si ce n'est pas le cas, de multiples sites sont disponibles sur Internet qui dressent votre thème natal et qui vous donnent la position précise de vos planètes natales en signes et en maisons.

Afin de mieux faire des choix éclairés au quotidien, prenons comme exemple que vous êtes un natif du Bélier ayant un ascendant natal dans le signe de la Vierge. Le Bélier étant en analogie avec la première maison astrologique solaire, votre deuxième maison astrologique solaire est donc en Taureau, la troisième en Gémeaux et ainsi de suite. Pour ce qui est de votre ascendant natal Vierge, il occupe comme tel votre sixième maison astrologique à partir de la position de votre Soleil natal. En revanche, si on part du fait que votre première maison ascendant natal est en Vierge, on peut donc confirmer également que votre deuxième maison astrologique ascendant natal se retrouve bel et bien en Balance, la troisième en Scorpion, la quatrième en Sagittaire et ainsi de suite. Par conséquent, on peut dire aussi que votre Soleil natal en Bélier se trouve dès lors dans votre huitième maison astrologique ascendant natal.

Prenons comme exemple le vendredi 6 janvier 2023 : la Lune annuelle, ou du jour sollicité, transite le signe du Cancer, soit votre quatrième maison solaire à partir de la position de votre Soleil natal en Bélier et la onzième maison astrologique à partir de la position de votre ascendant natal qui est en Vierge. On sait que la quatrième maison est en lien avec la famille, le foyer, votre lieu de résidence et elle est aussi le secteur par excellence qui nous informe des changements possibles. Pour ce qui est de la onzième maison, elle nous informe sur votre vie sociale, sur l'amour reçu de la part de votre famille, sur toutes les relations privilégiées que vous avez avec vos amis, vos petits-enfants et tous les gens et connaissances qui vous sont chers. C'est aussi à ce secteur que l'on voit vos projets, vos souhaits, vos désirs et vos rêves. On peut donc supposer que ce sera un moment privilégié (un rêve ou un souhait réalisé) pour ainsi recevoir la famille, les amis et les connaissances à venir savourer un repas chez vous, tout en créant de beaux moments mémorables ensemble, d'autant plus si la Lune du jour sollicité est en harmonie avec les autres corps célestes en transit au moment présent ainsi qu'avec les autres planètes de votre thème natal.

L'influence de la Lune est très forte chez les humains. On peut d'ailleurs le constater au moment de la Nouvelle Lune. En effet, c'est le moment propice pour démarrer un nouveau projet, prendre un nouveau départ, trouver un nouvel emploi, relever de nouveaux défis, surtout que cette phase lunaire favorise tant la croissance que la concrétisation d'activités et d'idées.

Si une Nouvelle Lune a lieu dans le secteur qui régit vos ressources, soit en Taureau ou encore au deuxième secteur de votre thème de naissance selon la position de votre Soleil natal et/ou d'après la position de votre ascendant natal, on peut donc assumer que votre attention se portera davantage sur vos finances.

En revanche, si la Nouvelle Lune se manifeste au secteur de votre thème personnel qui régit les associations, soit votre VIIe maison astrologique solaire de par la position de votre Soleil natal en Bélier et également votre IIe maison astrologique ascendant natale, soit de la position de votre ascendant natal, secteur qui régit vos sous, si cette Nouvelle Lune est bien aspectée par elle-même et qu'elle prend place dans un secteur de votre thème natal qui est aussi bien aspecté, on peut en conclure qu'une rentrée d'argent est plus que possible par l'intermédiaire d'une personne, d'un client potentiel ou encore de toute autre personne avec qui vous interagissez. Par contre, si ce n'est pas le cas et que la Nouvelle Lune est affligée et/ou a lieu dans un secteur de votre thème qui est mal aspecté, vous pourriez vous retrouver à devoir régler une facture, sinon de subir une perte d'argent ou autres.

Puisque la période de la Nouvelle Lune joue un rôle clé, cela servira bien vos intérêts d'amorcer une activité qui est favorisée par le signe qu'elle occupe. Pour mieux tirer avantage de ce que la Lune a à vous offrir, assurez-vous de tenir compte de ce que vous vivez au quotidien, surtout que vous êtes la seule personne qui puisse choisir la bonne interprétation parmi celles offertes dans mon livre, car vous êtes la seule à savoir ce que vous recherchez, ce que vous désirez, et ce vers quoi vous désirez vous diriger. Cependant, à travers tout ce méli-mélo, il se pourrait que vous y trouviez des contradictions. À ce moment-là, il importera de faire la part des choses ainsi que d'interpréter correctement mes commentaires suggérés.

LE SIGNE OÙ SE TROUVE LA LUNE AU QUOTIDIEN

La Lune reste deux ou trois jours tout au plus dans le même signe. Pour connaître sa position au quotidien, référez-vous au chapitre ***« Les positions de la Lune en 2023 »***, *soit* dans les pages qui suivent. L'ordre des signes parcourus par la Lune est toujours le même. Elle suit l'ordre du zodiaque : Bélier, Taureau, Gémeaux, Cancer, Lion, Vierge, Balance, Scorpion, Sagittaire, Capricorne, Verseau, Poissons.

En astrologie, la Lune influence entre autres la popularité et la renommée du signe dans lequel elle se situe. Regardez les jours où elle se trouve dans votre signe alors que ce sont vos meilleures journées du mois.

LA LUNE À TRAVERS LES SIGNES

Le signe dans lequel la Lune évolue indique comment nous allons faire les choses. Puisque la Lune régit le ton émotionnel de la journée, il est bon de savoir quelle sera l'humeur du moment. Voici une description de la Lune à travers les douze signes.

› La Lune en Bélier

La Lune dans ce signe cardinal de Feu est audacieuse, impulsive et énergique. Quand la Lune parcourt le signe du Bélier, elle est neutre et favorise l'action, la combativité, l'initiative, l'enthousiasme, l'audace et renforce notre optimisme. C'est une période où on se sent plus irritable, irascible, colérique et argumentatif. C'est aussi un temps où même les personnes les plus humbles n'éprouvent aucune crainte à prendre leur place, à prendre position en vue de protéger leurs sentiments intérieurs. Puisque le Bélier est le premier signe du zodiaque, il est tout à fait naturel que ce soit le point de départ de tous projets ainsi qu'un temps idéal et propice pour se promouvoir, pour s'afficher le premier, pour amorcer des changements et de nouveaux départs. C'est donc une bonne journée pour agir, foncer, entreprendre un projet et négocier. Cependant, assurez-vous d'avoir en place un plan « B » pour qu'un autre prenne la relève lorsque votre impatience commencera à avoir le meilleur de vous-même. Toute activité ou tout travail nécessitant une utilisation habile d'outils, tels que ceux utilisés pour abattre des arbres ou marteler, s'y prêtera bien. Chose certaine, attendez-vous à ce que les choses se produiront rapidement. Or, si vous êtes sujet à vous blesser ou à être distrait, méfiez-vous qu'un bête incident ou qu'un accident fâcheux se produise. Surveillez votre tendance à être plus impulsif et stressé. Soyez prudent et assurez-vous de faire preuve de jugement. Cette Lune aura l'art de « booster » votre optimisme ! Une Lune en Bélier est positive un mardi ou un samedi. Le Bélier régit la tête et le visage. Les autres signes qui bénéficient des influences de la Lune en Bélier sont : Lion, Sagittaire, Gémeaux, Verseau et Scorpion.

PROPICE POUR : Négocier, acheter, vendre, faire du commerce, prendre des décisions sur-le-champ, mettre en œuvre des mesures, tirer parti des situations, lancer de nouveaux projets, créer de nouvelles entreprises, notamment celles de nature risquée ou qui sortent des sentiers battus (pionnières).

ACHETEZ : Vêtements et équipement de sport, chapeaux, lunettes de soleil et de lecture, outils, tout ce qui est fait de métal, voitures, matériel de bricolage, tout ce qui est de couleur rouge.

ÉVITEZ : D'être flamboyant, de grimper vite dans les rideaux, d'acheter ou d'agir sous l'impulsion du moment ou à la hâte, de même que sauter à l'essentiel.

CONSEIL EN TEMPS OPPORTUN : Faites-vous coiffer.

PRENEZ GARDE : À la mauvaise humeur des autres.

JOURNÉES IMPORTANTES POUR TOUTES LES ACTIVITÉS CONCERNANT : L'industrie automobile, tous les métiers en lien avec la mécanique, les sports ainsi que toutes les entreprises pionnières.

› La Lune en Taureau

La Lune, dans ce signe fixe de Terre, est à son meilleur et excelle alors qu'elle est dite exaltée (forte). Étant donné sa solidité et sa sensualité, elle se sent sûre d'elle et elle est très bien enracinée. Il n'y a pas lieu de se stresser ni de se presser, et il n'est pas nécessaire non plus de changer quoi que ce soit. Le passage de la Lune dans ce signe tend à résister aux changements et surtout ceux qui ne sont pas initiés de son propre vouloir ou par elle-même. Pas surprenant que nous préférerons demeurer tranquilles, immobiles et sereins. Toutes choses amorcées lors du passage de la Lune en Taureau ont tendance à durer et à prendre de la valeur. Or, si vous souhaitez apporter des modifications à quelque chose que vous avez commencé, il sera préférable d'attendre une Lune en Gémeaux. D'ici là, il est bon d'intégrer l'énergie d'une Lune en Taureau dans vos projets lorsque la patience, la praticité et la persévérance sont nécessaires, mais il est possible que vous puissiez également ressentir de l'obstination. Lorsque la Lune transite en Taureau, elle favorise l'amour, la stabilité du foyer ainsi que le sens de l'hospitalité. Une Lune en Taureau peut aussi être une énergie de soutien pour ce qui est d'un mariage. En revanche, un divorce qui prend place au cours d'une Lune dans ce signe peut être difficile et coûteux à régler. Par contre, c'est une bonne journée pour la famille, les amoureux, pour prendre rendez-vous avec son gérant de banque, pour ouvrir un compte ou solliciter un prêt, mais veuillez vous attendre à ce que les responsables en charge fassent preuve de prudence et qu'ils soient lents à prendre des décisions. N'empêche, vous ne pourrez choisir un meilleur moment pour voir à vos finances et autres ressources qui relèvent des activités d'une

Lune en Taureau. Le moment se prêtera bien également pour déguster un bon repas et pour écouter de la musique, tout en appréciant la beauté de la nature et savourer un beau coucher de soleil, entouré des choses qui vous réconfortent. Une Lune en Taureau est positive un vendredi ou un lundi. Le Taureau régit le cou, la gorge, l'intérieur de votre palais et la voix. Les autres signes qui bénéficient des influences de cette Lune en Taureau sont : Capricorne, Vierge, Balance, Cancer et Poissons.

PROPICE POUR : Faire des investissements, louer une propriété ou un chalet, embaucher du nouveau personnel, décorer et rénover des locaux commerciaux, faire preuve d'empathie envers ses collègues.

ACHETEZ : Tout ce qui est pratique, tous les biens de consommation durables, produits de luxe, cosmétiques, chocolats et autres gourmandises, fleurs, plantes, mobilier ainsi que tous équipements de jardin ; chaises, lits et literie.

ÉVITEZ : De vous asseoir sur vos lauriers, de traîner de la patte, de ne pas saisir les bonnes opportunités quand elles passent, d'acheter tous gadgets de fortune.

CONSEIL EN TEMPS OPPORTUN : Ouvrir un nouveau compte d'investissement.

PRENEZ GARDE : À l'inflexibilité des autres.

JOURNÉES IMPORTANTES POUR TOUTES LES ACTIVITÉS CONCERNANT : Les industries du bâtiment, de l'ameublement, de la décoration intérieure, de l'agriculture, de l'horticulture, de la conception à l'aménagement extérieur, de la confiserie.

› La Lune en Gémeaux

La Lune en Gémeaux est celle de la communication par excellence. C'est un temps où les gens sont plus changeants que d'habitude et peuvent préférer poursuivre des activités intellectuelles et jouer à des jeux mentaux, tels que résoudre un casse-tête ou toute énigme, plutôt que de s'appliquer à des problèmes pratiques. Tous seront bien plus bavards et prompts à échanger leurs numéros de téléphone et adresses courriel. Lorsque la Lune est de passage au signe du Gémeaux, elle favorise la communication, les idées, les petits déplacements, les expéditions, les escales, faire des courses, vivre de nouvelles rencontres, pratiquer le vélo et faire des randonnées pédestres. D'ailleurs, c'est à ce moment précis qu'on déniche des raccourcis et qu'on les emprunte. C'est aussi une bonne journée pour écrire, pour faire le retour de vos appels et de vos courriels, pour discuter, pour corriger une situation qui exige polyvalence et réflexion rapide et pour s'occuper d'affaires. Ce signe mutable d'Air bouge tellement vite, c'est à ce moment précis que nous nous sentons plus agités qu'à l'habitude. Surveillez cette tendance à devenir plus éparpillés, inconstants ou volages. La Lune en Gémeaux est très positive un mercredi. Le signe du Gémeaux régit les épaules, les mains, les poumons et le système nerveux. Les autres signes qui tirent profit des influences de la Lune en Gémeaux sont : Verseau, Balance, Bélier et Lion.

PROPICE POUR : Commercer, acheter, vendre, vivre des voyages d'affaires, générer de nouvelles idées, adresser votre correspondance. La décoration, la réorganisation et/ou la rénovation de locaux commerciaux, l'introduction de nouvelles voitures, machineries ou technologies ; faire une présentation, une gestion de crise.

ACHETEZ : Ordinateurs, gadgets à la dernière mode, articles de bricolage, matériel d'écriture, livres, téléphones et tous autres équipements de communication, jouets, dictionnaires et encyclopédies.

ÉVITEZ : Toutes expéditions de magasinage longues ou lointaines. Toute distraction du problème principal, toute appréciation superficielle de la situation. D'être sournois autant que masquer la vérité et vous en mettre trop sur les épaules.

CONSEIL EN TEMPS OPPORTUN : Achetez votre voiture sous ce signe.

PRENEZ GARDE : Aux escrocs.

JOURNÉES IMPORTANTES POUR TOUTES LES ACTIVITÉS CONCERNANT : Les médias, la technologie audiovisuelle, les industries de la communication, l'imprimerie, les nouveaux points de vente et les magazines, les marchands de journaux, les services postaux, les fabricants de jouets.

› La Lune en Cancer

La Lune dans ce signe cardinal d'Eau est à son paroxysme puisqu'elle est chez elle (signe dont elle en a la maîtrise). Ici, la Lune est concernée par son foyer, par la famille, les enfants et sa mère. Idéal pour prendre soin des autres, les materner quoi, s'occuper de ses enfants, de la maison, du jardin, des comptes. Alors que la Lune est réceptive dans ce signe, ce sera un temps où vous serez plus porté à exprimer vos émotions, à être sympathique et compréhensif envers autrui. Durant le transit de la Lune dans ce signe, non seulement vos sentiments seront en hausse et plus intenses, mais il est possible que vous vous retrouviez plus souvent d'humeur inégale. Il importera de surveiller votre conduite afin de ne pas être trop dépendant, hypersensible, boudeur, et être enclin à vous replier davantage dans votre coquille. Ce sera aussi un temps idéal pour bricoler autour de la maison, pour cuisiner, pour recevoir la famille, pour se blottir dans les bras d'une personne qui vous est chère, et idéal aussi pour régler un problème personnel. La Lune en Cancer est assurément un atout profitable lors de l'achat d'une maison ou encore pour spéculer. Grâce à son passage dans ce signe, votre maison prendra de la valeur et sera un de vos biens les plus précieux. Lorsque la Lune est de passage en Cancer, elle favorise les rêves prémonitoires ainsi que votre intuition. D'ailleurs, portez-y attention, suivant qu'elle sera un bon guide. C'est une bonne journée aussi pour faire des projets. Une Lune en Cancer est positive un lundi ou un jeudi. Le Cancer régit la poitrine, les seins et le ventre. Les autres signes qui bénéficient de la Lune en Cancer sont : Scorpion, Poissons, Taureau et Vierge.

PROPICE POUR : La signature des documents, créer une entreprise pépinière, mettre fin à des conditions insatisfaisantes.

ACHETEZ : Nourriture et autres provisions générales pour réapprovisionner les armoires de votre magasin, matériel de cuisine, cadeaux et cartes de vœux, bibelots de ménage, porcelaine, linge et dentelle, souvenirs, antiquités, bateaux, tout ce qui est blanc ou argenté.

ÉVITEZ : De faire vos achats partout près de votre lieu de travail. De penser de façon trop étroite, d'être réticent à prendre des risques, d'être trop sensible à la critique, de vous laisser influencer par l'humeur négative des autres.

CONSEIL EN TEMPS OPPORTUN : Cherchez et/ou achetez une maison.

PRENEZ GARDE : Aux gens qui pensent que le monde leur doit quelque chose.

JOURNÉES IMPORTANTES POUR TOUTES LES ACTIVITÉS CONCERNANT : Les biens domestiques, la propriété et l'immobilier, les fabricants de meubles, les produits de puériculture, les industries de la mer et de la pêche.

› La Lune en Lion

La Lune dans ce signe fixe de Feu aime tout ce qui est dramatique avec un grand « D ». Ce signe, de nature théâtrale, a longuement été reconnu pour faire de grandes entrées ; il aime épater la galerie et est toujours en quête d'attention. Ce sera donc une bonne journée pour se faire valoir, pour être admiré, pour exprimer ses sentiments sans compter qu'il peut y avoir de la romance dans l'air. Chose certaine, on aura le cœur à la fête. Vous ne pourrez donc choisir un meilleur moment pour tenir une réception, aller au théâtre, assister à un spectacle, sinon d'être la vedette de cet événement. Profitez-en aussi pour mettre à profit cette Lune lorsque vous devez monter un numéro (spectacle), faire une présentation, divertir les collègues et/ou recevoir chez vous. C'est aussi un excellent moment pour faire une collecte de fonds. Lorsque la Lune transite ce signe, nous ressentons un besoin d'être reconnus pour ce que nous avons fait, d'être applaudis, appréciés, glorifiés ; cependant, toute cette surexcitation, toute cette fierté et tout ce surplus d'émotions peuvent parfois tourner au mélodrame rapidement. C'est une énergie dite enjouée, qui respire la confiance en soi, pour être franc et honnête, mais il est vivement conseillé de ne pas vous mettre dans une position qui nécessite l'approbation du public ou la possibilité de faire face à des manœuvres sournoises, car des problèmes dans ces domaines peuvent faire ressortir les pires traits du Lion, dont l'arrogance, entre autres. Il vaudra mieux rester vigilants pour ne pas tomber dans la démesure et éviter d'être exagérément superficiels, sinon mensongers. Une Lune en Lion est très positive un dimanche. Le Lion régit le cœur et le haut du dos. Les signes qui bénéficient des influences de la Lune en Lion sont : Bélier, Sagittaire, Gémeaux et Balance.

PROPICE POUR : Autant prêter que louer une propriété, un chalet, prendre le contrôle de la situation, toutes transactions financières, obtenir du soutien, les coups de chance.

ACHETEZ : Bijoux, articles de luxe, lingerie en soie, vêtements pour enfants, cadeaux pour vos jeunes, billets de théâtre, vêtements de loisirs, articles pour vos hobbies et vos loisirs, champagne, caviar, tout ce qui est en or.

ÉVITEZ : D'acheter des produits d'épicerie de première nécessité. Toutes dépenses excessives, toute attitude dominatrice envers les collègues ou vos employés, d'initier des relations intimes avec vos collègues.

CONSEIL EN TEMPS OPPORTUN : Placez un pari ou achetez un billet de loterie.

PRENEZ GARDE : Aux indiscrétions des autres.

JOURNÉES IMPORTANTES POUR TOUTES LES ACTIVITÉS CONCERNANT : Les produits de luxe, les marques griffées (créateurs), les industries cosmétiques, les voyages de première classe, l'hôtellerie, le théâtre, les articles et produits pour enfants, les loteries, les tirages et les paris.

› La Lune en Vierge

Lorsque la Lune transite en Vierge, elle favorise l'intelligence, la ponctualité, le sens des convenances, le dévouement et la discrétion. Durant son passage dans ce signe mutable de Terre, la Lune est à son seuil le plus pointilleux, le plus discriminatoire, et elle s'arrête sur les détails plutôt que sur la vue d'ensemble. C'est une Lune qui est avantageuse pour tout ce qui nécessite une attention minutieuse, en particulier les domaines dans lesquels la précision est préférée à l'innovation. Ne manquez donc pas de mettre à profit cette Lune pour toutes activités lorsque vous devez analyser des informations ou pour déterminer la valeur de quelque chose, suivant que la Vierge est le signe par excellence de la chasse aux bonnes affaires, et aussi pour développer vos connaissances ainsi que pour commencer un nouvel emploi. Sans contredit, ce signe est particulièrement utile également lorsque des décisions ont déjà été prises et qu'elles doivent maintenant être exécutées. C'est aussi le signe le plus préoccupé à vouloir tout arranger et d'être des plus méticuleux. C'est d'ailleurs pendant cette Lune que l'on est plus d'humeur à faire du ménage et du lavage, à nettoyer et à frotter, à trier, à tout réparer et à donner un coup de main à son prochain. La Vierge est le signe le plus serviable du zodiaque, mais aussi le signe le plus conscient de sa santé. Elle est tout aussi concentrée sur son travail que sur toutes les responsabilités qui en découlent. Par conséquent, veuillez donc profiter de cette période pour porter une attention particulière à votre alimentation, à votre hygiène de vie et dans la façon dont vous planifiez votre emploi du temps. Vous ne pourrez choisir une meilleure Lune pour amorcer une diète, pour passer des examens, mais aussi pour prendre soin de votre animal de compagnie, en particulier pour l'entraîner et l'amener chez le vétérinaire afin qu'il fasse son bilan annuel. Une Lune en Vierge est positive un mercredi. La Vierge régit l'abdomen et les intestins. Les autres signes qui bénéficient des influences de la Lune en Vierge sont : Taureau, Capricorne, Cancer et Scorpion.

PROPICE POUR : Commercer, acheter, vendre, tous les voyages d'affaires, faire de la réorganisation, la présentation de comptes détaillés, toute démonstration pratique, la révision méthodique des envois postaux, faire faire un bilan, faire le point.

ACHETEZ : Tout ce dont vous avez besoin pour l'armoire à pharmacie, les agendas, les organiseurs personnels, les aliments biologiques, les suppléments de vitamines et de minéraux, les produits de nettoyage, les articles de toilette, un abonnement au club de santé ou au gymnase local, une surprise pour vos employés, les services locaux.

ÉVITEZ: Tout ce qui n'a pas d'utilité pratique. De passer à côté de l'image globale (la vue d'ensemble) tout en vous préoccupant des détails, d'être trop critique, de commettre des erreurs de jugement.

CONSEIL EN TEMPS OPPORTUN: Renseignez-vous sur les polices d'assurance maladie.

PRENEZ GARDE: À l'agitation des autres.

JOURNÉES IMPORTANTES POUR TOUTES LES ACTIVITÉS CONCERNANT: Les hôpitaux, le corps médical, les services vétérinaires, les industries pharmaceutiques, les statisticiens, les fabricants d'instruments de précision, les points de vente (magasins) de santé et de bien-être, les magasins d'alimentation et de remise en forme, les praticiens en médecine naturelle, les fabricants d'aliments pour animaux.

› La Lune en Balance

Lors de son passage dans ce signe cardinal d'Air, cette Lune est orientée vers tout ce qui relève de vos relations et partenariats. Signe de l'union par excellence, voilà qui en fait un bon moment pour former des partenariats de toutes sortes et pour conclure des accords, pour contracter et négocier. En dépit du fait que ce signe se prête bien pour mettre en action, pour mettre quelque chose de l'avant, il est plus qu'essentiel de travailler avec un partenaire qui fournira des incitations et des encouragements. Nul doute, la Lune en Balance accentue le travail d'équipe, surtout les équipes de deux, ainsi que le travail artistique, en particulier tout travail impliquant la couleur. C'est une Lune qui nous pousse à embellir notre environnement et à nous entourer de belles choses. Or, cette énergie convient très bien à toute tentative d'apporter de la beauté à un lieu ou à une chose, pour décorer son habitacle, pour magasiner des vêtements de qualité. *A priori*, la Balance est considérée comme une bonne énergie pour commencer des choses de nature intellectuelle. Prenant aussi en considération que l'emploi du temps de la Balance est de restaurer l'équilibre, vous risquez de vous retrouver dans des situations d'émotions en total déséquilibre, vous obligeant ainsi à réajuster vos plateaux. En général, c'est un temps où les gens sont sociaux, polis et amicaux. Un temps où ils sont également plus coopératifs et plus disposés à faire des compromis. Il va de soi aussi qu'une Lune en Balance tend à accentuer votre charme, elle nous parle d'amour et même d'engagement. Voilà qui est également un temps idéal pour rappeler à vos supérieurs et patrons toute la contribution que vous apportez au succès de l'entreprise qui retient vos services. Lorsque la Lune parcourt la Balance, elle favorise la sociabilité, l'élégance, la beauté, l'amour, la justice, les arts et la diplomatie. Par conséquent, c'est une bonne journée pour jouer de sa séduction, pour s'occuper de soi, sortir, se marier, ainsi que pour rendre visite chez votre esthéticienne. Une Lune en Balance est très positive un vendredi ou un samedi. La Balance régit le bas du dos ainsi que vos reins et vos fesses. Les autres signes qui bénéficient des influences de la Lune en Balance sont : Gémeaux, Verseau, Sagittaire et Lion.

PROPICE POUR : Décorer, rénover des locaux commerciaux, divulguer des informations, forger de nouvelles alliances commerciales, marketing, ressources humaines, relations publiques, signature de contrats, négociations, régler un différend ou un litige, tous les déplacements dans le but de représenter l'entreprise pour laquelle vous travaillez, les partys de bureau.

ACHETEZ : Des vêtements haute couture, tout ce qui est beau, cher ou élégant, tous accessoires, embellissements ou décorations pour la maison, cadeaux pour votre partenaire de vie ou votre associé, billets de concert, musique, parfum, arrangements floraux, plats de nourriture pour une fête.

ÉVITEZ : De faire des achats dans des magasins à bas prix ou même dans un quartier défavorisé, d'être indécis, de vous faire des ennemis ouvertement, de vous attendre à ce que les autres remplissent vos responsabilités, de vous faire des ennemis déclarés, d'être suspicieux d'autrui, d'être sournois.

CONSEIL EN TEMPS OPPORTUN : Réservez une table pour un dîner romantique à deux.

PRENEZ GARDE : À l'indécision des autres.

JOURNÉES IMPORTANTES POUR TOUTES LES ACTIVITÉS CONCERNANT : Le corps diplomatique, les arts, l'industrie de la musique et du divertissement, les agences de mariage, les relations publiques, les groupes publicitaires, la haute couture.

› La Lune en Scorpion

Le Scorpion est un signe intense et considéré comme étant très psychique. Lorsque la Lune occupe son territoire, signe fixe d'Eau, elle ressent tout à un niveau ultime, voire exagéré, puisque nous le sommes tout autant. Durant son parcours dans ce signe, la joie, la passion, la jalousie, les trahisons, l'amour et les désirs occupent la première place dans notre vie, vu que nos émotions sont si profondes au point d'être obsessives. Attention à cette tendance d'être plus secrets, plus suspicieux, à broyer du noir par rapport à une offense ou à un affront qui n'était pas voulu et encore moins intentionnel. Nul doute, la loyauté est forte dans ce signe. Voilà qui sera également un temps propice pour examiner, mener des recherches et scruter tout à la loupe, pour investiguer tout ce qui vous est mystérieux et vous autoriser même à être intimes, mais aussi pour mettre fin à tout engagement, à une relation, au point de non-retour. En revanche, vous ne pourrez choisir une meilleure Lune pour programmer une escapade, car cette Lune, chaude et passionnée, vous emmènera loin. Lorsque la Lune transite le signe du Scorpion, elle favorise l'imprévisibilité, le goût du danger, les rapports de force et le besoin de séduire. C'est aussi une bonne journée pour imposer votre point de vue, extérioriser vos sentiments et votre sexualité. Cependant, suivant que la nature du désir est si forte ici, il y a une tendance possible à manipuler les situations pour obtenir ce que l'on veut, ou à ne pas voir sa responsabilité dans un acte. Une Lune en Scorpion est très positive un mardi ou un samedi. Le Scorpion régit les organes reproducteurs, les organes génitaux, l'aine et le bassin. Les autres signes qui bénéficient des influences de la lune en Scorpion sont: Cancer, Poissons, Vierge et Capricorne.

PROPICE POUR: Signer des documents, louer autant que prêter une propriété, peindre des locaux commerciaux, projeter la confiance, résoudre des problèmes, mener une enquête discrètement, voler la vedette à des concurrents, conclure toutes affaires importantes suivant que vos facultés mentales seront aiguisées.

ACHETEZ: Des romans policiers, des vins riches, un jeu de cartes de tarot, des épices exotiques, des sous-vêtements sexy, du matériel photographique, des parfums ou des lotions après-rasage, des roses rouges pour votre maîtresse, un nouveau jeu de couteaux de cuisine, des formulaires de testament.

ÉVITEZ: De dévier de votre liste d'emplettes, d'être réticent à divulguer tous les faits, de ne pas dévoiler ouvertement votre jeu, votre vraie nature, d'être trop intense, d'avoir des motifs dissimulés, de prétendre en savoir plus que ce que vous savez ou faites.

CONSEIL EN TEMPS OPPORTUN: Prenez rendez-vous pour un massage déstressant.

PRENEZ GARDE : Au ressentiment des autres, de vous faire des ennemis.

JOURNÉES IMPORTANTES POUR TOUTES LES ACTIVITÉS CONCERNANT : La police, les interventions chirurgicales, les sociétés de recherche, les services secrets, les métiers de boucherie, les mines, la gestion des investissements, les pompes funèbres, les morgues.

› La Lune en Sagittaire

Lors de son passage dans ce signe mutable de Feu, la Lune est à son niveau le plus optimiste sans compter qu'elle est prête à laisser les choses se faire. Non seulement elle stimule l'imagination et votre seuil de confiance dans le flux de la vie, mais elle est plus philosophique. La candeur et l'honnêteté sont renforcées lorsque la Lune est ici. C'est assurément un excellent moment pour prendre les choses en main, pour traiter avec les établissements d'enseignement supérieur, les maisons d'édition et la loi. C'est un bon moment aussi pour vous attaquer aux problèmes qui nécessitent une amélioration, mais n'allez pas essayer de vous prendre pour un autre, alors que les opinions tendront à être fortes et la tendance au prosélytisme sera accrue. Jupiter, la Grande Bénéfique du zodiaque et planète maîtresse du Sagittaire, elle qui régit les voyages de longue distance, concourt à partir à l'aventure, à assister à un séminaire sur un sujet qui a toujours suscité un intérêt particulier chez vous, tant en sciences religieuses qu'en philosophie. C'est le signe par excellence des prophéties et de la sagesse. Lorsque la Lune est de passage dans ce signe, profitez-en pour passer du temps à l'extérieur, faire du sport, rire à gorge déployée et pour être spontané. Prenez garde toutefois à ne pas être excessif ni gaspilleur, ni vouloir en faire trop et/ou outrepasser la juste mesure. Évitez les excès et extravagances de toutes sortes. La Lune qui transite ce signe est propice aux célibataires. Ouvrez donc l'œil et soyez des plus optimistes. D'ailleurs, vous ne pourrez choisir un meilleur moment pour mettre du piment dans votre vie, alors que vous serez bien servi. En plus de favoriser l'envie d'évasion, elle concourt aussi à l'idéalisme et à l'extériorisation des sentiments, la prospérité et l'abondance. C'est également une bonne journée pour faire ses comptes, pour gérer ses affaires, pour tenter sa chance à des jeux de hasard et dans tous tirages. Une Lune en Sagittaire est positive un lundi ou un jeudi. Le Sagittaire régit les cuisses et les hanches. Les autres signes qui bénéficient des influences de la Lune en Sagittaire sont : Lion, Bélier, Balance, Verseau et Cancer.

PROPICE POUR: Commercer, vous promouvoir, faire de la publicité, toute correspondance importante, voyager, toutes réunions d'affaires, pour solliciter un prêt ou un emprunt d'argent, toutes questions juridiques ou légales (judiciaires).

ACHETEZ: Des marchandises importées, vêtements de loisirs, livres de voyage, cartes et atlas, jumelles, boussoles, chaussures de randonnée, matériel de camping, cadeaux pour vos beaux-parents, objets religieux ou reliques, tout ce qui est d'occasion.

ÉVITEZ: De faire vos achats dans votre propre localité, qu'un détail vous échappe à votre insu, toute agitation, toute irresponsabilité financière, tout travail bâclé.

CONSEIL EN TEMPS OPPORTUN: Réservez votre vol de vacances dès maintenant.

PRENEZ GARDE: À l'insouciance des autres.

JOURNÉES IMPORTANTES POUR TOUTES LES ACTIVITÉS CONCERNANT: L'édition, les industries du voyage, le commerce extérieur et les communications, les institutions religieuses, l'enseignement général, l'enseignement supérieur, le droit.

› La Lune en Capricorne

Dans ce signe cardinal de Terre, la Lune est à son point culminant, surtout lorsque vient le temps d'être organisé, pratique et sérieux. Parce que le Cancer et le Capricorne sont les pôles opposés, on peut être porté à croire que l'énergie de la Lune est ici affaiblie. Au contraire, cette énergie encourage le besoin de structure, de discipline et d'organisation. Elle fait aussi ressortir chez les gens leur côté responsable, prudent mais pessimiste également. Autant elle favorise votre sens des responsabilités ainsi que l'ambition, autant le goût de l'affrontement est aussi présent. La culture, les valeurs morales et les traditions sont également de son ressort. Toutes les activités institutionnelles sont favorisées. C'est une bonne journée pour accepter un nouvel emploi, pour vous cultiver et parfaire vos connaissances, pour réfléchir et méditer, ainsi que pour partager vos analyses pertinentes avec votre entourage professionnel. C'est aussi à ce moment que vos visées en ce qui concerne votre futur prennent plus d'importance. Lors du passage de la Lune dans ce signe, le temps se prêtera bien pour vous occuper d'affaires familiales, pour prendre en charge quelque chose et agir de façon responsable, pour mettre de l'ordre dans tous les secteurs de votre vie qui le nécessitent ou qui ont été interrompus par les nombreux événements, et pour implanter des règles et une ligne de conduite à suivre. Cependant, prenez soin de surveiller votre tendance à parler trop d'affaires aux dépens des émotions d'autrui. Veuillez plutôt en profiter pour écouter patiemment ce que les autres ont à dire, à vous enseigner et pour apprendre d'eux. Prendre soin des détails qui nécessitent de la patience ainsi qu'une attitude professionnelle s'y prêtera bien aussi. Vous ne pourrez choisir une meilleure Lune pour partager avec les collègues et vos supérieurs. Par contre, lorsque la Lune est de passage dans ce signe, évitez de solliciter des faveurs, car les gens en position d'autorité peuvent être insensibles sous cette influence. Une Lune en Capricorne est très influente un mardi ou un samedi. Le Capricorne régit la peau, les os et les genoux. Les autres signes qui bénéficient de la Lune en Capricorne sont : Taureau, Vierge, Scorpion et Poissons.

PROPICE POUR : Vous atteler à la tâche, faire des heures supplémentaires, adresser ce qui relève des hautes finances, de l'administration, réorganiser le système de filière, établir de nouveaux horaires, solliciter une promotion, créer une nouvelle entreprise, recevoir votre patron.

ACHETEZ : Des articles ménagers pratiques, des vêtements de bonne qualité, des biens de consommation durables, des outils professionnels, tous articles pour personnes âgées, du matériel de bureau, des uniformes, du matériel informatique, du matériel de bricolage.

ÉVITEZ : De faire des achats frivoles, vous regretterez d'avoir dépensé futilement vos sous. Toute attitude inflexible, le manque de compassion envers les collègues ou vos employés, le surmenage, la dépression.

CONSEIL EN TEMPS OPPORTUN : Achetez une alarme antivol dès maintenant.

PRENEZ GARDE : À l'ambition impitoyable des autres.

JOURNÉES IMPORTANTES POUR TOUTES LES ACTIVITÉS CONCERNANT : Les services bancaires et financiers, l'immobilier, le conseil municipal, les partis politiques, le chef de l'État, la royauté, les superstars.

› La Lune en Verseau

Lors de son passage dans ce signe fixe d'Air, la Lune en Verseau tend à faire ressortir le côté rebelle en soi. Avec Uranus comme planète maîtresse, la liberté personnelle et l'individualité tiennent une place de choix à ce moment-là. Elle favorise les activités originales, uniques en soi, elle s'intéresse aux problèmes humanitaires, à la société dans son ensemble et à l'amélioration. C'est cette qualité d'amélioration qui a permis d'associer ce signe aux inventeurs et aux nouvelles inventions. Lorsque la Lune est en transit dans ce signe, votre emploi du temps risque d'être sens dessus dessous, sans compter que les causes qui vous tiennent à cœur deviennent urgentes. Surveillez cette tendance à devenir plus fanatique, à agir délibérément de façon rebelle sans aucune raison justifiable et à vouloir aller à l'encontre des traditions, d'autant plus si ce n'est que dans l'intérêt de choquer ou de briser celles-ci. Profitez de ce moment pour sortir de votre marasme, pour essayer quelque chose de nouveau et/ou de différent, surtout que l'énergie d'une Lune en Verseau encourage la nouveauté, mais aussi les changements de dernière minute, l'amitié, la convivialité et la tolérance. Puisque ce sera une bonne journée pour vous intéresser à de nouveaux domaines, pour sortir et découvrir, assurez-vous que tous les gens vous remarquent pour l'individu unique que vous êtes. Nul doute, une Lune en Verseau favorise le rassemblement de groupes sociaux pour des échanges amicaux; cependant, les gens auront tendance à réagir et à parler d'un point de vue intellectuel plutôt qu'émotionnel. Quoi qu'il en soit, soyez avisé que vous ne pourrez choisir un meilleur moment pour faire de nouvelles rencontres, pour avoir un coup de foudre. Mentionnons aussi que cette Lune est idéale pour faire l'achat d'appareils électroménagers et tous gadgets électroniques. Une Lune en Verseau est très positive un samedi. Le signe du Verseau régit les mollets et les chevilles. Les autres signes qui bénéficient des influences de la Lune en Verseau sont: Gémeaux, Balance, Sagittaire et Bélier.

PROPICE POUR: Autant prêter que louer une propriété, un chalet, un condominium ou autres, l'amélioration des conditions de travail, tous transferts d'argent, décorer ou rénover des locaux commerciaux, obtenir la coopération des collègues, des groupes auxquels vous adhérez ou souhaitez le faire, toutes projections futures.

ACHETEZ: Tous les articles d'éclairage, appareils électriques, instruments scientifiques, un livre sur la méditation, le dernier gadget de cuisine, tout ce qui est bleu électrique, un lustre, des huiles d'aromathérapie, des cartes et cadeaux pour vos amis.

ÉVITEZ: De faire vos courses à la hâte. De favoriser le groupe au détriment de l'individu, d'adopter un point de vue trop détaché, de partir sur une tangente.

CONSEIL EN TEMPS OPPORTUN : Adhérez à un club, à un syndicat, à une fraternité.

PRENEZ GARDE : Aux interruptions possibles de la part des autres.

JOURNÉES IMPORTANTES POUR TOUTES LES ACTIVITÉS CONCERNANT : Les industries électriques, les instituts de recherche scientifique, les syndicats, les nouvelles inventions, les clubs, les corporations, les groupes et les sociétés, les fabricants d'équipements électroniques et de haute technologie, les services sociaux.

› La Lune en Poissons

Lorsque la Lune transite dans ce signe mutable d'Eau, profitez-en pour dormir, pour méditer, pour vous la couler douce, pour vous ressourcer et même pour prier si ça fait partie de vos pratiques. Une Lune en Poissons favorise l'intuition, la douceur de vivre, la vie amoureuse, les festivités, les voyages et les déplacements. Ce sera donc une bonne journée pour sortir, échanger des mots tendres ainsi que pour vivre en harmonie. Pas surprenant que les rencontres amoureuses sont plus facilitées sous cette Lune, mais plus encore si vous prenez des vacances avec cette personne avec laquelle vous souhaitez vous engager. En revanche, voilà qui peut être un temps où on est plus susceptible de se sentir agressé émotionnellement. Vous pourrez être plus rêveur, plus impressionnable, plus nostalgique, plus désenchanté, vague ou désordonné, et ce sera aussi un temps où vous serez plus spirituel par nature, là où vos limites seront plus franchissables ou à leur niveau le plus bas. Cependant, c'est aussi sous cette Lune que les choses ne sont pas nécessairement ce qu'elles prétendent être. Bien au contraire, les limites personnelles ont tendance à être floues et il est possible que vous ne voyiez pas les choses clairement. Les gens auront tendance aussi à être davantage plus idéalistes sous ce signe, ce qui pourra les empêcher de voir la réalité. Sous l'énergie de cette Lune, nous sommes plus remplis de compassion pour notre prochain et plus sensibles aux besoins des gens moins fortunés que nous. Soulignons que vous ne pourrez choisir une meilleure Lune pour adhérer à tout groupe à vocation spirituelle, ésotérique, et pour participer à un rassemblement religieux. C'est aussi à ce moment où vous serez plus intuitif, plus perceptif. Autant une philosophie de vivre et de laisser vivre est attachée à ce signe qui, somme toute, dans le monde idéaliste peut fonctionner relativement bien, mais le chaos en est souvent aussi le résultat. Pas surprenant que son passage dans ce signe concourt à consommer de l'alcool, sinon à se droguer, puisque l'on désire provoquer un état de transe ou d'ébriété qui nous permet de fuir la dure réalité de la vie. Veuillez plutôt tirer profit de cette Lune pour aller au bord de la mer ou tous cours d'eau en vue de vous ressourcer, ce qui sera plus sain pour votre corps et votre esprit. Sur le côté plus léger, nombreux musiciens et artistes sont gouvernés par le signe du Poissons. Ce n'est que lorsqu'ils s'éloignent trop de la réalité que le côté obscur de la toxicomanie, du suicide ou du crime fait disparaître la vie. Une Lune en Poissons est très positive un lundi ou un jeudi. Le Poissons régit les pieds ainsi que le dessus de la tête. Les autres signes qui bénéficient des influences de la Lune en Poissons sont: Cancer, Scorpion, Capricorne et Taureau.

PROPICE POUR: Signer des documents, l'établissement de conventions financières, tout envoi postal ou autres de masse, la réparation éventuelle d'équipements, dresser l'inventaire, préparer un bilan, faire le point.

ACHETEZ: Cosmétiques, boissons alcoolisées, musique, chaussures et bonneterie, un livre sur les rêves, matériel d'artiste, peintures, verres en cristal, carafes ou bols, tous les livres de fiction romantique, literie, maillots de bain.

ÉVITEZ: Tous achats importants puisque vous êtes trop influençable et facilement influencé par les discours de vente. De voir vos perspectives plus belles qu'elles ne le sont en réalité, de vous laisser trop facilement influencer par les autres; tout raisonnement illogique, de douter de vous-même.

CONSEIL EN TEMPS OPPORTUN: Offrez-vous une séance de réflexologie.

PRENEZ GARDE: À toutes attentes irréalistes de la part des autres, aux machinations faites en coulisses.

JOURNÉES IMPORTANTES POUR TOUTES LES ACTIVITÉS CONCERNANT: Le cinéma et la télévision, les industries pétrochimiques, les raffineries de pétrole, le commerce des brasseries, le transport maritime, la podologie, les fabricants de chaussures.

CONSEILS D'ACHAT

Comme nous le faisons tous aujourd'hui, peu d'entre nous peuvent choisir quand acheter les choses essentielles dont ils ont besoin, mais vous pourriez prendre note de la phase lunaire favorable lorsqu'il s'agit de faire les achats les plus importants de la vie. À cet effet, du jour de la Nouvelle Lune au Premier Quartier, choisissez cette période pour rechercher des produits, faire du lèche-vitrine, demander conseils et aller chercher ou envoyer des échantillons. Vous constaterez qu'il y a beaucoup d'énergie à cette période, que les gens sont affûtés et prêts à vous aider et que vous accumulerez toutes les informations dont vous aurez besoin en un temps record.

Du Premier au Dernier Quartier de la Lune – période favorable pour prendre des décisions fermes et faire vos achats importants. Toutefois, évitez toute dépense financière importante la veille ou le jour de la Pleine Lune vu que vous risquez d'être, plus que d'habitude, enclin à faire des achats impulsifs. Une excellente période pour faire des achats est du lendemain de la Pleine Lune au Dernier Quartier alors que vous saurez prendre des décisions bien réfléchies et vous aurez plus de chances d'en avoir pour votre argent.

Du Dernier Quartier à la Nouvelle Lune – une période insatisfaisante pour faire des achats, car les énergies sont en baisse partout – votre jugement n'est peut-être pas au mieux de sa forme et les vendeurs non plus, les achats sont généralement difficiles et les marchandises peu attrayantes. Vous pouvez considérer les achats par catalogue ou sur Internet comme des options moins problématiques.

✧

Comme vous pourrez le constater dans le calendrier lunaire qui suit, la Lune occupe un signe astrologique pour une durée de deux jours et demi, plus ou moins. Le zodiaque en soi se divise en trois catégories de signes :

- Il y a des signes dits « cardinaux » : Bélier, Cancer, Balance, Capricorne.
- Il y a des signes dits « fixes » : Taureau, Lion, Scorpion, Verseau.
- Il y a des signes dits « doubles ou mutables » : Gémeaux, Vierge, Sagittaire, Poissons.

Selon la symbolique de ces trois catégories, quand la Lune transite un signe cardinal, les actions entreprises évoluent habituellement à vive allure. Lorsque la Lune traverse un signe fixe, tous projets commencés évoluent moins vite et ont plus de chances d'aboutir à des résultats durables. Et lorsque la Lune parcourt un signe double ou mutable, les actions entreprises sont généralement vite terminées ou, encore, elles connaîtront rapidement un changement de cap. Enfin, il est bon de concevoir tous les projets en Lune Croissante et de passer à leur réalisation en Lune Décroissante.

LES JOURS DE LA SEMAINE

Si le signe du jour et celui de la Lune sont les mêmes, c'est un bon présage. Si c'est aussi votre signe, cela confirme de nouveau que c'est un jour très favorable. Les jours les plus actifs de la semaine sont le mardi, le jeudi et le samedi, alors que les autres sont plus calmes.

JOUR	PLANÈTE	INFLUENCE	SIGNES FAVORISÉS PAR LA LUNE
Lundi	Lune	jour des projets	Cancer*, Taureau*, Poissons
Mardi	Mars	jour de l'action	Bélier*, Scorpion*, Capricorne*
Mercredi	Mercure	jour des écritures	Gémeaux*, Vierge*
Jeudi	Jupiter	jour des affaires	Poissons*, Sagittaire*, Cancer*
Vendredi	Vénus	jour de l'amour	Taureau*, Balance*, Poissons*
Samedi	Saturne	jour des loisirs	Capricorne*, Verseau*, Balance*
Dimanche	Soleil	jour de repos	Lion*, Bélier*

* Signe le plus favorisé ce jour

LE SIGNE DU JOUR

Pour comprendre l'influence des jours, il faut connaître l'influence des planètes.

Lundi, jour de la Lune, c'est un bon jour pour faire des projets d'avenir, s'occuper de la maison et des enfants, annuler un rendez-vous. *Mardi*, jour de Mars, c'est un bon jour pour agir, pour foncer et aller de l'avant en profitant des énergies ambiantes. *Mercredi*, jour de Mercure, c'est un bon jour pour écrire, expédier son courrier, répondre à ses courriels, téléphoner et discuter, pour se déplacer, faire des rencontres et s'ouvrir aux autres, pour tenir une réunion. *Jeudi*, jour de Jupiter, c'est un bon jour pour faire ses comptes et gérer ses affaires, pour avoir de la chance au jeu ou en affaires. *Vendredi*, jour de Vénus, c'est un bon jour pour plaire, séduire et s'occuper de sa beauté, pour faire des emplettes, visiter une galerie d'art, défendre un projet artistique. *Samedi*, jour de Saturne, c'est un bon jour pour se cultiver, sortir et profiter de son temps libre. *Dimanche*, jour du Soleil, c'est un bon jour pour le repos et se détendre, pour se ressourcer et aller faire des promenades à pied.

CHOISIR UNE DATE DE WEEK-END

Regardez dans quels signes se trouve la Lune le samedi et le dimanche de votre choix. Située dans le même signe, la Lune annonce une certaine continuité; située dans deux signes différents, elle annonce un changement. Regardez la tendance des week-ends en fonction des signes et n'oubliez pas de tenir compte aussi des phases de la Lune (attention à la Pleine Lune). Lorsque la Lune change de signe, elle peut le faire durant la nuit et il faut absolument en tenir compte.

Lune en Bélier	week-end actif et sportif
Lune en Taureau	week-end coconnage (cocooning) familial
Lune en Gémeaux	week-end fiesta
Lune en Cancer	week-end à la campagne, en famille
Lune en Lion	week-end reposant et revigorant
Lune en Vierge	week-end tranquille, à la maison
Lune en Balance	week-end sorties en couple ou entre amis
Lune en Scorpion	week-end coquin, sportif
Lune en Sagittaire	week-end à l'étranger
Lune en Capricorne	week-end culture et loisirs
Lune en Verseau	week-end improvisé, convivial
Lune en Poissons	week-end en amoureux à l'étranger, sorties

La mission de ce calendrier lunaire est surtout de vous aider à choisir le bon moment pour amorcer une activité, prendre un rendez-vous, entreprendre une démarche d'affaires, d'emploi, ou pour ce qui est d'un logement, sinon pour organiser un événement (réunion, réception, mariage, fête familiale). Il en est de même pour ce qui est de connaître l'évolution d'une situation qui a pris naissance à un moment précis et que vous ne pouviez programmer: mise au courant d'un fait et/ou d'un événement vous concernant, ou bien, par exemple, de l'information des médias, ou vous avez rencontré quelqu'un sur le plan professionnel, relationnel, amical sinon amoureux, et vous voulez avoir une idée de l'avenir de cette information ou de cette rencontre ainsi que de son prolongement.

Testez vous-même l'influence de la Lune. Chaque fois que vous passerez une très bonne journée, entourez le jour sur le calendrier. Chaque fois que vous passerez une moins bonne journée, rayez le jour sur le calendrier. À la fin de l'année ou selon votre choix, regardez parmi les jours entourés si la Lune était dans des signes très différents ou si l'un d'eux revenait plus souvent. Faites de même avec les jours rayés. Vous déterminerez ainsi si vous êtes un peu ou très influencé par la Lune.

LES POSITIONS DE LA LUNE EN 2023

Ce calendrier que je vous offre se fonde sur les mouvements de la Lune. Comme vous êtes à présent plus informé sur l'astrologie, la Lune représente l'humeur d'un moment qui va conditionner la réussite ou l'échec de la plupart de vos activités. Tantôt visible, tantôt illuminant la nuit, croissante ou décroissante, montante ou descendante, la Lune a pour mission de représenter tout ce qui change: votre moral d'abord, l'ambiance dans laquelle vous évoluez, le temps et tout ce qui va influer plus que vous ne le pensez sur votre quotidien. Pour mieux tirer profit du cycle quotidien de la Lune en ce qui a trait à vos humeurs, lesquelles influencent votre jugement, vos actes, vous trouverez, dans les pages qui suivent, le tableau des positions lunaires pour chaque jour de 2023. Soyez informé que c'est l'heure normale de l'Est (EST) qui a été utilisée dans ce livre.

Les multiples et divers passages de la Lune ne sont jamais neutres. Il y a de ces jours pour lesquels l'action vous avantage, surtout lorsque la Lune transite dans un signe avec lequel votre signe solaire est bien aspecté, tel que je vous ai expliqué dans les pages précédentes. Inversement, il est avisé de prendre du recul quand la Lune est de passage dans un signe qui n'est pas compatible avec votre signe solaire. Il y a aussi ces autres journées où le mouvement planétaire est plus lent ou mitigé. Chaque soir, commencez à observer la Lune et essayez d'en identifier la phase (page 555). En utilisant son cycle (page 557) et son passage à travers les signes (page 571), vous pourrez mieux tirer profit de la magie de l'Univers, soit un premier pas tout en douceur vers la réussite.

Que votre journée soit bien lunée!

JANVIER 2023

Dimanche	01-01-2023	Lune en Taureau	
Lundi	02-01-2023	Lune en Gémeaux	à partir de 21 h 45
Mardi	03-01-2023	Lune en Gémeaux	
Mercredi	04-01-2023	Lune en Gémeaux	
Jeudi	05-01-2023	Lune en Cancer	à partir de 09 h 16
Vendredi	06-01-2023	Lune en Cancer	
Samedi	07-01-2023	Lune en Lion	à partir de 21 h 41
Dimanche	08-01-2023	Lune en Lion	
Lundi	09-01-2023	Lune en Lion	
Mardi	10-01-2023	Lune en Vierge	à partir de 10 h 16
Mercredi	11-01-2023	Lune en Vierge	
Jeudi	12-01-2023	Lune en Balance	à partir de 21 h 58
Vendredi	13-01-2023	Lune en Balance	
Samedi	14-01-2023	Lune en Balance	
Dimanche	15-01-2023	Lune en Scorpion	à partir de 07 h 09
Lundi	16-01-2023	Lune en Scorpion	
Mardi	17-01-2023	Lune en Sagittaire	à partir de 12 h 34
Mercredi	18-01-2023	Lune en Sagittaire	
Jeudi	19-01-2023	Lune en Capricorne	à partir de 14 h 13
Vendredi	20-01-2023	Lune en Capricorne	
Samedi	21-01-2023	Lune en Verseau	à partir de 13 h 30
Dimanche	22-01-2023	Lune en Verseau	
Lundi	23-01-2023	Lune en Poissons	à partir de 12 h 37
Mardi	24-01-2023	Lune en Poissons	
Mercredi	25-01-2023	Lune en Bélier	à partir de 13 h 49
Jeudi	26-01-2023	Lune en Bélier	
Vendredi	27-01-2023	Lune en Taureau	à partir de 18 h 44
Samedi	28-01-2023	Lune en Taureau	
Dimanche	29-01-2023	Lune en Taureau	
Lundi	30-01-2023	Lune en Gémeaux	à partir de 05 h 36
Mardi	31-01-2023	Lune en Gémeaux	

FÉVRIER 2023

Mercredi	01-02-2023	Lune en Cancer	à partir de 15 h 13
Jeudi	02-02-2023	Lune en Cancer	
Vendredi	03-02-2023	Lune en Cancer	
Samedi	04-02-2023	Lune en Lion	à partir de 03 h 50
Dimanche	05-02-2023	Lune en Lion	
Lundi	06-02-2023	Lune en Vierge	à partir de 16 h 15
Mardi	07-02-2023	Lune en Vierge	
Mercredi	08-02-2023	Lune en Vierge	
Jeudi	09-02-2023	Lune en Balance	à partir de 03 h 48
Vendredi	10-02-2023	Lune en Balance	
Samedi	11-02-2023	Lune en Scorpion	à partir de 13 h 36
Dimanche	12-02-2023	Lune en Scorpion	
Lundi	13-02-2023	Lune en Sagittaire	à partir de 20 h 31
Mardi	14-02-2023	Lune en Sagittaire	
Mercredi	15-02-2023	Lune en Sagittaire	
Jeudi	16-02-2023	Lune en Capricorne	à partir de 23 h 59
Vendredi	17-02-2023	Lune en Capricorne	
Samedi	18-02-2023	Lune en Verseau	à partir de 00 h 36
Dimanche	19-02-2023	Lune en Verseau	
Lundi	20-02-2023	Lune en Poissons	à partir de 23 h 57
Mardi	21-02-2023	Lune en Poissons	
Mercredi	22-02-2023	Lune en Bélier	à partir de 00 h 15
Jeudi	23-02-2023	Lune en Bélier	
Vendredi	24-02-2023	Lune en Taureau	à partir de 03 h 30
Samedi	25-02-2023	Lune en Taureau	
Dimanche	26-02-2023	Lune en Gémeaux	à partir de 10 h 49
Lundi	27-02-2023	Lune en Gémeaux	
Mardi	28-02-2023	Lune en Cancer	à partir de 22 h 41

MARS 2023

Mercredi	01-03-2023	Lune en Cancer	
Jeudi	02-03-2023	Lune en Cancer	
Vendredi	03-03-2023	Lune en Lion	à partir de 10 h 17
Samedi	04-03-2023	Lune en Lion	
Dimanche	05-03-2023	Lune en Vierge	à partir de 22 h 40
Lundi	06-03-2023	Lune en Vierge	
Mardi	07-03-2023	Lune en Vierge	
Mercredi	08-03-2023	Lune en Balance	à partir de 09 h 45
Jeudi	09-03-2023	Lune en Balance	
Vendredi	10-03-2023	Lune en Scorpion	à partir de 19 h 07
Samedi	11-03-2023	Lune en Scorpion	
Dimanche	12-03-2023	Lune en Scorpion	
Lundi	13-03-2023	Lune en Sagittaire	à partir de 03 h 22
Mardi	14-03-2023	Lune en Sagittaire	
Mercredi	15-03-2023	Lune en Capricorne	à partir de 08 h 07
Jeudi	16-03-2023	Lune en Capricorne	
Vendredi	17-03-2023	Lune en Verseau	à partir de 10 h 26
Samedi	18-03-2023	Lune en Verseau	
Dimanche	19-03-2023	Lune en Poissons	à partir de 11 h 13
Lundi	20-03-2023	Lune en Poissons	
Mardi	21-03-2023	Lune en Bélier	à partir de 12 h 02
Mercredi	22-03-2023	Lune en Bélier	
Jeudi	23-03-2023	Lune en Taureau	à partir de 14 h 43
Vendredi	24-03-2023	Lune en Taureau	
Samedi	25-03-2023	Lune en Gémeaux	à partir de 20 h 43
Dimanche	26-03-2023	Lune en Gémeaux	
Lundi	27-03-2023	Lune en Gémeaux	
Mardi	28-03-2023	Lune en Cancer	à partir de 06 h 23
Mercredi	29-03-2023	Lune en Cancer	
Jeudi	30-03-2023	Lune en Lion	à partir de 18 h 32
Vendredi	31-03-2023	Lune en Lion	

AVRIL 2023

Samedi	01-04-2023	Lune en Lion	
Dimanche	02-04-2023	Lune en Vierge	à partir de 06 h 58
Lundi	03-04-2023	Lune en Vierge	
Mardi	04-04-2023	Lune en Balance	à partir de 17 h 52
Mercredi	05-04-2023	Lune en Balance	
Jeudi	06-04-2023	Lune en Balance	
Vendredi	07-04-2023	Lune en Scorpion	à partir de 02 h 30
Samedi	08-04-2023	Lune en Scorpion	
Dimanche	09-04-2023	Lune en Sagittaire	à partir de 08 h 58
Lundi	10-04-2023	Lune en Sagittaire	
Mardi	11-04-2023	Lune en Capricorne	à partir de 13 h 34
Mercredi	12-04-2023	Lune en Capricorne	
Jeudi	13-04-2023	Lune en Verseau	à partir de 16 h 43
Vendredi	14-04-2023	Lune en Verseau	
Samedi	15-04-2023	Lune en Poissons	à partir de 18 h 58
Dimanche	16-04-2023	Lune en Poissons	
Lundi	17-04-2023	Lune en Bélier	à partir de 21 h 10
Mardi	18-04-2023	Lune en Bélier	
Mercredi	19-04-2023	Lune en Bélier	
Jeudi	20-04-2023	Lune en Taureau	à partir de 00 h 31
Vendredi	21-04-2023	Lune en Taureau	
Samedi	22-04-2023	Lune en Gémeaux	à partir de 06 h 12
Dimanche	23-04-2023	Lune en Gémeaux	
Lundi	24-04-2023	Lune en Cancer	à partir de 15 h 00
Mardi	25-04-2023	Lune en Cancer	
Mercredi	26-04-2023	Lune en Cancer	
Jeudi	27-04-2023	Lune en Lion	à partir de 02 h 31
Vendredi	28-04-2023	Lune en Lion	
Samedi	29-04-2023	Lune en Vierge	à partir de 15 h 00
Dimanche	30-04-2023	Lune en Vierge	

MAI 2023

Lundi	01-05-2023	Lune en Vierge	
Mardi	02-05-2023	Lune en Balance	à partir de 02 h 52
Mercredi	03-05-2023	Lune en Balance	
Jeudi	04-05-2023	Lune en Scorpion	à partir de 10 h 33
Vendredi	05-05-2023	Lune en Scorpion	
Samedi	06-05-2023	Lune en Sagittaire	à partir de 16 h 05
Dimanche	07-05-2023	Lune en Sagittaire	
Lundi	08-05-2023	Lune en Capricorne	à partir de 19 h 34
Mardi	09-05-2023	Lune en Capricorne	
Mercredi	10-05-2023	Lune en Verseau	à partir de 22 h 06
Jeudi	11-05-2023	Lune en Verseau	
Vendredi	12-05-2023	Lune en Verseau	
Samedi	13-05-2023	Lune en Poissons	à partir de 00 h 40
Dimanche	14-05-2023	Lune en Poissons	
Lundi	15-05-2023	Lune en Bélier	à partir de 03 h 57
Mardi	16-05-2023	Lune en Bélier	
Mercredi	17-05-2023	Lune en Taureau	à partir de 08 h 29
Jeudi	18-05-2023	Lune en Taureau	
Vendredi	19-05-2023	Lune en Gémeaux	à partir de 14 h 49
Samedi	20-05-2023	Lune en Gémeaux	
Dimanche	21-05-2023	Lune en Cancer	à partir de 23 h 30
Lundi	22-05-2023	Lune en Cancer	
Mardi	23-05-2023	Lune en Cancer	
Mercredi	24-05-2023	Lune en Lion	à partir de 10 h 36
Jeudi	25-05-2023	Lune en Lion	
Vendredi	26-05-2023	Lune en Vierge	à partir de 23 h 06
Samedi	27-05-2023	Lune en Vierge	
Dimanche	28-05-2023	Lune en Vierge	
Lundi	29-05-2023	Lune en Balance	à partir de 10 h 52
Mardi	30-05-2023	Lune en Balance	
Mercredi	31-05-2023	Lune en Scorpion	à partir de 19 h 46

JUIN 2023

Jeudi	01-06-2023	Lune en Scorpion	
Vendredi	02-06-2023	Lune en Scorpion	
Samedi	03-06-2023	Lune en Sagittaire	à partir de 01 h 05
Dimanche	04-06-2023	Lune en Sagittaire	
Lundi	05-06-2023	Lune en Capricorne	à partir de 03 h 32
Mardi	06-06-2023	Lune en Capricorne	
Mercredi	07-06-2023	Lune en Verseau	à partir de 04 h 43
Jeudi	08-06-2023	Lune en Verseau	
Vendredi	09-06-2023	Lune en Poissons	à partir de 06 h 15
Samedi	10-06-2023	Lune en Poissons	
Dimanche	11-06-2023	Lune en Bélier	à partir de 09 h 23
Lundi	12-06-2023	Lune en Bélier	
Mardi	13-06-2023	Lune en Taureau	à partir de 14 h 32
Mercredi	14-06-2023	Lune en Taureau	
Jeudi	15-06-2023	Lune en Gémeaux	à partir de 21 h 47
Vendredi	16-06-2023	Lune en Gémeaux	
Samedi	17-06-2023	Lune en Gémeaux	
Dimanche	18-06-2023	Lune en Cancer	à partir de 06 h 59
Lundi	19-06-2023	Lune en Cancer	
Mardi	20-06-2023	Lune en Lion	à partir de 18 h 05
Mercredi	21-06-2023	Lune en Lion	
Jeudi	22-06-2023	Lune en Lion	
Vendredi	23-06-2023	Lune en Vierge	à partir de 06 h 36
Samedi	24-06-2023	Lune en Vierge	
Dimanche	25-06-2023	Lune en Balance	à partir de 18 h 58
Lundi	26-06-2023	Lune en Balance	
Mardi	27-06-2023	Lune en Balance	
Mercredi	28-06-2023	Lune en Scorpion	à partir de 04 h 57
Jeudi	29-06-2023	Lune en Scorpion	
Vendredi	30-06-2023	Lune en Sagittaire	à partir de 11 h 01

JUILLET 2023

Samedi	01-07-2023	Lune en Sagittaire	
Dimanche	02-07-2023	Lune en Capricorne	à partir de 13 h 21
Lundi	03-07-2023	Lune en Capricorne	
Mardi	04-07-2023	Lune en Verseau	à partir de 13 h 31
Mercredi	05-07-2023	Lune en Verseau	
Jeudi	06-07-2023	Lune en Poissons	à partir de 13 h 34
Vendredi	07-07-2023	Lune en Poissons	
Samedi	08-07-2023	Lune en Bélier	à partir de 15 h 20
Dimanche	09-07-2023	Lune en Bélier	
Lundi	10-07-2023	Lune en Taureau	à partir de 19 h 57
Mardi	11-07-2023	Lune en Taureau	
Mercredi	12-07-2023	Lune en Taureau	
Jeudi	13-07-2023	Lune en Gémeaux	à partir de 03 h 27
Vendredi	14-07-2023	Lune en Gémeaux	
Samedi	15-07-2023	Lune en Cancer	à partir de 13 h 15
Dimanche	16-07-2023	Lune en Cancer	
Lundi	17-07-2023	Lune en Cancer	
Mardi	18-07-2023	Lune en Lion	à partir de 00 h 41
Mercredi	19-07-2023	Lune en Lion	
Jeudi	20-07-2023	Lune en Vierge	à partir de 13 h 14
Vendredi	21-07-2023	Lune en Vierge	
Samedi	22-07-2023	Lune en Vierge	
Dimanche	23-07-2023	Lune en Balance	à partir de 01 h 55
Lundi	24-07-2023	Lune en Balance	
Mardi	25-07-2023	Lune en Scorpion	à partir de 12 h 57
Mercredi	26-07-2023	Lune en Scorpion	
Jeudi	27-07-2023	Lune en Sagittaire	à partir de 20 h 25
Vendredi	28-07-2023	Lune en Sagittaire	
Samedi	29-07-2023	Lune en Capricorne	à partir de 23 h 45
Dimanche	30-07-2023	Lune en Capricorne	
Lundi	31-07-2023	Lune en Capricorne	

AOÛT 2023

Mardi	01-08-2023	Lune en Verseau	à partir de 00 h 01
Mercredi	02-08-2023	Lune en Poissons	à partir de 23 h 07
Jeudi	03-08-2023	Lune en Poissons	
Vendredi	04-08-2023	Lune en Bélier	à partir de 23 h 20
Samedi	05-08-2023	Lune en Bélier	
Dimanche	06-08-2023	Lune en Bélier	
Lundi	07-08-2023	Lune en Taureau	à partir de 02 h 26
Mardi	08-08-2023	Lune en Taureau	
Mercredi	09-08-2023	Lune en Gémeaux	à partir de 19 h 06
Jeudi	10-08-2023	Lune en Gémeaux	
Vendredi	11-08-2023	Lune en Cancer	à partir de 18 h 53
Samedi	12-08-2023	Lune en Cancer	
Dimanche	13-08-2023	Lune en Cancer	
Lundi	14-08-2023	Lune en Lion	à partir de 06 h 37
Mardi	15-08-2023	Lune en Lion	
Mercredi	16-08-2023	Lune en Vierge	à partir de 19 h 15
Jeudi	17-08-2023	Lune en Vierge	
Vendredi	18-08-2023	Lune en Vierge	
Samedi	19-08-2023	Lune en Balance	à partir de 07 h 55
Dimanche	20-08-2023	Lune en Balance	
Lundi	21-08-2023	Lune en Scorpion	à partir de 19 h 23
Mardi	22-08-2023	Lune en Scorpion	
Mercredi	23-08-2023	Lune en Scorpion	
Jeudi	24-08-2023	Lune en Sagittaire	à partir de 04 h 09
Vendredi	25-08-2023	Lune en Sagittaire	
Samedi	26-08-2023	Lune en Capricorne	à partir de 09 h 06
Dimanche	27-08-2023	Lune en Capricorne	
Lundi	28-08-2023	Lune en Verseau	à partir de 10 h 33
Mardi	29-08-2023	Lune en Verseau	
Mercredi	30-08-2023	Lune en Poissons	à partir de 09 h 58
Jeudi	31-08-2023	Lune en Poissons	

SEPTEMBRE 2023

Vendredi	01-09-2023	Lune en Bélier	à partir de 19 h 26
Samedi	02-09-2023	Lune en Bélier	
Dimanche	03-09-2023	Lune en Taureau	à partir de 11 h 01
Lundi	04-09-2023	Lune en Taureau	
Mardi	05-09-2023	Lune en Gémeaux	à partir de 16 h 08
Mercredi	06-09-2023	Lune en Gémeaux	
Jeudi	07-09-2023	Lune en Gémeaux	
Vendredi	08-09-2023	Lune en Cancer	à partir de 01 h 01
Samedi	09-09-2023	Lune en Cancer	
Dimanche	10-09-2023	Lune en Lion	à partir de 12 h 37
Lundi	11-09-2023	Lune en Lion	
Mardi	12-09-2023	Lune en Lion	
Mercredi	13-09-2023	Lune en Vierge	à partir de 01 h 19
Jeudi	14-09-2023	Lune en Vierge	
Vendredi	15-09-2023	Lune en Balance	à partir de 13 h 46
Samedi	16-09-2023	Lune en Balance	
Dimanche	17-09-2023	Lune en Balance	
Lundi	18-09-2023	Lune en Scorpion	à partir de 00 h 59
Mardi	19-09-2023	Lune en Scorpion	
Mercredi	20-09-2023	Lune en Sagittaire	à partir de 10 h 07
Jeudi	21-09-2023	Lune en Sagittaire	
Vendredi	22-09-2023	Lune en Capricorne	à partir de 16 h 21
Samedi	23-09-2023	Lune en Capricorne	
Dimanche	24-09-2023	Lune en Verseau	à partir de 19 h 31
Lundi	25-09-2023	Lune en Verseau	
Mardi	26-09-2023	Lune en Poissons	à partir de 20 h 21
Mercredi	27-09-2023	Lune en Poissons	
Jeudi	28-09-2023	Lune en Bélier	à partir de 20 h 18
Vendredi	29-09-2023	Lune en Bélier	
Samedi	30-09-2023	Lune en Taureau	à partir de 21 h 18

OCTOBRE 2023

Dimanche	01-10-2023	Lune en Taureau	
Lundi	02-10-2023	Lune en Taureau	
Mardi	03-10-2023	Lune en Gémeaux	à partir de 01 h 04
Mercredi	04-10-2023	Lune en Gémeaux	
Jeudi	05-10-2023	Lune en Cancer	à partir de 08 h 33
Vendredi	06-10-2023	Lune en Cancer	
Samedi	07-10-2023	Lune en Lion	à partir de 19 h 26
Dimanche	08-10-2023	Lune en Lion	
Lundi	09-10-2023	Lune en Vierge	à partir de 21 h 12
Mardi	10-10-2023	Lune en Vierge	
Mercredi	11-10-2023	Lune en Vierge	
Jeudi	12-10-2023	Lune en Balance	à partir de 20 h 23
Vendredi	13-10-2023	Lune en Balance	
Samedi	14-10-2023	Lune en Balance	
Dimanche	15-10-2023	Lune en Scorpion	à partir de 07 h 05
Lundi	16-10-2023	Lune en Scorpion	
Mardi	17-10-2023	Lune en Sagittaire	à partir de 15 h 38
Mercredi	18-10-2023	Lune en Sagittaire	
Jeudi	19-10-2023	Lune en Capricorne	à partir de 21 h 56
Vendredi	20-10-2023	Lune en Capricorne	
Samedi	21-10-2023	Lune en Capricorne	
Dimanche	22-10-2023	Lune en Verseau	à partir de 01 h 07
Lundi	23-10-2023	Lune en Verseau	
Mardi	24-10-2023	Lune en Poissons	à partir de 04 h 34
Mercredi	25-10-2023	Lune en Poissons	
Jeudi	26-10-2023	Lune en Bélier	à partir de 06 h 03
Vendredi	27-10-2023	Lune en Bélier	
Samedi	28-10-2023	Lune en Taureau	à partir de 07 h 45
Dimanche	29-10-2023	Lune en Taureau	
Lundi	30-10-2023	Lune en Gémeaux	à partir de 11 h 09
Mardi	31-10-2023	Lune en Gémeaux	

NOVEMBRE 2023

Mercredi	01-11-2023	Lune en Cancer	à partir de 17 h 31
Jeudi	02-11-2023	Lune en Cancer	
Vendredi	03-11-2023	Lune en Cancer	
Samedi	04-11-2023	Lune en Lion	à partir de 03 h 22
Dimanche	05-11-2023	Lune en Lion	
Lundi	06-11-2023	Lune en Vierge	à partir de 14 h 40
Mardi	07-11-2023	Lune en Vierge	
Mercredi	08-11-2023	Lune en Vierge	
Jeudi	09-11-2023	Lune en Balance	à partir de 03 h 09
Vendredi	10-11-2023	Lune en Balance	
Samedi	11-11-2023	Lune en Scorpion	à partir de 13 h 40
Dimanche	12-11-2023	Lune en Scorpion	
Lundi	13-11-2023	Lune en Sagittaire	à partir de 21 h 24
Mardi	14-11-2023	Lune en Sagittaire	
Mercredi	15-11-2023	Lune en Sagittaire	
Jeudi	16-11-2023	Lune en Capricorne	à partir de 02 h 43
Vendredi	17-11-2023	Lune en Capricorne	
Samedi	18-11-2023	Lune en Verseau	à partir de 06 h 29
Dimanche	19-11-2023	Lune en Verseau	
Lundi	20-11-2023	Lune en Poissons	à partir de 09 h 30
Mardi	21-11-2023	Lune en Poissons	
Mercredi	22-11-2023	Lune en Bélier	à partir de 12 h 21
Jeudi	23-11-2023	Lune en Bélier	
Vendredi	24-11-2023	Lune en Taureau	à partir de 15 h 30
Samedi	25-11-2023	Lune en Taureau	
Dimanche	26-11-2023	Lune en Gémeaux	à partir de 19 h 41
Lundi	27-11-2023	Lune en Gémeaux	
Mardi	28-11-2023	Lune en Gémeaux	
Mercredi	29-11-2023	Lune en Cancer	à partir de 01 h 55
Jeudi	30-11-2023	Lune en Cancer	

DÉCEMBRE 2023

Vendredi	01-12-2023	Lune en Lion	à partir de 11 h 02
Samedi	02-12-2023	Lune en Lion	
Dimanche	03-12-2023	Lune en Vierge	à partir de 22 h 51
Lundi	04-12-2023	Lune en Vierge	
Mardi	05-12-2023	Lune en Vierge	
Mercredi	06-12-2023	Lune en Balance	à partir de 11 h 36
Jeudi	07-12-2023	Lune en Balance	
Vendredi	08-12-2023	Lune en Scorpion	à partir de 22 h 36
Samedi	09-12-2023	Lune en Scorpion	
Dimanche	10-12-2023	Lune en Scorpion	
Lundi	11-12-2023	Lune en Sagittaire	à partir de 05 h 12
Mardi	12-12-2023	Lune en Sagittaire	
Mercredi	13-12-2023	Lune en Capricorne	à partir de 10 h 33
Jeudi	14-12-2023	Lune en Capricorne	
Vendredi	15-12-2023	Lune en Verseau	à partir de 12 h 57
Samedi	16-12-2023	Lune en Verseau	
Dimanche	17-12-2023	Lune en Poissons	à partir de 14 h 59
Lundi	18-12-2023	Lune en Poissons	
Mardi	19-12-2023	Lune en Bélier	à partir de 17 h 22
Mercredi	20-12-2023	Lune en Bélier	
Jeudi	21-12-2023	Lune en Taureau	à partir de 21 h 51
Vendredi	22-12-2023	Lune en Taureau	
Samedi	23-12-2023	Lune en Taureau	
Dimanche	24-12-2023	Lune en Gémeaux	à partir de 03 h 16
Lundi	25-12-2023	Lune en Gémeaux	
Mardi	26-12-2023	Lune en Cancer	à partir de 10 h 16
Mercredi	27-12-2023	Lune en Cancer	
Jeudi	28-12-2023	Lune en Lion	à partir de 19 h 24
Vendredi	29-12-2023	Lune en Lion	
Samedi	30-12-2023	Lune en Lion	
Dimanche	31-12-2023	Lune en Vierge	à partir de 06 h 54

Épilogue

Au début, déjà lointain, de ma carrière d'astrologue, je me suis résolument lancée dans une recherche patiente et tenace. J'ai pu établir comme principe fondamental que notre savoir est peu de choses en ce qui a trait à ce que nous avons encore à découvrir par nos capacités d'observation et du travail. Rapidement, les résultats obtenus ont largement dépassé mes espérances et, à ce jour, des trouvailles surgissent toujours.

Activement engagée dans l'univers de l'astrologie depuis plus de quarante ans, je sais que l'astrologie n'est pas là pour nous dicter une ligne de conduite, bien au contraire. Je crois sincèrement qu'elle est plutôt là pour faire la lumière sur des multiples voies susceptibles de se présenter sur le chemin de notre destinée.

Si, dans le passé, vous avez fait des projets et qu'ils ne se sont pas réalisés comme vous le souhaitiez ou l'anticipiez, voici finalement le livre qui vous permettra de mieux évaluer vos perspectives de réussite, mais également de planifier votre vie en conséquence afin que vous puissiez profiter au maximum des occasions qui se présenteront à vous et ainsi trouver votre part de bonheur.

J'ose espérer que vous saurez tirer le maximum de mes prévisions astrologiques pour 2023 et qu'elles seront un bon guide pour mieux vous aider à bien planifier les étapes de votre vie afin qu'elle soit remplie de paix, d'harmonie et de lumière. Que les astres vous soient favorables !

Mes meilleures vibrations,

Remerciements

Dans un tout autre ordre d'idées, j'aimerais remercier tous ceux qui ont contribué à la publication de ce livre : Mathieu Béliveau, Sylvain Dion, Sylvie Milot et Diane Perreault, de Béliveau éditeur, qui m'ont appuyée dans cette démarche.

J'en profite pour remercier toute l'équipe de la station radiophonique CIDI 99,1 FM qui m'a permis d'acquérir une expérience grand public en m'ouvrant ses portes pour la diffusion hebdomadaire d'Astro-Logique.

Sur une note plus personnelle, je désire exprimer toute ma gratitude à ma fidèle amie, Louise Boissonnault, qui a toujours cru en moi. À Stephen, le soleil et les étoiles de ma vie, que je remercie avec toute mon affection pour son amour, mais également pour son soutien inconditionnel.

Par-dessus tout, merci à vous tous – lecteurs, lectrices, auditeurs, auditrices – dont la loyauté m'a incitée à poursuivre mon travail en le raffinant constamment, car sans votre participation, tout ce laborieux travail aurait été vain et n'aurait pas vu le jour.

Marie Christine Dean,
Astrologue diplômée

L'astrologie est là pour vous aider à y voir plus clair
et non pas à décider pour vous!
Pour vos cadeaux de Noël, vos étrennes du Nouvel An,
une fête, un anniversaire de naissance
ou juste pour se faire plaisir,
pensez à offrir une consultation astrologique
à une personne qui vous est chère,
ou faites-vous offrir une consultation avec moi.

✧

J'ai eu le privilège d'accompagner de très nombreuses personnes sur leur chemin de vie et de leur permettre de pouvoir mettre à profit au mieux les forces planétaires qu'elles ont choisies au moment de leur entrée dans la matière. Le thème natal nous amène à mieux nous connaître, à nous relier à notre potentiel en tant qu'être humain qui s'actualise au fur et à mesure du temps qui passe, de toutes nos expériences de vie, de notre compréhension du monde et, bien entendu, de l'acceptation de relever nos défis, d'aimer, d'être.

De nombreux sites parlent d'astrologie. Ma mission est simplement de vous apporter une vision nouvelle de l'astrologie afin que vous puissiez mieux percevoir la lumière lorsqu'il vous semble l'avoir perdue.

Une étude personnalisée de votre thème de naissance avec les transits en cours, vos progressions (thème dirigé, thème progressé) et votre révolution solaire annuelle, autant d'outils pour mieux vous éclairer et voir où sont vos atouts, là où vous en êtes sur votre propre chemin, tant pour votre évolution personnelle que pour découvrir ce que l'année sollicitée aura en réserve pour vous.

Pour obtenir de plus amples renseignements sur nos services offerts ou encore pour une consultation privée, vous pouvez toujours me rejoindre à mon bureau:

Téléphone: 450-242-2283
Courriel: mariechristinedean@gmail.com

Au plaisir de vous éclairer,
Marie Christine Dean